U0674046

红色广东丛书

中共广东简明历史

（1921—2021）

中共广东省委党史研究室　著

SPM
南方传媒　广东人民出版社

·广州·

图书在版编目（CIP）数据

中共广东简明历史：1921—2021 / 中共广东省委党史研究室著.
—广州：广东人民出版社，2021.12（2022.7 重印）
ISBN 978-7-218-15546-3

Ⅰ．①中…　Ⅱ．①中…　Ⅲ．①中国共产党—党史—研究—广东
—1921—2021　Ⅳ．①D235.65

中国版本图书馆 CIP 数据核字（2021）第 256708 号

ZHONGGONG GUANGDONG JIANMING LISHI（1921 –2021）
中共广东简明历史（1921—2021）
中共广东省委党史研究室　著　　　　　　版权所有　翻印必究

出 版 人：肖风华

出版统筹：卢雪华
责任编辑：曾玉寒　黎　捷　梁　晖　廖智聪　伍茗欣　李宜励
责任校对：梁敏岚　胡艺超　帅梦娣　窦兵兵
封面设计：河马设计
责任技编：吴彦斌　周星奎

出版发行：广东人民出版社
地　　址：广州市越秀区大沙头四马路 10 号（邮政编码：510199）
电　　话：(020) 85716809（总编室）
传　　真：(020) 83289585
网　　址：http://www.gdpph.com
印　　刷：广东鹏腾宇文化创新有限公司
开　　本：787mm×1092mm　1/16
印　　张：37.25　　字　　数：600 千
版　　次：2021 年 12 月第 1 版
印　　次：2022 年 7 月第 2 次印刷
定　　价：128.00 元

如发现印装质量问题，影响阅读，请与出版社（020 - 85716849）联系调换。
售书热线：(020) 85716833

《红色广东丛书》编委会

主　　编：陈建文

副主编：崔朝阳　李　斌　杨建伟　谭君铁

编　　委：（以姓氏笔画为序）

王　涛　刘子健　肖风华　沈成飞

陈　飞　陈春华　林盛根　易　立

钟永宁　徐东华　郭松延　黄振位

曾庆榴　谢　涛　谢石南

本书编写组

主　审：杨建伟

主　编：王　涛

执　笔：王　涛　胡　耿　王　莹
　　　　周　珺　孙莉娜

总　序

　　百年征程波澜壮阔，百年大党风华正茂。习近平总书记在党史学习教育动员大会上指出："我们党的一百年，是矢志践行初心使命的一百年，是筚路蓝缕奠基立业的一百年，是创造辉煌开辟未来的一百年。"翻开风云激荡的百年党史，一代又一代中国共产党人，用鲜血和生命浸染了党旗国旗的鲜亮红色，书写了可歌可泣的历史篇章，铸就了彪炳史册的丰功伟绩。一百年来，党的红色薪火代代相传，革命精神历久弥坚，红色基因已深深根植于共产党人的血脉之中，成为我们党坚守初心、永葆本色的生命密码。

　　广东是一片红色的热土，不仅是近代民主革命的策源地，也是国内最早传播马克思主义、最早成立共产党早期组织的省份之一。在新民主主义革命的漫长历程中，广东党组织在中共中央的领导下，发动、组织和领导广东人民开展了一系列广泛而深远的革命斗争。1921年，广东党组织成立后，积极开展工人运动、青年运动，并点燃农民运动星火。第一、二、三次全国劳动大会连续在广州召开，全国工人运动的领导机关——中华全国总工会在广州诞生。中国社会主义青年团第一次全国代表大会在广州召开，促进了全国团组织的建立、发展。在"农民运动大王"彭湃领导下，农潮突起海陆丰影响全国。

1923年，中共中央机关一度迁至广州，中国共产党第三次全国代表大会在广州召开，推动形成了第一次国共合作，建立了国民革命联合战线，掀起了大革命的洪流。随后，在共产党人的建议下，黄埔军校在广州创办，周恩来等共产党人为军校的政治工作和政治教育作出了重要贡献，中国共产党也从黄埔军校开始探索从事军事活动。在共产党人的提议下，农民运动讲习所在广州开办，先后由彭湃、阮啸仙、毛泽东等共产党人主持，红色火种迅速播撒全国。1925年，广州和香港爆发省港大罢工，声援五卅运动，成为大革命高潮时期一个十分引人注目的重要斗争。1926年，在统一广东革命根据地后，国民革命军在广州誓师北伐，以共产党员为骨干的北伐先锋叶挺独立团所向披靡，铸就了铁军威名。在北伐战争胜利推进的同时，广东共产党组织和党领导的革命队伍迅速扩大和发展，全省工农群众运动也随之进入高潮。

1927年"四一二"反革命政变以后，广东共产党组织在全国较早打响反抗国民党反动派血腥屠杀的枪声，广州起义与南昌起义、秋收起义一起，成为中国共产党独立领导中国革命、创建人民军队的伟大开端。随后，广东党组织积极探索推进工农武装割据，在海陆丰建立第一个县级苏维埃政权，并率先开展土地革命，开启了中国共产党领导人民进行的最重大的社会变革。与此同时，广东中央苏区逐步创建和发展起来，为中国革命的发展作出了不可磨灭的贡献。1931年，连接上海中共中央机关与中央苏区的中央红色交通线开辟，交通线主干道穿越汕头、大埔，成功转移了一大批党的重要领导，传送了重要文件和物资，成为土地革命战争时期党的红色血脉。1934年，中央红军开始了举世瞩目的长征，广东是中央红军从中央苏区腹地实施战略转移后进入的第一个省份，中央红军在粤北转战21天，打开了继续前进的通道，成功走向最后的胜利。留守红军在赣粤边、闽粤边和琼崖地区进行了艰苦卓绝的游击战争，高举红旗永不倒。

抗战全面爆发后，中共中央和中共中央长江局、南方局十分重视和加强对广东党组织的领导，选派了张文彬等大批干部到广东工作。日军侵入广东以后，广东党组织奋起领导广东人民开展敌后抗日游击战争，成立了东江纵队、琼崖纵队、珠江纵队、广东人民抗日解放军、南路人民抗日解放军和韩江纵队等抗日武装，转战南粤辽阔大地，战斗足迹遍及70多个县市。华南敌后战场成为全国三大敌后抗日战场之一，党领导的广东人民抗日武装被誉为华南抗战的中流砥柱。香港沦陷以后，在中共中央的领导和周恩来等人的精心策划安排下，广东党组织冲破日军控制封锁，成功开展文化名人秘密大营救，将800多名被困香港的文化名人、爱国民主人士及家眷、国际友人等平安护送到大后方，书写了抗战史上的光辉一页。

解放战争时期，在中共中央的领导下，华南地区大力开展武装斗争，开辟出以广东为中心的七大块游击根据地，成立了中国人民解放军琼崖纵队、粤赣湘边纵队、闽粤赣边纵队、桂滇黔边纵队、粤中纵队、粤桂边纵队和粤桂湘边纵队等人民武装，其中仅广东武装部队就达到8万多人，相继解放了广东大部分农村，在全省1/3地区建立起人民政权，为广东和华南的解放创造了有利条件。在广东党组织的配合下，人民解放军南下大军发起解放广东之役，胜利的旗帜很快插遍祖国南疆。

革命烽火路，红星照南粤。广东见证了中国共产党从新生到大革命、土地革命，再到抗日战争、解放战争等革命斗争全过程。其间，毛泽东、周恩来、刘少奇、朱德、邓小平、叶剑英、彭德怀、刘伯承、贺龙、陈毅、聂荣臻、徐向前、李富春、粟裕、陈赓等老一辈革命家和李大钊、蔡和森、瞿秋白、陈延年、彭湃、叶挺、杨殷、邓发、张太雷、苏兆征、杨匏安、罗登贤、邓中夏、恽代英、萧楚女、阮啸仙、张文彬、左权、刘志丹、赵尚志等一大批革命先烈都在广东战斗过，千千万万广东优秀儿女也在革命斗争中抛头颅、洒热血，留下了光照千秋的革命历史和革命精神。广东这片红色热土，老区苏区遍布全省，大大小小的革命遗址分布各地，留下了宝贵而丰厚的红色文化历史遗产。

习近平总书记强调，中国革命历史是最好的营养剂。重温这部伟大历史能够受到党的初心使命、性质宗旨、理想信念的生动教育，必须铭记光辉历史、传承红色基因。我们有责任把党领导广东人民进行革命斗争的光辉历史和伟大功绩研究深、挖掘透、展示好，全面呈现广东红色文化历史，更好地以史铸魂、教育后人，让全省人民在缅怀英烈、铭记历史中汲取砥砺奋进的强大力量，让人们深刻认识红色政权来之不易，新中国来之不易，中国特色社会主义来之不易，确保红色江山的旗帜永远高高飘扬。

为充分挖掘广东红色文化资源的丰富内涵，我们组织省内党史、党校、社科、高校等专家学者，集智聚力分批次编写《红色广东丛书》。丛书按照点面结合、时空结合、雅俗结合原则，分为总论、人物、事件、地区、教育五个版块。总论版块图书，主要综述中国共产党在广东的革命斗争历史概况，人物版块图书主要讴歌广东红色人物，事件版块图书主要论说党领导广东人民开展革命斗争的历史事件，地区版块图书从地市和历史专题角度梳理广东地域红色文化，教育版块图书着力打造面向青少年及党员的红色主题教材。丛书以相关的文物、文献、档案、史料为依据，对近些年来广东红色文化资源研究成果做了一次全面系统梳理，我们希望这套丛书能为党史学习教育、革命传统教育、爱国主义教育提供重要内容支撑。

一切向前走，都不能忘记走过的路，走得再远、走到再光辉的未来，也不能忘记走过的过去，不能忘记为什么出发。站在"两个一百年"的历史交汇点上，我们要更加坚定自觉地学史明理、学史增信、学史崇德、学史力行，赓续红色血脉，传承红色基因，以一往无前的奋斗姿态、风雨无阻的精神状态，推动广东在全面建设社会主义现代化国家新征程中走在全国前列、创造新的辉煌。

《红色广东丛书》编委会
2021年6月

目　录

第三章　土地革命新道路的开辟

第四章　华南抗战的中流砥柱

第五章　为广东的解放而斗争

第六章　社会主义基本制度的建立

第七章　社会主义建设的探索

第八章　从抵制内乱走向历史转折

第一章

广东共产党组织的创建

历史概说

要事本末

历 史 概 说

    中国从封建末世进入近代社会的历史进程，伴随着外国列强入侵的隆隆炮声，西方殖民主义者在辽阔的华夏大地上为所欲为。地濒南海的广东，首当其冲，受害最烈。不甘屈辱、富于反抗精神的中国人民，奋袂而起，掀起了反对侵略和禁绝烟毒的斗争。1839 年 6 月 3 日，在广东虎门镇口村前的海滩上，林则徐正气浩然，指挥销烟，将从英国商人手中查缴的 230 多万斤鸦片投入销烟池。虎门销烟是中国人民反抗侵略、抗侮雪耻的壮举。然而，侵略者不甘心丧失他们的在华利益，竟悍然动用武力，于 1840 年对中国发动鸦片战争。中国人民不畏强敌，英勇抗击，在广东东莞虎门、广州三元里等地，侵略者受到了沉重的打击。由于清政府腐朽软弱，中国在这次鸦片战争中惨遭败绩，侵略者以其坚船利炮，轰开了中国封建社会的大门。为"扶华夏之将倾，拯斯民于水火"，中国人民百折不挠、前仆后继地进行了顽强的抗争。太平天国的农民革命、鼓吹变法图强的戊戌维新运动、提出"扶清灭洋"口号的义和团运动相继而起。在这些重大的斗争事件当中，有许多是在广东发生的。随着中华民族危机的进一步加深，革命先行者孙中山领导的一场新的革命运动又拉开了帷幕。1911 年，孙中山领导辛亥革命推翻了统治中国两千多年的君主专制制度，于 1912 年建立了中华民国。但革命果实却落到了以袁世凯为首的北洋军阀手里，随着袁世凯称帝、张勋复辟等一幕幕闹剧的相继发生，旧中国的社会性质和人民的悲惨境遇并没有改变，列强争夺、军阀混战的局面也并没有改变。由上可见，从鸦片战争到五四运动的近 80 年间，在中国这个大舞台上，农民阶级、资产阶级等各种不同的政治力量和政治派别，或为挽救民族的危亡，或为应对政治的危机，均作了试图改变中国命运和境遇的种种努力，而且各种改革中国社会的政治主张也都曾经试验过了，却都未能获得成功。

中国社会强烈呼唤着一个新阶级出现，也急迫期盼着一个新政党诞生。广东是中国第一代产业工人的诞生地。从 19 世纪 40 年代起，外国资本主义势力逐步侵入广东。他们不仅输出商品，而且还在广州、香港投资办企业。1845 年，英国人柯拜在广州黄埔兴建了柯拜船坞公司。此后，越来越多外商到广东开办工厂。他们雇用中国工人，从事近代工业生产，因而产生了广东也是全国的第一代产业工人。到 1920 年，省港工人总数已达到五六十万人，其中近代产业工人 30 万左右。广东近代产业工人的产生及其进一步发展壮大，为广东共产党组织的建立奠定了坚实的阶级基础。

随着广东近代产业工人的产生和不断发展壮大，工会组织活动和工人罢工斗争也随之开展起来。广东工人阶级因深受剥削和压迫，为求自身生存、自由和平等，经常奋起反抗，罢工斗争连绵不断，广州和香港也就成为工人运动开展较早、较为活跃的地区。为适应斗争的需要，曾出现过一些初期的工人组织。至 1919 年，仅广州一地就有工会组织 26 个。然而，在 1919 年五四运动以前，这些工人组织还处于秘密结社或封建帮会势力的影响之下。尽管这些组织从未间断地开展斗争，有时也取得了胜利，但斗争的目的不是变革以剥削和压迫为基础的社会制度，斗争规模也不是很大，而且分散孤立，缺乏鲜明的阶级意识，在社会上也尚未形成一支独立的政治力量。历史经验证明，当工人还没有意识到自己的阶级地位和历史使命的时候，是不可能从根本上摆脱民族和阶级的压迫。工人阶级只有用马克思主义理论武装起来，作为一支独立的力量登上政治舞台，并在本阶级政党的领导下，才能够肩负起其历史使命，发挥其自身的革命作用。

广东是中国近代革命思潮传播较早的一个地区。孙中山、朱执信等都接触和介绍过马克思的生平和学说。《新青年》《新潮》《每周评论》《政衡》等报刊传入广州，广东本地也出版了许多进步报刊，宣传新文化、新思想。1917 年 11 月 7 日，俄国十月革命爆发。11 月 23 日，《广东中华新报》报道了这一消息，并介绍了苏俄政府的各项革命措施和社会状况，在广东民众中引起一定关注。人们开始重新考虑中国的出路，将视线转向了社会主义的苏俄，并从俄国十月革命的胜利中，看到了民族解放的新希望。

1919 年五四运动促进了广东工人运动的发展和马克思主义的广泛传播。这期间，留学日本回国的广东香山（今珠海市）人杨匏安，在《广东中华新报》上先后发表了 40 多篇译述文章，对马克思主义的基本原理作了较为全面的介绍。从北京大学毕业回到广州的粤籍学生谭平山、陈公博、谭植棠，于 1920 年 10 月间创办了《广东群报》，介绍马克思、列宁的生平与学说。这些都促使广东民众拓宽视野，提高对马克思主义和国际共产主义运动的认识。马克思主义在广东的广泛传播，也产生了一批初步接受共产主义思想的革命知识分子。他们在现实的斗争中逐渐认识到工人阶级大联合的强大力量。他们逐步走出书斋，涌向社会，深入到工人群众中去开展宣传发动工作。他们通过举办平民夜校和职工学校，向工人群众灌输马克思主义，将马克思主义和广东的工人运动结合起来，为组织工人阶级的政党作了干部上和思想上的准备。

中国共产党发起组于 1920 年 8 月在上海正式成立后，党的创始人陈独秀函约他在北大任教时的学生谭平山、谭植棠、陈公博等人在广州建立党组织。谭平山等人起而响应，并首先于是年 8 月间在广州成立了社会主义青年团。此时，共产国际来华代表也派米诺尔、别斯林两位俄国人到广州，开展建党活动。这两位俄国共产主义者在广州与几位无政府主义者接触，并于 1920 年秋成立了"广东共产党"。这个组织除了米诺尔和别斯林之外，其他成员都是无政府主义者。1920 年 12 月，陈独秀应邀来广东就任教育行政委员会委员长后，指导广东的建党工作，大力宣传马克思主义，与无政府主义者展开论战。无政府主义者退出共产党组织，共产党人与无政府主义者分道扬镳。

1921 年春，由陈独秀、谭平山、陈公博、谭植棠以及米诺尔、别斯林等，"开始成立真正的共产党"。初时，共有成员 9 人，由陈独秀担任书记，稍后改由谭平山继任。广东共产党早期组织是中国共产党在国内最早建立的六个地方组织之一。

1921 年 7 月，中国共产党第一次全国代表大会在上海召开，广东共产党早期组织派代表陈公博出席大会，陈独秀因故未能赴会并指派包惠僧参会。中共一大的召开宣告了中国共产党正式成立。会后，陈公博回广州传达了一大会议精神。至此，中国共产党广东支部正式成立，由谭平山担任书记，陈公博负责组织工作，谭植棠负责宣传工作。中共广东支部成立后，积极发展党员，壮大党的组织，先后吸收了阮啸仙、刘尔崧、杨匏安、周其鉴、冯菊坡、王寒烬、罗绮园、杨章甫、黄裕谦、郭植生、梁复燃、陈适曦（式熹）、张善铭、谭天度等人入党。至1922年6月，广东党组织共有党员32人。

中共广东地方组织的建立，是马克思列宁主义同中国工人运动相结合的产物，也是广东近代社会政治经济发展的必然结果，是历史的选择，是人民的选择。在中共中央领导下，广东党组织成为广东人民反帝反封建斗争的组织者和领导者，肩负起领导广东人民进行革命斗争的历史任务，广东人民的革命斗争也进入了一个崭新的历史时代。

要 事 本 末

□ 广东对五四运动的响应

从 1919 年 1 月开始，第一次世界大战中取胜的协约国在巴黎召开"和平会议"。参加会议的中国代表提出废除外国在中国的势力范围、撤退外国在中国的军队等七项希望和取消"二十一条"及换文的陈述书，却遭到无理的拒绝。中国代表遵照北洋政府的意旨，屈服于帝国主义列强的压力，准备在和约上签字。巴黎和会外交失败的消息传来，激起了中国人民的极大愤慨。5 月 4 日，为了反对帝国主义列强在巴黎和会上损害中国主权、反对北洋政府的卖国政策，北京爆发了以青年学生为主体的大规模的反帝爱国群众运动。

五四运动消息传到广东，广东各地民众奋起响应。5 月 7 日、8 日两天，广东省会学生联合会、广州国民外交后援会等团体纷纷发表通电，要求严惩卖国贼，废除不平等条约，释放被捕学生，"以伸国法，而顺舆情"。省内的潮州、三水、汕头、揭阳、普宁、梅县、海丰、海口、府城等地学生，纷纷举行集会和示威游行，强烈抗议帝国主义的侵略行径和北洋军阀的卖国罪行，声援北京学生的爱国运动。

5 月 11 日，广州国民外交后援会联合各界民众，在东堤东园广场举行国民大会。与会者 10 万人，尤以学界最为踊跃。会场人山人海，气氛热烈。会场前后悬挂大幅横额、对联，场内插满"誓杀国贼""保我国权""还我青岛"等旗帜。会场里还设置了演讲坛，登坛演说者每言及外交失败、亡国惨痛之处，皆是垂泪而道，台下听众无不掩面而泣。会场里群情激愤，喊声震天。会后举行示威游行，并向南方军政府请愿，要求：废除不合理条约，收回青岛；严惩卖国贼；释放被捕学生。第二天，广东高等学堂同学会、广东中学学生会、广东省教育会等团体，以及南方军政府、广州参议院和众议院等，陆续发表通电，支持北京学生的爱国行动，并深表慰问。

随后，岭东学生联合会、琼崖十三属学生联合会等学生组织纷纷成立，并致电声援北京学生的壮举。广东省文昌县人（今属海南省）、北京大学学生郭钦光，因参加北京五四运动而劳累过度，呕血致死，年仅24岁。5月20日，琼崖十三属学生联合会召集海（口）府（城）地区学生，举行追悼郭钦光大会。接着，文昌、乐东、琼东、万宁、澄迈等地学生，也先后举行了追悼郭钦光的活动。

5月26日，广东学界在高等师范学校操场隆重举行追悼郭钦光大会。会场设置志士灵位，在志士遗像两边有用鲜花结成的对联："是为国殇，不愧英雄！"横额文曰："正气磅礴"。到会祭挽者达5000余人。追悼郭钦光的活动，更加激励了广东学生的爱国热情，推动了爱国运动走向新的高潮。

在此期间，全国民众都在开展提倡国货、抵制日货的行动，广东民众也掀起了抵制日货的风潮。从西江两岸到潮汕平原，从粤北山区到五指山下，全省各地都开展了抵制日货的活动。排斥日货风潮，席卷南粤大地，此伏彼起，轰动一时。5月30日晚，广州学生、市民举行了声势浩大的示威游行，并冲击推销日货的先施、大新、真光三大公司和其他商店。愤怒的学生和市民用石块、砖头击破几家售卖日货商店的门窗玻璃，强令其停业。民众剧烈的抵制日货行动，迫使广州售卖日货的商店不得不有所收敛。

面对迅猛兴起的抵制日货风潮，日本驻广州总领事太田喜平要求广东督军莫荣新实行镇压。莫荣新一方面奴颜婢膝向日本人表示道歉，一方面联同代理省长翟汪、省会警察厅厅长魏邦平等向国人施压，先后发布了《督军、省长布告》《省长公署布告》《警察厅布告》和《督军、省长致各镇守使、道尹、督办、总办电》，严禁抵制日货行动，"以免酿成事故，牵涉邦交"，否则将"以扰乱治安论，尽法惩办不贷"。然而，广东当局的压制，反而进一步激起了广东民众的愤慨，掀起了更大的风潮。

6月17日，广东中等以上学校学生联合会（简称"广东中上学联"）成立，张启荣任会长，周其鉴任副会长，阮啸仙、刘尔崧、高恬波等为职员。广东中上学联成立后，联络各社团，深入工厂、商店、街道开展宣传和发动工作，推动广东民众的爱国运动。他们创办平民学校或职工学校，编印了《国耻》《殷鉴》等小册子，表演街头剧，有力地推动了全省学生运动的进一步高涨。

在全国人民的共同推动下，迫于国人强大民意的压力，中国代表没有出席巴黎和约的签字仪式，巴黎和约最终被拒签，五四运动取得了重大胜利。广东对五四运动的响应和支持，锻炼和造就了一批学生运动的领袖和先进知识分子。周其鉴、阮啸仙、刘尔崧、杨匏安、周文雍、杨石魂、张善铭、杨善集等就是在这场波澜壮阔的爱国运动中涌现出来的佼佼者，他们后来都成为中共广东地方组织的早期骨干。

阅读链接

北京大学与五四运动的爆发

1919 年 1 月，美、日、英、法、意等国在巴黎召开"和平会议"，讨论如何处理战后的问题。中国人民对巴黎和会讨论的山东问题十分关注。1919 年 2 月，即和会召开的第二个月，北京大学学生就召开全体大会，推出代表联合各校学生致电巴黎专使，要求力争山东主权。4 月 20 日，103700 余人在济南举行国民大会，并致电巴黎专使，要求他们务必"誓死力争，义不反顾"。出乎中国人意料的是，经过几个月的讨论，4 月 29 日，英美法三国会议议定的和约有关条款竟然规定：将德国原先在中国山东"所获得之一切权利所有权及特权，其中以关于胶州领土铁路矿产及海底电线为尤要，放弃以与日本"。具有讽刺意味的是，和会给予中国的，只是归还八国联军入侵北京时德国掠去的天文仪器而已！消息传到国内，中国人民郁积已久的愤怒就如火山一般爆发出来了。一场以学生运动为先导的轰轰烈烈的全国规模的爱国运动由此开始。

北大师生率先行动。5 月 1 日，关于巴黎和会上中国外交失败的消息，已经开始在北京、上海的报纸上有所披露。5 月 2 日，北京大学校长蔡元培从官方人士处得知，北京政府已密电巴黎专使在巴黎和约上签字。他将这个情况告知北大学生、国民杂志社的许德珩以及新潮社的罗家伦等。于是北大学生发出通知，决定 5 月 3 日（星期六）

晚7时在北河沿北大法科（后来的北大三院）大礼堂召开全体学生大会，并约北京13个中等以上学校学生代表参加，到会的人极为踊跃。会上推定北大法科四年级学生廖书仓为临时主席，北大文科学生黄日葵、孟寿椿二人做记录，许德珩起草宣言。在学生大会上发言的有丁肇青、谢绍敏、张国焘、许德珩以及各校学生代表夏秀峰等人。大会共议决办法四条：（一）联合各界一致力争；（二）通电巴黎专使，坚持不在和约上签字；（三）通电全国各省市于5月7日国耻纪念日举行群众游行示威运动；（四）定于5月4日（星期日）齐集天安门举行学界大示威。有一位十八九岁的同学刘仁静，拿出一把菜刀来要当场自杀，以激励国人。法科学生谢绍敏义愤填膺，当场将中指啮破，裂断衣襟，血书"还我青岛"四字，揭之于众，这就更激励了全体学生的情绪，于是决定第二天即5月4日早上全体游行示威。当晚，北大的同学一夜未睡，用竹竿做旗子，长的做上大旗子，短的做上小旗子。有的同学咬破手指，血书标语。集会的主要目的是收回山东主权，收回青岛，反抗日本，反对列强以及惩办卖国贼和军阀官僚。所有标语大都是写着"收回山东权利""惩办卖国贼""拒绝在巴黎和会上签字""内除国贼，外抗强权""中国是中国人的中国""废除二十一条""抵制日货"等字眼。

5月4日下午1时左右，北京十几所学校的学生3000余人从四面八方汇聚到天安门。北大因整队出发时有教育部代表及军警来劝阻，耽误了时间，最晚到达天安门。天安门前，面对前来警戒的军警，学生们高呼"还我青岛""取消二十一条""宁为玉碎，勿为瓦全"等口号。谢绍敏写的"还我青岛"四个字的血书也被挂在天安门前，令人心痛。学生们在广场上开了一次群众大会，许多人发表了演说。大会决定先向各国公使馆游行示威，再向总统府请愿，要求惩办曹汝霖、章宗祥、陆宗舆，拒绝在巴黎和约上签字。学生游行队伍由天安门出中华门来到使馆区东交民巷的西口，即被阻于铁栅栏之外。学生游行队伍在行进中高呼口号，散发传单。队伍到达曹汝霖住宅所在的赵家楼胡同前街时，军警已将道路封锁。学生向军警耐心地做了说服工作，说："我们是找曹总长谈谈国事，交换意见，要他爱中国。""难道你们不爱中国吗？"于是军警让学生进了胡同。大约下午6时，警察总监等率大批军警赶到。这时，学生已大部散去，只有几十人还在现场。军警逮捕徒步散归者，当时被捕者32人，其中北大学生20人。北大学生易克嶷在被捕时还在说："20年后又是一条英雄好汉。"还有一位北大学生郭钦光，广东海南岛文昌县人，患有肺病，游行前别人劝他不要参加，他不听，因游行劳累又受军警的追打，第二天死于北大宿舍。郭钦光之死，引起北京学生的总罢课，表示严重抗议，并通告上海、天津、广东各地于5月9日与北京同时召开郭钦光烈士追悼大会，以激励国人展开反军阀的运动。

青年学生的义举得到社会各界的广泛同情，社会名流从革命先行者孙中山先生到民社党的林长民，都通电呼吁学生无罪。自从学生被捕后，政局一直严重动荡，而临时国会的参众两院在广州的议员，且有趁此倒阁之势。段祺瑞亲日派势单力薄，若坚持镇压学生，势将引起更大的风潮，而导致全部的失败。加上北大校长蔡元培的多方努力，5月7日被捕的31名学生和1名市民全部被释放。学生被释放了，但斗争并没有结束。段祺瑞还指使安福系阁员提出整顿学风，撤换北大校长蔡元培的职务。蔡元培迫于压力，在学生出狱后的第三天辞职。5月9日，北大学生议决"停课待罪"，表示坚决挽留蔡校长。北京各大专学校校长继蔡元培之后，也都全体提出辞职。北京各校学生都组成了宣传小组，分别进行街头讲演。学生与军警几乎是短兵相接，讲得越多，捕得越众，捕得越众，讲得越多。5月19日，北京中等以上学校25000名学生遂举行总罢课。北京政府指学生此种行动为"纠众滋事、扰及治安"，限令三天之内一律上课。各校代表在北大三院开会，商讨对策，被军警重重包围。会议决定扩大运动，推出代表许德珩、黄日葵到天津、济南、南京、上海呼吁援助，扩大声势。因三院会场被包围，学生就跳墙出来，化装出京。北京学生赴天津、济南、南京、上海等地宣传。

北京政府对学生继续采取严厉的镇压手段，学生仍然坚强不屈，运动日益扩大。6月1日至3日间，北京被捕的学生达两三千人，监狱容纳不下，把北大三院作为临时监狱。6月4日，更多的学生走上街头继续讲演，当天被捕者达700多人。北大三院也收容不下，只得又把理科作为临时监狱的扩充部分。这一天，高等女子师范等15校女生600多人还冲出校门，举行了女子的第一次干政游行。6月5日，更有2000多名学生分三路到街头讲演，军警出动马队驱赶听讲的群众，三队学生于是手拿旗子，大呼爱国，在长街上游行。最后，这2000多名学生一齐奔向用作囚禁学生的北河沿北大三院法科临时监狱，要求集体坐牢。他们说，这些学生被捕是因为爱国。如果爱国有罪，那么他们都有罪，把他们全都抓起来好了。反动当局无奈，没敢再抓捕学生，并撤走包围北大的军警。

6月5日上午，上海日本纱厂的工人首先开始罢工，其他工厂、书局、码头等的工人，沪宁、杭甬铁路的部分工人，也相继罢工。据记载，参加罢工的工人有六七万人，实际的数字可能还不止于此。同时，商人也开始陆续罢市，学生则坚持并扩大罢课。上海的"三罢"实现了。北京、唐山、汉口、南京、长沙等地工人也相继举行罢工，许多大中城市的商人举行罢市，学生举行罢课，斗争如燎原之火迅速蔓延。

迫于群众的压力，北京政府不得不在一些问题上表示妥协。6月7日，北京政府宣布释放被捕学生。6月10日，北京政府下达免除曹汝霖、章宗祥、陆宗舆本职的命令。6月28日晚上，徐世昌眼见众怒难平，勉强表示："政府当然接受民意，不签字就是了，你们好好回去安心读书吧。"群众代表立刻说："大总统既然答应拒绝签字，请立即拟好电文拍发出去。我们回去，也好向同胞们交代。"徐世昌无奈万分，不得不令秘书当场拟好电文，拍往巴黎，令出席和会的中国代表顾维钧、王正廷拒绝签署巴黎和约。此时，在法国的中国工人、留学生和华侨也积极行动起来了。6月27日傍晚，即巴黎和约签字仪式的前夕，旅法华工、留学生、华侨数百人还前往巴黎近郊中国政府总代表陆征祥所住医院，要求拒签和约。顾维钧在与他们会见时，对他们的要求作了肯定的表示。第二天，中国代表没有出席巴黎和会的签字仪式，五四运动取得了又一个更为重大的胜利。

五四运动的"和约不签字""惩办国贼"的目标胜利实现了。这场艰苦卓绝的群众运动以学生运动为先导，而后全国工商农各界团结起来赢得了最终胜利。而在学生当中，又以北大学生为最先发起者和学生运动的主力军。从校长到学生，从思想到行动，从新文化运动的发祥地到成为反动政府关押进步学生的监狱，再到学生爱国运动的大本营和坚强后盾，北京大学成为最为深入地参与这场民族运动的先锋。

□ 杨匏安对马克思主义的传播

1915年，陈独秀在上海创办《青年杂志》（1916年起改为《新青年》），掀起新文化运动后，广东许多为寻求救国济民真理先后到北京、上海以及日本、欧洲等地求学的青年，也纷纷参与办报办刊活动，宣传新文化、新思想。在此期间，令人眼花缭乱的各种社会主义思潮和流派也纷至沓来，涌入广东。经过初步的接触和比较，人们对社会主义开始有了一种朦胧的向往。但是，由于各种学说纷然杂陈，泥沙俱下，人们对各种社会主义学说的了解，如同"隔着纱窗看晓雾"，并不十分清晰，一时还分不清科学社会主义与其他社会主义流派的界限。

"十月革命一声炮响，给我们送来了马克思主义。"1917年11月7日，列宁领导的俄国十月革命爆发。11月23日广州的《广东中华新报》就以《俄国京都大乱》为标题，报道了这场震惊世界的十月革命胜利的消息，称"八日俄京守卫军与劳兵会共起骚动"，"俄京已为过激党占领"。11月26日，该报又发表短评，预言俄国革命对中国的影响，将"较他国为尤甚"。此后，该报多次报道俄国苏维埃政府的消息和"时事述评"。1918年8月，广州的《唯民周刊》在第一卷第四号上发表了《俄国波尔失委克之新写真》一文，记述一位瑞士医生的游俄见闻，并介绍苏俄政府的各项革命措施和社会状况。这些报道都使广东民众大开眼界，引起极大的关注和热议。

1919年五四运动爆发后，反帝爱国运动波及全国各地，在广东也引起了强烈的反响。这更进一步促进了广东工人运动的发展和马克思主义的广泛传播。在五四运动中，新文化、新思潮以沛然莫御之势，奔腾澎湃于珠江两岸，为马克思主义在广东的广泛传播开辟了道路。广东的先进知识分子纷纷学习、研究马克思主义，各种进步的社团和宣传新文化、新思想的报刊宛如雨后春笋，破土而出，形成了一股研究和宣传马克思主义的热潮。进步知识分子还深入工人中间，进行宣传和发动的工作，创办了平民学校、职工学校等，帮助工人学习马克思主义，学习文化知识。

五四时期，最早向广东民众系统地介绍马克思主义的是杨匏安。杨匏安，出生于广东香山县南屏乡北山村（今属珠海市）。1921年加入中国共产党，是中国共产党早期的党员之一。在早期传播、宣传马克思主义方面起到重要的作用，客观上与北方传播马克思主义的先驱李大钊遥相呼应。

杨匏安早年曾东渡日本求学，半工半读，开始接触当时流行于日本的社会主义思潮。回国后，任广州私立时敏中学教务主任兼《广东中华新报》记者。在五四爱国运动和新文化运动潮流的影响之下，杨匏安在教学之余，勤奋著述，笔耕不辍，积极向《广东中华新报》投稿。据统计，仅1918年3月间，杨匏安在《广东中华新报》上就发表了作品15篇，其中"逸事体裁"小品文有13篇，一些作品还连载数日。如他的短篇小说《王呆子》，就曾从1918年3月12日起，分8天在《广东中华新报》上连载。《王呆子》深刻地揭露乡村财主为富不仁、草菅人命的劣行，热情地讴歌一名农民少年以牙还牙、惩治恶人、报仇雪恨的正义行为。小说短小精干，主题鲜明，寓意深刻，警示世人，颇受读者欢迎。

1919年五四运动爆发后，杨匏安更是深受鼓舞。他以相当篇幅的大量译著，广泛、系统地介绍西方心理学、美学，传播西方新文化，开启民智，开拓俗风，以实际行动积极响应思想解放运动的时代召唤。这期间，杨匏安在对西方心理学、美学进行译介的同时，也开始将视角转向对社会科学进行介绍，当时风行的社会主义学说更是引起了他的关注，因而他投入了很多的时间和精力，对社会主义学说进行了全面、系统的推介。

据统计，从1919年6月至12月止，杨匏安在《广东中华新报》副刊《通俗大学校》《世界学说》栏目中，发表了《马克斯主义》《社会主义》《共产主义》等40多篇译述文章，对马克思主义的基本原理作了较为全面的介绍。其中最主要的《马克斯主义——一称科学的社会主义》一文，在《广东中华新报》上连载19日。杨匏安的这篇文章，与李大钊的名篇《我的马克思主义观》，差不多同时问世。

在这篇署名"匏庵"的文章中，他热情地赞扬"自马克斯氏出，从来之社会主义，于理论上及实际上皆顿失其光辉。所著《资本论》一书，劳动者奉为经典"；"马氏以唯物史观为经，以革命思想为纬，加之以在英法观察经济状态之所得，遂构成一种以经济的内容为主之世界观，此其之所以称科学的社会主义者也"；"由发表《共产党宣言》书之1848年，至刊行《资本论》第一卷之1867年，此20年间，马克斯主义之潮流，达于最高，其学说亦于此时大成"。杨匏安在文章中断言："马氏之言验矣！今日欧美诸国已悟布尔塞维克之不能以武力扫除矣！"

杨匏安在《广东中华新报》上发表的另一篇文章《社会主义》，自1919年10月18日至28日连续登载了11天次，该文广泛介绍了从欧文、圣西门、傅立叶到马克思等各派社会主义思潮。杨匏安高度评价了马克思的社会主义学说，认为它"能以学理为基础"，是"学理的或科学的社会主义"，在"近世社会主义之中"，占有"重要之地位"。杨匏安在《青年周刊》上发表了题为《马克斯主义浅说》的文章，对马克思主义进行普及性的介绍。他认为"在现世社会主义当中，马克斯思想占着最重大的势力"，"马克斯主义的潮流"是"一天一天的澎湃起来"。文章浅白明了，适合广大读者阅读。杨匏安上述这些宣传马克思主义的文章，对广东的知识界和青年学生有积极的影响。

杨匏安对马克思主义的传播，不是零敲碎打、断章取义地评说，而是全面、系统地介绍了马克思的唯物史观、阶级斗争学说和剩余价值理论三个方面，涵盖了马克思学说的全部内容。他这样做的目的，是希望国人能对马克思学说有全面的了解，作出明智的抉择。因此，杨匏安被称为"华南地区系统介绍马克思主义的第一人"。

更值得一提的是，在此之前，杨匏安已经义无反顾地选择了马克思主义，并率先尝试将马克思主义同中国实际相结合，探索中国的革命道路。1922年年初，杨匏安在《青年周刊》创刊号上发表了《宣言》一文，文中就明确提出："社会革命四个大字，就是我们先行的旗帜。"他旗帜鲜明地宣称："我们最膺服马克斯主义！"因为马克思的"革命的无产阶级学说，就是指示我们实现社会主义的实际道路"。

杨匏安高度肯定马克思主义对中国革命的指导意义，将马克思主义作为指导中国革命的理论武器。对于这一点，人们无不钦佩他的理论勇气和远见卓识。

正是有像杨匏安这样的一大批撒播马克思主义理论火种的"播火者"，才彻底改变了国人的思想意识和传统观念，也彻底改变了中国社会发展的路向。马克思主义在广东的广泛传播，深入人心，影响巨大。它给了人们以各种醒悟与启迪，使人们以新的思维来思索中国的问题，用社会主义这"新药方"，来医治中国社会的"痼疾"，用社会主义这盏"明灯"，来指引国人挣脱套在自己颈上的枷锁，谋求改造社会和自身解放的道路。"只有社会主义才能救中国"这一认识，正逐步为当时广东的先进分子所接受。这就为在广东地区建立以马克思主义为指导、以社会主义和共产主义为奋斗目标的共产党组织，创造了必要的前提条件。

□ 共产党早期组织的成立

1919 年五四运动后，马克思主义在广东的广泛传播，产生了一批初步接受共产主义思想的革命知识分子。他们在现实的斗争中注重实践，逐渐认识到人民群众大联合的力量，特别是工人阶级大联合的伟大力量。随着爱国运动的兴起和马克思主义的传播，工人阶级迅速觉醒，罢工斗争逐渐改变了过去自发的状态，广东的工人运动进一步发展，呈现出一些新的特点：一是积极参与爱国运动，工人的斗争富于政治斗争色彩；二是同盟性质的罢工明显增加，规模扩大；三是罢工次数不断增多，参加的行业也较为广泛；四是工会组织迅速发展，数量激增；五是工人运动逐渐与学生运动在反帝反封建的共同目标下汇合起来，步调一致，统一行动。

1920 年，在广东学生积极筹备纪念五四运动一周年活动的时候，广州工人于 5 月 1 日在东园广场集会，举行"五一"国际劳动节纪念大会。当天晚上，工人和学生数万人一起举行提灯大游行，场面隆重、气氛热烈、声势浩大，吸引了许多市民参加。5 月 4 日，广东学生在东园广场举行纪念"五四"救国一周年大会，与会学生群情激昂，发表演说，愤怒声讨军阀卖国贼的罪行。5 月 7 日为"国耻纪念日"，广州又有工人、学生数千人举行纪念大会。会后，工人和学生还一起举行示威游行。经过了这些重大的活动，广东的工人运动和学生运动开始在反帝反封建的共同目标下汇合，并逐渐形成了一股势不可挡的革命浪潮。

1920 年 9、10 月间，广州学生举行罢课，以反对桂系军阀莫荣新在广东的统治。与此同时，粤港工人也做出要求桂系军阀滚出广东而支持广州学生的行动。粤汉、广（州）九（龙）铁路工人还举行罢工声援，香港工会团体也积极资助，轮机工人拒绝为桂系军阀运送兵力、装备和军用物资。工人和学生提出的共同口号，就是要求桂系军阀滚出广东。这些步调一致的行动，有力地配合和支援粤军迅速打败桂系军阀莫荣新，使孙中山得以由上海回到广州，重新主持军政府。这也说明了在五四运动后，马克思主义和广东工人运动日益结合起来，广东工人阶级开始以独立的姿态登上政治舞台。这期间的革命运动已经突破了知识分子的狭小的范围，斗争的主力也开始由学生逐渐转向工人。

中国共产党在广东的早期组织，是经过五四运动的推动，在上海共产党早期组织发起后，在共产国际代表的帮助和党的创始人陈独秀的指导和参与之下，经过长期努力而创建起来的。广东共产党的早期组织，经历了广东"共产党"、广州共产党早期组织和中共广东支部几个发展阶段，逐渐形成为比较定型的政治组织。

第一，组建广东"共产党"。1920 年 8 月，作为中国工业和工人运动中心的上海成立了中国第一个共产党早期组织，此为创建全国统一的无产阶级政党的活动中心。陈独秀任书记，遂函约各地社会主义分子组织支部。陈独秀的学生谭平山等在广州起而响应，并且首先于 8 月间成立了广州社会主义青年团。[①] 与此同时，共产国际代表维经斯基派米诺尔、别斯林到广州开展组织"革命局"的工作。维经斯基的

---

① 参见谭平山的《在广东社会主义青年团成立会上致答词》（1922 年 3 月 14 日）。文中说：社会主义青年团"广州一区在前年（1920 年）8 月亦经成立"。见《谭平山文集》，人民出版社 1986 年版，第 243 页。

信说：我在这里逗留期间的工作成果，是在上海成立了革命局。现在的任务是，在中国各工业城市建立与上海革命局相类似的局，目前还只建立了一个北京局，该局与米诺尔和柏烈伟合作；"现在我把米诺尔同志从天津派往广州，他要在那里组建一个革命局"①。他们由北京大学粤籍学生黄凌霜引导，于8月或9月间抵达广州。黄凌霜此时是北京共产党早期组织的成员，但他是无政府主义者。在广州，黄凌霜将米诺尔、别斯林二人引荐给无政府主义者梁冰弦、区声白、刘石心等人。他们共同成立了"共产党"，由米诺尔、别斯林和7名无政府主义者担任党的执行委员，② 并租用永汉北路（今北京路）光光眼镜店二楼作为活动中心。

广东"共产党"主要开展劳工状况调查，并到工人当中从事宣传和发动工作。1920年10月，由米诺尔、别斯林出资，以梁冰弦、黄凌霜等为主要撰稿人，创办了《劳动者》周刊。《劳动者》周刊用浅白的文字宣传劳工神圣，号召工人团结起来，组织工会，反对资本家压迫，是与上海的《劳动界》和北京的《劳动音》同为向工人宣传革命道理的通俗刊物。《劳动者》共出版8期，于1921年1月停刊。当粤军回粤（1920年10月）时，广州街头还出现了以广东"共产党"名义散发的题为《苦的是平民！怎样才是快乐呢?》的传单，指出："根本的办法，只有平民振起，由农夫劳动者的组合，把一切政治机关推翻，把一切金钱组织推倒，实行共产主义去!"③ 由于这个"共产党"主要是由无政府主义者组成的，被认为"与其称作共产党，不如称作无政府主义的共产党"④。谭平山等人没有参加这个小组。

第二，建立广州共产党早期组织。1920年年底，上海共产党早期

① 《维经斯基给俄共（布）中央西伯利亚局东方民族处的信》（1920年8月17日于上海），《联共（布）、共产国际与中国国民革命运动》，北京图书馆出版社1997年版，第31－33页。

② 《广东共产党的报告》（1921年），见《广东区党、团研究史料》（1921—1926），广东人民出版社1983年版，第3页。

③ 《共产党的粤人治粤主张》，见《劳动者》第二号，1920年10月10日出版。

④ 《广东共产党的报告》（1921年），见《广东区党、团研究史料》（1921—1926），广东人民出版社1983年版，第3页。

组织负责人陈独秀，应广东省省长兼粤军总司令陈炯明邀请，到粤担任广东省教育行政委员会委员长。行前，陈独秀征询李大钊意见，李大钊表示赞同，认为既可以将新文化和社会主义思潮带到广东去，又可以在广东发动共产主义者组织。① 1922 年 4 月，陈独秀第二次到广州，船经香港时，陈独秀会见了香港青年李义宝、林昌炽和张仁道，鼓励他们成立研究小组，深入钻研马克思主义。李义宝、林昌炽、张仁道三人后来成为香港青年团、共产党组织的发起人。

陈独秀到穗后，约谭平山、陈公博、谭植棠商谈建党事宜。谭平山等人为北京大学学生，受过新文化运动的熏陶，参与创办《政衡》杂志。1920 年 3 月，谭平山在《政衡》发表《中国政党问题及今后组织政党的方针》②，认为政党是达到政治目的的工具；而组织政党，应以一定的主义为中心，党内应注重政治问题的研究，应针对我国的情势提出明确的政纲，等等。是年秋天，谭平山等三人从北京大学毕业回到广州，谭平山、陈公博任教于广东高等师范学校，谭植棠任教于广东法政学校。他们于 8 月间发起成立广州社会主义青年团，在 10 月间创办《广东群报》。陈独秀对谭平山、陈公博等人说：现孙中山在广东建立政府，正是开展民众运动的好机会；为使民众运动获得发展，必须像上海、北京那样，建立共产主义者的组织。谭平山同意陈独秀的意见，认为今天"实在需要建立一个强有力的政党组织，以宣传和组织民众，为振兴中华做出努力"③。

陈独秀又与广东"共产党"的成员联系，研究党的组织问题，还将自己起草的"党纲"提交他们讨论。无政府主义者反对在"党纲"写上实行"无产阶级专政"的条文。经过争论，陈独秀等人认为这一问题不能让步，必须与无政府主义者分开；而无政府主义者也认为"无产阶级专政"的理论与他们基本观点相悖，遂宣告退出"共产党"组织。1921 年春，经过认真酝酿、准备，陈独秀、谭平山、陈公博、

① 张国焘：《我的回忆》第一册，香港《明报》月刊（1973 年出版），第 127 页。

② 谭平山：《中国政党问题及今后组织政党的方针》，原载《政衡》第一卷第二号，见《谭平山文集》，人民出版社 1986 年版，第 88－105 页。

③ 谭天度：《回首往事话当年》，载《广州党史资料》第一期（1981 年 7 月 1 日）。

谭植棠及米诺尔、别斯林等组成广州共产党早期组织。由陈独秀任书记（不久由谭平山继任），以《广东群报》为党的机关报。[①] 当广州共产党早期组织成立时，原上海党组织的成员沈玄庐、袁振英、李季正随陈独秀到粤工作，参加了广州共产党早期组织。此外，包惠僧受上海党组织派遣于5月到穗见陈独秀，参加了广州共产党早期组织的活动。活动地点主要在广东省立宣讲员养成所（设在广州高第街素波巷）。

广州共产党早期组织成立后，大力开展宣传工作，积极培养革命骨干。一是成立了马克思主义研究会，除党小组成员之外，吸收了一批高等、中等学校学生参加，共有会员80多名。二是通过广东省教育行政委员会创办了宣讲员养成所，由陈公博任所长，谭植棠为教务主任，谭平山、谭天度等为教员，学习内容主要是革命理论和国语、历史等。三是创办注音字母教导团，由陈独秀、谭平山、谭植棠等人授课，在讲解注音字母的同时，讲授马克思主义原理，学员大多为广州市的中小学教师。四是举办广州机器工人补习学校，旨在提高工人文化水平和思想觉悟，由谭天度和黄裕谦任班主任。五是创办俄语学校，由米诺尔及其夫人任俄语教员，在教俄语的同时，向学员介绍马克思主义原理、现代思潮、俄国概况和世界平民文学。

第三，成立中共广东支部。1921年7月23日至8月初，中国共产党第一次全国代表大会先后在上海、浙江嘉兴南湖举行，上海、北京、广州、武汉、长沙、济南和旅日中共早期组织均派代表出席了大会。广州共产党早期组织的代表是陈公博，陈独秀也指派包惠僧由穗赴沪参加大会。大会期间，陈公博代表广州共产党早期组织向大会报告了广州共产党早期组织的成立经过及主要工作，并提出今后以发展党员、成立工会、举办工人学校、加强对农民的宣传和争取军队官兵作为工作重点。大会通过了《中国共产党第一个纲领》，确定党的名称是"中国共产党"。该纲领的要点是："革命军队必须与无产阶级一起推翻资本家阶级的政权"，"承认无产阶级专政"，"消灭资本家私有

---

① 《广东共产党的报告》（1921年），见《广东区党、团研究史料》（1921—1926），广东人民出版社1983年版，第3页。

制"，"联合第三国际"。同时还提出"把工农劳动者和士兵组织起来，并承认党的根本政治目的是实行社会革命"[①]。大会决定，今后党要集中力量领导工人运动，特别是要大力组织工会，教育工人。大会成立了党的中央局，选举陈独秀为中央局书记。

党的一大后，陈公博回到广州。广东党组织由谭平山主持，在宣讲员养成所召开党员大会，听取陈公博关于党的一大精神传达。会议还邀请了一些党外先进分子参加。这次大会宣告：中国共产党广东支部正式成立。中共广东支部隶属于中共中央局，由谭平山任书记，陈公博负责组织工作，谭植棠负责宣传工作。大会还宣布吸收与会的党外先进分子入党。此时，中共广东支部的成员，除上文已提及的人员之外，主要有阮啸仙、林伯渠（林祖涵）、杨匏安、张善铭、周其鉴、冯菊坡、梁复燃、郭植生、陈适曦、王寒烬、罗绮园、刘尔崧、黄裕谦等。[②] 在广东五四运动中涌现出来的先进分子，许多都成为广东党组织的成员。陈独秀因故没有出席党的一大。会后，共产国际代表马林建议陈独秀辞去广东的职务，到上海主持中央局的工作。陈独秀即于9月间离穗赴沪，就任中共中央局书记。广东党组织是中国共产党最早成立的地方组织之一，成立之后，即投身中国革命的伟大事业，在艰险曲折的征途中发展壮大。

阅读链接
各地共产党发起组的创建

1920年5月，经共产国际批准，俄共（布）远东局海参崴分局外国处派出的全权代表维经斯基来到上海。和他一起来到中国的还有旅欧华人、俄共（布）党员、翻译杨明斋等人。维经斯基此行先到北京，会见了李大钊。然后经李大钊介绍，维经斯基前往上海会见陈独秀。维经斯基向陈独秀介绍了十月革命后俄国的情况及苏俄的对华政策，介绍了共产国际和国际共产主义运动的状况和经验。在了解到中国工人阶级的情况和马克思主义在中国传播的情况后，维经斯基认为

---

① 《中共中央文件选集》第1册，中共中央党校出版社1989年版，第3页。

② 《访问梁复燃先生记录稿》，中共广东省委党史研究室存，1964年，油印稿。

中国已经具备建立共产党的条件。

在维经斯基等人的帮助下，陈独秀以上海马克思主义研究会为基础，加快了建党工作的步伐。1920年6月，他同李汉俊、俞秀松、施存统等人开会商议，决定成立共产党组织，初步定名为社会共产党，并起草了党的纲领。党纲草案共有10条，其中包括运用劳工专政、生产合作等手段达到社会革命的目的。此后不久，围绕着是用"社会党"还是用"共产党"命名的问题，陈独秀写信征求李大钊的意见。李大钊主张定名为"共产党"，陈独秀表示完全同意。经过酝酿和准备，1920年8月，中国共产党早期组织在上海成立，取名"中国共产党"。这是中国的第一个共产党组织，其成员主要是马克思主义研究会的骨干，陈独秀为书记（1920年12月陈独秀赴广州后，李汉俊和李达先后代理过书记的职务）。在党的一大召开之前，先后参加上海共产党早期组织的有：陈独秀、俞秀松、李汉俊、陈公培、陈望道、沈玄庐、杨明斋、施存统、李达、邵力子、沈雁冰、林祖涵、李启汉、袁振英、李中、沈泽民、周佛海等人。

上海共产党早期组织成立后，其主要工作是：大力宣传马列主义，为发起全国建党做准备；制定《中国共产党宣言》，为全国建党提供纲领性文献；出版通俗刊物，组织工会，创办劳动补习学校，促使马克思主义与工人运动进一步结合。陈独秀四处联系发展建党事宜，包括北京、武汉、长沙、济南、广州、东京等地。

北京的共产党早期组织是在"南陈北李，相约建党"后，由李大钊直接指导和筹划成立的。1920年3月，为了推进建党工作，李大钊在北京大学组织成立了第一个"马克思学说研究会"。经过一系列准备工作，北京共产党早期组织于1920年10月在北京大学图书馆李大钊的办公室正式成立。当时取名为"共产党小组"。党组织的最初成员有李大钊、张申府、张国焘三人。不久，张申府经上海去法国，罗章龙、刘仁静、邓中夏、高君宇、何孟雄、缪伯英、范鸿劼、张太雷等一批新成员先后加入党组织。

武汉的共产党早期组织，是在上海的共产党早期组织直接指导下成立的，得到了陈独秀、李汉俊的大力支持。1920年夏，李汉俊从上海到武汉面见董必武，商议在武汉地区建立共产党组织。与此同时，刘伯垂在上海由陈独秀吸收入党，并受陈独秀的委托回到武汉，开展筹建共产党组织的工作。1920年初秋，刘伯垂、董必武、陈潭秋、包惠僧、张国恩、郑凯卿、赵子健等7人共聚在武昌抚院街董必武寓所，由刘伯垂主持召开会议，决定成立武汉共产党早期组织，当时取名为"共产党武汉支部"，包惠僧任书记。

长沙的共产党早期组织是由毛泽东负责建立的。1920年7月，毛泽东由上海回到长沙后，先后成立文化书社、俄罗斯研究会等团体，并与新民学会的中坚分子讨论建党的问题。蔡和森从法国来信提出必须建立中国共产党，毛泽东表示深切的赞同，并同时通告陈独秀已在国内开始建党活动。1920年秋，新民学会已经拥有100多名会员，其中一些先进分子已接受马克思主义，主张走十月革命的道路。1920年秋冬之际，毛泽东、何叔衡等在长沙，以新民学会骨干为核心秘密组建了共产党早期组织。

济南的共产党早期组织是在王尽美、邓恩铭等人的组织下成立的。上海共产党早期组织成立后，陈独秀函约王乐平在济南组织建党。王乐平接到陈独秀关于在济南建党的信后，由于考虑自身国民党员的身份，没有承担此约，而是推荐了王尽美和邓恩铭。按照上海共产党早期组织的要求，王尽美、邓恩铭等人积极联络筹备，于1920年11月组织进步学术团体——励新学会，并创办了《励新》半月刊杂志。经过王尽美、邓恩铭等人的积极筹备，1921年春，中共济南早期组织成立。

旅日华人中的共产党早期组织，最初是由上海的共产党早期组织成员施存统和周佛海组成。施存统是上海共产党组织最早的成员之一。1920年6月，施存统去日本时，带着一份抄写的中国共产党党纲。陈独秀、李达介绍施存统与同在日本鹿儿岛就读的周佛海联系，建立了中国共产党在日本的早期组织，陈独秀指定施存统为负责人。

旅法华人中的共产党早期组织于1921年年初成立。张申府赴法国前曾同李大钊一起发起组织北京共产党早期组织。张申府到法国后，先介绍刘清扬入党，然后由他和刘清扬介绍周恩来入党。陈公培出国时，抄写了一份中国共产党党纲带去法国。于是，张申府、赵世炎、陈公培、刘清扬、周恩来等成立了旅法共产党早期组织。

1921年6月初，共产国际代表马林和共产国际远东书记处代表尼克尔斯基先后到达上海，并与上海的共产党早期组织成员李达、李汉俊建立了联系，一致认为应尽快召开全国代表大会。7月23日，中共第一次全国代表大会在上海召开。陈独秀委托他人带来了致大会的信，主要讲了四点："党员的发展与教育；党的民主集中制的运用；党的纪律；群众路线。"尽管陈独秀没有出席会议，但是由于他在新文化运动以来就积累的声望特别是在中国共产党创建过程中的卓越贡献，他被推选为党的首任书记。

□ 地方党报《广东群报》的创办

《广东群报》创刊于1920年10月，谭平山、谭植棠、陈公博由京返粤后，鉴于"所有社会组织的基柱，已呈锈蚀的现象，非向根本上重新改造，旦夕间就会发生栋折梁崩的危险"，基于"改造社会"和"宣传新文化"的目的，进而创办《广东群报》。

《广东群报》创刊时，其宗旨为"不谈现在无聊政治，专为宣传新文化的机关；不受任何政党援助，保持自动出版的精神"[①]。其创刊号发表了蔡元培、陈独秀的文章。陈独秀希望：广东青年讲求社会需要的科学，切实研究社会实际问题的解决方法，做贫苦劳动者的朋友，勿做官僚资本家的佣奴。[②]谭平山发表《对于新文化宣传的我见》（署名谭鸣谦），提出要打破"因为先贤前哲讲过，不能不照这样讲，先贤前哲做过，不能不照这样做"的保守遗习；而主张"用科学的方法，去整理我国固有的古代文化，使之有条不紊"，并且指出"古代文化的缺点，求个补充和改革办法，使之成为一种新生的文化"。[③]谭天度发表《新文化事业之前途》（署名谭夏声），提出"最新之时代，应有最新之事业以支配之；最新之事业，应有最新之文化以孕育之"。

---

① 《筹办群报缘起》，载《广东群报》创刊号。《群报》创刊号没署出刊日期，从有关资料推测，约为1920年10月20日。

② 陈独秀：《敬告广东青年》，载《广东群报》创刊号。

③ 谭平山：《对于新文化宣传的我见》（1920年10月19日），见《谭平山文集》，人民出版社1986年版，第153、155页。

认为新文化的内容应包括："尊重个人意见"，以讨论社会改革的办法；"输入欧西学说"，以借鉴外人的经验；"阐明古书新义"，以吸收前人的成果。该文还说："长夜漫漫梦已甜，雄鸡一声天下白，吾道不孤，豪杰之士，当有闻风兴起者，则广东文化之新事业，正如旭日初升，其前途固有无量之希望也。"① 这表明，《广东群报》志在传播新思潮，推动新文化事业。

《群报》初创时，曾一度致力宣扬"群性"之说。编者鉴于"群性"是人类的"本能"，"人类得以岿然独立于今日，完全赖有群性的本能"，因以"发展群的本能，铲除群的障碍，巩固群的壁垒，增进群的乐利"② 作为办报主张，并将报纸命名为《群报》。《群报》创刊后，即连载俄国无政府主义者克鲁泡特金所著《互助论》（区声白译），还刊登了不少无政府主义者的文章。说明《群报》初时的思想倾向，同马克思主义还有一定距离，还带有无政府主义的色彩。

陈独秀来粤后，《群报》的版面发生了明显的变化，主要表现为大量转载上海《共产党》月刊的文章，加重了对苏俄和各国共产党情况的报道。1921 年元旦，《群报》登出了列宁的大幅照片。谭植棠发表于《元旦增刊》的文章鲜明写道："社会主义已成为人类的信仰，而这种信仰，已由空想的地步，进到了实现的地步。"他呼吁人们："快要信仰社会主义，去实行社会的革命。"③ 广州共产党早期组织成立后，《群报》被明确规定为党组织的机关报，成为中国共产党创立时期出现的第一张大型地方党报。

宣传马克思主义。《群报》辟有《马克斯研究》《俄国研究》《莫斯科通信》《留法通讯》《译论》《评论》《论著》《工人消息》等专栏，先后发表了《马克斯的一生及其事业》（〔美〕J. Spargo 著，陈公博译）、《列宁传》（〔日〕山川均著，张亮译）等长篇译作，介绍

---

① 谭天度：《新文化事业之前途》，载《广东群报》1920 年 10 月创刊号，又见《谭天度诗文集》，第 100 - 101 页。

② 谭平山：《对于新文化宣传的我见》（1920 年 10 月 19 日），见《谭平山文集》，人民出版社 1986 年版，第 150 页。

③ 谭植棠：《最危险的——续出的顽固党》，载《广东群报》（1921 年 1 月1 日）。

马克思、列宁的生平和共产主义运动的历史。《群报》还登载过列宁的一些演说和著作，如《俄罗斯的新问题》（震瀛译）、列宁在俄共（布）第十次代表大会的演说和列宁关于新经济政策、国家资本主义等问题的论述。当《马克斯的一生及其事业》在报上连载时，正值陈望道翻译的《共产党宣言》出版，这对于学习马克思的原著起了配合的作用。《群报》所载《俄国共产政府成立三周年纪念》一文，明确说"共产党（多数派）主义，确是真正的马克斯主义"；"共产党（多数派）底方法，可以作为一种过渡的手段，运用于中国"。

《群报》还以显要的位置，大量刊登或转载了陈独秀、李大钊、李达、谭平山、陈望道、沈雁冰、李季、瞿秋白等理论先驱者宣传马克思主义、介绍苏俄的历史和现状、分析中国实际问题的文章。例如，1921 年 3 月俄共（布）第十次代表大会在莫斯科召开，瞿秋白以记者身份参加了会议，并写了 3 万多字的长篇通讯《共产主义之人间化——第十次全俄共产党大会》。《群报》以大量的篇幅，连载了瞿秋白这篇文章。

批判无政府主义。在广东党组织创立的过程中，无政府主义者与马克思主义者分道扬镳，坚持宣传他们自己的理论观点。1921 年 1 月 15 日，陈独秀在广东法政学校作了《社会主义批评》的演讲，对各种"社会主义"的理论观点作了剖析；陈独秀着重批评了无政府主义，指出"无政府主义在政治经济两方面，都是行不通的路"。1 月 22 日，无政府主义者区声白在《群报》发表《致陈独秀先生书》，反对陈独秀的观点。于是，一场关于无政府主义的论战遂在《群报》展开。

在这场论战中，区声白 3 次诘难，陈独秀 3 次辩驳。陈独秀反驳了区声白的无政府主义思想和政治观点。在革命道路的问题上，陈独秀反对用"暗杀"的手段来代替社会改革和革命。他认为，除去一两个恶的分子，并不能够使社会变为不恶；在我们未曾用我们的力量把现存的制度推翻以前，我们仍旧必然为现存的我们所反对的社会制度所支配；因此，我们应该觉悟："我们唯一的使命只有改革社会制度"①。

---

① 陈独秀：《讨论无政府主义》（1921 年 8 月 1 日），见《中共党史参考资料》（一），人民出版社 1979 年版，第 281 页。

在国家问题上，陈独秀指出：袁世凯、张勋等正是借口所谓尊重"国民性"来胡作非为的，中华民族正是毁在他们手下。因此，"非从政治上、教育上施行严格的干涉主义，我中华民族的腐败堕落将永无救治之一日；因此我们唯一的希望，只有希望全国中有良心有知识有能力的人合拢起来，早日造成一个名符其实的'开明专制'（无产阶级专政）之局面，好将我们从人类普通资格之水平线以下救到水平线以上"①。陈独秀还指出："无产阶级专政就是不许有产阶级得到政权的意思，这种制度乃是由完成阶级战争消灭有产阶级做到废除一切阶级所必经的道路。"②

在自由、民主的问题上，陈独秀指出："我们的社会乃由许多生产团体结合而成，一团体内各人有各人的意见，人人同意已不易得；一社会内各团体有各团体的意见，人人同意更是绝对没有的事；一团体内意见不同的分子还可以自由退出，我不知道一社会内意见不同的分子或团体，有何方法可以自由退出？"③ 他指出："凡有社会组织，必有一种社会制度，随之亦必有一种法律保护这种制度，不许有人背叛。"因此，"决没有绝对的自由，决不能实现无政府主义"。在生产和分配的问题上，陈独秀批驳了生产"绝对自由"、分配"各取所需"的观点，他指出："因为各个生产团体各个利害不同，若是没有一个统一机关用强制力去干涉调节，各个生产团体主张各个的绝对自由，这样能联合不能？无政府主义者用这种没有强制力的自由联合来应付最复杂的近代经济问题，试问怎么能够使中国的农业工业成为社会化？怎么能够调节生产只使不至过剩或不足？怎么能够制裁各生产团体使不至互相冲突？怎么能够转变手工业为机器工业？怎么能够统一管理全国交通机关？"④ 他又指出：在社会主义条件下，不能采取"各取所需"的分配原则，如果一定要那样做，社会的经济秩序就要陷入

① 陈独秀：《随感录——中国式的无政府主义》（1921年5月）。

② 陈独秀：《社会主义批评》（1921年1月15日）。

③ 陈独秀：《讨论无政府主义》（1921年8月1日），见《中共党史参考资料》（一），人民出版社1979年版，第281页。

④ 陈独秀：《社会主义批评》（1921年1月15日）。

混乱。

《群报》还刊登了李达《社会革命底商榷》（署名江春）、包惠僧《讨论社会主义并批评无政府党》以及《共产主义与无政府主义及议会派之比较》等文章。以《群报》为主阵地的这一场论战，使许多人认清了无政府主义的实质，划清了马克思主义与无政府主义的界限，马克思主义得到了进一步的传播。彭湃说："我从前是很深信无政府共产主义的，两年前才对马氏（马克思）发生信仰，年来的经验，马氏我益深信。"[1]

主张改造社会。《群报》发表了不少关于社会问题的文章，涉及改造报业、改造教育、整顿社会风气、批评广州市的市政、批评广州戏剧、废兵问题、废娼问题、女子解放问题等。《群报》所发表的小说、诗歌，多取材于家庭、婚姻、就业等现实问题，着重揭露封建专制制度下社会生活的黑暗，指出必须改造社会，必须采取"直接行动"，实行社会革命。陈独秀在《群报》上，发表过一系列针对广州社会的实际问题来谈改革的文章。在关于女子解放问题的演说中，他指出：有了社会主义，才有女子的解放；因此无论男女"都要努力于社会主义"，都要"把社会主义作唯一的方针"。[2]

指导工人运动。作为广东党组织的喉舌，《群报》特别注重对于工人运动的报道和指导，发表过不少关于劳工调查和工会问题的文章。1921 年 5 月 1 日，《群报》出版《劳动节增刊》，共发表 17 篇文章，其中有陈独秀的《五一节底意义》、谭平山的《万国庆祝声中我们中国劳动界的鏖战声》、谭植棠的《这是我们劳动界应当信守的》和冯菊坡的《工业联合与职业联合》等等。其中冯菊坡的文章，分析了广州现有工会的缺点，提出应"由现在式的工会变为职业联合，由职业联合变为工业联合"。

《群报》的第八版为"世界要闻"版，以报道苏俄见闻、各国共产党的活动、世界各地革命运动的状况为主。1921 年 1 月，该版共刊

---

[1] 《彭湃致施复亮的信》（1923 年 9 月 7 日），见《不朽的丰碑》，人民出版社1996 年版，第 44 页。

[2] 《新青年》第九卷第二号，1920 年出版。

登国外消息 161 篇，其中关于苏俄的 63 篇，关于第三国际和各国共产党的 18 篇，关于各国革命运动的 45 篇。当国内各地对共产主义的消息还实行封锁之时，《群报》对此却作了大量的报道和宣传。

《广东群报》一扫 20 世纪 20 年代初广州报业的混浊空气，以清新、活泼的面貌出现在读者面前。工人赠以"振我柔魂""振发劳工"的题词。《新青年》介绍说：《广东群报》"是中国南部文化的总枢纽，是介绍世界劳动消息的总机关，是广州资本制度下奋斗的一个孤独子，是广东十年来恶浊沉霾空气里面的一线曙光"。1922 年夏，陈炯明发动反对孙中山的兵变后，《广东群报》被迫停刊。

□ 香港海员大罢工的发动

1922 年 1 月，香港爆发了大规模的海员大罢工。这次罢工斗争，是中国工人阶级第一次直接同帝国主义进行针锋相对的斗争，也是中国共产党成立后领导的全国第一次罢工高潮的起点。它推动了全国第一次工人运动高潮的出现，扩大了中国共产党和工人阶级在全国的政治影响，被称为中共成立后"中国第一次罢工高潮的第一怒涛"。

香港中国海员长期遭受英帝国主义的殖民统治和资本家、包工头的残酷剥削，他们漂洋过海，往返于各国港口，较早受到世界社会主义思潮的影响和国际工人运动的影响，阶级觉悟逐渐提高。海员工人中的先进分子苏兆征、林伟民等人参加过同盟会，支持孙中山的革命活动。1921 年 3 月，中华海员工业联合总会（简称海员工会）在香港成立。这是中国海员工人第一个真正的工会组织，也是中国最早的产业工会组织之一。5 月，海员工会向资方提出增加工资的要求，开始组织策划罢工。并事先派人到广州，发动各工人团体援助，争取孙中山以及南方政府支持，同时还在广州设立总办事处，下设总务科、财政科、粮食管理处、招待处和工人宿舍，准备接待由港返穗的海员工人。11 月，海员工会第二次向资方提出增加工资的要求。这时各轮船外国海员的工资增加了 15%，而中国海员的要求却被无理拒绝，此举激起了香港中国海员工人的义愤。1922 年 1 月 12 日，海员工会第三次提出上述要求，仍得不到答复。香港中国海员工人即于当天下午 5

时，正式宣布罢工，并发出"罢工宣言"和"停工规则"，号召全体海员"万众一心，共同奋斗"，不可"自甘放弃，失却中华海员工党之荣誉，卑靡我数万海员之人格"。在一个星期内，参加罢工的轮船达123艘，罢工人数约6500人。罢工工人纷纷撤离香港返回广州，并受到广州市民热情接待。国民党以及广东政府对罢工给予了大力支持，香港海员工人罢工的规模迅速扩大。

港英当局用高压手段对付罢工海员，先是派军警实行戒严，后于2月1日以海员工会"运动他项工人罢工"，行动已"危及香港之治安与秩序"为由，宣布海员工会为"非法团体"，还派军警封闭会所、驱逐会员、逮捕罢工领袖、拆走工会招牌。港英当局这一行径更加激起了香港海员工人的义愤，香港海员罢工遂从要求增加工资的经济斗争，进而发展成为反抗帝国主义压迫的政治斗争。

中共广东支部对香港海员大罢工予以大力支持和帮助，全体共产党员和社会主义青年团员都参加了接待工作和其他各项工作，纷纷走上街头，向群众演讲，向市民散发传单，同时在广州组织成立了"香港罢工后援会"，成为返穗工人的坚强后盾。2月9日，在海员代表与港英当局谈判的关键时刻，广东党组织公开以"共产党广东支部"的名义发表《敬告罢工海员》书，及时对香港海员罢工运动予以支持和引导。

中共广东支部这篇文告指出：我们是为争生存而举行这次大罢工，凡是有良心、爱好和平的人们，没有不同情我们的；我们的光荣，因为我们有人格的自觉，不愿意将劳力当做货物卖出，而想各人都取得的一个有意义、有兴趣的生活！我们的胜利是可以预期的。中共广东支部提醒罢工海员注意：（一）坚持到底。我们最后向船东提出的条件，那是体量现社会组织的情形，为争个人生存上最低限度之一种，断不可因威迫利诱而稍形退让。任何人出面调停，必须如愿相偿，方能应许。（二）团结一致。中国人办事没有五分钟的热度，外国人常常用这种话讥诮我们，就是形容我们不能团结的意思。俗话说得好："众擎易举，一木难支。"我们劳动者能够战胜资本家的优点，就是仗着人数多，合起群来能有阶级觉悟，若使不能团结行动，资本家就不难用种种方法把你各个击破。（三）严守秩序。我们由长河大海、惊涛骇浪的生活中，暂时来住陆地。我们应该想想，这岂不是资本家逼我而成的吗？我们当然有一种愤恨填在胸中，但是这样愤恨，都要针向我们的仇敌发泄，不要对帮助我们的人们稍有得罪。所以我们的言语行动，也要守着一个范围，就是很奋敏地很严正地采取一些文明手段，去要求帮助我们的朋友，对待仇视我们的敌人。（四）注重自治。我们到省城的不下数千人，承各界同志帮助招待，自然是感谢不尽。我们要晓得仇敌的侦探是很多的，他们最会的是制造谣言，挑拨是非。他冒充我们海员混在团体中，故意做种种不名誉的事，企图破坏我们团体的，恐怕也是难免的。我们因此凡是起居饮食，一切细微动作，都要加一层的注意。中共广东支部还表示："本党以海员同志为开始阶级斗争的急先锋。定当竭其能力，为之后援。"这篇文告，提出了罢工工人应遵循的原则，抓住了斗争的关键性问题，具有重要的指导意义。

中共广东支部还以广东宣讲员养成所作为海员罢工的联络通讯处，负责收转国内外"香港海员后援会"的捐款和信件。中国劳动组合书记部号召全国工人大力支援这次罢工。上海、湖北、河南等地以及京奉、京汉、陇海、京绥等铁路工人，均成立了"香港海员后援会"。港英当局和资本家企图在上海招募新工人，遭到了上海海员组织的抵制。

这次香港海员大罢工的实际领导人是苏兆征和林伟民，苏兆征任香港海员工会代理会长，林伟民任总干事会常务委员。港英当局宣布海员工会为"非法"团体，罢工进入十分艰苦阶段，海员工会派出代表同港英当局和轮船资本家谈判。海员代表不为殖民主义者的恐吓所动摇，不为资方的诱骗手段所迷惑，坚决维护海员工人的根本利益。

3月初，香港各行业工人为支援海员斗争实行总同盟罢工，罢工总人数达 10 万，香港陷入瘫痪状态。3 月 4 日，数千罢工工人徒步经沙田回广州，港英军警竟向手无寸铁的工人开枪扫射，死 6 人，伤无数。此为"沙田惨案"。中共广东支部书记、劳动组合书记部广东分部主任谭平山于惨案后（3 月 6 日）在《广东群报》发表《港政府枪毙华工》一文，对港英当局提出愤怒的谴责，表明无产阶级对此"真是激愤万端，欲哭无泪"，希望广东政府继续支持工人，"以最光明磊落的态度，发表堂堂正正的主张"。各地区、各阶层人士无比愤慨，纷纷提出强烈抗议。港英当局和轮船资本家迫于形势，遂不得不向工人屈服，答应了海员工人的基本要求：分别增加工资 15%—30%；实行新的雇用船员办法，以减少工头的中间盘剥；抚恤"沙田惨案"死者家属，赔偿伤者医药费；恢复被取缔的工会，释放被捕工人。

香港海员大罢工历时 56 天，最后以香港海员的胜利而结束。这次罢工有力地打击了帝国主义，迫使帝国主义者在中国工人阶级面前低头认输，大长了中国工人阶级和中华民族的志气。罢工的胜利，显示了中国工人阶级的伟大力量，促进了工人阶级的团结，推动了全国工人运动的发展；罢工运动还造就了林伟民、苏兆征等骨干分子，林伟民、苏兆征不久先后加入了中国共产党，成长为广东乃至全国著名的工人运动领袖。

阅读链接

工人阶级在广东的兴起

广东工人阶级的斗争，在五四运动前处于自发的状态；五四运动之后，随着爱国运动的兴起和马克思主义的传播，工人阶级迅速觉醒，工人运动进一步发展。

五四运动以后广东工人运动呈现出新的特点。第一，积极参与爱国运动，富于政治斗争色彩。五四运动时广东工人与广大青年学生一起，自觉投身于轰轰烈烈的反帝爱国运动。广州机器、电力、自来水、人力车等行业工人和广九、粤汉铁路工人相继罢工。汕头、江门、香港等地工人也先后举行罢工，显示出工人阶级参加爱国运动的巨大威力。1920 年秋，粤军回师讨伐桂系军阀时，各业工人积极配合，粤汉、广九铁路工人先后罢工，拒绝为桂系军队运送兵员、军火。机器工人炸毁了东江铁桥，截断桂系军队的运输线。广州工匠会召开大会，通过了捐助讨桂的决议案。香港工人踊跃捐输助饷，支援讨桂战争。香港船工也拒绝为桂军运兵。第二，同盟性质的罢工明显增加，规模扩大。广大工人在实践中逐步认识到，他们的斗争是为了反对资产阶级的剥削和压迫，"具有两个阶级冲突的性质"，只有举行同盟罢工，才能取得胜利。1919 年 12 月，香港—广东内河航线的海员要求增加工资遭到资本家拒绝，遂举行罢工。先后有15艘轮船停航，还有几艘轮船抵港后也停航，海员联合一致开展斗争，迫使资方改变态度，接受海员加薪的要求。1920年2月，香港机器工人因物价上涨，多次致函资本家要求增加工资，而资方置之不理。工人遂从4月3日开始举行罢工，船厂、水泥厂、糖厂、牛奶厂、冰厂和电车、电力、煤气、电话等企业的万余名工人参加了罢工。广州工人大力支持，积极捐助，并热情安置罢工返穗的工人。至4月18日，劳资双方经过谈判，资方终于同意增加工人的工资。1921年4月，东江、北江、西江的小轮渡航运工人为要求增加工资而联合举行罢工，也取得了胜利。这都充分显示出同盟罢工的威力。第三，罢工次数较多，涉及行业较广泛。据不完全统计，1920年，广州、香港工人罢工17次以上；1921年5月，罢工15次。参加罢工的，有航运、铁路、机器、洋务、榨油、建筑、电话等行业的工人。同年6月，广州又有1万多名机器工人举行罢工。第四，工会组织迅速发展。1921年，广东的工会增加到250多个。1920年，香港在一年间新成立的工会就达46个。

中国共产党成立后，致力于发展工人运动。1921年8月，为统一领导全国工人运动，党在上海成立中国劳动组合书记部。随后，中共广东支部在广州高第街素波巷成立中国劳动组合书记部南方分部（后改为"广东分部"），由谭平山兼主任。此为广东共产党组织领导工人运动的公开机关。为推动工人运动，广东支部和劳动组合书记部南方分部着重在广州、佛山等地，向工人开展宣传教育工作，建立工会，改造、扩大原有的工会，发动和支持工人的罢工斗争。经过努力，相继建立了广东土木建筑工会、佛山土木建筑工会、广州茶居工会、革履工会、理发工会、油业工会、碾谷工会等。广东土木建筑工人为要求增加工资而举行罢工，资方、警方竟实行镇压，逮捕了一批罢工者。党组织和工会动员3000多名工人，包围公安局两昼夜，迫使其释放工人。经过斗争，工人取得了胜利，工资由每天4角增至6角。随后，广州革履、金属、土洋木、缝衣、纸业、广三铁路和潮汕铁路工人相继举行罢工，并分别取得胜利。仅1921年下半年，广东各地罢工达50次以上。在此基础上，工会组织更加发展，并成立了广东总工会。

□ 中国社会主义青年团一大的召开

广东社会主义青年团的建立，在五四运动之后不久就开始酝酿。因而广东团组织建立的时间，相对于广东党组织建立的时间稍早一些。1920 年 8 月，已从北京大学毕业回到广东的谭平山、陈公博、谭植棠等，应上海社会主义青年团的函约，开始在广州发起组织广州社会主义青年团。先是由谭平山、陈公博等联络进步青年，吸收了 10 多人入团。1920 年 11 月，广州社会主义青年团与无政府主义者的"互助团"合并，在广东高等师范学校召开大会，制定了团的章程，成立了干事局，选举谭平山等人为职员，并宣布广州社会主义青年团成立。但是，这个青年团组织，是马克思主义者与无政府主义者的"混合体"，加上"当时没有标明哪种主义，也没有拟有具体的计划，团员宗旨也不一致"，故于 1921 年三四月间"自行宣布解散"。

1921 年 10 月，社会主义青年团上海总团提出改组。11 月，谭平山和中共广东支部接受"上海总团的委托，再在粤组织分团"。此后，广东恢复筹建社会主义青年团的活动。这次广东青年团组织的重建工作，吸取了上一次的教训，在联络同志方面注重思想宣传教育。在中共广东支部的领导下，创办了《青年周刊》，成立了青年剧社，组织了讲演队，还成立了劳动通讯社和中国劳动组合书记部南方分部等青年团所属机关，用以团结广大青年，从中物色对象、发展团员。他们还邀请共产国际代表马林以及张太雷，给广州青年作关于十月革命和共产党的报告，通过宣传十月革命和马克思主义，来启发青年的政治觉悟，激发青年的政治热情。青年们在这样的活动中，日益明确了方向，也建立了对马克思主义的信仰，倾向进步，投身革命活动。

在青年团重建的过程中，中共广东支部十分注意在指导思想上"标明以马克思主义为中心思想"。在制定的《广东社会主义青年团修正章程》中，明确提出"本团以研究马克思主义，实行社会改造为宗旨"，并且公开声明"我们确信马克思主义有改造社会的能力"。由于标明了青年团的指导思想、宗旨和奋斗目标，广大青年对社会主义青年团组织的性质有了进一步的认识。经过积极的发动与联络，大量吸收团员，从 1921 年冬至 1922 年春不到半年的时间，广东的建团工作进展迅速，团员人数剧增，组织不断壮大。1922 年 1 月召开第一次广东团组织成立筹备会议时，与会者有 58 人；2 月召开第二次筹备会议时，团员已达 140 人；到 3 月初，仅广州市就有团员 400 多人。在佛山、肇庆、汕头、琼州（今海南省）、梧州（属广西）等地，都已成立了分团。

1922 年 3 月 14 日，广东社会主义青年团在广州举行成立大会，与会者达 3000 余人。会上，谭平山报告了广东团组织筹备的经过及拟订的计划并致答词。他说："我们组织这个社会主义青年团，是以改造社会为最大目的"，"纯以马克思主义做中心思想"，"志在参加实际运动"，号召有志于改造社会的青年人，能够踊跃加入本团组织。大会还通过了团的章程等决议案多项，并宣告广东社会主义青年团正式成立。

重建后的广东社会主义青年团，十分重视自身的组织建设，在广东社青团领导机关执行委员会下设劳工运动、学生运动、农民运动、妇女运动、军人运动、政治宣传、社会教育等 7 个委员会，设文书、宣传、劳动组织、财政、总务、地方分团 6 个部。4 月 6 日，广东社会主义青年团采用通讯选举的办法，选举谭平山为执行委员会书记；王寒烬、潘兆銮、谭植棠、王觉群等人为各委员会负责人；杨匏安、谭天度为中文秘书，冯菊坡为英文秘书。在中共广东支部的领导和支持下，广东青年团的组织日益严密，机构日臻健全，各内设工作部门分工明确，各司其职，工作日趋走上了正轨，成为当时极有影响的革命团体之一。当年共产国际代表在向共产国际执委会远东部的报告中，就曾提到"在广州，青年团的影响特别大，在那里，青年团是合法的，有几百名团员"。

1922 年 5 月 5 日至 10 日，中国社会主义青年团第一次代表大会在广州东园召开。出席大会的代表 25 人，代表全国 15 个地区团组织的 5000 多名团员。大会由张太雷主持，陈独秀及少共国际代表达林作了讲话，谭平山、谭植棠、梁复燃、陈公博作为广东团组织的代表出席了大会，谭平山还就广东团组织情况向大会作了报告。大会通过了《中国社会主义青年团纲领》和《中国社会主义青年团章程》，并选出了团的中央执行委员会，施存统当选为团中央书记。

中国社会主义青年团一大召开以后，广东团组织与团中央加强了联系，各项工作都在团中央和广东党组织的领导下进行。5 月 28 日，广东社会主义青年团在广州市素波巷召开会议，传达青年团团一大的精神，并决定广东团组织改组和整顿的事项。6 月，发生了陈炯明叛乱事件，广州局势恶化，青年团组织转入秘密活动状态，团组织改组和整顿工作中断。直到 1923 年年初，陈炯明被逐出广州，青年团组织才恢复正常的活动。根据团中央的指示，由阮啸仙负责重新整顿广东社会主义青年团组织的工作。整顿工作首先从广州的团组织着手，在重新登记团员、成立团小组的基础上，于 1923 年 5 月 13 日召开社会主义青年团广州地区各小组组长会议，成立团广州地方执行委员会，推选阮啸仙担任书记。团广州地委代行团广东区执行委员会之职权，领导全省团的工作。

广东团组织经过严格的整顿和教育，改变了自 1922 年 6 月陈炯明叛乱以来的涣散现象，团员的精神面貌得到了改观，各级团组织也逐步得到了巩固。整顿后的广东团组织，团结广大青年群众，开展各项斗争，并注意在斗争中发展团员，壮大组织，使广东团组织得到了迅速的恢复和发展。至 1923 年 9 月底，广东地区已成立海丰、香港、广州三个地方团，佛山、东莞等地的地方团也即将成立。根据团章"凡有 3 个以上地方团的省区，可以成立团区委"的规定，于 1923 年 10 月 14 日至 16 日在广州召开青年团广东区第一次代表大会。会议讨论了国民革命运动、农民运动、学生运动、新学生社以及如何在全省各地开展建团等问题，通过了《关于区报告的决议案》《关于地方报告决议案》，并制订了全区团工作的计划。会议还选举产生了青年团广东区执行委员会，由阮啸仙、刘尔崧、罗绮园、施卜、郭瘦真五人为执行委员，张元恺、黄侠生、蓝裕业三人为候补执行委员，阮啸仙担任团广东区执委会委员长。各执行委员根据分工，郭瘦真任秘书，施卜任会计，罗绮园任编辑，刘尔崧则作为区执委特派员在各地活动。

青年团广东区第一次代表大会的召开，为全省团的工作和青年运动提出了明确的方向和行动纲领。同时，大会成立了青年团广东区执行委员会，也使广东社会主义青年团从此有了统一的组织领导机构，为带领广大青年投身即将到来的大革命运动做了组织上的准备。从此，广东青年团组织进入了一个新的发展时期。

□ 海陆丰农潮的突起

第一次国共合作建立以后，在南粤大地上迅即掀起了以工农为主体的反帝反封建斗争的怒潮，势如珠江的浩瀚洪涛，波涌千里，汹涌澎湃。工农运动猛烈地冲击着帝国主义、封建主义的根基，荡涤着反动统治的污泥浊水，震撼着旧世界。

彭湃最早在广东发动农民、组织农会、开展农民运动，率先举起农会犁头旗。此后，农潮突起海陆丰，很快就波及广东全省。彭湃是广东省海丰县人，1896 年 10 月出生于一个工商业兼地主的家庭。尽管他出身于富有家庭，但是他却是一个封建地主阶级家庭的叛逆者，有别于富豪家庭的纨绔子弟，他很同情贫苦民众，乐于帮助他人。彭湃的家乡海丰县与陆丰县毗邻，人们常称两县为"海陆丰"。然而，与此地名相悖的是，在苦难的中国尤其是 20 世纪 20 年代，海不"丰"，陆也不"丰"，贫苦农民一年到头辛勤劳作，所得劳动果实却被地主豪绅和酷吏盘剥榨取，民不聊生，苦不堪言。加上地方不靖，兵匪为患，广大民众深受其害，致使乞者如蚁，鬻子卖妻者不计其数。

彭湃受到新思想新文化的熏陶，耳闻目睹当时黑暗社会的罪恶现实，立志改变不合理的社会，推翻不合理的制度。这位怀着寻找救国济民真理而东渡日本求学的热血青年，其家人本来祈望他读书做大官，承继家业，光宗耀祖。当时，在海丰县，由于军阀陈炯明的封亲荫戚，为官者甚多，可谓"司令多如狗，县长满街走"。而像彭湃这样家境殷实又喝过洋墨水的"海归"派，谋个一官半职，是极为容易的事情。然而，在日本求学过程中，彭湃研读了大量马克思主义、俄国十月革命的有关文章，还曾深入日本农村调研。1921 年 5 月，彭湃从早稻田大学毕业。回国前夕，他同在日本的中国共产党早期组织负责人施存统交流时表示"中国是农民占多数，中国的革命要依靠农民"。从日本早稻田大学毕业归来后的彭湃，不愿去做官，挣脱了家规祖戒的羁绊，背叛封建家庭的意愿，焚烧自家的田契账册（至少 70

石租的田产），带头闹起了农村革命斗争。

初时，彭湃头戴白通帽，身穿学生装，足登帆布胶鞋，到海丰赤山约的一个村子去进行宣传活动。可是，村民见到了他，却误认为是下乡勒索苛捐杂税的官儿，都敬而远之，躲避开他。他奔走了一整天，没有人敢来与他攀谈。几番碰壁之后，他终于找到了村民不愿意与他接近的原因：自己对农民讲话过于文雅，穿着也与农民不一样。于是，他脱下了学生装，身着粗布衣裳，头戴竹笠，赤着双脚，到农村与农民谈年景拉家常，广交朋友。这样，村民们渐渐地敢与他接近，愿意与他交谈、听他的演讲。

为了吸引听众，彭湃有时开着留声机，放唱几段音乐、播送几段潮剧；有时拉弦弹琴、唱"白字戏"或"西秦曲"；有时还表演几套变幻莫测的"魔术"。当乡亲们围拢一起时，彭湃就乘兴演说，讲解"穷人为什么穷，地主为什么富"诸如此类的问题。

彭湃在向村民宣传革命道理的过程中，曾编写了这样的一首歌谣，教给乡村放牛的牧童唱。歌谣曰：咚咚咚！田仔（农民）骂田公（地主）。田公着厝（在家里）食白米，田仔耕田耕到死！田是公家个（的），伊无份，你无份；有好做，有好食；你有做，反无食！唔是命唔好，是你无去想清楚。这首歌谣揭露了地主压榨农民的残酷事实：地主不耕而食，不劳而获，有豪宅住，有白米吃；而农民长年累月辛苦劳作，却受尽剥削，忍饥挨饿。字里行间，道出了农民生活的悲惨与凄凉。不合理的社会，必须推翻。

彭湃用自己独特的行动，获得了农民们的了解和信任，农民们从彭湃那酣畅淋漓的演讲中，从传唱彭湃编写的通俗浅白的歌谣中，既感受到了一些生活的乐趣，也领悟到了许多革命道理。1922 年 7 月，彭湃在海丰自己的住处"得趣书室"，与志同道合的张妈安、林沛、林焕、李老四、李思贤五位农民，秘密成立了"六人农会"。后来，经过深入宣传发动，农会组织不断扩大，又成立了赤山约农会。彭湃点燃的农民运动星星之火，在海丰县境内迅猛地燃烧了起来。1923 年元旦，海丰县总农会成立，有会员 10 万人，彭湃担任会长。这是中国第一个县级农民协会组织。4 月，彭湃到陆丰县宣传和发动农民，筹备总农会。不久正式成立了陆丰县总农会，农会会员有 3 万余人。

此后，彭湃率领农会骨干四出奔走、广泛发动，号召周邻各县的农民乡亲组织起来，建立农民协会，与地主豪绅进行斗争。不久，在海陆丰农民运动的影响下，惠阳、紫金、惠来、五华、普宁等县的农民纷纷组织起来，先后打出"农民协会"的旗帜。从此，彭湃的名字与中国的农民运动紧密地联系在一起，成为全国农民运动的光辉旗帜。瞿秋白说："彭湃同志是中国农民运动第一个战士。"周恩来说："谁不知广东有个彭湃？谁不知彭湃是中国农民运动的领袖？"毛泽东也盛赞彭湃是"农民运动大王"。

广东农民运动从海丰、陆丰发源，迅速向全省各地扩展，声势浩大，迅猛异常。农会组织的迅速扩大，引起了反动势力的极度恐慌。他们视农会组织为眼中钉，想方设法，制造事端，欲除之而后快。1923年夏季，海丰连遭风灾水患，农作物歉收，农民深受其害，纷纷要求田主减租。8月5日，海丰县农会在彭湃的主持下，于海城召开农民代表大会，讨论受灾农田的早造缴租问题。会议议决："以三成交租为标准，如收成不及三成者，照数递减；全无收成的，则免交。"但是，豪绅地主闻讯，群起反对，坚持依照旧例十足缴租，"只准欠，不肯减"，并急忙派人下乡催租。海丰县农会再次召开全县农民大会，到会农民2万多人，大会重申了"至多三成交租"。8月16日（农历七月五日），海丰的反动县长王作新以"农民抗租"为名，派军警300多人包围进攻农会，抓捕农会会员20余人，封闭农会会所，解散农会，并四处张贴布告，通缉彭湃。

在"七五"农潮中，面对农民运动被扼杀的关头，彭湃一面积极组织海陆丰农民准备武装斗争，一面长途跋涉到老隆找当时统治东江地区的陈炯明进行说理斗争。同时，争取惠、潮、梅三地农会的声援，迫使反动县长王作新释放被捕的农会干部。"七五"农潮发生后，海丰县农会表面上被强行解散，实际上仍然存在。全县农民的斗争情绪不但没有消沉，反而更加高涨、激昂。在彭湃的领导下，又酝酿着新的斗争。

1924年，经过改组后的国民党，对农民运动采取了支持和扶助的方针，打击反动势力压制农民运动的行为。国民党中央执行委员会成立了由共产党员林祖涵担任部长、彭湃担任秘书的农民部；同年8月，中共广州地委正式成立了由阮啸仙担任书记的农民运动委员会，专门负责有关农民运动事宜。在国共合作的推动下，广东的农民运动得到了迅速的恢复。1925年5月，广东省农民协会成立。广东农民运动由此进入了大发展的时期。至同年10月，在不到半年的时间里，广东全省已有33个县建立了农会组织，拥有会员45万人，已经成立了县一级农会组织的有海丰、陆丰、潮安、五华、普宁、广宁、番禺、东莞、宝安、中山、顺德和花县等12个县。

1926年年初广东全境实现统一后，广东省农民协会进一步加强了农运工作的领导，除了直接指导中路地区的农运工作外，还分别在潮梅海陆丰、北江、惠州、南路、西江、琼崖6个地区设立了办事处，以指导各地区的农运工作。至1926年5月，广东农会有了进一步的发展。在全省90多个县中，已有66个县建立了农民协会的组织，区一级的农会有177个，乡一级的农会有4216个，参加农会的会员达62万余人，占全国农会会员总数的60%以上，还有农民自卫军3万人。广东成为全国农民运动的先导。

□ 第一次全国劳动大会的举办

广州曾一度是中国工人运动的指挥中心，第一次全国劳动大会是在广州召开的，而且在第二次全国劳动大会上宣布成立的全国工人运动的领导机关——中华全国总工会，也曾设立在广州。中共广东支部和劳动组合书记部南方分部为第一次全国劳动大会的胜利召开作出了重要贡献。

1922年春，香港海员大罢工取得了胜利，大大推动了全国工人运动的发展，各地工人的罢工斗争日见活跃，全国工人运动的形势大好。但是，当时全国尚未有统一的工人组织，各地工人的罢工斗争缺乏统一的部署和相互策应配合，多数处于零星分散、各自为战之状态，没有形成整体的合力。这种状况，既难以适应工人运动发展的需要，也不利于工人阶级开展的各种斗争。随着各地工人运动如火如荼，新生的中国共产党愈发认识到，要有一个统一的组织指导开展工人运动，各劳工团体在斗争中也深切感受到联合的必要性。在此背景下，中国劳动组合书记部遂发起举办第一次全国劳动大会。

为了引导工人阶级有组织地团结战斗，推动工人运动的发展，1922 年 4 月广州、上海、北京等地区的工会组织，先后致函中国劳动组合书记部，要求在是年"五一"国际劳动节召开全国劳动大会。根据中共中央决定，为了加强对日益高涨的工人运动的领导，由中国劳动组合书记部发起，1922 年 5 月 1 日在广州召开第一次全国劳动大会。

1922 年 4 月 10 日，根据中共中央局的决定，中国劳动组合书记部"一面登报，一面发公函"，向全国各工人团体发出关于在广州召开第一次全国劳动大会的通告。4 月 11 日的《民国日报》上，刊登了中国劳动组合书记部关于召开第一次全国劳动大会的通告。"全国各工人团体钧鉴：顷接多处工会来函，主张'五一'纪念节在适宜地点召集全国劳动大会，以志盛典……本书记部认为有举行必要，特拟定宗旨及办法列下，请贵团体选派代表一人，持贵团体选派证书，如期赴会为荷。"通告邀请全国各工人团体于 5 月 1 日相聚广州，纪念"五一"劳动节，联络全国工界感情，讨论改良生活问题，讨论各代表提案。虽然对各地工会情况并不完全了解，中国共产党人海纳百川，中共中央局确定了"不分地域、不分党派、只要是工会便邀请派代表参加"的原则。大会的目的就是促进全国工人阶级的团结。通告一经发出，全国各地群起响应。大会由中国劳动组合书记部广东分部具体负责会议筹备。从 4 月下旬起，来自全国各地的 173 名代表陆续抵达广州。他们分别代表北京、天津、唐山、武汉、长沙、南京、上海等地区以及京汉、京奉、陇海、粤汉北段各铁路和开滦、安源各矿山等地的工会和工会会员。其中，广州、香港的代表最多，占代表总数的80%，共有 130 多人。

第一次全国劳动大会地点选在广州，并非偶然。1922 年春，中共中央准备在上海同时召开青年团、工会第一次全国大会。3 月 6 日，中国共产党广东地区早期领导人谭平山致函青年团的领导人，建议"大会地点，如能够改在广州更好，因为比较的自由"。大会选择在广州举行有三重原因：一是毗邻的香港海员大罢工取得胜利，给民众巨大鼓舞；二是当时中共广东支部在广州地区的工作卓有成效；三是孙中山领导的政府对工人运动持支持态度，当地社会政治环境比较清明。会议地点选在广州后，在确定具体开会地点时，又费了一番周折。中国劳动组合书记部广东分部希望借广东机器工会礼堂作为会场。该礼堂由海内外机器工人捐资所建。1921年春，谭平山等曾在这里创办工人夜校、开展革命活动，熟悉里面的情况。加之，该礼堂"庞大而坚固"，可"作大会议堂之用"，是开会最适合之处。然而，时任广东机器工会负责人意欲拒之。后来，在孙中山的支持下，第一次全国劳动大会得以获准在这座由海内外机器工人用自己力量建起来的会址里举行。

1922年5月1日，与会代表齐聚广州。出席第一次全国劳动大会的代表和广州工人、各界群众5万余人，在市立第一公园（今人民公园）举行庆祝"五一"劳动节大会。陈独秀、张国焘、张太雷分别在大会上发表了演讲。会后进行示威游行。中共广东支部、广东社会主义青年团数百人参加了大会和游行。谭平山扛着红旗走在游行队伍最前面。沿途散发传单，奏乐舞狮，燃放鞭炮，盛况空前。当日下午，大会在广东机器工会礼堂开幕。参加大会的代表共173人，代表了12个城市、110余个工会组织、34万名有组织的劳动者。这次大会的代表成分非常复杂，有共产党、国民党、无党派人士甚至无政府主义者、招牌工会等。在6天的会期里，各种观点冲突和意见分歧不时发生，但由于中国共产党、中国劳动组合书记部牢牢把握大会的宗旨和方向，通过采取民主讨论、求同存异等办法，确保了大会的圆满成功。

大会由中国劳动组合书记部主任张国焘主持。中共在大会上鲜明地提出"打破军阀主义、打破帝国主义、打破资本主义"的政治口号，得到广泛响应，并被写进大会《宣言》公开发表，向全国人民传递了一个新的革命理念。大会通过了《八小时工作制案》《罢工援助案》《全国总工会组织原则案》等10项决议案，成果丰硕。大会决定在全国总工会成立以前，中国劳动组合书记部为全国工人组织的总通讯机关。大会的召开，标志着中国工人阶级开始走上团结统一的道路，为中国工运和工会组织的统一奠定了基础，推动了第一次全国工运高潮的深入发展。会议召开后，《民国日报》评价

"中国全国劳动者联合起来，竟在广州开了一个破天荒的劳动大会。这不是极可喜的现象吗？"

第一次全国劳动大会是中国劳动运动史上空前的盛会，开创了中国工人大联合的新纪元，被称为是成功"引导工人阶级开始走向全国团结道路"的一次大会。大会确立以产业组合为工会的组织原则，打破了有碍于工人阶级团结的行会、帮口等狭隘的思想观念，既为改造旧工会、建立新工会指明了方向，也为实现全国工人的联合和统一奠定了基础，对后来的工人运动产生了深远的影响。同时，第一次全国劳动大会在中共早期发展史上占有十分重要的地位。不仅大大提高了中国共产党与中国劳动组合书记部的威望与信誉，而且它还是中共对民主革命理论探索的现实基础和重要步骤，是中共在全国范围内扩大党的阶级基础和政治影响力、确定对全国工人运动领导地位的开端，并为中共迅速摆脱最初的弱小状态而发展壮大奠定了基础。

阅读链接

中华全国总工会的成立

在第一次全国劳动大会三年之后，1925 年 5 月 1 日，中国共产党在广州召开了第二次全国劳动大会。这次大会是在实现国共合作之后中国大革命高潮来临的前夜召开的。由中华海员工业联合总会、汉冶萍总工会、全国铁路总工会和广东工人代表会发起，向全国各工团发出通告，要求"全国各工团派遣正式代表出席"。出席这次大会的共有 277 名代表，代表着 165 个工人团体及全国 54 万名有组织的工人。其中上海 14 个工会，湖南 6 个工会，湖北 1 个工会，广东 92 个工会，还有大连、天津、北京、济南、青岛、淄博、太原、郑州、九江、浙江等地的一些工会组织。

第二次全国劳动大会召开前夕，中共中央委员会发表了《中国共产党给第二次全国劳动大会的信》，热烈祝贺大会的召开。信中盛赞工农联合力量的强大，指出："在国民运动中，能够给敌人以最后致命打击的打击者，只有工农联合的力量。"

1925 年"五一"国际劳动节，出席第二次全国劳动大会和广东省第一次农民代表大会的 500 多名代表，以及广州各界群众会集于广东大学（1926 年改名为中山大学）操场，举行纪念"五一"劳动节大会。赤色职工国际代表奥斯托洛夫斯基出席会议并发表演说。谭平山、张国焘、林伟民、邓中夏以及广东省农民协会代表黄学增、青年军人代表王一飞等人分别在会上讲话。会后，举行示威游行。游行队伍从广东大学操场出发，途经越秀北路、惠爱东路、永汉路，出南堤，西行至西濠口，折北抵达太平路西瓜园。观者人头攒动，场面热烈。

5 月 2 日，第二次全国劳动大会和广东省第一次农民代表大会联合在广东大学礼堂召开。与会者除了"两会"代表外，还有青年军人联合会、赤色职工国际、国民党的代表，以及各界来宾共 1000 余人。会上，邓中夏作《中国劳动运动状况》报告，罗绮园作《广东省农民运动状况》报告，赤色职工国际代表奥斯托洛夫斯基作《世界职工运动状况》报告。全国铁路总工会、汉冶萍总工会以及上海、香港、广东、湖南、湖北各个代表团，也在大会上介绍了各地工运状况。会议讨论了有关工农运动的诸多共同问题。

第二次全国劳动大会"轰轰烈烈地做了四件大事"：工农携手实现大联合；加入赤色职工国际；铲除工贼；成立中华全国总工会。从此，中华全国总工会正式成立了。第二次全国劳动大会选举由林伟民、苏兆征、邓培、李立三、刘少奇、邓中夏、李森、项英、刘尔崧、何耀全、刘文松等 25 人组成中华全国总工会执行委员会，选举林伟民担任委员长，刘少奇担任副委员长，邓中夏担任秘书长兼宣传部部长，李森担任组织部部长，孙云鹏担任经济部部长。大会决定，中华全国总工会作为组织和领导全国工人运动的总机关，设在广州市越秀南路 93 号惠州会馆，并在上海设立办事处。

第二次全国劳动大会对于工人阶级在民主革命中的领导权、工人阶级在民族革命中的地位、工人阶级的同盟者等问题，均有明确的认识。大会成立了中华全国总工会，决定加入赤色职工国际，这对于广东乃至全国的工人运动都起着积极的推动作用。

第二章
中国大革命中心的形成

历史概说

要事本末

历 史 概 说

广东的共产党组织成立后，迅即以崭新姿态出现在革命的舞台上，大力开展工人运动，点燃农民运动的星火，在青年团工作方面也取得了显著成绩。1922 年 6 月，广东支部已有党员 32 人，按照中共中央的决定成立了中共广东区委。

当国共两党酝酿第一次合作时，中共中央局于 1923 年 4 月迁至广州，广州成为了中共中央的所在地（同年 9 月迁回上海）。同年 6 月，中国共产党第三次全国代表大会在广州召开，会议讨论了建立革命统一战线，与孙中山领导的国民党合作的问题。1924 年 1 月，国民党第一次全国代表大会在广州召开，实现了国共两党的第一次合作，广东从此成为中国大革命的策源地和北伐战争的基地。这一时期，党中央选派了周恩来、陈延年、张太雷、穆青、蔡畅、邓颖超等一批干部来到广东工作，充实和加强中共广东区委的领导力量。广东区委积极贯彻国共合作的方针，迅速开拓了国民革命新局面。

国共合作实现之后，黄埔军校创办。共产党员周恩来、熊雄先后担任黄埔军校政治部主任，许多共产党员在军校中担任教官或参与其他工作，全国各地的共产党组织选派了一批又一批的共产党员、青年团员和有志青年进入军校学习，为建立国民革命军培养军事骨干。为了扫除反动军阀势力，巩固革命政权，广州革命政府发动了一系列平乱讨叛的斗争。例如，1924 年 10 月平定广州商团发动的叛乱；1925 年春第一次东征讨伐广东地方军阀陈炯明；1925 年 6 月中旬平定滇、桂系军阀杨（希闵）、刘（震寰）叛乱；1925 年 10 月国民政府第二次东征和南征打败地方军阀陈炯明和邓本殷。经过平乱讨叛，统一和巩固了广东革命根据地。在历次统一广东之役中，共产党员奋勇争先，冲锋在前，立下殊勋；地方党组织积极动员工农策应和支援革命军，为统一广东作出了贡献。

风起粤海，潮涌珠江。广东人民勇立大革命的潮头，建树了不朽的功勋。广东的工人、农民、学生、妇女运动席卷南粤大地。彭湃领导的海陆丰农民运动势如野火春风，迅速波及全省各地。至 1926 年 5 月，在全省的 90 多个县中，已有 66 个县建立了农民协会的组织，会员达 62 万余人，占全国农会会员总数的 60% 以上。广东农民运动成为全国农民运动的先导。与此同时，工人运动迅速复兴。1924 年 7 月，广东党组织领导的沙面罢工，打破了自 1923 年京汉铁路二七惨案以来中国工人运动沉寂的局面，成为中国工人运动复兴的起点；1925 年 6 月爆发的省港大罢工，成为大革命高潮时期一个十分引人注目的重要斗争。省港大罢工规模之大，参加人数之多，声势之壮，历时之长，在中国工人运动史上是空前的，在世界工人运动史上也是罕见的。中共广东区委和广东的工人阶级，为这次罢工的胜利作出了卓越贡献。在大革命浪潮的推动下，广东的青年学生运动、妇女运动也如火如荼地开展起来。大革命期间，中共广东区委引导青年学生积极投身工农运动，将学生运动与工农运动结合起来。许多青年积极参加农民运动讲习所的培训，毕业后被委任为农运特派员分赴各县开展农民运动。每当全国各地工人发动罢工斗争，广东的学生都积极配合，或通电声援，或采取罢课等实际行动支持工人的罢工斗争。大革命期间广东的妇女运动也开展得有声有色，甚为活跃。在蔡畅、邓颖超、高恬波等一批优秀妇女干部的领导下，1925 年 5 月成立了广东妇女解放协会。随后，又在全省各地成立妇协分会，动员广大妇女，积极投身国民革命，为谋求妇女自身解放做出了不懈努力。

1926 年 7 月，国民革命军在广州誓师北伐。在此之前，中共广东区委独立组建和掌握的叶挺独立团，成为了北伐先遣队，已于 5 月间先行入湘，从而拉开了北伐战争的序幕。北伐军一路摧坚破垒，浴血奋战，终于攻占了湖北武汉，实现了"饮马长江"的壮言。在征战中，叶挺独立团发挥了关键性的作用，为所在的第四军赢得了"铁军"的光荣称号。北伐期间，中共广东区委积极组织工农群众支援北伐军，有力地推动了北伐的胜利进军。

随着工农群众运动高潮的兴起，中共广东地方组织也得到了迅速的发展，从广州向全省各地，东江、南路、中区、琼崖、西江和北江地区的党组织相继建立。随后，中共地方组织从广东向福建、广西、云南和南洋各地区扩展。广东党员人数在 1927 年春已发展到近万人，中共广东地方组织成为当时全国辖区最广、党员人数最多的地方党组织之一。

1926 年，国民党新右派蒋介石制造中山舰事件和整理党务案等事件发生后，广东左派力量掌权的局面被改变，国民革命潜伏着严重的危机。这期间，随着北伐战争的胜利进军，大革命中心逐渐北移，广东成为了北伐的后方。由于大批共产党员、共青团员及工农运动骨干参加了北伐战争，共产党内许多重要领导干部先后调离广东，许多国民党左派人物也随着国民政府的"迁都"而北达武汉。这时，广东的革命力量相对被削弱，反动分子和右派势力乘机加紧对广东党、政、军权力的控制，革命统一战线内部暗潮涌动，国共合作的形势在发生不利的变化，广东局势越来越严峻。

国民政府北迁后，留守广东的国民党右派、反动军官以及地主民团互相勾结，联手压迫工农运动。广东工人、农民和城市平民的革命斗争，不但得不到国民政府的支持和保护，反而遭到了镇压。这期间，国民政府公开发出布告，以"保障北伐后方公共生活安全"为名，对工人运动作出了诸多限制，比如"严禁工人持械游行""一律不准罢工"等等。广东省政府还拟定《广东省暂行解决工商纠纷条例》，明目张胆地袒护资本家，严重损害甚至牺牲广大工人的利益。在农村，国民党右派指使各地反动地主豪绅和民团，大举进攻农会，农民稍有反抗，就被诬为"扰乱北伐后方"。省内的各县政府对反动民团摧残农会、残杀农民的事件，熟视无睹，不闻不问，甚至还撕掉面具，抛去伪装，公开直接参与镇压农会的反动行动。面对着局势的步步逆转，为了保护工人、农民运动，维护工人、农民群众的利益，中共广东区委仍在领导各地工会、农会坚持顽强的抗争与苦斗，希冀能够尽快改变现状，摆脱困境，将革命继续推向前进。

然而，危机愈来愈严重，革命的局势急转直下。1927 年 4 月 12 日，蒋介石在上海发动了四一二反革命政变，大批共产党人和革命群众惨遭屠杀。紧接着，国民党广东当局亦步其后尘，于 4 月 15 日在广州制造了四一五惨案，大肆捕杀共产党人和革命群众。轰轰烈烈的大革命从高潮走向失败。

要 事 本 末

□ 中央南迁与中共三大的召开

中国共产党成立后，设中央局于上海。1922 年 5 月，共产国际代表鉴于在南方有广泛的合法条件、最先进的工人运动以及广州是国民党的活动中心，曾主张将中央局和党的整个工作重心迁到广州，认为这样做"有助于把国民革命运动的各种联系集中到中央局手中"。同年 7 月 11 日，马林致函共产国际执行委员会，建议"以办事处的形式，在广州建立一个共产国际与红色工会国际的代表机构"，并认为"在远东，广州是唯一勿需打扰当局就可以建立常设代表处的城市"。因此，共产国际遂于 7 月 18 日指示中共中央"立即将驻地迁往广州并与菲力浦同志密切配合进行党的一切工作"。后来，因局势变化，共产国际又通知中共中央，由于孙中山和陈炯明之间的斗争使南方的政治局势很不稳定，因此"我们的工作中心向南方的转移，应当推迟到南方各种力量的对比更加明朗的时候"。孙中山离粤赴沪后，共产国际和中共中央经过反复酝酿，逐步明确了与孙中山相关的两个重大问题：

第一，1922 年 8 月 29—30 日，中共中央执行委员会在杭州举行全体会议，接受马林传达的共产国际指示，决定共产党员以个人名义加入国民党。会后，陈独秀、李大钊就这个问题与孙中山多次长谈。孙中山同意共产党员在保留党籍的前提下加入国民党。他对李大钊说："你尽管一面做第三国际党员（中共党员），一面加入本党帮助我。"于是，由张继介绍，孙中山主盟，李大钊加入国民党。接着，陈独秀、蔡和森、高君宇、张国焘等领导人相继加入了国民党。陈独秀还被孙中山指定为国民党改进案起草委员会委员。中共中央后来提及这个问题时这样说："然当本党决定合作政策之初，曾商之于贵党总理孙中山先生，孙先生以为党内合作，则两党之关系更为密切；本党亦认为中国社会各阶级力量之相互关系，现亦可适用此种合作方式，故毅然决定，令本党党员得加入贵党，同时，本党与贵党结政治上之联盟。"这一形式，在历史上被称为"党内合作"。从1922年年初以来，党内就开始酝酿和争论的国共合作方针问题，至此得以初步确定。

第二，长期以来，苏俄一直在中国寻求盟友。孙中山离开广州后，苏俄使者一度转向北方的吴佩孚，认为中国政治中的主要人物是吴佩孚，他掌握着军队、财政、交通以及内政部。苏俄使者还到吴佩孚的驻地考察，试图将吴佩孚作为他们的盟友。1922年8月，苏俄驻华全权代表越飞在马林陪同下到达北京，同孙中山通信和会谈。之后，越飞向莫斯科提出：同吴佩孚合作是不现实的，而必须全力支持国民党。此议为俄共（布）中央政治局和共产国际执委会所接受。1923年1月发表《孙文越飞联合宣言》，苏联公开表明对中国革命的同情和对孙中山的支持，孙中山公开表明国民党实行联俄。其间，中共中央局于1922年10月由上海迁至北京。1923年京汉铁路工人大罢工失败后，中共中央局又由北京迁回上海。1923年年初，孙中山由沪返粤，成立大元帅大本营，重建广东革命基地，广东形势逐步好转。广东共产党和社会主义青年团组织也得到整顿和恢复，同孙中山的关系也有了改善。孙中山先于1923年1月30日任命谭平山为工界宣传员，后又指派陈独秀等人参与组建大元帅大本营的工作。陈独秀、马林向孙中山提出改组国民党计划，提议把主要注意力放在宣传上，孙中山亦采纳了这个计划。1923年4月10日，孙中山委派陈独秀、谭平山为大本营宣传委员会委员，中共党员杨殷、刘尔崧、侯桂平等人也参与了宣传委员会的工作。此后，广东各项革命活动逐步得到恢复和发展。5月13日，社会主义青年团广州地方执行委员会成立，代行团广东区执行委员会职权。6月17日，广东青年团的外围组织——新学生社成立，同时创办《新学生》半月刊。新学生社后来遍及全省，成为广东党、团组织的得力助手。10月，广东区第一次团员代表大会在广州召开，选举产生了青年团广东区执行委员会，选举阮啸仙担任委员长。

鉴于广东革命形势的恢复和发展，马林再次提出中共中央局南迁问题。马林认为，"在北方，杭州会议带来的变化不大，因为国民党在那些地区没有多大影响。在吴佩孚所统治的整个长江流域国民党是非法的。在上海，只有几个领导人，不成其为一个党。只有在广州它才真正存在"；"只有广州是我们共产党人能开展工作的唯一地方"。马林还说，"我们在广州有充分的行动自由，而且只能在这里公开举行党的代表大会和劳动大会"①。基于以上的缘由，特别是考虑到在广东有利于筹备和召开党的第三次全国代表大会，中共中央机关乃决定迁往广州。4 月，"党的中央委员会已到广州"②。

随着中共中央局机关迁粤，继陈独秀、马林之后，李大钊、张国焘、瞿秋白、蔡和森、向警予、张太雷、毛泽东、邓中夏等人陆续到达广州，广州遂成为中共中央所在地。中共广东区委的地位和作用，因而也相应得到了提高。

中共中央局迁到广州后，即全力以赴筹备党的第三次全国代表大会。这时，党在政治上面临的主要任务是，推进同孙中山和国民党的合作，建立民族民主革命的统一战线。1923 年 1 月 12 日，共产国际执行委员会通过的《关于中国共产党与国民党的关系问题的决议》指出，由于中国独立的工人运动还很软弱，由于中国的中心任务还是反对帝国主义者及其在国内的封建代理人的民族革命，尤其是由于这一民族革命问题的解决对于尚未从其他阶级中充分分化出来成为一支完全独立的社会力量的工人阶级有直接的利害关系，共产国际执行委员会认为中国共产党在加强自身建设的基础上，应努力实现同国民党的合作。根据共产国际执行委员会的决议，中共中央局决定以讨论共产党员加入国民党问题作为中共三大的主要议题。

中共中央局将召集中共三大的各种事务工作，交给中共广东区委办理。为此，广东区委在广州东山华侨聚居而又较为僻静的地方，租

---

① 马林：《致共产国际执行委员会、红色工会国际、共产国际执行委员会东方部和东方部远东局》（1923 年 5 月 31 日），见《共产国际、联共（布）与中国革命文献资料选辑》，北京图书馆出版社 1997 年版，第 455 页。

② 马林：《给布哈林的信》（1923 年 5 月 31 日），见《共产国际、联共（布）与中国革命文献资料选辑》，北京图书馆出版社 1997 年版，第 458 页。

用了恤孤院路 31 号作为中共三大的会场，还租下附近的"春园"作为部分大会代表的住所。在中共三大筹备期间，谭平山召集广东的共产党员和社会主义青年团员开了两天谈话会，主要交流对国共合作问题的认识。广东地区党组织推举谭平山、阮啸仙、刘尔崧、冯菊坡为出席党的第三次全国代表大会的代表。

1923 年 6 月 12—20 日，中国共产党第三次全国代表大会在广州召开。陈独秀、李大钊、张太雷、蔡和森、瞿秋白、毛泽东、张国焘、项英、何孟雄、陈潭秋、向警予、邓培、王荷波、林育南、于树德、徐梅坤、朱少连、金佛庄、孙云鹏、罗章龙以及广东代表谭平山、冯菊坡、阮啸仙、刘尔崧等人出席了大会。到会代表共 30 多人，代表全国 420 名党员。广东区委还派出一些党员到会旁听，并派罗绮园担任大会记录。共产国际代表马林参加大会。陈独秀在大会上代表第二届中央执行委员会作报告，马林以及与会各代表就会上讨论的各种问题作了发言。

中共三大着重讨论了共产党员加入国民党问题。1922 年 8 月的西湖会议虽然接受了共产国际的指示，决定以共产党员加入国民党的形式同国民党合作，但党内大多数人对于这种做法仍有疑虑。在中共三大的讨论中，发生了激烈争论。马林、陈独秀、李大钊、瞿秋白等人赞成全体党员加入国民党，而张国焘、蔡和森等人虽然同意与国民党联合，但反对全体党员加入国民党。马林、陈独秀主张产业工人应当加入国民党，而党内大部分同志反对在劳动群众中发展国民党的组织，主张工人应该在自己的政党旗帜之下参加民族革命。大会经过讨论，通过了全体共产党员以个人身份加入国民党的决定。大会通过了《关于国民运动及国民党问题的议决案》。大会明确指出：共产党人加入国民党的目的是，"第一，改组国民党为左翼的政党；第二，在中国共产党不能公开活动的地方扩大国民党；第三，把优秀的国民党员吸收到我们党里来"①。中共三大统一了党内对加入国民党的目的和意义的认识，并最后确定了统一战线的策略与组织形式。中共三大还讨

---

① 《中国共产党第三次全国代表大会》，见《中共"三大"资料》，广东人民出版社 1985 年版，第 96 页。

论了关于广东党组织的工作，对广东地区包括香港、澳门的工人运动专门作出了部署。

中国共产党第三次全国代表大会选举陈独秀、蔡和森、李大钊、谭平山、王荷波、毛泽东、朱少连、项英、罗章龙为中央执行委员会委员；选举邓培、张连光、徐梅坤、李汉俊、邓中夏为候补委员。由陈独秀、蔡和森、毛泽东、罗章龙、谭平山组成中央局，负责中央日常工作，陈独秀为委员长，毛泽东为秘书，罗章龙为会计，并决定中共中央局机关设在广州。中共三大召开之时，党的理论刊物——《新青年》也移至广州出版；中共三大闭幕之后，党的机关刊物——《前锋》也在广州创刊。这两个刊物，均由瞿秋白担任主编。

当中共三大在广州召开时，直系军阀曹锟、吴佩孚在北京正策划着一场政变：武力逼宫，劫车夺印，迫使"总统"黎元洪去职。曹锟、吴佩孚驱除黎元洪的目的，是取黎自代，从而登上"总统"的宝座。针对北方政局的这种变化，中共中央发表《第二次对于时局的主张》，指出曹党驱黎"不过是长久酝酿之危机中屡次发现之一个最近发现的结果"；我们不应采取拥黎、拥段、国会南迁及制宪这些办法去反对曹锟，而必须从根本上设法挽救危机四伏的中国。中共中央为此郑重提出：我们的主张是"由负有国民革命使命的国民党，出来号召全国的商会、工会、农会、学生会及其他职业团体，推举多数代表在适当地点，开一国民会议"；然后由国民会议产生新的政府。中共中央的这一主张，抓住了时局问题的症结，在政治上给孙中山、国民党以重大支持。这是国共合作在政治领域中的体现。此后，孙中山放弃了他的"裁兵会议""和平统一"的提法，转而采纳了中国共产党关于"国民会议"的主张。

中国共产党第三次全国代表大会是党的历史上一次重要会议，是唯一在广州召开的党的全国代表大会。这次大会统一了党内关于国共合作问题的认识，从此"党内合作"这种构想为全党所接受，有力推动了国共合作的实现。这次大会对广东党组织的发展也产生了极为深远的影响。1923 年 9 月，中共中央机关迁回上海，谭平山被任命为中央局驻粤委员。11 月 24—25 日中国共产党举行三届一次中央执行委员会会议，检查中共三大决议执行情况并就如何进行国民革命运动的问题进行了部署。随后，中共中央发出《中央通告第十三号》，指示各地党组织积极帮助国民党改组，加快国共合作的进行。

阅读链接

西湖会议对国共合作的讨论

中国共产党曾在美丽的西子湖举行过一次特别会议。1922 年 8 月，中共高层领导人为了贯彻党的二大精神，联合一切革命党派和资产阶级民主派，建立民主联合战线，来到杭州召开了第二届执行委员会会议。参加这次会议的有中共中央第二届执行委员会委员：陈独秀、张国焘、高君宇、蔡和森，候补中央执行委员李大钊。会场上，还有一位来自荷兰的共产主义活动家马林，张太雷负责翻译工作。

上述 7 个人聚集在一起，共同商讨共产党与国民党两党合作的形式问题。会议由陈独秀主持。马林把共产国际的指示信读了一遍后，详细阐述了共产党员以个人身份加入国民党的必要性和可能性：第一，中国在很长的时期内，只能有一个民主和民族革命，而现在无产阶级的力量和其所能起的作用都还很小；第二，孙中山先生领导的国民党是一个有力量的民主和民族革命的政党，是一个各阶层革命分子的联盟；第三，由于国民党有较长的历史和较大的影响，孙中山先生只能允许共产党员加入国民党，不会赞同与共产党在党外的对等合作；第四，中共要尊重共产国际的意向，学习西欧共产党员加入社会民主党工会的联合战线的经验；第五，共产党员加入国民党既可以增强革命势力的团结，又可使国民党革命化，尤其可以影响到国民党所领导的工人群众，将他们从国民党手中争取过来。

在马林讲话之后，与会人员围绕共产党员是否可以加入国民党的问题，展开了激烈的讨论。各种意见相持不下，大致分为三种：第一种意见，坚决反对"党内合作"。认为中共党员加入国民党不能与西欧共产党人加入社会民主党相提并论，国民党是一个资产阶级的政党，共产党员加入国民党，无疑是与资产阶级相混合，将彻底丧失自己的独立性。第二种意见，基本同意"党内合作"。认为国民党组织非常松散，共产党员加入不会受到约束，采取共产党员加入国民党组织的方式，是目前实现民主联合战线易于通行的办法。第三种意见，有条件地服从共产国际的决议。认为如果这是共产国际不可改变的决定，可以服从，但必须要向国民党提出一定的条件，即孙中山先生要根据民主主义的原则改组国民党，取消加入国民党必须"打手模"以及个人宣誓等入党手续。

会议整整开了两天，最后通过了陈独秀提出的国民党必须取消"打手模"以及个人宣誓之后，中共的少数负责同志可以根据党的指示，加入国民党成为党员的决定。会议结果并未以文字的形式形成决议，而是以一种互相谅解的形式达成共识。这是在当时的历史条件下，一种比较切合实际的办法。不久，陈独秀、李大钊、蔡和森、张太雷、张国焘、俞秀松等中国共产党的少数负责人即以个人身份加入了国民党，并开始帮助孙中山筹备改组国民党组织的工作。

西湖会议把马克思列宁主义的基本原理运用于中国革命的具体实践，将一时难以实现的国共两党"党外联合"的设想，转变为切实可行的"党内合作"的政策，为中共第三次代表大会确定建立国共合作统一战线的策略方针，从思想上、理论上、组织上作好了必要的准备，顺应了当时中国革命的潮流，推进了中国革命的进程。

☐ 国共第一次合作的奠基

1924 年 1 月 20 日至 30 日，中国国民党第一次全国代表大会在广东高等师范学校礼堂内召开。这是一次极为独特而又具有重大历史意义的大会。在这次名为国民党一大的会议上，除了国民党的代表之外，还有共产党人的代表。国共两党的与会代表同聚一堂，共同讨论中国革命和两党合作的大计。

大会由孙中山主持。在出席大会开幕式的代表中，有共产党员李大钊、谭平山、林祖涵、毛泽东、张国焘、于树德、夏曦、胡公冕、廖乾五、朱季恂、李立三、王烬美等 20 余人。李大钊被孙中山指派为大会主席团成员，谭平山代表中国国民党临时中央执行委员会向大会作报告。

1 月 22 日，大会讨论《中国国民党章程》草案时，会议代表中有少数人反对国共两党合作，在会场寻衅滋事，制造障碍，拖延大会对章程的讨论表决。1 月 28 日，又有会议代表提出"本党党员不得加入他党"的"不许跨党案"，意在反对共产党员"跨党"。为此，李大钊以北京代表名义就共产党员加入国民党事发表意见书。在意见书中，李大钊声明："兄弟深不愿在本党改造的新运中，潜植下猜疑与不安的种子。""我等之加入本党，是为有所贡献于本党，以贡献于国民革命的事业而来的，断乎不是为取巧讨便宜。""所以我们来参加本党而兼跨固有的党籍，是光明正大的行为，不是阴谋鬼祟的举动。"李大钊的严正声明，言之有理，无可挑剔，令人信服，深受多数与会代表欢迎，使"会场情形几乎顿时逆转"。廖仲恺等人支持李大钊声明的立场，指出共产党人加入国民党"是本党一个新生命"，"是与我们同做国民革命工夫的"。结果，与会代表举手表决，通过《中国国民党章程》，否决了"国民党员不得跨党"的提案。

1 月 23 日，大会审议并通过《中国国民党第一次全国代表大会宣言》草案，这是大会的重要成果之一。这个草案由孙中山委托苏联顾问鲍罗廷起草，由共产党员瞿秋白翻译。几经反复修改补充，始得以表决通过。宣言对三民主义重新作了适合时势要求的解释，克服了旧三民主义的根本弱点，使之发展成为具有鲜明的反帝反封建内容和符合联俄、联共、扶助农工三大政策精神的新三民主义，并规定了废除不平等条约等一系列内外政策。特别是宣言所提出的"扶助农工政策"，是一项"适乎世界之潮流，合乎人群之需要"的决策，是孙中山顺应历史发展潮流的具体表现。国民党一大的宣言的通过，标志着孙中山的旧三民主义发展为新三民主义，其政纲同中国共产党的民主革命纲领在基本原则方面是一致的。因此，国民党一大的宣言成为国共合作的政治基础和革命统一战线的共同纲领。

大会选举产生了有共产党员在内的中国国民党中央执行委员会。当选为国民党中央执行委员的共产党员有李大钊、谭平山、于树德 3 人；当选为国民党中央候补执行委员的共产党员有沈定一、毛泽东、林祖涵、于方舟、瞿秋白、韩麟符、张国焘 7 人。大会还选出了国民党中央监察委员会的监察委员和候补监察委员。

1 月 30 日国民党一大闭幕之后，由孙中山主持，国民党中央执、监委员以及候补委员举行了第一次全体会议。决定国民党中央执行委员会设于广州，分设执行部于北京、上海、汉口、四川、哈尔滨五地；将中央执、监委员及候补委员分配于中央及各地执行部，以领导和监督党务之进行。分配在国民党中央总部的共产党员有谭平山、林祖涵，在北京执行部的共产党员有李大钊、于树德、于方舟、韩麟符、张国焘，在上海执行部的共产党员有毛泽东、沈定一、瞿秋白。国民党中央执行委员会除设立秘书处外，还设有组织部、宣传部、工人部、农民部、青年部、妇女部、调查部、军事部。在国民党中央各部担任重要职务的共产党员有：组织部部长谭平山，秘书杨匏安；农民部部长林祖涵，秘书彭湃；工人部秘书冯菊坡。

中国国民党一大的召开，标志着国民党改组的完成和第一次国共合作的正式形成。在中国共产党的帮助下，国民党经过这次改组，实际上已发展成为工人、农民、小资产阶级和民族资产阶级的革命联盟。由于新三民主义的确立，国民党长期以来在思想理论方面的混乱状况得到了克服，从而实现了革命指导思想的改弦更张。在组织上，由于共产党员和工农骨干分子的加入，国民党的组织得到进一步整顿和改组。当时，在广东的共产党员，以主人翁的精神，积极参加了国民党改组的各项工作。他们动员了一大批进步青年加入国民党，主持或协助在全省各地建立国民党的地方党部，使国民党组织长期困顿不振的状况大为改观，党务工作大为起色。在共产党员的推动下，国民党领导的政权和军队也日益展现出新的面貌。这时，以广州为中心，形成反对帝国主义和封建军阀的革命新局面。

□ 参与黄埔军校的创办

创办一所培养革命军事人才的军校，是孙中山逐渐懂得了建立革命军队的重要性之后，在第一次国共合作中所作出的一项重大决策。1924 年 1 月，国共两党实现了第一次合作，在共产国际、苏联和中国共产党的帮助下，孙中山决定在广州创办一所陆军军官学校。因该校校址位于广州市郊的黄埔长洲岛，故也称为黄埔军校。

1924 年 3 月，黄埔军校开始招生；6 月 16 日，举行开学典礼。孙中山担任黄埔军校总理，廖仲恺担任党代表，蒋介石担任校长。军校设政治、教授、训练、管理、军需、军医各部，开学时全校学生共500多人。

共产国际和苏联政府大力支持创办黄埔军校。鲍罗廷参与了筹建军校的工作，安·巴甫洛夫担任孙中山的军事总顾问，大批炮兵、军需、交通、工兵、交际、卫生、政治方面的顾问陆续被派到军校工作。1924年7月18日，巴甫洛夫在石龙前线视察时不慎落水逝世。孙中山称他为"俄国为中国自由而捐躯的第一位先烈"。苏联随后派加伦（原名瓦·康·布留赫尔）来华担任军事总顾问。1924年，苏联为黄埔军校提供经费支持，枪械8000多支。1925年和1926年，又先后运来5批军用物资。

这时，中共广东区委因处于战争环境和其他因素的影响，已初步认识到军事工作的重要性，积极参与了创办黄埔军校的各项工作。广东区委对于军校工作的方针，一方面是坚持正确的政治方向，促使军校革命化；另一方面是利用军校的条件，大力培养党的军事、政治干部。在军校初创时，中共党员张崧年担任政治部副主任，中共党员茅延桢、金佛庄担任学生队队长，曹石泉、郭俊、严凤仪等人担任区队长，胡公冕担任卫兵队队长，徐成章担任特别官佐。经张崧年推荐、廖仲恺邀请，中共广东区委委员长周恩来于1924年11月到校担任政治部主任。此后，党组织陆续从各地抽调了聂荣臻、熊雄、恽代英、萧楚女、熊锐等人到黄埔军校任职。同时，党组织在各地选拔、推荐了大批共产党员、青年团员和进步青年报考军校。这些人中，有的是各地工农、学生运动的骨干分子，有的是颇有影响力的宣传、理论干部，有的人之前还做过军事工作。

在黄埔军校前六期学生中，有不少共产党员（有的是进校后入党的）。第一期：蒋先云、陈赓、李之龙、王尔琢、赵自选、曹渊、许继慎、孙一中、徐象谦（徐向前）、阎揆要、周士第、张际春、左权、杨其纲、傅维钰、王逸常、张其雄、洪剑雄、游步瀛、廖运泽、张隐韬、冯达飞。第二期：周逸群、李劳工、麻植、王一飞、陈恭、吴振民、卢德铭、练国梁、宛旦平、胡秉铎。第三期：吴光浩、朱云卿、常乾坤、焦启恺、蔡晴川。第四期：伍中豪、曾钟圣、李鸣珂、林彪、郭俊英（化若）、刘志丹、赵尚志、陆更夫、袁国平、王世英、李运昌、陈毅安、季步高。第五期：许光达、杨至诚、宋时轮、陈伯钧、陶铸。第六期：郭天民、周文在；高级班：贺国中、黄公略；等等。

中共广东区委在军校建立了党的直属支部，后来改称特别支部和建立中共"党团"。由曾经和刘少奇、李立三一起领导过安源路矿工人大罢工的蒋先云担任第一期支部书记；由杨其纲担任第二期支部书记、特支书记；由恽代英、熊雄担任"党团"书记；聂荣臻、鲁易、陈赓等担任过支部干事会干事。党组织在军校发起成立党的外围组织"火星社"，公开组织中国青年军人联合会，作为吸引、团结和教育军校内外青年军人的纽带。共产党员还参与了国民党黄埔军校特别区党部的领导工作。在第一届特别区党部（1924 年 7 月 6 日成立）5 名执行委员和监察委员中，有共产党员严凤仪、金佛庄、李之龙 3 人。在第二届特别区党部（1925 年 1 月 13 日成立）8 名执行委员和候补执行委员中，有共产党员周逸群、黄锦辉等 7 人。共产党员和党的组织，努力以自己的政治远见和模范行为影响军校，对军校的创建和发展作出了重要的贡献。

黄埔军校的教育贯彻军事与政治并重，理论与实践结合的方针。军事课讲授新式军事理论，注重以先进技术和科学方法进行训练，并围绕当代战争的需要开设课程。第一期军事课之学科主要有步兵操典、射击教范、战术学、兵器学、交通学、筑城学、军制学等，术科教以制式教练、战斗教练、实弹射击以及行军、宿营和战斗联络等技术。从第二期起实行分科教学，设步兵、炮兵、工兵、辎重、宪兵 5 课。至第四期增设政治、骑兵、交通、无线电和航空等科。学习讲究循序渐进，训练务求正规严格；课堂教学之外，辅以实战演习。

设立政治部，开展政治教育和政治工作，是黄埔军校不同于以往各军随营学校或讲武学堂的突出特点。军校政治部的工作主要由共产党人主持。除了周恩来、张崧年分别担任过政治部主任、副主任之外，包惠僧、邵力子、熊雄均先后担任过主任，鲁易担任过副主任，聂荣臻、袁也烈、傅维钰、卢德铭、杨溥泉、李汉藩等人担任过秘书、科员或科长，恽代英、孙炳文担任过政治主任教官，于树德、安体诚、萧楚女、李合林、张秋人、王懋廷等人担任过政治教官。政治教育注重于宣传革命思想和讲授政治理论，始时设立政治课程8门，后增至18门，最多时达26门，包括《中国近代史》《社会科学概论》《军队政治工作》等。周恩来主讲《军队政治工作》。洪剑雄、胡秉铎、安体诚、蒋先云、王一飞等人分别任《青年军人》《黄埔日刊》《中国军人》等刊物的总编辑或编委。政治部还组织了以共产党员、青年团员为骨干的"血花剧社"。

军校实行兼容并包的方针，既讲三民主义，也讲马克思主义，《向导》《中国青年》等刊物在校内可以公开传阅。军校的政治工作注重用革命思想和革命纪律教育军人，大力清除旧军队的影响与习气，提高官佐士兵的爱国主义和民主主义思想，增强纪律观念；注重用正确的思想原则和法规去处理官兵关系、上下级关系以及军政之间、军民之间和友军之间的关系，使党政军民齐心协力去争取战争的胜利；同时，还在实践中创造了一整套振奋我军、瓦解敌军、争取人民援助的生动活泼的政治工作形式。

军校实行党代表制度，各种命令均需有同级党代表副署才能生效。各级党代表多数由共产党员担任。共产党员、教官章琰在军校时撰写了《军需独立制概论》《中国征兵制刍议》《士兵日课回答》等论著，体现了共产党人对军事问题的理论探索。军校将《士兵日课回答》印发全校，明令各营、连党代表实施之。

军校创立在战争环境中，校内教育同战争实践密切相连，各期学生大都参加过平定商团、讨伐陈（炯明）军及援助农民运动的大小战争，所学的革命理论、军事知识能很快在战时政治工作和战斗指挥中加以应用。1924年11月，黄埔军校第一期结业。遂以本期学生为基干，成立黄埔军校教导团。第一团以何应钦为团长，缪斌为党代表，刘秉粹为参谋长；第二团以王柏龄为团长，张静愚为党代表，郭大荣为参谋长。共产党员金佛庄、严凤仪等人为营长，茅延祯、胡公冕、章琰、宋文彬等人为营党代表，曹石泉、曹渊、郭俊、刘仇西、谭鹿鸣、唐同德、彭干臣、游步瀛、李之龙、张隐韬、张际春等人为连长或连党代表。在教导团的基础上，后来扩编成为"党军"（1925年4月）和国民革命军第一军（1925年8月）。从此，广州国民革命营垒增添了一支国共合作的生气勃勃的革命武装力量。

在此期间，中共广东地方组织决定成立工团军和农团军。1924年8月19日，广州工人代表会作出了编练工团军的决议，决定从所属的各工会中遴选出300名青壮年工人成立工团军。8月27日，广东工团军成立，由共产党员施卜担任团长，刘公素、胡超担任副团长。工团军设立分队、小队、中队，"以十人为一分队，三分队为一小队，三小队为一中队"。其任务是"辅助革命政府镇压反革命行动，尤其注重保护工人，防御海盗之侵略"，"各区团负责保护该区各工会之责，总队负责保护全市总工会之责"。在广东工团军成立的同一天，第二届农讲所的200名男学员被编为广东农团军（亦称"广东农民自卫军"），由共产党员、国民党中央农民部秘书彭湃兼任团长，共产党员黄埔军校教官徐成章担任指挥，并特聘"西江讲武堂毕业生多名，充任教练官"，"着手切实训练"。

是年冬，中共广东区委成立军事运动委员会（又称"军事部"），先后由周恩来、张伯简、熊雄担任书记（部长），其成员有徐成章、李富春、聂荣臻、恽代英等人。这是党开展军事运动的专门机构。这时，广东武装斗争逐步活跃。广东区委又征得孙中山的同意，从黄埔军校毕业生中抽调部分骨干组建了大元帅大本营铁甲车队，由共产党员徐成章担任队长，廖乾五担任党代表，周士第担任副队长，赵自选担任军事教官，曹汝谦担任政治教官。广东区委在铁甲车队中，成立了中共党小组。这是中国共产党独立建立革命武装的最初尝试。这支部队成立不久，即开赴广宁县支持当地的农民运动，以后又在平定杨刘之乱和援助省港大罢工中发挥了积极的作用。

阅读链接

李大钊与黄埔军校的筹建

1921年12月23日，李大钊通过林伯渠介绍促成马林在桂林会见孙中山。其后，双方又进行了三次长谈，讨论中国革命、中苏结盟等问题。马林向孙中山建议，中国革命应有一个联系各阶级特别是联系工农群众的党，要办军官学校，建立革命军队。

1922年6月16日，粤军总司令陈炯明叛变革命。对此，鲁迅说：孙中山奔波一世，而中国还是如此者，最大原因还在于他没有党军，因此不能不迁就有武力的别人。1922 年 8 月 25 日，李大钊赴上海与孙中山晤面，讨论重组国民党以振兴中国的问题。在上海，孙中山再次会见了马林，接受了共产国际关于中国共产党人参加国民党以改组国民党，以及建立党领导的军队的意见。

1923 年 10 月 19 日，孙中山电邀李大钊赴上海商讨国民党改组问题。11 月 29 日，孙中山召开国民党临时中央执行委员会第 10 次会议，讨论组织国民党志愿师和创建军事学校等问题，并决定把中国传统的讲武堂改称"国民革命军军官学校"，招生对象包括党内外一切有志献身国民革命事业、具有中学文化程度的青年。1923 年年底，李大钊赴广州，积极帮助孙中山完成国民党改组事宜。李大钊认定"中国的军阀是帝国主义列强的代理人，革命是向前发展的，要发展，首先要把军阀势力铲除干净，这是最主要的。军阀势力铲除不了，革命无法向前推进"，要"靠革命的进步军队，同军阀势力对立、斗争"。

1924 年 1 月 24 日，孙中山以军政府大元帅名义正式下令，筹建陆军军官学校，命名为"中国国民党陆军军官学校"（因设在广州附近的黄埔岛上，故亦称黄埔军校），并宣布成立军校筹备委员会。1924 年 3 月，《广州民国日报》刊登了《陆军军官学校筹备处布告》和《陆军军官学校考试委员会启事》等文告。北京执行部为军校第一期招生物色人选，经李大钊、谭熙鸿、丁惟汾、石瑛、谭克敏等人共同负责遴选，最后推荐孙元良、陈以仁、曾扩情、王君培、韩绍文、石美麟、张忠频、肖洪、周惠元、陆杰、胡遁、张鼎铭等 12 人报考黄埔军校，最终全被录取。中共北方区委在李大钊领导下，成立了军事运动工作小组，积极保荐优秀青年去军校学习，还举办了投考黄埔军校党团员积极分子训练班。

据戴朝震的《采访国民党"一大"见闻》记载："守常老师住在长堤的东亚酒店，我陪他同住一个房间。行装甫卸，中山先生便打发侍卫来请守常老师去谈话。以后，过不了几天就约他前去，有时谈到晚上十一二点才回来，我曾问过他，中山先生找你谈些什么呀？他说，主要谈大会宣言即改组党和创办军校的事。""蒋介石也来看过守常老师。记得那天我正陪着守常老师在客厅吃橘子，蒋介石进来了，我略事周旋便退进了卧室。他完全是一副军人神态，言谈很拘谨。蒋介石走后，守常老师告诉我，是中山先生要他来商量办黄埔军校的事，他当时任中山先生大本营的参谋。"上述这两段文字，一是介绍了李大钊与孙中山确实曾经交谈过创办黄埔军校的事情；二是介绍了蒋介石曾奉孙中山之命，与李大钊商量过办黄埔军校的事情。

关于李大钊参与黄埔军校的组织建设，主要有两件大事。一是李大钊参与推荐政治部副主任；二是建议周恩来接任政治部主任。中共黄埔第一人张申府是李大钊推荐的。1920 年 10 月，张申府与李大钊共同发起创建了北京共产党的早期组织，张申府是"南陈北李"之间的唯一联络者。1924 年 2 月，经李大钊和陈独秀推荐，张申府从欧洲回到广州参加黄埔军校筹备工作，受到廖仲恺等人的欢迎。在筹办黄埔军校过程中，孙中山邀请了政治顾问鲍罗廷、军事总顾问加伦、首席军事顾问切列潘诺夫、步兵顾问白礼别列夫、炮兵顾问加列里、工兵顾问互林、政治顾问喀拉觉夫等 40 多位苏俄专家帮助自己创办军校。张申府通晓英语、德语，在莫斯科时已和蒋介石相识，就成了蒋介石的翻译。1924 年 5 月，孙中山任命张申府为黄埔军校政治部副主任，当政治部主任戴季陶离开时，张申府担任政治部代主任。周恩来接任政治部主任一职，是出于李大钊的建议。黄埔军校开学之后，党代表廖仲恺和政治部主任戴季陶让张申府推荐人才，张申府列出 15 人的名单，其中有周恩来、周佛海、恽代英、赵世炎、高语罕、沈雁冰等人。后来，张申府因不愿与蒋介石共事，于 1924 年 7 月辞去政治部副主任职务，他向廖仲恺建议由周恩来接任自己的职务。张申府按李大钊建议写信给周恩来，告知希望其回国到黄埔军校工作。周恩来在 1924 年 7 月辞去旅欧中国共产主义青年团的工作，遵照中共中央的指示启程回国，9 月初抵达广州。中共中央考虑到黄埔军校政治部代主任邵元冲尚未免职，决定周恩来先去黄埔军校担任政治教官，讲授政治经济学。10 月，中共中央决定重建广东区委，拟定周恩来担任委员长兼宣传部部长。11 月，广东区委正式决定派周恩来担任黄埔军校政治部主任。

□ 广州农民运动讲习所的举办

广州农民运动讲习所，是第一次国共合作时期培训农民运动干部的学校。它在共产党人的倡议和主持下，从 1924 年 7 月至 1926 年 9 月一共举办了六届，培养了近 800 名农民运动骨干。这些农运骨干经过农讲所的培训之后，大多又回到原籍从事农运工作，犹如红色火种，撒播在广东各地乃至全中国，燃起了农民运动的燎原之火。

在中国大革命策源地的广东，地处革命的中心，农民运动更是蓬勃发展。全省各地农民协会犹如雨后春笋般建立起来。至 1925 年 5 月，广东有农会组织的县达 22 个，农会会员达 21 万人。不到半年的时间，当年 10 月全省已有 33 个县建立了农会组织，拥有会员 45 万人，已经成立县一级农会的有海丰、陆丰、潮安、五华、普宁、广宁、番禺、东莞、宝安、中山、顺德、花县 12 个县。至 1926 年 5 月，农会进一步发展，在全省 90 多个县中，已有 66 个县建立农民协会，区农会有 177 个，乡农会有 4216 个，农会会员达 62 万余人，占全国农会会员总数 60% 以上，还有农民自卫军 3 万人。

农会的普遍建立和农民运动的迅猛发展，急需培养大批农民运动的干部。为此，在国民党中央农民部任职的共产党员彭湃，根据中共中央关于农民问题决议的精神，向国民党中央执行委员会提出了"设立农民运动讲习所"的建议。这一建议，得到了孙中山、廖仲恺的赞同和支持。1924 年 7 月 3 日，第一届农民运动讲习所在广州市越秀南路惠州会馆开学，由彭湃担任主任。谭平山、阮啸仙、罗绮园、鲍罗廷等人担任教员，共录取学员 38 人，其中共产党员或社会主义青年团员 20 人。来自广东各地的农运骨干，带着求知的欲望，走进了农讲所的课堂，学习革命理论，研究农民运动的各种问题。

广州农讲所是一座革命的熔炉。虽然没有正规的学制，受训的时间也不多，长则几个月，短则仅 20 多天，但是学员们却学到了许多在一般性正规学校里学不到的知识。农讲所以研究中国农民问题为主课，主要课程设有《海陆丰农民运动》《广东农民运动状况》《中国国民党史》《社会问题与社会主义》等等。农讲所的教学方法，注重理论联系实际，注重社会调查，组织学员到农民运动开展得好的地方（如海丰）考察，并结合开展武装斗争的需要，在教学中注重军事教育与训练（农讲所专门设置了军事训练部）。在这所"特殊的学校"里，学员们接受了国民革命和阶级斗争理论的教育，学习了发动农民、组织农民以及开展农军工作的经验和方法，坚定了投身农民运动的信念。

1924年8月20日，农讲所第一届学员毕业。在毕业典礼上，孙中山作了《耕者有其田》的演说，鼓励学员深入农村，发动农民，组织农民，积极开展农民运动。此后，农民运动讲习所陆续开办，至1925年12月共举办了五届。第二、三、四、五届分别由共产党员罗绮园、阮啸仙、谭植棠、彭湃担任主任，共产党员毛泽东、周恩来、谭平山、陈延年、张太雷、萧楚女、恽代英、邓中夏、林伯渠、赵自选、张秋人和苏联顾问鲍罗廷、加伦、马马也夫等均到农讲所讲过课。这几届农讲所同样是"为养成农民运动之指导人才"，使之成为"农民运动之推动机"而设，因此它的教学内容都是以研究中国农民问题和学习革命理论为主，同时，也都学习军事知识，"注重军事训练"。大批共产党人给学员讲课，对提高学员的政治思想觉悟起到了很大作用。

为了实现办学宗旨，各届农讲所大胆破除旧的教学方法和传统观念，倡导理论联系实际的学风，引导学员"走出去"参加社会实践，让学员在实践中经受锻炼，增长才干，提高觉悟。第一届农讲所规定学员"凡是星期日须有农村运动实习"；第二届农讲所的学员曾被编为农民自卫军，协助政府镇压商团叛乱；第三届农讲所将学员组织起来，进行各种调查活动；第四届农讲所刚开学，就让学员列席广东省第一次农民代表大会；第五届农讲所则组织学员赴韶关地区实习。学员们在课堂中学习革命理论和军事知识之后，又参加了社会实践活动，经受了实际锻炼，不仅政治思想更加成熟，而且实际工作能力也有了明显的提高。

1926年5月3日，第六届农民运动讲习所在广州番禺学宫开学，毛泽东担任所长。此届农讲所"应全国农运之要求，集二十省区之学生于广州而训练之"，为历届农讲所中规模最大的一届。第六届农讲所面向全国招生，生源来自全国各地，故社会影响亦最著。虽然仍以研究中国农民问题和学习马列主义、新三民主义为主，但学习的内容更加广泛，共设置 25 门课程，"尤其注重农民运动之理论及方法"，课余时间还组织学员阅读《共产党宣言》《工钱劳动与资本》等马列主义著作。

担任这一届农讲所教员的共产党员有毛泽东、周恩来、萧楚女、恽代英、彭湃、李立三、于树德、周其鉴、罗绮园等人，共产党员瞿秋白、陈延年、谭平山、熊锐、黄平、邓中夏、高语罕、张伯简、阮啸仙、吴玉章、谭植棠等人也曾应邀前来讲课或演讲。所长毛泽东除了讲授《中国农民问题》《农村教育》和《地理》三门课程外，还首次讲授了《中国社会各阶级的分析》这篇重要著作的内容，详细分析了农民在中国革命中的地位与作用。周恩来讲授《军事运动与农民运动》，阐述了军事运动与农民运动的关系，指出开展农民运动必须同军事运动紧密结合起来。

农讲所对学员实行军事化管理，一律按军事编制编班，身着军服，每人配给步枪一支，平时轮流执勤，站岗放哨。除了课堂授课学习政治理论和军事理论外，还进行严格的军事训练，每天定时进行操练，还进行野外实习和实弹射击。实行严格的军事训练的目的，主要是"为养成有组织有纪律之农民运动干员，同时为武装农民之准备"。农讲所毕业的学员，绝大部分回到原籍的省区去从事实际的农民运动，从而有力地推动了各地农民运动的发展。

□　平乱讨逆的胜利

1923 年年初，孙中山在广州成立名为"大元帅大本营"的广州革命政府，是范围既小又很不稳定的政权。广东大部分地区被各种名号的地方军队所盘踞。广州革命政府的势力只能及于广（州）、肇（庆）、韶（关）三属。广州名为革命基地，实则外受军阀包围，内受"客军"（在驱逐陈炯明时涌入广东的滇、桂军队）和商团的掣肘，孙中山经常为战乱和各种变故所困扰。国共合作建立后，随着工农运动兴起和革命势力的发展壮大，广州革命政府发起了一系列平乱讨逆的战争，以保卫广东革命政权，巩固广东革命基地。

平定商团之乱。广州革命政府 1923 年冬打退东江陈炯明的进攻，取得了保卫广州之役的胜利，广州一度得到安稳。但不久商团势力坐大，成为广州革命政府的威胁。广州商团始建于辛亥革命时期，原为商人自卫组织，后来被外国人插手，成为帝国主义支持之下与革命政府相对立的反动武装。1924 年 8 月 9 日，商团违法从香港购进大批枪械，被广州革命政府截获。商团先是聚众包围大元帅府，以罢市相要挟，提出发还枪械、准许成立商团联防总部的无理要求。在遭到孙中山拒绝后，商团总长陈廉伯、副总长陈恭受即把商团总部移至佛山，召开秘密会议，到处纠集同伙，煽动罢市，并与东江陈炯明联络，蓄谋发动武装叛乱。英国驻广州领事公开支持商团，对广州革命政府实行外交和武力恫吓。在商团与广州革命政府严重对峙时，驻广州的滇、桂军队采取隔岸观火的态度。滇军将领范石生、廖行超等人以"调解"为名，向广州革命政府施加压力。广东省省长胡汉民、公安局局长李朗如、民团督办李福林等人，主张向商团妥协。中国共产党和广大革命群众，则坚决要求对商团的反动行为予以打击。黄埔军校的师生，也积极主张镇压商团叛乱。

商团偷运军火的行径被察觉后，广州工人代表会即发表通电，建议孙中山予以制裁，明确表示"敝会敢代表全市工人，誓为政府之后盾"。而当滇军将领以"调解"为名庇护商团时，广州工代会又发表通电予以驳斥，严正指出商团私通北洋军阀，勾结帝国主义，偷运军械，阴谋推翻革命政府，"其罪无可逭"。

1924 年 10 月 10 日，广东民族解放协会、反帝运动大同盟、广州工代会、广州学生联合会、广东工团军、农民自卫军、广东油业总工会、国民党联义社等 30 多个团体在广州第一公园举行纪念武昌起义 13 周年集会。谭平山担任大会主席，广州学联代表陈志文、工人代表冯菊坡、民族解放协会代表周恩来、反帝运动大同盟代表孙律西、工农团代表陆枝、新学生社代表杨石魂、农民运动讲习所代表罗绮园、农民协会代表何友逊、社会主义青年团代表高君宇等人相继发表演说。周恩来说："我们不要以为反革命的势力极大，反革命派的气焰嚣张。我们只要下我们团结的决心，我们有工人可以武装，有农民可以自卫，有士兵可以做先驱，有学生可以做宣传，有商人可以做后盾。

我们的实力便在此处。"会后举行示威游行，当队伍行经太平路时，突遭商团开枪射击，被打死 20 余人，打伤 100 多人，被捕数十人。是为"双十惨案"。商团还对死难者斩首剖心，残忍至极。商团到处张贴"驱逐孙文""打倒孙政府"的传单标语，封锁市区，构筑工事，武装巡行，并准备于 15 日进攻省署和公安局，接收财政机关，制造更大规模的叛乱。

"双十惨案"发生后，党组织负责人陈延年会见鲍罗廷，商议对策；当晚召开了党的干部会议，决定迅速组织工、农、教、学各界团体向政府请愿，要求解除商团武装。中共广州地委和青年团广东区委随即联合发表《为双十节屠杀事告广州市民》，揭露商团的反动面目，号召革命群众团结一致，"铲除卖国商人、军阀和帝国主义"。孙中山在共产党人和工农学商各界团体的支持下，增强了平叛的决心，于事件发生当日成立了以孙中山为会长，以谭平山、廖仲恺、陈友仁等为全权委员的革命委员会；后又任命鲍罗廷为革命委员会顾问。周恩来、陈延年、杨匏安、阮啸仙、刘尔崧等人参加了平叛的军事指挥部工作。10 月 13 日，孙中山命令警卫军及部分湘军、粤军由韶关返穗，会同黄埔军校学生军、工团军和农民自卫军，共同讨伐商团。15 日，各部分武装分五路包围西关，勒令商团缴械。商团凭借铁木栅栏和高楼据点顽抗。经过几小时激战，革命军全歼商团，扑灭了叛乱。广州局势转危为安，革命基地得到了巩固和发展。

讨伐杨希闵、刘震寰。1923 年在驱陈之役中进入广东的由杨希闵、刘震寰分别率领的滇、桂军队，本是未经改造的旧军队。入粤以来，杨希闵、刘震寰很快褪去"革命"色彩，到处抢占防地，把持税收，遍设烟馆赌馆，强占民房，勒索财物。在商团事变中，滇军将领"阳拥政府，阴护商团"。第一次东征时，杨、刘始初并不赞成，继而屯兵增城、博罗之间消极观战。东征未捷，孙中山于 1925 年 3 月 12 日病逝于北京。这时，原来拒绝与孙中山合作的远居云南的唐继尧，于 3 月 18 日通电就任所谓"副元帅"职，声言将率兵 10 万假道广西入主粤政。对唐继尧之举，中国国民党中央执行委员会严词予以驳斥。在这种形势下，杨希闵表示"拥唐入粤"，刘震寰则亲赴云南促唐出兵。5 月间，杨、刘与唐继尧、陈廉伯等人在香港开会，段祺瑞、陈炯明等派代表与会，共谋颠覆广州革命政府。接着，杨、刘调兵遣将，从韶关等地召回部队布置于广州及近郊各军事要地。当杨、刘行迹暴露时，大本营代理大元帅胡汉民欲与之妥协，派人赴港请杨、刘返穗，共商大元帅府改组事宜。杨、刘声言"以武力贯彻主张"，一场军事叛乱正在酿成，广州再次陷入危急之中。

至此，广州革命政府决定除去已经成为内在祸患的杨、刘之军队。1925年4月27日，廖仲恺到汕头与东征军将领许崇智、朱培德、蒋介石以及加伦等人"密定大计"，决定回师广州讨伐杨、刘。5月13日，廖仲恺再到汕头召集军事会议，筹划讨伐杨、刘的整个策略。5月21日，东征军各部从潮、梅各地启程，班师返穗，经海丰、平山、淡水于6月6日到达广九路樟木头一带。

中共广东区委坚决支持革命政府肃清杨、刘势力。广东区委书记陈延年约见廖仲恺，说明杨、刘是心腹之患，共产党主张对他们的叛乱展开坚决反击。谭平山、陈延年代表中共广东区委与廖仲恺、加伦组成"三方委员会"，统一行动，指导平叛。广东区委还决定：由军事委员会书记周恩来联系黄埔军校和友军；由谭平山联系国民党左派；由杨殷负责布置广三、广九、粤汉三大铁路工人罢工，并切断敌军的电源和电话线路；由阮啸仙、彭湃等发动各地农会援助东征军回师广州。鉴于平定商团的斗争经验，广东区委还决定加强宣传工作，于6月初召开了宣传工作会议，制定了宣传大纲和宣传口号，布置了事前事后的宣传活动。当广州战云密布时，革命政府、国民党中央机关和苏俄顾问团的许多人士还留在市区，处于叛军威胁之下。广东区委掌握的铁甲车队，是时担负营救之责，抢占了大沙头码头，保护各机关和顾问团安全转移到珠江南岸或黄埔军校。

东征军回师广州之际，胡汉民于6月3日责令杨希闵交还所占防地，交出所把持的财政各机关。4日，杨希闵占领省长公署、粤军总部和公安局。5日，杨希闵通电谓："共产主义，无论我国人民智德生计程度不足语此……希闵等断不容彼辈播共产流毒于社会。我军因此喋血疆场，亦所不恤。"杨、刘四处散发反对共产党、反对苏联和反对广州革命政府的传单。广州革命政府乃于当日下令免杨、刘本兼各职，并通电宣布其罪状。

此时，按照中共广东区委的布置，杨殷、邓培、潘兆銮等共产党员发动组织广三、广九、粤汉三大铁路工人成立"三大铁路罢工委员会"。6月7日一早，三路工人即在"不灭杨刘，工运不兴"的口号下同时宣布罢工，所有火车头，能开走的一律开走，不能开走的全部拆毁，铁路运输遂全部中断。杨希闵以10万元重赏在香港雇工人开车，无一人应征。滇、桂军队无法用火车调动部队和运送辎重，受到沉重的打击。

6月9日，东征军抵达广州东郊，广州革命政府所辖的西江、北江部队也陆续开到。12日，革命军各部会同攻城，分别从东郊、河南向市区逼近，向滇、桂军队展开猛烈攻击。这时，在中共广东区委的发动和组织之下，番禺、南海、顺德、花县、广州近郊以及宝安、清远、广宁等地农民，积极援助或前来参战，广州市民也参与围打敌军，杨、刘陷入四面包围之中。6月13日，中共广东区委发表《中国共产党对于广东时局宣言》，揭露杨、刘祸粤罪行，指出革命政府讨伐杨、刘的战争"系革命派与反革命派的武装斗争"，号召工农群众和革命士兵扩充自己的实力，继续为革命政府做后盾。在人民群众的支持配合下，革命军先后突破滇、桂军队设置于龙眼洞、瘦狗岭、白云山等处的防线，攻入广州市区。滇军师长赵成梁被击毙，桂军师长陈天泰被俘虏。杨希闵、刘震寰化装逃跑，路经沙面潜往香港。讨伐杨、刘之役，取得了彻底胜利。

中共广东区委在平定杨、刘之役中，受到了实际斗争的锻炼，起到了重要作用。苏联顾问对此曾给予了很高评价。平定杨、刘之役这一胜利使广州局势再次转危为安，为广州大元帅府改组成为中华民国国民政府以及省港大罢工的发动，打下了良好的基础。

□ 两次东征的发起

1924年10月，孙中山平定了广州商团叛乱，使广东革命根据地得到初步巩固。但是，广州革命政府所在地广州的形势仍然十分险峻，特别是盘踞东江的陈炯明对广州革命政府威胁最大。在这样的形势之下，肃清各种敌对势力，实现广东革命根据地的统一与巩固，是广州革命政府面临的重大任务之一。1925 年，先后进行的两次东征打击了陈炯明叛军势力。

在平定商团叛乱之后，孙中山应冯玉祥等人之邀，离粤北上，共商国是。盘踞在粤东惠（州）潮（州）梅（州）地区的陈炯明，认为广州革命政府群龙无首，有机可乘，于是加紧纠集各路反动武装，发兵进攻广州。于是，广州革命政府第一次东征讨陈。

第一次东征于 1925 年 2 月 1 日开始，参加东征的部队组成了"东征联军"，分三路出兵：以滇军杨希闵部为左路，负责进攻博罗、河源、老隆、兴宁和梅县一线；以桂军刘震寰部为中路，负责攻打惠州；以粤军许崇智部为右路，负责攻打淡水、平山、海丰、陆丰以及潮汕地区。黄埔军校两个成立不久的教导团共 3000 人随右路军行动。中共广东区委发表《中国共产党檄告广东工农群众保卫革命打倒陈炯明》的宣言，策动广大工农民众支持革命政府出兵讨伐陈炯明。同时，广东区委还派出李劳工、张威等人先行到海陆丰地区策划内应，又派彭湃及一批东江籍的共产党员随军行动。

东征军沿广九铁路进发，先后攻克石滩、石龙、东莞，基本肃清了广九铁路沿线之敌。后经横岗、龙岗、坪山，于 2 月 14 日东征军右路军进至淡水城下。

淡水为惠阳县要镇，北距惠州约 70 里，地势险要。驻守淡水的敌军约 4000 人，驻惠州、海丰等地的敌军闻悉东征军进攻淡水，迅速驰援淡水，故攻打淡水是第一次东征进军中的一场硬仗。在战斗中，东征军以 10 名官长率领 100 多名士兵组成"奋勇队"（10 名官长有 8 名是共产党员），冒着敌人的炮火，奋不顾身，浴血搏杀，前仆后继，勇猛攻城，"其慷慨壮烈之景状，足以震天地而泣鬼神"。经过激烈奋战，东征军终于攻克淡水城。是役，俘敌近 2000 人，缴枪千余支，取得了东征以来第一个攻坚战的胜利。

第一次东征中的棉湖之战，是一个以少胜多、以弱克强的典型战例。当年黄埔军校教导一团 1000 余人被陈炯明所属的林虎部七八千人分割包围，处境艰危。因双方兵力悬殊，敌强我弱，激战终日，黄埔军校学生军牺牲过半。但是，以共产党人为脊梁的黄埔军校学生军官兵，以一当十，以十当百，不顾生死，英勇抗击，坚持到援军赶来，林虎部终被击溃遁逃。棉湖之战，黄埔军校教导团以两个团之兵力，击败敌军 6 个师。这次战事，寡能敌众，身经百战的苏联军事顾问加伦将军赞叹不已，认为"棉湖一战的成绩，不独在中国所少见，即在世界亦少有的"。

东征右路军进兵东江，摧坚破垒，征战不辍。继棉湖大捷之后，东征军继续向兴梅地区推进，先后攻克五华、兴宁和梅县等地，陈炯明残敌向闽粤边境溃窜。1925 年 4 月上旬，东征军顺利地结束了第一次东征。第一次东征，沉重打击了陈炯明的反动势力，壮大了革命军队的力量，扩大了革命军队的政治影响，既促进了工农运动的发展，也使广东革命根据地进一步得以巩固发展。

陈炯明军队受到重挫后，退避闽粤边境一带，苟延残喘，以图再举。当东征军回师广州平定杨、刘叛乱之际，陈炯明又纠集残余兵力，重占潮梅；盘踞广东南路地区的邓本殷、申葆藩等反动势力也蠢蠢欲动，遥相呼应，图谋夹攻广州，广州政局仍然危机四伏。于是，从 1925 年 10 月上旬起，国民政府进行了第二次东征讨陈。

东征军兵临惠州城下，迅即展开夺城攻势。10 月 10 日，东征军扫平了惠州城外之敌；11 日占领了飞鹅岭；13 日开始攻打惠州城。担任主攻的是国民革命军第一军。军中的共产党员、共青团员率先垂范，冒死冲锋，奋力攻城。激战竟日，未能奏效，团长刘尧宸等人壮烈牺牲。14 日，东征军重新组织兵力，继续攻城，战况十分激烈。官兵们前仆后继，奋力搏杀，终于破城而入，占领惠州城。

克复惠州城之后，东征军第一军继续东进。10 月 27 日，蒋介石随第一军第三师在五华县华阳镇与敌军林虎部打了一场硬仗。是役，炮火轰鸣，硝烟弥漫。战斗中，双方军队伤亡甚巨。危急关头，黄埔军校的一期学生、时任东征军总指挥部警卫连连长的共产党员陈赓，从炮火下冒死把蒋介石背离战场，并掩护其渡河脱险。华阳受挫，东征军调整部署，重新进击。10 月 30 日，何应钦、周恩来所率的国民革命军第一军第一师在横岗击败敌军林虎部，敌军在溃退途中又遭东征军另一部阻击，敌军精锐损失殆尽。随后，东征军进占汕头，又在闽粤边境消灭陈炯明残部，第二次东征告以胜利结束。

□ 省港大罢工的爆发

第一次国共合作之后，广东工人运动取得了合法的地位，并得到了国共两党的高度重视。国民党中央工人部以廖仲恺为部长，共产党员冯菊坡为秘书，专事负责工人运动有关事宜。中共广州地委积极利用这些有利条件，派大批干部深入各行业工人中去，组织工会，开展工人运动，因而广东的工人运动日益活跃起来。

1924 年 7 月初，广州沙面租界当局颁布"新警律十二条"，限制华人自由出入沙面，并对华人作出诸多歧视和侮辱性的规定。沙面华工 3000 多人不堪其辱，在中共广州地委及广州工代会的发动和组织下，于 7 月 15 日宣布罢工，要求沙面租界当局取消歧视中国人的"新警律"苛例。是为轰动一时的沙面罢工。沙面罢工得到了广东省政府和社会各界的支持。国民党领导人孙中山、廖仲恺也对这次罢工表示赞赏。沙面罢工是一次维护正义、维护人格、维护尊严的反对帝国主义的政治罢工。斗争坚持了一个多月，迫使沙面租界当局答应取消"新警律"，承认华人同外国人一律平等，沙面罢工取得了完全的胜利。这次罢工，规模虽然不大，但意义深远。它犹如一声报春的惊雷，率先打破了自 1923 年京汉铁路二七惨案以来中国工人运动消沉的状态，成为中国工人运动从低潮转向高潮的"拐点"，拉开了中国工人运动复兴的帷幕。

1925 年 5 月 30 日，为了抗议日商纱厂资本家枪杀工人顾正红，上海工、学、商、民联合组织宣传队，在上海南京路一带演讲和示威游行。此举遭到租界英国巡捕的开枪射击，打死 10 多人，伤数十人。南京路上顿时腥风猛刮，血雨飘洒。是为举国震惊的"五卅惨案"。五卅惨案的消息传到广州，中共广东区委于 5 月 31 日晚上召开党、团员大会，报告了五卅惨案的经过，决定组织"临时委员会"联络工、农、商、学和青年军人等革命团体举行示威游行，并筹划在省港两地举行大罢工，以声援上海人民的反帝爱国斗争。

1925 年 6 月 2 日，广州各界群众在文明路广东大学操场召开声援上海五卅运动大会，会后举行大规模的反帝示威游行。6 月上旬，中共中央广东临时委员会指派邓中夏、黄平、杨殷、杨匏安、苏兆征5人组成"党团",作为罢工的指挥机关,前往香港组织罢工。"党团"成员深入香港各工会团体,开展宣传发动工作。经过一番努力,香港各工会代表接受了全港总同盟罢工的决议,成立了以苏兆征为干事局局长的"全港工团联合会",具体负责组织香港工人罢工。与此同时,中共广东区委在广州亦加紧开展罢工的各项工作,决定由冯菊坡、刘尔崧、施卜、李森、林伟民、陈延年组成"党团",并指派冯菊坡、刘尔崧、施卜到沙面英法租界再次发动罢工。

1925年6月19日,由香港海员工人首先宣布罢工,震惊中外的省港大罢工爆发。继海员工人之后,印刷、洋务、码头搬运、海陆理货、起落货、煤炭、邮务、清洁、医务、木匠、打石、牛羊业、果菜、汽车、旅业、油业、洗衣、皮革、搭棚、油漆、电器等工会,先后有20多万名工人加入了罢工行列,其中有10万多人离开香港,返回内地。

6月21日,在广州沙面租界3000多名中国洋务工人宣布罢工。罢工工人按照原定计划一致行动,离开沙面,回到广州市区,并成立罢工委员会。接着,在广州市区英日美法的仓库、洋行和外国人住宅雇佣的中国洋务工人,也纷纷参加了罢工。沙面罢工工人还组织了工人纠察队,对沙面实行封锁。他们把守东桥、西桥及沙基沿岸,不许船艇出入。

这场声势浩大的省港大罢工爆发后,香港陷入一片混乱,机器停转,轮船停开,车辆停驶,商务停顿。罢工工人组织的纠察队封锁了各港口、码头,严禁粮食、生猪运往香港。交通断绝,垃圾堆积如山,粪便满街横流,香港顿时变成了"饿港""臭港"和"死港"。又因大批外国人雇佣的中国家政工人的罢工,使昔日那些养尊处优、不可一世、百般奴役中国人的洋人们,不得不动手洗衣、做饭、带孩子,"自食其力"。

省港工人阶级的罢工斗争使英帝国主义者大为震惊。他们根本想不到向来被称为"一盘散沙"的中国人,何以能一夜之间就变得这样团结、这样步调一致;他们怎么也想不通,平时他们所瞧不起的穷"苦力",竟能迸发出如此强大的震撼力。

　　1925 年 6 月 23 日，广州民众联合召开上海惨案追悼大会，会后举行大游行。当游行队伍途经沙面对岸的沙基路时，沙面租界当局丧心病狂地下令向游行队伍开枪射击，当场打死 50 多人，重伤 170 多人，鲜血染红了沙基路，染红了沙基涌。这就是骇人听闻的"六二三"惨案，亦称沙基惨案。广东各地民众闻悉沙基惨案消息后，群情激愤，纷纷集会和示威游行，抗议英帝国主义者的滔天罪行。例如，在汕头，海员、洋务、运输等行业工人在中共汕头特别支部领导下实行罢工，成立了 100 多人的工人纠察队，封锁港口，抵制英货，支持省港罢工工人的斗争。全市及各县的青年学生上街宣传和募捐，支援罢工。在海口，青年学生走出校园，拥上街头，散发传单，当众演说，声讨英帝国主义者的罪恶，反对沙基的大屠杀。

　　省港大罢工期间，罢工工人在广州组织了罢工工人代表大会，作为罢工的最高议事决策机关；又设立了省港罢工委员会，作为罢工的最高指挥机关，由苏兆征担任罢工委员会委员长。苏兆征 1922 年 1 月与林伟民等人领导了香港海员大罢工，于 1925 年加入中国共产党。省港大罢工期间，苏兆征与邓中夏、李启汉等人一起组织、领导罢工工人坚持艰苦卓绝的斗争。初时，省港罢工委员会实行罢工、排货、封锁相结合的政策，宣布所有外国船只不得进出广东各港口，抑制一切外货外币，并提出"反对一切帝国主义"的口号。随着罢工斗争的不断深入，省港罢工委员会发觉"反对一切帝国主义"这一政策会促使各国与港英当局一致行动，共同对付广州实行反封锁，使罢工工人"四面受敌"。为此，省港罢工委员会及时调整策略，于 8 月 1 日通过"特许证"制度，变"反对一切帝国主义"为"单独对英"。具体规定：凡不是英货、不是英船及不经过香港、澳门的均可自由起卸，广东境内只要不是英国货、英国船，均可自由贸易和来往；凡存在广州之货，只要不是英国货，而且不是英国人的，均可开仓发卖。后来，为了方便商人，罢工委员会进一步简化手续，取消"特许证"，仅以"凡不是英货、英船及经过香港者，可准其直接来广州"为原则。

　　"单独对英"中心策略的调整，从政治上分化、瓦解帝国主义间的联合防线，有效地拆散了港英当局与各国的联合同盟，进一步孤立、打击英帝国主义，成效显见。由于分别对待，各帝国主义国家反应强烈，日本把"单独对英"视为有了取代英国在华势力的大好机会，表示"决不致因援助英国对华之强硬政策，而冒颠倒事物之险"。日、美、法、德各国轮船公司也纷纷向省港罢工委员会申请与广州通航；美、日各国公司陆续领证复业，原来设在香港、沙面的商行，也先后迁入广州市区开业。

此后，外商（英商除外）与广东的经济贸易日趋正常，而对港英当局则是进一步打击。正如邓中夏在《中国职工运动简史》中所说的："在这个中心策略之下，解除广东经济的困难，保持广东商人的中立，拆散帝国主义的联合战线，最后还促进广东经济的独立发展，使这个伟大的罢工，得以坚持如此长久的岁月，就是由于这个中心策略之正确。"

面对着蓬勃高涨的省港大罢工运动，香港总督史塔士曾夸下海口：誓在其任内亲自解决之。然而，在全国、全省人民大力支持之下，在广大罢工工人团结一致的斗争面前，香港总督史塔士束手无策，毫无回天之力，最后被英国政府以"办事不力"解职。

新接任的港督金文泰初始也踌躇满志，以为罢工事态很快会平息，对罢工工人的要求不以为然，置之不理，蛮横地拒绝了工人们提出的复工条件。港英当局拖延谈判，破坏谈判，甚至单方面宣布停止解决罢工的谈判。为此，中共广东区委于1926年2月间发动留港的工人、市民掀起第二次罢工浪潮，又有1万多人离港返回内地。同时，广州各界民众也发起第二次"援助罢工周"。省港大罢工的斗争呈现"白热化"形势。

1926年7月，国民革命军誓师北伐，革命重心逐渐向北转移。为了集中力量支援北伐，巩固广东革命根据地的后方，中共广东区委、全国总工会、省港罢工委员会商量研究，认为在维护罢工工人利益的原则下，必须采取主动步骤停止封锁、结束罢工。为此，省港罢工工人代表大会经过充分讨论，从中华民族利益的大局出发，一致同意并通过了关于改变斗争策略、停止封锁、结束罢工及善后办法等决议。代表大会要求广州国民政府征收新税，作为结束罢工后津贴罢工工人的费用，安排工人工作。代表大会还决定结束罢工之后，所有罢工机构全部保留，以保障罢工工人的利益。

10月10日，中共广东区委发表《为省港罢工自动的停止封锁宣言》，省港罢工委员会发表《停止封锁宣言》。当天，广州市30万民众举行了盛大集会，一致拥护省港罢工委员会所作出的关于停止封锁、结束罢工的决定。至此，省港大罢工宣告结束。省港大罢工坚持了一年零四个月，罢工工人总数达到25万人。其规模之大、历时之长、声势之壮、涉及面之广，在中国工人运动史上是空前的，在世界工人运动史上也是罕见的。

阅读链接

不用罢工经费一分钱的苏兆征

中国工人运动的先驱和著名领袖苏兆征（1885—1929），是广东香山县淇澳岛淇澳村人（今珠海市淇澳岛人），他是中华全国总工会的主要创建人和领导人，国际工人运动活动家，中国共产党早期重要领导人之一。1908年加入孙中山领导的同盟会，积极参加推翻清政府的革命活动。1925年春加入中国共产党。参与领导香港海员大罢工、省港大罢工。苏兆征历任中华全国总工会委员长，中央政治局候补委员，中央临时政治局常务委员，中央政治局常务委员。1927年12月，苏兆征被推举为广州苏维埃政府主席。

苏兆征因为家境贫困，只读过3年私塾，成年后在外国远洋轮船上当海员。苏兆征的足迹遍布五大洲四大洋，耳闻目睹之间接触了马克思主义，大大开阔了眼界。1921年3月，苏兆征与林伟民等组建中华海员工业联合总会。1922年1月，苏兆征领导香港海员大罢工，任罢工总办事处总务部主任、海员工会代理会长等职。苏兆征在1925年5月召开的第二次全国劳动大会上当选为中华全国总工会执行委员会委员。

苏兆征领导了震动世界的省港大罢工。1925年6月19日，上海五卅运动后的第20天，香港工人在苏兆征领导下开始大罢工。在苏兆征的安排下，一批一批香港工人离开香港回到广州，香港成为一个"死港"。广州革命政府积极支持香港工人罢工，安排工作人员在几个码头上接待从香港回来的罢工工人，财政部部长廖仲恺几次批拨专款，安顿罢工工人的衣食居住。沙基惨案不仅没有扑灭罢工工人的怒火，反而激起了工人更大的愤怒。省港罢工队伍一下子从10万多人扩大到20多万人，其中半数以上在广州。罢工工人在代表大会上推选苏兆征为罢工委员会委员长，推选邓中夏为副委员长。

聚集在广州的数十万罢工工人没有了工资，每天要吃要喝，还有他们的家属，二三十万的吃喝开销是一笔庞大的支出。广州革命政府当时没有正常的财税收入，虽然对罢工工人不时伸出援手，但是杯水车薪，不能解决问题。苏兆征考虑，要坚持罢工并取得胜利，一定要设法解决经费问题。他建议在罢工委员会之下设立一个财政委员会，统筹安排经费开支，代表们一致认为，主持财政委员会的人非苏兆征莫属。

省港大罢工开始的两三个月，从早上6时到半夜12时，苏兆征几乎是没有片刻闲暇时间，他每隔几天就将收支账目印成特刊，分发给罢工工人，让大家进行监督。罢工委员会来往开支有这么高的透明度，让罢工工人非常放心。省港大罢工得到了海内外各界的支持。

罢工初期，罢工委员会给每人每天发伙食费2角，让他们找饭店就餐。后来发现饭店只顾赚钱，经常克扣，苏兆征立即组织工人自己开办食堂，在食堂设管理员，发放开饭凭证，凭证吃饭。省港大罢工坚持一年零四个月，苏兆征解决了最令人头疼的吃饭问题。罢工期间，工人对伙食一直比较满意。

省港大罢工历经了两个暑天和一个冬天。暑天时，苏兆征就开始策划御寒的衣被。他亲自出马找广州各慈善机构，发动他们捐款，购置布料、棉花，组织罢工工人家属缝制。在罢工的第一个冬天到来前的9、10月间，工人们就领到4万件棉衣、2万条棉被和1万条土布松花裤，工人们称这些棉衣棉被为"万岁衣""万岁被"。

在省港大罢工期间，苏兆征妻儿跟着他住在广州榨粉街一间小屋子里，生活相当困难，他让妻子回娘家淇澳岛带一点咸鱼、杂粮等回来勉强充饥，却从不用罢工经费的一分钱。苏兆征作为罢工委员会委员长，经管着财政委员会百万元的捐款，每日经手资金数万至数十万元，他两袖清风，严守制度，资金丝毫不差。

苏兆征在武汉参加了中国共产党第五次全国代表大会，当选为中共中央委员和中央政治局候补委员。他在上海与张太雷等制订广州起义的计划，广州起义后，苏兆征虽然不在广州，仍当选为广州工农民主政府的主席。在中国共产党第六次全国代表大会上，苏兆征当选为中共中央委员。

后来，因积劳成疾，苏兆征病倒在苏联，1929 年 1 月苏兆征抱病回国，因为手术过程中发生细菌感染，2 月 25 日病逝于上海。在生命的最后一息，苏兆征念念不忘组织群众进行斗争，对前去探望的周恩来等人说："广大人民已无法生活下去，要革命，等待我们去组织起来。""大家同心合力，一致合作，达到革命的最后成功！"

1929 年 2 月 26 日，中共中央政治局向全党发出了悼念苏兆征不幸逝世的第 32 号通告。通告指出："苏兆征同志在工作中，充分表现了无产阶级的艰苦卓绝精神和坚决的政治意识，他的革命精神，是全党的模范。"

□　叶挺独立团的先遣北伐

近代以来，积弱贫困的中国，陷入战争血火的旋涡。军阀争雄，战祸频仍，致使生灵涂炭，百业凋敝，民不聊生。统一中国，是中国共产党的奋斗目标之一，中共二大制定的党在民主革命阶段的纲领规定要"消除内乱，打倒军阀，建立国内和平；推翻国际帝国主义的压迫，达到中华民族的完全独立；统一中国为真正的民主共和国"。同时，北伐统一中国也是孙中山多年的愿望和全国人民的共同要求。为了剪除军阀混战这一万恶之源，铲除封建割据，统一中国，孙中山曾有过多次北伐的计划和行动。

孙中山逝世后，北伐事业并未停止。中国共产党人继续推进国民政府举行北伐。1926 年 2 月，中共中央在北京召开特别会议。中共中央驻粤委员谭平山、中共广东区委书记陈延年出席了这次会议。会议分析了当前形势，指出"党在现时政治上主要的职任"是从各方面准备北伐。会议还要求各地党组织加紧在农民之中的工作，尤其是将来北伐军必经之地要广泛发动群众，做好迎接、策应和配合革命军的工作。

中共广东区委一贯赞同北伐主张，也一贯积极支持国民政府早日出师北伐，认为巩固广东革命根据地和实行北伐"应同时并重；仅株守广东，固非所宜；但因北伐而损及广东的巩固，也属不智"。北京特别会议之后，中共广东区委为了推动国民政府北伐，开展了一系列宣传工作。1926年3月30日，中共广东区委发出《反对段祺瑞屠杀北京民众之宣传大纲》，揭露段祺瑞杀戮民众之罪恶，"要求国民政府实行北伐"。4月2日，在广东党、团区委的推动下，广州各界民众15万人举行声讨段祺瑞大会，强烈要求国民政府出师北伐，打倒北洋军阀。4月15日，青年团广东区委发表《为广东学生联合会成立纪念日告广东学生》，号召全省学生"赞助国民政府北伐"。5月3日，正在广州召开的第三次全国劳动大会和广东省第二次农民代表大会联合通过了"请愿国民政府速即出师北伐案"。广东省农民协会还发表《请愿政府出师北伐呈文》，请政府趁此"北向讨贼，奋斗救中国"的大好时机，克日出师北伐。广东省农会"愿率全省有组织的革命农民，为国民政府、革命军人后盾"。

在一致拥护北伐的呼声中，中共广东区委和广州国民政府做了大量的准备工作。在中共中央、中共广东区委军委书记周恩来的指导下，1925年11月在广东肇庆组建了国民革命军第四军独立团，由共产党员叶挺担任团长，故亦称为"叶挺独立团"。

叶挺，1896年9月10日出生于广东惠阳。1918年保定陆军军官学校毕业，后在孙中山部队担任警卫营营长。1924年赴苏联留学，同年年底加入中国共产党。1925年8月回国后，叶挺被分派到国民革命军第四军担任参谋处处长，后又调任该军第十二师第三十四团团长。同年11月，第三十四团改编为第四军独立团。这支部队实际上是由中国共产党领导的正规军队，全团官兵2000多人，连以上干部大多是共产党员，部队建立了坚强的党支部。叶挺独立团官兵骁勇善战，士气高昂，是一支所向披靡的革命劲旅。北伐前夕，叶挺独立团正驻扎在肇庆，厉兵秣马，做好进军北伐的各种准备。

1926年5月20日，国民革命军北伐先遣队叶挺独立团开拔出师北伐，北伐战争因之拉开了序幕。叶挺独立团先从广州乘火车到韶关，然后舍车徒步，向北进发。时为夏令季节，烈日当空，骄阳似火，叶挺独立团官兵冒着酷暑，负重行军，艰苦跋涉，日行60余里，于5月

27 日进入湖南郴州，31 日进达永兴境内。1926 年 6 月 2 日，叶挺独立团到达安仁。这时敌军 3000 多人来犯，企图抄唐生智所部后路，切断湖南与广东的联系。唐军守卫部队退出阵地，叶挺独立团即于 6 月 3 日投入战斗。在作战斗动员时，叶挺表示：独立团是北伐先锋队，不但代表革命军，而且代表中国共产党。"这是我们北伐以来的第一仗，我们一定要打胜。"[①] 在叶挺的指挥下，全团官兵同仇敌忾，斗志高昂，英勇拼杀，终将数倍于我之敌打退，于 6 月 5 日攻占攸县。此役既解救了唐军之危，遏止了敌军南向之势，也为国民革命军北伐扫除了障碍。

此后，叶挺独立团奉命驻扎于攸县。7 月初，国民革命军第四军第十师和第十二师相继入湘。7 月 5 日，第四军各部向湘东重镇——醴陵前进，于 10 日开始向醴陵城发起进攻。叶挺独立团一部正面攻击据守泗汾桥之敌，一部由豆田渡河攻击敌背。泗汾桥于上午被攻破，而渡过豆田河后的部队适遇敌军千余人增援，双方展开搏杀，战斗甚为激烈，叶挺独立团将敌军击溃。此役共产党员胡焕文、吴兆生牺牲。11 日，叶挺独立团向浏阳进击，浏阳守敌弃城遁逃。翌日上午，叶挺独立团占领了浏阳。

在叶挺独立团驻守浏阳之际，中共广东区委从广州发来指示信，要求独立团党支部和叶挺为适应革命形势发展的需要，争取增设一个特别大队和一个补充营。中共广东区委还派出许继慎等 30 多名军事干部到独立团工作。在此期间，中共广东区委军委特派员聂荣臻从广州到长沙，同叶挺独立团联络。

敌军自醴陵、长沙失守后，大部退守平江一线，沿汨罗江北岸构筑防御工事，兵力逾 10 万人。8 月中旬，北伐军各部陆续进入湖南，前敌总指挥部遂部署进攻敌军之汨罗江防线：第八军（唐生智）沿武（昌）长（沙）铁路直攻汨罗，第七军（李宗仁）由淉口渡江，叶挺独立团会同第四军（李济深）各部进攻平江城。19 日，叶挺独立团在鲁肃山、天岳山、童子岭、审思岭等处大破敌军，并在当地农民协会的有力援助下攻破了被称为"固若金汤"的平江城，俘敌 400 余人，

---

① 《周士第回忆录》，人民出版社 1979 年版，第 55 页。

缴枪 340 多支。平江既克，敌军精心构筑的汨罗江防线宣告崩溃。北伐军大举追敌，叶挺独立团经湘鄂交界之九岭进入湖北，于 23 日占领通城。随后，叶挺独立团又任第四军前卫，日夜兼程强行军 160 多里，于 25 日抢先占领武长铁路之中伙铺车站，截获敌军一个团，俘敌 400 余人，缴枪 150 余支。

8 月 26 日，北伐军发起汀泗桥之役。此为"武汉最险要之门户"，其东面高山耸立，西、南、北三面环水，只有一桥可通。直系军阀吴佩孚调兵 2 万余人，布防汀泗桥，准备死守待援。北伐军第四军担任主攻，由于没有火炮，攻击竟日无所进展，敌军组织"奋勇队"冲过铁桥向北伐军反扑，咬住第四军指挥所猛攻不舍。危急之际，叶挺命令第一营营长曹渊赴援，顽强打退敌军，使第四军指挥所转危为安。曹渊因此受到军部通令嘉奖。27 日拂晓，叶挺率部偷袭敌背古塘角，一举打乱敌阵，敌军一部乘船逃脱，一部窜溺水中，其余悉被俘虏，汀泗桥终被北伐军突破。叶挺独立团乘胜追击，第二营营长许继慎率部最先冲到咸宁城下。是时，洪水暴涨，城下一片汪洋，敌军慌乱不堪。许继慎当机立断，抢先攻城。咸宁城被北伐军攻破，吴佩孚又失去了一个可据的天险。8 月 29 日，北伐军进攻贺胜桥。此为武汉最后之屏障，此关一破，"百余里皆无险可守"。是时，吴佩孚乘专车亲临前线督战，战况空前激烈。叶挺独立团与第四军各部沿铁路正面进击。许继慎率第二营首先突破敌阵，结果被敌军包围，许继慎中弹受伤。叶挺命令曹渊率部支援第二营。在叶挺指挥之下，全团官兵一齐上阵，专攻印斗山之敌。经过激烈搏斗，终将敌军打败。此役基本上打败了吴佩孚的主力。吴佩孚为了阻止其队伍后退，急令卫队团手执大刀，斩杀临阵退却者，但仍未阻止其部队的溃败颓势。叶挺独立团参加了汀泗桥、贺胜桥这两个北伐中最有名的战役，在其中发挥了关键性作用，为所在的第四军赢得了"铁军"的光荣称号。

汀泗桥、贺胜桥传捷后，北伐军于 9 月 3 日向武昌城发起攻击。武昌城城墙高峻坚固，敌军居高临下，北伐军激战终无进展。翌日，北伐军重新部署攻城，叶挺独立团负责进攻宾阳门至通湘门，以第一营为奋勇队，曹渊担任队长。5 日拂晓，第一营冒险越过城壕直逼城下，架设竹梯攀缘而上。敌军集中火力猛烈扫射，奋勇队"全营几为敌覆灭"，共产党员曹渊牺牲。经过浴血奋战，10月10日北伐军占领了武昌城。

作为北代先锋的叶挺独立团，从广东出发一路挺进，在北伐战争的主战场——两湖战场上，经历了各次重大战役和惨烈战斗，"每战皆列前锋，其作战之勇，军纪之佳，牺牲之巨，为各军冠"。① 叶挺独立团在历次战斗中伤亡官兵400人以上，仅武昌攻城之役就牺牲191人。中共广东区委领导的叶挺独立团，不仅是光荣的北伐先锋队，而且是北伐军中最精锐的部队，为北伐战争胜利作出了不可磨灭的重大贡献。

---

① 《中央政治通讯》，第6号（1926年10月7日）。

第三章

土地革命新道路的开辟

历史概说

要事本末

- □ 广州起义的爆发
- □ 三河坝的坚守
- □ 海陆丰苏维埃的创建
- □ 刑场上的婚礼
- □ 红色娘子军的建立
- □ 秘密交通线的开辟
- □ 南雄水口战役的胜利
- □ 万里征途第一站

历 史 概 说

1927 年 4 月 15 日，国民党反动派在广东发动反革命政变，第一次国共合作在广东已彻底破裂，也宣告了大革命在广东归于失败。南粤大地笼罩在白色恐怖之中。中共广东组织迅速决定以武装起义反抗国民党反动派的屠杀，讨蒋起义、秋收起义在南粤城乡此伏彼起。1927 年 12 月 11 日，爆发了震惊中外的广州起义，这是广东一系列武装起义的最高潮。

广东党组织打响了大规模武装反抗国民党反动派的枪声之后，逐步走上建立农村革命根据地的道路。1927 年 11 月中旬，在彭湃的领导下，海陆丰苏维埃政府成立，海陆丰革命根据地正式形成并率先实行打土豪、分田地的土地革命。海陆丰革命根据地拥有南昌起义军余部改编而成的工农红军第二师和由广州起义军余部改编的工农红军第四师，共约 3000 人。至 1930 年夏，创建琼崖（今海南省）和东江两块农村革命根据地。琼崖革命根据地建立了中国工农红军第二独立师，兵力 1300 多人，苏区人口达 100 万以上；东江革命根据地建立了中国工农红军第十一军，下辖 5 个团，兵力共约 3000 人，所辖区域包括东江地区 20 多个县以及江西南部的寻邬县（后改为寻乌），福建南部的平和县、诏安县的部分地区，苏区人口超过 100 万。东江革命根据地为中央苏区核心区域输送了大批食盐、药品等紧缺物资和大批革命骨干，为中央苏区的形成和发展作出了不可磨灭的贡献，不少区域本身也成为了中央苏区的一部分。

土地革命时期，广东党组织得到了较大的发展，各地特委、市委和县委普遍建立。至 1927 年 12 月，已建立东江特委、琼崖特委、广州市委、南路特委、五邑地委、西江特委、北江特委、香港市委，大部分的县建立县委。到 1928 年 6 月，全省党员增至约 5.3 万人，占全国党员总数的40%，是当时全国党员人数最多的省份。

1934年秋冬，几经更迭的中共广东省委机关①被破坏后停止了活动，在国民党统治区的广东党组织几乎丧失殆尽，琼崖和东江农村的革命根据地大部分落入敌手。与上级失去了联系的广东各地党组织和红军游击队在严酷的环境下，依然信念坚定，不畏艰险，英勇奋战，顽强地支撑着广东革命斗争的局面，红旗不倒。

---

① 土地革命战争时期中共广东省一级领导机构名称演变先后为：广东区委（1924.10—1927.5）、广东特委（1927.5—1927.8）、广东省委（1927.8—1931.2）、两广省委（1931.2—1932.9）、两广工委（1932.9—1934.3）、香港工委（1934.3—1934.9）、南方临时工委（1936.9—1937.10）。

要 事 本 末

□ 广州起义的爆发

汉口八七会议之后，中共中央和广东省委马上开始策划在广州举行武装起义。1927 年 8 月 22 日，张太雷就广东省形势及暴动计划等问题向中共中央常委会报告，提出"广州暴动即在我军进攻石滩时，沿三条铁路之工农及市内罢工工人，工代会工人同时动作，定可成功也"①。同一天，中共中央致函南方局转广东省委，询问："暴动的工作是否已经准备到可以即时发动？"并提出如叶、贺军"能早拿住东江两个星期"，则"可以进击敌军，夺取广州"。9 月间，中共中央作出了夺取广州、建立中国临时革命政府、将中共中央迁往广州等部署，多次致函广东省委，谓"中央对于你们的暴动计划均大致同意，惟须立即开始，不要等待贺、叶军队到来，技术上并可参照两湖暴动计划"②。中共中央指示广东各地农军应"以围攻广州为主要目标"；"广州城内，即须准备暴动"；"叶贺军应与农民军结合，直奔广州，沿途不能濡滞观望"；夺取广州后，则成立"中国临时革命政府"；等等。9 月 21 日，广东省委向所属党组织发出第九号通告，要求将广州市暴动委员会改为广州市革命委员会。9 月 29 日，张太雷在汕头致函中共中央，谓"广州暴动的准备积极进行"③。

---

① 《张太雷给中央信》（1927 年 8 月 22 日），见《广州起义》，中共党史资料出版社 1988 年版，第 27 页。

② 《中共中央致南方局转广东省委信》（1927 年 9 月 9 日），见《广州起义》，中共党史资料出版社 1988 年版，第 36 页。

③ 《张太雷自汕头来信》（1927 年 9 月 29 日），见《广州起义》，中共党史资料出版社 1988 年版，第 57 页。

11 月上旬，广东省委书记张太雷赴上海，参加中共中央政治局扩大会议，并与中央具体研究广州起义的问题，决定"把广州暴动立刻造成一个全省暴动的局面，来完成并保障广州的胜利"[①]。11 月 17 日，中共中央常委会作出《广东工作计划决议案》，正式决定举行广州起义，要求广东省委发动农村和城市的暴动，并"会合成总暴动，以取得广东全省政权"。并要求省委公开发表号召暴动宣言；举行政治总同盟罢工；东江工农革命军直扑广州，沿途扩大土地革命；广东各地发动农民起义，配合广州暴动；等等。在军事方面，要求"省委下设一军委，以熟悉军事同志组织之，为省委之下军事计划机关"。[②] 中共中央并决定改组广东省委，由张太雷、恽代英、张善铭、黄平、陈郁、黄谦、周文雍为常委，张太雷仍任书记。

为了争夺广东地盘，李济深、张发奎之间的矛盾斗争愈演愈烈，于 11 月 17 日爆发了粤桂战争。在这种形势下，中共广东省委提出"变军阀的战争为民众反军阀的战争"的策略，并于 11 月下旬，将省委机关从香港迁回广州，以便于发动、领导起义。

教导团、警卫团和工人赤卫队是参加广州起义的骨干力量。中共广东省委通过多方面工作，积极争取第四军军官教导团、警卫团等参加广州起义。教导团原由叶剑英任团长，团内有几百名共产党员和共青团员。党组织送《红旗》《工农小报》给进步官兵阅读，在官兵中新吸收了 120 多个党员，秘密召开党员会议，讨论起义问题。警卫团是起义将要爆发时才正式建立的，由叶剑英推荐梁秉枢、张诗教（秘密共产党员）为正副团长，还安排了许多共产党员到该团工作。党组织还将四一五政变后按工会系统组织的工人秘密武装，如剑仔队、工人自救队、省港罢工工人利益维持队等，统一编为工人赤卫队，成立总指挥部，由周文雍任总指挥。为了配合广州起义，广东省委还对全省暴动作了具体部署：已撤退至粤北的南昌起义军朱德部，兼程向广

---

① 陆定一：《向共青团中央的报告》（1927 年 12 月 29 日），见《广州起义》，中共党史资料出版社 1988 年版，第 184 页。

② 中共中央常委会：《广东工作计划决议案》（1927 年 11 月 17 日），见《广州起义》，中共党史资料出版社 1988 年版，第 78、79、82 页。

州进发；海陆丰工农武装向惠州方向发展，直趋广九路；西江各县农军举行暴动，牵制张发奎在西江的军队；东莞、宝安、南海、花县农军，与广州同时起义。

11月26日晚，张太雷在广州主持召开了省委常委扩大会议，"决定立即暴动"；随后成立革命军事委员会，作为起义总指挥机关，由张太雷、黄平、周文雍3人组成，由张太雷任书记兼管军事，黄平兼任广州市委书记，周文雍兼任广州工人赤卫队总指挥。随后，又任命叶挺为起义军事总指挥，叶剑英为副总指挥。28日，广东省委发表《号召暴动宣言》。12月5日，中共中央函复广东省委，赞成暴动计划，要求"注意广州市及四郊工农群众之发动"，指出"以广州为集中的目标——夺取省政权是对的，但是，千万不要忽略了乡中土地革命"。

共产党人在广州的活动，为汪精卫等人知悉。汪精卫驰电张发奎、陈公博等要其设法解决中共广东省委掌握的国民革命军第四军军官教导团，实行"坚决反共"。在紧急形势下，中共广东省委决定将原定12月12日的起义提前举行。

1927年12月11日凌晨，在张太雷、叶挺（起义前回到广州）、黄平、周文雍、叶剑英、杨殷等领导下，国民革命军第四军军官教导团全部、警卫团一部、黄埔军校特务营、广州工人赤卫队以及南海、花县农民武装等共6000多人，联合举行起义。在广州的苏联、朝鲜、越南的部分革命者及广州市工人共约2万人，也参加了起义。

11日凌晨2时，张太雷、叶挺、徐光英、周文雍、恽代英等同到北较场四标营教导团驻地，部署起义工作。任命李云鹏为团长，叶镛为第一营营长，赵希杰为第二营营长，饶寿柏为第三营营长。3时30分，全团集合誓师，张太雷、叶挺作了演说，宣布"暴动"和"夺取政权"的口令，打响了起义的枪声。教导团分三路出击：东路由团长李云鹏率领第二营和炮兵连直奔沙河，消灭敌步兵团，接着东进燕塘，消灭敌炮兵团，随后回师参加市区的战斗。中路由叶镛率领第一营进攻东较场、广九车站和公安局，在工人赤卫队的配合下，攻克了公安局和保安大队部，公安局局长朱晖日爬越围墙逃跑。起义军民砸开公安局牢房，救出了800多名共产党员和群众。北路由第三营攻占省长公署和观音山（今越秀山）。

经过两个多小时激战，起义军在天亮前占领除第四军军部、中央银行等据点外的广州珠江北岸的大部分市区。当天上午，广州苏维埃政府在原广州市公安局宣布成立。政府委员有：主席苏兆征（未到任，由张太雷代理）、人民内务委员黄平、人民肃清反革命委员杨殷、人民劳动委员周文雍、人民土地委员彭湃（因在海丰未到任，由赵自选代理）、人民外交委员黄平（兼）、人民司法委员陈郁、人民经济委员何来、人民海陆军委员张太雷、秘书长恽代英，工农红军总司令叶挺，工农红军总参谋徐光英。

11日上午7时，广州苏维埃政府举行第一次会议，通过了一切政权归工农兵、消灭反革命、实行八小时工作制、增加工人工资、没收大资本家和地主财产、工业国有化、组织工农红军等决议和法规，广州苏维埃政府还发布了《广州苏维埃政府宣言》《苏维埃政府告民众》《广州苏维埃追悼死难烈士宣言》等一系列文件。

广州起义爆发后，张发奎、陈公博、李福林（第五军军长）等从各地调兵，镇压起义。为右派所操纵的广东机器总工会亦组织"敢死队"，在市内袭击起义军。11日晚间，起义指挥部召开会议，叶挺指出敌军将大举反扑，主张工农红军撤出广州，转入农村。而共产国际代表诺伊曼认为叶挺的主张是想去"做土匪"，反对退却。① 次日早晨，李福林第五军的两个团由兵舰掩护，从珠江南岸渡江，分两路进攻；敌军从韶关调来的两个团于午后赶到，即猛扑观音山，并突破阵地，迫近起义指挥部。同日，各国驻粤领事团在沙面举行会议并决定：调英兵2000人、法兵400人、日兵300人驻守沙面；派英舰摩轩号、莫丽翁号，美舰沙克明号和日舰宇治号掩护国民党军队渡江。是日午后，张太雷乘车到前线指挥作战，途中遇袭，中弹牺牲。起义骤失指挥重心。黄昏时分，叶挺、聂荣臻在财政厅房顶观察战况，鉴于敌军已包围广州，建议指挥部组织撤退。是晚，指挥部决定退却，起义军匆忙撤出广州。

12月13日上午，敌军从四面进入广州。来不及撤退的起义军，

① 《聂荣臻回忆录》，解放军出版社1984年版，第87—88页。

坚守街垒，浴血奋战，终遭失败。14 日至 19 日，国民党反动派在广州屠杀了 5700 多名起义者和群众。苏联驻广州领事馆副领事哈西斯等 5 人也遭杀害。参加起义的 200 多名朝鲜籍革命者中有 100 多人牺牲。

撤出广州的起义军，分别向东江、北江转移。向东江方向转移的起义武装在花县整编为工农红军第四师（简称"红四师"），于 1928 年 1 月初到达海陆丰，与彭湃领导的农民武装和红二师会师，在东江地区坚持斗争；撤退到北江地区的起义武装则与刚接到命令、欲赶往广州参加起义的朱德、陈毅率领的南昌起义军余部在韶关会合，后来上了井冈山。少数起义者撤到香港，后来到广西参加左右江起义。

广州起义将成即毁，虽败犹荣。广州起义第一次开创了城乡配合、工农兵联合举行武装起义的先例；第一次公开打出"工农红军"的旗号；第一次在中国的大城市中建立完全新型的革命政权广州苏维埃政府（被称为"中国的巴黎公社"）。它与南昌起义、秋收起义一起，开创了中国共产党独立领导革命战争和人民军队的新纪元。

阅读链接

应对"清党"的准备活动

面对蒋介石的反共"清党"行动，中共广东区委开始设立党的秘密机关，做好转入秘密活动的应变准备，决定"每个部门，立即另租较隐僻房屋两处，一处作为各负责同志秘密住所，一处作为所联系工作接头机关"。同时，派出专人建立秘密交通网络，严格遴选忠诚可靠的同志担任秘密交通员。此外，积极部署筹建工农武装，在城市建立秘密工人赤卫队，在农村则发展农民自卫军。广东区委还指示武装斗争基础较好的东江等地的党组织，要掌握和发展工农武装力量，警惕国民党右派叛变革命，提防其突然袭击。同时还派遣了一批军事骨干到各地区，帮助筹建、训练工农武装力量。

在上海四一二反革命政变的前夕，广东区委闻悉国民党新右派头目在上海召开反共密会的消息后，意识到时局即将发生变化，预料新右派"必定对共产党和民众施行高压政策"。因而，广东区委遂下令各地积极筹备武装起义，并指定专人分赴北江、西江、琼崖、潮梅和惠州地区去负责指挥，中路则由区委直接指挥。同时，还派专差送信给海陆丰地委，以指示其提前做好应变之准备。但是，广东区委确定5月初举行全省武装总暴动还是晚了一步，国民党广东当局抢先动手，广东区委的许多应变部署来不及实施，致使遭受了巨大的损失。

李济深等人"取得蒋氏处置共党命令返粤"之后，即召集广州警备司令钱大钧、广州市公安局局长邓彦华、第五军军长李福林等人举行紧急会议，商讨广东"清党"实施办法。会议决定"用最敏捷的手段"，对共产党和革命群众"实施武力解决"，由"钱大钧、邓彦华二人急速布置"，督饬军警，分途实施。4月14日晚，广州全市戒严，"省河南北所有舟车行旅，均施检查"，各路军警纷纷出动，封锁街道，包围住宅，分头实行全城搜捕，"捉拿共党分子"。反动军警分别查封了广州工人代表会、省港罢工委员会、中华全国总工会广州办事处、中华海员工会广州分会、中华全国铁路总工会广州办事处、广东妇女解放协会等革命团体；解除工人纠察队、农民自卫军的武装，黄埔军校驻广州市郊外的入伍生800人亦悉被缴械；逮捕共产党员、革命团体负责人和革命群众共达2000余人。4月15日，搜捕行动仍在继续。广州市区"公安局附近之马路、省政府前、财政厅前、长堤一带，西村及观音山一带，布满步哨侦缉，如临大敌"。全市电话不通，商店闭门，内街交通断绝。至15日下午，中共广东区委领导下的广州市工人代表会所属的200多个工会组织，均被广东反动当局解散，区委领导的国光书店遭到查封，大批的共产党员和革命群众被捕被杀，广州城笼罩在一片白色恐怖之中。

面对反动军警的围捕，共产党人和革命群众没有坐以待毙，任人宰割，而是拿起枪械，英勇地奋起反击。在反动军警围攻粤汉、广三、广九三大铁路工会时，遭到了工人纠察队的顽强抵抗。铁路工人得到了农民自卫军的援助，"彼此激战颇烈"。尤其是粤汉铁路的工人，在15日凌晨反动军警围捕时，连同来援的农民自卫军1000多人，利用黄沙车站的机车作炮垒，进行顽强抗击，激战持续10个小时，毙伤敌人20多名，之后工人纠察队和农民自卫军撤出工会驻地，退往市郊。

据不完全统计，广州在四一五反共"清党"期间，反动军警共抓捕2100多人，其中共产党员600余人，被秘密杀害的有100多人。著名共产党员萧楚女、刘尔崧、邓培、熊雄、李启汉、何耀全、毕磊、张瑞成、沈春雨、麻植、谭其镜等人，均在此次反共"清党"的黑潮之中牺牲。同时，广东的潮梅、惠州、西江、北江、南路和琼崖各地区，国民党新右派也进行了"清党"，一大批共产党员和农会骨干惨遭捕杀。

☐ 三河坝的坚守

1927 年 8 月 1 日，中国共产党领导发动了南昌起义。8 月 3 日，起义军按照中共中央在起义前的决定，撤离南昌，南下广东，以期恢复广东革命根据地，并占领出海口，再举行北伐。当日，中共中央制定《关于湘鄂粤赣四省农民秋收暴动大纲》，决定在大革命时期工农运动基础较好的湘、鄂、粤、赣四省，举行秋收起义。8 月 7 日，中共中央召开紧急会议（即八七会议），确定了实行土地革命和武装反抗国民党反动派的总方针。会后，中共中央派张太雷到广东成立中共广东省委，要求省委全力在东江地区接应南昌起义军。于是，从 8 月下旬开始，粤东各县在南昌起义军到达之前纷纷举行武装起义。1927 年 9 月 18 日，南昌起义军 1 万余人在周恩来、贺龙、叶挺、刘伯承、朱德等人率领下，由福建进入广东大埔。起义军除留下朱德率领 3000 余人留守大埔三河坝外，主力部队 8000 余人随即沿韩江水陆两路向潮汕地区进军。

南昌起义军主力在周恩来、叶挺、贺龙等人率领下前往潮汕后，朱德率领起义军二十五师等部据守三河坝，主要任务是牵制和阻击尾追之敌，掩护起义军主力部队顺利进军潮汕。三河坝是梅江、汀江、梅潭河的汇合处，史有"得此控闽赣，失此失潮汕"之说。起义军驻扎三河坝后，朱德等人果断决定部队夜渡韩江，驻守东文部一带，占领有利地形，避免背水作战。同时，朱德、周士第、李硕勋、游步瀛等人命令部队在龙虎坑、笔枝尾山、下村一带的制高点挖掘战壕，构筑工事，做好迎战敌人的准备。

10 月 1 日，战斗打响了。扼守三河坝的起义军，在东江工农军一部的配合下，与敌钱大钧部展开了激战。敌人多次发起进攻，起义军坚守阵地，一次又一次地打败武装强渡的敌人，击沉满载敌人的船只。

午后，朱德在河滩竹林里召集全师军官进行战地动员，号召大家"一定要坚守三河坝，牵制敌人兵力，为我主力在潮汕的战斗创造有利条件"，并进一步作了坚守阵地的战斗部署。不甘失败的敌人，集中大炮和重机枪隔江向起义军笔枝尾山主阵地猛烈轰射。战斗异常激烈，一直打到黄昏。入夜后，20 多只敌船再次向起义军阵地正面强渡。按照朱德"半渡而击"的命令，起义军集中火力，再次把敌船打沉。下半夜，敌人再从汀江上游驶来 50 多只船，一部分被击沉，半数敌人爬上东岸，占领了滩头竹林。七十五团团长孙一中身先士卒，乘敌立足未稳，带领战士猛打猛冲，一举全歼了上岸的 300 多名敌人。

10 月 2 日，敌人在更加猛烈的炮火掩护下疯狂渡江。起义军英勇反击，把一部分敌人打死在江中，但另一部分敌人几百人已渡过江，爬上岸，窜到石子笃山脚下，情况十分危急。七十三团一部奋勇作战，迅速消灭这股登岸的敌人。接着，另有一部分敌人也从离三河坝 20 里的韩江下游，在大麻附近渡过了韩江，占领了梅子崀一带的有利地形。起义军在师参谋处处长游步瀛、七十三团团长黄浩声和团党代表陈毅的指挥下，英勇奋战，但终因敌众我寡，未能打退敌人，双方处于僵持之中。在梅子崀的战斗中，游步瀛不幸腹部中弹，后因伤势过重而牺牲。

10 月 3 日拂晓，大雾封江，数十步外什么也看不见，敌人重兵渡过了汀江、梅潭河，占领了东文部。同时，另一部分敌人渡江进至笔枝尾山脚，战斗越来越激烈。七十五团顽强杀敌，连续打退敌人多次进攻，团长孙一中在战斗中负伤。七十五团第三营在营长蔡晴川指挥下，冒着敌人的炮火，坚守笔枝尾山顶阵地，弹药打完了就同敌人展开肉搏战。最后，蔡晴川和全营战士全部壮烈牺牲。正在这时，敌军两个师又由韩江下游扑来，迂回到起义军背后，企图切断退路。敌钱大钧部的一部分从大麻渡过韩江，另一部分从恭沙渡过汀江，对起义军形成了三面包围之势。起义军血战三昼夜，弹少援绝，情势十分险恶。为了保存革命力量，指挥部决定实行"次第掩护，逐步撤退"。3 日晚，部队相继撤出三河坝，担任掩护的七十五团一部分官兵坚持到 4 日早晨 6 时才最后撤离。

撤离三河坝的起义军余部在朱德等人的带领下，冲破围追堵截，辗转到达饶平。10 月 5 日，驻扎在饶平茂芝休整。这时，朱德从潮汕方向被打散的起义军余部获悉，进军潮汕的起义军主力已经失败。在此情形下，前往潮汕与主力部队会合已无可能。

革命前途如何？部队下一步如何行动？这是摆在眼前最紧迫的抉择。10 月 6 日，朱德与周士第、李硕勋等人商议，在茂芝全德学校召开军事会议。茂芝会议讨论了眼前的局势，认为韩江以西已被敌人全部占领，东面又紧邻大海，在南面的潮汕起义军主力刚被打败，敌强我弱。唯一的出路只能是在敌人的间隙中向东北方向的湘粤赣边区行进，那里敌人力量薄弱，便于立足和发展。最后，朱德综合大家的意见，作出"保持革命力量，穿山西进，直奔湘南"的战略决策。会议还决定把部队整编为工农革命军第一师，下辖第一、二、三营，共2500 余人。此后，这支队伍在朱德、陈毅等人的带领下，于 10 月 7 日离开茂芝，一路转战，抵达粤北湘南，并领导发动了粤北湘南暴动。1928 年 4 月，部队到达井冈山，与毛泽东领导的秋收起义部队胜利会师。

□ 海陆丰苏维埃的创建

"苏维埃"是俄语"代表会议"的译音。1917 年俄国十月革命胜利后，列宁"以工农兵代表会议"的形式，领导成立了世界上第一个社会主义国家。1927 年 4 月国民党反动派发动反革命政变后，中国共产党吸取血的教训，决心以革命武装推翻国民党的反动统治，建立人民当家做主的国家。中共广东组织举起了武装起义的旗帜，在海陆丰地区建立了中国第一个县级苏维埃政府。

海陆丰是大革命时期广东农民运动的发祥地，也是著名农民运动领袖彭湃的家乡。1927 年 4 月和 9 月，海陆丰人民在共产党的领导下，先后举行两次武装起义，两县还分别建立了县临时人民政府和县临时革命政府，但在国民党镇压下，很快失败了。

海陆丰人民并没有气馁，决心从挫折中奋起。经过周密部署，1927 年 10 月底，在彭湃的领导下，以南昌起义军余部改编而成的工农革命军第二师为主力，海陆丰人民举行了第三次武装起义。几天之内，起义军占领了两县县城和大部分区乡，惠阳县的高潭区（今属惠东县）、紫金县的炮仔区和五华县的部分地区，起义也取得了胜利。

中共广东省委指示海陆丰党组织迅速"召集工农兵代表大会，组织苏维埃，乡区即以当地之农民协会接收政权，实行分配土地"，严厉镇压土豪劣绅。省委还直接指派彭湃担任中共东江特委书记，领导筹备召开两县工农兵代表大会，建立苏维埃政权。

1927 年 11 月 13 日至 16 日、11 月 18 日至 21 日，在彭湃主持下，陆丰、海丰两县分别召开全县工农兵代表大会，经过投票选举成立海丰县、陆丰县苏维埃政府。这是中国最早的县级苏维埃政权，标志着共产党领导创建的第一个农村革命根据地——海陆丰革命根据地正式形成。苏维埃政府是为人民谋利益的政府，海陆丰苏维埃政府一成立就通过了《没收土地案》。这个堪称中国共产党最早实行土地革命的法规，使数十万的海陆丰贫苦农民成为土地的主人。苏维埃政府宣布一切旧有法令、地契、债约一律作废并集中当众烧毁，仅海丰一县几天之内即烧毁田契 4 万多张、租簿 58000 多本。

海陆丰苏维埃政权的建立，吸引了越来越多的志士投入到党组织和红军的怀抱，海陆丰两县党员很快就发展到 2 万多人。革命根据地建立了工农红军第二师以及由广州起义军余部改编的工农红军第四师，拥有红军正规部队 2000 多人，另有赤卫队员数万人。红二师、红四师以海陆丰为基地向东南、西北发展，取得了一系列的胜利。至 1928 年 2 月，海陆丰革命根据地的区域已扩大到惠阳、紫金、五华、普宁、惠来、潮阳的部分地区，仅海丰、陆丰两县的苏区人口就达到了 70 多万人。

为了建设好后方基地，海陆丰苏维埃政府有计划地把大批粮食和其他物资运往位于海丰、陆丰、惠阳、紫金四县边界的中洞、朝面山、碣石溪等山村储存，并在中洞建立了枪械修造厂、被服厂、印刷厂和红军医院等，做长期斗争的准备。中共东江特委在海丰创办了东江党校以加强党员教育和干部培养，海陆丰苏维埃政府创立海陆丰劳动银行，发行苏维埃货币，稳定当地的金融秩序。

对于海陆丰苏维埃政权的创建，中共中央给予了高度赞扬。中共中央机关刊物《布尔什维克》（1927 年 12 月第八期）发表了《中国第一个苏维埃》的文章，称赞海陆丰苏维埃政权的建立开创了中国革命的新纪元，[①] 成为全国革命运动的楷模。

国民党反动派视刚刚建立起来的海陆丰苏维埃政权为眼中钉、肉中刺。国民党广东当局调集几万大军，向新生的革命政权疯狂反扑。1928 年 3 月，海丰、陆丰县城被敌人占领，苏维埃政府和红军被迫撤退到广大农村和山区，开始艰苦卓绝的游击战争。

海陆丰苏维埃政权和农村革命根据地的创建，在中共历史上具有重要意义。这是中国最先树起的苏维埃旗帜，是党领导下的以工农为主体的人民民主专政性质的政权。在海陆丰根据地，土地革命先行一步，在"中国革命之中，这是第一次由几万、几十万农民群众自己动手实行土地革命"[②]，为党领导全国的土地革命提供了宝贵经验。

□　刑场上的婚礼

1905 年 8 月，周文雍出生在广东省开平县茅冈乡一个清贫的乡村私塾教师家庭。17 岁那年，他离乡背井，到 300 多里外的省城考上了当时有名的"广东省立甲种工业学校"。在阮啸仙的引导下，周文雍逐渐受到革命思想的熏陶，参加了青年团的外围组织新学生社，不久又加入了社会主义青年团。1924 年 5 月，周文雍当选为团广州地委委员，主持农工部工作。7 月 15 日，广州沙面租界和东山数千洋务工人反对英、法帝国主义侮辱中国工人的"新警律"，举行大罢工。周文雍被派去组织沙面青工社和主持青年工人补习学校，负责青工训练和发展团员工作。在周文雍和刘尔崧等领导下，工人们经过一个多月的斗争，迫使帝国主义者取消了"新警律"，取得了罢工的胜利。1925年 6 月，省港大罢工爆发。党组织又派周文雍去领导工人运动。当他到手车（黄包车）工人中开展工作时，了解到部分工人白天拼命干

---

① 罗浮：《中国第一个苏维埃》（1927 年 11 月 25 日），原载《布尔什维克》1927 年第八期，见《海陆丰革命史料》第二辑，广东人民出版社 1986 年版，第 45 页。

② 《广州暴动之意义与教训——中共中央临时政治局决议案》（1928 年 1 月 3 日），见《广州起义》，中共党史资料出版社 1988 年版，第 259 页。

活、晚上露宿街头的景况后，便和大家一起募捐筹款，发动工人自建了一座可容百多人住宿的大葵棚，让无家可归的手车工人有了安身之所。他平时衣着朴素，经常和工人谈心，有说有笑。由于他的真挚、朴实，很快成为工人的知心朋友，工人们都把周文雍看成自己的亲人。这一年，周文雍加入了中国共产党，不久当选为团广东区委委员、经济斗争委员会书记。1926年4月，在广州工人代表大会上他被选为广州工人纠察队总队长。

比周文雍大一岁的陈铁军，生长在佛山一个华侨商人家庭。在她的童年时，革命的洪流已不断地冲击着佛山。后来，陈铁军来到广州进入坤维女子中学读书。在这里，她从一个共产党员教师那里接受了革命思想，阅读了不少宣传共产主义的书刊。1925年6月23日，广州工人和群众举行了示威大游行，声援五卅运动。陈铁军和同学们走出校门，加入游行队伍中。当游行队伍经过沙基时，沙面租界的英、法军队竟然向游行队伍开枪射击，造成了流血惨案。陈铁军和工人们一起在血泊中忙前忙后，抢救伤员。1925年暑假，陈铁军考进了广东大学文学院。她一面读书，一面从事革命工作。此时，作为大革命中心的广州，工运、农运、学运、妇运正如火如荼地展开。陈铁军到"平民夜校"为工友们上课，教唱革命歌曲；到罢工工人家属中去工作，和她们一起打草鞋、缝衣服，支援北伐大军。1926年4月，陈铁军加入了中国共产党。她原名叫陈燮君，从这时起，她改名为铁军，表示立下决心，誓把一切献给党和革命事业，担任中共中山大学支部委员、广东妇女解放协会执行委员。

1927年4月15日，国民党反动派开始在广州大肆屠杀共产党人和革命群众。共产党人被迫转入地下斗争。中共广东区委（同年8月改建为广东省委）转移到香港，在广州成立了市委。就在这个时候，担任广州市委委员兼工委书记的周文雍接受了一个重要任务，继续领导工人，准备武装起义，夺取政权。周文雍是市委的主要成员，直接领导工人运动，平时活动很多。为了不引起敌人的过分注意，党组织决定派为人沉着、办事机智、年龄又相称的陈铁军和他一起工作，以假夫妻名义租房子作掩护，成立秘密机关。陈铁军二话没说，坚定地接受了这一特殊任务。从此，他们配合默契，组织工人赤卫队，发动罢工，举行集会，镇压工贼，陈铁军成了周文雍的得力助手。

11 月初的一天，周文雍带领 3000 多名工人前往东山汪精卫住宅前请愿，要求释放政治犯，恢复工会和失业工人工作。反动军警却对请愿工人实施武力镇压，周文雍受伤后不幸被捕，被关进维新路（今起义路）市公安局的监牢。经过党组织周密的部署，浑身是伤、身体虚弱的周文雍被成功营救出来。身体稍见好转，周文雍又投入广州起义的准备工作中，担任有 3000 多人的广州工人赤卫队总指挥。为了加强广州起义的领导，广东省委增选周文雍为省委常委。11 月下旬，成立广州起义的最高领导机关革命军事委员会，省委书记张太雷为起义总指挥，周文雍被指定为这个领导机关的三人成员之一。

1927 年 12 月 11 日凌晨，广州起义的枪声打响后，周文雍亲自带领工人赤卫队第一联队和敢死连配合教导团第一营攻打市公安局。经过一个多小时激战，起义队伍胜利地占领了这个顽固堡垒。周文雍立即组织人员把军械库的枪支及时分发给起义工人，砸开牢房，救出数百名被关押的共产党员和革命群众。当天上午，广州苏维埃政府在这里宣布成立，周文雍当选为人民劳动委员。周文雍亲自书写的"广州苏维埃政府"的红布横额挂在公安局的门楼上。起义后第三天，敌人已从四面八方包围过来，起义指挥部决定撤出广州。周文雍十分镇定地亲临火线指挥队伍阻击敌人，直到主力部队安全撤离广州后，他才和陈铁军分头秘密转移到香港。

广州起义失败以后，敌人在广州进行了残酷的屠杀。在白色恐怖下，周文雍和陈铁军接受任务于 1928 年 1 月又一起回到广州，投入新的斗争。在荣华西街，周文雍和陈铁军租下一间民宅的二楼，党组织的秘密机关在这里重新建立起来。然后，他们按照名单一个一个地寻找失散的同志，寻找工会的领导人。

春节快到了，周文雍和市委的同志正秘密地筹备"春节骚动"，希望尽快地把工人发动起来。国民党特务听闻到风声，加紧搜捕"共党"可疑人物，多名市委的领导人被敌人抓去了。2 月 2 日上午，正当周文雍和陈铁军准备外出的时候，一批国民党特务突然包围了他们的住处，逮捕了他们。反动派抓到了周文雍和陈铁军，如获至宝，给他们上宾的待遇，千方百计想引诱他们投降，可都被他们严词拒绝。

反动派便翻过脸来，严刑逼供，也无法使他们屈服。1928 年 2 月 6 日，也就是在他们被捕后的第五天，周文雍、陈铁军被押送到红花岗刑场（今广州起义烈士陵园内）。在囚车上，他们沿途慷慨激昂地高呼口号，向群众发表演说。闻讯赶来的群众自发地沿马路两旁组成送别行列，一直到刑场。

到了刑场，陈铁军高声地对群众演讲："亲爱的同胞们，我和周文雍同志有着共同的理想；我和他一起工作，假称夫妇；其实，我们一直只是保持着纯洁的同志关系。但是，我们也深深地相爱着。今天，我要向大家宣布，我们过去不是夫妇。但是，现在，当我们要把自己青春的生命献给党的时候，我们就要举行婚礼了。让反动派的枪声作为我们婚礼的礼炮吧！"最后，周文雍和陈铁军高唱着《国际歌》，从容就义。

□ 红色娘子军的建立

海南的红色娘子军成立于 1931 年 5 月。琼崖革命根据地不断壮大，红军第二独立师扩大到 2000 多人，根据地面积占全岛一半以上，人口达 100 多万人。获得翻身解放的广大青年妇女纷纷要求参加红军，拿起枪杆，与男子并肩作战。琼崖党组织为了满足她们要求参加红军的愿望，决定从报名参军的数百名农村妇女中，挑选出 100 人组成女子军特务连，编入了红军第二独立师第三团。

女子军特务连作为正规的红军战斗连队，其编制与当时的其他红军部队并无二致：全连 3 个排，每排 3 个班，每班 10 名战士。连长庞琼花，指导员王时香，一排长冯增敏、二排长庞学莲、三排长黄墩英，传令、旗兵各一名，膳食员 3 人，共 100 人。另加庶务、挑夫和一名年仅 13 岁的小号兵共 3 名男性，全连实际人数 103 人。1931 年 5 月 1 日，在乐会县第四区（今琼海市文市区）内园村的操场上，中国工农红军第二独立师第三团女子军特务连正式成立，红军女战士佩戴着女子军的红袖章，全副武装排列在军旗面前，庄严宣誓：坚决服从命令，遵守纪律，为党的事业奋斗到底！琼崖红军、苏维埃政府领导人、赤卫队和各界群众 10000 余人出席了大会。1931 年冬，在党内错误肃反中，连长庞琼花蒙冤被撤职，由一排长冯增敏接任女子军特务连连长。

女子军特务连主要承担的战斗任务是保卫领导机关、看守犯人和到群众中做宣传发动工作，但成立伊始，女子军特务连就经受了战火的洗礼。是年6月，驻乐会、万宁的国民党军队在"剿共"总指挥陈贵苑的带领下，阴谋进攻正在当地活动的红三团。红军决定将计就计，在敌军必经之地纱帽岭设下埋伏，由女子军特务连担负诱敌任务。女子军特务连猛攻一阵后，便且战且退。敌军见到只是一些女红军，疯狂追了上来，狂叫"给我冲上去，谁能抓到，就给谁做老婆"。当敌军进入红军的伏击圈后，女子军特务连马上向敌军扫射。敌军顿时乱作一团，纷纷逃命。这次战斗仅一个小时就结束了，红军毙敌100余人，俘敌70余人，"剿共"总指挥陈贵苑也被俘虏，女子军特务连经此一役，英名威震海南全岛。此后，女子军特务连又参加了攻打阳江、学道、中败、分界等敌炮楼的战斗，并取得了一个又一个的胜利。

在女子军特务连参加的许多战斗中，有名的一次战斗是火烧"南霸天"冯朝天。乐会县文市炮楼驻有一个民团中队，头目冯朝天是大恶霸的儿子，他当过国民党正规军的军官，曾吹嘘文市炮楼是"铁桶江山"，嘲笑陈贵苑在纱帽岭一战中当了熊包，输给女红军，这是国民党军队的耻辱。冯朝天气焰十分嚣张，红军决定拔除这个"黑钉子"。当时红军武器装备差，不能强攻。分析敌情后，决定利用夜晚作掩护，把地道挖到敌人炮楼下，用柴草"火攻"。战斗开始的那天晚上，红军趁天黑吹响了冲锋号，佯装强攻。女子军特务连把事先用稻草扎成的一批假人，不时在阵地前晃动，诱敌消耗子弹，掩护挖掘地道。白天，她们又打出女子军的军旗，迷惑敌军，还朝炮楼喊话，扰得敌人寝食难安。第四天破晓，地道终于挖通，女子军特务连和闻讯赶来的群众一拥而上，通过地道迅速把柴草运到炮楼四周，撒上辣椒粉，倒油点火。片刻之间，夹着浓浓油烟、辣椒味的熊熊大火，直窜炮楼之内。里面的敌人哪里受得了，不一会儿便不断传出敌人求降的哭喊声，枪支一支一支地往下扔，"南霸天"也满脸泪涕奔拉着脑袋从炮楼里钻出来，狼狈地做了女子军特务连的俘虏。

1932年春，女子军特务连2个排被调往第二独立师师部执勤，编入红一团建制，番号改为"中国工农红军第二独立师第一团女子军特务连"。留下的一个排由红三团扩建为女子军特务连第二连，以原特务连三排长黄墩英为连长，原特务连二排长庞学莲为指导员。特务连第二连下辖2个排，一排长李昌香，二排长王振梅，全连约60人。

1932年8月，国民党军队派遣陆、空军，重兵大举"围剿"琼崖革命根据地。琼崖红军在数量上、装备上均处于极度劣势。女子军特务连在马鞍岭、母瑞山战斗中与敌军连续血战，损失惨重，女子军特务连战士有的牺牲，有的被俘，有的在战斗中失散，女子军特务连只好被迫分散活动。敌军并不就此罢休，继续疯狂搜捕，女子军特务连的干部战士等共十余人先后被捕入狱。至此，女子军特务连不得不解散。

阅读链接

海陆丰的粉枪队

20世纪20年代，在中国共产党的领导下，在彭湃等人的引领下，伴随着革命洪流而开始觉醒的海陆丰妇女，努力挣脱封建束缚，走出家门，走进学堂，启迪思想，自立自强，参加农会，组建妇女武装。她们不畏生死，信念坚定，用生命阐释了"巾帼不让须眉，红颜更胜儿郎"，在海陆丰革命历史上留下了浓墨重彩的一笔。

1925年6月，海丰妇女解放协会正式成立，彭铿为会长，章行、高云、张威、陈新、敖琼、庄启芳为执行委员。妇女解放协会发表了《纲领》和《组织大纲》，从伦理、法律、教育、劳工等四个方面提出：打破男尊女卑的心理，打破买卖式的婚姻，打破大家庭多妻制；男女平等之宪法及选举法，民法上夫妻关系、亲子关系、继承权、行为权，一律男女平等；男女教育机会平等，推广女子职业教育；制定"保护母性""男女工资平等"的劳工法，禁止蓄婢；职业开放，工资平等，制定"保护母性"的劳工法，制定限制幼童的劳工法等革命主张和要求。

1926年6月，彭铿、陈新等人在陆丰龙山中学成立陆丰妇女解放协会，选举彭铿为陆丰县第一届妇女解放协会会长，张威、沈素芳、罗少媛等为执行委员。海陆丰一批开明、进步的妇女积极加入农民武装，逐步组建粉枪队和卢森堡队等妇女武装。

1927年4月，蒋介石公开发动四一二反革命政变，中共海陆丰组织先后举行三次武装起义进行回击。根据东江特委指示，海陆丰党组织派出大批干部到各区发动群众，组织和扩大武装队伍。其中，陈秀慧、何怜芳、卓爱华、赖月婵、吕楚卿、郑振芬、林楚云、杨素琴等女共产党员在海陆丰各地积极组织妇女参加武装起义、夺取政权的斗争。海丰县妇女解放协会执委赖月婵被派到海丰第六区组建妇女粉枪团。

11月，广东省妇女运动先驱、著名女革命者区夏民到海丰参加武装斗争，组建了一支300人的妇女武装队伍，命名卢森堡队，团东江特委委员陈美英任队长。彭湃赞誉她们是"红色花木兰"。

海陆丰妇女粉枪队和卢森堡队等是中国共产党领导的最早的妇女武装，鼎盛时期海陆丰妇女武装力量达到15000多人。她们和赤卫队一样，在海陆丰党组织领导下，开展减租抗息运动，积极响应苏维埃政府开展土地革命的号召，参与武装斗争。在发展和保卫海陆丰革命根据地、保卫苏维埃政府和1928年东江年关大暴动中，表现得十分勇敢，作出杰出贡献，很多粉枪队队员为了国家独立、民族解放、人民幸福献出了年轻的宝贵生命。

□ 秘密交通线的开辟

广东毗邻香港、澳门，地理环境特殊。当时，赣南、闽西中央苏区核心区域被反动派严密封锁，驻于上海的中共中央机关同中央苏区之间的联系任务，大多通过广东境内的地下交通线来完成。另外，广东各地党组织之间和各个根据地之间也需互相联络。广东党组织的地下交通工作因此显得尤为关键和重要，是一项十分繁重的任务。

1927年秋，中共中央南方局和广东省委发布了《交通处工作条例》，对广东境内的地下交通工作做出了具体规定：在香港设立南方局总交通处，各地则设立分处。在汕头设立潮梅交通处，负责潮梅所属各县交通事务；在广州湾（今湛江市）设立琼崖、南路交通处，负责琼崖、南路各县交通事务；在三水县设立西江交通处，负责三水、四会、广宁等县交通事务；在澳门设立广属交通处，负责广州及中路各县交通事务。各个交通处设有交通员数人，主任一人。香港是广东党组织领导机关活动的中心，为了加强与党中央（上海）的联系和对全省各地区的联络，广东省委开辟了与上海的联系通道和一些通往各个地区的交通线，逐步形成一个以香港为中心、分布于全省各地的地下交通网络。当时，党中央（上海）与广东省委（香港）之间的联系，主要由海上通道进行，通过上海至香港轮船上的党员或工会会员的掩护和帮助，传递信息、输送物资和护送干部。中共中央在上海出版的报刊，也由轮船上的党员和海员工会会员携带抵港。

1930 年秋冬间，在中共中央南方局、广东省委的协助下，中共中央开辟了一条由上海—香港—汕头—青溪（大埔）—永定的秘密交通线，这条交通线经过粤东北中央苏区进入闽西中央苏区，长达数千里。中央和广东省委先后派了饶卫华到香港，陈彭年、顾玉良、罗贵昆到汕头，卢伟良到大埔，李沛群到闽西，负责交通站的工作。另外，还调派肖桂昌、曾昌明、熊志华等人担任中央交通线专职交通员。这条秘密的红色交通线开通后，主要担负了如下几项任务：

一是传送中共中央与中央苏区之间来往的文件。中共中央机关与各地党组织、苏维埃和红军的联系十分重要。一方面，中共中央要传达党内的重要文件，通报中国时局的形势和任务，通报国际共运和苏联等国家的情况以及通报反革命营垒内的动向，等等；另一方面，中共中央也极其需要了解和掌握各苏区和红军革命斗争的情况。这条秘密交通线建立后，中共中央的重要文件、指示，苏区的请求报告，以及重要情况比如国民党第一、二、三次"围剿"苏区等情报，都是由专职交通员携带传送的。

二是护送大批干部安全进入中央苏区。1930 年前后，为了巩固、发展与扩大苏区和红军，适应中央苏区革命斗争的需要，中共中央决定抽调白区一批干部到中央苏区加强领导力量。这段时间，秘密交通线规模比较大地护送干部到中央苏区有三次：第一次是 1930 年冬至1931 年春夏间，护送了任弼时、项英、叶剑英、刘伯承、左权、徐特立、邓发、张爱萍、萧劲光、伍修权等 100 多人。第二次是 1931 年 4月至 1932 年，因为顾顺章（中央特科负责人之一）在被捕时叛变，严重威胁中共中央和直属机关的安全，周恩来果断指挥，迅速隐蔽，转移干部。经秘密交通线进入中央苏区的有周恩来、邓小平、聂荣臻、李富春、邓颖超、董必武、李克农、钱壮飞、吴德峰等人。第三次是1933 年 1 月至 1934 年 10 月，当时中共中央临时政治局在上海无法立足，被迫迁入中央苏区，通过秘密交通线进入中央苏区的有博古、陈云、李维汉、林伯渠、谢觉哉、瞿秋白等 200 多人。

三是向中央苏区输送物资。国民党的军事"围剿"和严密的经济封锁，造成中央苏区物资严重匮乏。为了粉碎敌人的经济封锁，中共中央和周恩来十分重视在物资方面支援中央苏区。在秘密交通线沿途，比如香港、汕头、大埔以及中央苏区边界各县，党组织开设了一批店铺（香港大新公司、汕头中法药房、汕头电器材料行、大埔茶阳同天饭店、青溪永丰客栈等）。党组织利用这些店铺，向中央苏区输送所需要的物资，主要有布匹、食盐、药品、纸张以及通信、印刷、军械等器材，在一定程度上缓解了中央苏区物资匮乏的困难，有力地支援了中央苏区的革命斗争。

除上述秘密交通线外，广东省委协助中共中央开辟了从上海—香港—广州—韶关—南雄—信丰进入瑞金的"粤赣线"以及"闽粤线"等地下交通线。[①]

阅读链接

大埔青溪交通站的活动

20 世纪 30 年代初，在周恩来直接领导和组织下，从中共中央所在地上海到中央苏区之间建立了几条秘密交通线，其中一条红色交通线地经粤东。大埔交通中站是这条红色交通线的重要组成部分，活动于国民党统治区，战斗在白色恐怖之中，自始至终未遭破坏。

1930 年春，红四军前委急需取得同中共中央的直接联系。6 月，毛泽东指派卢肇西（红四军第四纵队政治部主任）从永定到上海，同党中央取得了联系，向周恩来提议建立通往中央苏区交通线，立即得到了周恩来的赞许和支持，认为建立党中央与各苏区的联络通道迫在眉睫。周恩来强调"宁可放弃苏区的一个县，也要办好交通线"。8

---

① 黄英博：《香港交通总站情况纪略》，载《广州党史资料》第 27 期。

月，中共闽西特委作出建立由汕头至潮州经大埔、永定、上杭到长汀交通线的决议，配合和协助中央组建从上海到闽西苏区的交通线。10月，在周恩来的亲自组织领导下，成立了中共中央交通局，指定吴德峰为交通局局长。在交通局的组织下，经中共中央批准，调派南方局秘书长饶卫华在香港建立华南交通总站，并在香港铜锣湾建立了一所秘密机关和招待所。同年年底，由中共中央交通局副局长陈刚通过黄玠然在上海中法药房的亲戚，到汕头市建立中法药房分号，作为中共中央交通局直属的一个重要交通站。

1931年年初，陈彭年、顾玉良、罗贵昆三人被派到汕头市建立备用交通站，陈彭年为站站长，以开设电器材料批发行为掩护。同时，调杨步青（后李沛群）到闽西任交通站站长，调蔡雨青（4月后卢伟良）担任大埔交通中站站长，肖桂昌、谢美莲、熊志华、张超、赖义斋、涂锐添、曾友清、涂桂兰等人担任专职交通员。在蔡雨青担任站长期间，交通站由福建省委直接领导，卢伟良任站长后，交通站改为广东省委领导。路线走向分为两条，上线为青溪、多宝坑、铁坑、桃坑、虎岗，下线为青溪、茶阳、三河坝、潮州、汕头到香港。青溪交通站的任务是负责从青溪到上海（途经大埔县城茶阳、潮州、汕头、香港）和从青溪到闽西永定苏区（途经多宝坑、铁坑、桃坑）虎岗的交通护送。

交通站的护送方法是：水路用小船护送，旱路用武装护送。常备的木船有两艘，一有任务，大埔交通中站马上派交通员把小船开到大埔县城河边等待。听到远方有汽船响声就立即驶小船靠近汽船悄悄接头，把从上海、香港来的人员和物资从汽船上接到小船上，然后逆行三十里护送到青溪沙岗头永丰客栈。由青溪到永定苏区走旱路，交通员武装护送，为了避敌人耳目，必须连夜出发，一路上尽是树林杂草丛生的羊肠小道，加上夜间更是难走，有时遇月黑风高大雨滂沱，也要马不停蹄赶路。

大埔交通中站设在青溪村。青溪村当时是一个有200多户人家的深山乡村，地处闽粤交界的汀江边。青溪村地属国统区，邻近乡村都有反动民团，在大埔县城驻有国民党军的一个团，这些反动武装常到青溪来骚扰。大埔交通中站在茶阳、青溪村沙岗头等地设立联络点。

在青溪村沙岗头，有一家叫"永丰"号的夫妻店，由余良晋、黄亚莲夫妇负责，交通站的负责人常驻于此。这间店专门卖烧酒、糕点之类食物，店内设有床铺可以休息，另有后门可以通到后山，遇有意外，随时可以从后门直接转入通往多宝坑的山道。在青溪负责向导护送的交通员有余灿昌、余均平、余川生、余炽邦四人，他们都是共产党员。

1931 年 12 月，大埔交通中站护送周恩来进入中央苏区前后，交通站划归福建省委负责。周恩来对交通站十分关心和爱护，指示福建省委应对交通大站、中站进行适当的整顿和调整。福建省委书记罗明选调原在福建省委机关工作的余仲达担任中共埔北区委书记兼交通线（站）巡视员，在大埔交通中站成立支部。次年 2 月，又在青溪沙岗头另一"永裕"号店铺建立一个副站。此副站线路与原中站线路有所不同。交通站经过整顿，人员作了一些调整和补充。大埔交通中站从 1931 年年初开设至 1935 年 1 月，尽管经历千难万险，无畏流血牺牲，严守机密，出色地完成了重大的历史使命。

□ 南雄水口战役的胜利

1932 年 3 月，红军主力分东、西两路军活动。西路军在河西苏区转战的同时，东路军于 4 月中下旬连克龙岩、漳州，取得重大胜利。蒋介石连忙调第十九路军入闽，并加紧策划对中央苏区的第四次"围剿"。5 月中旬，蒋介石调集约 40 个团的兵力，由何应钦统一指挥，对红军西路军进行大规模"围剿"。蒋介石深感军力不足，收买、任命广东军阀陈济棠为赣粤闽湘鄂南路"剿匪"总司令，入赣"助剿"。当时，粤军的兵力布置是：第一师李振球部驻赣州及其附近地区；第二师叶肇部驻南康及附近地区；第一军军部和直属部队驻大庾（后改为大余）及附近地区；第二军第四师张枚新部驻信丰县城及周围地区；另派第二独立旅陈章部进驻粤北的南雄。以上粤军 16 个团，统归第一军军长余汉谋指挥，对中央苏区构成了巨大的威胁。

为了打击粤军，巩固中央苏区，以便尔后集中红军主力向北发展，在上海的中共临时中央于 1932 年 6 月 5 日发布军事训令，指示"一、五军团主力应先与河西三军团相呼应解决入赣粤敌"。遵照这一指示，红一、五军团当即从闽西回师，准备与西路军会合，共同对付粤军。1932 年 6 月初，东路军奉命离开漳州、龙岩地区，回师赣南，原在福建活动的红十二军也与东路军一同西进。6 月中旬，红一、五军团及红十二军到达赣南安远县的天心、版石等地。这时，苏区中央局决定取消红军东路军和西路军番号，恢复红军第一方面军的建制，统辖红一、三、五军团，由朱德担任总司令，王稼祥担任政治部主任，毛泽东则随红一军团行动。

6 月 21 日，红一方面军在天心圩下达了"迅速的坚决的消灭入赣粤敌"的命令。规定红一、五军团，红十二军和独立三师的任务是：由信丰南部进窥南雄，迫使入赣粤军回援南雄，而后与红三军团紧密配合，在运动中给侵入赣南的粤军余汉谋部予最大限度的打击与消灭。红一、五军团遵照命令，不顾天气炎热和长途行军极度疲劳，经信丰急行军分路西进，6 月 29 日下午到达南雄界址圩，30 日到达乌迳地区，完成了军事部署。与此同时，红三军团也奉命从赣县沙地向横石井、上犹方向移动。6 月 21 日，红十九师和二十师共 2000 余人到达社溪附近距十八塘仅 3 里路远的一个小村子，与粤军第一师王道团遭遇，双方激战半日。敌人从唐江调兵一营赶来支援。红十九师和二十师在横石井、十八塘、社溪一带同敌人周旋四五天后，返回油石与红三军团主力会合。6 月 27 日，红三军团主力约 5000 人由上犹营前出发，经过崇义县城，28 日到达长龙圩，先头部队当天到达上犹南部的杨眉寺，占领新城水西的蔡屋，并向唐江方面警戒。

6 月 30 日，粤军第一师指挥的 6 个团由赣州进至南康向大瘐集结，7 月 1 日下午，在大瘐池江附近与红三军团一部遭遇。经短暂接触，红军撤退。7 月 2 日拂晓，红三军团主力向池江之敌猛攻，与 4 个团以上的敌人激战至下午 4 时，敌溃退至大瘐县城。战斗中，红七军第十九师师长李显牺牲。7 月 3 日凌晨，红一军团一部击溃梅关守敌一个团，控制了梅关要隘。红一方面军在梅关、中站一带设立指挥部。之后，粤军由韶关、信丰兼程赶赴南雄，意图与北面国民党军合击红军。

毛泽东决定集中红一、三、五三个军团，同时进攻正在进行南北合围的国民党两路军队。7 月 4 日，红一方面军进攻南雄。7 月 8 日凌晨，正向乌迳开进的红五军团发现粤军第四师由浈水南岸向南雄逃窜，即改变行军方向，命军团各部向水口阻击。下午1时，两军在水口以东的蒻过村遭遇，当即与隔河的敌人开战。粤军被红五军团优势兵力击溃，当晚退守水口圩及附近高地，并向大瘐、南雄两地守军发电求援。

然而，红军误认为水口之敌已向南雄县城方向逃窜，致使红一方面军改变了原先一度决定的由红一军团和红十二军向水口增援的计划，没有赶到水口。7月9日凌晨，红五军团向水口之敌发起进攻，在浈水南岸高地与敌人展开激烈的拼杀。中午，敌人援兵以10个团的兵力向红三军团阵地猛扑，红三军团指战员英勇顽强地阻击敌人，阵地数次得而复失，伤亡很大。在这危急之时，陈毅率领独立第三师、第六师赶到，打退了敌人，稳住了阵脚。在水口东面阵地上，红五军团总指挥董振堂亲自指挥部队同粤军第四师进行白刃战。7月10日拂晓，毛泽东率领红一军团和红十二军赶到水口战场。当毛泽东了解到敌我两军的作战态势后，亲自观察敌军阵地，随即命令红一军团和红十二军分别增援两岸的红三军团和红十三军。上午7时，两岸的红军同时向敌军发起攻势，毛泽东亲临前线指挥作战。经两小时激战，敌人终于不支，纷纷向南雄县城方向溃逃，红军乘胜追击，追到距离南雄县城仅有10余公里的石塘、邕溪。毛泽东身先士卒，跟随红五军团的队伍追击敌人，给战士们以巨大鼓舞。当天下午，彭德怀率红三军团主力也从大瘐赶到水口，与红一、五军团会师。这时，历时三天两夜的水口战役已基本结束。

水口战役后，红军奉命北移，渡过于都河，到达兴国南郊。这时，苏区中央局书记周恩来赶到前方，苏区中央局书记由任弼时代理。鉴于红一方面军没有总政委，苏区中央局提议由周恩来兼任红一方面军总政委。但到达前方的周恩来，根据前方的实际，认为毛泽东应当担任总政委。7月25日，周恩来邀毛泽东、朱德、王稼祥联名致电中央局："我们认为，为前方作战便利起见，以取消政府主席一级，改设总政治委员为妥，即以毛任总政委。作战指挥权属总司令总政委，作战计划与决定属中革军委，关于行动方针，中央局代表有决定权。"7月29日周恩来致信中央局，坚持由毛泽东出任红一方面军总政委并强调说"有泽东负责，可能指挥适宜"。中央局遂于8月8日接受了周恩来的提议，任命毛泽东为红一方面军总政委。同一天，中革军委发布《红一方面军总政委毛泽东已到军中工作的命令》，并决定在前方组织军事最高会议，由周恩来、毛泽东、朱德、王稼祥组成，以周恩来为主席，负责处理前方的行动方针和作战计划。

水口战役是中国革命战争史上著名的战役，亦是罕见的恶仗。水口战役历时三天两夜，作战双方出动兵力共3万多人（红军1.8万人，粤军1.5万多人），战况十分惨烈，双方伤亡惨重，粤军伤亡3000余人，红军也"损伤两千以上"。在水口战役中，红军计击溃粤军15个团，给入赣粤军以很大打击，粤军不敢再轻举妄动。此战稳定了中央苏区南翼，为红军而后在北线作战创造了有利条件。广东南雄地方党组织、游击队和革命群众积极配合红军作战，作出了重要的贡献。

阅读链接

红十一军的艰苦斗争

1934年秋冬，中央苏区第五次反"围剿"失败，中共中央机关和红军主力被迫离开江西和福建。此刻，设在香港的广东省委机关也因被破坏而停止了活动，广东国民党统治区的党组织已几乎丧失殆尽，东江和琼崖农村苏区也同时大部分落入敌手。

1935年夏，位于潮阳、普宁、惠来三县边界的中共东江特委所在地大南山苏区被上万名敌军重重包围。此时，红十一军军长古大存率领的红军只有100人左右。山上的人一天天在减少，中共东江特委书记李崇三也叛变了。古大存别无选择，带领着山上的红军杀出重围，转移到群山莽莽的梅县、丰顺、大埔一带山区，但保存下来的这支红军游击队连同古大存自己在内，仅剩下18人了。

古大存这位红军军长在东江地区家喻户晓，在东江地区民众心目中，古大存是一杆不倒的旗帜！然而，国民党反动派对他却恨之入骨，欲除之而后快。国民党到处张贴"悬红"布告：活捉古大存赏银2万两，击毙古大存赏银1万两。但古大存深得东江群众爱戴，敌人的花招丝毫不起作用。国民党只好通过各种途径对古大存劝降。有一次，古大存见一处大石上写有一首"劝降诗"：共产十年闹翻天，上山游击苦难言。山穷水尽已无路，赶快投降莫迟延。古大存看到后，嗤之以鼻，沉思片刻，便顺手从地上拾起一块木炭，在旁边写下了这首充满凛然正气的"答劝降诗"：幼习兵戎未习诗，诸君何必强留题。江南美味你先食，塞北寒风我先知。解带结缰牵战马，扯袍割袖补征旗。雄师百万临城下，且看先生拱手时。古大存没有被国民党反动派抓到。可是，他的家乡和亲人却未能幸免。他家所在的五华县梅林区优行径村，全村先后三次被反动派焚烧。他的妻子、哥哥、弟弟、侄子、侄媳共 12 位亲人惨遭杀害。

与上级失去联系的东江地方党组织和红军游击队，靠着对党的坚定信念和人民群众的支持，在深山老林里熬过了近三年的艰难岁月，坚持下来。古大存率领的 17 名红军战士，在大埔南部山区的陶瓷工人和贫苦农民中秘密地开展工作，发展党员，先后建立了 6 个党支部，武装队伍扩大到近 40 人。全面抗战爆发后，1938 年年初红十一军终于与上级党组织取得了联系。毛泽东对古大存在东江坚持斗争让红旗不倒，十分赞赏，多次称赞他是"带刺的红玫瑰""一面斗争的旗帜""模范共产党员"。

□ 万里征途第一站

1934 年 10 月，中共中央、中革军委率领中央红军主力 8.6 万余人开始长征。为了防止红军西进，国民党粤军陈济棠部在安远、信丰、赣县、南康一带，以桃江为天然屏障构筑了第一道封锁线。虽然长征之前，红军与陈济棠部已经达成了秘密协议，但陈济棠尚未通知其前线各部队，因此红军在突破第一道封锁线时仍然遇到了不小的对抗。经过战斗，中央红军全部渡过桃江，突破了第一道封锁线。

　　10月25日，红一军团一部由万隆进入广东南雄境内的界址。① 10月26日拂晓，红一军团直属侦察连在乌迳的新田与国民党军队遭遇，并迅速将敌消灭，此为新田之战。这是中央红军进入广东后打的第一仗，保证了红军后续部队顺利通过乌迳。到10月28日，红一军团大部分经乌迳的新田、锦陂、上朔、夹河口、茶田、山背、黄陂洞等地到达江西大庾的兰村，另一部分经信丰的九渡水、上下坪进入广东南雄境内的黄地、大兰再转入大庾兰村。两部会合后，红一军团沿着梅岭北麓的山地行进，向赣粤湘边区开进。与此同时，红九军团跟在红一军团之后，火速行军，经广东南雄界址尾随红一军团行进线路，快速行进至平田坳、兰村一带。

　　在得悉中央红军突破第一道封锁线之后，国民党军队在广东仁化城口与湖南桂东之间设立了第二道封锁线。10月29日，中革军委发布命令，要求红一军团应于大坪至城口间"打开自己前进的道路"，突破第二道封锁线。于是，红一军团分为左右两个纵队前进，其中左纵队经仁化长江等地向城口进发，红九军团在红一军团左纵队之后跟进。10月31日，红一军团左纵队的第二师前锋别动队、第四团、第六团率先进入仁化县长江的冷饭坑、犁壁岭等地。11月1日，红一军团部直属部队在林彪、聂荣臻等人率领下，从江西崇义县聂都出发，进至仁化县长江犁壁岭。11月2日，红十五师从聂都出发，进入仁化

---

　　① 中共南雄市委党史研究室：《南雄人民革命史》（增订本），广东人民出版社1998年版，第64页。关于中央红军进入广东时间，陆定一撰写的《长征大事记》记载，10月24日，红一军团主力到达石材圩，红二师当晚就向乌迳前进，并于25日占领乌迳，红军主力则到达老界子圩（即今南雄县界址镇）。同时，根据《中国工农红军第一方面军长征记》中所登载的《红军第一军团长征中经过的地点及里程一览表》，红一军团经过石材圩，于10月25日到达老界子圩（即今南雄县界址镇）宿营，说明10月25日红一军团部队已经进入广东。《红一方面军长征日志》中也明确指出，10月26日晚，红九军团直属部队进驻乌迳，作为前锋的红一军团不可能也在26日进入广东，时间要更早。其他相关记载也支持这一说法。如童小鹏的《军中日记》中明确记载，10月25日午后4时出发，到老界子圩宿营，几乎天亮才到。26日已经到达乌迳。肖锋的《长征日记》中也记载，10月25日进至南雄县境。这些材料充分说明，中央红军进入广东的日期应为10月25日。

长江一带。随后，红九军团等长征部队先后进入仁化。

仁化城口是湘粤边界的交通咽喉，也是国民党第二道封锁线的中心据点。11 月 2 日，红二师四团占领三江口，截断了湘军与粤军的联系，从北面对城口形成遏制。红二师六团奉命于 2 日夜晚发动突袭，攻占城口，在国民党第二道封锁线上撕开了一个大缺口。城口一战，红军俘敌 100 多人，缴获枪械数百支、子弹 1 万多发，以及粮食、煤油等物资。奇袭城口的胜利，标志着红军突破了国民党第二道封锁线。红军占领城口之后，11 月 4 日至 5 日，红二师六团一营在铜鼓岭与准备北上阻截红军的粤军独立警卫旅第三团发生激战，红军以伤亡 100多人的代价将敌人控制在铜鼓岭南麓一带，为保证红军主力在城口作短暂休整、顺利过境继续西进创造了条件。在城口，红军得到自中央苏区核心区域突围后的第一次休整，缓解了连续长途行军作战的疲劳，筹措了物资。

在闻悉红军突破第二道封锁线之后，国民党军队在粤汉铁路湘粤边界的郴县、宜章、乐昌一线设置了第三道封锁线。这时，敌人已判明红军意图，蒋介石嫡系部队有的已经从福建、江西追上来，粤军赶赴广东乐昌，企图利用公路、铁路之便堵截红军前进。11 月 5 日，中革军委发出《关于红军 5 日至 8 日通过汝城至城口间封锁线的部署》，中央红军在突破第二道封锁线后，继续分头西进。右路红三军团绕过湖南汝城县城，经延寿等地向宜章进军。左路红一、五、九军团由仁化城口沿九峰山脉前进。11 月 6 日，红军分四路进入乐昌境内。部分红军部队在极其恶劣的条件下，经过 10 多个小时艰难的行军，翻越了五山与九峰交界、海拔 1600 多米的大王山。

中革军委命令红一军团消灭九峰以及钳制乐昌之敌，保障中央红军从九峰以南及以北通过。11 月 6 日，红二师四团日夜兼程直奔九峰山，抢占制高点，随后派出部队阻击茶料之国民党军队。经过 10 多个小时的激战，成功地把敌人牵制在九峰山麓以南一带。红二师五团、红一师也在张姑岭与敌人发生激战。由于红一军团派出得力部队在九峰茶料与文洞之间的鸦鹊岭阻击国民党军队，监视了九峰的敌人，从而保证了左翼部队的安全。红三军团也先后占领了宜章、良田等地。中革军委等后续部队在南北两面很好的掩护下安全地通过了第三道封锁线。至 11 月 14 日，红军离开乐昌境内，继续西进。

此外，红一、九军团的小股部队还曾进入广东连县，并在天光山与三水山交界处以及夏潇等地与敌人发生战斗，这支部队于 11 月 23 日取道蓝山大桥进入江华地带与红军主力会合。担任湘江战役后卫的红五军团第十四师（原第三十四师），在完成掩护任务后遭到强敌阻截，无法前进，被迫进入连县一带活动并先后开展了牵牛练等战斗。这支部队一直坚持到 1935 年春才离开广东连县，逐返宁远、蓝山，上了湖南九嶷山。

中央红军长征在粤北期间得到了当地人民的大力支持。1934 年 10 月 29 日，红军总政治部专门颁发《对目前行动的政治工作训令》，对严守纪律、不侵犯群众利益等提出严格要求。红军积极宣传中国共产党的政策，留下了不少红军标语。广大人民群众见到红军纪律严明，秋毫不犯，保护群众利益，也用实际行动帮助红军排忧解难，支援红军长征。不少群众给红军充当向导、提供情报，为红军顺利作战和转移作出了贡献。人民群众还在物质上支援红军，为红军提供粮食，帮助红军筹办蔬菜、稻草等各种物资。红军离开之后，有的群众还冒着生命危险积极掩护和精心救治失散的红军伤病员。

阅 读 链 接

血洒兴宁的罗屏汉

罗屏汉（1907—1935），广东兴宁大坪镇人。1926 年参加革命，同年加入中国共产党。土地革命时期历任中共兴宁县委书记、江西会昌县委书记、粤赣省苏维埃执行委员、闽粤赣边区游击纵队司令员、粤赣军区政治部主任、中央分局后方留守处主任、粤赣边区军政委员会主席等职。1934 年秋主力红军长征后，他奉命在闽粤赣边坚持艰苦卓绝的游击战争，1935 年 7 月在战斗中壮烈牺牲。

1933 年冬，为了配合主力红军粉碎敌人第五次"围剿"，闽粤赣边区游击纵队司令员罗屏汉指挥游击队烧毁了粤东北通往赣南中央苏区的多座公路大桥，打破了陈济棠部运兵北上的通道，减轻了中央苏区腹地的军事压力。1934 年 1 月，中央红军总参谋长刘伯承在中共中央机关报《斗争》上撰文称赞："在粤赣方面的游击队，他们曾在兴宁通寻邬的交通线上不断袭击敌人单个部队劫夺辎重，敌人颇受威胁。"对于赣南有声有色的游击战争，毛泽东也给予极大关注。当年7月，他在《清平乐·会昌》的诗词中称赞南线开展的游击战争"风景这边独好"，"战士指看南粤，更加郁郁葱葱"。

1934年10月，中央红军主力出发长征后，敌人扑向中央苏区，次年春，中央革命根据地全面陷入敌手。陈济棠从江西调回军队，加紧"围剿"粤赣边区和东江苏区。当时，留下来坚持斗争的部分红军队伍、地方干部和革命群众面临异常残酷的斗争形势。根据中共中央指示，成立了中共中央分局和中华苏维埃临时政府办事处，项英、陈毅分别担任中央分局书记、苏维埃临时政府办事处主任，领导游击战争。罗屏汉根据中共中央分局的指示担任中央分局后方留守处主任，负责处理中央红军长征后苏区善后工作，积极做好中央红军撤离后留下的干部隐蔽、白区地下斗争、组织游击队等各项工作。

1935年4月初，部队在龙川上坪接收了从中央分局所在地突围出来的独立三团政委张凯率领的部队200多人，还有因病随队的江西省委书记陈正人。陈正人传达了中共中央的指示和中央分局项英、陈毅的决议，决定成立粤赣边区军政委员会，会议推选罗屏汉担任军政委员会主席，周建平担任副主席。会议分析了当前形势，决定把会合在此的中央红军和地方游击队整编成三个大队，分别在安远、寻邬和兴龙坚持斗争。周建平和病中的陈正人跟随第二大队，由罗屏汉带领前往兴龙根据地开展革命活动。

当时，寻邬、安远一带白色恐怖特别严重。国民党为了隔绝红军游击队亲近百姓，烧山搜山，控制粮油药品，实行保甲联防，妄图困死红军游击队。罗屏汉领导的这几百人的红军游击队艰难转战在长途跋涉途中，风餐露宿，缺医少药。1935年5月中旬，罗屏汉带领一支队伍从丹竹楼堰塘厂下出发，继续前进。一路上不断地遭遇强敌，又出现叛徒出卖，部队死伤严重，红军游击队的一些领导人相继牺牲。陈济棠加派两个师的兵力疯狂"围剿"兴龙根据地，从龙川老隆一直布防到兴宁、平远、寻邬各地，白天搜山，夜晚设卡，严密封锁；在数百个乡村设立民团、自卫队，层层"搜剿"。

面对险恶的局势，身已负伤的罗屏汉以大局为重，一方面安排地下交通员先后护送需住院治病的陈正人、周建平疏散转移，取道梅县、汕头分别去上海、香港；另一方面将第二大队分为三个小队，分兵杀出重围。然而，罗屏汉这支红军游击队陷入了陈济棠部队的重重包围，到1935年7月初只剩下10多个人。7月9日，突出重围的罗屏汉带领12人转战到龙川径口。此时，因叛徒告密，又遭到敌人重兵包围。敌人志在必得，向山上喊话劝降。罗屏汉对身边战友说："同志们，这一次肯定打不过敌人了，为了争取时间，保存力量，等命令一下全部向后山缺口撤退，全部分散突围，能走一个是一个。"罗屏汉指挥队员奋勇冲杀，当场牺牲和失散10人。再次负伤的罗屏汉带着警卫员潘秉星撤退到兴宁大坪咨洞村，又中弹致重伤。潘秉星要背罗屏汉走，罗屏汉再三命令潘秉星撤退。之后，罗屏汉把敌人火力引向自己，最后撤到大坪鸭池村的一个坟地里。敌人从四周猛扑上来，罗屏汉从容地把最后一粒子弹射入自己的胸膛，壮烈牺牲。

第四章

华南抗战的中流砥柱

历史概说

要事本末

- ☐ 广东党组织的恢复和发展
- ☐ 粤港抗战文化的兴起
- ☐ 回乡服务团对抗战的支持
- ☐ 曾生王作尧部队的"东移"
- ☐ 秘密大营救的完成
- ☐ 南委和粤北省委事件的应对
- ☐ 华南抗日纵队的壮大
- ☐ 八路军驻香港办事处的建立

历 史 概 说

1931 年九一八事变，日本军国主义开始发动了侵华战争，中国人民由此开展了反抗日本军国主义侵略的伟大斗争。1937 年七七卢沟桥事变后，中华民族的全面抗战爆发。随着第二次国共合作的建立，中国共产党在广东开展了规模空前的抗日救亡运动，对国民党抗日将领、地方实力派、华侨及港澳同胞进行了广泛深入的抗日统战工作，广东一度被称为"统一战线的模范省区"。共产党组织的力量得到了迅猛的发展。到 1939 年 10 月，广东的党员发展到 18000 多人，广东成为国民党统治区内中共党员人数最多的一个省份。到 1945 年抗日战争胜利时，共产党员人数发展到 21000 多人。

1938 年 10 月 12 日，数万日军从惠阳的大亚湾登陆，长驱直入。10 月 21 日，广州沦陷。国民党广东省党政军机关、中共广东省委均被迫迁往粤北地区。

国民党不战而丢弃广州，引起广东人民的极大愤慨。挽救民族危难的历史性重任落到了共产党的肩上。中共广东省委立即决定：迅速在全省各地建立人民抗日武装，开辟抗日根据地，独立自主地开展抗日游击战争。

广东人民抗日武装在日、伪、顽军的夹击下，经受了严峻的考验，后来发展成为著名的东江纵队、琼崖纵队、珠江纵队、广东人民抗日解放军、广东南路人民抗日解放军、潮汕韩江纵队、梅埔韩江纵队等七支抗日游击队（统称为华南抗日纵队）。到抗日战争胜利前夕，华南抗日纵队发展到 28000 余人。华南抗日纵队转战南粤大地，活动范围遍及 70 多个县。

太平洋战争爆发后，中共广东组织和东江抗日游击队（东江纵队）根据中共中央的指示，实施了规模宏大的抢救行动，成功地营救出被困在香港的 800 余名国内外知名的文化界人士、爱国民主人士和国际友人，此举被称为香港"秘密大营救"。

中共广东组织及其领导的华南抗日纵队，开辟了一大批敌后战场，其中包括广东的东江、琼崖、珠江三角洲三块抗日根据地和粤中、南路、潮汕平原、韩江流域、港九等抗战区域，抗击和牵制日、伪军 15 万余人，对日、伪军作战 3000 多次，歼灭日、伪军 2 万余人，成为中国共产党领导的敌后三大战场之一。中共中央、中央军委对华南抗日纵队的英勇斗争给予了高度评价，称它是"广东人民解放的一面旗帜"。

要 事 本 末

□　广东党组织的恢复和发展

1937 年 7 月，日本帝国主义发动了全面侵华战争，企图"三个月灭亡中国"。中华民族面临生死存亡的空前危机。大敌当前，中国共产党发表时局宣言，捐弃前嫌，主张建立全民族抗日统一战线，实行国共合作抗日。8 月下旬，中共中央在陕西洛川召开政治局扩大会议，提出抗日救国十大纲领，并决定应尽快恢复、健全党的组织，重建各省委领导机关，以加强党对各地抗日运动的领导。

1937 年 9 月，刚参加完洛川会议的张文彬受中共中央委派，从延安辗转抵达香港，着力整顿、改组、发展以广东为主的南方党的组织，领导华南抗日救亡运动。张文彬初到广东时，广东地方党组织在薛尚实、王均予等人的领导下，党的领导机关刚刚恢复不久，力量十分薄弱。同时，中共南方临时工作委员会（简称"南临委"）与广州市委之间存在较大的"意气之争"，影响了党内团结。在摸清广东党组织的情况之后，张文彬决定先从整顿组织入手，对原有党员和干部进行审查，并着手调查处理南临委与广州市委之间的矛盾纠纷。

1937 年 10 月，张文彬在香港主持召开了中共南临委与广州市委干部联席会议，对当时广东党组织领导人之间存在的无原则纠纷问题进行了严肃批评。根据中共中央的指示，会议决定撤销南临委，正式成立中共南方工作委员会（简称"南委"），以张文彬为书记，薛尚实、饶彰风、梁广为委员。南委机关初设在香港，后迁至广州。自此，广东党组织有了新的统一领导，党的建设和抗日救亡运动开始步入一个新的发展时期。

1938 年 1 月，中共中央长江局委派黄文杰到广东巡视，检查指导工作。黄文杰和南委领导人张文彬、薛尚实讨论，认为广东党组织经过审查和整顿，已经端正思想、纯洁组织、消除分歧，省级干部已经具备，建立广东省委的条件亦已成熟，一致同意报请中共中央批准筹建中共广东省委。4月18日，张文彬在广州主持召开中共南委干部扩大会议，总结抗战爆发以来广东党组织开展工作的情况，并对广东今后的工作作出新的部署。根据中共中央、中共中央长江局的指示，决定撤销南委，选举产生了以张文彬为书记的中共广东省委，统一领导广东地区党组织的工作。

中共广东省委成立后，多次召开执委扩大会议，研究部署集中全力发展党员，壮大党的队伍。省委第一次执委扩大会议学习了中共中央《关于大量发展党员的决议》，决定广东的一切工作应以"建立党的组织为中心，以收获组织果实为目的"。8月21日，省委第三次执委扩大会议召开，提出"建立强而大的群众性的广东党""发展一万个新党员"的新任务。

抗战时期，广东各地抗日救亡运动风起云涌。党组织十分注意在抗日救亡运动中把大批优秀的先进分子加以培养，吸收入党。经过一番努力，一部分地方党组织得到恢复和发展，党员数量增长较快。至1938年10月，广州和香港党员2500人，琼崖地区党员5000人，潮梅地区党员发展到2000余人，"发展一万个党员"的目标基本实现。

1938年10月21日广州沦陷，省委机关北迁韶关。1939年1月，张文彬主持召开省委第四次执委扩大会议，提出"按现有党员人数发展一倍新党员"的新任务，特别强调党组织必须向全省范围发展，面向工农，面向农村，加快党在农村的发展。这次会议，为党的建设指明了新的发展方向。在全省各级党组织的努力下，到1939年年底，广东省委已下辖8个特委（特工委）、8个中心县委（县临委）、44个县委（县工委），在77个县建立了党的组织。广东省有党员18000多人。至此，广东地区主要的县都成立了县委的领导机关，党组织规模比广州失守以前扩大了一倍。

这个时期，广东各级党组织认真贯彻中央关于大量发展党员的决议，紧紧抓住全民族抗战的有利时机，党的组织和党员发展工作取得了十分可喜的成绩。但在一些基层党组织，也出现了党员教育跟不上的现象，特别是新发展的一些党员没有经过系统的政治教育和革命斗争的历练，远远不能适应抗战形势发展的需要。针对这一问题，省委十分重视党员尤其是新党员的思想教育。1938 年 5 月，张文彬主持召开省委第二次执委扩大会议，专门讨论中共中央长江局关于加强党内教育的指示。会议决定，由省委宣传部和广州市委宣传部联合组成教育工作委员会，负责党员的教育培训工作。6、7 月间，举办了两期党员培训班，每期受训一个月左右。主要课程有《中共党史》《党的建设》《游击战争》《工人运动》《青年运动》《妇女运动》等。

张文彬除了抽调一批党员骨干在广州、香港等地参加省委举办的培训班之外，还要求各市、县的党组织也举办各种类型的培训班，重点对党员进行共产主义、党的组织原则、党的纪律、党的优良传统和革命气节教育，党员的政治素养和工作能力有了明显提高。在省委举办的培训班上，张文彬经常给学员授课，讲授抗战的政治形势、统一战线工作、保密工作、游击战争等内容。他的讲课针对性强、深入浅出、通俗生动，给学员们留下了深刻的印象。一些当年听过张文彬讲课或作报告的老党员回忆说："张文彬不仅是一位无产阶级革命家，而且是一位有着很高马列主义水平的理论家。"

经过两年多时间的努力，广东党组织发展十分迅猛，党员人数增长了数十倍，党员的政治觉悟和基本素质有了较大提高。广东党组织的快速恢复与发展，为党领导华南敌后抗日斗争奠定了扎实的组织和干部基础。

阅读链接

宁为玉碎的张文彬

张文彬（1910—1944），湖南省平江县人，原名张纯清。1927 年春加入中国共产党，1934 年 2 月当选为中央执行委员。参加了红军长征，历任红五军政委、红七军政委、红三军团保卫局局长等职，屡立战功。1936 年调任毛泽东秘书。抗战时期先后担任南委书记和广东省委书记。1944 年 8 月牺牲于狱中。

1937 年全面抗战爆发后，张文彬奉中共中央之命于 9 月间抵达广州，建立南委。他不畏艰难险阻，往返于广州、香港之间，恢复和发展党的组织，开展抗日救亡工作。张文彬坚决贯彻中共中央《关于大量发展党员的决议》，使广东党的组织发展很快。到 1938 年 5 月，先后建立了中山中心县委、东莞中心县委、南顺工委以及南雄、韶关、惠阳等地中心支部，很多过去中共组织遭到严重破坏的县、市也相继恢复了党的组织。从 1938 年到 1939 年 10 月，县一级党的组织机构在广东全省各地普遍建立起来，并分别建立了东南、粤中、东江、西江、北江和南路等特委。

1940 年 6 月根据中共中央指示，广东省委划分为粤北、粤南两个省委，张文彬担任粤北省委书记。同年 10 月间，中央指示成立中共南方工作委员会（直属以周恩来为书记的中共中央南方局领导），张文彬担任南委副书记兼组织部部长，参与领导了粤北、粤南、闽西、闽南、潮梅、广西、江西、琼崖、湘南等地区党的组织和抗日斗争。

1941 年 12 月，日军占领香港。张文彬在香港执行中共中央的指示，同八路军驻香港办事处的廖承志一起周密布置抢救知名民主人士和文化人士的工作。经过努力，终于把何香凝、柳亚子、邹韬奋、茅盾、夏衍等 800 余名知名民主人士和重要文化人士从香港日军的严密控制下抢救出来，安全地护送到大后方，受到中共中央的通电表扬。

1942 年 5 月下旬，江西省委遭到破坏，张文彬带着机关工作人员向闽西、东江等地转移。途经广东大埔高陂镇时遇上叛徒郭潜（原南委组织部部长）及所带引的特务。终因寡不敌众，不幸被捕，被特务押解囚禁于江西省太和县的国民党监狱。

张文彬在狱中立场坚定，严厉驳斥国民党特务对共产党的诬蔑，痛斥劝降的无耻叛徒，明确表示"宁可坐牢而死，决不跪着爬出去"，始终大义凛然，英勇不屈，于 1944 年牺牲，年仅 34 岁。

狱中人员在检查张文彬的遗物时，发现他生前留下的一封题为《我誓死不能转变》的信。张文彬在信中说："宁为玉碎，不为瓦全。"表达了"誓死而归，乐于就义，愿为江西人，尤其为整个中华民族的革命儿女留此正气"的赤诚决心。

□ 粤港抗战文化的兴起

全面抗战爆发后，广州出现了开展抗战文化活动的有利因素。主要是：在救亡运动中，涌现了众多进步文化社团；广东党组织积极贯彻抗日民族统一战线政策，推动了救亡运动的高涨，也促进了抗战文化活动的开展；由于民族矛盾上升，国民党广东当局在一定程度上放松了对言论出版的限制；上海沦陷后，文化人士郭沫若、茅盾、夏衍、巴金等汇集在广州。上述情形，为广州抗战文化活动的开展提供了有利条件。

在中共的影响下，汇集广州的文化人士加强团结抗日。廖承志、张云逸、潘汉年、云广英等人又以八路军办事处代表的身份，公开开展上层统战工作，掌握了作为广东政治、军事、经济、文化中心的广州的主要文化社团、报纸、杂志以及一些文化机构。

成立广东文化界救亡协会。为了建立全省性文化界统一战线组织，经广东党组织与救亡呼声社、平津同学会、留东同学会等团体共同磋商，于1937年11月14日召集教育、新闻、文艺、社会科学、自然科学各界人士及国民党广东当局上层人士（共100多人）举行座谈会，决定成立广东文化界救亡协会（12月25日正式成立，1938年2月改称"广东文化界抗敌协会"）。由钟天心、谌小岑、欧阳山、杨康华、李伯球、孙大光等32人组成理事会，其成员中有国民党员、共产党员、第三党成员、广州各文化团体负责人和著名文化人士。共产党员在其中担任了许多重要工作：吴华负责组织部，欧阳山、杨康华负责宣传部，邓明达负责总务部，孙大光负责研究部。该协会的成立，推动了广东戏剧协会、广东文学会、华南绘画界救亡协会、歌咏协会、新闻界从业人员抗敌协会、社会科学工作者抗敌协会等文化团体的成立。

出版《救亡日报》。《救亡日报》是上海文化界救亡协会机关报，社长郭沫若，总编辑夏衍。1937年11月上海失陷后，大批文化人士撤退到香港和广州。鉴于广州在对外尤其是对东南亚华侨工作中的重要地位，郭沫若征得周恩来同意，决定将这家报纸转移到广州出版。

周恩来指示，《救亡日报》必须争取公开、合法出版。郭沫若、夏衍等人遂经香港抵广州，开展上层统战工作，取得了国民党广东当局的支持，并吸收华嘉、陈子秋、谢加因、蔡冷枫、欧阳山、草明、司马文森、黄新波等人到该报社工作。1938 年元旦，《救亡日报》在广州复刊。为了指导这家报社的工作，周恩来指定由夏衍同云广英、廖承志联系。后来，张文彬派饶彰风以作家的身份与该报社联系。周恩来还对《救亡日报》的宗旨、方针作了明确的指示，指出"总的方针是宣传抗战、团结、进步，但要办出独特风格来"。[①] 这家报纸成为抗战初期中国共产党在粤港地区最重要的舆论阵地。

设立《新华日报》广州分馆。1938 年 1 月 11 日，党的《新华日报》在武汉创刊。同年 4 月，《新华日报》在广州设立分馆，每天用飞机从武汉将该报纸型运至广州印刷发行。分馆由中共广东省委宣传部领导，张尔华任经理、李峰任支部书记。分馆除翻印发行《新华日报》《群众》《救亡日报》等报刊外，还组织《新华日报》读者会。

随着上述抗战文化阵地的开辟，广州地区的抗战文化活动，迅速开展。广东被誉为"统一战线的模范省区"[②]。在党组织的发动、领导下，各文化团体开展了文艺会演、宣传集会、战地宣传和文化下乡等一系列活动。其中影响最大的，是黄花岗起义戏剧歌咏纪念大会和"八一三"献金运动。

1938 年 3 月 29 日是同盟会广州起义（即黄花岗起义）27 周年纪念日。在广东党组织的推动下，广东各界于是日举行戏剧歌咏纪念大会。参加筹备的机关团体有：国民党广东省党部、广州特别市党部、广东省党政军联席会议宣传部、广东文化界抗敌协会、抗战教育实践社、广东歌咏协会、广东戏剧协会等。钟天心任大会主任，胡春冰、马思聪任副主任，赵如琳任戏剧组长，陈世鸣任音乐组长。戏剧歌咏纪念大会在广州太平戏院举行，上演历史剧《黄花岗》。演出圆满成

---

① 夏衍：《巨星永放光芒》，《夏衍杂文随笔集》，生活·读书·新知三联书店1980 年版，第 713 - 714 页。

② 谌小岑：《抗战初期我在广州的见闻》，《广东文史资料》第五十辑，广东人民出版社 1987 年版，第 5 页。

功，有人评价说，这次活动"不独在广东，就是在全国也是空前的创举，充分展现'巩固统一战线，强化文化国防'的主题。它是中共领导文化界动员抗战的一次范例"。①

1938 年 8 月，广东各界开展"八一三"献金运动。广东党组织实际领导这次运动的宣传工作。中共广东省委指出："国民党要钱，我们则要通过献金开展宣传，动员各阶层群众起来抗日。"为此，《抗战大学》发表《纪念八·一三与献金运动》（作者追光，即饶彰风），号召群众积极参加献金；由第四战区政治部第三组组成的献金运动筹委会宣传部，以指导、编纂、演讲、歌咏、戏剧、美术六股，分别指导各界座谈会、联席会，部署献金宣传；在广东文学会主办的献金文艺会上，马思聪、祝秀侠、郁风、高灝等参加演出独幕剧《赎罪》（编剧夏衍），宣传献金的意义。

这样，在党的领导和推动下，抗战时期的广州，从第一次大革命失败以来沉寂 10 年之后，重现革命策源地的文化风采，成为国民党统治区除武汉以外的第二个文化中心。茅盾指出：北平和上海相继沦陷以后，武汉和广州代而为文艺的中心点。②

抗战爆发后，随着平、津、沪、宁等大城市和沿海各港口城市的沦陷或被封锁，香港这个被英国长期"租借"的南方港口城市，成为中国对外交往和祖国与海外同胞联络的主要渠道。这对广东党组织开展各种救亡活动，有着十分重要的意义。香港的政治形势也朝着有利于党的活动的方向变化：第一，港英当局对民众运动的限制有所松动；第二，香港民众的爱国情绪日益高涨；第三，香港的自由港性质，使各种政治势力可以以商业活动的形式开展角逐，形成一个较好的统一战线工作环境。

根据香港的战略地位、政治环境，中共中央长江局和周恩来决定在香港设立八路军办事处，加强对香港党的工作的领导。周恩来派有

---

① 梁绮：《回忆抗战初期党的戏剧支部的工作情况》，中共广东省委党史研究室编：《省港抗战文化》，广东人民出版社 1994 年版，第 248 – 249 页。

② 茅盾：《抗战期间中国文艺运动的发展》，《茅盾全集》第 22 卷，人民文学出版社 1993 年版，第 195 页。

主持海外和上层统战工作诸多优越条件的廖承志，担任办事处主要负责人。香港党的组织认真总结过去的经验教训，在党内进行统一战线的理论教育，加强对各党、各派、各团体及上层、中层、下层的统战工作，克服统战工作中的短期行为，特别是争取"大量地吸收文化界的左倾分子入党和有计划地培养与领导非党的文化工作干部"，以适应文化人士来港，使"香港由商业城市逐步转变成文化城市"。①

此时，为保护文化人士，发展抗战文化事业，党组织有计划、有组织地将内地文化人士转移到香港。其中有：胡愈之、柳亚子、茅盾、夏衍、邹韬奋、阳翰笙、杜国庠、陈翰笙、司徒慧敏、蔡楚生、胡绳等。全面抗战爆发前已在港的文化人士有许地山、胡春冰等。从欧美归来的有戴爱莲、姚锦新等。

大批文化人士汇集香港后，周恩来就"如何对待文化战线上的朋友"的问题，明确指示廖承志：第一，不能仍拿抗战前的眼光看他们，因他们已经进步了；第二，不能拿抗战前的态度对待他们，因他们已经经过一些政治生活，不是从前上海时代的生活了；第三，我们也不能拿一般党员的尺度测量他们，去要求他们，因为他们终究是做上层统战及文化工作的人，故仍留有一些文化人的习气和作风。香港党的组织遵照这一指示精神，积极做团结文化界人士的工作，占领和开辟香港文化阵地。

1938 年年初，在八路军驻港办事处支持、协助下，宋庆龄建立以"宣传中国抗战，争取国际援助"为宗旨的保卫中国同盟，一些国家的著名文化人士参与其中的工作。一批报刊陆续创办或复办，包括茅盾主编的《文艺阵地》、保卫中国同盟主办的《新闻通讯》、以何香凝为名誉主编的《侨胞》等。恽逸群负责的国际新闻社香港分社等机构，也相继建立。广州等地沦陷后，香港成为"孤岛"。八路军办事处和党的东南特委先后组织文化团体到内地开展抗日救亡运动。1939 年 1 月，在廖承志指导下，胡愈之、范长江等筹建中国青年记者学会香港分会，并成为香港报人的统一战线团体。

---

① 吴有恒：《关于香港市委工作给中央的报告》（1941 年 2 月 16 日），《广东革命历史文件汇集》甲 44，中央档案馆、广东省档案馆 1988 年印，第 492 页。

　　国民党顽固派掀起第一次反共高潮后，香港的政治状况十分复杂，抗日与投降、团结与分裂、进步与倒退的斗争，反映到各个领域。在文化战线上，日本的《香港日报》、汪伪的《南华日报》和《天演日报》，加紧进行反共宣传和对国民党的政治诱降活动；国民党特务千方百计，收买投机文人，渗入香港报刊；港英当局则严格限制共产党在港的文化活动，对抗日宣传严加控制。在这种情况下，党组织通过上层统战工作，使香港警察总监在报上称：共产党"完全尊重香港法律，绝无非法行动，所以香港政府并不加以任何干涉"。并加强华侨统战工作，派胡愈之等到菲律宾、新加坡、越南等地，创办华侨抗日报刊，或参加当地的进步报刊工作。在香港，则采取与内地有所区别的方式、方法和策略去开展工作。至 1940 年，由于采取了正确的斗争策略，香港成为华南抗战文化运动主要据点之一。

　　1941 年 1 月皖南事变后，周恩来认为党在香港建立全国性乃至具有国际意义的文化宣传基地的时机已经到来。周恩来致电廖承志：在香港建立我们自己的宣传据点，出我们一张报纸，不仅在香港发行，还要发行到东南亚、菲律宾等地去。[1] 为此，廖承志经与邹韬奋、夏衍、金仲华、范长江等商讨，决定创办《华商报》。由邓文田任总经理兼督印，邓文钊任副总经理，范长江任副总经理，主持日常工作，政治上由廖承志领导。夏衍、张友渔、邹韬奋、胡绳等，参与《华商报》工作，撰写社论及各类稿件。《华商报》的基调是"主张团结、民主、抗战"，但与《新华日报》有所区别。4 月 8 日，《华商报》正式创刊。这家报纸被称为 40 年代高挂在香港上空的"一盏明灯"。[2]《华商报》问世后，党组织又支持创办或复办几家进步报刊。主要有：邹韬奋主编的《大众生活》、端木蕻良主编的《时代文学》、茅盾主编的《笔谈》、梁漱溟负责的《光明报》、周鲸文主编的《时代批评》等。

---

　　[1]　张友渔：《我与〈华商报〉》，《白首记者话华商——香港〈华商报〉创刊四十五周年纪念文集》，广东人民出版社 1987 年版，第 8 页。

　　[2]　杨奇：《一个新的课题——纪念〈华商报〉五十周年的回忆与思考》，《羊城晚报》1991 年 12 月 13 日。

　　在筹办《华商报》的同时，廖承志、潘汉年等着手建立领导全港抗战文化运动的机构，于 3 月 24 日致电周恩来和中央书记处，提出建立党的统战文化委员会等建议。[①] 5 月初，经中央同意，党的香港文化工作委员会正式成立，由廖承志、夏衍、潘汉年、胡绳、张友渔五人组成，下设文学、新闻、学术小组，各小组又分别组织文艺、戏剧、学术、新闻、国际问题和妇女问题座谈会。在香港文委的领导或组织下，各种文化组织不断涌现，主要有：宋庆龄任名誉会长、颜惠庆任会长的中苏文化协会，张一廛、许地山主持的新文学会和世界语协会，乔冠华、胡一声、吴全衡等主办的香港中国通讯社，丁聪等主办的新美术社，司徒慧敏等主持的旅港剧人协会等。《华商报》创刊和中共香港文委的建立，标志着香港文化宣传基地的建立。香港文化界在宣传团结抗战、维护抗日民族统一战线、反汪反投降及"反顽救危"等一系列斗争中，发挥了重要的作用。

　　香港文化界利用香港是自由贸易港，其远洋航线连接许多国家，与外界联系十分方便的条件，大力开展对外宣传，在海外产生了广泛的影响。抗战时期八路军驻港办事处创办的《华侨通讯》，所发的通讯、文稿流传海外，常被纽约《华侨日报》、秘鲁《华商日报》、古巴《前进日报》、菲律宾《建国周刊》等转载。一批反映中国抗战的文学作品，被译成外文介绍给海外读者，如在香港《文艺阵地》发表的《华威先生》《差半车麦秸》等，被纽约《小说》等文学刊物译载。文协香港分会主办的《中国作家》英文版，大量刊登中国战时文学作品和评论。保卫中国同盟《新闻通讯》内容丰富、寓意深刻、版面活泼，在国际社会和海外华侨中，产生广泛影响。其套色招贴画，张贴于世界各大城市的街头，引人注目。宋庆龄除在《新闻通讯》上发表文章、书信外，还组织国际友人到中国实地采访，通过他们向世界宣传中国的抗日战争。爱泼斯坦的《冲破封锁的中国》《中国经济战线》，爱德勒·罗易的《在西北战区的旅程》，鲁夫·贝克的《在河南前线》，马海德的《这些儿童是中国的未来》《西北边区的医疗工作》

---

　　① 廖承志、潘汉年：《致中央书记处并周恩来电》（1941 年 3 月 24 日），《广东革命历史文件汇集》甲 45，中央档案馆、广东省档案馆 1987 年印，第 79 页。

《国际和平医院》《我认识的诺尔曼·白求恩》，路易·艾黎的《夜过潼关》等，就是这时产生的作品。

在香港党组织的推动和进步文化人士的努力下，战时香港由"文化沙漠"变成"文化绿洲"。其主要的表现，是由"富丽物质生活掩盖贫瘠的精神生活"的"商业畸形儿"，变成华南地区抗战救亡运动的"文化巨人"，由英国殖民统治下的与内地新文化运动缺乏联系的"文化孤岛"，变成全国性乃至具有国际意义的反法西斯文化基地，变成"中国的新文化中心"。①

□　回乡服务团对抗战的支持

广东具有特殊的地理位置，毗邻港澳，又是著名的侨乡，华侨众多。华侨、港澳同胞支持和参加抗战，是广东抗战的特点和有利条件之一。

广东党组织十分重视争取华侨、港澳同胞的支持。中共广东省委指出："在广东游击战的发展上，必须很大的争取与依靠华侨的物质和精神的帮助。"东江、粤中、西江、南路、琼崖等地的党组织多次派人到港澳、南洋各地广泛宣传党的抗日统一战线政策，争取华侨、港澳同胞支援，动员其捐款以及捐赠药品、照相机、油印机、收音机、被服、胶鞋等抗战物资。华侨、港澳同胞除了在境外踊跃为中国抗战捐款捐物外，还组织联合总会回乡服务团，到广东各地直接参加抗战。他们活跃在全省各地的抗日战场上，广泛开展各种形式的抗日宣传，建立各种救亡团体，组织民众抗日武装开展战地救护服务，甚至一些服务团成员还在战斗中牺牲。

在党组织和党员骨干的推动下，南洋各地组建了数十个华侨回乡服务团。其中，规模和影响较大的有东江华侨回乡服务团、琼崖华侨联合总会回乡服务团、会宁华侨回乡服务团等。据不完全统计，抗战期间，回国参加抗战的粤籍华侨有4万多人。

广州沦陷后不久，侨居南洋英、荷两属殖民地的东江爱国青年，

---

① 茅盾：《在香港编〈文艺阵地〉》，《新文学史料》1984年第1期。

在黄伯才、官文森、戴良才等的发动和组织下，成立惠州同侨救乡委员会，推荐爱国侨领黄伯才为主席。在此基础上，1939 年 1 月中旬，东江华侨回乡服务团在惠阳淡水圩正式成立，团长叶锋，下设组织、宣传、总务、交通等部门，改编为 7 个分团。此后，南洋华侨又分批组织爱国青年返乡参加抗战，分别编为东江华侨回乡服务团"两才队""文森队""吉隆坡队"等。全团发展到 500 多人。

1939 年 1 月 26 日，琼崖华侨联合总会回乡服务团在香港正式成立，范世儒为团长，符思之为副团长，下设救护、宣传、歌咏、戏剧、电影 5 个组，团员很快发展到 240 多人。从 4 月开始，先后分 4 批返回琼崖。1940 年 6 月，"琼团"总团在琼山县树德乡成立，总团长符克，下辖香港队、星洲队、安南队。服务团在万宁、乐会、琼东、澄迈等地广泛开展抗日宣传、灾民救济、随军救护等工作。

1938 年 4 月，香港会（四会）宁（广宁）同乡会回乡服务团扩大为会宁华侨回乡服务团，团长孔令浚、副团长陈子贤，共 50 人，分为四会队和广宁队。活跃在西江地区的会宁华侨回乡服务团，利用国民党当局公开号召组织民众抗日游击队的机会，在各区、乡发动群众，组织公开、半公开的民众抗日武装近 5000 人，还组织了一支近 100 人的抗日武装。

八路军驻港办事处、中共东南特委还先后动员 1000 多名回乡服务团青年加入广东敌后抗战游击队。华侨回乡服务团人员日夜奔忙在抗日前线，有的甚至还牺牲了生命。旅泰华侨钟若潮、王丽伉俪一起回到东江参加游击队，并加入中国共产党。后来，日军加藤大队 400 余人偷袭东江纵队领导机关，钟若潮率部抢占制高点，同十倍于己的敌人展开激战，连续打退敌人的六次冲锋，掩护了领导机关安全转移。不幸的是，钟若潮与 20 多名战士在战斗中英勇牺牲。王丽也在一次掩护伤病员突围时被捕，惨遭国民党顽军枪杀。

港澳同胞除了捐款捐物支持祖国抗战外，从 1937 年 8 月起，在中国共产党的组织推动或领导下，组建了 60 多个回乡服务团，人数达 1000 多人。

1938 年 12 月，以香港海陆丰同乡会救亡工作团的名义，组织 30 余人，回到海陆丰开展抗日救亡工作。同一时期，香港"学赈会"组织 5 个回乡服务团，共 242 人，回到茂名、电白、信宜、江门、新会、高明、韶关、怀集、清远、连山、曲江、翁源、汕头、揭阳等地，开展抗日救亡宣传活动，举办各类抗战训练班，组织抗日团体，发动民众武装抗日。从 1938 年到 1940 年 6 月，澳门"四界"救灾会回乡服务团先后派出 11 个队共 155 人，在廖锦涛的带领下回到广东西江、粤中、南路和珠江三角洲等地参加抗日救亡活动，为宣传抗日、救济难民和战地服务日夜奔忙。

1938 年 10 月，日军从大亚湾登陆，战火在东江及广东大部分地区燃烧起来，港澳爱国青年纷纷返回家乡参军参战，出现了父母送儿女、妻子送丈夫，甚至全家一起回乡参战的热潮。香港教师李淑桓先后将 6 个子女送到抗日前线。她参加了一个慰问部队子弟兵的活动，在慰问团大会上是这样说的："国家兴亡，匹夫有责；抗战救国，人人有责。别人有钱出钱，我没钱就出儿女。"在丈夫身患重病去世后，她又带着年仅 12 岁的幼子回到东莞参加抗日部队。后来，李淑桓不幸落入敌手，英勇牺牲。一家八口全都成了抗日战士。

□ 曾生王作尧部队的"东移"

1940 年春，国民党顽固派第一次反共高潮迅速波及东江地区。2 月，国民党第四战区游击指挥所主任香翰屏发出"命令"，要求曾生领导的第四战区第四游击纵队新编大队（简称"新编大队"）、王作尧领导的第四战区第四游击纵队直属第二大队（简称"第二大队"）到惠州"集训"，妄图一网打尽，聚而歼之。曾生、王作尧及时识破其阴谋，申明各种理由，按兵不动。香翰屏气急败坏，以"军令如山"相威胁，一场内战一触即发。

3 月 5 日，为了顾全大局，新编大队决定派副大队长周伯明到惠州与第四战区游击指挥所参谋长杨幼敏谈判，但谈判毫无结果。之后，周伯明一再提出要看"集训"地点，杨幼敏只好派一名副官带领周伯明前往察看。令人吃惊的是，顽固派指定的"集训"地点竟然设在西湖中心的一个小岛上的一间破庙，四周是茫茫的湖水，只有一条狭长的小道通到岸边。很明显，只要用火力封锁小道，"集训"部队便插翅难飞。

对于顽固派的图谋，东江军委早有预料和觉察，先后在坪山多次召开会议，研究如何对付国民党的反共逆流，认为在敌强我弱情况下唯一办法是主动转移。而以高潭为中心的海陆丰苏区具有群众基础好、地形有利的条件，是部队转移最好的落脚点，今后可以建立更稳固的根据地。3月1日，东江军委和曾、王两部领导人在坪山竹园召开军事会议，决定曾、王部队"东移"海陆丰，并对部队"东移"作了具体的安排和部署。

坪山竹园会议之后，曾、王两部立即开始紧张的"东移"准备工作，加紧思想动员，并对部队进行了精简整编。曾生部新编大队改编为三个战斗中队以及侦查队、干部队、政工队、医务所、修械所等。王作尧部第二大队改编为两个中队。为适应"东移"行动，同时还留下少数党员干部坚持本地的抗日工作。

3月初，集聚在曾、王两部驻地附近的顽军一八六师凌育旺团、东江保安第八团两个营以及地方顽固派武装共3000多人，开始向曾、王部队发动军事进攻。至3月7日，顽军已从龙岗、坑梓、淡水三个方向，逐步形成对曾生部队的包围。同时，保安第八团的两个营以及袁华照支队调动部队，形成对王作尧部的包围之势。种种迹象表明，曾、王两部处境异常危险。

3月9日晚，新编大队500余人在梁广、梁鸿钧、曾生的率领下，在夜色的掩护下，经石井、田头山向东转移。3月11日晚，王作尧、何与成率领第二大队180余人从乌石岩经观澜越过封锁线，向淡水方向移动。

曾生部突围后，3月13日抵吉隆北面的平政乡桥岭，又遭遇顽军截击。经过一番激战，天黑后始摆脱顽军。队伍到达高潭，留下第二中队在高潭活动，第一、第三中队撤往多祝。3月31日，顽军一八六师凌育旺团偷袭驻水口柑树下的第三中队。第三中队因警戒疏忽致使正在休息的中队干部、战士30余人被俘。接着，顽军向新编大队大队部进攻，曾生率第一中队、干部队和政工队奋起抗击。一番苦战后才得以甩掉顽军追击，于3月26日抵达陆丰县碣石溪附近山上隐蔽。第二中队在向五子嶂转移途中，与顽军凌育旺团遭遇，只好撤至山顶，却被包围了。第二中队抗击顽军的战斗一直相持到当日下午，中队长叶清华牺牲，指导员黄业负重伤，由副中队长陈奇禄率队突围。此时，经过多次激战，部队损失较大，减员严重，整个新编大队最后只剩下100多人。

王作尧部第二大队从乌石岩突围后，经观澜、沙坑黄巢山，渡过淡水河向东移动至白花，突破顽军的追击，20日到达莲花山时，再次成功突围。4月18日，第二大队在转移海陆丰途中的斜嶂山黄沙坑，被顽军凌育旺团一个营尾追而来，阻击于山下。部队虽然伤亡较大，但仍顽强地坚持战斗。顽军见未能消灭第二大队，改用政治欺骗手法，派代表约第二大队负责人谈判。根据东江军委的指示精神，第二大队派何与成、卢仲夫前往谈判，以期通过谈判达成停战共识。然而，顽军背信弃义，在黄沙坑扣留了何与成、卢仲夫等40余人，并将何与成、卢仲夫、罗尧、罗振辉、叶镜源、李燮邦6名干部押解至惠州监狱杀害。王作尧率70余人乘黑夜冲下山到达大安洞整编，余下人员分散隐蔽，相机活动。

为彻底消灭曾、王两部，国民党当局4、5月间又调动1000余兵力，对海丰、陆丰、惠阳东部山区和沿海地区进行搜索。但曾、王两部余部在当地党组织和革命群众的掩护下，坚持隐蔽的分散活动，顽军处处扑空，只好陆续退兵。

曾、王两部"东移"过程中，遭受严重挫折，仅仅两个多月的时间内，部队由700多人猛减至100余人，在政治上和军事上陷入十分被动的地位。今后部队向何处去？又将如何发展壮大？这是摆在曾、王两部面前十分紧迫而又艰难的抉择。

总结这次失利的教训，主要原因在于部队缺乏斗争经验，离开了抗日战场，钻进了顽固派势力的中心区域，而不是想方设法留在东（莞）惠（阳）宝（安）敌后地区，与日军、国民党顽固派周旋，在斗争中发展、壮大自己。

在这紧急关头，八路军驻香港办事处主任廖承志从香港转来中共中央5月8日的电报指出：在目前国民党当局尚在保持抗日面目，同时又进行反共投降的局势下，我人民武装"必须大胆坚持在敌后抗日游击战，同时不怕摩擦，才能生存发展"。同时电示："曾王两部仍应回到东惠宝地区，在日本与国民党之间，在政治上和优良条件下，坚持抗战与不怕打摩擦仗"，"曾王两部决不可在我后方停留。……国民党会把我们当土匪剿灭，很少发展可能。"这就是著名的"五八指示"，为东江地区抗日反顽斗争指明了方向。

遵照中央的指示，曾、王两部领导人立即召开会议，研究行动部署。部队先集中在海丰县大安洞休整。9月下旬从大安洞出发，后越过广九铁路，返回东宝惠地区。渡过险关的曾、王两部，此时只保存下来 108 人，却成为东江人民抗日武装的坚强骨干。在抗日反顽的斗争中，曾、王两部得到恢复和发展，成为威震敌胆的"东江纵队"。

□ 秘密大营救的完成

1941 年 12 月 8 日，日军突然袭击美国在太平洋的海军基地珍珠港，太平洋战争随即爆发。同一天，日军大举进攻香港，并于 12 月 25 日占领了香港。

香港沦陷后，日军立即对香港实行严密的封锁。日本军队和特务像鹰犬一样，四处搜捕上了"黑名单"的抗日分子，香港笼罩着一片恐怖的阴云。但是，那些经常在香港公开露面的抗日分子，不久却在日军的眼皮底下神秘地"失踪"。很快，那些人又安然地出现在内地的抗日大后方。这就是人们久久传颂的香港"秘密大营救"行动。在这次大营救中被救出来的数百人中，大多数人是国内外知名的文化界人士和民主人士，因而又称之为"抢救文化人"。这次轰动中外、充满传奇色彩的秘密大营救，堪称历史上的一大奇迹。大营救行动的指挥者和实施者，正是中共中央、广东党组织及其领导的东江抗日游击队。

1937 年卢沟桥事变爆发后，中国从北到南的大片国土相继沦陷。而由英国统治的香港，因英日两国之间尚未开战，暂时还未波及战火。中国共产党经港英当局同意，在香港设立了八路军办事处，接受并转送港澳同胞和海外侨胞捐款及抗日物资，组织安排香港人士回乡和海外人士回国参加抗日。于是，香港便成为中国共产党战时对外联系的窗口和主要通道。由于北平、上海等内地许多中心城市相继被日军占领，一些文化界知名人士和爱国民主人士先后撤至香港，继续从事抗日文化活动，为抗日救亡奔走呼号，支援内地的抗日战争。一时间，香港成为精英荟萃、群贤毕集之地。他们给香港带来了空前的文化繁荣，使香港成为当时著名的抗日文化中心。然而，由于日军进攻香港，战事发生突然，当香港沦陷时，被困在香港的文化人士和爱国民主人士多达300多人。他们中有著名的学者、教授、作家、戏剧家、美术家、音乐家等，何香凝、柳亚子、茅盾、邹韬奋、范长江、胡风、夏衍、梅兰芳、千家驹、高士其等名列其中。

在香港即将沦陷之时，中共中央对香港方面的情况就予以热切的关注，周恩来立即给广东党组织和东江游击队下达了紧急命令：要尽一切努力，要不惜任何代价，不怕困难，不怕牺牲，将困留在香港的文化界人士、爱国民主人士、爱国抗日人士和国际友人营救出来。广东党组织和东江游击队接到任务后，八路军驻香港办事处主任廖承志、中共南委书记张文彬、东江抗日游击队政委尹林平立即召集会议，紧急动员起来，决定以最快速度，抢在日军实施逮捕之前做好抢救工作，并立即将他们护送到东江游击区，然后转往大后方。为此，党组织对营救工作作了周密部署：一是确定营救对象，并尽快与他们取得联系；二是确定分陆路（东线）、水路（西线）撤退；三是撤退路线分段、分区，从港岛地区，到九龙、宝安、惠州、老隆、韶关，沿途均设立秘密接待站。沿途党组织和游击队还作了详细分工，批定专人负责，确保万无一失。

日军占领香港后，立即封锁香港至九龙的交通，实行宵禁，以拉网式分区分段搜查抗日分子。这些文化人士和民主人士大都不会粤语，在香港社会关系少，很容易暴露。日军发出告示，要旅港文化界人士前往日军指定地点"报到"，又在香港各电影院打出幻灯片，点名"请"梅兰芳、蔡楚生、司徒慧敏等人到半岛酒店"会面"。

情势危急，营救工作的第一步，必须尽快、全部寻找到这些营救对象。但在香港沦陷后，为了躲避日军的搜捕，他们已经一再改变住址。按廖承志提供的名单，党组织派出熟悉香港情况的港九武工队员和交通员，通过各种关系，把营救对象一一找到，然后护送他们到安全的地方，等待分批撤退。

党组织首先安排被日军点了名的和在港影响较大的重点抢救对象从水路（西线）撤离香港。这批人有：蔡楚生、司徒慧敏、金山、廖梦醒、金仲华、千家驹、夏衍、范长江、郁风等。他们由党组织联系好船只，从香港乘船到澳门，然后由在澳门任镜湖医院院长的中共党员柯麟安排，经中山、江门，安全转移到广西桂林等地。从西线撤离脱险的，共有数十人之多。而何香凝、柳亚子等，则由党组织找到可靠的民船，从海上安全撤至海丰。后来，柳亚子为感谢营救他的人，挥毫写了一首诗。诗曰：复壁殷勤藏老拙，柳车辛苦送长征。须髯如载头颅贱，涉水登山愧友生！

因为船只不够，加上日军对海上实行严密封锁，不可能全由水路撤退，所以大部分营救对象从陆路撤走。他们先由武工队员护送，分批从港岛秘密渡海，安排到设在九龙的秘密交通站。从九龙撤往惠州，又分为两条路线：一是从西贡乘船渡过大鹏湾，在大梅沙、小梅沙、上洞或鲨鱼涌登陆后步行到惠州；二是从九龙经青山道、荃湾、大帽山、元朗，渡过深圳河进入宝安，然后转往惠州。大部分人从这条路线脱险。

第一批从九龙撤退的茅盾、邹韬奋等20多人化装成难民，离开九龙市区。他们绕过敌人的岗哨，混入大街上难民的人流。到达荃湾时，他们离开逃难的人群，按预定路线翻过香港最高的大帽山，经锦田到达"新界"元朗。随后，游击队又以"香港商人"之名将他们送出敌占区，安全到达宝安，进入东江游击队根据地。接着，游击队又辗转经老隆、韶关，将他们护送到大后方各地。

从此以后，几乎每天都有一批文化人士和民主人士从香港经过这条秘密通道进入东江游击队根据地。这些经东江游击队抢救出来而得以脱险的文化人士和民主人士，除上文提及的以外，还有胡绳、张铁生、周钢鸣、黎澍、张友渔、萨空了、乔冠华、戈宝权、沈志远、端木蕻良、于伶、凤子、丁聪、叶浅予、廖沫沙、梁漱溟等。被营救出来的人员及其家属，总共有数百人。几经辗转周折，困留在香港的著名民主人士和进步文化人士全都安然脱险。

广东党组织及其领导的东江游击队在成功抢救出大批文化人士和民主人士的同时，按照中共中央的指示，以国家民族利益为重，全力抢救滞留在港的国民党人员及英国等盟国友人。国民政府驻香港代表、海军少将陈策在香港即将沦陷之时，匆忙间乘了一艘英国鱼雷快艇逃出香港，途中为日军炮弹击沉，陈策受伤落水。正是东江抗日游击队伸手援助，他才得以安全脱险。第七战区司令长官余汉谋夫人上官贤德被困之时，东江抗日游击队见难相救，安排武装人员护送，将其安全送到惠阳淡水国民党军队防区。电影明星胡蝶，也是在东江抗日游击队的帮助下才逃出了虎口。东江游击队还帮助从日军集中营里逃跑出来的英国官员、英军官兵及外国侨民逃离香港，然后护送他们到大后方。先后被营救的英国、丹麦、印度、挪威等国友人，达 100 余人。这些被营救的国际友人，事后纷纷写信给东江游击队，衷心感谢游击队对他们的救护。获救脱险的英军赖特上校（抗战胜利后曾重返香港，任香港大学副校长），在他所撰写的《一九四二——一九四五年香港抗战期间英军服务团》一书中的第二章《逃向自由中国》中，回忆当时的情况时说："如果没有东江游击队的帮助，能否完全脱险是一个极大的疑问。"

由广东党组织及其领导的东江抗日游击队具体组织实施的这一规模宏大的抢救行动，营救出众多各界知名人士。这一行动的成功，不仅得到了中共中央的致电表扬，更赢得国内外各界人士的高度评价。文学大师茅盾在后来的回忆中，称赞这次重大救援行动是难以想象的仔细周密，"是抗战以来（简直可以说是有史以来）最伟大的'抢救'工作"。这场秘密大营救，保护了中华民族一批精英，对于后来中国共产党统一战线工作、革命文化工作以及爱国民主运动的开展，具有无可估量的意义。通过这次成功营救国际友人的行动，东江抗日游击队更是声誉鹊起，成为东江纵队与英国等盟国不断增进军事合作的卓有成效的开端。

□ 南委和粤北省委事件的应对

1938 年，抗日战争进入相持阶段后，日本对国民党的战略政策作出重要调整，实行"政治诱降为主、军事打击为辅"。国民党当局开始消极抗日、积极反共，不断掀起反共逆流。1941 年 1 月，国民党顽固派制造了震惊中外的皖南事变。1942 年 5、6 月，国民党顽固派在华南制造了"中共南委、粤北省委事件"。这是继皖南事变之后在华南地区制造的又一起严重的反共事件。

南委成立于1941年春，为中共中央南方局的派出机关，代表南方局领导中共江西省委、粤北省委、粤南省委、广西工委、湘南特委、闽西特委、闽南特委、潮梅特委和琼崖特委。南委机关原设在广东省大埔县境内。南委在广东曲江县设有交通站，在福建省平和县设有电台，负责联络中共中央南方局和南委下属各地党组织。

1941年7月，国民党特务机关"中统局"江西省调查统计室利用叛徒密捕了江西省委书记谢育才。随后，特务采取欺骗的手法，模仿谢育才的笔迹，诱捕了江西省委代理书记颜福华。颜被捕后不久叛变，江西省委电台遭到破坏，电台台长林云生及有关工作人员在中统特务和颜福华的挟裹下先后叛变，江西省委电台遂为国民党特务机关所掌控，对外严密封锁。南委虽有所警觉，但在大半年的时间内对此仍无法查证和识破。

1942年4月，南委向江西省委发出通知，要求派人到曲江与南委来人联系。随后，南委在被国民党特务所掌控的江西省委电台提供假情报所蒙蔽的情况下，派组织部部长郭潜前往曲江与江西省委来人接头。而就在此时，冒充江西省委来人的国民党特务已秘密前往曲江"接头"。4月29日深夜，假自首的谢育才从敌人的口中，预感到南委已危在旦夕，遂与一同被软禁的妻子王勘一起，趁看守人员的一时疏忽越窗逃跑。5月22日，谢育才、王勘夫妇到达南委交通站——福建省平和县。

南委在接到谢育才越狱报警后，及时给郭潜发出紧急撤退的电文，但郭潜没有及时翻译电文并及早撤退。5月26日，郭潜在街上活动时被叛徒孔昭新、罗卓明发现并跟踪。当郭潜在韶关花园酒家吃饭时，遭到特务们的围捕。郭潜被捕后经受不住国民党特务的威逼利诱立即叛变投敌，成为破坏南委及其下属组织的罪魁祸首。

郭潜被捕叛变后的当天晚上，便引领特务搜查南委曲江交通站，交通站负责人司徒丙鹤夫妇，交通员曾平、陈二叔被捕。次日凌晨，郭潜又带领特务在韶关市郊抓捕了粤北省委书记李大林及其妻子、弟妹、译电员、保姆等7人。这天早上，当敌人返回途经韶关五里亭车站时，正巧与刚从东江老隆回来的粤北省委组织部部长饶卫华相遇，饶卫华当场被捕。至此，粤北省委机关遭到彻底破坏。

5月30日，郭潜又向特务头子庄祖芳告密，供出廖承志在乐昌的住址。经过密谋，由郭潜写一字条，谎称上级指示要廖承志前往桂林安排从香港疏散回来的文化人士事宜，并约定接头地点。特务头子庄祖芳伪装成南委交通员，持郭潜的字条乘专车奔往乐昌。当晚，庄祖芳利用与廖承志接头的时机，将其秘密逮捕。6月5日，廖承志被押往江西省泰和监狱关押。

粤北省委机关被破坏后，敌人又把魔爪伸向南委，企图通过破坏和摧毁共产党在华南地区的领导机关和组织系统，从根本上消灭华南地区共产党。1942年6月初，在郭潜的怂恿和引领下，国民党武装特务乘专车前往大埔县破坏南委机关。

由于谢育才报警，南委有所警觉，在南委书记方方的指挥下，南委机关绝大多数人员提前按计划秘密撤退，只剩下联络站天成布店，由两个店员支撑门面，进一步掩护撤退。当敌人赶到大埔包围天成布店时，南委机关及电台已安全转移，敌人扑了空，妄图全面破坏南委的阴谋破产。但不幸的是，郭潜带领特务奔向大埔角路径高陂镇，正好与南委副书记张文彬、宣传部部长涂振农相遇，张、涂及随行人员被捕。敌人包围南委书记方方原住村庄时，被当地群众发现，群众鸣锣打鼓，高喊捉贼，敌人被迫折返高陂镇，连夜雇用拖船，将张文彬、涂振农等押解至松口，随后又将二人押送至江西省泰和县马家洲集中营，与廖承志关在同一监狱。涂振农在狱中叛变，成了可耻的叛徒。

方方在安排南委机关及所属党组织撤退后，即转移到梅县桃源，以商人身份隐蔽在地下党员家中，不久又转移到福建永定县农村继续隐蔽。9月21日深夜，方方被当地土匪绑架，后经党组织营救赎出，根据上级的指示，经潮汕前去延安。

1942年7月9日，中统特务又在叛徒郭潜的引领下前往广西桂林，制造了广西"七九"事件，导致中共广西省工委副书记苏蔓、省工委妇女部部长兼桂林市委书记罗文坤等29人被捕。广西省工委书记钱兴幸得房东掩护，脱险撤离。

此时，广东各地党组织十分危急。根据南方局和周恩来的指示，除沦陷区、敌占区外，国民党统治区的党组织一律停止活动。受破坏的党组织负责人及暴露的干部紧急疏散撤退，其他干部利用各种社会职业做掩护，实行"三勤"活动；切断一切上层的公开关系，断绝与已暴露党组织的一切往来。国统区暂停一切组织活动，何时恢复等待通知决定。在这期间，党在国统区的组织活动被迫停止，党员实行隐蔽埋伏，上下级不发生组织关系，不发指示，不开会，支部也暂时不开会，不收党费，党员之间互相不发生组织关系。指示下达后，各地党组织迅速传达贯彻。根据指示精神，国统区党的组织活动暂时停止，大多数党员坚持"隐蔽精干，长期埋伏，积蓄力量，以待时机"的方针，认真开展勤学、勤业、勤交友的"三勤"活动。由于南方各级党组织在应对突发事件时沉着镇定，措施有力，从而避免了遭受更大的损失。

在"中共南委、粤北省委事件"中，被捕的党员和领导干部，除郭潜、涂振农等少数人叛变投敌外，一部分人员经党组织营救出狱，还有一些党员和领导干部英勇斗争，为革命献出了宝贵的生命。南委副书记张文彬被捕后坚贞不屈、英勇斗争，1944年8月牺牲于江西泰和狱中，终年34岁。张文彬的护送人员丘鸿耀以及南委交通员杨保华等，为了保守党的秘密，受尽酷刑而牺牲。中共广西省工委副书记苏蔓、妇女部部长罗文坤、中共南委特别交通员张海萍等被捕后被软禁在住处，眼看一个又一个前来接头的同志遭到敌人的诱捕，他们采取集体自缢身亡的方式向党组织报警告急。廖承志经党组织多次营救，于抗战胜利后出狱，踏上新的革命征程。

1942年年底，南方局根据形势发展，指示广东党组织以尹林平、梁广、连贯组成临时省委。1943年1月，中共广东临时省委成立，以尹林平为书记，并决定在国统区各地恢复组织活动。1944年以后，各地党组织陆续恢复活动，党的各项工作得以重新开展，并有了新的发展。

□ 华南抗日纵队的壮大

抗日战争时期，广东党组织根据中共中央和南方局关于在敌占区开展游击战争的指示，领导广东人民开辟华南敌后战场。各抗日游击纵队在孤悬敌后的艰难条件下，坚决执行中共中央和南方局的正确路线、方针和政策，运用机动灵活的战略战术，与日、伪军展开浴血奋战，有力地牵制了日、伪军，建立了东江、琼崖、珠江、粤中、北江、南路、韩江等敌后根据地和游击区，使华南敌后战场成为中共领导的敌后三大战场之一。

广东党组织领导的广东敌后抗日游击战争，经历了从小到大、从弱变强、从沿海地带到遍及全省的艰难、曲折、复杂的斗争过程，共分为四个发展阶段。

第一阶段，从卢沟桥事变全面抗战爆发到广州等地沦陷。中共广东组织进行了抗日武装斗争的准备工作。1938年4月，随着日军南侵日迫，中共广东省委在广州召开扩大会议，着重讨论军事工作问题，决定成立军事委员会，并号召共产党员军事化，要求各级党组织努力建立民众抗日武装，共产党员必须积极参加武装工作。会后，中共广东省委请求中共中央派军事干部来广东加强军事工作。同年8月，根据中共中央和中共广东省委指示精神，省委组织部部长李大林、军委书记尹林平，在广州召开广州外围的人民武装工作会议，参加会议的有东莞、增城、南海、顺德、从化、花县、三水等县的党组织负责人，研究如何建立和掌握人民武装问题。会议决定中共各地党组织要利用各种合法形式，组织人民抗日武装，积极推动国民党举办自卫队的军事训练，中共组织要派党员参加军训工作，争取掌握民众的抗日武装，进行抗日武装斗争的准备工作。在此前后，全省抗日救亡运动进一步高涨，建立了广泛的抗日民族统一战线，举办了军事训练班，东莞、增城、中山、惠阳等县抗日自卫队、常备壮丁队等形式的人民抗日武装先后建立起来。同时，中共广东省委以军委书记尹林平和八路军驻广州办事处主任云广英的名义报告中共中央军委，拟定在日军入侵广东时，以博罗县罗浮山、桂山作为开展抗日游击战争的根据地，八路军参谋长叶剑英对此表示赞同并作了批示。这些准备工作为在广东开展敌后游击战争打下了基础。

第二阶段，从广州沦陷到太平洋战争爆发。中共广东省委开展了抗日武装和根据地的创建工作。1938年10月12日，日军4万余人在广东大亚湾登陆。国民党守军除少数部队作比较坚决的抵抗外，其他沿线防区一触即溃。10月21日，广州沦陷。接着，珠江三角洲、海南岛及潮汕等沿海地区相继沦陷。日军在大亚湾登陆第二天，中共中央即致电广东省委、八路军驻香港办事处：要在东江口敌占区后方开拓游击区。11月1日，中共中央再电示中共广东省委：广州沦陷后广东党组织必须在广州及其敌占区进行秘密工作；组织游击队，开展游击战争，并在游击战术和政治工作上帮助友军开展游击战争；在东江、海陆丰等地建立抗日根据地；利用国民党当局的命令到处组织自卫军，发展人民武装。中共广东省委根据中共中央的指示并针对华南地区的形势，确定广东地区党组织的基本方针和任务是：动员组织群众，开展敌后游击战争，加强统一战线工作，在长期的抗战中发展力量，使党逐步成为在华南地区最后战胜日军的决定因素；提出各级党的组织应学习领导战争、全党学习军事、党员军事化的口号。并具体明确"在重心工作区域上除琼岛外，以东江为第一重要区，中区、南路次之"。早在沦陷前夕，10月18日，中共广东省委为了应对广州沦陷后的形势，在广州召开紧急会议，布置日军入侵后的工作，决定广东省委机关迁往韶关；为了加强全省抗日武装斗争的领导，决定成立中共南委特委、中共东江特委、中共西南特委（后改为中区特委），各常委分赴各地分片领导。会后，李大林到西江，尹林平到东江，梁广到香港，加强全省抗日武装斗争的领导。省委带领人民奋起反抗，在各地建立抗日游击队和根据地。

其一，通过三种形式建立抗日武装。在海南岛，中共与国民党当局谈判成功，把冯白驹领导的红军改编为抗日独立队；在东江地区，中共以国民党的名义新建立曾生、工作尧领导的两支游击队；在珠江三角洲，中共派林锵云等将吴勤建立的"广州市区游击第二游击支队"（简称"广游二支队"），改造成为人民抗日武装；在潮汕地区，成立了潮汕青年抗日游击大队；在南路地区，成立灵山青年抗日游击队和南路游击队第三司令部等抗日武装。

其二，坚持敌后游击战争，创建抗日根据地。上述数支人民抗日武装建立后，广泛开展敌后游击战争，不断抗击日、伪军，不仅得到广大群众的积极支持拥护，而且得到港澳同胞和海外华侨在财力物力人力上的大力支持。中共中央、南方局对广东这数支人民抗日武装十分重视和关怀，先后派梁鸿钧、李振亚、庄田、谢立全、谢斌、覃威等一批红军干部到广东加强军事领导。周恩来在南方局会议上，严肃地批驳了在敌后独立开展游击战争会"影响统一战线"的谬论，肯定了广东敌后游击战争的方针和做法。中共中央、南方局还对广东人民抗日武装在敌后进行持久抗战的战略方针、游击战争、游击战术、军队建设、根据地建设和军事统战等重大问题，作了一系列明确的指示。在中共中央、南方局的关怀领导下，广东人民抗日武装不断发展壮大。到1941年，东江游击队发展到1000余人，取得了东莞百花洞等抗日战斗的胜利；琼崖独立总队发展到4000余人，建立了琼文等根据地，成立了琼崖东北区人民政府；珠江游击队建立了顺德西海和中山五桂山抗日游击根据地。

其三，开展自卫反顽斗争，总结反顽斗争经验。日军占领武汉之后，抗日战争进入相持阶段。在日本军国主义的政治诱降下，国民党顽固派掀起第一次反共高潮，并迅速波及广东。国民政府军事委员会政治部部长陈诚在韶关发表反共演说，大造反共舆论，并且对广东的反共作了动员和部署。国民党顽军妄图消灭广东人民抗日武装。1940年3月，国民党顽军阴谋进攻东江曾生、王作尧两支游击队。曾、王两部"东移"海陆丰及其边界高潭地区，遭受严重挫折，两部由700多人减员至100多人。5月8日，中共中央电示曾、王两部应回到东惠宝地区，大胆坚持抗战，也不怕打摩擦仗。中共中央的及时指示，对指导东江地区的抗日斗争具有重要意义。遵照这一指示，曾、王两部重返惠（阳）东（莞）宝（安）敌后前线，开拓了新区。同年11月，海南美合抗日根据地也遭顽军围攻。琼崖独立总队英勇反击后撤离美合，东返琼文根据地。东江、琼崖两支游击队认真总结反顽斗争的经验教训，确立了独立自主、坚持敌后游击战争的方针。琼崖独立总队不怕打摩擦仗，实行自卫反击，1941年先后取得了罗蓬坡、斗门、大水村等反顽战斗的胜利。

第三阶段，从太平洋战争爆发到豫湘桂战役之前。中共广东组织在艰苦条件下坚持与发展了敌后游击战争和抗日根据地。1941年12月8日，日军偷袭珍珠港，发动了太平洋战争，25日占领了香港。为把华南变成太平洋战争的后方基地，日、伪军勾结顽军，对中共领导的抗日根据地和游击队实行疯狂的"扫荡"和"蚕食"，广东敌后游击战争进入了极端困难时期。为此，广东党组织着重进行了以下几项工作：

其一，成立东江军政委员会和省临委。1942年1月下旬，南委副书记张文彬到东江视察广东人民抗日游击队，并在宝安县白石龙村主持召开一系列会议。会议总结广东人民抗日游击队三年来开展敌后游击战争和反顽斗争的经验教训，对当前抗战形势、任务、方针、政策，游击战争的战略战术，以及部队军政建设等问题，进行了认真的讨论，对进一步开展敌后游击战争和加强部队建设，作出了一系列重要决定。会议认为：在中共中央、南方局和广东省委的领导下，广东人民抗日游击队三年来紧密依靠和发动群众，经过艰苦斗争，已经成长起来，从"东移"返回敌后的100余人发展到1500余人，建立了惠东宝抗日根据地，控制了东江下游和广州外围的广大地区。广东人民抗日游击队的发展和壮大，大大鼓舞了东江地区人民抗战胜利的信心，打击了日伪和国民党顽固派，在国际上也产生了良好的影响。会议号召全军顽强坚持抗战，战胜困难，去争取胜利。接着，成立了东江军政委员会，统一领导东江地区的党、政、军工作，尹林平任军政委员会主任，梁鸿钧、曾生、王作尧、杨康华、林锵云、罗范群等为委员。会议还决定成立广东人民抗日游击队总队，总队长梁鸿钧（不久改为曾生），政治委员尹林平。部队经过整编，建立和健全各种制度，各项工作逐步走向正轨，为后来成立东江纵队、公开宣布由中国共产党领导奠定了基础。12月底，中共中央南方局和周恩来给尹林平发来电文，指出："你们任何时候都要准备好，对付顽军及日寇方面可能进攻的形势"，并决定成立中共广东省临时委员会，由尹林平任书记，连贯、梁广为委员。东江军政委和省临委领导机关设在游击区，有要事即联系开会研究，作出重大部署和决策，加强和统一了广东党政军的领导。在其领导下，各根据地军民积极开展反"扫荡"、反"蚕食"、反摩擦的斗争，粉碎了日、伪、顽军的夹攻，在艰苦斗争中，坚持与发展了敌后抗日根据地，部队也得到了迅速发展。

其二，采取坚持老区、发展新区的正确方针。东江游击队在日、伪、顽军的进攻下，采取积极防御的方针，坚守老区并深入敌后，开辟港九、大亚湾、增（城）博（罗）地区。1943 年 11 月，粉碎了日军对惠东宝根据地发动的万人"扫荡"，部队也有了较大发展。12 月初，正式成立东江纵队，由曾生任司令员，尹林平任政治委员，王作尧任副司令兼参谋长，杨康华任政治部主任。琼崖独立总队采取"坚持内线，挺出外线"的方针，向琼东南、琼西南发展，粉碎了日军 10000 人、伪军 5000 人的"扫荡""蚕食"，部队也得到发展壮大。1944 年秋，改称琼崖独立纵队，由冯白驹任司令员兼政治委员，庄田任副司令员，李振亚任参谋长，王白伦任政治部主任。同时，建立了东、西、南三个军政委员会，8 个县的抗日民主政权。珠江部队采取"发展中山，经营番禺"的方针，跳出顺德西海狭小地区，向中山、禺南、南三等地发展，取得了顺德"西海大捷"的胜利，粉碎了日、伪军 9000 余人对中山五桂山根据地"十路围攻"，部队发展到 2700 余人。1944 年 10 月，成立中区纵队。

其三，坚持自卫立场，再次击退顽军进攻。这一时期，国民党广东当局掀起一阵阵反共逆流，除破坏中共粤北省委和南委外，还调兵大举进攻广东人民抗日游击根据地。1942 年，周恩来致电东江军政委员会和东江游击队指出，国民党顽固派对我势在必打，志在消灭，要以积极行动同顽固派展开针锋相对的斗争，我军坚持自卫立场，坚决反击顽军的猖狂进攻。东江游击队粉碎了顽军一八七师师长张光琼扬言 3 个月内消灭东江游击队的阴谋，坚持和发展了东江敌后根据地。琼崖独立总队从 1942 年 9 月至 1943 年 12 月，共打退顽军 40 多次进攻，取得反顽斗争的胜利。

第四阶段，从豫湘桂战役到抗战胜利。中共广东组织在全省范围内发动和开展敌后游击战争。1944 年 4 月，日本帝国主义为了挽救其在太平洋战场上的失利，援救它侵入南洋的孤军，并摧毁美军在华东、华南的空军基地，发动了打通大陆交通线的战役。在日军进攻面前，国民党战场丧师失地，出现大溃败的局面。同年 5 月，日军继打通平汉线后，发动了打通湘桂和粤汉线的作战。驻广东的日军分三路沿西江、中区、南路入桂作战。1945 年 1 月，日军占领韶关，打通粤汉线，广东处于全面沦陷状态。

根据形势的发展，中共中央作出了巩固华北、华中、发展华南的战略部署，指示东江纵队不可以东江为中心，必须向北发展，琼崖独立纵队力争占领全岛，并与南路打通联系。同时，指示王震、王首道带领八路军三五九旅南下支队挺进华南，会合华南各抗日部队开辟以湘粤赣边为中心的五岭抗日根据地。

据此，1944 年 8 月，中共广东省临委和东江军政委员会召开土洋会议，作出大力发展抗日武装，组织部队北上、东进和西进，在全省范围内发动和开展敌后游击战争的决定，并指示各部队坚决执行挺进和发展敌后的战略任务。东江纵队先派一部挺进北江，建立根据地。接着，又派林锵云、王作尧、杨康华率领一部分部队挺进粤北，迎接王震部队南下，另一部东进海陆丰等地。琼崖独立纵队挺进白沙，建立以五指山为中心的根据地，抗日民主政权遍及全岛 16 个县。中区纵队主力挺进粤中。1945 年 1 月，以挺进粤中部队为基础，公开宣布成立广东人民抗日解放军，梁鸿钧任司令员，罗范群任政治委员，谢立全任参谋长，刘田夫任政治部主任。同月，留在珠江三角洲的部队，公开宣布成立广东人民抗日游击队珠江纵队，由林锵云任司令员，梁嘉任政治委员，谢斌任副司令员，周伯明任参谋长，刘向东任政治部主任。其主力不久也挺进西江，向湘桂边发展。在南路，中共南路特委按照南方局有关大力发展敌后游击战争的指示，发动南路各地举行抗日武装起义。1945 年 1 月，南路人民抗日游击队改称南路人民抗日解放军，由周楠任司令员兼政治委员，李筱峰任参谋长，温焯华任政治部主任。在潮汕地区，1945 年 6 月下旬，潮汕人民抗日游击队奉命正式宣布成立广东人民抗日游击队韩江纵队，由林美南任司令员兼政治委员，谢育才任军事顾问。在梅埔地区，1945 年 2 月，正式宣布成立抗日游击队韩江纵队，由李碧山任负责人。

从 1943 年 12 月至 1945 年 6 月，广东地区抗日游击队先后组建了 7 个纵队。朱德总司令在党的七大上作《论解放区战场》报告中，把广东的抗日游击队统称为华南抗日纵队。朱德总司令说："八年来，我伟大的中国人民军队——八路军、新四军、华南抗日纵队，和敌人进行了空前英勇的、残酷的、可歌可泣的胜利战争，成为中国抗战的中流砥柱"，"八路军、新四军、华南抗日纵队等愈战愈强，收复了许多失地，渡过最严重的难关，现在转到了新发展与扩大的阶段。"

□ 八路军驻香港办事处的建立

八路军驻香港办事处（简称香港"八办"）是抗战时期党在香港的核心领导机构，1938年1月初设立，1942年2月因香港沦陷而结束工作。其间广泛开展宣传联络工作，积极发展华南抗日力量，周密组织省港大营救活动，出色完成了党中央赋予的各项任务，为巩固发展抗日民族统一战线，奠定粤港地区持久抗战武装基础，保护在港文化民主人士，推动抗日战争取得全面胜利作出了重要贡献。

卢沟桥事变后，尽管中华民族团结抗战的决心和意志空前高涨，但由于国民党当局推行片面抗战路线和消极防御的作战方针，至1937年12月，北平、天津、上海、南京相继失守，沿海诸港口或沦陷或遭封锁，香港成为中国对外交往的主要渠道和联络海外华侨华人的重要枢纽。当时，港英当局对日本的侵华行径态度暧昧，香港成为国内外各种势力角逐的特殊战场。经慎重考虑，党中央决定在香港建立八路军办事处，利用香港的特殊国际地位开展抗日救亡工作。

在此之前，中共已经派出的其他地区八路军办事处负责人，都是党内的资深重要人士，如博古、林伯渠、董必武、谢觉哉、陈云、陈潭秋、李克农等。对于香港"八办"负责人的人选，中央政治局在延安的窑洞里进行了深入讨论，最后决定选派廖承志前往香港开展工作。廖承志的父亲廖仲恺、母亲何香凝都是国民党著名元老，在国内各界和海外华侨中享有很高的威望。廖承志本人精通多国语言，海外联系广，社交能力强，由他负责香港方面工作有许多优越条件。

1937年12月18日，时任中共中央代表的周恩来在武汉面晤英国驻华大使阿奇博尔德·克拉克·卡尔，提出在香港设立八路军办事处等事宜。经卡尔协调，得到港英当局应允，但要求香港"八办"不得公开挂牌，以保持英国的中立国地位。1938年1月初，经先期抵港的廖承志、潘汉年、连贯等人周密筹建，香港"八办"在香港皇后大道中18号设立，对外称粤华公司，以经营茶叶生意为掩护，搜集国际局势信息，宣传党的抗战主张，恢复整合香港等地党组织，领导发展抗日武装力量，接收并转运港澳同胞、海外侨胞及国际友人捐赠的抗战物资。廖承志为办事处主要负责人，潘汉年参与领导，连贯负责处理日常事务，李默农、张唯一、乔冠华、罗理实等20多人先后以各种合法身份和社会关系为掩护在办事处工作。

香港"八办"成立后，即依据《中国共产党抗日救国十大纲领》和中共中央决策部署，以香港为阵地，顺应香港人民和海外华侨的抗日救亡热潮，扩大国际宣传，加强对民主人士、港澳著名人士、爱国华侨领袖及国际友人的统战工作，建立各方面的统战组织。

1938年6月，在香港"八办"的筹划与协助下，宋庆龄发起的保卫中国同盟在港成立。同盟成员中有许多中外知名人士，比如国民党的孙科、冯玉祥，印度革命领袖贾·尼赫鲁，美国著名歌唱家保罗·罗伯逊，英国名人克莱·布思，德国作家托马斯·曼等人，廖承志担任执行委员兼秘书长。

为了团结更多在港文化界、出版界、新闻界人士，香港"八办"通过这些领域的中共党员广交朋友，共同组建抗日文化新闻团体，创办抗日报刊，开办进步书店，编演进步戏剧、电影。仅1938—1939年，就在香港新建中华全国文艺界协会香港分会等6个进步文化团体，新办《文艺阵地》等10多种进步刊物，还组织力量翻印出版了毛泽东的《实践论》《矛盾论》《论持久战》等著作，并在国内外宣传发行。

此外，香港"八办"还与著名爱国侨领陈嘉庚、司徒美堂等建立良好关系，通过卓有成效的统战工作不断增进国际友人和海外华侨对中国共产党的了解与支持，促进港澳同胞和海外侨胞爱国救亡运动的发展。据不完全统计，在其成立后的两年半时间里，就收到海外华侨汇款220万元及大量抗战物资。大批华侨和港澳青年舍弃安逸生活，涉险来到香港"八办"登记报名，经香港转至延安学习或直接奔赴前线参加抗战。1938—1939年，经香港"八办"介绍转运去敌后抗日根据地的港澳同胞及海外华侨青年和专业技术人员就达600余人。

为了确保护送人员和转运物资的任务顺利完成，香港"八办"和内地"八办"密切协同，严密组织，开辟了抗战期间"香港—延安"的千里交通线。以1939年5月一次抗战物资转运为例，当时香港"八办"通过统战渠道采购了大批汽油、机油和 5 辆道奇牌卡车存放于越南海防，为及时将这批物资转运至抗战前线，由桂林、贵阳"八办"抽调的押车副官及 20 多名司机采取分程接运的办法，先将这批物资从越南运到广西凭祥，然后经桂林、贵阳、重庆、西安等"八办"的通力合作，最终成功运抵延安。香港"八办"卓有成效的统战工作有力地增进了民族情感，凝聚了民族力量；港澳同胞和海外华侨人员捐献的物资千里转运支援抗战，极大地彰显了四海一家、同气连枝的民族根脉。

根据中共中央指示，香港"八办"高度重视抗日武装力量建设工作，积极领导协助中共粤港地方组织建立和发展华南人民抗日武装，先后建立东江、珠江、琼崖多个抗日根据地，这些抗日武装成为香港沦陷后持久抗战、保卫粤港人民的坚强力量，为粤港地区抗战作出了杰出贡献。东江、珠江、琼崖地区人民抗日游击队在建立初期，面临物资缺乏等诸多困难，特别是缺少经验丰富的党员骨干。廖承志多次致电中共中央，请求延安派遣有作战经验的粤籍干部予以支援。中共中央结合实际先后派庄田、梁鸿钧、谢立全等军政干部分别到上述地区游击队担任领导，加强部队军政训练，提高作战指挥水平，有力地促进了粤港地区游击战争的发展。同时，香港"八办"还积极协调保卫中国同盟，动员捐款捐物，缓解游击队物资匮乏的困境。

香港"八办"还会同粤港地区党组织，积极引领爱国青年和专业技术人员组建回乡服务团，支持华南地区人民抗日游击战争。在东江、珠江、中区、西江、琼崖、南路等地开展抗日救亡工作的港澳同胞、海外华侨回乡服务团最多时达 30 个，其中最为有名的是东江华侨回乡服务团。1939 年 1 月，在香港"八办"及中共香港地方组织的支持和鼓励下，由南洋惠侨救乡会与香港惠阳青年会、余闲乐社、海陆丰同乡会等爱国团体发起组织的东江华侨回乡服务团在惠阳县淡水圩成立，共有团员 500 多人，在东江地区 14 个县市开展抗日活动。这些回乡服务团深入城乡、发动群众，建立民众自卫武装，有力地支持配合了粤港地区敌后游击战的开展。

1941 年 12 月 25 日，港英总督杨慕琦向日军投降。侵华日军占领香港后，立即封锁海上和港内交通，实行戒严，劫掠财物，搜捕抗日人士，150 万名香港同胞陷于日军刺刀铁骑蹂躏之下，被困在港的爱国文化人士、民主人士的处境更为险恶。中共中央对这一情况极为关注，自日军侵略香港开始，周恩来就连续多次致电廖承志，指示他迅速将滞留香港的文化人士和民主人士抢救出来并转移至安全地区。1942 年 1 月，经过严密筹划和周密准备，香港"八办"协同粤港地方党组织、东江地区抗日游击队展开爱国人士营救工作。香港"八办"抽调干部骨干分批带领爱国人士闯过日军哨卡和海上封锁，通过敌伪顽区的盘查和土匪的拦截，克服重重困难，成功脱离香港险境。在营救出港的 800 余人中，不仅有著名文化人士和民主人士，如何香凝、柳亚子、邹韬奋、茅盾、夏衍、沙千里、胡绳、梁漱溟等 300 多人，还包括被日军关押在集中营的英军官兵和英、印、荷、比等国侨民近百名，以及国民党驻港代表海军少将陈策，国民党高级官员余汉谋、吴铁城等人的多位家属。大营救极大地增强了文化人士和民主人士对中国共产党的信任与信心，为人民民主统一战线的建立奠定了基础。

第五章

为广东的解放而斗争

历 史 概 说

抗战胜利后，广东党组织遵照中共中央关于争取和平民主和准备革命战争的方针，一方面，与国民党广东当局谈判，争取实现和平；另一方面，把武装部队分散到各地，继续对付国民党当局的军事"围剿"。东江纵队按照中央的部署，经过谈判斗争，往北撤到山东；而方方、尹林平等领导干部则留下，继续领导广东的革命斗争。

1946年6月全面内战爆发后，为了适应新的斗争形势，中央陆续派章汉夫、夏衍、许涤新、乔冠华等人到香港，利用香港的特殊环境，加强宣传、文化、统战等工作。1947年，中央决定成立香港分局，这是中共中央的派出机构，作为华南党组织的领导机构，管辖广东、广西全省和福建、江西、湖南、云南、贵州等省部分地区的党组织。在香港分局之下，设立了半公开的粤港工委、从事秘密工作的城市工委和领导地方武装斗争的各地区党委，使党组织的工作分线进行，使公开工作与秘密工作、城市工作与农村工作、政治斗争与武装斗争既区别开来又互相配合。党组织以香港为基地，充分利用香港的特殊地位和有利条件，开展统战、文化、经济和联络海外华侨等各项工作，领导各地的革命斗争。当时的香港成了华南地区革命斗争的指挥中心。

根据中央1946年11月关于华南地区恢复和发展武装斗争的指示，广东区党委、香港分局（1949年4月改称"华南分局"）决定恢复广东武装斗争，部署建立边界游击根据地。各地迅速恢复和开展武装斗争，先后粉碎了国民党军队的多次"清剿"，开辟了以广东为中心，深入桂、滇，绵延至闽、赣、湘、黔等省边界的七大块游击根据地；成立了琼崖纵队、粤赣湘边纵队、闽粤赣边纵队、桂滇黔边纵队、粤中纵队、粤桂边纵队和粤桂湘边纵队，仅广东武装部队人数就发展到8万多人。党的组织得到了发展，先后建立了琼崖区党委、粤赣湘边

区党委、闽粤赣边区党委、滇桂黔边区党委、粤桂边区党委、粤中临
时区党委、粤桂湘边工委和广西的党组织；仅广东境内，就建立了 24
个地委、近百个县委，党员人数发展到 3 万多人。统一战线工作卓有
成效，建立了有民主党派、民主人士、海外华侨和港澳同胞广泛参加
的反美反蒋统一战线，发展壮大了人民的革命力量。广东党组织还遵
照中共中央的指示从香港秘密护送了几百名著名民主人士和其他人员
北上，参加新的政治协商会议和解放区的工作，有力配合了全国解放
战争，加速了新民主主义革命的胜利。

广东党组织为广东乃至华南的解放，创造了有利条件，奠定了胜
利基础。1949 年 10 月至 1950 年 8 月，在广东地方党组织、人民武装
和人民群众的有力配合下，人民解放军南下大军发起了广东战役、粤
桂边战役、海南岛战役和万山群岛战役等。1949 年 10 月 14 日，广州
解放；1950 年 4 月，海南解放，广东全境回到了人民手中。

要 事 本 末

□ 东纵北撤的完成

1945 年 8 月 29 日至 10 月 10 日，中国共产党与国民党当局在重庆进行谈判，签署《政府与中共代表会谈纪要》（即"双十协定"），中共代表同意把广东、浙江、苏南、皖南、皖中、湖南、湖北、河南（豫北不在内）等八个解放区的部队撤退到苏北、皖北及陇海路以北地区。为此，东江纵队等广东人民武装按"双十协定"的要求准备北撤。

1946 年 1 月 10 日，中共代表与国民党当局代表正式签订停战协定，双方同时下达于 1 月 13 日午夜生效的停战令。为了监督停战协定的贯彻执行，由重庆军事三人会议派出代表（中共代表为叶剑英），在北平组成军事调处执行部（简称"军调部"），调处随时可能发生的军事冲突。为了制止广东的内战，履行广东人民武装北撤的承诺，中共中央于 1946 年年初任命原拟回南方负责党的工作的方方，担任北平军事调处执行部第八小组中共首席代表，前往广州与国民党当局进行谈判。党组织还先后派曾生（东江纵队司令员）、尹林平（东江纵队政委）、庄田（琼崖独立纵队副司令员）以华南人民武装代表的身份参加谈判，以解决部队北撤的问题。谈判期间，由梁广主持广东区委工作。后梁广负责城市工作，由黄松坚接任广东区党委副书记，主持区党委工作。

1 月 25 日，军调部第八小组中共代表方方、美方代表米勒、国民党代表黄伟勤等人抵达广州，执行调处和谈判任务。国民党广东当局对第八小组的到来，采取不合作和阻挠的态度。1 月 26 日，广州行营发言人发表谈话，称"粤桂两省一区，除发现零星土匪散兵抢劫外，

从未发现中共部队"，表示对第八小组的到来"甚感惊诧"。① 2 月 5
日，广州行营主任张发奎举行记者招待会，说"从未奉到辖区有中共
部队番号、驻地及驻军数目之通知，各方亦无此种情报"；在广东只
有"专事扰乱治安者，仅属地方零星土匪"，"不能承认其为军队"。
并说广东只有"剿匪"问题，不存在执行停战令问题。国民党东江当
局还密电其部属，谓"查委座停战命令其执行范围，仅限于长江以北
之地区，本辖区为维持地方治安清剿土匪，仍应继续加紧实施，依限
肃清为要"②。他们不但拒绝军调部的调处，而且加紧调集大批部队猛
烈进攻中共领导的武装。仅进攻惠东宝解放区的军队就达 7 个师之众，
其中包括全部美械装备的新一军。国民党军队企图迅速占领该区，消
灭中共武装，以证实他们所宣扬的"东江无中共军队"的谎言。

为了挫败国民党当局的阴谋，在第八小组到达广州后举行的第一
次预备会议上，方方严正驳斥国民党否认广东有中共部队的谎言，并
立即致电北平军调部，请求制止国民党军队对中共部队的军事进攻，
同时向国民党广东当局提出强烈抗议。方方等人还摆脱国民党特务的
监视和阻挠，通过各种渠道与中共广东区党委取得联系。广东区党委
负责人连贯、饶彰风派黄秋耘担任广东党组织同方方联系的联络员。
黄秋耘以中学英语教师的身份为掩护，在民主人士李章达的帮助下，
较好地完成了联络任务。广东区党委坚决贯彻"双十协定"的精神，
既组织部队做好北撤的各项准备工作，又组织和指挥部队坚持自卫斗
争，反击国民党的军事进攻。

党组织还运用社会舆论，对国民党广东当局进行针锋相对的斗
争。2 月 13 日和 15 日，延安《解放日报》和重庆《新华日报》先后
发表《华南抗日游击队的功绩》一文，以大量的事实，驳斥国民党所
谓广东没有中共部队只有"土匪"的言论。2 月 15 日，中共广东区党
委致电张发奎，抗议国民党军队继续内战。2 月 16 日，中共中央发言

---

① 《张发奎还在否认粤境有中共部队》，《华商报》（1946 年 2 月 12 日），载于
《东江纵队北撤斗争纪实》，中共广东省委党史研究室 1996 年印，第 327 页。

② 《粤当局公然违反停战令，大举进攻东江解放区》，《东江纵队北撤斗争纪实》，
中共广东省委党史研究室 1996 年印，第 327 页。

人通过新华社发表评论，强烈谴责国民党广东当局的内战罪行，要求重庆军事三人会议和北平军事调处执行部迅速采取措施，使停战令在广东迅速实现，以保障国内和平。2 月 19 日，中共广东区党委发言人在《华商报》发表谈话，详列东江纵队的抗日战绩，吁请社会各界速组考察团实地调查，督促国民党广东当局立即停止进攻解放区，实现全面和平。① 中国人民解放军总部发言人也为此发表声明。3 月 9 日，为打破谈判僵局，根据中共中央指示，广东区党委书记、东江纵队政委尹林平飞抵重庆，于 3 月 11 日举行中外记者招待会，揭露国民党反动派妄图消灭华南抗日游击队的阴谋，详细介绍华南游击队在抗战中的功绩。② 3 月 18 日，中共代表团团长周恩来又在重庆再次举行中外记者招待会，首先让尹林平发言，揭露国民党在广东挑起内战的阴谋；随后周恩来代表中国共产党号召全国人民、盟邦朋友、各党派朋友一道维护并监督"双十协定"和政协协议的全部实现。

3 月 22 日，中国民主同盟港九支部在香港召开成立大会，并通电全国呼吁制止内战，要求国民党军队立即停止对东江解放区的进攻。在香港的何香凝、蔡廷锴、李章达等人先后发表声明，呼吁和平，要求张发奎"立即停止进攻东江爱国的中共军队"。被东江纵队营救过的英美人士，也发表公开谈话，称赞东江纵队是一支英雄的部队，表示坚决给予支持。

经过一系列的斗争，国民党广东当局终于承认广东有中共武装的存在。③ 3 月底，重庆军事三人会议派出三人小组（中共代表为廖承志），到广州会同第八小组解决中共武装北撤问题，于 4 月 2 日签订了关于东纵北撤问题联合会议决议，包括三项原则、十项决议和一个附则。主要内容有：第一，承认华南有中共领导的抗日武装力量；第二，北撤 2400 人，从调查之日起至登船之日止，以一个月为限；第三，从

---

① 《中共广东区委会发言人发表重要谈话》（1946 年 2 月），《华南党组织档案选编》，广东省档案馆 1982 年印，第 23 页。

② 《东江纵队政委林平在渝发表谈话》，《东江纵队北撤斗争纪实》，中共广东省委党史研究室 1996 年印，第 345 页。

③ 《广东共军终获承认》，《正报》（1946 年 4 月 3 日），载于《华南党组织档案选编》，广东省档案馆 1982 年印，第 29 页。

大鹏湾登船，撤退到陇海路以北，撤退船只由美国负责。① 当时，广东境内的人民武装有 1 万多人（琼崖未计入），而北撤人数仅限 2400人，大部分人不得不留下来。人民武装遍布全省数十县，方圆达 1000多平方公里，而交通和通信设备落后，要求在一个月内集中北撤，困难很多。虽然有这些不利的因素，但共产党人从和平大局出发，忠实履行协议，以最大的努力，克服各种困难。其中，粤中党组织领导的地下航线的前进渡船，想方设法完成运送粤中部队负责人的任务，使他们能够如期集中，参加北撤。5 月 21 日，北撤达成最后协议。5 月23 日，第八小组在广州举行记者招待会，发表最后的协议公报。② 中共方面还举行答谢宴会，款待各民主党派、进步舆论界朋友和有关人士。方方在讲话中指出："和平不能乞求，邪恶未除，斗争不止！"

北撤协议签订之后，国民党广东当局对中共部队集中的安全问题不作具体保证，又不下停战令，企图拖延时间，以消灭中共部队。当时，北撤部队从江南、江北和粤北分三路向集结地点大鹏半岛集中。国民党广东当局在沿途调集重兵，挑起事端，伺机发动进攻。5 月底，国民党军队袭击东纵驻增江河畔沙塘圩的部队，打死东纵战士 8 名，抓捕 7 名，制造了严重的流血事件。东纵粤北部队在南下集结途中，遭到国民党军第一三一师和第一五三师的围追堵截，国民党特务还企图行刺东纵指挥员，被当场捕获。东纵东进指挥部在惠阳也遭到国民党军一个营的进攻，被迫起而反击，全歼敌军。

正当北撤部队冲破重重障碍抵达大鹏半岛时，美方突然告知运兵舰只因故可能迟到。国民党当局即策划新的阴谋，密令广州行营参谋处绘制进攻北撤部队的路线示意图，企图将北撤部队"聚而歼之，一网打尽"。集中在大鹏湾的北撤部队，处于十分危急的境地。在此千钧一发之际，在广州行营工作的中共秘密特支成员杨应彬看到这一密令，立即告知同在行营工作的秘密党员左洪涛。左洪涛紧急找到民主

---

① 《东江纵队北撤斗争大事记》，《东江纵队北撤斗争纪实》，中共广东省委党史研究室 1996 年印，第 288 页。

② 《东江共军北撤问题解决，军调第八小组发表两公报》，《东江纵队北撤斗争纪实》，中共广东省委党史研究室 1996 年印，第 366 页。

人士萨空了，请他赶赴香港，向尹林平报告。① 中共广东区党委得到这一特急情报，即作出决定：向周恩来、叶剑英报告；由方方向国民党方面提出抗议，并知会美方代表米勒，制止国民党的倒行逆施；动员香港进步报刊，揭露国民党的阴谋。曾生等人在北撤部队中作紧急动员，迅速作好突围、应变的准备。由于及时察觉了国民党广东当局的阴谋，措施得当，中共广东区党委终于挫败了反动派消灭东纵北撤部队的图谋。

1946年6月30日，东江纵队北撤部队启航。在北撤部队中，成立了北撤军政委员会，书记曾生，委员王作尧、林锵云、杨康华、罗范群、刘田夫、谢斌、谢立全。北撤部队在大鹏湾沙鱼涌登上3艘美国兵舰，启程北撤。东江纵队北撤部队共2583人，其中包括珠江纵队89人、韩江纵队47人、南路部队23人、粤中部队105人、桂东南游击队1人。7月5日，东纵北撤部队安全抵达山东烟台解放区。

东江纵队胜利北撤，具有重要的意义，充分体现了中国共产党争取和平的诚意。广东人民武装的北撤，是中共坚定执行"双十协定"、顾全大局的实际行动。毛泽东曾说，"在这一点上我们采取让步，就有利于击破国民党的内战阴谋，取得国内外广大中间分子的同情"②。东纵北撤赢得了全国人民的信任，扩大了党的政治影响。同时，东纵北撤贯彻执行了中共中央关于"向北发展、向南防御"的战略方针。方方后来在总结东纵北撤的经验时说：当时要做一大生意（控制东北），就要牺牲小的生意。撤退是为了保存干部，照顾东北。③ 可见南方的撤退，有利于党在全国的革命斗争，便于收缩战线，集中兵力，控制东北，巩固长江以北的阵地；并避免南方分散孤立的人民武装被各个击破。

① 杨应彬：《六十年的战斗经历》（上），《广东党史资料》第28辑，广东人民出版社1996年版，第57页。
② 《关于重庆谈判》，《毛泽东选集》第4卷，人民出版社1991年版，第1160页。
③ 《方方1948年在整风学习会上的发言》（未刊稿），存中共广东省委党史研究室。

阅读链接

潜伏敌营的中共特别支部

有一个中共特别支部在敌营潜伏 10 年，他们以战地服务队作掩护，与张发奎部队中的顽固分子斗智斗勇，收集了大量秘密情报，出色地完成了党组织交给的任务，为革命事业作出了特殊的贡献。

1937 年 8 月，全民族抗日战争爆发后，担任国民党第八集团军总司令的张发奎请求刚从日本回国的老友郭沫若襄助，在第八集团军组建一个战地服务队。郭沫若会同周恩来、潘汉年、刘晓等人很快就召集了左洪涛、杜国庠等 34 人，组建了战地服务团（后改名战地服务队）。为了在思想上、政治上保持党的领导，周恩来根据时局的需要和可能，要求在战地服务队建立一个秘密的战斗堡垒——中共特别支部。1937 年 10 月 12 日，在周恩来、博古、潘汉年等的直接关怀下，战地服务队 10 名共产党员成立中共第八集团军战地服务队特别支部（简称"特支"），直属中共中央长江局领导。周恩来指定富有地下战斗经验的左洪涛担任特支书记。何家槐、刘田夫、孙慎为支委。1938 年 5 月特支到武汉后，周恩来对左洪涛等人明确指出："既然要坚持在国民党统治区工作，就有必要取得合法身份来掩护自己。"1938 年夏天，周恩来在长江局召开的支部大会上对特支成员作出指示："张发奎司令部是个战略据点，撤出来容易，要进去就难了。你们要坚持下去。"1939 年元旦，张发奎率部开抵广东韶关，改任第四战区司令长官。由于国民党顽固派从中破坏，战地服务队撤销。左洪涛由于出色的才能被张发奎委任为机要秘书。他利用这一有利条件，将战地服务队成员安插到第四战区司令长官部各部门，使特支在张发奎部队得以继续开展工作。

在特支的不懈引导和争取下，张发奎坚持团结抗战的信心日趋坚定，他亲自率部顽强地抵抗日寇，取得了很大的战绩，也为建立民族统一战线，作出了贡献。1938 年 12 月 29 日，汪精卫在越南河内发表"艳电"，公然打出了乞降的旗帜。张发奎立即召见左洪涛，指示左洪涛以长官部的名义，会同有关方面组织、发动群众，举行声势浩大的火炬游行，声讨汪精卫的罪行。1940 年 3 月 30 日，汪精卫任南京伪国民政府代理主席，并恬不知耻地发表《还都宣言》。张发奎义愤填膺，大骂汪精卫是卖国贼、汉奸，并让左洪涛、何家槐撰写了一篇声讨汪精卫罪行的檄文，以他的名义在《救亡日报》《广西日报》《柳州日报》等报纸上发表。1941年1月，蒋介石制造了惨绝人寰的皖南事变。在左洪涛的规劝下，张发奎顶住来自国民党顽固派的强大压力，始终保持中立态度，成为国民党12个战区中，唯一没有发表所谓"声讨"新四军之类的反共通电的司令长官。

1941年，越共主席胡志明亲访柳州第四战区司令长官部，蒋介石密令张发奎将胡志明暗中软禁起来。左洪涛得知蒋介石的密令后，决定与吴仲禧、高若愚、张励、黄中庵4人联合向张发奎"进谏"。吴、高、张、黄都是张发奎信得过的人，经他们共同劝说，张发奎放弃了软禁胡志明的计划。在左洪涛的陪同下，张发奎亲自将胡志明接到窑埠街"斌庐"居住，待为上宾。不久，张发奎应胡志明的要求，在大桥干部训练团开办了越南革命青年训练班，专门为越南培养抗日救国青年干部。在此后的1年多时间里，长征、范文同、黄文欢、李班、武元甲等越共领导人都访问过柳州，张发奎也派遣力量到越南发动民众、武装民众，开展抗日游击活动。

广东青年抗日先锋队（简称"抗先"）是中共广东省委领导下的一个坚强的、富有战斗力的青年抗日统一战线组织。广东省三青团在中统特务高信等人把持下，对抗先虎视眈眈，常唆使流氓地痞进行破坏，企图一口吞噬抗先。1939年年初，特支左洪涛等人在得到广东省委书记张文彬的指示后，一连数日多次向张发奎力陈抗先的作用和保存抗先的好处，要求张发奎维护和支持抗先及其他进步组织。张发奎反复分析广东全省的抗战形势后，决定以第四战区司令长官的名义，颁赠队旗给抗先，并亲笔批示，由左洪涛代表他前往抗先总部授旗和讲话。这样，高信之流只得悻悻收手。1944年夏秋间，当日军侵犯全州、进逼桂林时，田汉、邵荃麟、端木蕻良、许幸之、更夫等一大批党内外文艺工作者和民主人士滞留在桂林。周恩来指示特支左洪涛等人要不遗余力协助他们撤退到柳州去。当时，国民党守军纷纷溃退，交通工具全被溃军所控制，桂林火车站人山人海。桂柳公路上人车拥挤不堪。在那种情况下，可以说一张车票能救一条人命。接到指示后，左洪涛召集特支成员，让大家以转送各自的亲属为名，使出浑身解数去购买车票。仅一天多时间，左洪涛几个人从长官部副官处、兵站总监和柳州铁路交通警备司令部等单位，购来了几十张火车票、汽车票，在周恩来指定的时间内，将一批批爱国文艺工作者和民主人士，转移到了后方。

1945年8月中旬，张发奎调任广州行营主任兼接收委员会主任。左洪涛任广州行营副官处代理处长。不几天任接收委员会第二副主任兼参谋处处长的中统特务李汉冲，仗着有中统撑腰，以张发奎的名义查封了中共主办的进步报纸《晨报》。查封的人前脚一离开，报社社长梁若尘、总编辑邬维梓等人后脚就来找左洪涛，左洪涛急忙上楼向张发奎报告。听说李汉冲盗用自己的名义查封《晨报》，张发奎火冒三丈，站在楼道上大声斥责道："怎么如此狂妄，简直是目中无人。"张发奎指令左洪涛亲自过去启封，并将印刷器材转移到另外的地方去。于是，左洪涛调用数辆军用卡车，当晚就将报社里的重要器材，转运到了香港华商报社。

1946年夏，随着军事政治形势的急剧变化，全面内战即将爆发。特支根据周恩来从上海发来的"相机撤退"的指示，再一次组织了一场大规模的保存革命力量的大撤退，先后帮助100多名共产党员和爱国人士撤到后方。其中包括何香凝、新四军军长叶挺的夫人李秀文和抗战演剧五队、七队队员。新中国剧院100余人到柳州后，给养、住房等无法解决，左洪涛说服张发奎将剧院改为长官部直属剧团，一切由部队供给。

1946年1月25日，由中共代表方方、国民党代表黄伟勤和美方代表米勒组成的军调部第八小组抵达广州，与张发奎接洽，开始对广东国共双方的军事力量进行调处。张发奎在蒋介石的操纵下，不承认广东有共产党的部队，拒绝谈判，并断绝中共代表方与外界的联系，使中共方在谈判中完全处于被动地位。左洪涛冒着生命危险与特务周旋；特务撤换了左洪涛所安排的接待人员，抽调大批特务对中共代表加以严密监视。重庆军事三人会议派出的三人小组甫抵广州，敌人就准备先后实施翻车、破坏中共方电台、偷窃中共方密码等阴谋。时任张发奎广州行营副官处代理处长的左洪涛和特支成员在获取敌人的破坏行动情报后，调动隐蔽的革命力量，部署周密的反破坏计划，防患于未然。

为了防止敌人制造翻车事故，左洪涛提醒中共代表，要想方设法与美方或国民党代表同乘一辆车，绝不单独乘车外出，以此迫使敌人无从下手。左洪涛伺机问张发奎："对三人小组的饮食、招待、警卫、交通等，副官处要不要管？"张答："当然要管！而且你要亲自过问。"取得张的"尚方宝剑"，左洪涛名正言顺地出入三人小组招待所。方方通过左洪涛与中共广东组织取得联系，提供谈判依据，终于迫使国民党当局承认中共武装力量在广东的存在，并签订北撤协议。

东江纵队集结大鹏半岛，准备乘美国派来的 3 艘兵舰到山东烟台去。谁知兵舰开到外海后却迟迟不进来。原来是蒋介石密令张发奎"聚而歼之，一网打尽"。在这千钧一发之际，战斗在敌参谋处的内线杨应彬截获这一密令后马上告知左洪涛。正当左洪涛准备再次去和方方接头的时候，方方所在的军调部第八小组已经离开广州，而国民党在广东的军队也已经开始对东江纵队的一些支队发动袭击。1946 年 6 月，东江纵队江北支队遭到国民党军队袭击，伤亡数十人。随后，东江纵队短枪队在粤北又遭到突袭，队长刘黑仔和指导员苏光牺牲。而在大鹏半岛集结的 2500 多人中除了东江纵队的战士，还有不少家属，一旦国民党发动袭击，后果不堪设想。通过方方送出情报的办法已经行不通，就在这十万火急的时候，有人告诉左洪涛，香港华商报社总经理萨空了正在广州出差。《华商报》完全是由中共领导的报纸，只要左洪涛把情报交给萨空了，就一定能送到东江纵队。左洪涛委托萨空了火速返回香港，将情报转交南方局和党中央。周恩来、叶剑英及时向执行小组揭露国民党的阴谋，提出了严重抗议，并动员香港各大进步报刊公开揭露和谴责蒋介石的阴谋。同时东江纵队根据中共中央的命令作好战斗准备，并将三人小组中的美国、国民党的代表扣留于东江纵队司令部。在有力反击下，也由于国内外和平爱国人士和舆论的关注，蒋介石、张发奎停止了偷袭东纵集结部队的阴谋计划。

东江纵队顺利北撤之后，国共和谈破裂已成定局，全面内战爆发在即。军统特务开始对潜伏的共产党员进行疯狂搜捕，特支成员的处境也越来越危险，在周恩来的安排下，又有一部分特支成员开始撤离广州行营。1946年秋天，左洪涛也离开了张发奎的司令部。9月，左洪涛安全撤至香港担任中共香港工委党派组总负责人。此后，特支就只剩下杨应彬和郑黎亚两人。1947年夏天，杨应彬和郑黎亚也决定从广州撤离。考虑到一旦走漏风声，就会有被捕的危险，杨应彬决定以向张发奎请假的方式秘密离开。杨应彬对张发奎说："我十几年没有回家了，我就回家一趟。"张发奎批准了杨应彬的假期。向张发奎告别之后，杨应彬和郑黎亚即前往香港。至此，1937年成立的战地服务队中的特别支部成员全部撤出。

特支成立时有10名党员，加上后来新发展的11人和从中共中央长江局调入的1人，一共22名党员的组织关系自始至终都由周恩来直接掌握。直到1947年8月杨应彬、郑黎亚最后撤离，特支在张发奎所部坚持斗争将近10年之久。其间除一人病逝外，其余21人全部安全撤出。特支潜伏敌营10年，却没有一名成员暴露身份，特支也一直没有遭到破坏，这是中国共产党秘密斗争史上的一个传奇。

□ 大湖狮子脑战斗的胜利

在粤赣湘边区的九连地区，自恢复武装斗争以来，国民党军队对九连山的进攻一直没有停止过。1948年4月至10月间，九连山的反"清剿"斗争由于保守思想的影响与战术指导的错误，一度陷于被动，到处挨打，部队减员，活动地区缩小，群众遭受严重损失。6月，中共九连地委召开会议，中共粤赣湘边区委员会副书记梁威林在会上传达了中共中央香港分局的指示，迅速组织主力部队，主动打击敌人，检讨和批判了分散应战的消极保守思想。9—10月，中共九连地委又通过认真总结本地区反"清剿"斗争的教训，学习江南支队的成功经验，逐步提高了领导军事斗争的本领。

九连地区的部队在1948年8月正式打出广东人民解放军粤赣边支队（后改为粤赣湘边纵队东江第二支队）的番号。支队成立后，通过新式整军运动，在根据地人民政权和革命群众的全力支持下，支队司令部抓紧有利时机，按照毛泽东"集中优势兵力，各个歼灭敌人""伤其十指不如断其一指"的战略原则，组织主力队伍，主动出击，实行外线作战，从 1948 年下半年开始到 1949 年年初，一连打了五个歼灭战，取得了白马战斗、大湖狮子脑战斗、鹤塘战斗、大坪战斗和大人岭战斗的重大胜利，击溃或全歼国民党军的整营整连兵力。五战五捷扭转了整个九连地区的军事局面，大大提高了部队的战斗力和士气。

大湖狮子脑战斗是五战五捷中的第二战，是广东游击战史上一次少有的诱敌深入、包围消灭的歼灭战。当时，驻连平县大湖的国民党广东保安第一团加强连有 160 多人，6 挺机枪，子弹、手榴弹充足，步枪精良，官兵均是广西籍人。这个加强连以前属国民党正规兵团，与解放军作过战。在山东的莱芜被解放军打垮后，该连回到广东重组为保安部队，战斗力强。1948 年冬，有人建议设法消灭这个加强连，消除国民党军队对大湖地区的威胁。支队司令员严尚民和副司令员郑群考虑了这个建议，仔细听取了对敌情及地形的详细介绍，决定采取"诱蛇出洞，聚而歼之"的战略战术。

严尚民深知"知己知彼，百战不殆"的军事原则，再次派支队参谋长兼三团团长曾志云（吴毅）等军事干部到实地侦察，并绘制作战图。最后决定选在离敌驻地 13 华里（1 华里＝0.5 千米）的狮子脑山作为战场；用三团 4 个主力连，再增调飞鹏队、东岳队（均为连队代号）两个连，共 600 多人的优势兵力投入战斗。桂林队（当地人）担负诱敌任务，提前一天接近敌营，分两天引诱。第一次由排长带一个班作假诱，目的是麻痹敌人；第二次用两个班，并由连长曾坤延亲自出马诱敌。珠江队、东岳队和飞鹏队埋伏在正面，桂林队诱敌出来后也埋伏在正面；曾志云带领善于迂回作战的九江队埋伏在左侧；三团参谋长陈苏带领战斗力强的云南队埋伏在右侧，迂回包围敌人。作战部署完成后，部队进行了深入的战斗动员，召开誓师大会，全体指战员开展了立遗嘱写血书、争取火线入党、组织尖刀班等活动，参战部队的杀敌气氛热火朝天。

1948 年 11 月 15 日，桂林队诱敌班第一次出现在国民党军队哨兵的视线中，国民党军队派出整连兵力追击。诱敌班还击了几枪，丢下一些军用水壶、子弹等物品后便撤散。当晚，严尚民和郑群听了诱敌情况汇报，分析这个加强连是一群骄兵，对打赢这一仗的信心更强了。

关键性的第二次诱敌行动开始了。16 日，来势凶猛的国民党军队穿过稻田，窜上马路，向桂林队冲杀过来。桂林队冷静应战，与国民党军队保持 200 米左右的距离，且战且退。经过 2 个多小时的左奔右突，将国民党军队诱入支队设定的狮子脑战场。国民党军队拼命向支队正面埋伏的珠江队、飞鹏队等部冲锋。严尚民和郑群率部在正面阻击敌军，战斗持续了 3 个多小时。敌军冲得十分激烈，机枪、步枪组成了密集的火力网。正面酣战的同时，曾志云、陈苏率领的左右两侧负责包抄国民党军队后路的队伍已经完成了包围，并从国民党军队后面发动猛烈的攻击。国民党军队见情况不妙，疯狂挣扎，企图冲出包围圈。危急关头，支队官兵与阵地共存亡，拼命顶住国民党军队的冲锋。经过激烈战斗，除因地形复杂造成包围疏漏，国民党军队中有连长等 20 多人逃脱外，其余 130 多人被歼灭，支队缴获轻机枪 5 挺、日式长短枪 80 多支。

狮子脑战斗是九连地区集中优势兵力歼灭整连国民党军队的典型战例，影响重大。中共中央香港分局对这一仗的评价很高，认为这是扭转九连地区战局的一仗，也是支队巧妙运用集中优势兵力包围和歼灭敌人的战略战术的结果。

□ 广州"五卅一"运动的发动

1947 年 5 月 20 日，南京、上海、苏州、杭州等地 16 所专科以上学校 5000 多名学生齐集南京，乘国民参政会开幕之际，联合举行"挽救教育危机联合大游行"，向参政会请愿。在游行队伍通过珠江路口时，国民党出动宪警，用水龙、棍棒袭击游行队伍。学生中被打成重伤的有 19 人，受轻伤 90 多人，被逮捕 20 多人。这就是当时震惊全国的"五二〇"运动。同日，天津学生也在"反饥饿""反内战"游行中遭到了反动派的残酷镇压，60 多名学生受伤，20 多人被捕。

消息传到广州，学生的怒火燃烧起来了。中共广州地下组织认为开展一次大规模的公开斗争的机会成熟了。5 月 22 日，中共广州组织向中山大学全体党员和党的秘密外围组织中山大学爱国民主运动协会（简称"爱协"）成员发出一封指示信，分析了当前斗争形势、群众的觉悟程度，以及斗争的情绪和要求，号召全体同志勇敢地坚决地领导群众起来斗争。根据指示信，党员和爱协成员加紧通过各种社团深入发动群众，在黑夜不断贴出各种传单，传播各地战讯和学运动态，在群众中进行思想酝酿。

在中山大学地下党和爱协的领导和推动下，由 803 名学生签名发起的全校同学大会冲破了学校当局和三青团的阻挠和威吓，于 5 月 24 日在中山大学体育馆大厅召开了。出席人数达 2500 多人。大会通过了例如增加教育经费、提高师生的生活待遇等 10 多条提案，并一致决定罢课 3 天，以抗议国民党当局的血腥暴行，支援平、津、京（南京）、沪学生的正义行动。大会还选出了一个由 45 名学生组成的以共产党员和爱协成员为骨干的学生工作委员会，负责大会决议的执行工作。由于学校当局对学生工作委员会不予承认，结果 45 名学生工作委员会委员和广大学生一起，包围了学校办公大楼，在学校当局面前庄严地公开宣誓就职，并公开宣布决定响应平、津等地学生的号召，将在 6 月 2 日举行"反饥饿""反内战"示威游行。

中山大学学生罢课和决定游行的消息一传开，广东文理学院、广东法商学院、中华文化学院、岭南大学、国民大学、广州大学和华侨师范学校的许多学生立即积极响应，准备行动。学生除了做思想发动和宣传工作外，还成立了街头流动歌咏队、纠察队、救护队，甚至连担架也准备好了。国民党反动当局得知这一消息后十分惊慌。他们严密封锁消息，加紧布置武装镇压。

广州党组织获悉国民党反动当局的阴谋后，指示中山大学地下党组织提前行动。中山大学全体党员和学生工作委员会全体委员一致拥护，决定将游行日期提前至 5 月 31 日。5 月 30 日晚上，学生连夜突击制作游行用的大量宣传品，封锁中大的对外交通，切断中大至广州市区的电话线。为了迎接即将到来的战斗，他们已下定了牺牲的决心。有的给亲人们写好了"最后的一封信"，有的在日记本上写下了"最后的一页"，有的还写好了"遗书"放在自己的抽屉里。

5 月 31 日清晨，中山大学 2000 余人在革命先行者孙中山的铜像前集合宣誓："为了反对内战，要求和平，反对饥饿，要求温饱，反对压迫，要求民主，接受任何牺牲。"游行队伍以 10 辆卡车为先导，其他人步行到达市内中大附中校园，会合附中、中华文化学院及其他院校学生后共3000余人，向广州闹市区行进。游行队伍沿途高呼口号"反对内战，反对饥饿""改善学生生活，提高教育经费""反对征兵征粮，取消苛捐杂税""反对新闻封锁，要求言论自由"。游行队伍还抬着花圈，上面写着"内战千古"。队伍在长堤一景酒家门前，突遭数十名暴徒袭击，走在前面的宣传队、歌咏队和女生队猝不及防，有20余人被打致重伤，流血不止。队伍行至海珠路口，再次遭到暴徒袭击，搏斗持续约两小时，有50多名学生受伤，其中有20余人受重伤。

国民党广州当局的镇压行动并未就此停止。反动派迅速出动军警，包围了中大附中校园，在各街道拦截中大校车，深夜又包围石牌中山大学校舍，并到处搜捕参与游行的教授和学生。暴力镇压行动持续至6月4日。为了加强自卫和营救被捕的师生，中山大学成立了善后委员会。学生坚持不懈地开展斗争，并在孙中山铜像前焚烧国民党炮制的《宪法》及《六法全书》，表示对反动派在"执法"的名义下践踏人民自由民主的严正抗议。香港达德学院与培侨、培正、香岛、汉华等中学学生积极声援内地学生的爱国运动。6月1日，港九80多个团体在孔圣堂举行"港九各界反对内战促进和平大会"，到会1000多人。陈其瑗、邓初民、黄药眠等在大会上讲话。会后发了通电。经过多方营救，至6月中旬，中大被捕师生相继获释，"五卅一"运动终于取得胜利。

"五卅一"运动是广东学生运动的一个转折点，它在国民党的大后方冲击了国民党的反动统治，和全国的学生运动遥相呼应，成为打击国民党反动统治的第二条战线上的重要阵地，有力地支援了人民解放战争。

1947年上半年，广州工人也广泛开展经济斗争。罢工浪潮波及30多个行业，约有20万名工人参加了罢工。社会各阶层人士的反对内战、反对美帝国主义暴行的斗争，相互支援和配合，使城市的爱国民主运动深入发展。所有这些斗争和上述广州"反饥饿""反内战""反迫害"示威游行，与北平、天津、南京、上海、杭州等地学生运动遥相呼应，逐步形成配合人民解放战争的第二条战线。城市的斗争又有力地支援了农村武装斗争。许多经过斗争考验的进步学生，纷纷要求到农村参加游击战争。据不完全统计，自 1946 年年底广东恢复武装斗争至 1948 年年底，广州、香港输送到游击区参加武装斗争的知识青年，共 2000 多人。香港达德学院许多学生也回到内地参加游击战争，其中英勇牺牲的共有 18 名。中共中央香港分局充分肯定了知识青年投身农村第一线斗争的实际行动，称赞"他们在南方的农村中起了颇大的革命的桥梁作用"[①]。

□ 粤东起义的策动

1949 年 5 月中下旬，经过中共广东组织的策动，国民党广东省保安第十三团、第十二团、独立第一营及广东第九区专署（梅州），福建保安第四团、第七区专署（龙岩）先后举行起义，并配合粤赣湘边纵队和闽粤赣边纵队解放了粤东闽西大片地区。

国民党广东省保安第十三团自 1948 年 10 月进犯河源以来，曾受到多次严重挫败，特别是 1949 年年初在九连地区的大人岭战斗失败后，士气日益低落，逃跑者越来越多。大人岭战斗期间就有一个班起义，投向革命行列。该团团长曾天节在大革命时期曾经参加过中国共产党，脱离中国共产党之后，与共产党员古大存等人有过接触和交往。为了争取保安第十三团起义，中共中央香港分局曾派员对曾天节做过工作，曾天节也通过爱国民主人士肖文、魏鉴贤同中共中央香港分局秘书长饶彰风取得联系，转达了脱离国民党投向人民的意向。1949 年 1 月中旬，遵照香港分局和粤赣湘边区党委的指示，粤赣边支队司令员钟俊贤及政治部联络科科长钟雄亚，利用与曾天节同乡、同学的关系，写信给曾天节，指出大势所趋，人心归向，劝他早日弃暗投明，举旗起义。

在曾天节函复钟俊贤、钟雄亚表示起义意愿后，1949 年 1 月 31 日双方进行了第一次谈判，达成三点协定：（一）即日起双方停止敌对行动；（二）对起义意图绝对保密；（三）接济粤赣湘边纵队东江第

---

① 中共中央香港分局：《两年半来组织工作概况》（1948 年底），《华南党组织档案选编》，广东省档案馆 1982 年印，第 153 页。

二支队弹械。并商定由粤赣湘边纵队东江第二支队派政治部干部刘坚进入保安第十三团，以团长秘书的名义协助曾天节进行有关起义的准备工作。3月，双方进行第二次谈判，商定在解放军野战大军将入粤作战时举行起义，并对起义步骤、作战的战略要求及起义后部队的改编等问题作进一步商讨，取得了一致的意见。

正在起义准备工作秘密进行时，国民党广东省保安司令薛岳对此有所觉察，他即电令保安第十三团归保安第五师建制，限令5月1日开赴东莞石龙广九线驻防，同时调第一九六师开赴河源蓝口接防。5月4日，第一九六师日夜兼程向河源蓝口进发。时任粤赣湘边纵队参谋长的严尚民获此情报后，立即电告粤赣湘边纵队领导，并果断地作出提前起义的决定。5月7日，双方进行第三次谈判，决定于5月12日（后因情况变化改为14日）在龙川县老隆举行起义。

5月10日，曾天节召集全团官佐动员起义，得到绝大多数人的支持和拥护。翌日，粤赣湘边区党委和纵队司令部即派东江第二支队第六团团长林镜秋率联络员到保安第十三团团部，协助曾天节领导起义工作。当天，东江第二支队向龙川老隆进发，曾天节事先把蓝口、黄村、叶潭、康禾、柳城、南坝、石侧、黄洞等地自卫队召集到蓝口，动员他们参加起义，并将一些首恶分子监管起来，蓝口一带全部解放。5月14日，保安第十三团正式宣布起义，并于当天在东江第二支队配合下解放了龙川县城陀城。保安第十三团起义后，部队被整编为中国人民解放军粤赣湘边纵队第四支队，曾天节担任司令员，郑群担任政治委员。这对昔日的对手变成了战友。

保安第十三团起义改变了九连地区敌我双方兵力的对比。粤赣湘边纵队抓紧有利时机，发动了解放老隆及东江上游其他城镇的战斗。经过两个多月的战斗，解放了县城5座，重镇10余座，新丰、连平、和平、龙川、五华全境及河源大部分地区均告解放，解放区人口达到134万人。

在策动保安第十三团起义的同时，闽粤赣边纵队根据中共中央香港分局指示精神，对驻梅州的国民党广东省保安独立第一营、保安第十二团和第九区专署也进行了策动起义的工作。1949年3月10日，纵队司令员刘永生、政委魏金水写信给保安第十二团正、副团长刘永图和魏汉新,指出中国人民解放军即将渡江南下,南方国民党军事力量将在人民解放军的冲击下彻底覆灭,人民解放战争即将获得最后胜利。信中还阐明了中共对起义人员的政策,劝他们消除顾虑,当机立断。同时,中共梅州地委对国民党广东省保安独立第一营也进行了策反工作。4月24日,同中共中央华南分局已经有了联系的国民党第九战区兵站总监参谋长魏鉴贤,和新任保安第十二团团长的魏汉新在大埔县阴那坑同闽粤赣边区党委代表陈明举行了会谈。

当时,保安第十二团尚缺乏起义决心,而保安独立第一营营长蓝举初则表现得比较积极。据此,闽粤赣边区党委决定采取下列措施:一是组织力量攻打大埔县城,从军事上推动国民党军队起义;二是以保安独立第一营为突破口,争取其先行起义,同时抓紧对保安第十二团的争取工作,利用国民党军队内部矛盾,加强策反工作;三是令闽粤赣边纵队主力在攻下汤坑和丰顺县城后即回师兴梅,施加军事压力。5月13日晚,闽粤赣边纵队第四支队第十三团、第七支队第十七团和第一支队独立第六大队包围了大埔县城。14日拂晓,围城部队发起攻击,解放了大埔县城,高陂的国民党军队闻风丧胆,慌忙逃往潮汕,三河、大麻自卫队携械向人民武装投诚,至此,大埔县全境解放。

经过人民武装派出的敌军工作组成员的教育,保安独立第一营营长蓝举初终于认清了形势,遵照人民武装的部署,于5月14日率部从新铺、松口开往蕉岭,在蕉岭宣布起义,并配合闽粤赣边纵队第一支队解放了蕉岭县城。

驻松口的保安第十二团团长魏汉新,经过爱国民主人士魏鉴贤的推动,于1949年4月表示要伺机起义。在大埔和蕉岭相继解放后,魏汉新深感国民党已日暮途穷,于是下定决心把部队从松口带到梅城,同国民党梅县县长张君燮一起于5月17日起义,并当即解除国民党"剿总"驻梅城指挥所200多人的武装。20日,保安第十二团副团长张兆诗说服下属7个连队起义,从梅城前往丰顺。为了稳定局势,闽粤赣边区党委通过魏汉新和张君燮将两个成分比较复杂的县保安营撤出城外,进行编遣。22日,边纵第一支队独立第三大队和有关人员进驻梅城,成立军管会。根据中共中央华南分局的决定,以及纵队司令部和政治部的命令,起义的保安第十二团改编为边纵暂编第三支队,魏汉新担任支队司令员，陈柏麟担任政治委员，陈庆担任政治部主任。

1949年3月，爱国民主人士李洁之受国民党广东当局任命为第九专区（梅州）专员兼保安司令，他有反蒋的意向，为了取得中国共产党的支持，上任前他曾三次由穗赴港与中共中央香港分局商谈起义问题。中共中央华南分局书记方方会见了他，并安排一名中共党员做他的秘书，方便他与闽粤赣边区党委的联系。5月1日，李洁之接任第九专区专员，兴宁地下党组织根据上级指示与李洁之取得联络，着手在其部属中开展策反工作。李洁之与闽粤赣边区党委和纵队司令部取得了联系，并作了起义的各种准备。保安第十二团在梅城起义之后，5月18日魏汉新应李洁之邀请率孔昭泉营到兴宁支援，李洁之即率所属机关部队（包括省保安独立第九营）在兴宁县城宣布起义，兴宁县城宣告和平解放。

在粤东的保安第十三团、第十二团和保安独立第一营等部起义的同时，5月22日国民党闽西地方实力派傅柏翠、专员练惕生及前专员李汉冲在福建省上杭县起义。粤东、闽西起义部队配合粤赣湘边纵队和闽粤赣边纵队作战，先后解放了广东的大埔、蕉岭、梅县、兴宁、五华、平远、惠来、丰顺、紫金、龙川、和平、连平、新丰及福建省的永定、上杭、武平等16座县城和几十座重要圩镇。

粤东国民党官兵起义后，由吴奇伟、李洁之、曾天节、肖文、魏鉴贤、蓝举初、魏汉新、张苏奎等8人发表了起义宣言，表示接受中国共产党的领导，拥护人民解放军的主张。6月21日，毛泽东主席、朱德总司令公开复电嘉勉他们，对他们脱离国民党反动派，加入人民解放军行列表示欣慰，希望他们遵守人民解放军制度，改造部队，为解放广东全省而奋斗，同时告诉广东的一切国民党军队，凡愿脱离反动派加入人民解放军行列的，将一律不咎既往，表示欢迎。6月24日，毛泽东以中央军委的名义，把中共中央华南分局6月12日关于东江、韩江战绩的电文批转各野战军首长："五、六两月粤东、闽西胜利极大，请将华南分局六月十二日电转告所属，以励士气。"毛泽东并亲拟稿复电中共中央华南分局，祝贺粤东、闽西取得的"伟大胜利"。

粤东、闽西大捷从根本上改变了该地区敌我力量的对比，实现了中共中央华南分局提出的两大边区打成一片的战略任务。残存的国民党军队龟缩在韩江三角洲及东江下游的惠阳一带，东江、韩江之间二三十个县因而得以完全连成一片，两解放区人口已达 400 余万，解放广东全省的战略基地已经形成。5 月 25 日，中共中央华南分局书记方方率分局机关工作人员离开香港，经潮汕解放区于 6 月 28 日到达梅县，继续领导华南的革命斗争。

□　民主人士北上的接送

内战爆发后，各民主党派和无党派民主人士因受国民党的迫害，很多人从国统区转移到香港从事民主活动。一时间，民主党派和文化精英云集香港，使香港成为中共统战工作的重要阵地。在中共的帮助下，中国国民党革命委员会于 1948 年 1 月 1 日在香港成立，实现了国民党民主派的大联合。1 月 5 日，中国民主同盟宣告在香港重新设立总部，恢复活动。中共中央香港分局对在港的民主党派及无党派民主人士开展了大量深入细致的统战工作，在不长的时间内，形成了广泛的反蒋爱国民主统一战线。

随着人民解放战争不断胜利推进，1948 年 4 月 23 日，毛泽东、周恩来、任弼时等人率领中共中央机关抵达河北省建屏县（今为平山县）的西柏坡。4 月 30 日，中共中央发布纪念"五一"劳动节口号，其中第五项号召"各民主党派、各人民团体、各社会贤达迅速召开政治协商会议，讨论并实现召集人民代表大会，成立民主联合政府"。这一庄严的历史性号召代表了广大人民群众的政治意愿，获得了各民主党派、各人民团体、无党派民主人士及海外华侨的热烈响应。

1948 年 5 月 1 日，毛泽东致函李济深、沈钧儒，向他们提出关于召开政治协商会议的具体意见。5 月 5 日，中国国民党革命委员会、中国民主同盟、中国民主促进会、中国致公党、中国农工民主党、中国人民救国会、中国国民党民主促进会、三民主义同志联合会、九三学社、台湾民主自治同盟等，相继发表声明、宣言和通电，盛赞中共"五一"号召"密合人民时势之要求，尤符同人等之本旨"，并通电国内外各报馆各团体，响应中共"五一"号召。各民主党派和民主人士随即在香港以策进新政协召开为中心内容，举行各种座谈会、演讲会，展开群众性的宣传活动，掀起了一个"迎接新政协"的热潮。

8月1日，毛泽东亲自电复李济深等在港各民主党派和民主人士，对他们积极响应"五一"号召表示"极为钦佩"，并就新的政治协商会议召开的时间、地点、召集人、参加会议者的范围以及会议应讨论的问题等征询他们的意见。同日，周恩来代中央起草致香港分局并潘汉年电，要他们将毛泽东复电送达各民主党派征询意见，并推广到上海、南洋的民主人士中去，欢迎他们到解放区商谈和参加准备工作。

根据中央指示，香港分局和香港工委的负责人，一方面，登门拜访各民主党派的领导人，诚恳谈心，耐心听取他们对召开新政协会议的时间、地点、召集人以及北上交通等问题的意见；另一方面，则召开座谈会，集思广益。座谈会有两种方式：一种是中共代表方方、潘汉年出面主持，邀请各民主党派的领导人出席，每次10多人，开会地点通常是在铜锣湾天后庙道4号4楼，也曾经在李济深的寓所举行。另一种是由民盟的周新民主持，人数较多，地点是借用湾仔一个单位的会议室，每次参加者有30多人。有时先由一人专题发言，然后漫谈讨论；有时则邀请有关知名人士作政治报告。不论哪一种座谈会，主题都是目前形势与新政协会议。由中共代表主持的座谈会，先后开了8次。会上所反映的各种意见，都由香港分局及时报告给中共中央。

自8月起，各民主党派、各民主阶层的代表人物应邀从全国各地及海外陆续到达解放区。民主党派人士和无党派民主人士的代表人物进入解放区的路线主要有：从北平经石家庄到河北省平山县李家庄（中共中央城市工作部所在地，同年10月中共中央城市工作部改名为统一战线工作部，部长李维汉）；从上海或香港经山东到李家庄；从香港经大连到哈尔滨，天津解放后，从香港经天津到北平。其中，从香港北上的民主人士占了绝大多数。

如何将云集于香港的大量的民主党派人士和无党派民主人士的代表人物安全接送到解放区，成为摆在周恩来和中共中央香港分局面前的一项极其艰巨复杂的重要任务。

最初，周恩来曾打算开辟香港—英国—苏联—哈尔滨的路线。为此，周恩来密电潘汉年，布置萨空了（时任民盟常委、华商报社总经理）去找香港大学副校长施乐斯（施乐斯是代表港英当局同中共以及民主党派人士接头的人），通过他向港督葛量洪说明，李济深、沈钧儒等人想经伦敦去苏联转赴东北解放区。但葛量洪表示此事要请示英国政府，不可能很快答复。因此，周恩来放弃了这一设想，而采用香港—大连或营口—解放区的海上通道。1948年7月底至8月上旬，周恩来一再致电香港分局，要求尽力"邀请与欢迎港沪及南洋民主人士及文化界朋友来解放区"，"为他们筹划安全的道路"。他要求潘汉年、夏衍、连贯负责这项工作，将有关民主人士的名单电告中央。

香港分局书记方方接到电报时，深知这是极其重要的政治任务，既光荣又艰巨。香港分局和香港工委决定成立一个接送民主人士北上的五人小组，由潘汉年负责全面工作，夏衍、连贯负责与各民主党派的领导人联络，许涤新负责筹措经费，饶彰风负责接送的具体工作。为此，饶彰风还从华南报社等单位抽调人手，组成一个秘密工作班子，有专职的，也有兼职的。先后参加这个班子的有：罗理实、罗培元、杜宣、陈紫秋、周而复、杨奇、赵沨、吴荻舟、陈夏苏等人。由他们分别同准备北上的民主人士联络，负责租赁轮船、购买船票、搬运行李、护送上船等等。这些人员分头活动，并分别向饶彰风和夏衍汇报。

与此同时，周恩来于8月2日发电报，通知在大连的中华贸易总公司总经理钱之光，要他以解放区救济总署特派员名义租用苏联货船来往香港，以运载货物为掩护，会同香港分局运送民主人士北上。钱之光接到电报后立即动身，经丹东抵达朝鲜平壤，于苏联驻平壤办事处办理了租船手续，然后从罗津港乘租用的"波尔塔瓦"号货船，装载了大豆、猪鬃、皮毛等土特产驶往香港。到香港后，钱之光与香港分局接上头，他向方方、潘汉年作了汇报，商议护送问题，并作具体分工：凡是上船之前的联络、搬运行李、送船的工作，统由香港方面负责；钱之光负责租赁货船，并派人在船上照顾民主人士的生活。为了便于工作，还设立专门电台。钱之光在香港成立华润公司，并任董事长。

运送民主人士北上的船只，除了钱之光租用的苏联货船之外，香港工委也就地租用过其他外国轮船公司的轮船。另外，还通过亚洲贸易公司与船务行谈妥，把从香港开往营口、大连、塘沽等口岸的客货轮中有限的旅客船票全部承包下来，交给饶彰风统一掌握，由接送民主人士北上五人小组决定搭乘人员。

1948年9月至1949年9月，从香港运送民主人士和文化精英北上的工作，大大小小共有20多次，运送人数（包括民主、文化人士和党内干部等）共计1000多人，其中民主人士及其家属350多人。整个护送工作在周恩来以及中央城工部（统战部）的周密指挥下，钱之光等人与香港分局紧密配合，精心安排，忙而不乱，毫无差错。

在这些运送过程中，筹划护送李济深北上是其中最困难、最复杂、最巧妙而又成功的一次。李济深是中国国民党革命委员会主席，具有很大的政治影响力，自然是各方政治力量极力争取的对象。除了中共同他联系密切外，港英当局与他常有来往，美国领事馆也频繁接触他，企图拉拢他为"第三势力"。白崇禧亲笔写信给李济深，敦请李济深到武汉"主持大计"。因此，李济深的行动受到港英当局的密切注视和监视。李济深在港期间，港英政府将他当作国民政府的"反对派领袖"予以保护，派有警察在李宅门前守卫，在李宅周围又布置了许多密探，还派香港总督府政治处主任、密探负责人王翠微常到李宅聊天，实际是来观察李济深的行动。另外，李济深对北上还存有一些顾虑，主要是在港家属的安顿有实际困难。李济深北上，面临着重重阻力。

为此，香港分局一是通过何香凝做李济深的工作，二是对李济深的家属作了妥善安排，解决他的后顾之忧，并决定让民革中央与李济深关系密切的朱蕴山、梅龚彬、李民欣等人随李济深一同北上。1948年12月，李济深终于决定北上。

接到李济深等人准备北上的报告后，中央十分重视。周恩来亲自指挥行动，一方面，致电大连的冯铉、刘昂，向苏联驻大连的有关机构租船，一定要在大连靠岸；同时就李济深一行抵达东北后的接待工作作出详尽指示。另一方面，密电潘汉年等人，就李济深的北上提出"保密、谨慎、周到、安全"的原则。根据指示，冯铉、刘昂租用了苏联"阿尔丹"号货船南下；潘汉年、夏衍、乔冠华等人则在香港进行进一步筹划登船行动，对陪同李济深出门、住旅馆、搬行李，乃至保卫、放风等具体细节都进行缜密的考虑。

李济深、彭泽民、茅盾、邓初民、章乃器、施复亮、洪深、孙起孟等人顺利登船，还有香港分局和钱之光派来陪同的李嘉人、徐德民陆续到达约定地点。为保险起见，船长先将这些重要人物安顿在最底舱。"阿尔丹"号的航行不太顺利，时速较慢，遇上逆风，其中一个引擎又坏了，每小时只能走 6 英里，所以航行了 12 天，直到 1949 年 1 月 7 日上午才抵达大连。中共中央派了李富春、张闻天等人专程前往迎接。

□　赣州会议的召开

根据中共中央的指示，叶剑英于 1949 年 9 月 7—24 日在赣州分别主持召开了作战会议、三次华南分局扩大会议和高级干部会议（通称赣州会议）。参加会议的有：华南分局负责人方方；第二野战军第四兵团陈赓、郭天民、刘志坚；第四野战军第十五兵团邓华、赖传珠、洪学智；两广纵队司令曾生、政委雷经天以及萧向荣、李嘉人等人。粤赣湘边区党委和闽粤赣边区党委负责人黄松坚、朱曼平等人也列席了会议。

军事行动是亟待解决的首要问题。9 月 7 日，叶剑英主持召开了作战会议，决定"先消灭北江、东江之敌，进占曲江、惠阳，创造和平解决条件，争取和平解决。同时准备对付坚守广州顽抗之敌"。为对国民党军队实行突然钳形合围，第四、第十五两兵团和两广纵队必须于 9 月底，在预定地区完成集结。作战会议根据敌情可能发生的变化，制定了广东作战的两种作战方案："如敌扼守曲江、英德之线顽抗时，四兵团除以一部由铁道西迁回敌之左侧外，主力沿粤汉路及东西两侧并进。十五兵团由三南插至英德或以北断敌退路，求得歼灭敌之四个军。以两广纵队经惠阳向南迂回，并相机占领惠州，视情况必要时，以一个军加强之。"闽粤赣边纵队主力则积极向潮汕方向佯攻，牵制与迷惑国民党军队；"如敌集中主力退守广州、虎门时，我决以四兵团沿粤汉铁路南下进至广州以北、以西，十五兵团进至广州以东，两广纵队则插至广州以南，截断广州、虎门之间的联系，合力聚歼广州之敌"，闽粤赣边纵队"仍监视和钳制潮汕之敌"。① 会议还决定，参加广东战役的第四兵团、第十五兵团和两广纵队统一由陈赓指挥。9月12日，毛泽东复电叶剑英、陈赓："两兵团第一步集结并休息数日，第二步齐头进至曲江、翁源地区并休息数日，第三步协力夺取广州，除此以外均同意。"

9月11—20日，叶剑英主持召开了三次华南分局扩大会议。会前，中央军委于9月8日致电叶剑英、方方、陈赓、邓华，对各部聚会于赣州，表示"极为欣慰"；强调指出"方方等同志领导的华南分局及华南各地党委和人民武装有很大的成绩。新的华南分局及即将进入华南的人民解放军主力，应对此种成绩有足够而适当的估计，使两方面的同志团结融洽，互相取长补短，以利争取伟大的胜利"②。遵照中共中央指示的精神，叶剑英在9月11日华南分局第一次扩大会议上，就赣州会议解决的重大问题，作了安排："一次讨论组织问题，一次讨论支前工作问题，一次讨论接管广州的政策问题。"③ 并把是否要召开一次高干会议和一次誓师大会，提交大会讨论。会议产生了新的华南分局领导机构：以叶剑英、张云逸、方方、陈赓、郭天民、刘志坚、邓华、赖传珠、洪学智、萧向荣、古大存、曾生、雷经天、冯白驹、尹林平、陈漫远、莫文骅、林锵云、区梦觉、梁广、冯燊、易秀湘等22人为华南分局委员；以叶剑英、方方、陈赓、赖传珠、邓华为常委；以叶剑英为第一书记、张云逸为第二书记、方方为第三书记。会议还讨论了省市政府、省军区、军管会的组织与干部配备问题。上述人事安排和方案，先后得到中共中央批准。

9月16日，召开华南分局第二次扩大会议。方方就支前工作问题、叶剑英就军事行动计划问题，分别作了报告。叶剑英把解放军的军事进攻划分为三个阶段："第一是解决曲江，第二是解决广州，第

---

① 叶剑英、陈赓：《解决广东的作战计划》（1949年9月8日），《广东人民武装斗争史》（第四卷），广东人民出版社1995年版，第361–362页。

② 《毛泽东军事文选》，中国人民解放军战士出版社1988年版，第341页。

③ 《华南分局第一次会议记录——主席报告会议议题及决定事项》（1949年9月11日），《中共中央华南分局文件汇集（1949.4—1949.12）》，中央档案馆、广东省档案馆1989年印，第190页。

三是西上入桂。"① 会议着重讨论了支前工作问题，作出了《华南分局关于支前工作的决定》，对全省支前工作作了统一的布置，对南下大军一个月所需的粮油、柴草、蔬菜、民工、担架、运输工具等作了预算。因大军首先经过粤北地区，故会议对粤北支前工作，提出了具体要求："地方党、政、军、民在这一时期必须集中一切力量，用尽一切办法努力完成支前任务"；"部队不要坐待，完全依赖地方的支前工作，而应随时协助地方筹借粮草，动员民工，组织运输，并准备必要情况下自动直接就地筹粮"。会议根据中共中央和华中局的有关指示精神，就借粮数目、对象、范围、办法、手续及粮食的集中、支拨作了详尽的规定，对组织民工、担架和恢复交通运输等工作也进行了具体的安排。会议要求，各地要克服困难，保证不误军机，除了在干部、党员、人民群众和兵团部队中认真进行宣传、教育、动员、解释工作外，要建立统一的支前组织，由各级首长（专员、地委书记、县长、县委书记、区长、区委书记）分任各级支前司令部司令员、政委，实行一元化领导；各级支前司令部之间建立垂直的领导关系，下级支前司令部必须服从、执行上级支前司令部的一切命令、指示和通知。会议号召：全省党、政、军、民紧急动员起来，全力支持大军作战，争取广东战役的迅速胜利，解放广州，解放广东全省。

为了帮助南下大军和干部了解广东情况，在 9 月 19 日举行的华南分局第三次扩大会议上，方方作了题为《广东情况介绍》的讲话，着重介绍了解放战争三年来，广东党组织对敌斗争的情况和党的自身发展的情况。方方指出：在党中央的正确领导下和全国胜利的推动下，广东地区的革命取得了一些成绩，"但终究是游击队，若没有今天南下大军，我们自己在不犯大错的情况下，也还得要三年的时间才能解放广东，而像广州那样的大城市能否解放还成问题"②。方方还介绍了目前广东全省党组织、政权、军队、群众运动、工人运动、文化教育、

---

① 《华南分局第二次会议记录》（1949 年 9 月 16 日），《中共中央华南分局文件汇集（1949.4—1949.12）》，中央档案馆、广东省档案馆 1989 年印，第 192 页。

② 方方：《广东情况介绍》（1949 年 9 月），见《方方文集》，广东人民出版社1995 年版，第 348 页。

统一战线等方面的概况。听取了方方的讲话之后，会议作出了《中共中央华南分局关于过去华南及广东工作的决议》（简称《决议》），充分肯定了方方领导的华南分局和各地党委自 1946 年以来在领导广东及华南各省人民武装斗争和各项工作中所取得的巨大成绩；并指出由于这些成绩，"就使得华南敌后的人民战争得以坚持下来，配合了三年来全国解放战争的胜利。同时又给人民解放军主力进入华南及广东作战，最后完成解放华南及解放广东全省的任务，提供了有利条件"。《决议》认为华南的工作"缺点是次要的，是应该而且可以原谅的。只有这样，才合乎事实，才合乎孤悬敌后的这种情况"。会议完全同意中共中央 9 月 8 日电示，认为对方方等领导的华南分局、各地党委和人民武装在这一时期工作上所取得的成绩，"应该作出足够的和适当的估计，使今后新参加华南及广东工作的各方面干部，与原来坚持在华南及广东工作的干部取得认识上的一致，以达到互相学习、尊重，互相取长补短，融洽团结，以争取解放整个华南的伟大胜利"。①

9 月 21—24 日，叶剑英主持召开高级干部会议，并在会上作《关于广东情况及今后任务的报告》，阐述了解放华南的任务、城市政策、城市管理、加强领导、团结会师等五大问题。叶剑英指出，解放广东，有天津、北平、绥远这三种方式，如果能用北平方式（即和平方式）是好的，是应该而且可以争取的。用这种方式，必须以军事条件作为基础，坚决向敌进攻，迅速造成军事上的有利条件。敌人不投降就消灭他，敌人如投降就改编他。在创造军事条件时，还应从政治上去加强对敌的策反和统战工作，借此瓦解和孤立敌人的阵营。

叶剑英根据中共中央的指示精神，结合广东的实际，阐明了当前华南工作的一系列方针、政策：（一）关于城市政策，"一是接，一是管，如何接收城市和管理城市就是城市政策的基本内容"。接是为了管，接必须服从管。要"系统接管，完整接管"。要把接收城市和管理城市统一起来，切忌两者脱节。在接管过程中，要做到"人才、物资、文件、档案同样重视"，要做到"纵的接收，横的检查"。此外，

---

① 《华南分局第三次会议记录》，《中共中央华南分局文件汇集（1949.4—1949.12）》，中央档案馆、广东省档案馆 1989 年印，第 206 页。

政权、物资的接收要快，文化和外侨方面的接收则可慢些。无论是接还是管，最终都是为了实现"安定秩序、团结人民、进行恢复和发展生产建设"这一管理城市的总任务。（二）城市工作重点，是"要把消费城市变为生产城市，使农业、工业、交通运输、商业等经济建设恢复与发展起来"，并要大力发展商业，要求每一个共产党员"今后必须学会做生意"。（三）城市工作中的总路线，是"依靠工人阶级，团结知识分子，争取团结尽可能多的自由资产阶级，来和帝国主义、封建主义和官僚资本主义作斗争"。（四）关于反对帝国主义的问题，战后世界的主流仍是和平，帝国主义武装干涉中国革命的可能性不大。因此，对帝国主义"既不挑衅，也不示弱"；"你不来侵犯我，我也不去侵犯你，你如果敢来，我们就一定要抵抗"。

叶剑英还着重讲述了加强领导作风建设的问题，指出：集体领导、集体负责，高度民主、高度集中，善于预见、抓住中心，谦虚朴素、勤劳工作，是领导者必须遵循的基本原则。只有集思广益，实行集体领导，才能对人民负责；只有高度民主、高度集中，才能团结同志、战胜敌人；只有既有科学预见，又抓住中心，才能少犯错误、少走弯路，把领导工作做好；只有继续保持和发扬我党谦虚朴素、勤劳工作的优良作风，才能在进城后不脱离群众，永葆人民公仆的本色。每一个党员都必须认真学习党的七届二中全会精神，继续保持谦虚谨慎、不骄不躁的艰苦奋斗的作风，反对骄傲自满情绪、以功臣自居情绪和停顿起来不求进步的情绪，反对贪图享乐的腐化生活。叶剑英特别要求外来干部与本地干部、党员干部与非党员干部、新干部与老干部、上级干部与下级干部、军队干部与地方干部，一定要加强团结。"现在是五湖英雄集中在一起，要把英雄主义发挥到集体上去，要正确而恰当地处理事情"，"全体干部要团结起来"。

赣州会议在广东党史上具有重要意义：一是产生了以叶剑英为第一书记的新的华南分局。这是一个由来自四面八方的优秀干部组成的、有威望的和团结的领导集体。在历史转折关头，华南分局制定了一系列符合广东实际和国内外形势的方针、政策，对解放华南及以后各项工作起了重要作用。二是通过《中共中央华南分局关于过去华南及广东工作的决议》，正确评价了前段华南党组织的工作，促进了干部队伍的团结，对后来广东干部队伍的团结也起了指导的作用。三是为解放广东和华南统一了认识，部署了具体的军事行动，加速了解放战争的进程。正如陈赓在后来总结广东、广西作战经验时所说："没有赣州会议，就没有两广作战的胜利。"[①]

阅读链接

新华南分局的组建

1949 年 4 月 20 日人民解放军发起渡江战役以来，南方的苏南、皖南、浙江广大地区和江西、湖北、福建三省部分地区，相继获得解放。7—8 月，解放军主力又连续发起宜（昌）沙（市）战役、湘赣战役、赣西南战役和福州战役，先后解放了长沙（和平解放）、赣州、福州等地，兵锋直指广东边界，造成了迅速解放广东的有利态势。与此同时，人民解放军琼崖纵队、粤赣湘边纵队、闽粤赣边纵队、粤桂边纵队、粤中纵队、粤桂湘边纵队等，为迎接大军南下，积极展开作战攻势，解放了广东的大部分农村，仅在广东境内，解放了 1300 万人口的地区；在全省1/3 地区建立了人民政权；人民武装的人数达 8 万余人，为南下大军解放华南和广东，提供了有利条件。

然而，人民解放军进入华南作战，还有许多不利条件，主要是：（一）国民党军队余汉谋部和白崇禧部，还有 40 余万兵力，仍盘踞在粤桂两省的主要城市，并沿宝庆（今邵阳）、衡阳、曲江、广州一线，组成了一个弧形的"湘粤联合防线"，企图阻止人民解放军南下；为确保广州，余汉谋还分别在乐昌、南雄、曲江一线，英德、翁源一线和广州的外围，组成三道防线，构成纵深防御体系。国民党粤桂两系军队在战术上相当灵活。人民解放军在战略上大胆进军的同时，在战术上必须谨慎作战。（二）广东毗邻港澳，地处东南沿海，社会状况复杂，而且又是美英等国利益比较集中、不轻易放弃的地区。因此，在广东的军事行动涉及政治问题较多，影响面很大，政策性很强。需要周密、慎重部署，才能取得胜利。（三）华南游击根据地没有也不可能像北方解放区那样实行大规模的土地改革，因此，支前工作、军

---

① 穆欣：《陈赓大将》，新华出版社 1985 年版，第 647 页。

事给养必然受到影响，需要花很大力气，做大量的工作，才能解决这些问题。（四）缺乏足够的干部。

为了加速华南地区的解放进程，领导战争结束之后的恢复和建设工作，中共中央决定派熟悉广东情况、资历深威望高的叶剑英（此时担任北平市市长），到广东主持华南的工作，组建新的华南分局。①1949年8月1日，中共中央任命叶剑英为华南分局第一书记，张云逸为第二书记，方方为第三书记。新的华南分局隶属于华中局，领导广东、广西两省和香港工委。中共中央还指示，广西成立省委，拟以张云逸为书记；广东不成立省委，下设汕头、兴梅、西江、东江、北江、南路、中区等几个地委，受分局直接领导；原受华南分局领导的各省党组织及其武装力量，即归回各省委及军区领导。

8月11日，叶剑英奉命离开北平直赴华南，其北平市市长等职由聂荣臻接任。9月3日，叶剑英抵达江西赣州。6日，原华南分局书记方方率分局机关抵达赣州，向叶剑英汇报工作后，正式组成了以叶剑英为第一书记的新的中共中央华南分局。华南分局决定不另行组织前委，由分局统一领导各项工作。中共中央指示：新的华南分局在挺进广东前，要认真研究和部署解放华南、广东的作战计划，解决党政军各级领导机构的组成和干部配备、支前工作及接管城市的政策、外交方针和对付帝国主义封锁等问题。

□ 阳江围歼战的实施

1949年4月，人民解放军百万雄师横渡长江，向南中国进军。4月25日，国民政府迁往广州，反动政权企图退踞华南，伺机再起。国民党军白崇禧和余汉谋所部沿湖南宝庆、衡阳，广东曲江、广州一线，组成一个弧形的所谓"湘粤联合防线"。

根据全国战局以及第四野战军在宜沙战役和湘赣战役中的经验教

---

① 1949年4月8日，中共中央香港分局改称华南分局，方方为书记，尹林平为副书记。分局改称后，撤销香港工委属下的群委，在分局之下成立青年妇女工作组，原农村工作组改为军事组。同年6月华南分局迁至粤东解放区。

训，毛泽东对进军中南地区提出了"大迂回、大包围、大歼灭"的作战方针。四野前委遵照中央军委作战意图，具体确定进军中南地区的东、中、西三路大军的行军作战方案。其中，由陈赓统一指挥第二野战军第四兵团3个军、第四野战军第十五兵团2个军及两广纵队，组成东路军，经赣南入广东，歼灭余汉谋主力，占领广州。1949年9月7日，叶剑英在赣州主持作战会议，按照军委和四野前委规定的作战任务，制定了解放广东战役作战方案，并一致推举由陈赓统一指挥广东战役。9月28日，叶剑英、陈赓签发《广州外围作战命令》，决定东路军22万人分右、左、中三路，执行广东战役作战任务。

在右路，二野第四兵团部队越过梅岭，于10月7日解放粤北重镇韶关，并继续南下；在中路，四野第十五兵团沿南岭南下，于10月10日解放佛冈，直逼广州；在左路，两广纵队、粤赣湘边纵队等部队从河源南下，向东江以南进军，解放博罗、惠州、东莞，从东南面包围广州。10月14日中午，广州市内国民党军绝大部分撤走，广州解放。

10月13日，当第十五兵团即将攻入广州之际，毛泽东致电林彪、邓子恢、叶剑英、陈赓，提醒他们："务不使粤敌逃入广西。"所以，在广州解放后，陈赓命令右路军不进广州市区，而是主动转向西南，猛追逃敌。此时的人民解放军第四兵团第十四军在14日解放清远县城后，乘船于15日拂晓前抢占三水西南镇，卡住北江、西江汇合口，堵击西逃之敌。在两岸尚有国民党军的情况下，第十四军主力顺北江乘船南下，一夜行进160里，直插广州西边的三水、高要等处，控制了由广州到广西的要道。

10月17日，毛泽东致电林彪，并告叶剑英、陈赓："广州敌逃跑方向，不是向正西入广西就是向西南入海南岛。我四兵团似应乘胜追击。"

广州地区之国民党军，除一部分向西流窜于粤桂边界外，其主力第二十一兵团经佛山向阳江、湛江方向撤退；国民党第十三兵团除一部向西流窜外，主力经高要向阳春、湛江方向逃窜；国民党第三十九军残部经高明向阳江、湛江方向逃跑，余汉谋已于13日逃到湛江，国民党军逃跑方向是雷州半岛和海南岛。此时，追击部队离国民党军主力约有两天的行程。

人民解放军第四兵团指挥员根据中央军委和四野总部的电报精神，召开作战会议，旨在于阳江、阳春地区全歼逃敌。10月18日，陈赓、郭天民决定以先头部队6个师，发起阳江、阳春战役。其作战部署的特点是不按原建制使用部队，而是根据部队现态势和各个部队的特点进行组织。虽然部队前后不齐建制不全，但速度快，既便于争取时间，又便于边追边调整部署。陈赓的作战意图十分明确，即运用平行追击和超前拦阻相结合，在阳春以南构成对敌合围，陷国民党军于阳春、阳江绝境，而后一举歼灭。

人民解放军各路追击部队接到追歼国民党军的命令后，广大指战员决定不惜一切代价坚决完成任务。右路军沿高要、新兴一线向阳春疾进；中路军于19日解放了新兴；左路军于20日进抵鹤山县。10月20日晚，人民解放军用报话机截听到国民党第二十一兵团司令官刘安琪的通话，得知该部因道路狭窄，行走缓慢，目前还拥挤在开平、恩平地区，正在向阳江运动中。这样，国民党军与人民解放军中路、左路部队已趋于平行态势。尽管距离不算太远，但要构成合围，全歼该敌，人民解放军必须再提高行军速度，超前拦阻国民党军。于是，陈赓、李成芳当即命令各路部队排除一切困难，务必追上国民党军。21日，陈赓又严令进到新兴以南天堂圩、湾边圩地区的右路军，应不顾一切地勇猛直追，直出阳春、阳江，对国民党军形成包围，协同中路军、左路军围歼国民党军。当晚，中路军、左路军分别进至恩平东北的圣堂圩和开平，均已接触国民党军的后尾部队。22日，根据各路部队报告的情况，陈赓再次命令各部队，务必将国民党军聚歼于阳江地区。遵照陈赓的命令，各路追击部队发扬敢于以少胜多和顽强机智的独立作战精神，不为小股国民党军所迷惑，紧紧抓住国民党军主力穷追不舍。至22日晚，中路军、左路军先头部队分别在恩平、圣堂圩、新昌地区，咬住了国民党军后尾，歼灭其第三十九军、第五十军各一部。右路军则以日行75公里的速度强行军向国民党军右翼迂回，在当日解放阳春后，立即乘船顺漠阳江向阳江急进。

10月23日晚，右路军乘船前进的第一二〇、一二五团两团进至阳江西北30里处的双捷圩，从俘虏口中得知国民党第二十一兵团等部已逃至阳江、白沙圩地区，次日准备沿阳江到电白的公路西逃。两团立即弃船上岸，兵分两路，沿白沙圩、程村圩公路前进。第一二五团在新碑、新村、大茶山、乐竹园、佛子岗一线公路两侧，占领阵地，组织防御。第一二〇团也于24日拂晓前进至程村圩西北之瓦窑头，控制了旱禾庙。至此，右路军已将敌向雷州半岛逃跑的两条主要道路全部切断。与此同时，中路军进抵合山圩，左路军进抵那扶圩西南，第三十八师已进至阳春以北。人民解放军就像一把张开口的大钳子，向阳江地区的国民党军直扑过去。

令人难以置信的是，国民党第二十一兵团司令官刘安琪对人民解放军的围歼态势竟浑然不觉，仍然以为包围他们的是一些"游击队"而已。因此，他一面要求余汉谋派军舰到海陵岛，接应他们从海上撤退，一面命令国民党第五十军首先向阳江以西方向突围，开辟西逃道路。从10月24日拂晓起，国民党第五十军集中了3个师，倾其全力向人民解放军第一二五团的阻击阵地发动了一次又一次的进攻。但都被第一二五团顽强击退。直到这时，刘安琪才发觉已被解放大军团团围住，慌成一团，准备向白沙圩以南的廉村、平冈圩逃窜。但为时已晚，人民解放军中路军已经进占阳江，左路军占领了海边的北津港，第三十八师进至阳春以南，一举封闭了国民党军南逃或西撤的所有通道，包围圈已经合拢。

陈赓等人于24日晚再次调整了围歼国民党军的部署：将围攻的部队组成东、西两大集团同时实施向心合击。同时要求各部队大力开展政治攻势，瓦解国民党军。10月25日上午，国民党军集中兵力由白沙圩向西突围，阳江围歼战到了最后的时刻。国民党军逃命心切，向人民解放军西集团坚守的阵地连续发动了八次进攻，但均被击溃。下午，国民党军眼看向西突围无望，便转头向南，企图在九羊乘船逃跑。人民解放军东、西集团迅速出击，一面攻取海岸要点，一面以强大火力封锁九羊港口，击沉敌船数十艘，国民党军被击毙和溺死者约万人，只有刘安琪率少数人乘军舰逃走。

入夜，人民解放军后续部队赶到，将国民党军合围于平冈圩以北直径不到7.5公里的狭长地区内。在极度惊恐和绝望中，被围的国民党军度过了难熬的一夜，国民党第五十军山炮营副官被俘后供称：

"25日军部退到平冈圩，午后解放军的炮火逼近了，兵团司令官刘安琪看事不好，带了一小部分亲信仓皇乘船逃跑啦！晚上七八点钟，军长胡家骥也悄悄地溜掉。队伍没人管，混乱成一团糟，师和团的电话、电报都联络不上，部队拥到稻田里都不走啦，乱指挥开了。有的说到九羌去，想从那里坐船再逃，哪知解放军早把九羌控制了。跑吧，没有船，打吧，没人打，大家都拿不定主意，只好等着当俘虏吧！"

10月26日凌晨，人民解放军发起总攻。10多支突击队交互插入平冈圩国民党军的核心地带，将其分割。战至中午12时，被围之国民党军全部就歼。在合围地区的外线，第十五、第十三军和第十四军各一部，对溃逃之国民党军进行追击。27日，第十三军第三十九师解放云浮，29日解放罗定，并追歼西逃之国民党军，俘国民党军千余人。至此，阳江围歼战胜利结束。

阳江围歼战，人民解放军共歼灭国民党军4万余人，其中生俘3万余人，余汉谋集团主力被消灭。至11月4日，第四兵团第十三军乘胜追击，又连续解放了信宜、茂名、化州、廉江等县，封闭了白崇禧集团经雷州半岛向海南岛撤退的道路。

在阳江围歼战取得辉煌胜利的背后，是广东地方党组织、人民武装和人民群众的巨大支持。在华南分局的直接领导下，粤桂湘地区、粤赣湘边区、粤中地区的党组织领导人民群众踊跃支前，出动大量民工随军作战，后勤供应充足。粤中纵队积极配合大军作战，为保障战役的进行作出了巨大的贡献。

阅读链接

华南游击边纵的建立

从1948年秋开始，人民解放军实行战略决战，先后组织辽沈、淮海、平津三大战役，消灭了国民党军队的主力。国民党在军事、政治、经济上濒临绝境。这时，国民党正规军只有115万人，加上其他部队，总兵力只有204万人，其中能用于作战的部队只有146万人。国民党日益孤立，其内部四分五裂，众叛亲离。国统区工商业倒闭，农村经济迅速破产，物价飞涨，民不聊生。而人民解放军越战越强，至1949年1月，总兵力已由战争开始时的120余万人，增加到358万余人，其中野战军有 318 万人。人民解放军士气高昂，装备改善，作战经验更加丰富。随着军事上的节节胜利，全国人民欢欣鼓舞，从各个方面支援人民解放军，国民党政权的总崩溃已成定局。在这种形势下，国民党一方面收集残部，布置长江防线；另一方面，为赢得时间，再次打出"和平谈判"的招牌。1949 年 1 月 1 日，蒋介石发出"求和"声明；21 日又以"因故不能视事"为名宣布"引退"，由李宗仁代行"总统"职权。实际是企图利用谈判争取 3 个月到 6 个月时间，在江南编练 200 万新兵，卷土重来，并作退守台湾的安排。

1949 年元旦，新华社发表了中共中央主席毛泽东《将革命进行到底》一文，郑重宣告："已经有了充分经验的中国人民及其总参谋部中国共产党，一定会像粉碎敌人的军事进攻一样，粉碎敌人的政治阴谋，把伟大的人民解放战争进行到底"；"一九四九年中国人民解放军将向长江以南进军，将要获得比一九四八年更加伟大的胜利"。[①]

广东地处南大门。国民党企图经营长江以南，广东成为其后方基地，又是他们的出海口之一。宋子文在广东发动的两期军事"清剿"，至 1948 年年底已宣告破产。蒋介石在"引退"前，于 1949 年 1 月 21 日免去宋子文在广东的各项职务，委任薛岳为广东省政府主席，余汉谋为广州绥靖公署主任，张发奎（后李汉魂、陈济棠）为海南特别行政区长官兼海南建省筹备委员会主任委员。薛岳等人上台后，极力拼凑军队对人民武装发动新的进攻，但大势已去，穷途末路。

根据人民解放战争形势的发展，按照中共中央的指示，中共中央香港分局对发展华南游击战争作了整体的部署。1948 年 11 月，《香港分局关于加紧准备迎接新的战斗的意见》指出要认真执行"八月指示"的具体政策，认准和利用敌之空隙，用"填空格"的战术，加紧发展。[②] 随后，香港分局制定了《华南人民当前行动纲领》，明确提出了迎接并配合南下解放大军，推翻蒋介石政权，解放全华南和全中国

---

① 《将革命进行到底》，《毛泽东选集》第 4 卷，人民出版社 1991 年版，第 1379 页。

② 《香港分局关于加紧准备迎接新的战斗的意见》（1948 年 11 月 10 日），《中共中央香港分局文件汇集》，中央档案馆 1989 年印，第 258 页。

的十大纲领。① 1949年元旦，香港分局向华南各地党委发出指示，指出为准备迎接解放军南下，要求在华南首先要解放粤汉路东的粤、闽、赣、湘数十县和路西的二三十个县，以形成包围广州之势。为此，粤赣湘边区党委应努力建立粤北之九连山、五岭和惠海陆紫两大据点；闽粤赣边区党委必须加强蕉、五、丰、梅工作，与粤赣湘打成一片，并巩固韩江、河东与闽西南的联系；西江地区的工作应着重小北江、连县一带及清远、英德等铁路边工作，同时使广宁、德庆能与中区三罗取得联系；粤桂边则以打通十万大山及六万大山之联系及建立周围各县工作为目的；桂滇边委则应努力搞好桂西、滇东南工作。在香港，主要的工作是培养城市干部及研究城市政策，准备大军到达时能动员5000名知识分子下乡，同时培养行署行政干部。② 随后，香港分局发出一系列指示，要求各地党委迅速扩大主力部队，组织、发展民兵；总结斗争经验，集结主力于机动地区，用以多胜少、速战速决的战术歼灭敌人；开展政治攻势，瓦解敌人军心；大量吸收知识青年，培养干部；把具有战略意义的地区连成一片，实行区与区配合向敌进攻，以完成大块根据地的建立；等等。同月，香港分局还举办各地党委代表学习班，传达中共中央的指示，学习党的方针政策，讨论、研究关于军事斗争、群众斗争、建立政权、统战工作、财政工作和党的工作等问题。

经过反击国民党军事"清剿"的艰苦斗争，中国共产党领导的华南各边区游击队，有了很大发展。至1948年年底，华南各地区人民武装的情况为：③

---

① 《华南人民当前行动纲领》（1948年12月），《中共中央香港分局文件汇集》，中央档案馆1989年印，第288页。

② 《香港分局致各地首长及中央电》（1949年1月1日），《中共中央香港分局文件汇集》，中央档案馆1989年印，第358页。

③ 《一九四八年军事斗争总结》（1949年3月），《中共中央香港分局文件汇集》，中央档案馆1989年印，第465页。

地区	部队人数（人）	机枪（挺）	长短枪（支）
闽粤赣区	8260	70	7960
粤赣湘区	15254	223	13000
粤中区	4334	45	3500
西江区	2600	30	2000
粤桂南区	4500	109	4000
滇桂黔区	4000	99	3400
琼崖区	7000	180	6200
合计	45948	756	40060

在华南地方人民武装力量 45948 人中，除已成立的琼崖纵队外，广东的人数有 38948 人（未包括非战斗人员和民兵）。除拥有各式机枪、长短枪之外，还有六〇炮、迫击炮、掷弹筒、枪榴弹筒等武器，部队战斗力不断提高。

在上述情况和条件下，为了提高华南人民武装的战斗能力，大力发展华南游击战争，使之更好配合南下大军解放广东，香港分局书记方方于 1948 年 12 月 17 日就成立中国人民解放军粤赣湘、闽粤赣、桂滇黔纵队司令部的问题，致电中共中央："现粤赣湘、闽粤赣、桂滇之边地都各有七千至一万人队伍及广大活动地区，各有二三十县，可以成立人民解放军纵队司令部，现将名单请示，以便公布。"[①] 12 月 27 日，中共中央复电："同意南方三区三个纵队的建立及所提三个纵队负责人员名单。"[②] 据此，香港分局即告上述三个边区，正式组成中国人民解放军建制的纵队司令部。

中国人民解放军粤赣湘边纵队。1949 年 1 月宣告成立，司令员兼政委尹林平，副司令员黄松坚，政治部主任左洪涛。2 月，经请示中

---

① 《方方致中央及统战部电——关于成立解放军粤赣湘、闽粤赣、桂滇黔纵队司令部的请示》（1948 年 12 月 17 日），《中共中央香港分局文件汇集》，中央档案馆 1989 年印，第 279 页。

② 《中共中央复电》（1948 年 12 月 27 日），《中共中央香港分局文件汇集》，中央档案馆 1989 年印，第 280 页。

共中央批准，增补梁威林为副政委，严尚民为参谋长。后政治部主任左洪涛他调，由魏南金代政治部主任。纵队成立后，陆续对所属部队进行整编：江南支队编为粤赣湘边纵队东江第一支队；粤赣边支队改编为粤赣湘边纵队东江第二支队；江北支队改编为粤赣湘边纵队东江第三支队；北江支队改编为粤赣湘边纵队北江第一支队；粤赣湘边人民解放总队为粤赣湘边纵队北江第二支队。同时，组建了粤赣湘边纵队赣南支队和湘南支队。珠江三角洲部队编为独立团。至1949年11月，粤赣湘边纵队共发展到38000人。

中国人民解放军闽粤赣边纵队。1949年1月宣告成立。司令员刘永生，政委魏金水，副司令员兼参谋长铁坚，副政委朱曼平，政治部主任林美南。纵队成立后，陆续整编所属部队，原梅州支队编为边纵第一支队；潮汕支队编为边纵第二支队；韩江支队编为边纵第四支队；闽西支队编为边纵第七支队；闽南支队编为边纵第八支队。闽粤赣边纵队共辖五个支队、四个直属团。5月后，在闽西起义的傅柏翠、练惕生部编为闽西义勇军司令部，在赣南寻邬建立了龙图游击队。至1949年9月，闽粤赣边纵队发展至近30000人。

中国人民解放军桂滇黔边纵队。1949年1月宣告成立。司令员庄田，政委周楠，副司令员朱家璧，副政委郑敦，政治部主任杨德华。下辖各支队由原桂滇边部队、云南人民讨蒋自救军第一纵队、广西左江指挥部、桂西人民解放军司令部，以及云南的开广区、弥泸区、罗盘区等地区的游击部队编成，共10000余人。8月纵队整编，司令员庄田，政委林李明，副司令员朱家璧，副政委郑伯克、郑敦，参谋长黄景文，政治部主任张子斋。下辖十二个支队，两个独立团。部队发展至30000余人。

1949年5月7日，中共中央华南分局（香港分局4月改称），就粤桂边区党委、粤中临时区党委的组成人员及两个纵队成立的有关事宜致电中共中央，请求批准成立纵队，其中称"全区（指中区）共有人员六千余，已具备建立纵队条件"①。5月15日，分别向中共中央报

---

① 《华南分局致中共中央》（1949年5月7日），《中共中央华南分局文件汇集》，中央档案馆1989年印，第48—49页。

送粤桂南边军政干部和粤中区党委及纵队干部简历。6月27日，中央军委及政治部复电华南分局、粤桂南区党委：同意成立中国人民解放军粤桂南纵队和粤中纵队。①

中国人民解放军粤桂边纵队②。1949年8月1日在廉江宣告成立。司令员兼政委梁广，副司令员唐才猷，参谋长杨应彬，政治部主任温焯华。全纵队辖六个支队，共13000多人。10月组建第七支队，在桂中南地区组建第八支队，至1949年冬，全纵队发展至25000多人。

中国人民解放军粤中纵队。1949年8月1日在高明县成立。司令员吴有恒，副司令员欧初，政委冯燊，副政委兼政治部主任谢创。纵队成立后对原辖支队进行了整编，原广阳支队编为粤中纵队第二支队；原粤中第四支队编为粤中纵队第四支队；原新高鹤人民解放军总队编为粤中纵队第六支队；原粤中人民解放军滨海总队编为粤中纵队滨海总队。共辖三个支队、一个总队和一个独立团，至粤中区全部解放时发展到11000人。

中国人民解放军粤桂湘边纵队。1949年7月23日，粤桂湘边工委就建立粤桂湘边部队"总部"问题，向华南分局作了报告："此间为了领导上之规模，经商决建立总部"，"设政治、参谋两部，由王炎光、林枫分别负责"③。部队由梁嘉任政委兼指挥员，④ 王炎光为政治部主任，林枫为参谋处主任。下辖连江支队、绥贺支队、独立团等部，至粤桂湘边地区解放时，发展至1万余人。由于该部队成立总部的报告上送前，华南分局已从香港内迁粤东解放区，以及解放战争形势迅猛发展等原因，未接到华南分局的批复，但在实际斗争中，曾公开使

---

① 中共中央军委及政治部：《成立粤桂南、粤中两游击纵队及干部配备》，存中央档案馆。

② 当时称粤桂南边是指梧州以南的粤桂边。后因梧州以北之粤桂边已划为粤桂湘边，故粤桂南边即用粤桂边。纵队成立时出布告即称粤桂边纵队。

③ 林枫后改名林锋。《牛哥来信摘记》（1949年7月23日），《广东革命历史文件汇集》甲50，中央档案馆1988年印，第599页。

④ 《西江工作报告》（1948年10月5日），《广东革命历史文件汇集》甲50，中央档案馆1988年印，第471页。

用过"粤桂湘边纵队"的番号，并见诸报端。①

　　至此，连同 1947 年 10 月成立的中国人民解放军琼崖纵队，华南地区共成立了七支中国人民解放军地方游击纵队（除此之外，以 1946 年 6 月北撤山东的原东江纵队指战员为骨干，1947 年 8 月 1 日在华东前线成立了中国人民解放军两广纵队，曾生任司令员，雷经天任政委）。华南各游击纵队的成立，在华南地区武装斗争和人民解放运动中具有重大意义，显示了华南人民武装力量空前强大。

□　海南岛的解放

　　粤桂边战役结束后，国民党军队的部分残余势力纷纷从内地逃往海南岛，与原守备海南岛的陈济棠部合并，组成海南防卫总司令部，由薛岳担任总司令。薛岳指挥岛上的国民党陆海空三军，组成所谓"伯陵立体防线"，企图凭借琼州海峡，固守海南岛。国民党军队盘踞海南，极大地影响了华南地区的政治安定、经济恢复和国防巩固。

　　为了迅速解放海南岛，中央军委于 1949 年 12 月命令人民解放军第四野战军以第四十三军和第四十军组成渡海作战兵团，由第十五兵团司令员邓华、政委赖传珠统一指挥。1950 年 1 月 1 日，中共中央发表《告前线将士和全国同胞书》，指出人民解放军和中国人民 1950 年的光荣任务，是解放台湾、海南岛和西藏，歼灭蒋介石残余势力，完成统一中国大业。同时命令渡海作战部队"争取于春夏两季内解决海南岛问题"。

　　遵照毛泽东和中央军委的指示，中共中央华南分局决定把解放海南岛、解放全广东作为 1950 年广东省中心工作的首要任务。1950 年 1 月 2 日，华南分局发出《关于支援海南岛作战的决定》，要求各级党

---

　　①　1993 年 6 月，中国人民解放军总参谋部就原粤桂湘边纵队的名称问题批示："鉴于解放战争时期的粤桂湘边部队在内部成立了类似纵队机关的领导机构，并在实际工作和斗争中采用了'粤桂湘边纵'番号的实际情况，本着尊重历史，尊重事实的原则，经军委批准，在编纂华南地区党史、军战史时，可以称该部为'中国人民解放军粤桂湘边纵队'。"

政机关"必须以全力支援并迅速调集大量船只、船工、器材、经费和进行各种应有的充分准备",并决定在全省范围内,集中全力,筹划海南作战所必需的各种器材、船只和燃料,全部征用或借用所有的公私登陆艇、救生器材及空余柴油机、汽油机;抽调一部分机关干部、技工、工程师到前线协助制造和改装船只。1月30日和3月22日,华南分局连续两次召开海南岛战役支前工作会议。叶剑英主持这两次会议,省人民政府、第十五兵团、第四十军及第四十三军等有关方面负责人参加了这次会议。会议着重研究解决粮草、船只、经费等问题,决定在支前司令部之上,设立广东省支前工作委员会,作为支前工作的决策机关,隶属于省人民政府,尹林平为司令员,方方为政治委员,谢育才为参谋长,设立船只准备委员会、物资供应委员会、策反工作委员会及雷州(南路)支前委员会等机构;并在梧州、廉江、开平设三个办事处,具体领导和开展解放海南各方面的准备工作。在会议上,叶剑英反复要求:一切工作都要服从此次战役的需要,局部服从全局,后方服从前方,以确保海南岛战役的胜利。3月31日,华南分局先行电示各地党委;然后,广东省人民政府、广州市人民政府、广东军区、广东财委会联合发出《为集中人力物力支琼作战的联合通令》,要求"凡广东省党政军民各机关支前之一切作战物资,均应在'解放海南第一'下实行征用"。

在华南分局领导下,广东人民在完成了紧张艰巨的广东战役、粤桂边战役支前工作的任务之后,又以巨大的热情,马不停蹄地投入海南岛战役的支前工作。

由于地处战斗前沿,南路地区人民承担了主要的支前任务。雷州半岛各县区在人民解放军到达的一个月前就先后成立了支援前线委员会,为大军筹粮备船。1950年1—5月,广东内地征集粮食7000余万斤,船只2666只,牛车4.5万辆,动员船工1.2万人、民工96.6万人,建筑公路3264公里,桥梁94座,渡口6个。其中徐闻县捐粮441万斤,银圆4万多块,马草100多万斤,柴315万斤,木板6万多块及其他物资一大批,有力地保障了前线的需要。

渡海作战部队指战员多数是北方人,对驾船航海很陌生,在船上容易晕船呕吐。为此,部队开展了海上大练兵运动。雷州半岛各支前机构深入发动群众，动员和组织船工、渔民，协助部队搞好海上练兵，帮助战士熟悉水性，掌握航海技术。海上练兵中缺少救生圈等用具，群众就帮助想办法，用竹杆、旧车胎等来作代用品。此外，船工们还直接参加了战斗，在后来的渡海作战中，雷州半岛共有115位船工、舵手英勇牺牲。

在海南岛，琼崖军民遵照华南分局"应集中全部力量，进行迎接并支援大军渡海作战解放琼崖之准备工作"的指示，掀起迎军支前的高潮，在全岛开展筹集钱粮的"一元钱一斗米"运动，认购了40万元的解放公债。仅1950年1—2月，全岛就征集了5万石公粮，动员了6万多人的支前队伍。同时，还秘密输送了30多名干部、400多名民工及170多艘船只到雷州半岛，协助大军渡海。为了准确掌握敌情，琼崖区党委和琼崖纵队派员查清了海口至临高地段国民党军队防御部署和军事设施情况，并绘成简图，潜渡琼州海峡，送给渡海部队；组织秘密接应小组，保证在海上因受敌船阻拦或其他意外被冲散的零星船只和人民武装人员安全登陆，及时转移；以县、区为单位，建立伤病员救护站，设立救护、担架、绷带等专职人员，以适应部队作战需要。琼崖纵队和地方民兵还集中兵力，主动出击在琼东、琼西沿海公路线的国民党守军，削弱国民党的海防力量，并积极扫清地方反动势力，组织人民群众把东西部沿海地区控制在琼崖纵队手中，以待大军登陆时能及时开辟登陆战场。

在做好各项充分的准备工作之后，人民解放军着手部署渡海作战。2月1—2日，叶剑英在广州主持召开海南岛战役的作战会议。第十五兵团、第四十军、第四十三军及琼崖纵队的负责人参加了会议。会前，冯白驹致电会议，提出两点建议：一是乘国民党军队防线不甚严密，先行派一批兵力偷渡海峡，以加强岛上的接应力量；二是若此办法不行，则派一批干部和技术人员把枪械、弹药运送过海，以充实琼崖纵队的武器装备。会议对这一建议极为重视，在详尽分析了敌我军事态势、认真讨论战役准备过程中的新情况后，制定了"积极偷渡，分批小渡与最后登陆相结合"的战役指导方针，即首先以小部队分批偷渡，加强岛上力量，为大规模强渡作有力策应；而后在琼崖纵队和先期登陆部队接应下，主力强行登陆。这一战役指导方针先后得到第四野战军前委和中共中央军委的批准。

1950 年 3 月 5 日和 26 日，渡海作战部队组织了 2 个加强营和 2 个加强团共 8470 余人的部队，分 2 批 4 次，冲破国民党军飞机、军舰的封锁和拦截，在琼崖纵队的有力配合下，渡过琼州海峡，登上海南岛。4 次偷渡成功，使岛上人民武装力量增加了近一个师的兵力，大大增强了海南人民和琼纵部队迎接大军渡海作战的信心；同时也使后续主力部队极大地树立了敢于用木船突破国民党海军、空军的封锁，登岛歼敌的信心，消除了对"无风三尺浪，有风浪一丈"的大海的顾虑和"革命到底（海底）"的恐惧，为主力部队大规模登陆作战积累了经验，创造了有利条件。根据 4 次偷渡的成功经验，叶剑英、邓华、赖传珠等人经过认真分析研究，决定放弃依靠改装大批机器船只和购买登陆艇实施大举渡海的作战方针，确定以木帆船为主，争取部分改装机器船，抓住有利时机，组织两军主力，提前实施大规模渡海登陆作战。中央军委和第四野战军前委均同意这一作战方针。

1950 年 4 月 16 日晚 7 时，人民解放军开始强渡琼州海峡。第四十军 6 个团共 1.8 万余人，分乘 300 多只船，于徐闻西南的灯楼角一带海岸起渡，预定次日在临高角的美夏、昌拱一带海岸登陆；第四十三军 2 个团共 6968 人，分乘 81 只船，由徐闻南面的三塘一带起渡，预定次日在澄迈县的玉包港一带海岸登陆。渡海船队勇往直前地驶向海南岛，在海战史上创造了木船打败军舰的奇迹。17 日凌晨，船队突破国民党陆海空军对海上的封锁，在琼崖纵队和人民解放军先遣部队的配合下，在海南岛北部海岸胜利登陆，随即向纵深挺进。薛岳苦心经营数月的"立体防线"顷刻间土崩瓦解。

登陆部队主力在黄竹、美亭一带与国民党军展开决战。第四十三军包围了国民党军队的主力，薛岳集中 4 个师的优势兵力，对第四十三军实施反包围，敌我双方展开激战。据守风门岭一〇五高地的第三八一团第一营第一连，在当地民兵的支援下，打退了国民党整营连续 13 次的冲锋，最后全连只剩 13 名受伤的战士，仍然坚守阵地。21 日下午，第四十军主力进至美亭东西两侧，与第四十三军形成对敌合围态势。22 日，两军协同作战，在白莲地区击破敌第六十二、第三十二军的抵抗，歼其一部，同时全歼美亭突围之敌，国民党军向海口全线溃退。

蒋介石在得悉人民解放军主力已大举登陆海南后，感到败局已定，电令薛岳做好撤退准备。22 日，薛岳下达总撤退令，国民党军慌忙向琼崖南部港口溃逃，薛岳亦于同日飞往台湾。23 日，人民解放军解放海口。24 日，渡海作战兵团司令员邓华率领第二梯队的第四十三军 4 个团在后海、天尾港、荣山厂一带海岸登陆，第四十三军军部进驻海口。25 日，冯白驹率领琼崖党、政、军领导机关进入海口。

鉴于国民党军全线撤退，企图由南部港口逃走，4 月 24 日，渡海作战兵团向参战部队发出了乘胜追击迅速解放全海南的命令。渡海野战军除留下一部分兵力守备海口外，其余部队由琼崖纵队配合分成东、中、西三路向南追歼逃敌。直至 5 月 1 日在八所、北黎歼国民党第二八六师，海南岛遂宣告全境解放。从 3 月 5 日野战军第一次偷渡起到 5 月 1 日止，海南岛战役历时 50 多天，共歼守敌 3.3 万余人。坚持在海南岛斗争 20 多年红旗不倒的琼崖革命军民，终于迎来了最后的胜利。

第六章

社会主义基本制度的建立

历 史 概 说

从 1949 年 10 月到 1950 年 8 月，广东各地基本解放；至 1956 年，广东基本完成社会主义改造。由此，广东实现从新民主主义到社会主义的历史性转变。广东各地解放后，陆续建立各级人民政权，并进行了剿匪肃特、土地改革、稳定经济秩序等斗争和措施，以巩固新生的人民政权和胜利成果。历时四年的广东剿匪斗争，解除了土匪对人民政权的威胁，使人民群众获得安全的生活、生产环境。1950 年 10 月到 1953 年 4 月进行的广东土地改革运动，从根本上消灭封建土地制度，保护广大农民对土地的权益，解放农村生产力。广东土改试点稳妥有序，强调保护华侨、侨眷和民主人士等利益；土改过程中出现政策上的争议，出现"左"的偏差；土改复查时部分问题得到纠正，但还遗留下不少问题。这些遗留的问题，在党的十一届三中全会后得到正确处理。广东通过驱逐港币，使人民币占领市场，建立起新的金融秩序；通过没收官僚资本、建立国营经济、统一财政经济等措施迅速恢复国民经济和建立起新的经济体系。从 1951 年 5 月至 1953 年 11 月，全省开展城市和渔业的民主改革运动，在工矿企业中清除封建势力和废除压迫工人的制度，真正树立工人阶级领导权；渔业的民主改革彻底肃清渔区的封建势力，废除渔区封建剥削制度，在沿海及海岛建立基层政权。

从 1951 年 11 月至 1952 年 8 月，在中央的统一部署下，广东开展"三反"（反贪污、反浪费、反官僚主义）运动。这场斗争主要在城镇国家机关工作人员中进行，旨在保持党政机关的廉洁和保持优良的作风。从 1952 年 1 月至 6 月，广东开展"五反"（反对行贿、反对偷税漏税、反对盗骗国家财产、反对偷工减料和反对盗窃国家经济情报）运动，这场斗争主要在工商界中开展打击不法资本家的"五毒"行为。从 1949 年至 1956 年，从省到县陆续召开各界人民代表会议，实行民主参政建政，在全省建立起新的社会秩序。1950 年 10 月至 1953 年 7 月，广东人民积极投身抗美援朝斗争，从各方面参与和支持新中国进行的这场立国之战，贡献广东人民的重要力量。

随着开展有计划的经济建设和社会主义改造的条件日益成熟，1953 年，中共中央制定过渡时期的总路线：从中华人民共和国成立，到社会主义改造基本完成，这是一个过渡时期。党在这个过渡时期的总路线总任务，是要在一个相当长的时期内，逐步实现国家的社会主义工业化，并逐步实现国家对农业、对手工业和对资本主义工商业的社会主义改造（简称"三大改造"）。广东坚决贯彻落实党在过渡时期的总路线，积极开展三大改造，逐步把农业、手工业、资本主义工商业纳入社会主义轨道，并进行大规模的第一个五年计划的建设。到 1956 年，广东第一个五年计划建设顺利进行，三大改造基本完成，与全国各地一样，社会主义基本制度在广东建立起来。

要 事 本 末

☐ 天然橡胶生产基地的创建

橡胶是一种重要的军事战略和经济建设物资。华南地区的天然橡胶垦殖业是中华人民共和国成立后，由国家投资，在国有土地上垦荒、种植起来的一项崭新事业。在此之前，世界上主要天然橡胶生产国，大部分集中在赤道以北 15 度至赤道以南 10 度之间的热带地区。传统种植经验认为，超越这一地区被视为植胶禁区。中国除西沙群岛、南沙群岛外，国土基本分布在北纬 18 度以北。在此之前，一些华侨虽然在海南岛和云南南部零星引种过少量橡胶树，但尚未形成规模。

新中国百废待兴，橡胶作为国防、经济建设的重要物资，国内需求量很大，但只能依赖进口。1950 年朝鲜战争爆发后，以美国为首的西方资本主义国家对中国和其他社会主义国家实行经济封锁和物资禁运，橡胶也被列入封锁和禁运的范畴。为尽快解决橡胶匮乏问题，苏联领导人斯大林向中国提议在华南地区拓建天然橡胶生产基地。为此，中共中央和毛泽东经过研究，作出了"一定要建立我们自己的橡胶生产基地"的战略决策。政务院副总理兼财经委员会主任陈云和华南分局第一书记、广东省人民政府主席叶剑英受中共中央委托，着手在华南地区开拓橡胶垦殖。

橡胶树属于热带雨林树种，广东因其地理位置而成为 20 世纪 50 年代初期人民民主阵营中唯一的大面积热带地区，自然也成为橡胶垦殖的重要地区。为了贯彻落实中共中央的决策部署，1950 年 9 月，广东省人民政府办公厅、省农林厅、中南军政委员会财政经济委员会华南分会、侨务工作委员会等部门及中山大学、橡胶业工会等单位有关专家及工作人员组成广东橡胶考察团，前往广东高雷地区和海南岛等地调查，了解种植橡胶的地理气候状况。中共中央对考察团的调查报告高度重视，1951年8月，中央人民政府政务院总理周恩来委托副总理陈云主持召开政务院第100次政务会议，分析论证了华南地区的自然地理环境，认为这些地区适宜种植橡胶。随后，政务院发出《中央人民政府政务院关于扩大培植橡胶树的决定》，对华南地区橡胶树的种植作出具体部署，要求自1952年至1957年，以最快速度在大陆广东（海南岛除外）、广西、云南、福建、四川等5个省区共植巴西橡胶及印度橡胶770万亩（海南岛的任务另定）。从1952年至1957年以最快的速度在广东、广西两省垦殖橡胶500万亩，并在1954年完成其中的400万亩，以争取10年后，在大陆上每年可达10万吨之目标。[1]

中央的部署和要求，任务重、时间紧且难度大，而广东方面又缺乏经验，承受着巨大的压力。华南分局和广东省人民政府十分重视此项工作，成立专门机构领导开展橡胶垦殖工作。1951年11月，华南垦殖局在广州沙面成立，叶剑英兼任局长和党委书记，陈漫远、易秀湘、冯白驹、李嘉人、惠中权、邓克明、顾绍雄等任副局长。华南垦殖局下设海南、高雷、广西3个垦殖分局，共有29个垦殖所、309个垦殖场并直辖10个拖拉机站、1个机械修配厂。[2]

华南垦殖局成立后，叶剑英随即带领林业、橡胶方面的专家，深入到高雷地区和海南岛进一步考察，以掌握更多实际情况。考察后向中共中央呈交报告，阐述对发展华南橡胶垦殖业的看法和建议。随后，广东方面的意见，取得了中央的支持。[3]

从1951年到1957年是广东橡胶垦殖的开拓阶段。当时海南岛原本是广东境内最适宜种植橡胶的地区，但出于国防安全问题的考虑以

---

① 《中央人民政府政务院关于扩大培植橡胶树的决定》（1951年8月），农垦部政策研究室编：《农垦工作文件资料选编》，农业出版社1983年版，第42页。

② 广东省地方史志编纂委员会编：《广东省志·农垦志》，广东人民出版社1993年版，第46页。

③ 《目前橡胶工作上应抓紧之重点》（1951年12月21日），《叶剑英在广东》，中央文献出版社1996年版，第435页；《对华南植胶工作的意见》（1952年1月15日），广东叶剑英研究会编：《叶剑英在广东的实践与理论》，广东高等教育出版社1997年版，第280页。

及交通、物资运输方面的便利，华南垦殖局决定将橡胶种植重点放在雷州半岛，并将工作机关从广州搬迁到湛江市办公。1952 年 7 月，华南垦殖局确定"先大陆后海南，先平原后丘陵，先机器后人力"的橡胶垦殖方针，集中大量人力和农业机械，在沿海平原地区垦殖，一部分人力在丘陵地区次生林地开垦。①

首批纳入垦荒植胶的地方多是未经开垦的荒山野地，遍布着芒草荆棘和毒虫猛兽，急需大量的人员参与。为此，华南垦殖局广泛动员征调民工。从 1952 年 7 月至年底，海南、高雷、广西等地人民政府共动员 25 万名民工参加垦荒，中央有关部门对橡胶生产基地的建设在人力、物力、财力等方面亦给予大力支持。国家把垦殖橡胶所急需的经费列入事业费开支，由国家集中调拨必需的机械，同时征调国内橡胶方面的专家到华南垦区增强科研力量，从而保证了橡胶垦殖事业的发展。政务院和中央军委抽调 2 万多名解放军指战员参加垦殖建设，组建了林业工程第一、第二师和一个独立团，迅速抵达海南、高雷、广西垦区。此外，中央从各军区和察哈尔省②、华东、中南地区抽调一批部队转业干部、地方干部、土改工作队员共计 7000 多名前往华南支援橡胶垦殖。华南垦殖局从粤东、粤中两地区的 23 个县、市招聘了志愿参加祖国建设的 3 万名城镇职工和社会青年。一批归国华侨也加入了垦荒队伍。至此，一支由林业工程部队、农民、土改干部、城镇青年、归国华侨、大中专毕业生等以及当地民工组成数十万人的农垦队伍，奔赴荆棘丛林，开荒种植橡胶。

1952 年年底，中共中央下发新的指示和要求："华南垦殖总任务暂定为 800 万亩，1955 年完成。"③ 面对新任务和新挑战，广东人民在党中央以及华南分局的领导下，以高昂的奋斗姿态投入到开荒种植中，掀起了建设华南橡胶基地的高潮，垦荒种植区域迅速扩大。据统

---

① 《李嘉人副局长关于第三次垦殖行政会议总结报告》（1952 年 12 月 25 日），农垦部政策研究室编：《农垦工作文件资料选编》，农业出版社 1983 年版，第 50 页。

② 1952 年 9 月中央批准撤销察哈尔省建制，其行政区域大部分划归河北省、一部分划归山西省，1952 年 11 月，察哈尔省结束工作。

③ 《中共中央关于华南橡胶垦殖工作的几个问题的决定》（1952 年 12 月 16 日），农垦部政策研究室编：《农垦工作文件资料选编》，农业出版社 1983 年版，第 47 页。

计，至 1952 年，华南垦殖局完成采运橡胶种子达 42.5 万公斤，垦区内累计开荒 153.78 万亩，橡胶树定植 83.32 万亩，共 2143.86 万株。[①]

1953 年朝鲜战争结束，国际形势有所缓和，天然橡胶的供需矛盾也部分得到缓解。从广东的橡胶种植实际情况看，之前中央定下的到 1955 年完成橡胶树种植 800 万亩的任务存在要求过重、时间过急的情况。而广东垦区在开创之初尚未具备较高的橡胶垦殖水平，加上雷州半岛较海南岛所处纬度高，容易遭受寒流和风害的影响。为了赶进度，在橡胶垦殖过程中各地出现了片面追求进度快的问题，只求数量、不讲质量，使种下的橡胶树苗存在生长不良、抗灾性差的情况。

鉴于国际局势的变化和国内橡胶种植出现的问题，中共中央在强调自力更生、按科学规律办事的前提下，提出走企业化经营的道路。中共中央修改原定计划，改为到 1961 年完成橡胶树种植 200 万亩并提出"提高质量，增加产量，改善经营，降低成本，巩固发展，稳步前进"的方针，同时决定将植胶重点转移到海南岛，橡胶种植从"大发展"阶段进入"大转弯"阶段。华南垦殖局于 1953 年 6 月提出了"加强、精简、合并、裁撤"的具体方针，确定在"提高质量，增加产量"的前提下继续生产，同时处理部分地区的土地、苗木和工人等问题。通过调整和收缩，垦殖局对已开垦但不宜种植橡胶树的土地 284 万亩、已定植橡胶树 142 万亩中该淘汰的 88 万亩予以放弃。[②]

1955 年 8 月 20 日，华南垦殖局在广州召开华南第一次垦殖工作会议，决定将经营方式由供给制转为企业化，在生产上确定了"积极的开发热带资源"的方针，垦区的经营内容由原来单一的橡胶种植转为以橡胶为主发展多种热带作物垦殖。作为垦区主业的橡胶种植继续发展。垦区还积极借助华侨对橡胶种植管理的丰富经验，在橡胶的选种育种、技术培训方面逐步积累了经验。爱国归侨知识分子徐广泽编辑出版中国第一部橡胶种植教科书《橡胶育种》，亲手筹建了 7 个橡

---

① 广东省地方史志编纂委员会编：《广东省志·农垦志》，广东人民出版社 1993 年版，第 98 页。

② 广东省地方史志编纂委员会编：《广东省志·农垦志》，广东人民出版社 1993 年版，第 87 页。

胶育种站，组织大批科技人员选育和推广良种。归侨廖一萍、刘带胜、骆士开、叶林和归侨优秀芽接手温贵、李元发、房株等人在各育种站开办芽接技术训练班，至 1957 年共培训农垦第一代芽接手 1448 人。1955 年 9 月，爱国侨领陈嘉庚对广东垦区进行了为期半月的考察，随后向周恩来总理汇报橡胶育苗、抚育、水土保持、间作等问题，提出了许多有益的建议。

经过一段时间的摸索和调整，蹒跚起步的橡胶种植终于在 1957 年春天迎来了具有重要意义的时刻。是年，华南垦殖局植下的第一批橡胶树，流出第一滴胶乳。新中国橡胶事业的开拓者之一、国务院副总理陈云，亲临现场观看橡胶开割的历史性场景，并亲手割胶。①

随着垦区不断加强对作物科学种植和管理，广东橡胶垦殖得到快速发展。截至 1957 年，垦区橡胶种植面积达 92.81 万亩，共 2579.37 万株；开割面积 0.68 万亩，共 14.07 万株；年总产干胶 149 吨。② 新中国已具备自主培育、种植、加工、生产橡胶的能力，建立起天然橡胶生产基地。

新中国成立初期，华南橡胶垦殖的开拓有力保障了中国天然橡胶战略资源安全，为国防建设贡献了重要力量。这一历史事实突破了西方植胶权威"北纬 17 度以北不能种橡胶"的断言，成功地在北纬 18—24 度地区大面积种植橡胶，创造了国际种植业发展史上的奇迹。

□ 对抗美援朝的鼎力支持

1950 年 6 月 25 日，朝鲜内战爆发。美国政府从其全球战略和冷战思维出发，作出武装干涉朝鲜内战的决定，并派遣第七舰队入侵台湾海峡，公然侵犯中国主权，严重威胁刚刚诞生不久的中华人民共和国政权。应朝鲜党和政府请求，中共中央和中央人民政府以非凡气魄和胆略作出抗美援朝、保家卫国的历史性决策。

---

① 谢显扬、温金荣：《从热带丛林耕耘出垦殖大军》，《中国农垦》2019 年第 6 期。

② 广东省地方史志编纂委员会编：《广东省志·农垦志》，广东人民出版社 1993 年版，第 117 - 123 页。

广东虽与朝鲜相隔遥远，但在"抗美援朝、保家卫国"的号召下，全省人民掀起了轰轰烈烈的抗美援朝运动。朝鲜战争爆发初期，华南分局及省市机关就组织广东各界民众，通过集会游行、和平签名等方式反对美帝国主义侵略朝鲜和中国台湾。1950年7月7日，中共中央华南分局、省直机关干部及广州市委、市政府召开大会，强烈谴责美帝国主义侵略朝鲜和中国台湾，并举行大规模的和平签名周活动。① 7月18日，成立广州市人民反对美国侵略中国台湾、朝鲜运动委员会，并宣布从23日起为全市反侵略运动周。② 8月1日晚，广州市军民4万多人在中山纪念堂举行庆祝八一建军节暨反对美国侵略中国台湾、朝鲜示威大会。大会通过《告全市同胞书》，随后举行火炬大游行。全省其他区域如东江区、珠江区、粤中区、北江区、潮汕区等，各界民众也组织反美侵略运动委员会，举行示威游行。广东省总工会筹备委员会、广东省农民协会、广东省妇女联合会筹备会等五大团体号召把签名运动扩展到农村去。8月21日，中国保卫世界和平大会广州分会与广州市人民反对美国侵略中国台湾、朝鲜运动委员会联合工作委员会在广州成立，由李章达担任主任。次日，《南方日报》发表社论，号召全省中小城镇和农村的广大民众，踊跃参加和平签名活动。至10月底，全省参加和平签名人数达1221万人。③

1950年10月7日，美国悍然越过三八线，大举进犯朝鲜北方，迅速向朝中边境推进，严重威胁中国国家安全。为了维护中国人民的根本利益和支援朝鲜人民统一祖国的正义斗争，在中国共产党领导下中国人民志愿军跨过鸭绿江，与朝鲜军民共同展开了保家卫国的战争。10月25日，中共中央连续发出关于在全国范围内开展抗美援朝运动的指示。中共中央华南分局迅速行动起来，带领广东各界人民开展各种形式的抗美援朝运动。1951年5月18日广东省抗美援朝分会成立，李章达任主席，李凡夫、杜国庠为副主席。广东省抗美援朝分会号召

① 《一致反对美帝新侵略》《昨日举行动员大会》，《南方日报》1950年7月8日。
② 《反侵略运动委员会成立》，《南方日报》1950年7月19日。
③ 广东省档案馆编：《岭南风云——新中国成立前后广东档案秘闻》，华南理工大学出版社2009年版，第168页。

各界民众迅速行动起来，更加深入地开展抗美援朝运动，"未普及的继续普及，已普及的深入持久地开展下去"。①

具体来说，广东各界开展的抗美援朝运动大体上包括以下四个方面：

一是组织声势浩大的宣传活动，揭露和控诉美帝国主义的侵略行径与战争罪行。为了让广大民众对美帝国主义发动战争的罪恶有清醒认识，广东各地通过组织群众集会、示威游行、宣传报道等形式，激发民众对美帝国主义的仇视情绪，培养爱国主义思想。宣传活动提出"三拥""三不""三视"口号，即"拥军、拥政、拥护土改"，"不听美国之音、不为美国服务、不买美国商品"，"仇视、鄙视、蔑视美帝国主义"。② 宣传方式也多种多样，如创作地方方言歌、连环画、张贴画、标语、戏剧、文艺汇演等。广州积极响应抗美援朝运动，其规模大、影响广，在整个华南地区起到带头与示范作用。1950 年抗美援朝宣传周中，广州全市 103 家学校 3 万多名师生和各个文工团连续三天到街道、工厂、郊区宣传演出；广州抗美援朝分会印发了十几万份反对美帝暴行及宣传抗美援朝的资料，并在电台播放同抗美援朝内容有关的新歌 19 首。其中，粤语歌《打倒美国鬼》在广州市民中广泛传唱。③ 1951 年 1 月 29 日，广州市举行示威游行，约 12 万人参加；12 日，广州市工商界举行示威游行，约 3 万人参加。至 1951 年 3 月，广州各界参加游行和控诉的有 50 多万人，各界召开大小控诉会约 300 次，参加群众逾 10 万人；写出慰劳信共 18615 封，寄出锦旗及绸质集体信 1667 面，慰劳品共 14950 件。④ 汕头、湛江、韶关、佛山、江门等地多次举行控诉和游行活动。仅在 1951 年"三八"节当天，全省就有 21 个城镇的 18 万余名妇女举行反对美国武装日本的示威。⑤ 有些

---

① 《继续开展抗美援朝运动》，《南方日报》1951 年 5 月 19 日。

② 叶剑英：《广东省土改、镇反、抗美援朝情况向毛主席的报告》（1951 年 3 月）。

③ 《中国共产党广州历史第二卷（1949—1978）》，中共党史出版社 2011 年版，第 35 页。

④ 广东省地方史志编纂委员会编：《广东省志·政治纪要》，广东人民出版社 2004 年版，第 152 页。

⑤ 华南分局：《关于抗美援朝运动向中央和中南局的综合报告》（1951 年 4 月 1 日）。

妇女将爱国公约贴在过去贴财神的门板上，使人朝夕出入，随时看到，牢记不忘。同年的"五一"劳动节，广州约50万人参加游行大会，叶剑英、谭政、方方、古大存、李章达、朱光等华南分局和广州市领导人参加，大会通过《反对美帝重新武装日本，拥护缔结和平公约》的决议。随后，全省各地也发动了大规模的示威游行活动，人数达1147万人。[1] 有的地方还举办时事学习班，如东莞全县半数以上的群众参加了抗美援朝爱国主义学习运动，韶关市经常参加时事学习的机关干部、学生、工人有4000多人。各地政府还组织群众收听中国人民志愿军英雄事迹的报告及广播，极大地鼓舞了广东人民争取抗美援朝胜利的信心。

二是军民广泛发动起来，以实际行动赴朝参战。全省党、政、军、民各界以及驻广东部队广大指战员踊跃报名参加志愿军，仅两广纵队就抽调3000多名战斗骨干参加志愿军；有的复员军人还要求重返战场抗击美军；青年学生和社会青年踊跃参加军事干部学校。据统计，从1950年12月至1951年8月，广州市共有2.2万多人报名投考军事干校，被批准录取3271人，分别输送到陆军、空军成为通信兵、铁道兵等兵种。[2] 1950年至1954年，东莞平均每年有500多名青年应征入伍。在1951年军事干校的三次招生中，东莞有581人被录取。[3] 至1951年年底，兴梅地区共有2000多人分别被输送到人民解放军陆、海、空军和志愿军十九兵团。[4] 全省共有5.7万名青年志愿报名参加各种军事干部学校，有6500多人志愿赴朝。[5] 全省先后有铁路员工、

---

[1] 广东省抗美援朝分会：《关于抗美援朝保家卫国运动十个月来的工作报告》（1951年8月31日）。

[2] 共青团广州市委：《广州市学生参加军干校统计表》，1951年3月17日；《青年学生参加军干校人数统计表》，1951年7月。

[3] 《中国共产党东莞历史第二卷（1949—1978）》，中共党史出版社2016年版，第29页。

[4] 《中国共产党梅州历史第二卷（1949—1978）》，中共党史出版社2018年版，第33页。

[5] 《中国共产党广东历史第二卷（1949—1978）》，中共党史出版社2014年版，第61页。

汽车司机和医务工作者 630 多人组成支援朝鲜工作队和医疗队先后出发至前线，并开展了卓有成效的工作。

三是发动全社会开展捐款捐物支援抗美援朝。全省各界民众在广东省、广州市抗美援朝分会的发动和组织下，积极响应中国人民抗美援朝总会发出的募捐号召，订立爱国公约，以高涨的热情捐献财物，为前线踊跃捐款购买飞机、大炮、棉衣、棉被、干粮等战斗武器和生活用品。在捐献过程中，广东各地出现了许多感人事例。尽管当时很多人自身收入微薄，但他们都尽绵薄之力参与捐献。有人将留存半年的津贴捐献出来，学生则捐零用钱，侨眷侨属则捐侨汇，连孩童也把压岁钱捐献出来，甚至有人捐出婚庆专用的金饰和棉被。此外，教授和作家捐献稿费，演员艺人走上街头义演、义画，儿童参加义卖。爱国华侨和港澳同胞也纷纷捐款捐物。据统计，至 1952 年 5 月，广州人民捐献达 1064 亿元（旧币），可购买战斗机 71 架。全省其他地区如汕头、湛江、韶关、佛山、江门等地也捐献了大量财物。至 1951 年年底，北江地区捐献飞机大炮款共计 198.73 多亿元（旧币），可购 13 架战斗机。[1] 韶关市和曲江、南雄、英德、清远、连县等县，均收到可购超过 1 架战斗机的捐款额。至 1952 年 5 月，全省人民捐献武器款 2159 万元，捐献了 100 架以上的战斗机、10 门高射炮、3 门大炮。捐献活动不仅从物质上支援了前线战士，也给予他们精神上巨大的鼓舞，其价值超越单纯物质价值。

在捐献活动中，各行各业结合自身工作，开展增产节约，制订爱国公约，开展劳动竞赛和爱国卫生运动，把人民群众的热情引导到日常生产和工作中去。工农大众响应毛泽东主席发出的"增加生产，厉行节约，以支持中国人民志愿军"的号召，开展了热火朝天的增产节约运动。工人提出了"工厂就是战场，机器就是枪炮"的战斗口号，发挥生产积极性和创造性，为国家增产节约了大量财富，保证了国民经济的恢复和发展，及时而充分地供应前线需要。农民提出"有人出

---

① 旧币指旧人民币，1 亿元折合新人民币 1 万元。当时以捐款 15 亿元折算为一架战斗机。参见《中国共产党韶关历史第二卷（1949—1978）》，中共党史出版社 2013 年版，第 33 页。

人，有粮出粮"的口号，开展农业爱国增产竞赛运动，努力提高产量，恢复和发展农业生产，为确保前线的粮食供应作贡献。广州市有56 个工厂、共 1.3 万人参加劳动竞赛。广州妇女界发动支前加工，完成棉被 7.87 万张、袜 8.7 万双，送往赴朝参战的志愿军部队；东江博罗县响水乡在 3 天内完成秋季公粮征收任务；顺德县超额完成粮食秋征任务；东莞糖厂在开展增产节约运动后，半个月内增产 19.8 万元，技术标准突破历年纪录。[①] 增产节约运动涌现了一批革新能手和先进人物，他们推动了工农业生产的发展，促进了经济的恢复和增长。工商界发起爱国完税运动，广州工商界在 10 天内清缴欠税 300 多万元，汕头、湛江、佛山等许多市镇的工商界在"月税月清，履行爱国公约""反对美帝武装日本，赶快完成交税任务"的号召下，依期纳税，或集体纳税。[②] 这些都保证了税收任务的完成，并有助于金融物价的稳定。

四是开展优待烈军属、抚恤伤残军人活动。各个组织和社团通过慰问烈军属以及成立荣誉军人学校、发放伤残抚恤金、安置荣誉军人等活动，提高烈军属社会地位，解决他们的实际困难，解决前线军人们的后顾之忧。如 1951 年元旦期间，以李章达为首的广州市民主党派人士，携带集体签名信件及慰问物品，前往驻广州市的人民解放军营区进行慰问；同时欢迎援朝归来的医疗队医生，大家欢庆一堂预祝抗美援朝取得胜利。这些慰问和优待抚恤行为，极大地鼓舞了士气，有力地支援了前线的作战。

广东人民在党的带领下，积极投身于抗美援朝，为抗美援朝的伟大胜利作出巨大的贡献。在这一历史过程中，广东人民群众也接受了深刻的爱国主义教育，提高了思想觉悟，大大地激起了强烈的爱国主义精神，促使他们以更大的干劲投身到巩固新政权中去，以更大的热情投身到新中国的建设中去。

---

① 《中国共产党佛山历史第二卷（1949—1978）》，中共党史出版社 2012 年版，第 30 页。

② 华南分局：《关于抗美援朝运动向中央和中南局的综合报告》(1951 年 4 月 1 日)。

阅读链接

李章达对抗美援朝运动的支持

李章达是著名的民主主义革命活动家，被誉为"一个共产党旗帜下前进的积极战士""一个优秀的党外布尔什维克"。[①] 中华人民共和国成立后，李章达作为中国共产党的忠实战友和民主党派的重要领导人，团结各阶层人民，积极参加广东省的各项工作，其中包括抗美援朝运动。在李章达的带领下，广东省抗美援朝分会开展了卓有成效的工作。同时，李章达多次在不同的场合发言或撰文声援和支持抗美援朝运动，有力地推动了广东抗美援朝运动蓬勃发展。

1950年11月27日，为了更好地开展抗美援朝的宣传事宜，成立中国人民保卫世界和平反对美国侵略委员会广州分会（又称"抗美援朝分会"）李章达担任主席。同年年底，为了加强抗美援朝宣传，保证完成劳军任务，该会发出通知，号召全市各单位、各机关团体积极捐献。[②] 1951年5月，李章达担任广东省抗美援朝分会主席。在他的带领下，广东省和广州市的抗美援朝分会为抗美援朝做了大量的宣传和后备工作，为抗美援朝的胜利作出了重要贡献。

此外，在一些重要的公开场合，李章达也不忘勉励大家坚持抗美援朝。1951年2月21日，在拥护斯大林关于国际形势的谈话时，华南各民主党派发表谈话，李章达指出，要坚持和扩大抗美援朝保家卫国的运动，支援中国人民志愿军继续胜利进军，反对美帝单独对日媾和及重新武装日本的阴谋，在保卫和平反对侵略的斗争前哨作更大的努力。[③] 1951年3月28日，在庆祝华南联大成立的宴会上，李章达代表华南联大致辞，指出该校今后努力的方向，首先是为贯彻抗美援朝、土地改革和镇压反革命三大任务而斗争，并表示要坚决地负起政治任

[①] 陶铸：《悼念李章达先生》，《南方日报》1953年12月27日。

[②] 《加强抗美援朝 保证完成劳军捐献》，《联合报》1951年1月3日。

[③] 《拥护斯大林关于国际形势的谈话 华南各民主党派发表谈话》，《南方日报》1951年2月21日。

务。① 1951 年 4 月，李章达在民盟南方总支部的机关刊物《南方盟讯》创刊号上，发表了《以必胜的决心迎接斗争任务》的代发刊词，特别指出：在抗美援朝保家卫国、土地改革和镇压反革命的三大斗争中，"我们一定要巩固组织、发展组织、锻炼自己、团结和教育群众，在中国共产党的领导下，为完成这些艰巨任务，为巩固与扩大人民民主统一战线和保卫华南、建设伟大的祖国而斗争"。② 1952 年 6 月 25 日，在省、市各界代表举行的纪念大会上，李章达对美帝国主义一年来百般拖延破坏谈判、继续滥炸朝鲜的和平城市和人民等行径进行谴责，对志愿军取得的成绩给予肯定，号召全省、全市人民再接再厉，以更大的努力开展增产节约运动，继续支援中国人民志愿军，并和全世界爱好和平的人民团结在一起，为争取在公平合理的基础上和平解决朝鲜问题而奋斗到底。1952 年 8 月 28 日，朝鲜人民抗美战争图片展览会在广州展出，李章达以中国人民保卫世界和平反对美国侵略委员会广东省、广州市分会主席的身份撰文指出："两年来的战争现实有力地证明：骄横霸道、妄想吞并世界的美国侵略者是可以被打败的，爱好和平的人民对美国侵略者的战争冒险只有实行坚决的抵抗，才能实现维护和平的愿望。"③

　　李章达直到身患重病，仍然心系朝鲜战事。1953 年 9 月，他患病到京治疗，有同志前往医院探望，李章达向他们询问抗美援朝的情况。当他知道抗美援朝总会组织了 4000 多人准备赴朝慰问时，他好几次问到广东代表有哪些同志参加。④ 身为广东省和广州市的抗美援朝分会主席，李章达总是放不下对抗美援朝的牵挂。

　　① 《庆祝华南联大诞生　省文教厅欢宴全体员生工友代表》，《南方日报》1951 年 4 月 1 日。
　　② 韩毅之、欧贻宏：《南方民盟的先驱——李章达》，广东省政协委员会等合编：《民主先驱李章达》，广东人民出版社 1997 年版，第 72 页。
　　③ 李章达：《祝"朝鲜人民抗美战争图片展览会"的展出》，《南方日报》1952 年 8 月 28 日。
　　④ 廖钺：《忆李章达同志二三事》，《南方日报》1953 年 12 月 27 日。

□ 华南企业股份有限公司的创办

广东是全国最大的侨乡，在新中国成立初期就开始实施华侨投资优待政策，吸引华侨投资。1950 年广东省率先制定《华侨投资国内生产事业奖励办法》，1952 年成立以华南财经委员会为召集人的华侨投资指导小组，同时执行保护侨汇、重视对华侨的统战等工作，取得积极成效。同时，东南亚一些国家推行排华政策，使华侨在当时受到压迫和利益侵害，华侨从保障自身利益和支援新中国建设出发，踊跃回国投资办企业，广东于是成为华侨投资的重地。据中央华侨回国投资辅导委员会 1953 年秋的调查，华侨在广东投资的资金共有 762 万元，约占这个时期全国华侨投资总额的 69%。当时广东主要的侨资企业有华南企业股份有限公司、华侨工业建设股份有限公司等。

1950 年 5 月，海外华侨和港澳工商界爱国人士黄长水、陈祖沛、陈君冷、何贤、马万祺、司徒美堂等组织回乡观光团，在北京受到中央领导同志接见时，表达了乐意回乡投资，兴办各种实业，为新中国出点力的想法。与此同时，华南分局统战部和广东省商业厅有意成立一家公司吸引华侨和港澳同胞投资，双方不谋而合，经香港同胞、广东省商业厅副厅长邓文钊穿针引线，很快达成共识，决定成立公私合营的华南企业股份有限公司（简称"华企"）。

1951 年 2 月，华企在广州成立，它是广东省第一家吸收华侨和港澳商人投资的公私合营公司，属于政府部门直接管理的国家资本主义经济，由省商业厅公开领导。华企成立时公股占 30%，由省商业厅下属八大专业公司出资；私股占 70%，私股中有上海、广州、北京等内地小股民，更多的是港澳同胞与海外华侨投资，黄长水、陈祖沛、王宽诚、陈君冷、何贤、马万祺、蚁美厚、司徒美堂等都是华企的股东。华企在经营管理上采取董事长负责制，在第一届股东大会上邓文钊被选为董事长，蚁美厚、黄长水、陈君冷、陈鸣为副董事长。

华企采取"以商业为主，工业为副，以商养工，逐步转向工业"的经营方针，经营活动以进出口贸易为主，在广州进出口业内极有分量。华企利用其特殊地位和港澳关系，积极参加为国家抢运物资的工作，如 1951 年抢运交通和电讯器材进口，华企占整个进口额的 70%，其中抢购轮胎 4600 多套；1952 年朝鲜战争最激烈的时候，华企则大量抢运大小五金、橡胶、西药等物资，进口橡胶 487 吨、西林油 30 万支、肺针 60 万支。除了进口，华企还办理出口业务为国家争取外汇。从 1951 年至 1953 年 9 月，出口土特产 232 批，总值 2105 万港元；1952 年代理 340 多家商号出口数百种农业副产品和小手工业品，解决了一大部分小手工业者的困难。

在经营商业为主的同时，华企认识到工业是国家建设的方向，逐年增加对工业的投资。1951 年投资工业资金占总投资额的 13.29%，1952 年增至 17.45%，1953 年更增至 31.40%。华企经营的主要是农副产品加工厂，包括三联纱绸行、南方针织厂、华南松香厂、东莞粉厂、华南糖厂等。工厂赚钱不多，有些甚至亏本，截至 1953 年 2 月，纱绸厂盈利 1.67 万元，针织厂盈利 0.48 万元，松香厂亏损 0.22 万元，粉厂亏损 1.51 万元。虽然工业效益不太好，但这些工厂在政治上起了相当作用，使数以万计的农民直接受益，促进城乡交流，对解决劳动就业亦有帮助。

由于经营管理得当，商业效益高，华企切实保障了股东利益，实现了保本保值、每年派息、按股分红。1952 年年终结算，股东红利达到 24%，鼓舞了华侨和港澳同胞投资国内经济建设的信心，吸引了更多海外工商界人士回国投资。1951 年华企总收股金 255 万元，1952 年增至 327 万元，1953 年增至 442 万元，呈现出一片兴旺景象，中央有关方面也称赞华企的做法，说它是"公私合营的样板"。①

在经济和政治上取得成效的同时，华企自身也存在某些问题。1953 年 7 月，省监委、省财委、省商业厅及华南分局统战部等单位组成联合检查组，对华企进行全面检查，认定华企犯有资本主义经营方针、破坏外汇管理政策、被资产阶级夺取领导权等三大错误，给予罚款 45 万元。在对华企处以罚款的同时，将华企由省商业厅移交给省工业厅领导，董事长负责制改为总经理负责制，总经理由公方选派，资金也大部分转向工业。

---

① 邓广殷：《我的父亲邓文钊》，中国文史出版社 1998 年版，第 81 页。

这次事件使华企深受打击，加上在抗美援朝结束后，政府对私商采取收缩政策，华企贸易方面大大萎缩，而工业方面一直没有大的起色，从 1953 年起开始亏本，此后一蹶不振。1955 年，华企并入华侨投资公司，经调整后成为专营进出口业务的专业公司。1980 年，中共广东省委组织联合复查小组，认定华企在领导权和经营方针上没有问题，但有违反国家外汇管理的相关规定。经中央纪律检查委员会同意，1981 年省委为华企平反、恢复名誉，认为"华企的功绩是显著的。该公司在促进城乡互助，内外交流，恢复和发展国民经济，支援抗美援朝等方面，都做出了很多的贡献。同时，在宣传公私合营企业的优越性，争取华侨和港澳同胞回来投资，参加祖国社会主义建设，扩大革命的爱国统一战线方面也起了积极的作用"①。

阅读链接

华建公司的成立

新中国成立初期，广东除了成立了华南企业股份有限公司，当时兴办的较有影响的华侨投资企业还有华侨工业建设股份有限公司（简称"华建"）。该公司是以黄洁、王源兴、薛两清、李祝朝等为首的印尼华侨回国投资的公私合营企业。1951 年 8 月筹备处即告成立，筹备处期间采用责任董事制，由董事会黄洁等掌握一切事权。1953 年 2 月华建正式成立，直接受省工业厅领导，实行责任总经理制，公股代表人杜伦任总经理和麻袋厂厂长等职，私股主要代表人均参加企业的经营管理，黄洁、王源兴任正副董事长，薛两清、李祝朝任副总经理并分别兼工业部、贸易部经理。华建预定资本额 1000 万元，政府投资 30%，私人投资 70%，以华侨为募股对象。募股工作分三期进行，截至 1953 年 8 月，总股额已达 558 万元，其中公股 150 万元，私股 408 万元，是同时期公私合营侨资企业中规模最大的一家。华建下设工业、贸易两部，一开始就确定了"以工业为主，商业为辅，商业为工业服务"的发展方针。与华企分散经营 5 个中小型厂且多是接办、合办、

---

① 《关于公私合营华南企业股份有限公司事件的复查报告》（1980 年 8 月 10 日），广东省档案馆藏，档案号：230 - 4 - 333。

改建不同，华建的目标是要集中资金经营大型工厂，从购买机器到盖厂房都是从零开始，基础很扎实。华建麻袋厂历时两年筹建，1953 年 8 月投入生产，耗资约 400 万元。麻袋厂位于广州赤岗，颇具规模，拥有纺织机器 61 台，工人四五百人，附设一个精洗麻场。麻袋厂实行厂长负责制，按国营的经营管理办法进行管理。麻袋厂效益日益好转，1953 年生产 26 万条麻袋，获利 0.8 万元，1954 年全年生产 276 万条麻袋，获利 136 万元。麻袋厂转入生产后，吸引了许多归国华侨前来参观，给华侨留下了良好印象，有的华侨参观后即表示愿意投资。

华建于 1951 年 10 月即开展贸易业务，主要做蔗糖的国内购销，进出口极少。之后内贸、外贸都做，以外贸为主，业务重点在香港，通过在香港的分支机构中孚行配合政府抢运进出口物资。进口货以西药、交电、化染、大小五金、科学仪器等为主，出口货以豆类、粮食副产品、蔬菜、京果、药材、油脂等土特产为主。华建在贸易上获利丰厚，1952 年获利 62 万元，1953 年获利 48 万元。抗美援朝结束以后，国家加强对外贸易的统制，该公司的贸易业务日趋萎缩。1953 年 10 月中共中央正式向全国公布过渡时期总路线后，华建股东深感不安，担心投资被当作生产资料没收，成为全民所有，回国投资热情大减，私方经营情绪低落。1955 年 3 月，华建并入华侨投资公司，原计划工厂企业以华建名义管理，后来只有华建麻袋厂一直保留着华建的招牌。华建麻袋厂经营良好，是广州新建工业的一面旗帜，成为海外侨胞投资工商业建设的榜样。

□ 以人民币驱逐港币的斗争

在国民党统治期间，港币实际上是华南市场的主要流通和储藏手段，一度控制着广东的经济和金融命脉。在广东，港币流通主要集中在广州，素有"港币世界"之称。新中国成立后的广东，人民币替代港币成为必然。但是，怎样才能做到既驱逐港币，取之代以人民币，又稳定人民币币值，也不影响社会的稳定和经济的恢复重建呢？共产党是河边湿脚初试水，不知道水的深浅。广州解放之初，在华南分局①领导下，进行了一场金融战线上的攻坚战，打了一场漂亮的货币战。

解放前，广州十三行素有广州金融"华尔街"之称。十三行长期以来是封建买办官僚进行金银交易、投机倒把的场所，是进行黑市金融交易、投机炒卖的集中地。广州解放初期，十三行有 200 余家地下钱庄，买卖人民币，他们趁人民币在市场上立足未稳，任意抑损人民币信用。广州还有"剃刀门楣"② 500 多档，它们与地下钱庄互相呼应，兴风作浪。1950 年 1 月 21 日，华南分局第一书记叶剑英在给毛泽东主席的报告中写道：十三行及投机商人，秘密印发金融行情单。全市商人不依人民银行牌价，而依行情单牌价进行贸易。行情单上，称人民币为杂币，故意压低人民币比值，并造谣说解放军每个团都配有一台印钞机，支前司令部抛出大量票子抢购物资，煽动人们拒用人民币。

投机商捣乱金融秩序的行为使人心不稳，阻碍国家金融政策的顺利实施。投机分子为所欲为的状况再也不能继续下去，华南分局决定整治金融秩序。1950 年 12 月 1 日，在广州市第一届各界人民代表会议闭幕式上，叶剑英郑重地表示："广东的珠江三角洲好像是南中国的一扇大门。鸦片战争以后，帝国主义踢倒了它，一向门户洞开。他们要进就进，要出就出。现在，人民的主要任务就是要把大门修建起来，中心工作要从广州做起。"帝国主义和他们带来的港币，不能要进就进，要出就出，在广东为所欲为。

人民政府对金融投机分子"言出法随"。在华南分局、军管会和广州市委、市政府统一领导下，成立专门打击金融投机的领导机构，以公安局为主力，在工人、学生的支援下，通过各种关系，秘密了解全市地下钱庄和"剃刀门楣"的名称、街道、门牌、主管人、商业情况，搜集他们炒卖的行情单和票据的证据。经过 10 多天详细调查，确定了列入搜捕的地下钱庄和"剃刀门楣"的名单。

---

① 当时不设广东省委，华南分局领导广东、广西两省。
② 进出都要被剃一刀的意思，意指金钱在那里出入都要亏一把。

12月5日，广州市军管会组织各路人员2000多人在中山纪念堂秘密召开大会，副市长朱光在会上作了动员。朱光指出地下钱庄及"剃刀门楣"严重扰乱金融秩序，人民政府决定予以坚决的打击，取缔所有的非法金融点档，并号召与会人员立即投入打击金融投机的战斗。会上进行了分工，公安总局武装干部、工人、学生，负责扫荡地下钱庄，每个钱庄派3人（学生、工人、警察各1人）监视其活动，听到警报汽笛长鸣，就开始抓人；各区公安分局武装干部、学生负责查封"剃刀门楣"；市政府各局干部负责召开商人大会，向商人借钱，解释政策；市委、银行等部门和青年、妇女、学生等团体负责宣传运动。

下午2时，广州市公安局局长陈泊，副局长孙乐宜、陈坤带队，各路人员共6000多人分组突击检查，抄查十三行一带的地下钱庄，将地下钱庄负责人（经理、主管）和账目、银码等证据带走，财物则查存不动，留武装人员与原店人员共同看守，同时规定各人严守秘密。这次行动共查封170家钱庄，清理了549档"剃刀门楣"，抓获金融投机犯1016人，全部送到北较场第一监狱收押。这一行动历时两小时，市面安静如常。行动后半小时，人民币开始上涨。第二天，黑市与牌价看齐。对这次"金融战役"，市民齐声叫好，认为共产党有办法，能动员这么多工人、学生、妇女参加，出动6000多人，消息却没有于事前泄漏。12月9日，《南方日报》用醒目的大字标题登载"本市搜捕地下钱庄后，物价跌30%以上，币值稳定，物资来源日趋充裕"，市民争相购阅。敌对分子则曲意诽谤，香港的报纸对此事大肆渲染，编造了"叶剑英洗劫广州十三行"的"特大新闻"，借以蛊惑人心，引起社会混乱。

就在查封地下钱庄的同一天，广州市人民政府召开全市141个行业商人和商会代表共1200多人的会议，动员支前借款。会上，朱光向商人们阐明党的政策是保护合法的工商业，打击投机捣乱，银钱业可以经营，但炒卖投机则不容许。接着，朱光向商人提出借钱150万元，并讲明借钱是为了支援前线，而且保证借钱还钱，最终借到74.1668万元。这项措施为缩紧银根、稳定物价进一步创造了条件。次年2月13日至3月7日，市政府分三期将借款全部清还，此举也使那些不信任政府的商人从中受到了教育，看到了人民政府的信誉。

与此同时，驱逐港币，迫在眉睫。1950 年 2 月，以广州为中心，全省十几个主要城市同时开始宣传禁用港币，先在城市打乱港币的阵营，创造有利条件，然后逐渐推入乡村。1950 年 2 月 3 日，《南方日报》公布了广州市军管会发布的金字第二号布告，指出："香港币在本市流通，严重损害我国主权，破坏人民经济生活。现我华南金融贸易机构已经次第建立，禁用条件业已成熟，绝不能容许港币流通市场。今特明令宣布，自即日起，禁止港币及一切外币在辖区内市场流通使用及私相买卖。但为照顾人民利益，准予向中国人民银行各分支行兑换人民币使用，至 2 月 10 日后仍有使用或私相买卖港币及一切外币者，一律以破坏金融论处。"到年底，人民币成为广东流通的主要货币。

广东整顿金融秩序的斗争，相当于在金融战线上打了一场漂亮的攻坚战。整顿金融秩序之战的成功，奠定了党和人民政府在金融战线上的领导地位，结束了政治、经济和社会百业的混乱局面。

□ 广东十三县土地改革的试点

土地改革是取得全国执政地位后的共产党必须大力推进的重大任务。华北、东北地区在战争环境下搞土改，"打土豪、分田地"，事后看来，某些做法失之于偏激。北方老解放区的土改，是在农村包围城市的战略前提下进行的，为了配合革命战争，以疾风骤雨的手段推行。新中国成立后，革命战争已基本结束，共产党全国执政了，战争年代的土改办法和经验，有些已经不适合新的形势和新的地区了。

广东农村土改面临的状况，与其他省份有所不同。解放初期，广东有人口约 3000 万，[①] 其中农村人口占绝大多数。广东省虽然商品经济比较发达，但农业还是占全省国民收入的绝大部分。自然资源方面，

---

① 《叶剑英主席在广东省第一届人民代表会议报告》（1950 年 10 月 17 日），《广东省计划经济文件选编（1949—1962）》，广东省计划委员会《经济计划志》编辑室 1990 年内部编印，第 27 页。

广东山多平原少，耕地缺乏。解放初期，全省面积 22 万平方公里，其中山岭占了 60% 以上，而耕地只占全省总面积的 16%，为 5192 万亩。这少量的耕地分布还很不平衡，被以"公尝"为名所占土地比例大，占总耕地面积的 33%。耕地中，肥田沃地多被官僚豪绅、恶霸地主所占。广东沿海和平原地带约占全省总耕地面积 10% 的沙田和肥沃耕地，尽为官僚、军阀、恶霸地主以及"大天二"所占有。另外，华侨也拥有一定数量的土地。

从广东土改的对象来看，成分复杂。一是华侨多。全国 1000 万名华侨中，广东占了 600 多万人。华侨中又以劳动人民居多。很多人在国外辛苦劳作，积攒余钱，回家乡置几分薄地，给家人耕作，没有劳动力的就雇人耕作，作侨眷生活之用；建几间房子，给家人居住，或出租补贴家用。侨眷的生活相对好些。二是统战对象多。战争年代暗中支持共产党的国民党官员，以及支持和同情共产党的人士，他们在战争年代对共产党鼎力相助，共产党执政后是不能忘记他们的，对这些人是需要适当照顾的。三是农村中工商业从业人员多。这部分人的封建剥削较少，不能将他们等同于纯粹的封建地主看待。对上述人员如果不慎重处理，将会严重影响工商业的发展。因此，广东土地改革过程中，以叶剑英为首的华南分局对他们给予了适当的照顾。

在土地改革开始之前，华南分局和广东省人民政府就根据中央的指示，做了大量细致的调查研究、组织队伍和政策准备工作。全省开展清匪反霸、减租退押和整顿改造、扩充农村基层组织工作，培训土改干部。在此基础上，华南分局决定在 1950 年下半年开展土地改革工作。针对广东是解放新区、社会情况复杂、干部缺乏土改经验等情况，华南分局经过调查，提出"全省着眼，三县着手"，选择粤东地区兴宁、揭阳、龙川三个县作为探索广东土改路子的试点，以便积累经验，培训干部，然后再分期分批在全省铺开。

1950 年 6 月 19 日，华南分局决定成立广东省土地改革委员会。10 月 2 日，经中南局批复，广东省土地改革委员会以方方为主任，李坚真为副主任。1951 年 6 月，上级批准增补赵紫阳、陈冷为副主任。在此期间，各地、县均先后成立土地改革委员会，并由主要领导同志担任主任。1951 年 10 月，省土改工作团成立，总团长李坚真，副总团长罗明、林美南；党委书记李坚真，副书记林美南；廖伟、林美南、钟俊贤分别担任兴宁、揭阳、龙川三个分团团长。①

为了完成三县重点试验土改的工作，华南分局从分局党校及南方大学等单位抽调 1500 人组织土改工作团集中选练，同时要求潮汕、兴梅、东江三个地委以及揭阳、兴宁、龙川三个县抽调当地干部共 1000 多人，组成一支强有力的土改干部队伍。②

从 1950 年 10 月开始，兴宁、揭阳、龙川三县土改试点分三批展开：从 1950 年 10 月 20 日至 12 月 10 日，先在兴宁县宁新乡、光复乡、浮东乡，揭阳县云路乡、龙砂乡，龙川县登云乡、瑶亨乡、丰稔乡，共 8 个乡进行土改试点；从 1950 年 12 月 10 日至 1951 年 1 月 20 日，扩大试点，在三县逐步推开；从 1951 年 1 月 20 日开始在三县全面铺开，至次年 3 月初结束。

土改工作的步骤大致分三步进行。首先是宣传动员、发动群众。土改工作队深入农村，扎根串联，与贫雇农同住、同吃、同劳动，进行情况摸底；通过召开各种类型会议，宣传党的土改政策，发动群众，组织阶级队伍，建立贫雇农主席团和农民协会；通过贫雇农去团结广大农民群众，与地主阶级进行斗争。在群众发动起来后，开始划分阶级。在阶级划分过程中，工作队以"四看三防"（即看占有、看使用、看剥削、看劳动；防高、防低、防折中）为尺度，以保证划分阶级成分的准确、公正。阶级划分采取先划剥削阶级，后划中农、贫雇农。划分时采取自报公议的办法，先由本人自报，评议小组组织群众评议、出榜定榜，最后报上级批准。接着进入没收、征收和分配土地。三县各乡成立土地改革没收征收委员会，各村成立相应的小组。地主的地契、债据、农具、耕牛、多余粮食和房屋等被没收；工商业者兼地主或华侨兼地主，雇人耕种或出租的土地以及高利贷被没收，属于工商

---

① 《广东省人民政府关于本省土地改革工作团及分团负责人选的通知》（1950 年 10 月 6 日），《广东省土地改革运动史料汇编（1950—1953）》，中共广东省委党史研究室、广东省档案馆 1999 年内部编印，第 47 页。

② 《华南分局关于集中揭、兴、龙三县重点试验土改的指示》（1950 年 9 月 11 日），《广东省土地改革运动史料汇编（1950—1953）》，中共广东省委党史研究室、广东省档案馆 1999 年内部编印，第 46 页。

业部分和华侨房屋不动；没收公尝田，但对公尝田的出租人，则按其本人实际情况划分成分。[1] 最后，各村成立土改成果分配委员会，分配土地等胜利果实。分配的原则是按人口平均分配，方法是照顾原耕者，在原耕基础上抽多补少，抽肥补瘦。[2]

三县在土改过程中，认真贯彻中央和华南分局制定的一系列方针政策，对土改中出现的问题审慎处理，稳步前进，取得比较好的效果。一是通过土改发动群众，摧毁了封建剥削的经济基础，消灭地主阶级，解放了农村生产力。兴宁、揭阳、龙川三县地主占有的土地，分别从土改前的 34.4%、40%、45% 下降到 1.6%、3%、4.4%。三县土改后地主的土地均低于全县人均占有的土地数，更低于贫雇农人均占有的土地数。经过土改，改变了长期束缚农村生产力的生产关系，促进了农业生产的发展。[3] 二是保护了各个阶层劳动人民的合法权益，有利于团结各基层的劳动人民。三县在土改过程中，注意贯彻保护华侨和工商业的政策，基本没有出现侵犯华侨利益和工商业的偏差现象。富农出租部分，因土地缺乏，在当地农民坚决要求下实行征收分配，但富农自营部分则给予保护。个别区乡出现发动富农献田的事件，马上给予纠正。三县都属于人多地少地区，劳动力过剩，失业失学人员特别多。对此，工作队尽量给予照顾，想尽办法争取他们参加工作，并在条件许可的地方，分给一份或半份土地，让他们得以谋生计。三是提高农民的思想觉悟。三县在土改试点过程中，较好地处理农村封建宗派矛盾纠纷。土改工作队对村与村之间、宗族与宗族之间的矛盾，采取多种措施，加以正确处理，打破农民的宗法观念，基本消除长期存在的房界、姓界之间的械斗，增强农民的团结。广大农民政治思想觉悟空前提高，积极响应党和政府的各项号召。土改结束后三县参军的有 4025 人，为保卫新中国、保卫胜利果实作贡献。兴宁县出动 26.8 万人参加修建国防公路，完成 103 公里的筑路任务，建桥 113 座，涵

---

① 《中国共产党广东历史第二卷（1949—1978）》，中共党史出版社 2014 年版，第 72 页。

② 《李坚真回忆录》，中共党史出版社 1991 年版，第 204 页。

③ 《李坚真回忆录》，中共党史出版社 1991 年版，第 210–211 页。

洞 122 个。① 四是巩固了人民民主专政。土改过程中，清匪反霸，肃清各种反动会道门组织，收缴残存在农村的枪支弹药；平时为所欲为的地主、土匪、恶霸有的被关押，有的被管制，有的被镇压；各乡、村建立人民政权，成立治安小组，调查匪特，维持社会治安，人民民主专政得到巩固，社会治安日趋稳定。五是通过土改试点工作，培养了一批干部，为随后的土改工作奠定组织基础。

在广东土改工作进行得如火如荼之际，国际形势发生了重大变化。1950 年 6 月，朝鲜战争爆发。鉴于抗美援朝的紧张形势，中共中央和毛泽东多次发出指示，敦促广东迅速扩大土改区域，以便尽快安定内部，以腾出手来应对外部威胁。在此情况下，华南分局加快了土改步伐。1950 年 11 月，华南分局提出除原来的揭阳、龙川、兴宁 3 个县外，增加普宁、丰顺、惠阳、曲江、英德、遂溪、宝安、鹤山等 8 个县，与之前的兴宁、揭阳、龙川加起来共 11 个县。②

1951 年 1 月 10 日至 20 日，广东召开全省各专区及 11 个土改县土改负责干部会议。会议对土改的情况进行分析，讨论土改的方针、步骤与计划，同时总结经验，并布置今后土改工作。这次会议认为 11 个试点县的土改工作"基本上是有成绩的，缺点虽多，偏向不大"；同时也创造了一些经验，"虽然还不够完整和全面，但都是干部自身体验与创造出来的，对今后工作有实际帮助"。③ 同年 2 月，华南分局决定增加河源县和地处海防前线的南澳县为土改试点县。至此，土改试点县扩大到 13 个县、538 万人口地区。海南岛于 2 月中旬在 56 个乡进行土改试点工作。广州市郊区及其他一些县也开展了土改试点工作。

13 个试点县的土改，贯彻中共中央和华南分局制定的一系列方针政策，运动的发展基本上是健康的，也取得不少成就，但也存在一些

---

① 《李坚真回忆录》，中共党史出版社 1991 年版，第 211 页。

② 《华南分局关于广东土改区初步决定的报告》（1950 年 11 月 24 日），《广东省土地改革运动史料汇编（1950—1953）》，中共广东省委党史研究室、广东省档案馆 1999 年内部编印，第 102 页。

③ 《广东省人民政府关于土改、镇反、秋征等工作综合报告》（1951 年 3 月 15 日），《广东省土地改革运动史料汇编（1950—1953）》，中共广东省委党史研究室、广东省档案馆 1999 年内部编印，第 245 页。

缺点。比如，有些地方没有深入动员贫雇农，农民发动不够充分；不善于运用合法斗争，工作方法简单粗暴；有些地方出现有违背政策的做法，如鹤山县就曾一度发生乱封门、乱斗争、乱打人、宰杀家畜、大吃大喝等现象。[①] 13 个土改县的上述缺点是个别的，不普遍，而且很快便加以纠正。至 1951 年 4 月，全省土改试点工作基本完成。

□ 农村退社风潮的妥善化解

1955 年，中国农业合作化进程开始进入建立高级农业合作社（简称"高级社"）阶段。受当时"左"的思潮和做法的影响，广东不断地加快建立高级社的步伐。

相比较初级社，高级社对入社的要求更为严格。高级社要求社员把私有的土地无偿转归高级社集体所有，取消土地报酬；社员私有的牲畜、大型农具和合作社需要的副业工具，折价转归合作社所有，一般分期 3 年，最长不超过 5 年将价款清还给本主；对于社员私有的山林、果树折价归社。在此种情况下，农业合作社高级化进程的过快发展，引起许多农民的恐慌，害怕对林木、牲畜的收购价格太低，自己所有的资产蒙受损失，纷纷砍伐山林、出卖宰杀牲畜。例如，英德县一二区新佳乡社主任与三区仙水乡的村党支部副书记甚至带领社员一起砍掉 1000 多株树；阳江县胡荔社的生产队队长听说要转入高级社，即发动社员挖番薯 47 亩。诸如此类的事在全省各地时有发生。

与此同时，农民土地分红被取消，完全实行按劳分配，副业得不到发展，这就影响到部分劳动力较弱的农户利益，导致农民收入下降，使他们产生消极抵触情绪。有的农户入社后不情愿，不出勤，生产没法进行。电白县郁头鹅乡李某荣全家 7 口人，只有他一个劳动力，入高级社后情绪偏低，劳动不积极，还串联了四五十户不出勤，曾经有

---

① 《中国共产党广东历史第二卷（1949—1978）》，中共党史出版社 2014 年版，第 74 页。

组织地 5 次到县委合作部要求"批准退社"。[1]

扩社、转社、并社推进的速度过快还引发了其他问题。高级社方面，仓促地转社、并社打乱了原有的生产计划。例如，中山、新会有些社在转社后原有的小社在播种，使另一些小社不能入泥，整个生产布置计划不同，影响了生产工作顺利进行。[2] 还有很多初级社尚未制订生产计划，耕作区还没有划分就匆忙进入高级社。

各种问题终于导致闹社退社风潮的出现。1956 年上半年，广东出现了较大规模的退社风潮。4—5 月，湛江地区 7 个县中的 1213 个社发生闹社和退社现象，有 3257 户社员退社。5—6 月，中山、南海、顺德三县部分社员不断到省城要求批准退社。

面对全省各地的退社风潮，广东省委制定出一系列的方针政策，平息退社风潮，并从 1956 年冬到 1957 年夏，结合整社运动，解决各项政策遗留问题，派出大批有一定工作经验的干部驻社，帮助各地合作社建立健全经营管理制度。

在高级社的管理制度方面，全省各地推行大包工制，调动农民生产积极性。合作社把一定产量任务和应付的工分数以及合作社应开支的生产费用包给生产队，年终结算，超产受奖，如因管理不善减产则受罚；节余劳动工分和费用归生产队支配，超支由生产队负担。此举称为"三包一奖"制。可见，合作社由小包工制过渡到大包工制，能更好地调动农民生产的积极性，使社员对生产的最终结果——产量负责，保证生产计划的全面完成。以曲江县阳岗农业生产合作社为例，该县采用此种制度后，社员积极地堆积肥料、改良土质，在很短时间内将 100 多亩坏田变为好田；在实行计件制之前，全社 671 个劳动力只有 293 个出勤，实行以后有 644 个出勤；在劳动生产率方面，在没实行个人计件制的时候，一个有 10 人的生产小组，一个上午至多耕田

---

① 王占鳌：《中共广东省委农村工作部转批王占鳌同志对郁头鹅乡退社情况及解决问题的作法向湛江地委和电白县委的报告》（1956 年 8 月 22 日），广东省档案馆藏，档案号：217 - 1 - 8。

② 中共广东省委农村部第二处：《电话情况综合》（1956 年 2 月 24 日），广东省档案馆藏，档案号：217 - 1 - 8。

2亩1分5厘，平均每人2分1厘；实行个人计件制之后，夫妻两人一个上午就能耕田9分。①

在经营方式方面，省委根据中央精神，发文要求各地发展副业，增加农民的收入。各地根据省委文件的精神，结合该地区的情况有计划地发展副业。中山县39个合作社开展了多种经营。花县、三水、恩平、鹤山大部分是山区，适当地扩大种植经济作物和大力发展副业生产；顺德县和其他各县，则以种植经济作物为主，同时搞好粮食生产。② 有的地方还合理安排时间，让农民有更多空闲时间可以从事副业生产。惠阳县大光乡农林畜牧合作社管理委员会决定每月抽出4天时间让社员们进行家庭副业生产。此外，该社又规定，凡是提前完成社里5天排工计划的，剩余的时间也由社员自己支配。③

副业的发展，增加了农民的收入。连山县发展副业，全县95%的社员增加了收入。广宁县全县609个农业生产合作社在半个月中进行采松香、砍柴、破篾、砍竹、做枕木等30多种副业，共收入533660元。④ 河源县东方红农业社从1120个劳动力中抽出118个进行织竹笠、烧缸瓦、烧石灰、养猪、养鸭、养鱼等副业，全年副业可收入约49000元，占全年农业总收入的22%。⑤ 副业发展了，农民收入增加了，提高了农民的生产积极性，增强了合作社的吸引力，不少退社的农民和单干户又要求入社。⑥

在分配方式方面，进行新分配方式的探索，兼顾公私利益。分配关系着社员切身利益，能否解决好分配问题对于合作社的巩固来说关系重大。对此，省委贯彻中央的指示，1956年合作社农、副业的收入，除去合作社的生产投资、公积金、公益金、公粮负担和部分副业的税收，分给社员个人的实际收益应当占总收入的65%—70%；要做到90%的社员增加收入，10%的社员不减少收入，也即是要按照公私

---

① 《切实做好整顿农业生产合作社的工作》，《南方日报》1956年5月24日。
② 《正确执行全面发展农业生产方针》，《南方日报》1956年9月12日。
③ 《让社员有时间经营家庭副业》，《南方日报》1956年6月8日。
④ 《广宁县合作社经营副业收入53万多元》，《南方日报》1956年6月7日。
⑤ 《全面发展生产增加社员收入》，《南方日报》1956年5月19日。
⑥ 《重新入社》，《南方日报》1956年12月27日。

兼顾，少扣多分，按劳计酬进行分配，① 粮食则按照多劳多得进行分配。各地按照这一指示进行分配，农民的收入普遍有所增加。新会县杜阮区龙榜乡一连进行了 3 次分配，把全年总收入的 66.2% 分给社员，每个劳动日可以分得 1.05 元，比上年每个劳动日的报酬增加了一倍多。②

除了切实加强经营管理，省委面对闹社退社风潮，从大局出发，颁布一系列的措施进行疏导。省委先后发出《关于农业生产合作社升级并社、整社工作的指示》《关于合作运动中保护生产的指示》《关于农业生产合作社升级并社若干具体政策问题的意见》和《关于农业生产合作社升级并社的六项政策》等文件，就村民的山林、果树等折价问题作出规定，要求合理定价，不可过低；对于社员的自留地也要按照规定留给村民，过少过坏的自留地要进行补足和调整；对"五保户"、侨眷等要从公益金中给予照顾外，还可以保留付给 5% 的土地报酬；对于单干户或退社的单干户不要硬性强迫他们加入合作社。省委这些措施是合理而且恰当的，能有效保护农民应得的经济利益；对闹社退社风潮的准确定性，遏制了闹社退社风潮向阶级斗争方向发展，有利于正确处理各阶层的矛盾，巩固合作社。

阅读链接

汪汉国互助组的发展

汪汉国，1912 年出生于揭阳县九斗埔村（今揭西美德村）。1952年 3 月，汪汉国加入中国共产党，历任农业生产互助组组长，美德乡第一农业生产合作社主任，揭西县林业副局长。1952 年 5 月，农业部授予汪汉国"全国农业劳动模范"称号。③

自幼饱受地主剥削的汪汉国对于共产党有着深厚的感情。解放初

---

① 《少扣多分，多劳多得》，《南方日报》1956 年 6 月 24 日；《农业生产合作社分配政策的解说》，《南方日报》1956 年 6 月 28 日。

② 《合理分配，多劳多得，人人欢喜》，《南方日报》1956 年 6 月 27 日。

③ 孙锐卿主编：《揭阳市工会志》，广东人民出版社 2011 年版，第 170 页。一说法为 1951 年获得"农业丰产模范"称号。参见广东省地方史志编纂委员会编：《广东省志·农业志》，广东人民出版社 2002 版，第 689 页。

期，广东实行土地改革，他工作积极，踏实肯干，被选为乡村干部。汪汉国所在的揭阳县九斗埔，于 1951 年 2 月也顺利地完成了土改，易名为"美德乡"，寄寓农民翻身过美好生活的意思。汪汉国一家也分到了土地。

有了土地，如何耕好地、种好地摆在面前。汪汉国上有年迈的父母，下有幼小的儿女，他是家里最主要的劳动力，又是村里的干部，平时除了干农活，还要到村里开会。同时，耕作也需要一定资金、耕牛和农具等。当时村里一些分到地的农民，也面临着和汪汉国一样的难题。面对困难，汪汉国没有气馁，而是积极思考，寻求解决的办法。此时，山西李顺达领导下的互助组向全国发起了爱国丰产竞赛运动的倡议。具有较高思想觉悟的汪汉国，从李顺达的事迹中受到启发，意识到只有把农民联合起来，走集体化道路，才能够真正摆脱贫穷，增加收入，让农民过上好日子。在县委的鼓励下，他带头把同村的 5 户人家组织起来，成立了潮汕地区第一个互助组。[①] 汪汉国互助组向李顺达互助组发出挑战，提出第一年水稻亩产提高 10% 的口号。[②]

在汪汉国的带领下，互助组根据党中央"组织起来，发展生产"的指示精神，实行集中领导、集体劳动，通过提高农民的政治觉悟、团结互助、改良技术、增加产量等措施把农业生产发展起来，第一年全合作组超额完成爱国增产计划，增产 30%，远远超过了当初增产 10% 的目标。汪汉国互助组被评为 1951 年全国双季水稻丰产模范互助组。[③]

汪汉国对于走社会主义道路有着坚定的信心。1952 年，汪汉国到苏联参观学习。回国后，县委宣传部部长问他在苏联看见了什么，他

---

① 中国人民政治协商会议揭阳市委员会文史学习委员会编：《揭阳文史》第 3 辑，揭阳市政协文史委员会 1996 年内部编印，第 144 页。

② 陈美清、邹料花：《共同富裕的一面旗帜——汪汉国农业互助组的诞生和发展》，《潮汕党史》1991 年第 2 期。

③ 中国人民政治协商会议揭阳市委员会文史学习委员会编：《揭阳文史》第 3 辑，揭阳市政协文史委员会 1996 年内部编印，第 145 页。

坚定地说："我看到了社会主义。"① 这次参观，对汪汉国的影响很大。从 1953 年开始，汪汉国开始酝酿办农业生产合作社。合作社创办过程必须解决"土地入股"的问题，为了照顾农民的利益，他让参加合作社的社员保留一小部分土地自行种植，顺利地解决了土地入股问题。1954 年 1 月 30 日，汪汉国农业合作社在美德乡成立。合作社成立后，汪汉国立即对劳动组织进行调整，把劳动力进行分类，编成生产小队，制定新的管理制度，实行包工生产。汪汉国农业生产合作社社员们的积极性得到了充分的发挥，丰收喜讯频传。

汪汉国互助组的创办到合作社的诞生和发展，是建立社会主义制度伟大历程的一个精彩缩影，汪汉国成为广东省农业合作化运动的一面旗帜。在建设社会主义的实践中，作为农民的儿子，作为一名共产党员，汪汉国身上始终闪耀着共产党人不怕苦、不畏难、热爱党、热爱社会主义的优良品质。

---

① 深圳市龙华新区羊台山文史研究会编：《深圳往事——龙华史话（1949—1979）》，羊城晚报出版社 2015 年版，第 42 页。

第七章

社会主义建设的探索

历 史 概 说

从 1956 年 9 月中共八大召开至 1966 年 5 月 "文化大革命" 前的十年，是广东省委带领全省人民开始全面建设社会主义的十年，是党对建设社会主义道路进行艰辛探索的十年。这十年间，在中共中央领导下，广东转入大规模的社会主义建设，在农业、工业、文教、卫生、科技等各方面取得了较大的成就。广东省委在这个波澜壮阔的历史进程中，制定了一系列符合本省实际的方针政策，积累了开展社会主义建设的实践经验，建立了一定的物质技术基础，培养了大批经济文化建设的骨干力量。

但在此期间，由于 "左" 倾错误的影响，广东仍然把阶级斗争当作主要矛盾，政治运动不断，相继开展了 1957 年反右派和反 "地方主义" 斗争，1958 年的 "大跃进" 和人民公社化运动，1959 年的 "反右倾" 斗争以及 1963 年至 1966 年的 "四清" 运动，等等。特别是 1958 年，由于对建设社会主义的长期性、复杂性和艰巨性认识不足，广东在经济工作的指导上违背了客观规律，离开了深入调查研究、一切经过实践的原则，脱离实际，超越阶段，犯了在经济建设速度上急躁冒进、在所有制问题上盲目追求 "一大二公" 的失误。这些失误，使广东和国内许多地方一样出现了三年严重经济困难，国民经济发展遭受严重挫折。

从 1961 年起，广东省委坚决贯彻执行中共中央制定的 "调整、巩固、充实、提高" 八字方针，认真总结经验教训，纠正 "左" 的错误，调整各项政策，对国民经济进行全面的调整。同时，结合省情，在农业方面进行了生产责任制的探索，在工业方面进行了管理体制改革的尝试，推广清远 "洲心经验"，为知识分子 "脱帽加冕"，开展边境小额贸易等等。广东省委带领全省人民同甘共苦，艰苦奋斗，以坚强的意志和高度的组织性，战胜了严重的经济困难，渡过了难关，胜利完成了调整国民经济的任务，使经济和社会得到一定的恢复和发展。

要 事 本 末

□ 首届广交会的创办

第二次世界大战结束后，以美国为首的西方资本主义国家对苏联及其他社会主义国家采取"封锁"和"禁运"政策。1950年朝鲜战争爆发后，西方敌对阵营对中国的"封锁"和"禁运"进一步升级，给中国经济建设和人民社会生活造成巨大困难。1951年5月，美国操纵联合国通过《实施对中国禁运的决议》，进一步加强对中国制裁和遏制，强迫其他国家对中国禁运武器、原子能材料、战争用品、弹药、石油、运输器材等1000多种"战略物资"。1952年，美国在"巴统"设立"中国委员会"，开列更加苛刻的"中国禁单"。当时许多国家正在接受"美援"，被裹胁加入对华禁运。据统计，截至1953年3月，对中国实施禁运的国家达到45个。[①]

在新中国建立的前几年，中国被迫采取"一边倒"的外贸方式，主要和以苏联为首的社会主义国家开展贸易。然而，随着国际时局的变迁和经贸往来的扩大，这种贸易局面开始陷入困境。苏联的大国沙文主义影响、中国与苏东国家进出口商品缺乏互补性以及中国开始奉行"和平共处五项原则"的外交政策等诸多因素，促使中国开始谋划改变"一边倒"的外贸方针。1956年4月，毛泽东指出："对一些国家也是这样，不管它多反动，只要愿意同我们做生意的，愿意同我们建立外交关系的，我们都争取，不论是小的还是大的资本主义国

[①] 董志凯：《跻身国际市场的艰辛起步》，经济管理出版社1993年版，第51页。

家。"① 中国此时意欲寻求一个新的交易平台，来发展对资本主义国家的贸易，借此拓展非官方贸易渠道并帮助新成立的国营外贸企业建立海外联系。从政治效应的角度来说，建立不久的中华人民共和国，也需要一个窗口，向港澳同胞、海外华侨和世界其他国家展示社会主义国家的新风貌。

迫于资本主义国家的封锁、禁运，中国发展国际贸易的形式非常有限，大部分集中在港澳的转口贸易。中央财经委员会于 1952 年 8 月 2 日指出："目前对资本主义国家的贸易多集中港澳，港澳成为今后全国对资本主义国家贸易的大港。"② 中国政府暂时搁置收回香港、澳门问题，大力发展对港澳及通过港澳转口东南亚贸易。在这种贸易管理的架构中，广东特别是广州占有重要地位。驻港澳机构，一直由中共中央华南分局直接领导和管理。在反封锁反禁运期间，全国只剩下华南地区作为对外贸易唯一的通道。此情形下，广州与港澳的进出口贸易，延续了解放前的模式，主要是对港澳购销，偶有一些远洋交易，也是通过港澳商人转手办理。当时的国际贸易，实际上仅是对港澳的埠际贸易，还谈不上真正意义的国际贸易。③

鉴于当时国内外的政治局势，中国要扩大对资本主义国家的贸易，必须在方式上有所创新。在此之前，广州举办过几场商业活动，所取得的效应引起了中共中央有关部门的注意。物资交流大会或展览会，就是这些商业活动的主要形式。早在 1951 年 2 月，广州举行了第一届华南出口商品展览会。1952 年 11 月，广东省和广州市（当时广州为直辖市）联合举办"华南（粤穗）物资交流大会"。1955 年、1956 年，广东均举办过物资交流会。与内地省区不同的是，广州的物资交流会涉及港澳并具有外贸性质。广州毗邻港澳，华侨众多，港澳民众和华侨惯用内地生

① 中共中央文献研究室编：《毛泽东思想年编（1921—1975）》，中央文献出版社 2011 年版，第 806 页。

② 《复华南易货工作情况综合报告》（1951 年 8 月 2 日），中国社会科学院、中央档案馆编：《中华人民共和国经济档案资料选编·对外贸易卷（1949—1952）》（下），经济管理出版社 1994 年版，第 967 页。

③ 广州市地方志编纂委员会编：《广州市志》卷 9（下），广州出版社 1999 年版，第 550 页。

产的日用百货、食品、土产和生产所需的原材料。为了适应这种需要，广州的物资交流会设有出口部。港澳商人采购这些商品回去销售，并转口到世界各地尤其是华侨的聚居地。①此外，广州还举办过出口物资交流会。1955年10月至1956年5月，广州举办的几次出口物资展览交流会，客商采购空前热烈，在一定程度上推动了外贸发展及出口创汇。可见，通过举办这些展览会和交流会，可以增强港澳商人的信心，同时解决了不少大宗商品的包销和代理问题，也有助于新兴的国营外贸公司与港澳商人及国外商人建立起业务关系。

广州举办的此类出口商品展览交流会，受到业界的肯定和全国的关注。当时外贸部驻广州特派员严亦峻注意到广东省外贸系统举办的这几次物资出口交流会，参会的国内外商人比较踊跃，每次交流会均成交几百万到上千万美元。于是，他考虑既然小型的办得不错，何不办个大的，把全国各行各业的外贸公司都集中到一个展览会上，请外商来洽谈、当面成交，发挥整体的效应，给国家争取更多的外汇。1956年6月，严亦峻向时任广东省委书记的陶铸讲了这个想法，立即得到陶铸的大力支持。严亦峻随即以个人名义向外贸部和广东省委发了一封电报。电报中称，为了更全面地扩大宣传中国出口商品，更广泛地与港澳和中近东地区商人扩大往来关系，收集市场信息，扩大贸易，建议1956年9、10月间在广州举办一次全国性的出口商品展览交流会。该电报很快得到了外贸部部长叶季壮等人的高度重视，最终经周恩来同意，国务院批准外贸部与广东省人民委员会以中国国际贸易促进委员会的名义在广州举办"中国出口商品展览会"。②

1956年11月10日，中国出口商品展览会在广州中苏友好大厦开幕。此次中国出口商品展览会展出4万件驰名世界的中国传统出口商品，除了丝绸、茶叶、药材、陶瓷等土特产和手工艺品，还有很多重工业和轻工业产品。③为期2个月的展览会收到了预期的效果，到会

---

①　欧阳湘：《从广交会的创办看二十世纪五十年代中期中国外经贸发展的战略调整》，《中共党史研究》2011年第9期。
②　王成盛：《严亦峻　见证百届广交会》，《中国证券报》2006年10月30日。
③　《庆祝中国出口商品展览会开幕》，《南方日报》1956年11月10日。

客商来自 37 个国家和地区共 2736 人，出口成交 5380 万美元。① 这次展览会为交易会的召开提供了宝贵的经验借鉴。

1957 年 3 月，外贸部决定"同意四月份在广州举办一次出口商品交易会"。② 1957 年 4 月 25 日至 5 月 25 日，中国出口商品交易会在广州中苏友好大厦如期举行。交易会首日下午开始洽谈的前两个小时内即成交 10 万英镑。③ 这次交易会展出商品 12900 多种，分为工业品、工艺品、纺织品、食品、土特产品等几大门类。前来参加交易会的有来自港澳地区和新加坡、马来西亚等 19 个国家和地区的 1200 多人，共做成 3800 多笔交易，成交商品 1100 多种，成交 4500 多万美元，新打开了 160 多种商品的销路。盆景、笼鸟、金鱼等小商品、小土特产首次外销国际市场，大受客商欢迎。④ 来自全国各地的联合交易团，有关外贸和生产的企业，在交易会进行期间和各国商人进行广泛的接触，除了获取国际市场的最新需求信息，还收到很多关于出口商品品质、包装、规格及外贸方式的批评、建议近千条。这些意见对推动中国的对外贸易工作起到良好的促进作用。

自首届中国出口商品交易会举办之后，国家决定每年春、秋两季在广州举办中国出口商品交易会，因会址设在广州，又称"广交会"。广交会的创办，是中国对外贸易界的一个创举，具有非常重要的政治、经济意义。通过举办广交会，中国构建了一个新的对外贸易、交流平台，打破了帝国主义国家对中国的封锁和禁运，以外汇换来社会主义工业化必需的各种原料、机器等物资，成功地开拓了中国对外贸易的新局面。同时，广交会也是国外了解中国的一个窗口。各国人民和海外华侨通过这扇窗口，了解中国的和平外交政策以及社会主义新风貌，加深了他们同中国发展贸易的信心和决心，为国家经济建设作出了重要的贡献。

---

① 《百届广交会（1957—2006）》，广州市档案馆 2006 年内部编印，第 21 页。
② 《同意四月份举办出口商品交易会》（1957 年 3 月 4 日）。
③ 《中国出口商品交易会昨开幕》，《南方日报》1957 年 4 月 26 日。
④ 《中国出口商品交易会昨闭幕》，《南方日报》1957 年 5 月 26 日。

阅读链接

中国出口商品陈列馆的开办

1956 年 7 月，外贸部提出在展览会的基础上，在广州建立永久性的全国出口商品陈列馆。1957 年 3 月，经国务院同意，中国出口商品陈列馆在广州正式成立。馆址设在租用的中苏友好大厦。中国出口商品陈列馆作为每年举办全国性的出口商品交易会的场所，并定为交易会的常设机构。馆内设有样品零售间开展出口商品宣传。

中国出口商品陈列馆是外贸部驻广州特派员和广东省外贸局属下的事业单位（从 1960 年秋起隶属中南区外贸局）。它的主要职能是：为交易会提供展览、洽谈场地；组织陈列布展，联系接待国内外与会人员；负责了解客户资信、发放邀请等事项。陈列馆设主任，下设文书组、展出组、总务组、基建办公室、人保组等部门，定编 30 人。1958 年春，陈列馆迁往侨光路 2 号新建的五层展馆大楼，组织机构有所调整，设正、副主任，原设立的组、室改设科，即秘书科、展出科、总务科、基建科、人保科。1959 年秋，陈列馆迁至海珠广场北面新建的十层展馆大楼，组织机构有所扩大，原人保科分设人事科和保卫科，后增设交际联络科、商情科、招待所，职工人数增加到近 100 人。此后，除 1965 年增设财会科和撤销招待所外，陈列馆其他机构未作变动，人员逐渐充实，到 1967 年定编为 270 人。[1]

□ 陶铸为"反瞒产"公开道歉

20 世纪 50 年代搞"大跃进"，各地争放粮食高产"卫星"，"捷报"频传。当时，广东省委第一书记陶铸也跟风，在一次全省干部大会上提出："放开肚皮吃三顿干饭，不要钱！"陶铸还表示："现在我们手上的粮食，已经多得没有地方放了。"实际上，1958 年广东粮食并不是大丰收。据后来统计，1958 年全省粮食产量为 210.68 亿斤，

---

[1] 广州市地方志编纂委员会编：《广州市志》卷 7，广州出版社 2000 年版，第 289 页。

比 1957 年下降 7.12 亿斤，比省委上报中央 700 亿斤的数据整整少了490 亿斤。

由于浮夸风盛行，各地上报粮食产量的数据很高，因此，国家下达的粮食征购指标也相应提高，加上陶铸鼓励放开肚皮吃饱饭，三四个月时间，粮食就吃得差不多了。到 1959 年 1 月，征购任务还没有完成，要求返销粮食的告急之声却四起。浮夸风的恶果很快就显露出来了。许多地方农民没有粮食吃，身体开始水肿。广州附近县的农民没有饭吃，开始吃树叶、扒树皮。1959 年的 2、3 月间，各地粮食开始告急。150 万人口的广州，全市的粮食也仅够吃 7 天。

然而，此时不少领导人还没有清醒过来，陶铸坚信 1958 年粮食大丰收，怎么只吃了几个月便没有了呢？他怀疑农村干部隐瞒产量，把粮食收藏起来或者私分给农民。于是，广东省委决定在全省范围开展反瞒产运动。

1959 年 1 月 11 日，陶铸亲自带一支工作队到东莞县指导反瞒产运动。陶铸到东莞事出有因。1958 年年底，广东省召开表彰先进的"群英大会"，有各种奖品奖励。东莞县县长出席会议，在报产量时拿不定主意，打电话给县委书记问要不要报千斤县。县委书记告诉他："先把拖拉机、载重汽车拿回来再说。"东莞不久就遇到了麻烦，由于各地搞浮夸报高产，而高估产势必带来高征购，各地实际没有那么多的粮食产量。于是，县委不得不向省委写报告，提出纠正原来多报产量数字。

陶铸认为东莞在"群英会"上拿了奖品，就意味着承认自己是"千斤县"。而不到一个月，东莞却提出纠正多报产量数字，这实在是太荒唐了。于是，他亲自到东莞县进行反瞒产。陶铸到达东莞的那天晚上，县委召开有 4000 名生产队长以上干部参加的大会，反对"瞒产私分"。干部们看到来头不小，就采取了蒙混过关的办法。一个又一个公社书记站起来，说东莞确实丰收了，所谓没粮食是假象。有个公社书记，说他在某村反瞒产，生产队干部说没粮食，他不信，就去晒谷场。在晒谷场，只见稻草不见谷。可是，他把稻草堆轻轻一拨拉，哗，大堆大堆的谷，金黄金黄，可喜人呐。另一位公社书记说，他去过好多农民家，农民屋里、仓里是谷，箩筐里是谷，床底下有谷。在干部大会上，只有随陶铸而来的袁溥之这位老大姐出来"唱反调"。她说："陶铸同志呀！我也到了农村，看过许许多多农民的家，粮食是有的，但没有那么多。反瞒产是反不出粮食来的。"陶铸当场批评了她，说她是不是右了一点。

会上，基于强大的政治压力，东莞基层干部承认"隐瞒"粮食4000多万斤，县委决心要追粮1.5亿斤到2亿斤，并提出"保证三顿干饭吃到底，全部粮食集中到公社"口号，强调"任何人不能保有粮食"。

陶铸宣布了他的调查结果：粮食反瞒产的矛头，要对准原来的小队干部打埋伏，而不在于反浪费和节约。1959年2月25日的《人民日报》，刊登了陶铸的这篇调查报告。陶铸在东莞县虎门开了一个星期的会，反瞒产"追回"1116万斤粮食和1.2万元资金。

与此同时，省委常委赵紫阳率领另一支工作队，来到位于雷州半岛最南端的雷南县（今徐闻县）进行反瞒产。县里召集4000名干部开大会，赵紫阳认定，雷南有严重的瞒产问题，他规定与会干部自动坦白的可以保留粮食，用来改善食堂伙食，不坦白的不准回家。接着，赵紫阳在雷南县召开全省电话会议，他指责全省多数基层干部都卷入了瞒产活动。于是，一场反瞒产运动，骤然在全省各地展开了。

反瞒产所到之处，风云变色。有些地方，基层干部不报瞒产，就不准回家过年；有些地方，逐家逐户搜查粮食，把农民往年的旧粮，也作为瞒产没收；有些地方，连农民家一罐半罐黄豆、花生、芝麻、菜种也收走。比如，雷南的反瞒产运动收获"颇丰"，不仅查出了7000万斤粮食，还取得了解决农村粮食问题的"经验"。1959年1月27日，赵紫阳给省委写了一份报告。1月31日，省委转发了赵紫阳的报告。

毛泽东看到广东送来的报告，以为找到了问题的症结——是所有者和"共产风"造成了农民"瞒产"。2月22日，中共中央批转了赵紫阳写的报告。毛泽东为中共中央起草的按语中写道："赵紫阳同志给广东省委关于解决粮食问题的信件及广东省委的批语，极为重要，现在转发你们。公社大队长小队长瞒产私分粮食一事，情况严重，造成人心不安……在全国是一个普遍存在的问题，必须立即解决。"

1959 年春，广东省委派出大批工作队反瞒产。不过，省委对于能否"反"出粮食来，已开始怀疑。因此，在布置反瞒产的同时，再三交代下乡人员，要先作调查研究，甚至避开县社干部，直接到农民群众当中，摸摸真实情况。

派到四会县的同志到了农村，查看农民的米缸都是空的。老农诉苦说，米都集中到公共食堂去了，连给婴儿煮糊糊的米都没有。有个工作人员，在一户农家看见热气蒸腾的锅，便急忙跑上前去，想看看锅里煮的是什么，女主人看见来人，抢先一步，挡住了炉灶粗声粗气地说道："看什么？锅里煮的是野菜。"但转念一想，忽地转过身去，掀开锅盖："要看，给你看个够。"反瞒产工作队员看了锅里煮的，确实是野菜。

工作人员经过与农民实际接触后，发现农民并没有多少粮食。很快，由于农业减产，人们吃不饱饭，开始出现身体浮肿。陶铸发现问题后，感到事态严重。于是，陶铸以省委名义给中央写了报告，提出向农民让步，停止反瞒产，减免不切实际的高征购。报告还说，不切实际地反瞒产，使基层干部和农民群众的关系相当紧张，再反下去，会使矛盾更加尖锐，后果不堪设想。

党中央非常重视广东省委的报告，肯定了报告的精神，批准了报告所提出的改进方法，并转发各省。毛泽东赞扬广东省委的纠错勇气，在 1959 年 4 月 27 日，写了《假话一定不可讲》的党内通信。这封信在印发到省、地、县、社的同时，还破例发给最基层的生产队小队长。信中说："老实人，敢讲真话的人，归根到底，于人民事业有利，于自己也不吃亏。"并要生产队的小队长："根本不要管上级规定的那一套指标。不要管这些，只管现实的可能性。"至此，反瞒产运动停止了。

在深刻的教训面前，陶铸非常愧疚。1959 年 5 月，省委在汕头召开常委扩大会议，陶铸在会上公开检讨自己犯了高指标、瞎指挥、浮夸风错误，并把检讨写成《总路线与工作方法》的文章在报纸上公开发表。在省委召开的另一次会议上，陶铸特地走到袁溥之面前，诚恳地说："袁大姐，在东莞反瞒产，我没有听取你的意见，还说你是不是右了一点。我错了，请你原谅。我向你赔礼、道歉！"1959 年秋，陶铸在潮安县群众大会上说："我到这里来是向全县人民作检讨的。我搞'反瞒产'，使群众饿了肚子，干部受了委屈。我们要共同吸取教训。今后再也不能搞浮夸，要靠实事求是过日子。"

陶铸是一个敢于正视和承认自身错误的人。在1962年的七千人大会上，陶铸带头进行自我批评，毛泽东为此特意表扬陶铸是全国省委书记中最早自我检讨的一个。

阅读链接

广东高产"卫星"的升起

1958年，一场浮夸风自北向南席卷全国，各地报刊大放小麦和中稻高产"卫星"。6月20日，《人民日报》发表题为《水稻生产要加油》的社论，唱起了高调。"进入五月以来，丰收的喜报像春天的燕子，在祖国的天空到处飞翔；高额丰产的新纪录如滚滚的海浪，一个高似一个地向我们涌来。从大江南北到黄河上下，到处是一片丰收景象。"该篇社论希望进入夏收后，水稻方面能够放出更大的"卫星"，这对浮夸风起到了一种推波助澜的作用。果然，随后水稻方面的"卫星"一颗比一颗更大更耀眼。

广东省委第一书记陶铸了解农业生产，知道广东水稻亩产多少，他在"大跃进"之初，曾对秘书说："田里的稻子，不是凭脑子一热就能长出来的，怎么可能亩产千斤呢？"

1958年7月15日，中南地区在武汉召开农业协作会议。陶铸、赵紫阳参加了会议。当时浮夸风已经蔓延，许多省（区）纷纷放出"高产卫星"。会议期间，中南各省之间互相攀比增产指标的情况相当严重，会上一攀比，广东在追求高指标上明显"落后"了。有人甚至同陶铸开玩笑说："你们广东还是只乌龟在后面爬吗？"上下挑战，左右夹攻，陶铸在强大压力下也顶不住了。开完农业协作会，陶铸回来就对省委的其他负责同志说："再不浮夸，就是态度问题了。"7月底，他立即召集各县委书记到广州开会，在会上下达了1958年全省晚造水稻要达到平均亩产1200斤、粮食总产600亿斤的高指标。为实现高指标，他进一步贯彻以"密植"为中心的多项技术手段。著名水稻专家丁颖对陶铸下达的高指标以及盲目高度密植等做法，提出了质疑：如果作为科学试验，搞一亩两亩是可以的，但未经验证切不可大面积推广。丁颖还语重心长地说："不要忘记农民的肚皮是连着地皮啊。"但他的意见竟然受到陶铸的批评。

8月6日，广东省委作出了关于开展高额丰产竞赛运动的决定，要求晚造生产必须"做到既能全面跃进，又有大量'卫星'上天"。1958年9月3日，广东第一颗农业水稻特大"卫星"在粤北山区连县星子乡田北社放射上天。该"卫星"是如何上天的呢？原来，连县为了赶超湖北省麻城县中稻亩产3.6万斤"卫星"，增派干部驻到田北，组织动员全社198个青年突击手放"卫星"。他们花了几个昼夜在敬母沟内一块田里面，把附近62亩梯田即将成熟收割的禾穗，移植到一块1.073亩的田去。先深耕一尺，施下基肥塘泥、绿肥等8000斤，牛栏粪500担，然后实施高度密植，整块田共插下1000多万株禾苗。密植后，禾苗密不透风，秆脚发热，他们以竹架挂起竹席，搞"人造风"，以水枪喷水制造"人造雨"。收割时，动员全社干部、青年340多人参加，再加上重复过秤，这样就宣布亩产6万斤"卫星升空"了。当时前来验收的有省委、粤北区党委以及各县有关领导和专家。他们在星子乡召开现场会，总结推广田北社"放卫星的经验"。据统计资料，实际上当时整个星子乡全年水稻亩产仅394斤。星子乡放亩产6万斤的"大卫星"，真是太离谱了。田北放高产"卫星"的消息传到广州，陶铸百感交集，他带着深为内疚的心情对秘书说："我有生之年就这么一次，今后再也不能这样了。"

不久，广东又出现了各种农作物高产"卫星"，越来越离谱。1958年11月10日，《南方日报》报道了清远、云浮、曲江、新兴、从化等地水稻亩产万斤和两万斤以上的"卫星"。其中，最引人注目的是番禺县亩产100万斤番薯、60万斤甘蔗、5万斤水稻的高产"卫星"。番禺县这颗高产"卫星"是怎么出来的呢？1958年7月18日，番禺县委听了陶铸的电话指示传达后，当日午夜，召开了各乡党委书记紧急会议，县委决定晚造稻谷确保3000斤，番薯确保10000斤。会后，县委负责人郭信民、蔡贯斗、赵冬眼等人决定每人搞一亩亩产5万斤（稻田）的高额丰产试验田。县委第一书记郭信民除搞一亩亩产5万斤的试验田外，再搞一亩亩产30万斤的甘蔗、亩产100万斤的番薯的试验田，以及万亩万斤高产田。当时驻番禺的佛山地委书记杨德元，同郭信民到大石乡和乡党委书记郭志添一起，选择了一块在广州前往市桥的必经之路——礼村农业社，联名办了一块三级书记"亩产百万斤"番薯试验田。他们在一块面积为1.05亩的旱地，深翻一米，填上有机肥料，垒起高高的地垄，密密麻麻地插上薯苗。不久番禺县委向省委报喜，说他们利用月光花嫁接番薯的新技术，创造了亩产百万斤番薯的新成绩，请省委领导同志前去验收。陶铸接到"喜讯"，就和广州部队司令员黄永胜，带上摄影记者来到番禺，检查番禺的成绩。

1958年9月4日，国务院副总理兼外交部部长陈毅出访归来途经广州，到番禺参观。他钻到番薯试验田架下看了一阵，又到外面看了一阵，然后兴高采烈地招呼随行人员过来，让摄影记者拍照。陈毅回到北京之后，9月26日《人民日报》上发表了他撰写的一篇题为《广东省番禺县访问记》的文章："我首先去参观那块番薯试验田。这块实验田像个苍翠的山冈，又像一幢幢绿色的楼房，雄伟的气势，远远就吸引住我。""最初我还想，一亩田收获一百万斤番薯，该要插多少薯苗？插得下插不下？插下了，要长薯块，薯块又往哪里长？到了现场一看，一问，真是一目了然，完全信服。"这试验田由于陈毅这一文章而闻名全国。后来，性格率直的陈毅曾为发表这篇文章而内疚。1962年6月间，他到中国科学技术大学作形势报告，曾公开对此报道表示道歉。

随着时间的推移，人们对浮夸风有所认识，也清楚一亩地一年不可能长出100万斤番薯。到了秋天，不知是哪个好事之徒，把番薯试验田临边的一个垄角扒开了，露出了里面密密麻麻的一丛薯根——谁都看得出来，这样的根是不能结薯的。负责护守这块田的农业技术员赶忙去报告公社书记。当下，几个干部商定，为了维护"三面红旗"的威信，就在那个垄角埋下几个鲜薯，好让人们扒开看时证实试验是成功的。

继农业放"卫星"之后，工业也大放"卫星"。1958年秋，全国各地不断放钢铁"卫星"。湛江地委书记孟宪德到广西参观，发现他们放"卫星"做法是，"找一个大山窝，底层放煤，中间放铁矿石，上面放焦炭，一点着火，就算放几十万吨的大卫星"了。孟宪德说，根据目前这种形势，广东不放"卫星"是不行了。陶铸是不赞成放"卫星"的，但形势所迫，也决定学广西的办法放一颗。于是，11 月 1 日，广东放了一颗生铁"大卫星"，产量为 87.76 万吨，日产量居全国第二位。同月 20 日，广东又放了一颗 10 万吨钢的"卫星"。这些高产"卫星"，当然是浮夸风泛滥成灾的结果。

□ 对《政治经济学教科书》的研读

以毛泽东为代表的中国共产党人，在探索中国革命和社会主义建设道路的过程中，努力将马克思主义的基本原理同中国的实际相结合，从 20 世纪 50 年代起，一直在研究和探索中国社会主义建设中诸多方面包括经济建设方面的重大问题。为了加深对马克思主义经济理论的认识，1959—1960 年，刘少奇、毛泽东、周恩来先后到广东，组织学习《政治经济学教科书》。

1959 年 11 月，刘少奇到达海南岛，组织学习小组，时任广东省委第一书记陶铸、省委书记林李明等人参加了学习活动。著名经济学家王学文、薛暮桥也受邀加入读书小组。[①] 这场读书讨论会开了 8 次，直到 11 月 22 日才结束。在这次学习小组讨论发言中，刘少奇结合《政治经济学教科书》中的理论观点，同与会者热烈讨论，就社会主义社会的矛盾、社会主义商品生产、共产主义社会等方面的问题发表了自己的看法。

在谈及社会主义社会的"基本"矛盾时，刘少奇认为在社会主义社会中，总的矛盾是生产和需要的矛盾，在这中间夹杂着阶级矛盾。刘少奇对于斯大林提出的关于社会主义经济规律的表述，有不同的看法，认为斯大林提出"最充分满足"人民需要是比较难实现的，就中国来说只能是有限度的满足。在区分社会主义社会两类不同性质矛盾的时候，刘少奇从哲学的层面出发，把社会矛盾区分为对抗性矛盾和非对抗性矛盾，进而将这两类矛盾延伸到政治领域，区分敌我矛盾和

---

① 石仲泉著：《我观毛泽东》，中共党史出版社 2004 年版，第 277 页。

人民内部矛盾的性质。在处理人民内部矛盾时，他同毛泽东一样主张采用"团结—批评—团结"的方针，但认为作为"批评"意义上的"斗争"的方法，只适用于处理敌我矛盾，主张以不带"斗争"的方式来处理人民内部矛盾。[①] 关于劳动生产中人与人的相互关系，《政治经济学教科书》没有提及，刘少奇认为人与人的生产关系是社会主义社会的重要关系，把生产中领导与被领导的矛盾提高到经济学上的角度来认识，认为处理好生产关系有利于发挥生产力的潜能。

针对1958年以来掀起的"共产风"否定商品经济的现象，刘少奇结合教科书中的观点进行批判分析。教科书认为两种所有制并存是商品经济存在的原因，刘少奇在此基础上进一步认识到，只要有按劳分配存在，商品就仍然存在，只不过性质有不同。另外，社会主义是从资本主义社会产生出来的，资本主义很多旧的形式仍然需要采用，而商品就是其中之一，即便内容不同了，也可以"把它作为生产工具，为社会主义服务"。[②] 从这一点来说，商品经济必将长期存在。另外，刘少奇还对生产资料的流通问题及劳动力是否商品问题等展开讨论，认为劳动力不是商品，但可以采用商品的形式。刘少奇认为共产主义社会是个漫长的过程，这个过程分成若干发展阶段，社会主义是共产主义的低级阶段，社会主义也分若干阶段，共产主义的按需分配将会逐步实现。

1960年2月4—9日，毛泽东在广州白云山同陈伯达、胡绳、田家英、邓力群等人，一起读完了《政治经济学教科书》的第34章至第36章及结束语。第34章至第36章分别讲述有关社会主义再生产和国民收入的问题、关于社会主义逐步过渡到共产主义的问题、关于世界经济体系的内容。毛泽东结合这三章的内容，分析了战争与和平的问题、国与国之间的经济关系。

关于战争与和平的问题，毛泽东认为国际范围内的斗争比过去更加尖锐了。世界大战打不打不取决于中国。教科书中提到资本主义经济体系不可避免地要造成生产过剩的危机和失业者的增加；政权掌握

---

① 石仲泉著：《我观毛泽东》，中共党史出版社2004年版，第282–283页。

② 石仲泉著：《我观毛泽东》，中共党史出版社2004年版，第286页。

在资产阶级手中，资产阶级利用这一政权来维持和巩固资本主义制度；为转嫁国内危机，资产阶级会发动战争。毛泽东评论说希望不打世界大战，希望和平，"争取十年、二十年的和平，是我们最早提出的主张"。因为一个和平的环境，"对我国社会主义建设是很有利的。"① 关于国与国之间的经济关系，教科书强调两个世界体系和平经济竞赛，强调在两个世界体系间"建立和发展"经济联系。毛泽东认为，这是从斯大林的观点的后退。毛泽东认为两个经济体系之间不止有竞赛，而且还有激烈的广泛的斗争。国与国的关系以自力更生、不依赖外援为原则。他反对苏联提出的社会主义阵营各国间的分工以每个国家的可能性为依据。教科书认为社会主义的分工可以使各个国家取长补短，集中人力财力发展本国最有利的自然条件和经济条件、有生产经验和干部的部门，这样就可以在工业中达到合理的生产专业化和协作化，在粮食和原料生产上达到最适当的分工。毛泽东认为：凡是自己能够生产的，就自己尽可能地发展，只要不妨碍全局。② 在国与国的关系上，自己尽可能独立地搞，凡是自己能办的，必须尽量地多搞。只有自己实在不能办的才不办。③

周恩来从一开始就十分赞同毛泽东提出的读书建议。受到刘少奇和毛泽东组织读书小组的启发，周恩来召集部分领导干部组成读书小组，于1960年2月13日至3月2日在广州从化组织读书小组学习和讨论《政治经济学教科书》。参加读书的有国务院副总理、中央几位部长、省委书记等40人，其中有李富春、邓颖超、宋任穷、王鹤寿、余秋里、王光伟、薛暮桥等人，广东省委第一书记陶铸参加了学习讨论会。胡绳受邀为读书小组作辅导。其间，周恩来作了3次较系统的

---

① 中共中央文献研究室、中国人民解放军军事科学院编：《建国以来毛泽东军事文稿（1959年1月—1976年2月）》，中央文献出版社2010年版，第188页。

② 《毛泽东读社会主义经济学批注和谈话（简本）》，中华人民共和国国史学会2001年内部编印，第326页。

③ 中共中央文献研究室、中国人民解放军军事科学院编：《建国以来毛泽东军事文稿（1959年1月—1976年2月）》，中央文献出版社2010年版，第69页。

发言。① 三次发言，各有侧重点，但始终强调要用实事求是的方法来进行学习，对于苏联一些好的地方要学，对于不好的地方要否定并加以舍弃。

在 2 月 23 日的发言中，周恩来首先就"过渡问题"进行了探讨。对于《政治经济学教科书》中提出的从资本主义向社会主义过渡的问题，周恩来持认同态度，但同时指出："我国十年的历史证明，这个过渡要贯穿从资本主义到共产主义的整个时期，是一个比较长的时期。"因此，他认为中国必须根据自己特定的条件，从生产力和生产关系的辩证角度来提出国家过渡时期的任务，为保证实现这一任务，还必须采取以下五个方面的方针措施：社会主义时期总路线、两条腿走路、五大革命、四个现代化、逐步消灭三大差别。周恩来的这五项方针，反映出中共领导人在社会主义建设中努力摆脱苏联模式的影响，结合本国国情，摸索有中国特色社会主义道路的尝试。2 月 25 日，周恩来在第二次发言中着重讲了思想意识的先导作用问题及对毛泽东思想的理解问题。作为一个唯物主义者，周恩来承认物质决定意识，但认为主观能动性和思想变革也很重要。"在生产关系革命中，也就是经济革命的同时，要不断进行上层建筑的革命，也就是通常说的思想意识的革命""思想意识的革命常常是居先的"。② 进入 20 世纪 60 年代，中共领导人如何发挥思想的先导作用，结合苏联的教科书，对经济建设中的失误进行总结，在当时来说具有重大的理论意义和现实意义。随后，周恩来就一个时期以来的经济建设中存在的"左"倾错误进行分析，直面建设中急于求成所带来的负面效应。3 月 2 日，周恩来作了第三次发言，就毛泽东思想的宣传问题阐述了自己的观点，并对这次学习过程进行总结。周恩来在发言中从维护毛泽东思想的角度出发，要大家不能过度地宣传毛泽东思想，随意把毛泽东思想提高到"毛泽东主义"的高度，与马列主义相提并论。他认为这样既

---

① 中共广东省委党史研究室编：《周恩来与广东》，广东人民出版社 1998 年版，第 220 页。

② 中共中央文献研究室编：《周恩来传（1949—1976）》（下），中央文献出版社 1998 年版，第 578 页。

不符合毛泽东本人的意愿，也不利于毛泽东思想的宣传。在总结发言中，周恩来认为这次学习仅仅是学习的开始，"学习是长期的问题"，"通过这次学习，基本上是提高一步，还要继续学习下去"[①]。

在毛泽东、刘少奇、周恩来等人的带动下，1960年全党掀起了学习政治经济学的热潮。广东省委于1960年3、4月间分期举办省委政治经济学学习班，教材主要是《毛泽东选集》和苏联《政治经济学教科书》，学习班的学员包括省委书记处书记、省委常委、各部委正副部长（书记）、各厅局党组书记、广州军区（在粤）党委委员、海南区党委及各地委第一书记、广东省军区党委常委。通过集中学习，党内许多干部深入思考社会主义建设规律，全党的理论水平得到了一定程度的提高，特别是毛泽东等人提出的一系列关于建设社会主义的正确的理论、思想和观点，为后人建设中国特色社会主义开辟了思想源泉和道路。在随后的实践中，党中央制定了一些方针、政策和措施，开始纠正工作的失误。1961年，中共中央大兴调查研究之风，并在广州召开工作会议，对人民公社及"共产风"等问题进行纠正，逐步走出经济困难的局面。

（阅）（读）（链）（接）

毛泽东对学习政治经济学的倡导

从1958年11月到1961年6月，毛泽东在全党范围内先后四次提倡党的各级领导干部学习政治经济学。这从一个侧面反映了毛泽东在党内率先察觉并开始纠正"大跃进"中的错误所作出的努力，也反映了他对中国社会主义建设问题进行的探索。

毛泽东第一次提倡学习政治经济学，是在"大跃进"发动半年后中央工作会议即第一次郑州会议上。这次会议从1958年11月2日至10日开了9天。会议之前，毛泽东已经初步察觉到"大跃进"和人民公社化运动中出了不少问题，主要是浮夸风和"共产风"。当时毛泽东正在读斯大林的《苏联社会主义经济问题》。在11月4日下午的会

[①] 中共广东省委党史研究室编：《周恩来与广东》，广东人民出版社1998年版，第225-226页。

议上，毛泽东结合"大跃进"和人民公社化运动中遇到的问题说："我们研究公社的性质、交换、社会主义向共产主义过渡、集体所有制向全民所有制过渡这些问题，可以参考的材料还是斯大林那本《苏联社会主义经济问题》"。从 11 月 8 日到 10 日，毛泽东亲自带领与会同志逐章逐段阅读这本书，边读边议。他指出：现在有几十万以至几百万干部头脑发热，有必要组织大家学习这本书和另一本书《马恩列斯论共产主义社会》，以澄清许多糊涂观念，保持头脑清醒。11 月 9 日，他正式给中央、省市自治区、地、县四级党委委员写了《关于读书的建议》的信，郑重要求大家读《苏联社会主义经济问题》《马恩列斯论共产主义社会》两本书。目的是"使自己获得一个清醒的头脑，以利指导我们伟大的经济工作"。

毛泽东第二次提倡读政治经济学，是在 1959 年 6 月底去庐山出席中共中央政治局扩大会议的途中。6 月 28 日，毛泽东给周恩来打电话商量召开庐山会议的有关问题时说：人们的头脑有些发热，需要冷静下来学点政治经济学。他还告诉周恩来，他出了一些题目让与会者讨论。6 月 29 日下午，毛泽东在武昌他乘坐的轮船上，召集各协作区主任开了一个小会，提出庐山会议讨论的题目。其中首先提出要读书。他说："有鉴于去年许多领导同志，县、社干部对于社会主义经济问题还不大了解，不懂得经济发展规律，有鉴于现在工作中还有事务主义，所以应当好好读书。""中央、省、市、地委一级委员，包括县委书记，要读苏联《政治经济学教科书》。"为什么在这个时候提出读书问题呢？因为毛泽东认识到，在社会主义建设中，广大干部的理论准备严重不足，往往容易导致实践中的蛮干。毛泽东表示："学习苏联，要读《政治经济学教科书》，教科书有缺点，但比较完整。""他们的缺点我们不要去学，但在去年，把苏联一些好的经验也丢了。"

1960 年 1 月，中央在上海召开工作会议。在这次会上，毛泽东第三次倡导全党读书：中央各部门，各省、市、自治区都要以第一书记挂帅，组织读《政治经济学教科书》的小组，先读这本书的下半部，五一节以后读上半部，读的方法是用批判的方法，不是用教条主义的方法。相比前两次，这次倡导读书，对具体的组织形式、时间进度、阅读方法等都作了具体部署。在庐山会议后，党中央主要领导同志便积极响应毛泽东的提议，纷纷组织读书小组，研读《政治经济学教科书》（第三版）下册（社会主义部分）。1959 年 11 月，在海南休假疗养的刘少奇率先组织了读书小组，著名经济学家王学文、薛暮桥等参加。1959 年 12 月到 1960 年 2 月初，毛泽东自己在杭州组织了读书小组，陈伯达、胡绳、邓力群、田家英等参加。1960 年 2 月，周恩来也挤出时间到广东从化组织读书小组，李富春、陶铸、宋任穷等参加。由于毛泽东的再三提倡，也由于中央主要领导同志带头组织学习小组，1960 年初，全党掀起一个学习政治经济学的热潮。通过一段时间的集中学习，全党的理论水平得到一定程度的提高。领导同志们在学习的同时，也结合中国社会主义建设实际，从理论上进行了一定程度的反思和总结，其中不乏真知灼见。例如，毛泽东在读教科书谈话中，当时就提出社会主义要有发展阶段论："社会主义这个阶段，又可分为两个阶段，第一个阶段是不发达的社会主义，第二个阶段是比较发达的社会主义。"

毛泽东第四次提倡学习政治经济学，是在 1961 年 5、6 月间召开的中央工作会议上。20 世纪 60 年代初，国民经济出现严重困难。1960 年底到 1961 年初，毛泽东先后三次号召全党大兴调查研究之风，希望 1961 年成为一个调查年。在毛泽东号召下，中央主要领导人广泛深入基层，到第一线摸情况。1961 年上半年的调查主要是围绕农业和人民公社问题进行的。在调研基础上，中央工作会议于 5 月 21 日至 6 月 12 日在北京召开。会议形成了《农村人民公社工作条例（修正草案）》，其中最重要的修改是：一、取消供给制；二、规定办不办食堂"完全由社员讨论决定"，"实行自愿参加、自由结合、自己管理、自负开销和自由退出的原则"，实际上是取消了公共食堂制度。在这次中央工作会议就要结束时，毛泽东发表讲话，建议大家再读一读斯大林的《苏联社会主义经济问题》。他说：这本书我最近又看了三遍。它讲客观规律，把社会科学的客观规律，同自然科学的客观规律并提，你违反了它，就一定要受惩罚。我们是受了惩罚，最近三年受了大惩罚。显然，毛泽东这次提倡学政治经济学，有了更多的实践体会。

□ 清远"洲心经验"的探索

1960 年，清远县洲心公社凤凰大队的负责人，根据农民的要求，把队里的低产田分给社员一家一户去种，当作口粮分配，以解决口粮不足问题，当时取名曰"就地分粮"。洲心公社党委书记陈国生顺应民意，从 1961 年早造开始，实行"田间管理到户"的生产责任制，就是各户承包责任田，评定产量，超产奖励，有的按比例奖励，有的全奖全罚，农民积极性大大提高。公社党委和县委把这个情况向省委汇报，在省委的同意下，先搞出了一个"固定地段，包工定产，对产负责，超产奖励"的责任制，在 1961 年晚造时，在洲心公社推广。该公社 12 个大队在"田间管理到户"的基础上，制订了"到户田"的产量指标，规定每一个社员对自己所管地段都负有产量责任，超产奖励，只奖不罚。这个办法使公私关系得到较为合理的解决，群众的积极性、创造性比以前有了很大提高。实行了这种产量责任制的大队，晚造产量比 1960 年同期增长了 14.36%，效果十分显著，获得农民的拥护；1962 年早造产量又比 1961 年同期增长 21.2%。

广东省委十分重视基层干部群众的这一创造。1962 年盛夏，省委主要领导人陶铸等带领工作组到洲心公社百加大队蹲点，他们冒着炎炎烈日，深入田间地头开展调查研究，与社员促膝谈心，召开座谈会，认为该公社的做法不涉及经济性质问题，也没有动摇集体经济基础。既保持了集体生产的优越性，又发挥了农民个人的积极性，把集体利益与个人利益结合起来了。他们十分赞赏洲心的做法，认为发现了一条可以使广大农民尽快摆脱困境的途径，于是立即进行总结，并赞誉为"洲心经验"。7 月 12 日，《南方日报》发表《洲心三年》一文，推广洲心公社经验。7 月 27 日，省委批转了省委工作组关于《介绍清远县洲心公社实行的产量责任制》的调查报告，明确指出："清远县洲心公社实行的固定地段，包工定产，对产负责，超产奖励的生产责任制，是一个好的管理制度。"于是，"洲心经验"在全省范围迅速推广起来。

同年 6 月 6—7 日，中南局第一书记陶铸、第二书记王任重前往广西龙胜县进行调查研究。他们翻山越岭，访问了日新公社都坪大队更坪生产队和中岭生产队。这两个生产队因为土地分散经营，没有受到"大帮哄"的冲击，除了交粮纳税，在三年经济困难时期，未遭受饥饿之苦。陶铸十分重视这个山区生产队田间管理的经验，认为这与广东推广的"洲心经验"不谋而合。陶铸主张建立严格的生产责任制度，找出一个适合中国农村生产力发展的办法。

毛泽东在长沙听了王任重的汇报后，赞同陶铸关于这是"包产到户，不是分田单干"的观点。1962年7、8月间，陶铸先后到北京参加各中央局第一书记会议和北戴河中央工作会议，他专门把"洲心经验"典型材料带到会上，交给了毛泽东。毛泽东对陶铸、王任重送来的龙胜座谈会纪要十分重视，他在报告上写了一段批语，以文件的形式印发给参加北戴河中央工作会议各同志以及全国省、地两级。毛泽东指出："这个文件所作的分析是马克思主义的，分析之后所提出的意见也是马克思主义的。是否还有可议之处，请各同志研究。并且可以发给省、地两级去讨论。"

7月25日至8月24日，中央召开北戴河工作会议。会议开始时，陶铸请示毛泽东，毛泽东同意广东搞包产到户的试点。会议期间，毛泽东还特地把陶铸和王任重找去谈话，并交代他们："你们代中央起草一个包产到户的决定。"说罢，毛泽东又接着补充说："不是分田单干。包产到户还是集体经济的经营形式。"

陶铸和王任重回到住处，对决定的内容交换意见之后，便由王任重执笔起草。这时，某大区负责人向毛泽东进言说："可不能搞包产到户。包产到户就是单干，单干就两极分化，在我们那个地区，搞了单干，两极分化厉害。"毛泽东听言后，对陶铸、王任重主张的包产到户又犹豫了。在陶铸、王任重把决定的草稿送呈毛泽东之后，也就没有下文了。

8月5日，毛泽东在北戴河会议上说：一搞包产到户，一搞单干，半年的时间就看出农村阶级分化很厉害。有的人很穷，没法生活。有卖地的，有买地的，有放高利贷的，有娶小老婆的。8月6日，毛泽东在大会上作了关于阶级、形势、矛盾问题的讲话，强调：是搞社会主义，还是搞资本主义，农村合作化还要不要？还是搞分田到户、包产到户，还是集体化？主要就是这样一个问题。

毛泽东这次讲话之后，政治风向逆转，形成了一边倒，对"黑暗风""单干风"（实际是包产到户的做法）和"翻案风"进行严厉批判。陶铸在发言中，还是坚持在单门独户、分散居住的地方可以搞包产到户。于是，有人因此揪住陶铸不放，硬说陶铸就是主张单干。最后，还是周恩来出来解围，说陶铸主张的田间管理，包产到户，不是分田单干，这才把陶铸从政治是非中解脱出来。

尽管"洲心经验"未能在北戴河会议上介绍与推广，但广东没有停止对产量责任制的试点。1962 年晚造，省委以新会、清远、惠阳、花县、从化、佛冈、廉江等 7 个县的部分生产队和 34 个县（市）的个别生产队共 6080 个队，试行了"超产奖励"田间管理责任制，试行结果 95% 以上的生产队是搞得好的。到 1963 年底，全省据 43.52 万个生产队统计，实行田间管理生产责任制的有 27.95 万个队，占统计队数的 64.2%。但是，随着政治气氛的改变，特别是在农村开展"四清"运动之后，"包产到户"被视为"走资本主义道路"。于是，"包产到户"停止了试点和推广。

☐ 中央广州工作会议的召开

20 世纪 50 年代末的"大跃进"与人民公社化运动，给中国造成了严重的经济困难，不少地方出现了大饥荒。这一沉痛教训，促使党中央和毛泽东进行反思和纠错。1961 年 1 月，中共八届九中全会一结束，毛泽东就立即组织三个调查组，分别由他的秘书陈伯达、田家英、胡乔木带领分赴广东、浙江、湖南农村调查，各调查一个最坏的生产队和一个最好的生产队，然后到广州会合。

1 月 25 日晚，毛泽东带着急于了解农村真实情况的紧迫心情，乘火车离开北京，经天津、济南、南京、上海、杭州、南昌、长沙，于 2 月 13 日抵达广州。出行期间，毛泽东沿途听取了河北、山东、江苏、浙江、江西、湖南、广东 7 个省委的负责人和陈伯达、胡乔木、田家英三个调查组组长的汇报，还同一些县委书记谈了话。在听取汇报进行深入的交谈之后，毛泽东对人民公社体制和公共食堂问题开始有了新的认识。

毛泽东刚到广州时，就看到陈伯达负责的广东调查组报送给他的《广东农村人民公社几个生产队调查纪要》（简称《纪要》）。《纪要》提出："公社各级的关系，在解决了自上而下的刮'共产风'问题以后，似乎应当注意解决队与队之间、社员与社员之间在分配问题上的某些平均主义。"

关于队与队之间的平均主义，《纪要》举例说：新兴县里洞公社蒙坑大队，是由原来的两个高级社合并起来的。一个在山上，副业门路多，收入高，原来一个劳动日1.2元；另一个在平地，副业门路少，收入低，一个劳动日0.7元。合并后，收入都降低了，而且降成一样，都是0.4元，两个地方的社员都有意见。

关于社员与社员之间的平均主义，《纪要》认为：主要表现在供给与工资的比例、公共食堂的某些制度上。南海县大沥公社平均每月共发工资500元，可是按人口平均供应的粮食、菜、油、盐、柴，合计每月2600元，按劳分配的工资还占不到总分配数的20%，而按人口平均分配的供给部分却占了总分配数的80%多。公社干部认为："劳动力强的和弱的都一样地吃，能挑百斤泥的人没有劲了，劳动力弱的也不积极，有些人就'走自发'，谁也瞧不起工分了。"据典型调查，农村里劳动力多、人口少的家庭和人口多、劳动力少的家庭，大体都占农产总数的40%左右。人民公社要分配合理，重点就是处理好这两类户之间的矛盾。

在此之前，毛泽东先后在杭州和长沙听取了浙江和湖南两个调查组的汇报。他从三个调查组提供的材料察觉到，1960年11月6日中央发出的《紧急指示》，只解决"调"的问题，而没有解决"平"的问题，即还没有解决人民公社的生产大队内部社员与社员之间的平均主义问题。他认为，应在总结过去三年多经验的基础上，制定一个人民公社工作条例，把人民公社工作中发现的问题作一个系统的解决。

1961年2月23日，毛泽东直接指导的三个调查组在广州会合。25日，毛泽东在广州鸡颈坑召集陶铸、陈伯达、胡乔木、廖鲁言、赵紫阳、田家英等人开会，讨论起草农村人民公社工作条例。毛泽东敏锐地抓住了农村中存在的"两个平均主义"问题，认为这是"两个极端严重的大问题"，指示条例起草人员将解决"两个平均主义"作为起草公社条例的中心指导思想。毛泽东指定条例起草委员会由陶铸挂帅，陈伯达为副。初稿由廖鲁言、田家英、赵紫阳、王录分头执笔，胡乔木修改。3月6日，起草委员会写出初稿后又三易其稿，于3月21日修改完毕。

3月5日，为系统解决农村人民公社的各种问题，毛泽东在广州主持召开中央政治局常委扩大会议。出席会议的有：周恩来、朱德、林彪、邓小平、彭真、陈伯达、胡乔木、陶铸。周恩来汇报工业生产和市场供应等情况，毛泽东着重谈了人民公社体制问题。会上总结了庐山会议后"反右倾"，继续"大跃进"的经验教训，讨论了工农业生产情况和公社体制问题。会后，各位常委返回北京，由刘少奇主持召开华北、东北、西北三大区的中央局书记及其所属各省市自治区书记参加的"三北会议"。

3月10—13日，毛泽东在广州主持召开中南、西南、华东三个地区的中央局和省市区党委负责人会议，即"三南会议"，讨论制定《农村人民公社工作条例（草案）》和农业问题。13日，毛泽东在会上指出："这次会议要解决两个很重要的问题：一是生产队与生产队之间的平均主义；一个是生产队内部人与人之间的平均主义。这两个问题不解决好，就没有可能充分调动群众的积极性。"然后，他着重地讲了调查研究的问题。他说："过去这几年我们犯错误，首先是因为情况不明。最近几年吃情况不明的亏很大，付出的代价很大。大家做官了，不作调查研究了。"

与此同时，3月11—13日，刘少奇、周恩来在北京主持召开西北、东北、华北三个地区的中央局和所属各省市区党委负责人会议，即"三北会议"，讨论农村工作问题。根据毛泽东的提议，3月14日，中央各常委和"三北会议"与会者飞抵广州。3月15—23日，在三南"三北会议"对农村问题有了共识的基础上，毛泽东在广州主持召开中央工作会议，讨论和制定《农村人民公社工作条例（草案）》（即《农业六十条》），两会合成一个会议后，重新分成三个组。会议主要讨论四个问题：公社体制问题、食堂问题、供给制问题、生产管理问题。在这些问题上，特别是公共食堂、供给制问题，大家意见很不一致。会议的最后阶段，集中讨论毛泽东关于做好调查研究的指示等问题。

3 月 15 日上午，刘少奇参加了中南、华北地区小组会议，他谈了供给制问题，指出："对五保户实行部分供给制，实际上是社会保险，农民是赞成的。但其余的统统要按劳分配，多劳多得，多劳多吃。""搞家庭副业、自留地，这是经济民主。"3 月 19 日上午，刘少奇在中南、华北地区小组会议上就调查研究问题作了讲话，他批评有"上级观点"的干部，盲目执行，不是真正执行上级指示。真正执行上级指示，必须经过调查研究，动脑筋摸清情况，发现中央的某些规定不对的地方，帮助中央纠正错误。找出决定的政策是否正确，是否要补充，还得到群众中去考试。同日，周恩来也在该小组上讲话。他指出：这几年，实事求是的作风减低了，"五风""五气"就不是实事求是。调查研究要从客观存在出发，不要从主观愿意出发。要敢于听取不同意见，敢于和不同意见的人讨论问题。民主集中制就是从群众中来，到群众中去；集中起来，坚持下去。

陶铸在这次小组会上的发言中指出，1958 年以来，广东省委在大炼钢铁、粮食生产搞高指标和反瞒产等方面犯了错误，其主要原因，一是缺少社会主义建设的经验；二是缺乏认真的调查研究。许多干部看脸色行事，你想听什么，就汇报什么，你要什么材料，就做什么材料，这样根本无法了解真实情况。陶铸强调干部要搞好调查研究，必须亲自深入下去，倾听多方面的意见，特别是反面意见，真正解剖一个麻雀来。

会议经过热烈讨论，通过了《农村人民公社工作条例（草案）》。这个条例对于纠正社队规模偏大、两个平均主义、上级对下级管得太多太死、民主制度和经营管理不健全，以及家庭副业等一些重大问题，都作了比较明确的规定。4 月 9—23 日，广东省委在广州召开三级干部会议，传达广州中央工作会议精神，集中讨论《农业六十条》和大兴调查研究之风等问题。4 月 29 日，省委发出通知，对农村人民公社的规模、公共食堂、家庭副业等 20 个方面的问题做出具体规定。广州中央工作会议制定的《农业六十条》，在纠"左"的道路上迈出了关键一步，为国民经济调整工作的顺利展开奠定了基础。

□ 知识分子的"脱帽加冕"

1957 年，广东和全国各地一样开展了大规模的反右派斗争，一批高级知识分子受到了冲击。从那时开始，知识分子一直成为批斗的对象，"资产阶级知识分子""白专"等大帽子，让他们觉得挺不直腰、抬不起头。

在经济困难时期，广东省委主要领导人陶铸还是努力想办法保护那些被他称为"国宝"的知识分子，亲自提出一个对高级知识分子和归侨、港澳同胞中上层知名人士 2000 人实行分级特供的名单。"特供"的东西，数量虽很有限，但体现了党对这批人士的关怀，比如每人每月补助一斤食油，两斤猪肉，并由广州市委负责保证供应。

当时，中共中央对知识分子的阶级属性尚未恢复到 1956 年关于知识分子是工人阶级一部分的结论。广大知识分子自 1957 年反右派斗争以来，一直被"资产阶级知识分子"这个"紧箍咒"压得喘不过气来。如果不改变这一结论，知识分子的积极性势必难以调动起来。

1961 年 9 月 28 日，陶铸邀请广东一批高级知识分子代表到从化温泉召开座谈会。这是一次被广东知识分子称为"久旱逢甘霖"的座谈会。陶铸提出对知识分子要作重新估价，他说："12 年的实践不算短，知识分子可以说已同我们结成患难之交。几年来物质条件比较困难，没有猪肉吃，大家还是积极工作，没有躺倒不干。酒肉之交不算好朋友，患难之交才算'疾风知劲草''岁寒而后知松柏之后凋'。现在的问题，是团结高级知识分子不够，对他们信任不够。现在我们是要把团结提高到新的水平，一是尊重，二是关心。对于过去批判搞错的，应该平反、道歉，老老实实认错。在什么场合戴的帽子，就在什么场合脱帽子，不留尾巴。同时，我还建议，今后一般不要用'资产阶级知识分子'这个名词，因为这顶帽子很伤害人。其次，凡属思想认识问题，一律不准再搞思想批判斗争会。第三，不准用'白专道路'的帽子。"陶铸的讲话，铿锵有力，充满感情。当他说到他代表省委向台下受过错误批判的专家赔礼道歉时，受过委屈的老专家们都当场流下了热泪。

10 月 11 日，陶铸又以中南局第一书记的身份，在广州主持中南地区高级知识分子座谈会。当时是经济困难时期，知识分子不仅有心结，还存在因物质匮乏带来的困扰。陶铸在讲话中讲到了两种关心：一是政治上的关心，二是物质上的关心。首先要改善知识分子工作条件。当时，知识分子不仅科研书籍比较匮乏，更重要的是开会太多，搞业务的时间不多。陶铸明确表示要少开会，"现在高级知识分子感到时间不够、助手不够或不合要求，资料供应有问题。工作环境不好，我们要注意帮助解决。"其次，要解决生活问题。在座谈会上，海南石碌铁矿工程师黄冠民说："矿里很久没有食油供应了，工程师除了每月有一斤猪肉、一条普通香烟外，再没有什么东西照顾。"对此，陶铸表示："要完全解决物质生活现在还有困难，大家还要吃两年苦。不过，对高级知识分子的物质生活稍加改善是可以的。现在大家的要求不高。中山大学一位老先生只要求给他的面粉里不要有沙子，鱼不要是死的就行了，这个要求不高嘛。"

陶铸再次指出："高级知识分子经过了考验，有很大进步，我们不能老是讲人家是'资产阶级知识分子'，现在他们是国家的知识分子，民族的知识分子，社会主义建设的知识分子。因此，我建议今后在中南地区一般地不要再用'资产阶级知识分子'这个名词了，这个名词伤感情。谁有什么毛病，实事求是，是什么讲什么，不要戴这个帽子。帽子满天飞不行。"知识分子听到陶铸这些坦诚贴心的话，非常感动。

半年后，1962 年 2、3 月间，全国科学技术工作会议和全国话剧、歌剧、儿童剧创作座谈会在广州召开，周恩来总理、陈毅副总理亲临指导。在会议上，陶铸作为东道主在开幕式上讲话，一开始就向我国著名水稻专家丁颖当面道歉，承认错误。丁颖在"大跃进"时反对盲目高度密植水稻，不赞成在广东大面积推广种植辽宁高产粳稻。陶铸不但不听，反而对他进行批评，结果造成广东水稻产量严重减产。陶铸在众目睽睽之下向丁颖赔礼道歉，这需要很大的勇气，与会科学家大为感动。陶铸在讲话中又指出：经过 12 年的思想改造，绝大多数知识分子已经是属于劳动人民的知识分子，应该给他们脱下"资产阶级知识分子"的帽子。

在科学工作会议即将结束的前一天，周恩来在广东省委珠岛宾馆召开主席团扩大会议，研究知识分子属性问题。周恩来说过去把知识分子统统叫做"资产阶级知识分子"，现在所有制的问题已经基本解决，资产阶级作为一个阶级已经消灭，知识分子是为人民服务的，既然为哪个阶级服务就叫哪个阶级的知识分子，就不能再叫"资产阶级知识分子"。那么究竟叫什么知识分子？有人说叫人民知识分子，有人说应该叫劳动知识分子，到底怎么称呼？

周恩来讲话之后，陶铸第一个发言。他心直口快地说："我拥护给知识分子脱掉资产阶级的帽子，不能再叫'资产阶级知识分子'。知识分子是为人民服务的，是社会主义必不可少的力量，应该叫人民知识分子。"在当时那种"宁左勿右"的政治气氛下，陶铸旗帜鲜明地为知识分子"脱帽加冕"，是需要一番勇气和胆略的，甚至是要承担政治风险的。周恩来和陈毅对陶铸关于知识分子问题的讲话十分赞赏，特别对他提出的"不要再用'资产阶级知识分子'这个名词了"这句话，尤为赞赏。陶铸笑着对周恩来说，他的讲话是"地方粮票"，只有经过周总理讲话，才会变成"全国粮票"。会上，大家一致赞同陶铸的意见，认为不应再用"资产阶级知识分子"的提法。周恩来集中大家的意见，指出：不再一般地称呼知识分子为"资产阶级知识分子"，肯定绝大多数知识分子属于劳动人民的范围，这是当天参加讨论的同志的一致意见。

3月2日，周恩来对两个会议的代表作了题为《论知识分子问题》的讲话。他高度评价知识分子在社会主义建设中的重要地位和作用，指出："不论是在解放前还是在解放后，我们历来都把知识分子放在革命联盟内，算在人民的队伍当中。"陈毅也在会上发表了讲话，特别强调经过12年的考验，尤其是这几年严重困难的考验，证明我国知识分子是爱国的，相信共产党的，跟党和人民同甘共苦的。陈毅表示：不能够经过12年改造、考验，还把"资产阶级知识分子"这顶帽子戴在所有知识分子头上。他提出为知识分子"脱帽加冕"的口号，"你们是人民的科学家，社会主义的科学家，是革命的知识分子，应该取消知识分子的帽子。今天，我给你们行'脱帽礼'。"说到这里，陈毅站了起来，向大家鞠了一躬，全场顿时掌声雷动。周恩来、陈毅的讲话，使与会的科学家和戏剧工作者感动得热泪盈眶，他们说："帽子脱掉了，责任加重了。""是脑力劳动者，自己人了，不能再作客人了。"周恩来、陈毅和陶铸关于知识分子属性的讲话，在全国知识分子中引起极大反响，受到热烈欢迎。

阅读链接

省委书记对陈寅恪的关心

陶铸不仅为知识分子"脱帽加冕"，而且对著名的专家学者生活上关怀备至。他对我国著名史学家、中山大学教授陈寅恪，十分尊重、关心和爱护。广州解放前夕，胡适和傅斯年屡次来电报催陈寅恪到台湾去，但被陈寅恪一口回绝了。蒋介石也曾几次派人去接陈寅恪，但是均未如愿。没能把陈寅恪这样的"国宝"带到台湾，蒋介石一直感到很遗憾。陈寅恪一生奉行"独立之精神，自由之思想"人生准则，陶铸对这位闻名遐迩的国学大师相当敬重。陈寅恪住房小，书放不下，著述没有助手，陶铸马上要求学校给他解决；陈寅恪视力差，看报吃力，陶铸送给他一台当时算是很名贵的收音机让他收听时事新闻。陶铸还关照中山大学党委，让他们在陈寅恪经常散步的院子里，专修一条白色甬道，以免他散步时迷失方向。

1962 年 7 月，72 岁的陈寅恪在家中沐浴时不慎摔倒，摔断右腿，住进医院。陶铸闻讯，便指示给陈寅恪派专职护士，轮班照顾。陈寅恪住院第三天，陶铸亲自去医院看望，并和医院研究治疗方案。因为陈寅恪摔断股骨，只能长卧床上，陶铸指示特为陈寅恪配备三名护士，同时在住房、吃饭、穿衣上都给予特殊照顾。有些人对此提出非议，认为对陈寅恪照顾得太"过分"了。陶铸听后反问道："陈寅恪双目失明，要不要配备一名护士？双目失明又摔断了腿，要不要再配备一名护士？瞎了眼睛还著书立说，要不要再配备一名护士？我看护士派少了，而不是不应该派。"陶铸公开在会上表示："你如果有陈寅恪这样的本事，我照样给你这样的待遇。"一些老教授、老专家常说："知我者，陶铸也！"

□ 粤港澳边境小额贸易的开展

20 世纪 60 年代初期，与香港隔河相望的宝安县（今深圳市）和与澳门接壤的珠海县（今珠海市）在国民经济调整过程中，在中共广东省委的支持下，利用地缘优势，采取灵活措施，积极有效地开展粤港澳边境小额贸易活动，促进了当地社会经济的发展，改善了人民的生活。

从历史地缘来看，香港"新界"原来属于宝安县的一部分，当地群众往来密切。宝安县有 4000 多亩耕地在香港"新界"。香港方面也有土地在宝安境内。宝安县的农民群众过境耕田时，顺便在香港买些便宜货补充生活。当时，对过境耕作生产的农民，港英当局也没有明确加以限制。同时，宝安有 280 多公里长的海岸线，全县 22 个公社中，有 14 个公社的农民群众有下海捕鱼的习惯。[①] 20 世纪 50 年代中后期，由于受到"左"的思想束缚，广东加强边境管制，毗邻港澳的宝安、珠海两县边境被封锁，给当地民众的生产、生活带来不良影响。如 1956 年实行边境封锁后，不准群众下海捕鱼，也不得把自己劳动生产的产品拿到香港市场上去卖；农民群众过境生产归来时，所捎带的小量生产和生活必需品则被没收。这样一来，农民群众的小额边境贸易活动被迫中断。这就给当地经济带来了不小的损失。加上自然灾害，很多百姓吃不饱，生活遇到了很大的困难。在巨大的生存压力下，一些群众为了改变生活现状，只好集体逃到隔海相望的香港寻找出路。据统计，在 1958 年、1959 年和 1960 年三年中，宝安县逃港人数分别为 604 人、1368 人和 1634 人。[②] 逃港人数众多，而且呈逐渐上升趋势。境外反动势力也趁机兴风作浪，对中国进行舆论攻击，在国际上给中国带来了不良的影响。

---

① 《关于适当放宽边防管理政策，切实解决边防地区人民群众恢复和发展生产中必须解决的问题的报告》（1961 年 8 月 27 日），《中国共产党深圳历史第二卷（1949—1978)》，中共党史出版社 2012 年版，第 327 页。

② 《宝安县历年来偷渡外逃情况统计表》，中共宝安县委办公室编：《宝安县主要历史资料》，2009 年。

面对日趋严重的逃港风潮以及农民困窘的生活条件，宝安县委意识到边防管理问题的严重性，开始深入调查研究，寻求新的解决途径。时任宝安县委第一书记的李富林在调查中了解到，农民挑上三担稻草，到了香港就可以换回 100 斤化肥；社员到梧桐山上摘几束吊钟花，拿到香港就可卖几十元；一斤刚收获的湿花生，拿到香港价钱比干花生高十几倍。① 面对两地可能产生的巨大贸易差额，以李富林为首的宝安县委决定"利用香港、建设宝安"。宝安县委经过无数次的反复调研，听取多方面的意见后，决定适当放宽边防管理。1961 年 8 月 13 日，宝安县委召开边防工作会议，对边防管理工作做了自我检讨，并提出了《关于适当放宽进出口管理政策意见（草案）》，同香港发展"小额贸易"。首批列入开放的沿海一线地区包括横岗、沙头角、布吉、深圳等14 个公社和沙河农场；第二批开放龙岗、平湖、观澜、龙华等 8 个公社，同时开放南澳、盐田、沙头角、罗湖等 13 处口岸，作为"小额贸易"和非贸易进出口特定地点。会议还对小额贸易出口与进口的商品品种作出了规定。9 月 25 日，省委回复同意适当放开小额贸易，同时规定社员个人携带出口的物品，以自己或家属劳动生产而又属于自留部分为限，携带进口物品亦以自用家用为限；每次每人进口物品重量不超过 5 市斤，每月来往不得超过 5 次；携带物品价值不超过人民币 5 元者准予免税放行，超过部分按章征税。② 这就是当时人们口头所称的"三个五"规定。省委在批复中还规定，生产大队出口物品应是自产和完成国家任务后的多余部分；进口亦以自用者为限，不得与外地协作交换；允许沙鱼涌、文锦渡、罗湖、沙头角、蛇口等 7 处为小额贸易出进口特定地点，贸易品种除水产鱼和收音机两项外，其余基本同意县委意见。1962 年 3 月 14 日，广东正式规定，对宝安县过境耕作农民携带入境的物品，实行"三个五"的规定，即每月限 5 次，每次重量不超过5 公斤，物品估值人民币 5 元以内的，免税放行。③

---

① 《广东经济发展探索录》，广东人民出版社 2009 年版，第 87 页。

② 《中国共产党深圳历史第二卷（1949—1978）》，中共党史出版社 2012 年版，第 163 - 164 页。

③ 《广东经济发展探索录》，广东人民出版社 2009 年版，第 92 页。

粤港边防管理适当放宽后,边境的小额贸易逐渐活跃起来,有的公社和生产队也加入到贸易活动中来。公社、生产队主要是利用出口稻草的机会,从中运出一些价值较高的农副产品等,再运一些生活用品或生产资料进口。随着贸易的发展扩大,不少社队突破政策规定,把进口化肥拿去外地对换物资出口,取得资金后再购买化肥或进口其他生产资料,从中运进贵重物资转去外地出卖。这样,宝安县的外汇有了增长。随后,边防管理政策有所收缩,贸易的品种也受到了诸多的限制,但宝安县农民群众仍积极出口贵重药材、黄金、外币等,进口胶丝、糖精、火石等物资。据有关部门统计,截至 1964 年 10 月,出口的物资有当归 2663 斤,水草 60.53 万斤,生猪 431 头,"三鸟"1.3 万多只,鱼苗 254.3 万多尾,水产品 24 万多斤,水果 12 万多斤等,共计价值人民币 235 万多元。进口的物资有化肥 41126 担,汽车 56 辆,摩托车 22 部,机船 27 艘,单车 95 辆,牛车 35 辆,半导体收音机 319 台,手表 942 块,以及胶丝、糖精和火石等物资一大批。[①]

与澳门毗邻的珠海县,在此期间,也积极对边境小额贸易进行探索。珠澳的边防管理与宝安香港两地边防管理相似。由于地缘的关系,珠澳双方民间自发性的边境小额贸易在中华人民共和国成立前就已经存在。而有组织、有计划又较具规模的对外出口,则始于新中国成立之后。当时中共中央华南分局(1955 年撤销改为中共广东省委)和广东省人民政府在珠海实施边境贸易,允许边境居民自产自销的农副产品肩挑贩运到澳门去出售,以换回必需的生产资料和生活用品。20 世纪 50 年代中后期,随着边防管理政策的收紧,珠澳边境小额贸易也逐渐减少。1954 年以后,珠澳边境小额贸易被限制在距澳门一华里以内的关闸、高沙、联安、北岭和湾仔 5 个自然村,其他地区出口的农副产品逐步由当地的供销合作社以及中山石岐公司驻珠海合作组统一收购经营出口。[②] 1958 年 1 月起,珠澳边境小额贸易地区扩大为前山、翠微、湾仔、香洲、南屏、山场等 6 个乡,但在实施过程中,仍然由

---

① 中共广东省监察委员会:《关于宝安县违反政策问题的检查报告》(1965 年 4 月 8 日)。

② 赵艳珍著:《珠澳关系史话》,珠海出版社 2006 年版,第 206 页。

前山公社的关闸大队、北岭大队和湾仔公社的作物大队所控制，外汇留成转由公社一级掌握，进口的生产资料按各大队的面积分配，这在一定程度上影响了小额贸易的发展。

此时，恰逢"大跃进"和 1960 年的自然灾害，造成珠海边境群众的经济陷入困境、生活困难，边境地区人心浮动，外逃谋生群众骤增。尽管各部门成立反偷渡领导小组，加强教育，严格管理与控制，但截至 1962 年仍发生偷渡 2050 起，共 6876 人，比 1957 年分别增长5.2 倍和 7.3 倍。① 面对这种情况，1960 年 6 月，珠海工委（当时珠海划归中山县）决定恢复和扩大出口商品的生产贸易，向中山县委及佛山地区专员公署建议将湾仔、关闸、珠海农场划入小额贸易地区，恢复 1959 年以前小额贸易的出口种类，如蔬菜、"三鸟"、田鸡、花、石灰、草药等几十种。② 1961 年，省委决定"开放边防口子"，允许部分社员赴港澳出售农渔产品，允许湾仔花农到澳门卖花，允许从港澳购买少量生产资料和生活资料。随后，佛山地区专员公署同意珠海县实施放宽边境小额贸易办法，指定由珠海县对外贸易局专门管理，并实行配额出售办法。货物出口时由海关验凭该局签发的审批表放行。该办法还规定凡在以关闸为中心 50 里半径内的前山、翠微、白石、兰埔、下村、北岭、关闸、山场、吉大、南屏、北山、东桥、湾仔、南山、南堡、小将军、上冲、庵山、福石、造贝东、造贝西、南沙湾等22 个生产大队均可经营小额贸易；经营品种出口以自产的鲜花、蔬菜、土药材、山柴草等为主，数量不限；进口以生产资料、肥料、农药、小五金生产工具、种子、中西成药、垃圾、水粪、糟水为主，大队填写申请表报外贸局审批，除垃圾、水粪、糟水可由边民自运免税进口外，其余均需委托澳门南光贸易公司代购纳税进口。③

自改进边防管理实行边境小额贸易后，人民群众的生活得到了改

---

① 《中国共产党广东历史第二卷（1949—1978）》，中共党史出版社 2014 年版，第 424 页。
② 《中国共产党珠海历史（1953—1978）》，中共党史出版社 2018 年版，第 143 页。
③ 《中国海关通志》编纂委员会编：《中国海关通志》第 2 分册，方志出版社2012 年版，第 1413 页。

善，收入有所增加，生产积极性进一步提高，为国家增加了外汇收入。据统计，珠海县仅 1961 年当年的出口额就达到 14.9 万美元。① 其中，通过开展边境小额贸易得到的外汇也占了重要的一部分。1962—1963 年，珠海县继续在省委的支持下开展小额边境贸易。随后，由于受"左"的思潮影响以及其他因素的干扰，边境小额贸易日渐式微。

除了宝安、珠海，广东的东莞、中山两县也都根据省委的有关指示，分别与香港、澳门开展了小额贸易活动。总的来说，20 世纪 60 年代初期，这几个地处边防沿线的县在广东省委的支持下，积极探索边境小额贸易，对促进当地生产，互通有无，解决群众温饱起到一定的作用。与此同时，实施小额边境贸易在一定程度上维护了边防地区的稳定，为国家争取了外汇，具有一定的政治、经济意义，也为后来的改革开放提供了有益的经验借鉴。

□ 东深供水工程的建设

20 世纪 50 年代末 60 年代初，香港经济开始发展起来，随着人口的增长和工业的兴起，生活与工业用水严重不足。香港有关人士向广东省委第一书记陶铸提出建议，请广东帮助香港解决缺水问题。当时分管港澳工作的廖承志向国务院总理周恩来汇报了此事，中央决定引东江水供应香港，解决香港同胞食用淡水问题。按照陶铸的建议，广东决定在深圳兴建水库，以便输水香港。1959 年 11 月 15 日，深圳水库正式动工。限于当时条件，建设工程采取人海战术，取土运土几乎全部是靠锄头、铁锹、肩挑和手推车，最高峰时总人数达到近 4 万人。凭着大干快上的热情和干劲，工程进展速度很快，深圳水库于 1960 年 3 月建成。11 月 15 日，宝安县人民委员会代表曹若茗与港英政府代表巴悌在深圳正式签署供水协议，深圳每年向香港供水 50 亿英加仑（2270 万立方米）。1961 年 2 月 1 日，按协议规定正式向香港供水。尽管最高的一年供水达 80 亿英加仑，但还是远远不能满足香港的需要。

1962 年 9 月至 1963 年 5 月，华南地区遭受 70 年间罕见的大旱，

① 珠海市地方志编纂委员会：《珠海市志》，珠海出版社 2001 年版，第 455 页。

水塘干枯、江河断流，不少农作物枯死，有些地方连饮水都成问题。香港和九龙地区水源枯竭，水荒更为严重。由于缺水，香港工农业受到严重打击，300多万居民用水困难。港英政府宣布限量用水，每4天供水一次，每次4小时，平均每人每天仅得20升的水。居民每天提着水桶等水的长龙长达数里。港英当局不得不派船到日本等地去运水，并向广东省政府请求援助。广东省政府对香港同胞的困难表示十分关切，省长陈郁发表谈话，欢迎香港派船到珠江就近汲取淡水，并从各方面给予方便。于是，港英当局便派船到番禺莲花山汲取淡水，从1963年6月到1964年3月，共运去淡水30多亿英加仑，解了燃眉之急。但港英政府为此耗用运费5000万港元。

这次水荒历时半年之久，全港上下一片恐慌。广东省政府本着关怀香港同胞的精神，进一步想办法帮助香港解决水荒，决定兴建东江—深圳供水工程（简称"东深供水工程"），以增加对香港和九龙地区的淡水供应。1963年12月8日，国务院总理周恩来出访非洲路过广州，在陶铸家里召集有关人员开会讨论具体方案。出席会议的有陶铸、赵紫阳、陈郁、林李明、曾生等人，广东提出了三个方案。周恩来听了汇报后，同意广东省提出的从东莞县桥头镇引东江水，利用石马河道，通过八级抽水站把东江水提高水位46米后注入雁田水库，再开挖3公里人工渠道注入深圳水库，再通过钢管送水到香港的设计方案。这一方案，既可以解决港九地区供水的问题，又可以使沿线10多万亩农田免受干旱。周恩来还要国务院计划委员会从援外经费中拨出3800万元作为这个项目的专款，还指示物资部门大力支持，尽快设计开工。1964年4月22日，粤港双方代表在广州正式签订协议，商定将于1965年3月1日开始增加供水给香港九龙地区，每年供水6820万立方米，如果香港英国当局需额外增加供水址，广东视供水设备能力适当增加；额外增加的供水量由双方代表另行协议决定。供水期由每年10月1日至下一年6月30日，共9个月。水费标准每立方米人民币一角。

东深供水工程是实现北水南调的一项宏大工程。它于东莞桥头采用东江水，通过拦河筑坝及建立一系列抽水站，逐级提升水位，改东江支流石马河水由北向南倒流，最后输送到香港。东江水通过新开的底宽为 80 米、长 3 公里的人工河道引入，水流入第一个桥头抽水站的集水池，由抽水机站提升 5 米，流入石马河道，再经过司马、旗岭马滩、塘厦、竹塘、沙岭、上埔等共 8 个抽水站提升，最后水倒流入雁田水库。雁田水库放水入白泥坑渠道，令东江水流入深圳水库，然后由压力钢管输送到深圳三叉河交水点由港方接收。

东深供水工程由省长陈郁全面负责，主管农林水战线的副省长林李明和主管外事工作的副省长曾生协助。东深供水工程于 1964 年全线展开施工。

为了解决劳动力问题，广州动员 5000 名待业青年，东莞、惠阳、宝安等地动员 5000 名民工投入施工。由于该工程线长点多，施工机械不足，所以多以人力为主，高峰时投入的工人及民工达 2 万多人。整个工程的土建项目都是在汛期施工，许多基础工程是在水下 5—10 米的条件下进行的。在施工过程中，工程队连续遭遇到 5 次台风暴雨的袭击。特别是 1964 年 10 月 13 日的第 23 号强台风和特大暴雨，冲垮了马滩工段的两条围堰，给工程施工增加了很大的困难。

经过一年奋战，闯过重重难关，在短促的时间里，东深供水工程按期完工。1965 年 2 月 27 日，在东莞塘厦举行东深供水工程落成庆祝大会，出席大会的有广东省副省长林李明、郭棣活、曾生、邓文钊等人，还有来自香港、澳门的知名人士高卓雄、何贤、郑铁如、王宽诚、费彝民、陈耀材、马万祺等人。香港工联会会长陈耀材在大会上激动地说："感谢祖国的爱护关怀，从此港九便可免除缺水之苦，对百业大有裨益。"香港工联会和香港中华总商会向大会赠送了两面锦旗，题词为"饮水思源，心怀祖国"和"江水倒流，高山低首；恩波远泽，万众倾心"，充分表达了香港同胞对祖国的无限感激之情。同年 3 月 1 日，东深供水工程开始供水。东深供水工程建成后，除负担供水港九地区每年 6820 万立方米外，还负担灌溉东莞、宝安两地沿线农田 16.85 万亩，排涝 6000 亩和向深圳镇供应生活用水每年 3000 万立方米。

东深供水工程不仅对香港保持经济繁荣与社会稳定起到重要作用，而且为沿线的东莞、宝安两地经济的持续发展注入了新动力。

第八章

从抵制内乱走向历史转折

历史概说

要事本末

- ☐ 广东文化名人被批斗
- ☐ 周恩来对广交会的力保
- ☐ 农业学大寨在广东的推开
- ☐ 广东"小三线"的建设
- ☐ 广东教育革命的展开
- ☐ 人民对"文革"的抵制
- ☐ 侨务政策的落实
- ☐ 习仲勋对粤东三区的调研

历 史 概 说

　　1966 年，正当国民经济建设进入第三个五年计划之际，面对日益复杂的国际国内形势，在各种问题各种矛盾交错的情况下，中共中央和毛泽东对战争威胁和对"和平演变"的危险作了过于严重的估计和过度反应，对党内、国内政治形势特别是阶级斗争状况严重性和危险性作出了过分的不符合实际的估量。因此，毛泽东认为党内存在修正主义，党和国家面临复辟的危险。出于"反修防修"的目的，中共中央和毛泽东决定发动"文化大革命"。1966 年 5 月 16 日，中共中央政治局扩大会议通过了《中国共产党中央委员会通知》（即"五一六通知"），要求全党"彻底揭露学术界、教育界、新闻界、文化界、出版界的反动思想，夺取在这些领域中的领导权"。"五一六通知"的发布标志着"文革"的全面发动。广东方面很快响应。5 月 19 日，中共中央中南局全体委员、中南地区省（区）委、地委负责人出席了在广州市中山纪念堂召开的中南地区"文革"动员大会，广东的"文化大革命"运动由此正式拉开帷幕。

　　"文革"开始后，广东文化界和学术界的知识分子首当其冲，受到批判。全省学生"停课闹革命"，成立各种红卫兵组织，与全国各地的红卫兵进行"大串连"，在省内进行"破四旧"等活动。1967年 1 月，上海造反派夺取了上海市的党政领导权后，广东也发生了"一·二二"夺权运动，广东省委被打倒。此后，广东省陷入了红卫兵及各种派性群众组织的争权与内乱中。在这种情形下，广州军区按照中共中央和毛泽东的部署，开始介入地方的"文革"运动，陆续派出部队对各地实行军管、军训，同时进行支左、支工、支农，即"三支两军"，迅速控制了混乱的局势。11 月，广东省革命委员会（简称"省革委会"）成立后，开始领导全省的"斗、批、改"运动，其内容主要包括：建立"三结合"的革委会；进行大批判、"清理阶级队伍"；整党；精简机构；派遣知识青年上山下乡；将部分干部下放到五七干校进行改造；在教育系统内开展教育革命等等。1970 年 12 月，广东省委重新成立，全省进入了党委领导下"闹革命"的新阶段。1971 年林彪事件发生后，广东省委领导全省进行声势浩大的"批林整风"等运动。与此同时，毛泽东从林彪事件中受到很大震动，引发他对"文革"的一些新思考，觉察到一些严重问题，并着手在必要的范围纠正某些错误，调整某些政策。在毛泽东、周恩来支持下，邓小平恢复工作。1975 年，邓小平主导进行全面整顿取得一定成效。此后，"四人帮"又掀起新一轮的批斗运动，对整顿工作进行阻挠，广东也同全国其他省市一样，开展了"批邓、反击右倾翻案风"运动。

面对"文革"所带来的种种严重问题，广东各级党政干部和人民群众的抵制和斗争一直没有停止过。一方面他们以各种形式表达自己对"文革"的反感与不满；另一方面，尽管他们身处逆境仍然忍辱负重，顾全大局，在力所能及的范围内降低"文革"所带来的损失。

1976 年 10 月，华国锋、叶剑英、李先念、汪东兴等党和国家领导人，执行党和人民的意愿，在中央政治局多数同志的支持下，一举粉碎了"四人帮"，从危难中挽救了党，挽救了国家，挽救了中国的社会主义事业。党和人民在经历十年的磨难和挫折之后，结束了"文革"的动荡岁月，社会秩序得以恢复正常，党和国家工作得以重新走上健康轨道，并开始了拨乱反正工作。此后，广东迎来了改革开放的新曙光。

要 事 本 末

□ 广东文化名人被批斗

1966 年"五一六通知"发布后，5 月 27 日，广东省委召开常委会议，通过了选派工作组到部分重点单位开展工作以及发动群众大鸣大放等决议。由此，广东全省上下掀起了对文化界、学术界的干部、学者进行批判的浪潮。

6 月 1 日，中央广播电视台向全国广播了北京大学聂元梓等人的大字报，消息传到广东后，广州地区各个高等院校的师生连日集会表示支持。《南方日报》载文《全面系统地反对毛泽东文艺思想的一株大毒草——评秦牧〈艺海拾贝〉》，把广东省政协副主席、《羊城晚报》副总编辑秦牧当作"反党反社会主义分子"进行批判。秦牧的著作《艺海拾贝》则被称为"一株反党反社会主义的大毒草"，是一条"艺海中的响尾蛇"。同日，《广州日报》转载了该文。于是，广州市从机关、学校到工厂，从城镇到农村都展开了声讨秦牧"罪行"的活动。秦牧成了广州地区揪斗"反党、反社会主义、反毛泽东思想"所谓"三反分子"代表人物。①

文化界的动荡很快波及教育界。6 月 18 日，广州市第四十五中学党支部书记、副校长蔡三坚由于阻止学生对学校领导和教师贴大字报，被认为是"压制群众"。蔡三坚的做法对于当时风头正旺的"文革"运动来说，无疑是"反面人物"。因此，他成为广州"文

---

① 中共广州市委党史研究室编：《中共广州党史纪事（1919.5—2006.12）》，广州出版社 2008 年版，第 293 页。

革"开始后，教育战线第一个被撤职的党支部书记。[①]蔡三坚被撤职的消息传开后，在教育战线上引起了不小的震动。随后，广东人民广播电台台长田蔚、中山医学院院长柯麟和党委书记刘志明等广东文教系统的领导干部和知名学者也都先后受到批判，并被撤销相关职务。

6月9日，省委又发出《关于文化大革命若干问题的批示》，决定大学停课一个月、高中停课一个月至一个半月参加"文革"，其主要做法是采取大鸣、大放、大字报、大辩论的形式进行。于是，学生们"停课闹革命"，纷纷起来揭发批判本校的所谓"反动学术权威"或"三反分子"，正常的教学秩序受到破坏，学生们整天忙于撰写、张贴针对学校领导和老师的标语及大字报。

在这种政治氛围中，肆无忌惮的攻击和恶毒的谣言布满文化界和学术界。9月9日，广州红卫兵和文艺界5000余人对著名作家欧阳山继续展开批斗，欧阳山的作品如《三家巷》《苦斗》等也被认为是文艺界里的"大毒草"。

10月10日，中共广州市委宣传部副部长、市文化局局长华嘉被扣上莫须有的罪名——"恶毒攻击毛泽东思想""为右倾机会分子鸣冤叫屈，树碑立传"，成为广州市第一位被批斗的党的干部。6天之后，中共中央中南局宣传部部长王匡被划为"资产阶级右派分子"遭受揪斗，被撤销党内外一切职务。全省各地纷纷效仿广州地区的乱批、乱斗。一大批干部和知识分子受到了批斗，他们被当作"三反分子""小邓拓""牛鬼蛇神"，身心遭受了严重的伤害和折磨。

在批斗过程中，大、中学生情绪高涨。面对学生狂热的政治斗争热情，广东省委按照中央的部署于1966年6月13日派出了第一批工作组进驻中山大学等17所大中学校和文化局等部门，领导各地有秩序地有限制地开展"文革"运动。各市、区也相继派出党委工作组进入所在地区的大专院校。然而，这一情形很快就发生变化。7月，在毛泽东致信支持清华大学附中红卫兵的"革命造反精神"后，同全国其

---

① 中共广州市委党史研究室编：《中共广州党史纪事（1919.5—2006.12）》，广州出版社2008年版，第296页。

他地区一样，广东全省红卫兵组织如雨后春笋般迅速涌现。各种红卫兵组织和前来广州串连的红卫兵们一起突破校园的围墙，冲向社会"闹革命"。红卫兵们采取"分片包干，重点抽查"的办法，在全省掀起了"破四旧"（即所谓旧思想、旧文化、旧风俗、旧习惯）的运动。在这场运动中，大批文物、古迹都遭受破坏。当时广州有名的宗教场所如六榕寺、三元宫、怀圣寺、石室天主教堂，都悉数遭到破坏。在龙门县，很多中学图书馆内的古典书籍和现代小说被焚烧；在惠阳地区，西湖孤山80余件碑文石碣被悉数毁坏，元妙观殿宇被占，神像被毁，文物经书被查抄；在中山，公园内廖仲恺的石碑被毁，石凳、石狮被砸烂。佛山的祖庙、韶关的南华寺、海南的海瑞墓均不同程度地被破坏。

随着"文革"运动的逐步深入，"破四旧"运动发展成为抄家、批斗。凡是被定义为资本家以及地、富、反、坏、右者的房屋均遭到查封，而其金银首饰、外币及收音机、自行车、手表、缝纫机、照相机、风扇等均被没收。广东省文联主席、作家欧阳山在被诬蔑为"广东文艺界混进党内的资产阶级代表人物"后，其住家被红卫兵洗劫一空。许多知识分子、民主人士和干部遭到批斗，比如著名学者陈寅恪、容庚、王起、商承祚、梁宗岱、刘节都遭受冲击和批斗。

在这些批斗运动中，无论是口诛笔伐还是"破四旧"、抄家，"造反小将"采用了暴力和诸多带有侮辱性的过激行为对批斗对象进行身心折磨。著名粤剧表演艺术家红线女在"文革"一开始就遭受批斗，从一名表演艺术家"沦落"为"牛鬼蛇神黑线女"，她的亲人被定义为"黑五类"。据其子马鼎盛说，红线女被确定为重点批斗对象后，造反派给她剃了个"阴阳头"——头发从前额到头顶都被剃光，在他人的监督下，每天在省粤剧院劳动。红线女位于华侨新村的家也被红卫兵洗劫一空，大门日夜敞开，红卫兵进进出出，搬走戏服、戏箱，连毛主席给红线女所写的亲笔信都被没收。批斗她的大字报贴满了每个房间，连厕所也没有放过。这些大字报的遣词造句充满阶级斗争色彩和赤裸裸的人身攻击。在全国大串连开始后，红卫兵更是络绎不绝地"莅临"她家。当他们找不到红线女时，就找其他人出气。红线女的母亲就成了女儿的替罪羊。①

"文革"中对广东文化名人的乱批、乱斗，不仅严重地干扰了他们的业务工作和专业创作，也给他们的身心造成极大的伤害和严重的阴影。"文革"结束后，大部分遭受迫害的文化名人得到平反，落实了政策，恢复了名誉。

□ 周恩来对广交会的力保

在广东省委被夺权后，整个社会处于无政府状态，全省陷入派性冲突和内斗。作为祖国南大门的广东，是中国出口商品交易会的所在地，如果局面控制不好，势必影响交易会的顺利进行。广东日益混乱的局面引起了中央领导人的关注，特别是周恩来高度关注广东"文革"的发展动向，竭力消除派性冲突，努力稳定广东局面。

为了确保广交会的顺利举办，1967年4月13日，周恩来审改了中共中央、国务院、中央军委、中央文革小组就开好广州春季出口商品交易会给广东省军管会和中南财经委员会并各军区、各省市自治区的通知稿。由于广东的夺权运动正如火如荼地进行，为了避免在广交会中发生武斗，周恩来特地在通知内添加了"不在交易会及其所属组织内进行夺权"一句。② 此时的广东特别是广州，政治风潮一浪高过一浪，局势严峻。鉴于广州交易会开幕在即，而广州局势仍在动荡，情况吃紧，连广东省军管会都难以控制局面的发展，周恩来又致信毛泽东、林彪，决定4月14日早晨7时前往广州。

次日中午，周恩来抵达广州。下午，他顾不上舟车劳顿，在广州军区珠江宾馆大楼会议厅接见参加"广州春交会"的各方面负责人和200多名工作人员代表。这些代表除了少数领导干部外，大部分是"造反派"头头和中坚分子。周恩来向他们宣讲以中共中央、国务院、中央军委、中央文革小组名义发出的"关于开好春季广州出口商品交

①《马鼎盛：因为母亲红线女我差点上不成大学》，南方都市报主编：《我的一九七六》，南方日报出版社2008年版，第47－49页。

②《周恩来年谱（1949—1976）》（下），中央文献出版社1997年版，第144页。

易会的几项通知",重申在交易会期间不在交易会及其所属组织内进行夺权;所有参加交易会工作的人员,有接待任务的宾馆、旅馆、剧场和参加演出的文艺单位,在交易会期间一律暂停"四大"(即大鸣、大放、大字报、大辩论),不要在出口商品陈列馆和接待外来商人的宾馆、旅店张贴大字报等。

当天晚上,周恩来又在广州中山纪念堂对各派群众组织 1 万多人(其中有 5000 多人在广州体育馆听有线转播)作了讲话。他强调并解释中央关于开好广州春季商品交易会的五点指示,要求各群众组织全面落实五点指示,共同保证开好春交会。周恩来跟大家解释说:"明天开幕的交易会,应该看成是一个新的战役,要保证把这个会开好。"对于当时各地实行军事管制受到抵制的情况,周恩来提出要支持解放军的军管工作,要尊重和信任解放军。对于党的干部,周恩来指出:"干部是党和国家的财富,他们的丰富经验也是我们需要的,要让他们站出来,不然,我们的工作就难以继续。"①

周恩来的讲话持续了 3 个小时。至散会时,已过午夜。他顾不上休息,又驱车到达海珠广场的展馆,对各展厅逐个进行检查,并与一些工作人员交谈。当时交易会中有些工艺品展物被造反派说成是"封、资、修"的东西,有损中国形象,不给展出,更不允许出口"祸害"世界人民。当周恩来看到一些工艺品的展柜上被贴上封条时,他耐心细致地对造反派做说服工作,使造反派转变观念,同意布展。

周恩来继续与广州市各群众组织代表座谈。对于造反派声称要揪"广州的谭震林"和广州军区"一小撮",反对军管,周恩来提出了严厉批评。他告诉大家说:"军管是毛主席根据各方面的情况决定的。""你们这样说,就是把矛头直接指向党中央。对军区说的话,不要抓住一点就上纲,不要什么事情都上纲。把每一个小问题都看成是两条路线、两条道路的对立,那就不可终日了。"对于当时军管中出现的一些不尽如人意的情况,周恩来解释说:解放军介入地方"文化大革命",有许多事情不适应不习惯,要允许他们有一个摸索阶段。②

---

① 《周恩来年谱(1949—1976)》(下),中央文献出版社 1997 年版,第 145 页。
② 《周恩来年谱(1949—1976)》(下),中央文献出版社 1997 年版,第 145 页。

4 月 15—17 日，周恩来多次听取广东党、政、军负责人的情况汇报，并同他们进行谈话。在他为期四天半的行程里，周恩来不辞劳苦，多次召开两派群众组织代表座谈会，对各派群众组织发表讲话，协调各方关系。

4 月 18 日晚，周恩来又对广州地区各群众组织代表作了长篇讲话。周恩来就国际国内形势、广东的地位和情况、对广东实行军事管制的必要性及其任务、广州的"文革"如何掌握斗争大方向、如何实行大批判大联合和"三结合"等若干具体问题进行了分析。在讲话中，对于群众组织提出的一些具体问题，周恩来也尽可能地谈了自己的看法和希望。4 月 19 日，周恩来离开广州返回北京。[①]

周恩来这次广州之行具有重大的影响，在一定程度上减轻了广东"文革"的动乱与损失。此后，身在北京的周恩来仍然挂念广东的"文革"形势。他于同年 8—11 月间多次接见了广东两派的赴京代表，对他们由于派性错误所引起的武斗冲突行为提出了批评，帮助他们端正认识，要他们团结起来，搞好交易会的工作。他还希望群众和学生不要介入武斗，工人阶级实行大联合。周恩来对广东派性斗争的制止及其稳定广东的努力，为广交会的顺利召开奠定了基础。

☐ 农业学大寨在广东的推开

1964 年 2 月 10 日，《人民日报》介绍了大寨人民为改变贫穷落后的生存环境进行艰苦奋斗的典型事迹和经验，全国人民深受感动和鼓舞。山西省昔阳县大寨大队被树立为自力更生发展农业生产的典型。1965 年，广东省在增城、曲江等地开展试点大寨式的"标兵工分"（即大寨"民主评分制"）管理制度，认为实行这一制度能够突出政治、破私立公，树立为革命种田思想，决定在全省推广。大寨"民主评分制"的评分标准，主要看政治思想，一般采用标兵工分、底分活评、底分加奖励三种形式。各个大队有的十天或半月进行评比一次，

---

① 《中国共产党广东历史第二卷（1949—1978）》，中共党史出版社 2014 年版，第 539 页。

有的一个月或一个季度评比一次，也有少数队半年或一年一评。经毛泽东同意，中共八届十一中全会提出"农业学大寨"。此后，广东农村同全国一样，全面推广大寨"民主评分制"，大批从事经营管理的干部和大队支部书记前往大寨参观学习。1965 年 11 月，省军管会生产委员会在台山县召开全省农村人民公社经营管理学大寨现场会议，全省进一步掀起学大寨运动的高潮。在此期间，全省涌现出龙华、大亨、关山、石屋、洛洞等大寨式的先进单位。

1970 年 11 月，省革委会召开全省农业学大寨会议，总结和交流了各地学大寨的经验，研究开展学大寨群众运动的规划和措施。11 月16 日，省革委会发出《关于进一步开展农业学大寨群众运动的决定》，提出了"学大寨，赶昔阳，奋战三五年，实现队队是大寨，县县是昔阳"的口号，同时还提出"力争三五年内，全省按总人口每人有一亩旱涝保收、稳产高产田"等要求。此后，全省比较系统地组织开展"农业学大寨"运动。1970—1976 年，省委、省革委会曾先后召开了 6次规模较大的农业学大寨工作会议。其间，省革委会还举办了共 5 期的农业学大寨展览，展出先进县、社、队及其他先进单位 138 个，农科项目等 164 个，参观学习者共 100 万人次以上。①

在农业学大寨的活动中，全省各市、县纷纷举办毛泽东思想学习班。与此同时，广东还把农田基本建设作为一项重要内容来抓。广东曾在 50 年代末 60 年代初进行过较集中的农田水利建设。1965 年农业学大寨后，广东将农田基本建设作为学大寨的一项重要内容，在一定程度上改善了生产条件，促进了生产发展。

在 1973 年 5 月召开的全省计划会议上，与会者分析了广东农业存在的问题，主要有：全省仍缺水灌溉的土地有 1000 万亩，有 330 万亩低洼易涝田未有整治，有拱卫 890 亩农田的江海堤围防洪、御涝能力薄弱；已建成的水利工程存在着标准低、质量差，未能充分发挥效益；每遇春旱就有 500 多万亩不能按时办田插秧；若有暴风雨又往往决堤

---

① 广东省地方史志编纂委员会编：《广东省志·经济综述》，广东人民出版社2004 年版，第 255 页。

内涝，上百亩农田受淹减产。① 根据这些实际情况，省委提出当年的农田基本建设主要任务是：治理现有工程设施和加强维护管理，尽量扩大效益；对排灌系统进行全面整治；狠抓水利续建配套等。1973年冬，在党的路线教育运动推动下，全省农村兴起以土肥为重点的农田基本建设高潮。全省投入农田基本建设的人数达1190多万人次，占全省劳动力总数的70%以上；从1973年10月至1974年1月的短短三个月内，完成土石方2.9亿多万立方米，挖沟改土1200多万亩，积集肥料一大批。② 在这一时期开展农田水利建设过程中，有关部门在政策制定时坚持全面规划，抓住农田基本建设的薄弱环节，进行综合治理，彻底整治；在具体贯彻过程中，长远建设与分期实施相结合，组织常年施工和发动群众相结合，全省建立起160多万人的农田基本建设专业队；加上领导干部深入第一线，推广先进经验，农田基本建设收到较好的效果，当年粮食产量有一定的增加。

1974年10月，国家水利电力部召开了全国农田基本建设座谈会，提出在全国推广平地、改土的经验，并把它列为农田基本建设的主攻方向，建设旱涝保收、高产稳产田。为此，各地贯彻"小型为主，配套为主，社队自办为主"的方针大力发展小型水利，同时抓管理，保安全，促配套，夺高产。③ 根据这次座谈会的精神，1974年12月17日，广东省革命委员会成立农田基本建设指挥部，全省再次掀起农田基本建设高潮。据1974年12月19日统计，全省投入农田基本建设的人数达1000万人次，占全省劳动力总数的50%，其中韶关、佛山、湛江、汕头和广州市郊区已达到60%以上，累计完成土石方近3亿立方米。在这当中，当年秋后完成的有1亿多立方米。④ 对于这一阶段全

---

① 《中国共产党广东历史第二卷（1949—1978）》，中共党史出版社2014年版，第607-608页。

② 《我省以土肥为重点的农田基本建设蓬勃兴起》，《南方日报》1974年1月14日。

③ 《全国农田基本建设座谈会综合简报（摘要）》（1974年11月4日），《历次全国水利会议报告文件（1958—1978）》，《当代中国的水利事业》编辑部1987年版，第527页。

④ 《我省一千万劳动大军开上工地掀起农田基建新高潮》，《南方日报》1974年12月23日。

省的农田基本建设，各级领导干部都比较重视，坚持高标准，亲自下去抓"点"带头干。比如，海南区行政机关下乡人数占在家总人数的75%。区党委领导人采取包干作战的形式，分四个区域分头组织；湛江对地委、县、公社、大队的干部提出了带头完成土方任务的要求；龙川县委书记、副书记和其他在农村蹲点的县委常委，亲自办样板田。① 各地注意总结经验，因地制宜确定主攻方向改造农田。惠阳、梅县、韶关等地重点抓改造山坑田，肇庆地区重点抓整治低水低塱地区，着重搞防洪排涝和抓整治排灌系统；汕头地委提出重点解决内涝问题。

通过整治后，许多灌区面貌有较大的改观，促进了农业增产。1975年4月，省农田基本建设指挥部召开全省农田基本建设工作会议，总结交流农田基本建设的经验，通过检查评比，选出19个各类型农田基本建设样板，向全省宣传推广。比如，改造山坑田的样板有龙川县铁场公社红旗生产队，整治梯级塅田的样板有四会县威井公社西坑大队，改造围田的样板有东莞县桥头公社山和大队等等。② 有的工程从根本上根治了旱、涝、咸、酸"四害"，改变了"排灌不分家，渠涌弯曲排灌难，无雨五天田面白，反咸反酸坏庄稼，大雨缺堤土肥跑，旱涝不保丢荒多，有种少收产量差"的落后面貌。③ 这些是值得肯定的成绩。

然而，"文革"时期的农业学大寨，由于受到"左"的思想影响，全省各地在开展农业学大寨和大搞农田基本建设的同时，也出现了一些错误的做法。一是机械地照搬大寨的经验，挫伤农民生产积极性。广东各地推行大寨"民主评分制"，实际上把政治表现放在第一位，变成政治评分，一定程度上忽视劳动的好坏，评分未充分反映劳动质量和数量，助长了平均主义的倾向。另外，"文革"时期实行"以阶级斗争为纲"，在农村搞"革命大批判"，割所谓的资本主义尾巴。一

① 《龙川人民意气风发改造山坑田》，《南方日报》1974年12月24日。

② 广东省地方史志编纂委员会编：《广东省志·水利志》，广东人民出版社1995年版，第355页。

③ 广东省农田基本建设指挥部办公室编：《广东省农田基本建设经验汇编》，广东人民出版社1976年版，第30页。

些社队正当的多种经营被认为是"重副轻农",有资本主义自发倾向,统统受到批判。尽管当时广东省委在一定程度上还能够注意把握分寸,在一定范围内对那些既脱离农村实际又挫伤农民积极性的做法进行了抵制。① 但在总体上,农村的生产建设还是受到了以"阶级斗争为纲"的不良影响。二是不顾客观条件,不因地制宜,生搬硬套实行搬山造田、围海造田,结果既破坏生态环境又劳民伤财。当时的广州与大寨的地理地貌完全不同,但为了学大寨,不顾广州地区不属于山区环境的现实,却硬要造出一片梯田。② 再如,汕头普宁县学习大寨开山造田,先是把在海拔七八百米的崇山峻岭上的 16 个山头削平,砌起了一条几丈高的石田埂,造出了 88 亩梯田,把 42 亩旱园改成水田。这种做法既破坏了生态环境,也没有获得任何经济效益。③ 三是有些地方的干部贪大喜功,搞形式主义和强迫命令,搞了不少无效劳动和经济效益低下的工程,造成了不良的后果。比如,佛山地区 1970 年整治潭江水道,5 万民工上阵,大干几个月,只是疏浚中间一段,两年之后,淤积复原。④ 1970 年 11 月,潮汕地区召开万人誓师大会,启动"韩江改道工程"。该工程采取先动工后上报的程序,缺乏内行专家论证和决策,仓促开工。开工三个多月后即被叫停,工地民工退出工程,浪费 188 万个工日,损失工程费用 300 多万元,损毁耕地五六百亩。⑤ 此外,有的地方乱摊派,有的地方出劳力却不计算工分,参加农田建

---

① 如在农田基本建设运动中,反复强调"三级所有,队为基础"的核算原则,以大队为基本的组织形式。县和公社可以组织必要的大协作连片作战,但要遵循"全面规划,分期施工,先后受益,保证平衡,队队过关",并做到统一工程规划,统一施工安排,统一劳力调度,行动统一指挥,资金统一筹集,贯彻互利原则。参见《中国共产党广东历史第二卷(1949—1978)》,中共党史出版社 2014 年版,第 609 页。

② 《中国共产党广州历史第二卷(1949—1978)》,中共党史出版社 2011 年版,第 370 页。

③ 《中国共产党汕头历史第二卷(1949—1978)》,中共党史出版社 2016 年版,第 329 页。

④ 《中国共产党佛山历史第二卷(1949—1978)》,中共党史出版社 2012 年版,第 447 页。

⑤ 《中国共产党潮州历史第二卷(1949—1978)》,中共党史出版社 2017 年版,第 326 页。

设一些不受益的社队也同样出人、出钱、出粮，无偿劳动，增大了生产费用开支，加重了生产队的负担，社员分配也随之减少。据 1976 年全省收益分配统计，生产队总收入 56.268 亿元，比 1971 年增加 6.9 亿元，但人均分配却比 1971 年减少 5.52 元。1976 年全省人均分配 50 元以下的县有 16 个，比 1971 年增加了 12 个。[1] 广东农业学大寨的一些教训，也是极为深刻的。

阅读链接

南国大寨洛洞的变迁

在农业学大寨的过程中，广东涌现出一批学大寨的先进单位。佛冈汤塘公社（1970 年 9 月前隶属良安公社）洛洞大队就是其中的典型之一。

洛洞大队位于汤塘公社南部的一处偏僻贫穷山村中。新中国成立后，洛洞人民在党的领导下，为了改变山村贫困落后面貌努力兴修水利，发展生产，修筑道路。至"文革"前，山区的交通和水利建设已经有了很大的改观。全长约 12 公里的"番薯公路"就是洛洞人民啃着番薯，历经 6 个春秋一锤一锄开凿出来的。这条公路结束了洛洞人民"出门三步靠肩挑"的日子[2]，改变了洛洞交通闭塞的情况。1969 年 6 月，佛冈县革命委员会发出《关于进一步开展农业学大寨群众运动的决定》，提出县、社、大队都要有农业学大寨的点。此后，洛洞大队被县革委会选定为农业学大寨的定点单位之一。

在农业学大寨的过程中，洛洞大队根据山区水源充足的特点，兴修了一批小型水利，使全大队的农田实现了旱涝保收。大队还利用一条山涧溪水建起五座小型水电站，为排灌、脱粒、加工、照明等提供了动力，从而腾出大批劳力用于农田基本建设、精耕细作，促使粮食

---

① 广东省地方史志编纂委员会编：《广东省志·经济综述》，广东人民出版社 2004 年版，第 257 页。

② 罗裕潮、李文才、廖振灵：《洛洞的变迁》，《南方日报》1989 年 2 月 15 日。

大幅度增产。①

由于洛洞大队在兴修水利方面取得了不俗的成绩，1969 年 8 月和10 月韶关地区、佛冈县先后在汤塘和洛洞召开小水电建设现场会议，推广洛洞建小水电站的经验，推动兴办小水电的高潮。洛洞大队党支部书记范华罗被选为第四届全国人民代表大会代表，并被选派到北京参加国庆观礼。佛冈县革委会在洛洞大队举办了"红太阳的光辉照洛洞——佛冈县洛洞大队农业学大寨展览"，吸引了大批干部群众前往参观学习。②

从 1970 年 1 月起，韶关地区和广东省先后在佛冈召开现场会，推广洛洞大队以革命化带动水利化电气化机械化建设新山区的经验。洛洞大队被评为广东省农业学大寨先进单位。此时的洛洞大队，已建成小水电站 7 座，全部并入国家电网。据报道，从 1963 年至 1970 年，洛洞大队兴建水利工程 155 宗，建成水电站 4 座，并环山开出一条四五百米的引水渠。此外，洛洞大队还兴办起粮食加工、饲料加工等产业来改善经济和生活条件。时任中共中央委员华国锋和中共中央委员、大寨党支部书记陈永贵曾先后到洛洞大队视察。洛洞大队成为学大寨的典型单位后，省内外前来参观学习的人员络绎不绝。1971 年 4 月 17 日，外交部代部长姬鹏飞陪同第一批驻华使节团 24 个国家的使节前来洛洞大队参观。③ 洛洞共接待了 60 多个国家和地区的 900 多名外宾。洛洞大队因在农田基本建设和乡村基础设施方面取得的成绩，被誉为"南国大寨"。④

---

① 《佛冈县委坚持做深入细致的调查研究，促进全县农业生产不断发展》，《新华社新闻稿》1973 年第 1261 期。

② 广东省佛冈县史志办公室编：《佛冈风采》，广东人民出版社 2013 年版，第158 页。

③ 《全国学大寨，广东学洛洞》，《清远日报》2009 年 9 月 4 日。

④ 《中国共产党佛冈县历史第二卷（1949—1978）》，中共党史出版社 2011 年版，第 241 页。

□ 广东"小三线"的建设

20 世纪 60 年代初,中国面临着错综复杂的国际形势。一方面,中国与美国的关系日趋紧张,美越战争升级,中国南部边疆情势紧急;另一方面,中苏关系日益恶化,苏联在中蒙、中苏边境地区驻扎重兵,严重威胁中国北部边境地区的安全。此外,中印边境争端,台湾企图"反攻大陆",给中国西、东两线的边防带来诸多不安的因素,日本、韩国也对中国持敌视态度。面对严峻的政治军事局面,中国以备战为主要目标,在内地的西南、西北十几个省市开展了以国防科技工业为主的大规模基本建设,史称"三线"建设。广东省也随之开展了如火如荼的"小三线"建设。

当时划入"三线"地区的有四川、贵州、云南、陕西、宁夏、甘肃、青海 7 省区和河南、湖北、湖南三省西部,广东省北部、广西西北部和山西、河北两省的西部。[①] 从地理位置上看,广东地处沿海,大部分地区并不属于"三线"建设的范围。然而,在规划全国"三线"建设总体布局的同时,中共中央和毛泽东意识到沿海地区筹备战略后方的必要性。在 1964 年 6 月 8 日的中央政治局常委扩大会议上,毛泽东首次提到"每个省都要有一、二、三线嘛"。[②] 即在"三线"地区以外的一二线的省市自治区建立后方基地以作为本省的战略防御。具有高度政治敏锐性的广东省委,对中共中央、毛泽东关于战备工作和"三线"建设问题的指示精神立即响应。根据现有资料显示,广东是最早将中央的这一想法付诸调研并进行规划的省份。在省委第一书记陶铸指示下,广东各地立即组织力量,一方面派专门人员进行实地勘察调研并反复论证;另一方面要求各地提出 1965 年"小三线"建

---

① 邓光荣、王文荣主编:《毛泽东军事思想辞典》,国防大学出版社 1993 年版,第 312 页。

② 《关于加强三线建设的讲话》,中共中央文献研究室、中国人民解放军军事科学院编:《建国以来毛泽东军事文稿(1959.1—1976.12)》,军事科学出版社 2010 年版,第 225 页。

设的意见，并于 1964 年 8 月 15 日前报到省计委。①

在充分调查论证的基础上，1964 年 10 月 18 日广东省委向中央以及中南局呈送《关于国防工业和三线备战工作的请示报告》。这份报告的主要内容以建设地方军工企业为重点，并对与之配套的工业、交通、通信设施等方面进行了系统的规划。根据规划，广东拟在短时间内在粤北连南、连山、连县地区建立手枪、手榴弹、炸药等 6 家军工企业，其余各地区各自建立以生产子弹、地雷、手榴弹为主的 3 家军工厂和 1 家军械修配厂。为了给军工企业配备必要的原料、燃料，广东拟建立平战结合的生产体系，把广州等前沿城市的部分民用工业搬迁到粤北地区。报告还指出，要尽量利用山区的水利资源，多搞小型水力发电，以促进后方的电力工业发展。报告对于国防公路和通讯网建设、仓库储备、文教卫生等也有所规划。②

毛泽东对广东递交的"小三线"规划报告高度重视，于 10 月 22 日批示："广东省是动起来了，请总理约瑞卿谈一下，是否可以将此报告转发第一线和第二线各省，叫他们也讨论一下自己的第三线问题，并向中央提出一个合乎他们具体情况的报告。无非是增加一批建设费，全国大约 15 亿元左右，分二三年支付，可以解决一个长远的战略性的大问题。现在不为，后悔无及"。③ 随后，周恩来和罗瑞卿亲自起草有关文件，并督促有关部门和各地尽快部署。11 月 3 日，中共中央发出《关于加强一二线的后方建设和战备工作的指示》，同时转发了广东省委 10 月 18 日的报告和毛泽东 10 月 22 日的批语，并希望各地即"抓紧执行"④。在中共中央统一部署下，地处一、二线地区的各省区市党委立刻采取行动，仿照广东提出的举措，结合本省实际规划

---

① 《中国共产党广东历史第二卷（1949—1978）》，中共党史出版社 2014 年版，第 621 页。

② 《关于广东国防工业和三线战备工作的请示报告》（1964 年 10 月 18 日）。

③ 《加强一二线省的后方建设可以解决一个长远的战略性问题》，中共中央文献研究室、中国人民解放军军事科学院编：《建国以来毛泽东军事文稿（1959.1—1976.12）》，军事科学出版社 2010 年版，第 273 页。

④ 中共中央文献研究室编：《建国以来重要文献选编》（第 19 册），中央文献出版社 2011 年版，第 271 页。

后方基地建设。由此，"小三线"建设在各地轰轰烈烈地展开，广东也开始了大规模的"小三线"建设。

广东"小三线"建设真正实施始于 1965 年。在此之前，广东成立广东省国防工业领导小组，省委书记处书记林李明为组长，具体领导组织全省"小三线"建设。国防工业领导小组下设办公室，由省经济工作委员会第四处负责具体工作。1965 年 6 月，广东又设立第二机械工业局，统管全省"小三线"建设。

根据 1965 年 8 月召开的全国搬迁工作会议确定的"靠山、分散、隐蔽"的战略部署，同时结合广东省"三五"计划，广东省计划委员会 9 月 9 日向广东省委上报了关于当年"小三线"建设的初步方案。方案主要是规定"小三线"的建设范围和军工项目的内容。粤北韶关"三连一阳"① 地区和海南琼中县纳入广东"小三线"建设范围，连阳地区作为广东"小三线"建设的重点区域。随后，连县、连南、连山一带及海南琼中县开始动工兴建小型枪厂、子弹厂、手榴弹厂、地雷厂、炸药厂。广州等前线沿海城市部分民用企业迁建分散至韶关地区的连县、连山、阳山、乐昌、乳源、仁化、南雄等地。比如，广州黄埔吉山水力发电设备厂迁往韶关，建成韶关水轮机厂；钢锋配件厂、珠江汽车配件厂、远程汽车电器厂等搬迁或在从化办分厂。② 与军工企业配套的国防通讯、物资仓储工作也进入投资建设阶段。随后，广东的"小三线"建设迎来了第一个高潮。有的工厂还创造了当年设计、当年施工、当年投产的奇迹。随着"文革"爆发，广东各级党政领导机关和管理机构都受到严重冲击。负责管理组织广东"小三线"建设的相关部门，比如省计划委员会、省经济工作委员会及其下属职能部门都被撤销，从事生产建设的干部、工人和农民也被迫离开岗位卷入政治运动，导致许多企业停工停产。广东"小三线"建设受到了

---

① "三连一阳"过去指韶关区的连县、连山、连南、阳山一带。现在的"三连一阳"在广东省西北角，清远市西北部。"三连"指连州市、连南瑶族自治县和连山壮族瑶族自治县，"一阳"指阳山县。

② 广东省地方史志编纂委员会编：《广东省志·机械工业志》，广东人民出版社 1995 年版，第 11 - 12 页。

严重干扰。虽然每年有一些项目还能按计划搬迁、扩建和新建，但总的进展缓慢，有的项目甚至停滞不前。这种状况一直延续到1969年。

1969年3月，在中苏珍宝岛武装冲突后，全国又一次进入了战备高潮。在中共九届二中全会上，中央号召"备战备荒为人民"。广东贯彻中央提出的战略方针，在工业建设中强调突出"小三线"建设，"小三线"建设的地位得到迅速提升。1969—1973年，全省"小三线"建设再次全面铺开，建设范围也新增了梅县和肇庆两个点。随后，韶关、梅县、肇庆和海南等山区新建和迁建了一批"小三线"企业。比如，粤北新建广东矿山通用机器厂、韶关钢铁厂、四望嶂矿务局、大宝山矿等。① 南水、泉水、长湖、潭岭等新建水电厂开始陆续并网发电。② 为了加速"小三线"建设，1971年7月省委成立广东省国防工业领导小组，主管全省范围内的军工生产。1971年经济建设的第四个五年计划开始实施。在政策、资金的强力推动下，一大批"小三线"项目陆续在粤北山区建立。以连阳地区为例，"到1972年，连阳地区三线建设共建成军工厂15间及战备仓库2间，先后建起了明华机械厂、卫国机械厂、岭南工具厂、701厂、702厂、东方红厂、713厂、714厂、星光厂、利华厂、101厂、南方机械厂、南方修配厂、省半导体器件厂、红权电器厂、先锋机械厂等一批企业。"③ 其中，最为突出的是电子军工发展壮大起来，一批地方电子企业承担的电子军工品生产任务，生产了一批军用通信指挥的主电台、电子元器件、航行雷达和电子配套设备，以及舰用导航设备和通信设备。粤北山区组建了东方红、红权、先锋3家电子骨干军工企业。④ 这一时期，全省军事电子工业为国防生产无线通信和导航设备9种8615台（套），有线通信、指挥设备544部（另军民两用的设备191万部套），雷达类产品4242套，其他军用电子产品119万部，电子器件1264万余只，还有用于核

---

① 匡吉主编：《当代中国的广东》（上），当代中国出版社1991年版，第503页。
② 韶关市地方志编纂委员会编：《韶关市志》（中），中华书局2001年版，第748页。
③ 《中国共产党韶关历史第二卷（1949—1978）》，中共党史出版社2013年版，第310页。
④ 《刘田夫回忆录》，中共党史出版社1995年版，第378页。

潜艇、运载火箭、人造卫星上的电子尖端产品。①

1973 年后，国际局势开始缓和，越南战争逐步结束，中美关系开始解冻，中苏关系有所改善。1971 年九一三事件后，中国开始纠正极左思潮，对战备问题的看法也有了新的变化，国家开始逐步调整"三线"建设的领导体制。1973 年，随着《关于调整国防工业管理体制的决定》《关于小三线军工企业归地方领导的若干问题的通知》等文件的下发，"小三线"国防工业的领导权从国务院和中央军委下放到了地方。同年 9 月，中央军委国防工业领导小组被撤销，其职能被新成立的国务院国防工业办公室所取代。广东成立了省国防工业办公室，与省工交办公室合署办公。1974 年初，省军工局正式成立，统一管理全省生产常规武器的军工企业。广东对"小三线"建设规划作了较大的调整，基本上没有投入开建新型大项目，转而集中力量使在建工程尽快投入生产，创造效益。在此情形下，广东"小三线"建设的热潮逐渐降温，工程规模缩小。1977 年，广东开始贯彻、执行中央提出的"军民结合，平战结合"的方针。广东省国防工办从 1978 年之后积极引导各军工企业开始朝着"军转民用"的思路发展，开发民生品生产。至此，广东"小三线"建设告一段落。

广东对"小三线"地区投入了大量的资金，加上沿海骨干企业的集中搬迁，对广东"小三线"地区的经济社会发展起到了重要的促进作用。它在一定程度上改变了地方的工业布局，改善地区的交通网络，改变了地方基础设施建设的落后面貌。以道路交通为例，连县在九陂、瑶安、丰阳、保安、大路边、附城、东陂等公社的 10 处"小三线"建设工程，共修筑国防公路约 70 公里，兴建大小桥梁 113 座，大大加快了连县的交通建设步伐。② 随着与军工企业配套的农业、文教卫生的发展，"小三线"地区的落后面貌也有了改观。从这些方面来看，

---

① 周云、周晨阳、王良圣、黄贻凯：《广东"小三线"建设研究（1964—1978)》，广东省哲学社会科学规划项目党史特别委托课题（项目编号：GD18TW22），2020 年 5 月。

② 《中国共产党连县历史第二卷（1949.12—1978.12)》，中共党史出版社 2015 年版，第 143 页。

从抵制内乱走向历史转折

"小三线"建设对于当时广东国防建设和经济社会建设起到了重要的推动作用。

然而，作为计划经济条件下的产物，广东"小三线"建设不可避免地存在一定的局限性，带来一些不利影响。把资金集中投往内地后方，沿海企业往内地搬迁，在某些情况下产生了"拆东墙补西墙"的情形，沿海地区的经济发展受到了一定的削弱。此外，由于注重国防和重工业建设，对于民用、民生工程的关注度不够，投入不足，导致人民生活水平没有明显改善。加上某些主观因素的干扰，各地在进行工业投资和建设时，有时没有很好地结合地方实际，缺乏科学论证，有一些基本建设投资没有形成生产力，带来损失，浪费资金。比如，当年氮肥工业的建设，"以1斤化肥可增产3斤粮食的片面理由，要求每个县都要建一间氮肥厂，结果很多厂因不具备生产氮肥的条件而不能正常投产，造成很大浪费"[1]。有的地方由于过分强调战略需要，片面推行"靠山、分散、隐蔽"方针，使不少企业进山太深、布点过散，企业组织生产困难很大，以致后来被迫"关、停、并、转"。广东"小三线"建设存在的这些不足，是应当吸取的教训。

□　广东教育革命的展开

广东的各类学校在经历了"文革"初期的学生"停课闹革命"、红卫兵运动、大串连等一系列动荡之后，从1968年开始陆续"复课闹革命"。

为了控制各地局势，1968年8月25日，中共中央、国务院、中央军委、中央文革小组联合发出《关于派工人宣传队进学校的通知》，要求"在革命委员会领导下，以优秀的产业工人为主体，配合人民解放军战士，组成毛泽东思想宣传队，分期分批进入各学校"。8月26日，《人民日报》发表《工人阶级必须领导一切》的文章，传达了毛泽东"凡是知识分子成堆的地方，不论是学校，还是别的单位，都应有工人、解放军开进去，打破知识分子独霸的一统天下，占领那些大

---

①　匡吉主编：《当代中国的广东》（上），当代中国出版社1991年版，第582页。

大小小的独立王国"的指示。根据中共中央指示精神，1969 年 2 月 21
日，广东省革委会核心组召开会议，对教育问题作出两项决议：一是
学校实行厂校挂钩，定厂办校，工厂街道联合管理，工宣队进驻学校
领导斗批改，农村小学下放到大队；二是学制要缩短，小学 5 年，初
中 3 年，高中 2 年。

随后，广东全省组织了由 30 多万产业工人和贫下中农参加的毛泽
东思想宣传队，配合解放军进驻 1 万多所大中小学。[①] 工宣队、军宣
队和贫管会进驻各个学校后，成立贫下中农管理委员会或教育革命委
员会对本辖区内的中小学实行领导。一般来说，城市中心的学校由工
宣队、军宣队管理，地处农村的学校则由贫管会（或者贫管队、贫管
小组）管理。贫管会的主要成员以贫下中农为主，同时吸收师生代表
参与。有的地方贫管会则完全由贫下中农组成，例如潮阳县金玉公社
东坑大队党支部派出的 7 人贫管会，其成员清一色是贫下中农。贫管
会和工宣队取代了校长负责制，对学校实行领导和管理。

各个学校从 1969 年开始实行"开门办学"。城市中小学实行厂校
挂钩、定厂办校，农村公办小学下放给大队。在这种情形下，市区中
小学办工厂蔚然成风。比如，广州市第六十一中学办起硫酸铝化工厂，
广州市第五十五中学办起了无线电小工厂；汕头市第二中学在 1969 年
底创办了汕头市中学第一个学工车间——铬钒提纯车间，继而又建立
了海水综合利用、非林轴心氧化电子配件加工等车间。[②] 在农村，中
小学办农场热火朝天。比如龙川县通衢公社 25 所中小学 3 年中开垦荒
地 368 亩，改造低产田 39 亩 5 分。在全省各地大办农场和校办工厂的
过程中，涌现出很多典型的事例。其中，最有名的要数惠阳地区的紫
金县和海南的屯昌县。紫金县在"教育革命"开始后，全县的学校都
开办了小农场小工厂，建立了学工、学农基地。全县中小学开办农场

---

① 《坚持工人阶级领导认真落实各项无产阶级政策，沿着五·七指示光辉道路把
教育革命进行到底》，《南方日报》1969 年 4 月 20 日。

② 《校办工厂是落实"五·七"指示的有力措施》，《南方日报》1970 年 8 月 28
日；《广州中小学掀起校办工厂的热潮》，《南方日报》1970 年 9 月 15 日；《充分发挥
校办工厂在教育革命中的作用》，汕头教育局调查组：《校办工厂怎样做到理论联系实
际》，《教育革命参考资料》1974 年第 1 期。

197 个、小工厂 27 个，有水田、旱地、山地共 3000 亩。由于紫金县在
"教育革命"中表现突出，省革委会教育现场会议在紫金召开，全省
开展学习紫金教育经验的讨论会。①

在大搞"开门办学"的同时，为了满足贫下中农子女的入学要
求，扫除文盲，各地纷纷增办初中班，进行普及中小学教育。农村各
地流传着"读小学不出村、读初中不出队、读高中不出社""社社有
高中""把中学办到贫下中农门口"的口号，采取各种形式举办附属
中学。比如，普宁县 28 个公社，各办起了完全中学 1 所，每个大队的
小学设置初中班。增城县农村小学附设初中班达 162 班，入学人数
7900 多人，相当于原来全日制中学每年招生人数的 9 倍。湛江专区农
村也普遍办起初中班。紫金县全县 18 个公社全部办起了高中，90% 的
大队办起了小学附设初中班。海南少数民族地区的崖县藤桥公社 8 个
大队也全部办起了小学附设初中班。根据《南方日报》的报道，到
1969 年 4 月，各地初中班招生人数相当于 1965 年全日制中学招生的 3
倍多，小学毕业生升学率达到 90% 以上。

除了在小学增设初中班、开办高中外，各地还采取不同的措施，
方便渔民、船民或是居住在偏僻地区的贫下中农子女就学。陵水县江
海大队开办了海上流动小学，旺季随船出海，分散教学；渔船到哪里
捕鱼，学校就搬哪里上课，淡季则回港集中教学。新兴县各个公社则
在各地设立巡回教学点、半耕读班、复式班、中午班、晚班等，争取
最大限度地满足贫下中农子女的读书愿望。

1971 年《全国教育工作会议纪要》出台，其中强调："除了国家
办学以外，必须大力提倡群众集体办学"，大力普及教育，扫除文盲。
争取在第四个五年计划期间，农村普及小学五年教育，有条件的地区，
普及七年教育。要采取多种形式办学，把学校办到家门口，方便农民
子女就近上学。在这个形势下，农村兴办中小学的热情有增无减，至

---

① 《多快好省发展社会主义教育事业的宽广道路》，《南方日报》1970 年 1 月 26
日；《紫金县创办四间新型学校》，《南方日报》1970 年 1 月 28 日；《紧跟毛主席，多
快好省办省教育》，《南方日报》1970 年 2 月 4 日。

1972 年，广东"全省已有半数以上的县、市基本上实现了普及小学教育"。①

1974 年，国务院科教组发出了《关于 1974 年教育事业计划（草案）的通知》，再次重申了 1971 年《全国教育工作会议纪要》的要求，并提出逐步在大中城市普及十年教育。这样的要求加重了广东各中学的任务。以广州为例，"文革"前广州各中学只负担初中 3 年的普及教育，普及十年教育的提出意味着广州城市中学必须提供 5 年的中学教育。相比较 1966 年"文革"前夕 108 万名中学生，1973—1974 年广州中学招生达到 210 万人，为"文革"前的 2 倍。

从实际情况看，各地普及中小学教育取得了长足的进展。据统计，1976 年全省有小学 2.91 万所，学生 859.96 万；中学 2880 所，中学生 313.5 万，其中高中生 87.74 万，初中生 225.76 万，教职员 17 万；1977 年小学附设初中班有 19763 所，占全省小学数的 67.2%。然而，中小学校虽然在数量上有了飞跃，但其中有不少学校属于"戴帽子"学校，无论是在校舍、教育设施还是在师资力量方面都相当匮乏。

学制和办学模式的转变直接影响到教学模式的转变。由于实行厂校挂钩或者实行校办农场，很多学校转而利用校办工厂、农场搞"开门教学"。各地在教学中都不同程度实行"三请三下"的措施。"三请"就是请工人农民指导备课，请工人农民亲自讲课，请工人农民参加听课和评教评学；"三下"就是下厂、下乡、下挂钩户。②

在各校实行厂校挂钩、大办农场和校办工厂之后，农场和工厂开始取代传统的课室成为最重要的教学场所。比如，广州荔湾区西增路小学教师讲授物理杠杆原理时，就利用小工厂的机械设备进行讲课，

---

① 《我省城乡教育革命运动形式空前大好》，《南方日报》1969 年 1 月 5 日；《我省教育战线斗、批、改深入发展取得新经验》，《南方日报》1969 年 12 月 31 日；《我省普及小学教育成绩显著》，《南方日报》1972 年 1 月 20 日；《新兴县普及小学教育又快又好》，《南方日报》1969 年 12 月 23 日；罗汉斌、张鹤涛：《普宁县十年"文化革命"概述》，《普宁党史资料》2003 年第 2 期。

② 龙川中学通衢中学数学科教改组：《在教改实践中改造世界观》，《教育革命参考资料》1972 年第 2 期。

并组织学生进行现场作业练习。① 开平县水口中学结合开荒造田，讲授"读书务农综合课"。恩平中学在开荒建场过程中，讲授《发展国民经济总方针》《怎样种茶》《一元一次方程在开荒中的运用》《怎样写劳动日记》等科目。广州市第十八中学根据"对口就近、相对稳定"原则，同解放军某部、黄埔公社农械厂、农科站、红村大队、广州氮肥厂、文冲船厂等单位挂钩，建立各学科教学基地。②

至于教学内容则根据农村支农、务农、学农的需要，围绕农村的农业种植和农田水利建设开课。各校在增设农业课的同时，对基础文化课进行了压缩。例如物理课主要学习三机一泵两线路（手扶拖拉机、柴油机、电动机、水轮泵、照明线路、广播线路）和炼铁、铸造技术③，这实际上就是将物理课并入了农业基础知识课中。恩平县牛江中学则把原来的课程改为政治、体育两门公共课，另外开设了农机、农技、农医、农化、农电、通讯、财会、文艺8门专业课。④ 在这些课程中，数学、化学、语文、历史等课程基本被取消独立设置。只有在文艺课中才会涉及语文、音乐、美术，而化学课则要在农化课中才有可能涉及。文科课程则主要以学习毛主席语录为主，写批判文章。至于考试，很多地方根据毛泽东提出的"题目公开，由学生研究、看书去做"以及"要把精力集中在培养分析问题和解决问题的能力上"的指示，贯彻"教育必须为无产阶级政治服务，必须同生产劳动相结合"的方针，实行开卷考试。

这一时期，许多学校增加了一些比较有利于学生打好基础知识的教学内容，比如汉语拼音教学。当时，广东各地比较重视学好普通话。对于广东这个多语言的地区来说，推广普通话有助于各地人民语言沟

---

① 广州市革委会文教办公室、广州市教育局、广州市荔湾区教育局联合调查组：《坚持开门办学　提高教学质量——广州市荔湾区西增路小学的调查报告》，《广东师院学报（哲学社会科学版）》1974 年第 4 期。

② 中共广州市第十八中学支部：《努力提高社会主义文化课的质量》，《教育革命参考资料》1972 年第 1 期。

③ 兴宁县黄陂中学党支部：《把学校教育纳入农业学大寨的轨道》，《广东师院学报（哲学社会科学版）》1977 年第 2 期。

④ 广东省教育局：《广东省中小学教育革命情况》（1975 年 8 月 6 日）。

通的畅顺。当时，还有不少教师、学者发表了针对广东人口音特点如何学好普通话的文章。在教学内容中还出现了一个值得关注的创新，就是"三算结合"教学实验的开展。所谓"三算结合"教学实验，是将珠算引入小学低年级的数学教学，使珠算、笔算、口算"三算"之间得以相互促进。

"文革"期间广东高等教育事业受到极左思潮的影响，停滞不前。"文革"初期，全省各高等院校的在校生大搞"停课闹革命"，学校的教学秩序呈现出无政府状态。随后，许多高等院校执行中央要求的"调、并、迁、改"，搬离城市到农村或山区办学，广东的高校数量锐减，只剩下 10 所。在这一过程中，各个校舍被大量占用，实验室中的仪器设备被大量损坏，图书资料也大量散失。此外，从 1966 年至 1970年夏，全省所有高等院校原来正常的招生工作被中断，停止招生。1970 年 10 月 30 日，省革委会发布《关于大专院校调整改换名称的通知》，华南工学院、华南师范学院、广州外语学院、广州中医学院分别改为广东工学院、广东师范学院、广东外语学院、广东中医学院；华南农学院与中南林学院合并，改为广东农林学院；广州美术学院与广东艺术专科学校合并，改为广东人民艺术学校；华南工学院化工专业划出，成立广东化工学院。调整后的中山大学、中山医学院、广东工学院、广东化工学院、广东外语学院、广东师范学院、广东农林学院、广东中医学院和广东人民艺术学校等广州地区 9 所大专院校，根据中共中央批转的《北京大学、清华大学关于招生（试点）的请示报告》精神，从 1970 年 10 月中下旬开始在全省各地试点招收学生。这些高校虽然开学，但入学不考试，教学不检查，学制被缩短，参加社会政治运动过多，严重地影响了教学质量。①

这一期间实行的教育革命，从总体上来看，虽然取得了一定的成绩，促进了中小学教育在广东的基本普及，但从长远来看并没有给广东教育事业带来多大的革新与进步。相反，很多地方在办学过程中违背教育规律，简单粗暴干预教学，不顾学生身心发展规律和学科固有

---

① 《中国共产党广东历史第二卷（1949—1978）》，中共党史出版社 2014 年版，第 578 页。

的内在科学体系，常常以直接经验替代课堂教学。诸多因素的结合，使广东教育事业实际上受到了较大的损失，各类学校的教育质量出现严重"滑坡"。

阅读链接

"文革"时期广东中小学教材的变化

"文革"初始，广东各中小学所使用的人民教育出版社出版的各科课本，被认为属于"无产阶级文化大革命前编印的，从课本内容、体系到练习、插图等，都存在着错误或问题"，因此有关方面认为必须彻底改革各科课本。

小学方面，其中历史课停开，历史教材停用。耕读小学各年级语文教材均以毛泽东的《为人民服务》《纪念白求恩》《愚公移山》《反对自由主义》等4篇文章为主要内容，并结合形势、任务和学生实际情况选读毛主席语录。小学高年级学生可以选读毛主席著作。原来的小学语文课本很多文章被删除。例如，初级小学第1册的《房前屋后》由于"提倡自留地"被剔除，第3册的《好姑姑》被认为是"歪曲下放干部政策"被删除。1966年，小学秋季的语文课本共有66篇课文被删除。[①]

中学方面，全省中学的政治、语文、历史课都进行了变更。全日制中学政治、语文、历史3科停止讲授，改为学习毛主席著作以及有关"文革"的文件，文科的教学内容呈现出了很强的政治色彩。人民教育出版社出版的中学英语、中学俄语，由于被认定为"内容有很多问题"，因此按"政治标准第一"的原则，剔除其中部分内容不教。农业知识教材原本使用的教材，也全部停止出版。

从1969年开始，为了响应开门办学的号召，广东于当年10月成立了中小学教材编写组。编写组采取统一组织、各地区分工编写、集中审查出版的方式来编写各科教材。各地区也相应成立了中小学教材编写组，由此形成省、地区两级编写教材的局面。

1971年，广东召开教育会议，决定由广东师范学院负责组织全省

---

① 广东省教育厅：《关于1966年秋季中、小学语文课本等使用办法的通知》(1966年8月16日)，广东省档案馆藏，档案号：314-1-267。

中小学教材编写工作。1972年教材编写组又统一编写了全省中学《历史》《地理》课本和中小学教师用书《革命文艺》（音乐、美术）和《体育》。省编教材的一个主要原则，就是要突出政治性和实用性。因此，省编教材语言成人化，缺乏少年儿童的语言特点，而题材和体例的选取则离不开当时的阶级斗争内容。这种情形，在1971年九一三事件发生后出现了少许改变。当时，周恩来在毛泽东的支持下开始对某些极左的做法进行纠正，这自然也包括对教材的修订。广东省中小学教材编写组重新对中小学各科教材进行修订，推出各种试用课本。在这些试用课本中，对基础知识有所侧重。然而，这套"在无产阶级政治统帅下比较重视基础理论和基本知识"的教材，很快就被"四人帮"诬蔑为是"智育第一""回潮复辟"的产物。1972年6月，广东省中小学教材编写组根据《全国教育工作会议纪要》精神，拟订了《广东省五、二、二制学校授课时数表》，并根据授课时数表编印了全省中小学教材。从1974年开始，全国教材改革强调要在党委一元化的领导下，继续由各省统一抓起来。中小学教材原则上仍由各省、市、自治区自行编写，学校也可根据教育革命的需要自编教材。省教材编写组通过调查研究，对中学一些相关课程进行合并，由此也带动了市、县地区教材的新变化。

总的来说，从1974年起，省编理工科教材基本上暂停修订。而文科教材在全省开展学大寨、学屯昌的运动以来，由省、地教编人员组成综合组到各地继续实行调研，对文科教材进行改编。[1] 各地在这种情形下，也纷纷对省编教材进行增、删、补、调，自己动手撰写本地区的教材，形成了地区自编教材所谓"百花齐放"的局面。据统计，仅三水县全县中小学共编出补充教材200多种。[2]

各地对省编教材的改变，在一定程度上有利于弥补教材的某些缺点。省编小学教材课文篇目较多，例如小学算术的教学课1972年每学

---

[1] 广东省教育局：《关于我省广州市有关教学计划和教材编印发行的一些情况》（1975年9月15日），广东省档案馆藏，档案号：314 - A1·4 - 25。

[2] 广东省教育局：《三水县学习推广屯昌经验教育革命生气勃勃》（1975年8月23日），广东省档案馆藏，档案号：315 - A1·4 - 39。

期 96 课时，1973 年 102 课时，1974 年 119 课时，内容太多。地方改编后的数学教材，例如开平县的小学数学教材每学期 85 课时。① 这就减少了小学生的课时，减轻了学生课业负担。随着全国各地强调教材编写要走群众路线，广东省也把统编教材的任务分派到各地。其中，韶关负责中学《政治》，湛江负责小学《政治》《常识》和中小学《体育》，惠阳负责中学《语文》，广州负责小学《语文》《数学》和中学《农村应用化学》，梅县负责中学《农村机电》和中小学《革命文艺》，海南负责《历史》，肇庆负责《地理》《农村经济政策》。②

□ 人民对"文革"的抵制

"文革"之初，广大党员干部和群众尽管对当时许多问题也不甚理解，但是他们怀着对党中央和毛泽东的崇敬和信赖，按照中央的决策部署积极投身于"文革"运动。然而，"左"倾错误越演越烈，给党和国家正常的政治、经济和社会生活秩序造成了严重的破坏。实践中一系列不正常的现象和社会生产生活秩序日益遭受破坏，促使广大党员干部和群众逐渐对这场"革命"的合理性产生了怀疑，进而发展到抵制。

"文革"开始之后，广东全省各地普遍开展"革命大批判"。许多干部、工人和农民经常被要求停止生产劳动，参加批斗"走资派""地富反坏右"的集会；如果有的干部和群众坚守生产岗位，对政治斗争不积极，则会被当作"唯生产力论"的典型受到严厉指责。对于"左"的过火做法，广东的不少干部和群众曾采取各种方式进行过抵制。比如，"文革"刚开始时，广州市各级党政机关受到冲击，广州市委派出了工作队到学校，力图把"文革"运动控制在有序的范围。当各地开始出现夺权狂潮时，广州市许多党政干部面对政治冲击，在

① 广东省教育局：《开平县教材编写工作情况汇报》（1975 年 8 月 18 日），广东省档案馆藏，档案号：314 - A1·4 - 25。

② 广东省教育局：《关于我省农村中小学课程设置和教材改革的意见（讨论稿）》（1976 年 4 月），广东省档案馆藏，档案号：314 - A1·5 - 37。

自身难保情况下想方设法保存单位印章和文件档案材料。在"夺权"狂潮中，广州不少单位实行"假交权，真保权"的做法以应对。① 一些干部被迫害被打倒，但仍顾全大局，忍辱负重，在力所能及的范围内对错误做法进行制止。比如，电白县委书记王占鳌在批斗中作了检查，"认罪"后他又劝导学生主要任务是读书，不要"罢课"；要爱惜国家文物，不要"打、砸、抢"。② 面对"文革"初期狂热的夺权风潮，新丰县很多党员、干部和群众心存疑虑，对红卫兵和造反派的过火行为多持旁观态度，大多数工人农民仍然坚守生产岗位，没有卷入和参与激烈的派性冲突。全县在"文革"初期没有出现大规模内乱，更没有发生武斗及冲击军事机关、抢夺枪支弹药等严重事件，保持了相对的稳定。

"文革"发展到中后期，大动荡带来的政治、经济和社会问题越来越明显，广大干部和人民群众对"文革"的认识也越来越清楚，抵制的力度也相应增强。比如，1974 年 11 月 8 日，广州市区中心的北京路口贴出署名"李一哲"的题为《关于社会主义民主与法制序言》的大字报，不久又贴出题为《关于社会主义民主与法制——献给毛主席和四届人大》的大字报，对当时破坏民主法制的行为以及"四人帮"一伙无法无天、为所欲为、草菅人命进行声讨，引发了一场"文革"后期自下而上的民主与法制的诉求，在海内外引起了巨大反响和震动。

1976 年，龙川县委按照省委部署在全县开展"批邓、反击右倾翻案风"运动。对此，龙川广大干部和群众极度反感。迫于形势，龙川县委表面上服从安排，但在实际上却把主要精力放在抓生产。在召开县委常委会扩大会议的最后一天，专门召开县城干部、职工大会，进一步动员各行各业干部和群众大力支援农业生产。会议结束后，龙川县委常委和部委负责人组织 1700 多名干部、职工组成抗灾夺丰收工作

---

① 《中国共产党广州历史第二卷（1949—1978）》，中共党史出版社 2011 年版，第 383 页。

② 《中国共产党广东省茂名历史（1949—1978）》，中共党史出版社 2019 年版，第 204 页。

队，由县委常委带队奔赴春耕第一线。① 在连平县，除了教育、文化、科技部门外，其他单位的干部群众在思想认识上对于所谓"反击右倾翻案风"普遍认为"无关""无用"，基本上不参与。很多干部、群众公开说"评《水浒》、批'投降派'和'大辩论'，这是教育部门的事，我们什么也不懂"，并戏言"上面管路线，我们管线路"。最终，"反击右倾翻案风"在连平县始终没有真正开展起来。②

1976年1月8日，备受人民敬仰的周恩来逝世，许多干部和群众开展各种悼念活动。尽管江青等人竭力阻挠人民群众对周恩来的悼念，但广东的干部和群众无所畏惧，坚持举行和参与各种各样的悼念活动。广州市街头多次出现悼念周恩来、支持邓小平、反对"四人帮"的大字报。人民群众朴素的言论和行为，反映了当时人民群众对"文革"内乱的强烈不满。在1976年4月4日清明节这一天，广州起义烈士陵园涌现了许多寄托哀思的标语以及广州缝纫机厂、交通部第四航道局等多家单位敬献的花圈。4月8日，广州市青年工人庄辛辛挥笔疾书，写下了讨伐"四人帮"的檄文，寄给《人民日报》。在文中，庄辛辛这样呼喊："支持邓小平，打倒张春桥！支持邓小平，打倒姚文元！支持邓小平，打倒江青！敬爱的周总理，永远活在我们革命人民的心中！我们要的是真正的马克思、列宁主义！我们不要阉割的马克思主义！"在文中，他毫无畏惧地表示即使"舍得一身剐，誓把阴谋家拉下马！""终必有一日，独裁要覆颠！"③ 庄辛辛一怒冲冠的呐喊，表明面对"四人帮"到处肆虐的淫威和恶行，人们的良知并未泯灭，忍无可忍了。此后，类似的抗争连绵不断。4月9日，澄海县人民医院门口张贴署名"向日葵"的标语集，直接对"四人帮"的罪行进行控诉，对周恩来表达了深切的缅怀和悼念。④ 4月12日，韶关青年李小益、郑植河、原满韶将天安门诗词转抄张贴在韶关市的中区、

①《中国共产党广东省龙川县历史（1949—1978）》，中共党史出版社2019年版，第342 – 343页。

②《中国共产党连平县历史第二卷（1949—1978）》，中共党史出版社2013年版，第384 – 385页。

③《我以我血荐轩辕》，《新华社新闻稿》1978年第3091期。

④《关于立即全面复查平反同天安门事件有关案件的报告》，1978年11月25日。

西河区和五里亭等 8 个地方，其中包括"伸出医国的手，重整山河""反动命难逃，挣扎徒劳，革命巨浪比天高。试看江南与江北，滚滚波涛"等言辞大胆的标语。[①] 4 月 13 日，紫金县出现十几张传单，表达了对天安门事件的正义呼声以及对邓小平的支持。

"文革"十年间，广东人民对极左错误的抵制，逐渐由少数干部群众的怀疑抵触逐渐累积发展为广大人民群众的不断觉悟和抗争，最终在 1976 年春以怀念周恩来、拥护邓小平、反对"四人帮"的形式达到了高潮。这些活动，为最终粉碎"四人帮"、结束"文化大革命"奠定了广泛的群众基础。1976 年 10 月 6 日，中共中央政治局执行党和人民的意志，对江青、张春桥、王洪文、姚文元执行隔离审查。消息一经传出，广东人民群众欢呼雀跃，各地纷纷举办游行集会，热烈庆祝粉碎"四人帮"。

阅读链接

李一哲事件的发生

1974 年 11 月 8—10 日，广州市北京路路口先后贴出由李正天、陈一阳、王希哲和郭鸿志等人署名"李一哲"所撰写的《关于社会主义的民主与法制序言》《关于社会主义的民主与法制——献给毛主席和四届人大》大字报。"李一哲"认为当时社会主义法制很不健全，想打倒谁就打倒谁，想剥夺谁的权利就剥夺谁的权利，这种无法无天的状态很可怕。要向毛泽东和周恩来上书，反映民主与法制这个"血和泪的命题"。

在《关于社会主义的民主与法制——献给毛主席和四届人大》的大字报中，"李一哲"除了对林彪的反革命行为进行批驳外，还表达了对全国人民代表大会的六点期望：一是要"法治"不要"礼治"，要求政府制定法律保障人民群众在党的一元化领导下对党内走资派和错误路线斗争的权利；二是要求有关方面必须采取措施"限制特权"；三是要采取必需的相关措施保障"人民对国家和社会的管理权"；四

---

① 《中国共产党韶关历史第二卷（1949—1978）》，中共党史出版社 2013 年版，第 346 页。

是要"巩固无产阶级专政,制裁反动派",要制定条例严禁拷打、诬陷、草菅人命等法西斯专政的形式;五是要"落实政策";六是要实行"各尽所能、按劳分配"的政策。①

这张大字报共67张白纸,长达2.6万字。大字报一贴出来,立即轰动广州,迅速传遍全国,很快也传到了海外。大批群众围观导致交通堵塞。当夜幕降临后,还有许多人打着手电筒、划着火柴读完它,抄录上面的句子。

大字报贴出来后,广东人民艺术学院(今广州美术学院)留校待分配的毕业生李正天被单位负责人找去谈话,问他大字报中所提到的"坚持林彪体系的顽固派"是指谁?李正天直言不讳地说:"就江青他们"。广东方面将大字报呈送中央,要求定性。当时,"四人帮"正利用"批林批孔"运动大乱全国,江青说了一句"这是解放后最反动的文章",一锤定音。在那种情势下,广东省委也将这张大字报定性为"反动的大字报",组织全省批判。

为了把"李一哲"这棵"大毒草"化为"肥料",广东省委印发"宣集文"——批判"李一哲"的长篇论文集。广州市"批林批孔"运动办公室把这张大字报全文和批判文章汇集成册,分发到许多机关、工厂、学校,几乎是人手一册。批判"李一哲"就这样自上而下、大张旗鼓地发动起来。"李一哲"先后发表了针锋相对的文章,如《反批判书》《一评宣集文》《二评宣集文》《三评宣集文》。广州地区的高等院校工农兵学员甚至纷纷表示:"不批李一哲不算毕业,要把批判李一哲反动大字报的文章,当作毕业论文来看待。"② 从1975年开始,针对"李一哲"大字报的专门批判会多达数百场,其中面对面的辩论大会就达100多场,很多次是万人以上参加的大会,批判会组织者动员了很多专家、学者、教授同"李一哲"进行辩论。

"李一哲"大字报得到中央高层的关注,毛泽东、周恩来三令五申"要文斗、不要武斗""广东出了个'李一哲'是好事""对李正

---

① 《习仲勋主政广东》,中共党史出版社2007年版,第200页。
② 《省科教系统批判李一哲发动大字报的情况》,广东省革委会科教办公室编:《科教动态》(第7期)(1975年1月31日),广东省档案馆藏,档案号:229 - 5 - 45。

天不要抓、不要杀，让他讲话，看你们谁能把他驳倒。"当时，省委主要负责人指示允许"李一哲"答辩。当时在党内也有不少人反对"文革"中无法无天的社会状态，这是大辩论能够展开的内在条件。批判会召开前，各个单位要事先找省委预约，安排日期，然后用专车把"李一哲"送到会场去辩论。据李正天忆述，在批判会上，设有两个讲台，他和批判者各站一边，进行辩论。在这些辩论会中，李正天据理力争，有时批判者招架不住了，就强行把他的扩音器关掉；有些批判会还要搞彩排，请人来扮"李正天"这个角色，提前准备好批驳方案。

在这些批判会上，尽管"李一哲"引经据典，条分缕析地与批判者展开了理论较量。然而，在那个动荡的年代，谬论重复千遍就变成了真理，而真理却常常被视为"谬论"。后来，批不倒的"李一哲"还是被"打倒"了。李正天这个被称为"屎坑石仔——又臭又硬"[1]、批不倒的青年人被押到粤北矿区石人嶂钨矿石坑井下抢险队接受监督劳动，其他成员也被关押监督。直到粉碎"四人帮"后，在习仲勋、杨尚昆等领导人的帮助下，"李一哲"事件才得到平反。

□ 侨务政策的落实

"文革"结束后，广东和全国各地一样，在中共中央的领导下，发动群众，广泛展开对林彪、"四人帮"的揭发和批判，并在各个领域落实政策，落实华侨政策就是其中一项重要的工作。

作为华侨大省的广东，侨务工作在全国侨务工作和全省工作中占有举足轻重的地位。20世纪70年代末80年代初，"全国华侨、华裔3000万，祖籍广东的占全国的70%。此外，港澳同胞中，有400万是广东人。广东还有归侨、侨眷1200万人"[2]。华侨、华人科技人才济

---

① 《广东农林学院师生以四届人大文件为武器批判李一哲反动大字报攻击无产阶级文化大革命的谬论》，广东省革委会科教办公室编：《科教动态》（第7期）（1975年1月31日），广东省档案馆藏，档案号：229-5-45。

② 《杨立同志关于贯彻落实侨务政策的汇报提纲》（1984年7月12日）。

济。据统计，当时全世界华侨、华人资金有 1000 亿至 1300 亿美元。在美国，高层次的科学家、工程师有 10 多万人，华侨华人占 3 万多人。华侨、华人不仅在资金、人才、技术等方面有很大潜力，而且有爱国爱乡的传统。做好华侨、华人的工作，落实各项侨务政策，调动华侨支援家乡建设的积极性，对促进广东的四个现代化建设，对实现祖国统一，对争取更多的国际朋友，扩大中国对外影响，都有十分重要的意义。

"文革"时期，受极左思想影响，广东大批有海外关系的人员受到打击与迫害，严重挫伤了广大华侨、归侨和侨眷侨属积极性，在海内外造成了负面的影响。"文革"结束后，省委、省革委会十分重视落实华侨政策。广东在这方面的工作起步较早。虽然当时在省委层面尚未出台相关文件，但地方基层已经逐步开展、摸索落实华侨政策。比如，广宁县在 1977 年就着手培养侨务干部，县委采取县、社、大队三级层层办班的办法，组织大家学习文件，联系实际，揭批"四人帮"破坏侨务工作的罪行。又如，有的华侨农场在中央发出新的华侨政策相关文件前，就已经着手开展纠正"文革"期间华侨工作的错误，彬村山华侨农场就是其中一个例子。彬村山华侨农场党委认真学习华侨政策，多次召开常委会专门研究侨务工作问题，并反复组织各级干部认真学习，批判"四人帮"所谓"海外关系"问题的谬论。农场党委对于归侨一视同仁，积极培养归侨干部，至 1977 年底全场从归侨中提拔的干部占干部总数 42%，其中有场党委书记、政治处副主任、机关科室干部；发展归侨党员占党员总数的 28.2%；发展团员占团员总数的 48.3%。[1]

1977 年年底，全国侨务会议预备会议在北京召开。1978 年年初，广东召开全省侨务工作会议，讨论研究如何贯彻落实中央侨务会议预备会议的精神。1978 年 1 月 23 日，广东省有关部门召开归侨、爱国人士座谈会。出席座谈会的有黄复庚、伍觉天、林良才、许崇德、廖钺、

---

[1] 《把侨务工作提到党委的议事日程》《充分调动广大归侨的积极性》，《南方日报》1978 年 2 月 2 日。

胡伟夫、刁沼芬等人。① 2月初，广东省、广州市归国华侨联合会召开有170多人参加的归国华侨座谈会，宣布省、市侨联恢复活动。② 在这两次座谈会上，有关部门均向归侨代表传达了中共中央有关侨务工作的文件和全国侨务会议预备会议的精神，重申党的侨务工作方针政策。随后，各地、各部门普遍加强了对侨务工作的领导，各项侨务政策逐步贯彻落实。

一是初步展开因海外关系而造成的冤假错案的平反工作。"文革"期间，由于广东地处海防前线，又是华侨大省，因此执行了比其他省份更为严苛的侨务政策。广东先后开展批"三洋"（即"向洋、慕洋、靠洋"）"割断海外关系""反勾连策反"等做法。③ 1970年，广东省革委会出台《处理有港澳海外关系干部的六条意见》，打击和迫害城乡有"海外关系"的干部，在归侨、侨眷（包括港澳同胞家属）中造成大批冤假错案，在海内外造成很坏的影响。

1978年1月，中共中央转发外交部党组《关于全国侨务会议预备会议的情况报告》，提出正确对待海外关系，对因所谓"海外关系"问题而被审查处理的，应在地方党委的领导下，尽快进行复查，按照党的政策，作出正确的结论，妥善处理。④ 广东有关部门根据中央和省委的指示，会同组织、公安、法院等部门，逐步开展调查研究，平反纠正归侨、侨眷中的冤假错案。《南方日报》刊出《一定要把侨务工作做好》《搞好华侨接待工作是"为资产阶级服务"吗?》《保护侨汇是国家的长远政策》《彻底清算所谓批"三洋"的罪行》等一系列文章批判多年来对待华侨问题上的错误观念。

在省委的推动下，许多市、县召开大会，结合揭批林彪、江青反革命集团残酷迫害归侨侨眷的罪行，公开平反典型冤假错案。1978年3月9日，台山县召开"台山县揭发批判林彪、'四人帮'破坏侨务工

---

① 《加强侨务工作 调动积极因素》，《南方日报》1978年1月24日。

② 《广东省广州市侨联恢复活动》，《南方日报》1978年2月3日。

③ 《广东省志》编纂委员会编：《广东省志（1979—2000）》（侨务卷、外事与港澳事务卷），方志出版社2014年版，第105页。

④ 广东省侨务办公室编：《侨务工作手册》（1），1979年10月，第23页。

作罪行大会"。会上，县委当众焚烧了4000多份当年干部被迫填写的"隔断海外关系"表态表。① 5月18日，台山召开现场会议，为"文革"时期"三洋"运动中被当作"全省侨乡斗、批、改"台山会议的"典型"——伍时畅恢复了名誉。② 1978年12月，广州召开揭批"四人帮"罪行，落实党的侨务政策大会上，为广州华侨新村恢复名称。广州华侨新村在"文革"期间被诬为"资产阶级的安乐窝""阶级敌人的避风港""逃避改造的防空洞"，有人甚至扬言要把华侨新村"彻底砸烂"。居住在里面的很多归侨、侨眷，受到严重的迫害。在为广州华侨新村恢复名称的同时，在大会上还为一批遭受林彪、"四人帮"迫害的归侨、侨眷宣布平反、昭雪，恢复名誉。③

二是着手落实侨改户政策。1978年1月，中央批转全国侨务会议预备会议的报告中明确指出："1956年中央和国务院关于提早改变华侨地富成分的决定是正确的，凡已重新戴上地富分子帽子的，应予摘掉，有严重现行破坏活动的另当别论。"中央的有关政策推动了广东省侨务政策的落实，对"侨改户"问题进行了集中解决，在短期内纠正大批"侨改户"的阶级成分。据统计，全省共纠正和补改了8339户。④

在此期间，广东很多县进行了大量的调查研究，根据中央的政策重新落实"侨改户"政策。其中，宝安、开平、梅县等地，已经基本上把历次运动中"侨改户"重戴帽子给摘掉，一律按原来改变后的成分对待，并妥善处理了户籍成分登记和亲属被株连等遗留问题。有的地方还给这些侨户的子女发出确认改变后的阶级成分通知书，对这些侨户的子女、亲属也一视同仁，有的表现好的被群众推选为基层干部，有的符合入党条件的，也被吸收为党员。⑤

三是着手解决华侨的实际问题，为华侨营造良好的工作生活环

---

① 《台山县侨务工作出现新面貌》，《南方日报》1978年4月6日。

② 《省革委会批准为台山一冤案彻底平反》，《南方日报》1978年5月18日。

③ 《广州华侨新村恢复名誉》，《南方日报》1978年12月15日。

④ 《中国共产党广东历史第二卷（1949—1978）》，中共党史出版社2014年版，第696页。

⑤ 《省侨务办就侨改户问题答读者》，《南方日报》1979年2月20日。

境。首先是解决华侨房屋问题。各地贯彻全国侨务会议预备会议的精神，调整退还了部分土改遗留的、城镇私营企业改造遗留的、"文革"期间被挤占的华侨房屋。新的华侨政策出台后，很多地方都明确提出从今往后，任何单位或个人不得以任何借口随意占住华侨房屋，对于已经占住的房屋尽快调查并作出处理。如广州市海珠区纺织街党委把"文革"初期街道生产组占用的 3 间华侨房屋全部清退。① 对于购买华侨房屋但仍拖欠华侨房款，有的地方主动归还拖欠的华侨房款。有的华侨农场为归侨改善居住条件，新建住房和配套生活设施。② 其次，协助解决华侨就业问题。各地通过调整安置上山下乡归侨知识青年回城工作，调整安置归难侨及其子女到城镇工作落户，并落实收回被精简归侨职工的政策，为华侨重新安排就业。1978 年 5 月，大批被越南当局驱赶的难侨被迫回国。广东省根据国务院的指示，成立了接待安置归国华侨委员会，对于从国外回来的难侨，安排到国营农场工作。再次，恢复华侨教育，为华侨子弟接受教育提供便利。"文革"结束后，各地认真贯彻党的侨务政策和教育方针，积极恢复促进华侨教育，一些在"文革"期间被迫停办的学校开始复办。1978 年 5 月，被称为"文革"时期"重灾区"的"重灾户"——华侨教育的高等学府暨南大学正式恢复招生。10 月中旬，暨南大学复办。省委第二书记习仲勋等领导人出席了复办后首届开学典礼。习仲勋在代表省委的致辞中要求暨南大学"对从国外和港、澳地区回来读书的青年学生要一视同仁，不能歧视"。③ 同月底，兴办于 1954 年的广州华侨学生补习学校复办，为来自马来西亚、缅甸、泰国、意大利和香港、澳门地区的华侨青年提供补习。④ 11 月 1 日，开平县开侨中学复办。开侨中学创办于 1933 年，1968 年被迫停办。在拨乱反正过程中，开平县委听取广大归侨、侨眷和海外侨胞、港澳同胞的要求，决定复办开侨中学，并

---

① 《毛主席的侨务政策又回来了》，《南方日报》1978 年 10 月 11 日。

② 《"英红"和华侨茶场》，《南方日报》1978 年 12 月 16 日。

③ 《暨南大学华侨大学正式恢复暑假招生秋季开学》《暨南大学隆重举行复办后首届开学典礼》，《南方日报》1978 年 5 月 19 日；《春回"暨大"》，《南方日报》1978 年 10 月 17 日。

④ 《华侨学生补校举行开学典礼》，《南方日报》1978 年 10 月 29 日。

列为全县的重点学校之一。[①]

　　广东通过以上措施落实侨务政策，保护了华侨权益，争取了侨心，激发了他们关心祖国和家乡建设的热情。在落实侨务政策的过程中，由于人们的思想仍然受到"左"的影响，一些地方和单位的领导人，对执行党的侨务政策，做好侨务工作的重要意义仍然认识不足，心有余悸，贯彻不力，进展缓慢。比如，关于华侨房屋问题，有的地方对于占住华侨房屋不以为然，存在故意刁难、提出苛刻条件、拒不搬迁的情况。[②] 到 1978 年 10 月底，广州市占用华侨房屋的案件仅仅处理了三分之一，而汕头市退回华侨房屋则不及总数一半。直到中共十一届三中全会后，有关部门重新制订详细的政策，进一步推动清退侨房。有的地区和单位对重新戴上地主、富农帽子的侨改户和错案、冤案仍未落实处理。[③] 为此，省革命委员会发出《关于进一步落实各项侨务政策的通知》，要求各地进一步贯彻中央的指示精神，落实各项侨务政策，团结广大华侨，充分调动侨眷、归侨的社会主义积极性，为加快四个现代化建设作出贡献。该文件发出后，各地党委切实加强对侨务工作的领导，省、地、市、县抽调干部，组织各级落实政策工作组，分赴各地，调查研究，排除障碍，加快工作。作为华侨大省，广东侨务政策的落实，极大地改善了党和政府在广大海外华侨心目中的形象，为对外开放的展开创造了有利的条件。

阅读链接

广州华侨新村的兴建

　　广州华侨新村位于广州市环市东路，毗邻淘金路和环市东路大型商业区，周边由东风路、环市路、恒福路等主干道环绕。在华侨新村兴建之前，这里是一片荒丘。

---

　　① 《开平县开侨中学复办》，《南方日报》1978 年 11 月 4 日。

　　② 《我的华侨房屋何时才能归还？》《抓紧退还占住的华侨房屋》，《南方日报》1979 年 2 月 8 日。

　　③ 广东省革命委员会：《关于进一步落实各项侨务政策的通知》（1978 年 10 月 31 日）。

1954 年 7 月全国侨务会议作出关于便利华侨建筑房屋与兴办公益事业的决定，1954 年由广州市第一届人民代表大会第一次会议作出了《关于筹建华侨新村的决议》。华侨新村的建设是配合广州城市建设而陆续新建的。1954 年 10 月，广州市政府组织召开了由广州市归侨、侨眷及有关方面代表参加的广州市华侨新村筹备会议。会议通过了《广州建筑华侨新村简章》，成立了广州市华侨新村筹建委员会，并选举了黄长水副市长为主任委员，谢创、方君壮、王源兴为副主任委员，蚁美厚、邓文钊等 21 人为委员。委员会下设办公室，具体负责华侨新村的建设事宜。华侨新村建设地址初始选在广州市东北郊黄花岗附近的蚬岗、玉子岗和蟠龙岗一带。这是全国第一个由政府兴建的华侨聚居区。① 1958 年华侨新村建成。该小区占地面积 68 万平方米，随后继续发展扩建，至 1965 年建成花园式独立庭院 177 座、公寓 391 座；同时，建有广州市华侨外国语学校和小学、幼儿园、托儿所等配套设施，总建筑面积 12 万平方米。广州华侨新村是一个典型的华侨、侨眷社区。来自世界 20 多个国家和地区的华侨在这里购房，其中有华人知名人士许雄鎏，秘鲁侨领戴贺廷、戴宗汉，著名粤剧表演艺术家马师曾和红线女夫妇，香港侨领邓文钊等，曾定居华侨新村或在此购物。②

华侨新村的建成，给广州城市面貌绘上了崭新的一页，同时也方便了侨胞的工作生活，鼓舞了侨胞心系祖国的热情，为日后侨胞投资祖国建设营造了良好的环境。

□ 习仲勋对粤东三区的调研

在"文革"结束后，如何迅速恢复和发展经济，是摆在广大干部群众面前的一个全新课题。没有调查，就没有发言权。为此，习仲勋刚到广东任职两个月，就先后到宝安县和粤东三区进行调研，了解广

---

① 《广州城市规划发展回顾》编纂委员会编：《广州城市规划发展回顾（1949—2005）》（上），广东科技出版社 2006 年版，第 48 页。

② 吴智文：《广州现代城市建设与环境治理》，光明日报出版社 2017 年版，第 130 页。

东的经济发展基本情况和老百姓的基本生活状况。

习仲勋是开展调查研究的典范。对于调查研究，他明确地指出：长期待在机关里，不下去，就无法了解实际情况，人民群众的呼声和疾苦就往往不知道，下面同志的呼声也反映不上来。各级党委书记要多深入实际，作调查研究，才能实现正确的领导。[①] 习仲勋在省委四届一次常委扩大会议之后，带头恢复和发扬中国共产党的优良传统和作风，深入基层，调查研究，倾听下级和群众的意见，一路走一路看，一路座谈一路思考，逐步形成了广东经济社会发展的新思路。

1978 年 7 月 9—10 日，习仲勋同省委书记王全国、南方日报副总编辑张汉青等人一起在宝安县调研。他们轻车简从，几个人挤在一辆七座小面包车内，在惠阳地委副书记、宝安县委书记方苞陪同下先后到沙头角、罗芳、莲塘、皇岗、水围、渔农村、蛇口渔一大队等边境社队调研考察工作。在那条独特的中英街，习仲勋看见几块竖在街中间的石头，把一条窄窄的街道一分为二，粤港两边对比鲜明：香港那边车水马龙，热闹繁华；宝安这边杂草丛生，萧条冷落。看到这一景象，习仲勋感触很深地和方苞等人交谈了很久，并说："解放那么长时间，快 30 年了，那边很繁荣，我们这边却破破烂烂。一定要下决心改变这个局面，要努力缩小差距"。在莲塘临时收容站，习仲勋亲自询问偷渡人员偷渡原因，偷渡人员回答："我们穷，分配太低。到香港容易找工作。"方苞告诉他，有很多偷渡到香港的人，找到工作后很快就可寄钱回家，家里人一两年以后就可以盖新房。习仲勋随后又与农村支部书记学习班的 20 多位村支书座谈，了解到"左"的思想和计划体制束缚下，宝安与"新界"生活差距日益扩大，农民向往香港、渴望改善生活。在蛇口渔一大队，习仲勋了解了渔民的生产生活，得知这个大队有五对船，最大的 150 吨，共有 200 多个劳力出海，生产搞得不错，渔民收入也较高。但是，也存在渔船维修没有 150 吨的船台、零件买不到、口粮供应不足、水产资源受破坏等不少问题。通过对沙头角的塑料花厂和皇岗的假发厂的调研，习仲勋认识到开展来料加工，赚取加工费，既可以增加集体和个人的收入，也可解决大量

---

① 习仲勋：《在惠阳地委的谈话（记录稿）》（1978 年 8 月 7 日）。

劳动力就业问题，大有可为。①

目睹广东与香港的差距，切身感受边境地带群众的呼声，引发了习仲勋的深入思考。他离开宝安前，作了许多讲话。比如，他强调："群众偷渡的主要原因是政策问题，只要政策对头，经济很快可以搞上去，偷渡问题就解决了。"为此，习仲勋大力支持和鼓励宝安干部破除过去"左"的思想所形成的条条框框，教育他们要利用地理优势，尽快把经济搞上去。他明确答复方苞等人："同意你们提的办法，过去文革搞错的现在都要改正过来。"他说，当前存在的问题，主要是旧的框框多，许多本来是正确的事情也不敢搞、不让搞。又如，他还讲到一些具体问题：香港那边几千亩属于宝安管的耕地的过境耕作问题；让香港资本家进设备采沙石出口，收入两家分成问题；吸收外资搞加工业问题；恢复边境小额贸易问题等。他坚定地说："说办就办，不要等""只要能把生产搞上去的，就干，不要先去反他什么主义""他们是资本主义，但有些好的方法我们要学习"②"外贸基地规划好了就要干，要讲求实效""搞外贸基地建设，主要看香港市场需要什么，什么价高，什么可以多挣外汇，你们就生产什么"。在当时流毒还没有肃清的情况下，习仲勋讲出这一番话，是很有胆识的。几个月以后，他向中央建议，希望广东在经济管理体制上实行特殊政策和灵活措施，能够先走一步，以及在深圳、珠海、汕头建立出口贸易加工区，都和这次宝安之行的所见、所闻、所思分不开。

1978年7月中旬到8月中旬，习仲勋在省农委副主任杜瑞芝和张汉青等陪同下，到梅县、汕头、惠阳等粤东三个地区调研。由于当时经济工作的重心在农业发展，而广东农业形势却很严峻。不仅梅州、汕头等地区的部分农民口粮问题始终得不到解决，作为省会城市的广州也面临着"四季常青没菜吃，鱼米之乡没鱼吃"的困境。

7月18—24日，习仲勋首先到梅县地区检查工作。他到兴宁、梅

---

① 《改革开放以解放思想为先导——方苞访谈录》，中共广东省委党史研究室：《广东改革开放决策者访谈录》，广东人民出版社2008年版，第443页。

② 王全国、杨应彬、张汉青：《深切怀念习仲勋同志》，《广东党史》2002年第4期。

县、蕉岭、大埔等地，冒着酷暑，爬山越岭，深入田间、工厂、猪场和炼铁炉旁，利用一切机会接触农民、工人、干部和知识分子，广泛调查，听取地、县、社、大队、生产队干部的情况汇报，特别是注意了解政策落实情况，以及"双夏"、农田基本建设、山区建设、科学种田、发展多种经营和养猪等情况。根据梅县地区实际情况，习仲勋对抓纲治梅、加强山区建设、大打农业翻身仗作出指示。在抓纲治梅方面，他指出抓纲要抓总纲，就是要彻底肃清林彪、"四人帮"流毒，按照党的十一大路线，按照省委整风精神，认真搞好整党整风，分清路线是非，作风是非，在路线上、政策上、作风上来个拨乱反正。要落实好党的各项政策，把广大干部、群众的社会主义积极性充分调动起来。①在山区建设方面，习仲勋对有些地区开山造田，发展山区建设，因地制宜地多种番薯、木薯和南瓜，极为赞赏。他反复强调，梅县地区山多人多地少，就是要充分利用山区的有利条件，发展梅县地区的建设，要靠山吃山，吃山养山。他还鼓励大家，要多在山上造林，种经济林、用材林，发展油茶、茶叶、水果，发展养羊、养牛、养兔、养蜂，发展编织业，采摘各种林业副产品，山区的水库、水塘可以发展养鱼。在农业生产方面，习仲勋强调要大力发展养猪业，梅县地区采取两种所有制、三种形式养猪（即公有公养、公有私养和私有私养）是可行的，发展养猪还是两条腿走路的方针，要积极发展集体养猪，继续鼓励社员养猪，重点要抓好发展集体养猪。公社党委书记、大队支部书记都要亲自办一个养殖场，把养殖业发展起来。习仲勋还强调指出，农业要上去，就要搞好科学种田。应把县农场、农科所作为全县农业科学研究中心，搞综合性科学研究，包括种子、土壤、植保、栽培技术等。要充分发挥各级农业技术人员的作用，搞群众性的科学研究，搞好农业科研队伍建设。每个生产队都要培养一至两名技术人员。这些技术人员各方面都能懂一些，能及时发现问题，解决问题。县农场、农科所负责训练，同时要把周围生产队的群众都带动起来。良种要发动群众培育，提纯复壮。县里要成立种子公司，把良种

---

① 中共梅县地委办公室：《省委第二书记习仲勋同志到我区检查工作时沿途所作的重要指示》（1978年7月26日）。

的繁育、推广、保存、调配等工作都管起来。在发展沼气方面，习仲勋指出沼气是第二能源，搞起了沼气，可以搞加工，照明、烧饭都可以；还可以提高肥效，搞好卫生，节约开支。他希望县委书记都应搞个点，由点到面地搞起来。在兴宁东风大队和梅县上村大队谈到这个问题时，当时梅县地、县、社、大队书记都在场。他当场拍板说，我们五级书记今天当面商定，就在东风大队、上村大队搞点，今年年底就把沼气搞起来。① 针对领导干部作风问题，习仲勋特别指出各级领导一定要坚决转变作风，特别要坚持实事求是、群众路线的作风。农业要大上，干部要大下。党委要亲自抓政策，从具体情况出发，实事求是地解决问题，不要搞一刀切，把那些被"四人帮"破坏了的各项政策，该恢复的都恢复过来，要用政策去调动广大干部群众的社会主义积极性。

7月24日至8月4日，习仲勋来到汕头地区检查工作。汕头人多地少，社员口粮较低，困难较大。带着如何把汕头工作搞上去的问题，习仲勋来到饶平、汕头、南澳、潮安、揭阳、揭西、普宁、潮阳、惠来、陆丰、海丰等县（市）进行调查。他指出：汕头是个好地方，总的来说，形势很好，问题不少。一定要通过揭批林彪、"四人帮"，拨乱反正，落实政策，在领导作风上来一个大转变，把汕头地区的工农业生产搞上去。② 对汕头地区如何打好农业翻身仗，他指出，要认真学习外地的先进经验，总结推广本地的先进经验，因为本地的经验是从当地实际情况出发的，群众看得见，容易学。学习外地经验，主要是学其精神，要结合本地实际，不能照搬，不能从形式上学。总的来说汕头地区是人多地少，但具体分析，平原是人多地少，山区是地多人少。对这些情况要作具体分析，实事求是地解决存在的矛盾和问题，充分挖掘生产潜力。在潮安县的黄厝尾大队，听到该大队去年粮食亩产达到2600多斤时，习仲勋高度评价了该大队大搞农田基本建设，抓好科学种田，抓平衡增产的经验，特别指出："你们大队是潮汕平原

---

① 《梅江报》，1978年7月25日。
② 中共广东省委办公厅：《习仲勋同志对汕头地委常委同志的谈话记录稿》(1978年8月11日)。

的一面旗帜，全县、全地区、全省都要向你们学习！但你们不要骄傲，还要继续前进！"在揭阳县锡场公社（今揭东县）视察时，他听到华清大队将2万亩山地落实责任制，满意地说："你们辛苦了，要继续好好干，要不折不扣地落实全会精神，为建设社会主义新农村做贡献。"当饶平县委副书记黄松江汇报他们开发山区，搞林、粮间作，"一手抓了两条鱼"的经验时，习仲勋说：这样做很对！汕头地区有1100多万亩山地，这个潜力大得很。这几年山区建设是个薄弱环节，今后要重视治山，把山区开发起来。靠山吃山，吃山还要养山，不养山就会坐吃山空。潮安县委书记林兴胜向习仲勋汇报了开发山区主要采用的两条做法：一是组织平原社队参加开发山区；二是注意政策，不要对群众卡得太死。习仲勋对此表示肯定：这两条很好！靠山公社要把山地划分好，规划好，进行开发。平原公社可以组织专业队，划出一些山头给他们，让他们参加开发山区。这里面的政策问题，可以研究，不断总结经验。让群众开点荒，目的是开发山区，发展生产，改善人民的生活。习仲勋一行还到汕头超声电子仪器厂、潮安县枫溪陶瓷公司等单位了解了汕头的工业生产情况。他说：汕头地区要根据自己的特点，发展轻工业、加工工业，逐步搞成外贸出口基地。当听到地委和汕头市委汇报全区和汕头市工业的突出矛盾是缺煤缺电缺原材料时，习仲勋说：梅县资源丰富，两个地区可以考虑搞个经济协作区。他还指出，现在集体企业问题很多，产、供、销问题没解决好，要很好地调查研究，进一步办好。

8月4日，习仲勋到惠阳地区检查工作，主持召开了惠阳地委和惠阳县、惠州市领导干部座谈会，对粤东三区之行作总结讲话。他指出，这次考察，总的感觉概括起来是：形势很好，问题不少。形势很好，首先是政治形势好，干部作风也开始转变了。问题不少，是农业发展不快，有的还极为落后，比如，普宁还有三个人拉一张犁在耕地；农业消极因素还在起作用，什么叫社会主义，什么叫资本主义，什么该批，什么不该批，直至现在还不能说都搞清楚了。必须把农业摆在第一位，全党抓好农业，各方配合，千方百计打好农业翻身仗。

宝安和粤东三区之行，给习仲勋很大触动。通过基层调研，习仲

勋听到了广大群众盼改革盼发展的呼声，了解了国外经济管理的一些
基本方法和经验，得到很大启发，逐步形成了新的发展思路，并着手
开始考虑筹建深圳、珠海出口基地。

第九章

改革开放先走一步

历史概说

要事本末

- □ 特殊政策和灵活措施的由来
- □ 广东三个经济特区的创建
- □ 中外合资合作高级宾馆的兴建
- □ 广东财政大包干的实行
- □ 广东"清远经验"的推广
- □ 广东物价闯关的起步
- □ 对农村雇工经营的支持
- □ 对走私贩私违法犯罪行为的惩治
- □ 基建"以桥养桥"新模式的打造
- □ 广东"三来一补"企业的兴起

历 史 概 说

　　1978年12月中共十一届三中全会召开至20世纪80年代中期，是广东改革开放先走一步的阶段。在党中央的领导下，中共广东省委解放思想，实事求是，不负重托，不辱使命，以敢干敢拼、敢为天下先的精神，创造性地运用中央赋予的特殊政策和灵活措施，充分发挥毗邻港澳、华侨众多的优势，披荆斩棘，筚路蓝缕，在改革开放中先走一步，为全国改革开放"杀出一条血路"，使广东成为中国改革开放的试验区和先行地。

　　1979年4月，在中央工作会议上，省委第一书记习仲勋代表广东省委向中央"要权"，同时中央殷切期望广东"试验进行大的改革"。在广东"要权"和中央"放权"的互动过程中，中央赋予广东特殊政策和灵活措施的中发〔1979〕50号文出台。在推进先走一步的过程中，广东不断清除僵化思想的影响。1981年4月，提出"对外更加开放，对内更加放宽，对下更加放权"。1982年，提出"打击经济犯罪活动坚定不移，对外开放和对内搞活经济坚定不移""排污不排外"的方针，不断推动改革开放的进程。

　　1979年7月，中央决定在广东的深圳、珠海、汕头和福建的厦门试办出口特区（1980年5月改名为经济特区）。设立经济特区，一是为了更好地吸收、利用外资和外国先进技术以及管理经验；二是在经济特区实行不同于国内其他地区的特殊政策和管理体制，以求找到一条尽快把经济搞上去的新路子。广东的经济特区坚持市场导向，探索体制改革。比如，率先打破"铁饭碗"，改革劳动用工制度；改革基建管理和投资体制，吸收国外先进技术和管理经验；大力引进外资，积极发展外向型经济；提出"时间就是金钱，效率就是生命"的口号，创造"深圳速度"。

与此同时，广东其他地区不失时机地进行以市场为导向的探索，大力推进农村改革，重点推动商品流通和价格管理体制、企业体制、投资体制等方面的改革。广东先走一步持续推进，配套发展。在用好用足特殊政策和灵活措施的前提下，经济体制改革由点到线，由线到面，逐步推开。

广东积极引进外资和技术，"三来一补"企业如雨后春笋般兴起，"三资"企业遍地开花，乡镇企业、个体和私营经济蓬勃发展，逐渐形成了以"三来一补""三资"（含港澳台投资，下同）企业和乡镇企业为主体的发展模式。

广东以价格改革和搞活城乡流通为经济体制改革的突破口。首先以广州市蔬菜供销体制改革为试点，先后放开塘鱼、蔬菜、水果、猪肉等农副产品以及日用工业品与生产资料价格。价格改革促进了商品生产，搞活了市场。到1985年，广东已成功地实现价格改革的新突破。

广东推进国营企业改革，实行放权让利，推广"清远经验"，推行各种形式的包干责任制，实行厂长（经理）负责制、任期目标责任制以及承包经营责任制，建立"自主经营、自负盈亏、自我约束、自我发展"的体制机制，进而推进以建立社会主义商品经济为目标的综合配套改革。

广东把市场机制引入投资领域，大力改革投资体制。着力推广"以桥养桥""以路养路""以电养电""以通信养通信""以水养水"等有偿投资的办法和措施，逐步建立了"谁投资，谁收益"的集资办事、有偿使用的投资新体制，极大地促进了广东基础设施的建设和发展。

根据中央对广东实行"划分收支，定额上交"的财政大包干政策，广东对各市（地区）的财政管理体制作了相应的改革，并针对不同地区实施不同包干办法，形成省对市（地区）、市（地区）对县、县对镇（乡）层层包干的财政管理体制。财政大包干，扩大了各级政府的自主权，调动了各级财政当家理财的积极性，促进了广东各地经济社会的快速发展。

广东培育市场体系起步较早，从1979年起，把大部分农副产品和日用工业品的价格放开或实行浮动，对生产资料实行双轨制。各地在大力发展消费品市场、生产资料市场基础上，逐步推进金融市场、劳务市场、人才市场、房地产市场、科技市场、信息市场等要素市场的发育和成长。

在这一阶段，广东以解放思想为先导，以改革创新为动力，以市场导向为引领，逐步打破传统计划经济体制机制的束缚，不断探索建立一种适应中国特色社会主义发展道路的经济运行规则，充分发挥改革开放"试验田"和"窗口"的作用，为全国改革开放探索了路径和提供了借鉴。

要 事 本 末

☐ 特殊政策和灵活措施的由来

"文化大革命"结束不久，从中央到地方迫切要求改变生产力落后的状况，提出了对外开放、对内改革的主张。对外开放，学习外国先进科学技术和管理办法，逐渐成为许多人的共识。在 1978 年 5、6 月间，中央高层叶剑英、邓小平、李先念等人在对外开放上已下定了决心。①

1979 年 4 月 1 至 2 日，广东省委召开常委会会议讨论出席中央工作会议的汇报稿。汇报材料的中心是"允许广东在开展对外经济技术交流方面先走一步。为此，要求中央多给广东一点权（审批权）和钱（外汇）。""争取中央同意我们先走一步。"省委常委会会议提出，希望中央给广东放权，让广东搞活，抓住当前有利的国际形势，充分发挥广东的优势，在"四化"建设中先走一步。② 会议还提出在深圳、珠海和汕头可根据国际惯例划出一块地方，单独进行管理，作为华侨、港澳同胞和外商的投资场所，按照国际市场需要组织生产，并初步定名为"贸易合作区"。省委作出的请求不仅为广东而且为全国后来的改革开放和经济社会发展，起到了极其重要的作用。③

1979 年 4 月初，省委第一书记习仲勋、省委书记王全国赴京参加

---

① 中共广东省委党史研究室：《特殊政策灵活措施在广东》，中共党史出版社 2015 年版，第 3 页。

② 《习仲勋文选》，中央文献出版社 1995 年版，第 481 页。

③ 《习仲勋主政广东》编委会：《习仲勋主政广东》，中共党史出版社 2007 年版，第 239 页。

中央工作会议。习仲勋、王全国多次在中央工作会议小组会议上发言，指出，广东邻近港澳，华侨众多，应充分利用有利条件，积极开展对外经济技术交流。这方面，希望中央给点权，让广东先走一步，放手干。

4月17日，中央政治局听取各组召集人汇报。习仲勋郑重地提出"让广东先走一步"，给广东放权，在深圳、珠海、汕头划出一块地方，单独进行管理，作为华侨、港澳同胞和外商的投资场所，按照国际市场的需要组织生产，办"贸易合作区"。习仲勋的汇报得到中央领导的支持，最终由国务院副总理谷牧负责此事。

1979年5月11日，谷牧率工作组到广东研究起草文件。6月6日，省委向中央上报《关于发挥广东优势条件，扩大对外贸易，加快经济发展的报告》。7月15日，中央以中发〔1979〕50号文批转广东、福建两省关于对外经济活动实行特殊政策和灵活措施的两个报告，确定"对两省对外经济活动实行特殊政策和灵活措施，给地方以更多的主动权，使之发挥优越条件，抓住当前有利的国际形势先走一步，把经济尽快搞上去"。特殊政策和灵活措施主要内容是：外汇收入和财政实行定额包干，一定五年不变；在国家计划指导下，物资、商业实行新的经济体制，适当利用市场的调节；在计划、物价、劳动工资、企业管理和对外经济活动等方面，扩大地方管理权限；试办深圳、珠海、汕头三个出口特区，积极吸收侨资、外资，引进国外先进技术和管理经验。

为了加强对广东经济工作的领导，省委成立刘田夫、王全国、吴南生三人领导小组，并成立省经济工作办公会议。9月29日，省委成立对外经济工作委员会，统一规划、管理全省对外经济工作，"对上就这一个机构，全省对外经济工作实行一元化领导"。从经济工作领导小组的成立到省对外经济工作委员会的组建，广东从组织上构建了管理对外经济工作的领导体制和机构，理顺了多头对外管理的格局，实现了一元化管理，为顺利贯彻执行特殊政策和灵活措施打下了坚实的组织机构基础。

围绕贯彻落实特殊政策和灵活措施的相关事宜和具体的财政、外贸上缴基数，中央和广东反复商讨。1979年9、10月，王全国带队两次到北京，向中央及有关部门汇报，并协商落实各项管理体制改革和对外开放的具体政策措施，双方争论的核心是财政上缴数目。至此，中央与广东上下协调，落实 50 号文件的障碍逐步被排除。1980 年 3 月，谷牧再次南下召开广东、福建两省会议，讨论研究贯彻执行中央 1979 年 50 号文件中遇到的问题和后续的措施。1980 年 5 月 16 日，中央批转了这次会议的纪要（即中发 1980 年 41 号文件）。针对财政上缴的定额，经过反复交涉和据理力争，中央与广东双方都各退一步，核定广东每年财政上缴 10 亿元，一定三年（1979—1981 年）。外贸方面，同意广东、福建的要求，推迟到 1981 年实行中央 50 号文件所确定的外贸大包干体制。

1980 年 9 月 24 日和 25 日上午，广东向中央书记处汇报工作。会议历时两个上午，汇报和解决了许多重大问题，对广东的工作具有十分重大的意义。关于财政包干年限，41 号文件提出 3 年，广东则提出要 5 年，谷牧表示同意。国务院副总理万里甚至说，可以 7 年，至于国务院各部下达的东西，你符合我这里情况的我就干，不符合的就不给你干。时任中共中央委员会政治局常委、总书记（时设中共中央委员会主席）胡耀邦指出，广东搞特殊政策，中央的决心是很大的，中央希望广东先富起来，成为全国实行四化、搞富裕、文明的先驱者，排头兵。①

经过一年的改革实践，广东"先走一步"取得了可喜的成绩。然而，先走一步一直是在"调整"的大环境下进行的，也是在与不断出现的各种政治和意识形态的争议中进行的。当时，一些中央部门文件规定"广东、福建不得例外"，这对广东"先走一步"造成了相当大的阻碍。

1980 年 11 月 18 日，省委新任第一书记任仲夷在省、市局以上党员干部会议上强调："中央给了我们这样大的权力，现在就看我们敢不敢用这个权力，会不会用这个权力，我们应该大胆地使用它，并且学会善于使用它。""特殊政策要真特殊，灵活措施要真灵活，先走一

---

① 《中央书记处听取广东工作汇报时中央负责同志的插话和讲话》，1980 年 9 月 25 日，广东省档案馆藏 230 – 4 – 115 – 43 页。

步要真先走，不能还是空的。"为了给改革开放打气鼓劲，1981年4月任仲夷提出"对外更加开放，对内更加放宽，对下更加放权"，坚持推进改革开放，再一次体现了广东解放思想、实事求是、锐意改革、大胆创新的勇气和担当。

1981年5月27日，国务院在北京召开广东、福建两省和经济特区工作会议，中央批转了这次会议纪要，既充分肯定两省取得的成绩，也进一步明确特殊政策、灵活措施的主要内容：一是对外更加开放，包括积极利用侨资外资、引进适用先进技术和科学管理方法、扩大对外贸易等；二是对内政策更加放宽，允许多种经济成分并存，更好地运用价值规律和各种经济杠杆，把经济搞得更活；三是扩大两省的权力，包括经济、人事、地方立法权和企业自主权等。由此，广东改革开放事业实现了良好的开局。

阅读链接

习仲勋大刀阔斧平反冤假错案

1978年4月初，习仲勋奉命南下，以广东省委第二书记的身份开始主持广东日常工作；12月11日，担任省委第一书记、省革委会主任；1979年12月，担任广东省省长。1980年11月中旬，习仲勋调往中央工作，离开广东。

习仲勋是广东改革开放的主要开创者和重要奠基人，他以巨大的责任担当和"敢为天下先"的改革精神，在中国共产党探索中国特色社会主义道路的伟大转折关头，带领广东人民率先投身改革的历史洪流。在主政广东期间，习仲勋实事求是，思想解放，大胆实践，带领广大干部群众深入开展真理标准问题的讨论，领导广东进行拨乱反正、平反冤假错案，并深入各方调查研究和谋划广东经济社会发展的新道路。

1978年5月，《光明日报》以特约评论员名义发表《实践是检验真理的唯一标准》一文，引发真理标准问题讨论。习仲勋本着实事求是，支持真理标准讨论，是全国最早表态支持真理标准问题讨论的省级负责人之一，也是广东最早明确支持真理标准问题讨论的省委领导人。在他推动下，广东成为最早响应真理标准问题讨论的省份之一，也是讨论时间最长、程度最深的省份之一，为广东"先走一步"奠定了思想理论基础。

习仲勋主政广东初期，着力拨乱反正，加快各类冤假错案的平反。据统计，到中共十一届三中全会召开前夕，广东"文化大革命"以来被定为"反革命"的案件只复查了24%。通过听取汇报、审阅案卷、实地调查，习仲勋对各种冤假错案的情况有了详细了解。1978年10月，习仲勋提出："要加快清查和落实政策工作的步伐。对错案、假案、冤案，要大张旗鼓地平反昭雪。"① 按照中央关于实事求是、有错必纠的原则，广东加快了冤假错案的平反和各项政策的落实，拨乱反正。1979年1月，广东省党、政、军和各界代表隆重举行仪式，悼念党和国家卓越领导人陶铸。习仲勋在讲话中宣布：林彪、"四人帮"一伙把原中南局和广东省的一大批干部诬蔑为"陶铸死党""陶赵死党"等不实之词，均应推倒。1979年2月至4月，在习仲勋大力支持下，广东省委严肃处理了反彭湃烈士事件，将残杀彭湃烈士亲属及群众的反革命分子等交司法机关严惩。1979年1月到4月，习仲勋先后10次接见了"李一哲反革命集团案"的成员，动之以情、晓之以理，在为这一案件平反的同时，平息了可能引发的政治风波和社会风险。

20世纪50年代，广东先后发生两次"反地方主义"斗争，给古大存、冯白驹等人扣上"反党联盟"帽子，致使约2万名干部受处分和牵连。两次"反地方主义"，使大批广东干部蒙冤多年，在海外华侨中也造成不好的影响。习仲勋决定对两次"反地方主义"进行复查。1979年3月，省委常委扩大会议指出，对在广东"反地方主义"中被搞错了的，处分偏重的，应根据实事求是的原则予以纠正。凡属搞错了的，必须改正，错多少纠正多少，全部错的全部纠正，不留尾巴。习仲勋报告中央并得到支持，协调省委班子达成共识，全力推进复查这一历史积案。1980年8月，省委向中央上报《关于复查地方案件的请示》；10月19日，党中央批复同意上述请示和复查通知。经认

---

① 省委办公厅第一秘书处：《省委常委会议决定事项》，1978年10月31日，转引自广东省委党史研究室编：《习仲勋主政广东》，中共党史出版社2007年版，第186页。

真复查，中共中央以及中央纪委批准，撤销了古大存、冯白驹所谓
"反党联盟"的结论。

□ 广东三个经济特区的创建

1977年下半年，财政部部长张劲夫、国务院财贸办公室主任姚依
林分别到宝安和深圳口岸调查研究。中共宝安县委先后向张劲夫、姚
依林报告，建议把宝安建成向香港提供鲜活食品的外贸生产基地。
1978年5月，国家计委、外经贸部的港澳经济考察组向中央建议：可
借鉴港澳的经验，把靠近港澳的广东宝安、珠海划为出口基地，建设
成具有相当水平的对外生产基地、加工基地和吸引港澳同胞的游览
区。此建议得到中央的肯定和支持，要求"说干就干，把它办起来"。
筹划宝安、珠海出口基地的设想形成之后，在习仲勋领导下，广东省
委迅速落实中央指示和部署，切实搞好对外加工装配业务和宝安、珠
海两县建设。1978年10月，省革委会向国务院上报《关于宝安、珠
海两县外贸基地和市政规划设想》。1979年1月23日，经中央同意，
省委决定将宝安县改为深圳市、珠海县改为珠海市。宝安、珠海出口
基地的设想，是兴办深圳、珠海、汕头、厦门经济特区的思想雏形。

交通部香港招商局常务副董事长袁庚到港履新后，反复讨论，提
出充分利用招商局在香港的便利地位，将广东毗邻香港的廉价土地、
劳动力和国际的资金、先进技术、管理经验和先进设备、原材料结合
起来，建立一个立足国内、面向海外的外向型工业区。1978年11
月22日，袁庚等人到广州同负责广东省革委会工作的刘田夫商谈筹建
出口工业区。在习仲勋大力支持下，广东同交通部香港招商局合作事
宜得以迅速推进，并形成详细的方案。1979年1月6日，广东省革委
会、交通部将《关于我驻香港招商局在广东省宝安建立工业区的报
告》上报国务院。不久，中共中央副主席、国务院副总理李先念批准
在南头半岛建立工业区。7月20日，蛇口工业区破土动工。蛇口工业
区可以说是深圳经济特区的一个"试管"。

1979年4月，习仲勋、王全国在中央工作会议上提出：建议运用
国际惯例，将深圳市、珠海市和汕头市划为对外加工贸易区，吸收外

商到广东来投资建厂。中央政治局常委十分赞同和重视广东的提议，委托谷牧到广东研究如何解决问题，要求广东进行体制改革，搞一个新的体制。邓小平十分赞同广东富有新意的设想，当听说加工贸易区的名称定不下来时，邓小平提出还是叫特区好，可以划出一块地方，叫做特区。

1979 年 7 月 15 日，中共中央、国务院批转广东实行特殊政策、灵活措施，并决定在深圳、珠海、汕头、厦门创办出口特区。广东成立特区工作筹备小组，进行出口特区的筹备工作。在筹备过程中，听到从北京传来了一句议论，说陕甘宁是政治特区，不是经济特区。筹备组从中得到启发，提出把出口特区改为经济特区。1980 年 3 月底，中共中央、国务院在广州召开广东、福建两省会议，同意将原定的出口特区名称正式改为经济特区。根据中央的指示，广东省委组织各个领域的专家和一线工作者启动了制定经济特区条例的相关工作。1979 年12 月，广东省五届人大二次会议原则通过《广东省经济特区条例（草案）》。广东认为试办经济特区关乎社会主义国家实行改革开放成败的重大决策，其权威性必须要得到中央认可和授权才行，要推动经济特区条例通过全国人大的立法批准程序，以获得中央更大支持。在全国人大常务委员会委员长叶剑英的支持下，全国人大常务委员会同意了广东省的请求。1980 年 8 月 26 日，第五届全国人大常委会第 15 次会议通过了《广东省经济特区条例》，标志着经济特区通过以国家立法的方式正式诞生。

广东的三个经济特区是在困难和争议中一步一步崛起的。早在经济特区筹备之初，邓小平在谈到配套建设资金问题时就讲过："中央没有钱，可以给些政策，你们自己去搞，杀出一条血路来。"

"借鸡生蛋"，开展城市建设。广东的经济特区通过外引、内联和银行贷款等多形式筹集资金，开发土地，兴建厂房、仓库、商业楼宇、办公用房、居民住宅、宾馆酒楼等基础设施。深圳经济特区以 3000 万元的中央贷款和部分地方财政作为"酵母"，开发罗湖。珠海经济特区早期的产业方向定位为发展旅游业，珠海与澳门珠江旅游有限公司合作，创办了全国第一家中外合作旅游企业——珠海石景山旅游中心，并兴建了大量的宾馆、公园、游乐场等休闲娱乐场所。汕头经济特区起步晚，由于资金短缺，采取了整体规划、分期开发，开发一片、建设一片、投产收益一片的方针。

试行招标承办制度，创造深圳速度。1980 年底，在深圳国际商业大厦建设中，市房地产公司参照海外工程承包的普遍做法，制定《房地产公司工程招标试行方法》，采用公开招标的办法确定承建企业。竞争非常激烈，第一冶金建设公司中标。1981 年 1 月，"国商"破土动工，第一冶金建设公司实行大包干，创造了 5 天建成一层楼的纪录，提前两个月完成了建筑任务。深圳在建筑行业引进竞争机制，采用招标投标的新体制，提高了基建经济效益。由中国建筑工程总公司三局一公司投标承建的 53 层国际贸易中心大厦，创造了 3 天建一层主体结构的新纪录，达到世界同行业先进水平，被誉为"深圳速度"。

改善投资软环境，促进走向法制经济。广东省人大常委会根据《广东省经济特区条例》的原则规定，先后批准颁布《广东省经济特区入境出境人员管理暂行规定》《广东省经济特区企业登记管理暂行规定》《广东经济特区企业劳动工资管理暂行规定》《深圳经济特区土地管理暂行规定》等一系列法规，对外商在经济特区的投资优惠待遇方面作了明确具体的规定，并成立经济法庭、法律顾问处和经济仲裁办事处，使特区的立法司法工作进一步完善，投资者的合法权益得到有效保障。

以"三来一补"起步，发展外向型经济。到 1985 年，深圳经济特区吸收了 19 个国家和地区 9.32 亿美元和 3 万多台（套）技术设备，建立了包括电子、轻工、纺织、食品、建材、石化、机械等行业在内的 770 多家工厂，年产值达 25 亿元，比 1979 年增长 39 倍。珠海经济特区也积极引进外资和先进设备，建立外向型工业企业，香洲毛纺厂、美华录像带厂、湾仔华声磁带厂、中瑞表壳厂等都令人耳目一新。汕头经济特区坚持逐片开发，注重实效，办起 45 家工厂，产品出口比重达到 60% 以上。

"时间就是金钱，效率就是生命"的观念大变革。1979 年 8 月，交通部四航局承建蛇口港。四航局工程处实行定额超产奖励制度，做法是每人每个工作日劳动定额为运泥 55 车，完成定额每车奖 2 分钱，超过定额每超一车奖 4 分钱。新奖励制度实行后，码头施工速度大大加快。这件事情给蛇口工业区的领导人和建设者很大启发，深切感到时间的重要，效率的重要。1981 年 11 月底，袁庚叫人做了一块"时间就是金钱，效率就是生命"的大型标语，矗立在蛇口工业区的路旁。然而，"时间就是金钱，效率就是生命"一经提出，在舆论上立即掀起轩然大波。有人说这个口号是资本主义的东西，"袁庚要钱又要命，比资本家还狠毒"。袁庚感受到巨大的压力，表示自己是准备"戴帽子"的。[①] 1984 年邓小平视察蛇口，对这个口号给予肯定。之后，"时间就是金钱，效率就是生命"迅速传遍内地，逐步成为人们的思想共识和行为准则。1984 年 10 月 1 日，在天安门广场国庆盛大游行中，"时间就是金钱，效率就是生命"口号出现在游行彩车上，被称为"冲破思想禁锢的又一声春雷"。

围绕对外开放的需要，大胆冲破原有的计划经济体制，逐步建立适应特区经济发展的以市场经济为导向的新体制。其中，深圳改革的步子迈得最大。在劳动用工方面，破除传统的"大锅饭"式的用工制度，积极推行劳动合同用工制和双向选择的劳动就业制度；在干部人事方面，破除"能上不能下"的用人原则，按照"公开、平等、竞争、择优"的原则招聘干部，建立严格的干部考核制度，定期对领导干部实行民主评议和信任投票，克服官僚主义；在工资方面，按照按劳分配的原则，在行政事业单位改变传统的"低工资，多补贴"的等级工资制，实行结构工资制。

广东的经济特区开局亮丽，取得了骄人的业绩。"六五"期间，深圳经济特区生产总值从 1980 年的 27012 万元增加到 1985 年的 332445 万元，其中工业发展最为迅速，工业总产值平均每年递增 99.6%；利用外资有了较大发展，协议投资额从 1979 年的 2984 万美元增加到 1985 年的 102647 万美元，实际利用外资从 1979 年的 1537 万美元增加到 1985 年的 32925 万美元。珠海全市工农业总产值从 1980 年的 3.4 亿元增加到 1985 年的 8.2 亿元，增长 1.4 倍，平均每年递增 19%；财政收入从 1980 年的 0.4 亿元增加到 1985 年的 3 亿元，增长 6.5 倍，平均每年递增 49.6%。

---

① 涂俏：《袁庚传：1978—1984 改革现场》，作家出版社 2008 年版，第 158 页。

（阅）（读）（链）（接）

1984 年邓小平视察广东的经济特区

作为中国改革开放试验区的广东特别是经济特区，从诞生伊始就是争论的焦点。争论的核心就是姓"社"还是姓"资"，经济特区要不要办，该不该办的问题。中央和邓小平对经济特区这一新生事物给予极大的关注和支持。邓小平说，特区是我倡议的，中央决定的，是不是能够成功，现在我要来看一看。

1984 年 1 月 24 日到 2 月 5 日，邓小平视察了深圳、珠海经济特区。在深圳，邓小平听取深圳市委、市政府的汇报之后说，这个地方正在发展中，你们讲的问题我都装在脑袋里，我暂不发表意见，因为问题太复杂了，对有些问题要研究研究。他登上罗湖商业区的国际商业大厦天台，俯瞰正在建设中的罗湖新城区；视察了上步区中国航天航空技术深圳工贸中心，观看了这家企业生产的新产品；来到渔民村，了解到农民的基本生活状况；视察招商局蛇口工业区，听取了工业区负责人的汇报；参观了粤港合资企业华益铝业公司；登上蛇口微波山参观微波通讯站，并从山顶俯瞰蛇口工业区。在珠海，邓小平视察了香洲毛纺厂、狮山电子工厂、九州港、石景山旅游中心。1 月 29 日，邓小平为珠海经济特区题词："珠海经济特区好"。深圳经济特区负责人获悉这一消息后，立即派人赶赴广州恳请邓小平给深圳题词。经过多日的所见所闻和深思熟虑，2 月 1 日，邓小平为深圳经济特区题词："深圳的发展和经验证明，我们建立经济特区的政策是正确的。"更意味深长的是，此题词落款写的是他离开深圳的日期：1 月 26 日。显然，这个题词不仅仅是邓小平对深圳的鼓舞与肯定，亦是对广东的建设成就以及试办经济特区的支持与肯定，更是对中国改革开放发展道路和实践的自信与肯定。第二天，正是新年的正月初一，邓小平的题词通过电视、广播及报纸对外公布，引起强烈反响。

返回北京后，邓小平找几位中央领导人谈话。他提出：我们建立经济特区，实行开放政策，有个指导思想要明确，就是不是收，而是放。这次我到深圳一看，给我的印象是一片兴旺发达。深圳的建设速度相当快，盖房子几天就是一层，一幢大楼没有多少天就盖起来了。

那里的施工队伍还是内地去的，效率高的一个原因是搞了承包制，赏罚分明。深圳的蛇口工业区更快，原因是给了他们一点权力，五百万美元以下的开支可以自己作主。他们的口号是"时间就是金钱，效率就是生命"。特区是个窗口，是技术的窗口，管理的窗口，知识的窗口，也是对外政策的窗口。从特区可以引进技术，获得知识，学到管理，管理也是知识。听说深圳治安比过去好了，跑到香港去的人开始回来，原因之一是就业多、收入增加了，物质条件也好多了，可见精神文明说到底是从物质文明来的嘛。除现在的特区之外，可以考虑再开放几个港口城市，如大连、青岛。这些地方不叫特区，但可以实行特区的某些政策。我们还要开发海南岛。① 根据邓小平这一倡议，1984 年 3 月 26 日至 4 月 6 日，中央书记处、国务院在北京召开沿海部分城市座谈会。会议确定进一步开放天津、上海、大连、秦皇岛、烟台、青岛、连云港、南通、宁波、温州、福州、广州、湛江和北海 14 个沿海港口城市，在扩大地方权限和给予外商投资者若干优惠方面，实行一系列放宽的政策和措施，改革现行的管理制度，以增强对外经济活动的活力。同时，允许有些城市可以划定一个有明确地域界限的区域，兴办新的经济技术开发区，引进国外的先进技术，集中举办中外合资、外商独资企业和科研机构，使之成为发展中国对外技术合作的"窗口"和基地。

□ 中外合资合作高级宾馆的兴建

"文革"结束后，中国旅游业开始打开大门迎接世界客人，但是"房荒"随之接连不断地在一些重点旅游城市出现，广州尤其如此。每年广交会期间，不少外国客人无房可住。据时任省委办公厅副主任关相生回忆：每年广交会开幕前，国务院都会指示帮助解决好住房、交通问题。但是到 20 世纪 70 年代后期问题越来越严重，经常发生住宿爆棚、客人无房住宿的情况。当时的东方宾馆、白云宾馆在餐厅里和浴室里架上床，才能勉强应付，甚至一些条件很差的招待所也派上

---

① 《邓小平文选》第 3 卷，人民出版社 1993 年版，第 51 – 52 页。

用场。客商对广州当时的接待条件非常不满，可谓怨声载道。例如，
1975 年春天，住满外宾的广州某大宾馆，一批入住宾馆不足一个小时
的法国旅客，不能忍受枕套上不知道多少个旅客留下的油污味、床单
上的毛发、床垫下面的蚂蚁窝和过了七点半便关门下班不再招待客人
进餐的餐厅以及服务员傲慢无礼的态度，"处处感到愤怒"。于是这批
旅客一起打开窗户，把被单、枕套、枕芯、毛巾统统从 29 层高的楼顶
扔下去，一边扔一边喊"垃圾垃圾"。第二天，广州市政府收到这批
法国旅客的投诉信，历数某宾馆的种种不是，信中最后还用西方人惯
有的幽默要求"把这间酒店的总经理吊死"。

旅客住宿难，势必减少来华人数，减少创汇效益，不利于国家经
济建设。这显然与邓小平强调的"旅游业大有文章可做""发展旅游
业，为改革开放积累外汇""要打好侨牌，做好做足两游工作"（"两
游"即旅游和石油）的精神相违背。为了尽快解决问题，邓小平指
出：引进外资建旅馆可以干嘛！利用外资修建旅馆应多几个点，一个
地方 1000 至 2000 个床位。

当时社会上还存在"宁要社会主义的草，不要资本主义的苗"
的氛围，利用侨资、外资建设高级旅游饭店，必然会遇到很大阻力。
香港商人霍英东对当时任中国旅行游览事业管理总局负责人卢绪章
说：考虑采用捐赠的方式，给国家捐赠几百间房。但广东省领导人
习仲勋、刘田夫等认为，捐赠这个形式不好。本来希望港澳同胞、
华侨和海外华人来国内投资的，你霍英东一来，带头捐赠，以为共
产党开放是为了"要钱"，所以要坚持合资或合作建设高级旅游
饭店。

1978 年 7 月，卢绪章在广州约见了霍英东，商议建设旅游饭店。
霍英东还陪同卢绪章前往番禺、中山等地，了解广东旅游业的自然环
境和发展前景。两个月后，双方在北京再商谈，达成意向：（一）以
10 万港元一个房间造价为标准，建造 1000～2000 个房间的宾馆；
（二）资金一半由霍方自筹，另一半向银行贷款，由中国银行香港分
行担保偿还，至于自筹部分资金的偿还可由国家提出条件，旅游饭店
建成后由国家经营，投资者提供一切必要的帮助。1978 年 10 月，卢
绪章一行到香港再次肯定了霍英东和彭国珍提出的建议。

1978 年 11 月 2 日，广东成立了省旅游工程领导小组，省委副书记焦林义担任组长，领导小组下设办公室，由广州市副市长林西兼任办公室主任。1979 年 1 月中下旬，林西带领包括佘畯南、莫伯治两位设计大师在内的七人赴港考察旅游工程小组，赴港考察半个月。1 月 23 日，甲方香港霍英东彭国珍投资公司（后来易名为香港维昌发展有限公司），乙方广东省旅游工程赴港考察工作小组，在澳门葡京酒店会谈，签订《沙面白鹅潭投资兴建旅馆计划意向书草案》，作为双方日后各类会谈的基础。双方达成以下意见：甲方投资在广州沙面白鹅潭畔水面，填河得地 48000 平方米，并建筑一座有 1000 个房间的现代化国际水平的旅馆，其投资总额控制在港币 1.5 亿至 2 亿元之间。旅馆建成后，交由甲方经营管理，为期 10 年至 12 年。并由甲方自行安排偿还银行及自备金之本息，10 年至 12 年后，甲方无条件将旅馆经营管理权交还国家。

从 1978 年到 1979 年间，白天鹅宾馆、中国大酒店和花园酒店同时展开洽谈，由于受旧的观念束缚，洽谈进程极其缓慢。当时主持国务院侨务工作的廖承志给卢绪章写了一封信，指出：广州旅游事业方面，似乎到现在为止还没有一家谈成，这样下去不利。广州的霍英东一项无论如何争取它能够谈成，并在今年内开始施工。[1] 1979 年 2 月 22 日，刚过完春节，习仲勋即致函国务院副总理余秋里，希望务必尽快审批该项目。信中谈道：广东省引进外资发展旅游事业问题，接洽的不少，谈成的不多。只是最近省旅游工程领导小组派林西同志等赴港考察旅游工程，与霍英东、彭国珍两先生商谈，达成了《投资计划意向草案》。[2] 霍英东先生希望在珠江河畔能看到第一个建成的大旅馆。其间，为了尽快促成宾馆建设，争取国家从速批准施工，广东省又开了多次会议，研究合作方式、设计、施工、贷款等诸多问题，并开始设计、勘察和贷款方面的研究和部署。

---

[1] 杨小鹏：《光荣与求索：霍英东之梦与白天鹅之路》，中国旅游出版社 2003 年版，第 29 页。

[2] 杨小鹏：《光荣与求索：霍英东之梦与白天鹅之路》，中国旅游出版社 2003 年版，第 28 页。

　　当时，国务院成立了以谷牧、陈慕华、廖承志为首的"利用侨资、外资建设旅游饭店领导小组"，并在领导小组下设办公室（简称"侨外资办"），由国家旅游总局局长卢绪章兼任办公室主任、副局长庄炎林兼外资办常务副主任。1979年4月5日，国务院利用侨资外资筹建旅游饭店小组办公室正式下达文件，批准了白天鹅宾馆建设项目。从1978年夏天提出白天鹅宾馆建设意向，到国务院正式批准立项，历时10个月，其间有过无数次的会谈和各种各样的会议、文件、书信往来。这样的办事效率，在"文革"后百废待兴的局面下，效率已经算是很高的了。

　　1982年10月，白天鹅宾馆终于落成，开始先行试业。1983年2月6日，白天鹅宾馆全面开业。白天鹅宾馆是中国第一家自行设计、自行建设、自行管理的现代大型中外合作酒店。宾馆开张那天，广州市民蜂拥而来。由于来人众多，人潮拥挤，几乎把宾馆大门挤倒。开业活动结束后，酒店员工清理现场，捡到市民因拥挤而掉落的鞋子竟有一大筐。此后的十多天里，前来的游客络绎不绝，白天鹅宾馆成为了羊城新的景观。

　　在白天鹅宾馆洽谈之时，广州另外两家外资酒店的洽谈也开始进入人们的视野。1979年在香港签订了白天鹅宾馆项目的林西，一年后又带着一个代表团到香港，洽谈再建一家新的酒店。为此，廖承志穿针牵线，找到了香港华人议员利铭泽爵士作为港澳股东发起人，李兆基、郭得胜、黄球、叶谋遵等人共同入股。双方一拍即合，谈判一帆风顺，1980年3月签署协议，商定在广州环市东路青菜岗合作兴建一家与白天鹅宾馆规模相当的大型高级酒店——花园酒店。酒店总投资9亿港元，利铭泽出资1亿港元，由广州岭南置业公司和香港花园酒店有限公司合作建设，由香港半岛集团管理。世界著名建筑设计大师贝聿铭介绍香港设计师司徒惠为花园酒店做了总体设计方案。1981年3月，花园酒店正式动工。不料，酒店动工之后问题却接踵而来。由于香港出现经济萧条，九七回归问题又悬而未决，人心动荡，原先答应合作的几名股东有些打起了退堂鼓。利铭泽的钱基本上都花在搬迁和"三通一平"上了，资金一时难以为继。在百般无奈下，利铭泽只好决定放弃花园酒店这一项目，由总会计师下令工地停工。广州市委、市政府认为，如果花园酒店项目半途而废，肯定会影响外商投资内地的信心。广州市为了挽救这个面临烂尾的项目，一方面通知珠江工程公司继续施工，资金问题由市政府想办法帮助解决，另一方面向中央反映这一情况并得到支持。国务院副总理谷牧亲自批示：项目不能停工缓建，那将造成很不好的影响。廖承志得知此事后，要求香港中国银行贷款 3 亿港元给利铭泽，遭到银行婉拒。几番周折后，广州提出由一家珠江公司做贷款担保，但香港中国银行认为珠江公司只是空壳公司，没有担保能力。梁灵光以广州市市长名义写信给香港中国银行，并以广州市政府名义作担保，争取到香港中银同意贷款 7 亿港元给利铭泽。同时，谷牧又出面支持，在国内贷款 5000 万元人民币给珠江工程公司。① 一波三折，总算解决了花园酒店的资金问题。1984 年春节，邓小平在考察深圳、珠海后到广州，为即将竣工的花园酒店题写了店名。1985 年 8 月 28 日，花园酒店建成开业。

广州中外合资合作兴建酒店的"三驾马车之一"——中国大酒店也在兴建。广州的一位官员到香港和一些广东籍的实业家会谈，邀请他们到内地投资。在会谈中，胡应湘提出了先兴建高级酒店的建议，并得到一起参会的李嘉诚、郭德胜、冯景禧、李兆基、郑裕彤的一致认同。之后，他们筹资 10 亿元港币组建了新合成有限公司，并推举胡应湘为总经理，全权负责酒店的策划和建设。1980 年 4 月，新合成有限公司与广州市政府签订了合作兴建中国大酒店的合同。双方约定，由甲方（广州市政府）免费提供土地，乙方（新合成有限公司）筹集资金建设，并以 20 年为期，期内由乙方独立经营，期满后全部财产在正常营业情况下移交给甲方。由此，开创了 BOT 模式（建设—经营—转让）先例。广州中国大酒店也因此成为中国第一个完全由外商投资和管理的企业。1984 年 6 月，中国大酒店开业。

在引进外资兴建宾馆的同时，对原有的涉外宾馆——东方宾馆进行了全面装修改造，并改革了原有的管理体制，增加了服务设施，使原有的设备简陋陈旧且只能为宾客提供吃住的老式宾馆，发展成为一

---

① 中共广东省委党史研究室编：《广东改革开放决策者访谈录》，广东人民出版社 2008 年版，第 156、157 页。

家高级国际旅游酒店。1986 年，利用外资兴建和改造具有国际一流水平的白天鹅宾馆、中国大酒店、花园酒店、东方宾馆，被评为广州市经济建设十件大事之一。20 世纪 80 年代广州的三大合资酒店，每年的营业收入都达到了十五六亿元人民币，使广州市的酒店业在国内傲视群雄。2004 年 2 月 6 日，广州白天鹅宾馆合作期满，宾馆收归广东省政府。中国大酒店、花园酒店也在合作期满后，分别于 2004 年 6 月和 2005 年 1 月收归广州市政府。

□ 广东财政大包干的实行

1978 年 5—6 月，以国务院副总理谷牧为团长的考察团到法国、瑞士、比利时、丹麦、联邦德国访问。在联邦德国，考察团注意到一个与中国完全不同的现象：联邦德国的地方政府在经济上的权力很大，一个州级政府竟然可以自行调度数十亿甚至上百亿美元。这种现象令考察团的成员产生了很大的触动。中共广东省委书记、省革委会副主任王全国参加了这次考察，回国后他在省委常委会和省直、广州市直干部大会上就此次西欧之行作了专题报告，引起了热烈的反响。在 1978 年、1979 年两次中央工作会议上，习仲勋代表省委多次请求中央对广东下放经济管理和财政权限。

1979 年 5 月中旬，谷牧带领工作组到广东指导省委起草有关实行"特殊政策和灵活措施"的报告。在财政方面，广东提出"财政大包干"的改革方案：财政体制，实行"划分收支，定额上交，五年不变"的包干办法。财政收入，除铁道、港口等中央直属企业事业的收入和关税归中央外，其余收入均作地方收入。财政支出，除中央直属企业、事业单位的支出归中央外，其他支出均作为地方支出。基本建设，除中央直属企业事业的投资，由中央安排外，其他基建投资，均由省安排。按照上述划分收支的范围，以 1979 年收支决算为基数，确定上缴任务数，从 1980 年起，一定五年不变。增收部分归省自行安排支出，不再向中央另外要钱。

1979 年 7 月 15 日，中央以中发〔1979〕50 号文批转了广东省委、福建省委关于对外经济活动实行特殊政策和灵活措施的两个报告。50

号文件原则同意试行广东提出的"财政大包干"方案，并就一些实施细节作了说明："财政方面，明后两年，广东每年上缴数确定为 12 亿元，以后年度到时另议。其他有关包干的基数、指标和具体实施方法，由各主管部门同两省商量确定。"

1980 年 2 月 1 日，国务院下发《关于实行"划分收支，分级包干"财政管理体制的通知》。该通知的核心内容在于两方面：一是划分了中央和地方财政的收支范围；二是确定了地方财政收支的包干基数。此后，从 1980 年开始至 1993 年实行分税制改革，广东"财政大包干"一共实施了 13 年，这期间财政大包干的形式也几经变化。

中央与广东之间的财政大包干，大致可以分为 1980—1987 年的"定额上解"和 1988—1993 年的"上解额递增包干"两个阶段。所谓"定额上解"，即指由中央核定一个基数，在此基数之上再确定广东的上缴任务，而上缴任务一旦确定下来，在划定的年份内都按这个定额来实行。最初，中央规定广东每年上缴任务为 12 亿元，但广东由于实施提高农副产品收购价格、调整工资、减免税收等一系列重大措施，12 亿元的定额有点吃不消，希望中央将定额酌情减少。1979 年 9 月、10 月，王全国带领省直 20 多个部门的负责人到北京向中央有关部门汇报情况。根据谷牧"账可以再算"的指示，由国家计委副主任段云牵头，相关部委组织了一个协调小组专门商谈广东所提出的若干问题。1980 年 3 月，国务院召开广东、福建两省工作会议。通过这次会议，中央重新核定了广东每年上缴 10 亿元的定额，一定三年。并规定今后因企业隶属关系变动、新投产的大型企业下放给地方管理、开征新税种以及国家采取重大经济措施时，对财政收支影响较大，可相应调整上缴数额。1980 年 9 月中央书记处召开会议，关于广东财政包干的年限，中央 41 号文件提出 3 年，广东则提出 5 年。

1981 年 7 月，国务院召开广东、福建两省和经济特区工作会议，中央再次核定了广东每年 10 亿元的上缴定额，同时强调"从 1980 年起一定五年不变"。这次会议赋予了广东、福建两省更大的"财权"。

到 1985 年，"一定五年"的财政包干期限结束，同时利改税第二步改革进入尾声，全国普遍开始实行"划分税种、核定收支、分级包干"的财政体制。但是，中央对于广东、福建两省实施特殊政策和灵活措施的决心未变。在 1985 年 1 月召开的沿海城市开放和特区工作联合办公会议上，广东、福建两省实行财政大包干的政策得以延续。会议最后决定：从 1985 年到 1989 年五年内，两省财政继续实行财政大包干体制，其现行的定额上解或补助数额，按照"划分税种、核定收支、分级包干"财政管理体制规定的收支范围，以及利改税第二步改革收入转移的情况，作相应的调整。在核定时，要照顾和保护两省由于实行特殊政策和灵活措施已增加的受益。为此，从 1985 年起广东财政上缴定额调整为 7.78 亿元，仍为一定五年不变。另外，1989 年以前，深圳市、珠海市的财政收入依然暂不上缴。

1987 年前后，中央财政资金出现尖锐的供求矛盾。在 1987 年全国财政收入中，中央财政直接组织的收入只占 35.3%；地方上缴中央的收入还补不上中央对地方的各项补助和专案拨款。中央财政空虚，于是决定对财政大包干体制作出进一步的调整。

对广东而言，一方面要配合国家财政改革的大局，另一方面则要继续为改革开放大局积蓄财力，创造更好的环境。为此，广东省人民政府在 1988 年 1 月 7 日向中央递交了一个《关于广东省深化改革、扩大开放、加快经济发展的请示》。广东向中央建议：按相关文件的规定，国家对于广东的财政包干体制本来应该执行到 1989 年，现在既然中央希望广东多作贡献，那么广东可以从 1988 年开始实行"递增包干"，以 14.13 亿元为基数，每年递增 9%，一定三年。9% 的上解递增率，对部分地市来说，其实是有点吃不消的，但是为了服从大局，让"财政大包干"体制得以继续下去，广东不得不作出这样的选择。2 月 10 日，国务院作出批复，原则上批准了广东的请示。至此，广东"财政大包干"进入"上解额递增包干"阶段。

广东省与各地市之间的财政包干，大致可以分为三个阶段：即 1981—1984 年的尝试阶段、1985—1990 年的发展阶段和 1991—1993 年的调整稳定阶段。经过反复讨论和修改，广东省《关于实行"划分收支，分级包干"的财政管理体制的实施办法》最终在 1981 年 2 月 14 日正式发布，至此，广东正式进入全省财政大包干时期。在全省财政大包干尝试阶段，广东将全省各地市（含经济特区）分为两个包干层次，即包括广州、深圳、珠海和海南行政区、自治州（含所属县、市）在内的统一对省包干，以及包括佛山地区、汕头地区、惠阳地区、梅县地区、肇庆地区、湛江地区、韶关地区、韶关市 8 个地（市）本级及其下属的 81 个县（市）在内的分别直接对省包干。在具体包干方式上，深圳、珠海、汕头实行"收入留用"的特殊办法；广州、佛山等分别实行"一边挂""两边挂""定额补贴""定额分成"等多种办法；海南行政区、自治州以及乳源、连南、连山 3 个民族自治县实行"收支包干、定额补助、一定五年"的办法。

□ 广东"清远经验"的推广

清远县改革开放初期实行超计划利润提成的办法，运用经济手段管理经济，扩大地方国营工业企业自主权，搞活经济，这种做法被誉为"清远经验"。清远县当时属于韶关地区，工业基础比较薄弱，县属国营工业企业当时只有 17 家，职工 5469 人。由于受极左思想影响，企业连年处于亏损状态。为了扭转工业被动的局面，从 1978 年 7 月开始，中共清远县委冲破条条框框的束缚，在县属 17 个国营工业企业中实行奖金制度，从工资总额中按照 10% 的比例提取奖金，搞综合奖和某些单项奖例如超产奖、节约奖、质量奖等。实行这个措施后，在初期收到一些效果，但作用不是太大，主要是因为奖金制度有缺陷。为此，中共清远县委从 1978 年 10 月 14 日开始，先在 4 家工厂（化肥厂、氮肥厂、农机修造厂、水泥厂）试行超计划利润提成奖金办法，扩大企业自主权，使奖金与经济效益直接挂钩。实施超计划利润提成奖金办法后，马上收到明显效果。中共清远县委于是从 11 月起在全县 17 家地方国营企业中推行超计划利润提成奖金办法（即以完成企业计划利润为起点，从超计划利润中提取一定的奖金）。通过实行超计划利润提成奖金办法，企业和职工的积极性得到大大提高，企业经营管理水平得到促进，收效显著。

在此基础上，清远县从 1979 年 4 月开始围绕减少领导层级、提高工作效率、适应企业扩大自主权、有利于生产搞上去的要求进行改革，进一步改革工交管理体制。在中共韶关地委的支持下，清远县撤销了工业局、交通局等部门，将县工交办公室改为县经委，建立了精干的

"五科一室"（办公室、政工科、交通科、生产技术科、劳动工资科、计划财务科）；赋予经委人财物产供销一把抓的权责，并相应扩大企业的经营管理权限，直接抓 17 家国营企业的经营管理。县经委统一对县财政实行上缴利润承包，企业则对县经委承包，开创国营企业承包之先河。

县经委成立后，为了使企业搞好经营管理，提高经济效益，具有内在经济动力，坚持把企业的经营成果同职工个人的物质利益挂钩的原则，进一步推广超计划利润提成奖金方法，有效地调动了工人的积极性，使企业的计划管理、定额管理、财务成本管理、物资管理明显加强。县经委还着力培训专业管理人员，狠抓企业的革新挖潜改造，生产取得较好成绩。1979 年，清远县工业产值增长 12.2%，利润增长 2.5 倍，上缴利润增长 1.8 倍，是全省产值利润增长最高的一个县。这一年实现的利润总额中，上缴财政占 61.7%，企业分成占 20%，职工奖金占 18.3%，符合兼顾国家、企业、职工三者利益和国家得大头的基本原则。

1979 年 4 月，中共韶关地委在清远召开全区企业管理经验交流会，会上清远县委作了汇报，引起地委重视，并向上级有关部门汇报。"清远经验"引起了省里的关注，省委领导人习仲勋、刘田夫等认为，"清远经验"对国家、集体、个人都有利，国家始终得大头，可以解决国有资产流失的问题。省委对这一经验加以肯定，并总结推广"清远经验"。

1979 年 8 月 11—23 日，省委、省革委会在广州越秀宾馆召开全省工业交通增产节约工作会议。围绕"清远经验"，与会者在会上展开了非常激烈的争论。由于"清远经验"触动了沿用多年的计划、财政、商业、外贸、物资供应等体制，反映强烈，震动很大。习仲勋代表省委作讲话，充分肯定了"清远经验"。会议决定在全省工业交通企业中，选择 100 家企业为第一批进行扩大企业自主权的试点，选择 300 家企业试行利润留成，并要求各地在县属工业企业中，实行清远超计划利润提成奖金办法。

省政府在广州、佛山等地选择广州绢麻纺织厂等 10 家企业，后又选择 100 家企业进行扩大企业自主权试点。改革的内容主要是调整国家与企业的分配关系，扩大企业自主权，并允许试点企业在保证完成国家计划的前提下，根据条件制订补充计划，产品可以自行销售，并给予来料加工、产品出口、外汇分成、劳动力管理、机构设置、任免中层干部等方面拥有一定的自主权。在省委、省政府的努力下，"清远经验"得到大力推广。到 1980 年 3 月为止，全省有 46 个县（市）已在全部企业中推广，有 50 个县（市）在部分企业中推广。在全省2010 家地方国营企业中，已经有将近 1000 家企业推广了"清远经验"，都取得了增产增收的良好效果。

1980 年 6 月 10 日至 21 日，在全省工业交通增产节约、增收节支工作会议上，省委、省政府再次肯定"清远经验"，决定 7 月 1 日起在广州市、佛山市、江门市和省直属企业中选择广州自行车工业公司、佛山陶瓷工业公司、凡口铅锌矿等 79 家企业为第二批扩大企业自主权的试点。省委、省政府要求这些试点企业一定要为全面改革经济管理体制闯出一条路子。

1980 年 7 月 5 日至 9 日，习仲勋亲自带队前往清远深入工业企业进行调查研究，了解清远超计划利润提成奖金办法的情况。一连三天，通过座谈和参观，习仲勋对"清远经验"有了进一步的认识。习仲勋热情赞扬了清远的同志具有勇于实践、大胆创新的革命精神。他指出，"清远经验"闯出了一条改革经济体制的路子，确实把企业搞活了，方向是对头的。今后一定要进一步解放思想，开动脑筋，使这一经验不断完善提高，各有关部门要积极主动地支持这个新生事物，以促进本身的工作。7 月 29 日，省委、省政府发出文件，批转清远县委《清远县国营工业企业试行超计划利润提成奖和改革工业管理体制的情况报告》，报告指出"清远经验""实质上是对经济管理体制的改革，它冲击着束缚工业发展的许多旧框框"，在全省范围内推广"清远经验"，对计划经济进行大胆的改革。

"清远经验"对国营工交企业管理体制的改革，起到很大的推动作用。《人民日报》在 1980 年 8 月 1 日、《南方日报》在 8 月 2 日详细报道了广东省委、省政府决定在全省推广"清远经验"的消息以及清远率先试行企业承包制的经验，在全国、全省引起了很大的反响。"清远经验"引起许多经济理论界和新闻人士的关注，也得到了工业界同行的重视。除新疆、西藏、台湾三省（区）外，其他省（区）和省内各地各县到清远参观考察的将近 3 万人次。1984 年，世界银行组织和美国的专家也来到清远进行考察。

"清远经验"不仅受到全国各地的关注，而且引起了中央和有关部委的重视。1981 年 2 月 26 日至 3 月 12 日，经国务院批准，国家经委、国务院体制改革办公室联合召开全国工业管理体制改革座谈会，在会上介绍并肯定了"清远经验"，在汇报提纲中把推广"清远经验"作为一项重要任务。国务院下发相关文件，批转《工业管理体制改革座谈会汇报提纲》，发出通知决定在全国三分之一的县学习和推广"清远经验"。[1] 1982 年 11 月 26 日，第五届全国人大五次会议上的政府工作报告中指出，"广东省清远县试行县经委统一领导全县企业的经济活动，几年来已取得了很好效果。看来，实行这些改革，不仅有利于精简机构，减少层次，提高效率，而且对促进城乡结合，条块结合，推动企业组织机构和生产力布局的合理化，都大有好处。"据 1981 年底统计，全国已有 363 个县和 17 个小城市学习清远体制改革的经验，广西还决定在全区各县推广"清远经验"。

阅读链接

四川国有企业的放权让利

四川农村改革的各种责任制给了四川省领导人启发，企业改革要像农村责任制改革一样，改变高度集权，要给企业放权让利。1978 年 10 月，中共四川省委选择重庆钢铁公司、江宁机床厂、成都无缝钢管厂、四川化工厂、新都县氮肥厂和南充丝绸厂等 6 家国营工业企业进行扩大企业自主权的试点工作。两个月后召开的中共十一届三中全会，提出"让地方和企业在国家计划指导下有更多的自主权"，这无异于给了四川肯定和鼓舞。

1979 年 2 月，四川省委和省革命委员会发布《四川省地方工业企

---

[1] 《国务院批转国家经济委员会、国务院体制改革办公室关于工业管理体制改革座谈会汇报提纲》，1981 年 4 月 1 日，广东省人民政府体制改革办公室编：《经济体制改革文件汇编》（1978—1986），内部资料，第 159 页。

业扩大企业自主权、加快生产建设步伐的试点意见》，决定把试点范围扩大到100家工业企业，并在40家商业企业（加上市地州属以上试点企业共有318家）中进行了扩大经营管理自主权的试点。允许试点企业在计划安排、产品销售、劳动人事、利润分成、资金使用以及外汇分成等方面有部分或完整的自主权。5月，国家第一机械部和四川省委决定在江宁机床厂试行以销定产、产销直接见面的改革。为了这次改革，6月25日《人民日报》在第四版非常醒目的位置刊登了江宁机床厂产品广告，这则广告犹如"一石激起千层浪"，在社会上产生了巨大的震动，引发了激烈的争论。质疑和反对的声音此起彼伏，但是中央、四川省委的许多领导人积极支持四川的做法。四川省扩大企业自主权的试点调动了企业生产经营的积极性和自主性，改革进展顺利，成效突出。到1979年底，试点的100家工业企业的产值和实现利润分别比上年同期增长14.1%和33%，同非试点企业相比，平均增长幅度高出39.3%，产品质量的提升和品种的增加都好于一般企业。四川试点经验，为中央决策提供了重要依据。1979年7月9—13日，全国工交工作会议在四川成都召开，讨论国有企业扩大自主权问题，讨论十分热烈。曾任国家经委主任的袁宝华回忆："来自企业同志和四川的同志与财政部的同志争论了好几个钟头，四川省财政厅厅长说服了财政部的同志。"袁宝华说："什么叫自主权，很重要的就是个'自主钱'，财政部也确有困难，实在舍不得放啊。"① 经过激烈的争论、商讨、妥协，最终达成了共识，通过了5个关于企业扩权试点的文件，此后放权让利试点开始向全国扩展。

□ 广东物价闯关的起步

在1978年之前，广东同全国一样实行计划价格体制，对所有生产、生活资料产品和服务价格实行国家统一定价管理，地方政府价格权限小，生产经营者没有定价、调价权。1979年之后，按照中央赋予的特殊政策和灵活措施，广东从实际出发，把价格改革作为经济改革

---

① 袁宝华：《扩权让利：国有企业改革的突破口》，《百年潮》2003年第8期。

的突破口，进行了艰难的探索，走出了一条与国情、省情和社会可承受度相适应的价格改革路径。这条路径的主要特征为"调放结合，以调为主"。所谓"调"，是指调整不合理的商品价格；所谓"放"，则是指放开商品价格，把绝大部分商品价格交由市场来调节；所谓"调放结合，以调为主"，是指将价格改革的重心放在"拨乱"上面，把调整、理顺价格的乱象放在首位，同时在坚持计划价格主导的前提下，把一部分可以由市场来定的价格逐步稳妥地放开，让它们的价格通过市场中的供需情况和价值规律来形成。

大力调整不合理价格。一是提高主要农副产品购销价格。1979 年下半年，在国家统一部署下，广东对主要农副产品的收购价格做出重大调整，与国务院"提高 18 种主要农产品收购价格"相比，广东在提价的种类和范围上更广泛，力度更大，提高了 24 种主要农产品的收购价格，在提价幅度上很多种类的平均幅度比全国平均幅度要高。不久，中央决定从 1979 年 11 月 1 日起，适当提高猪肉、牛肉、羊肉、禽、蛋、蔬菜、水产品、牛奶 8 种主要副食品的销售价格，同时给职工副食品价格补贴。据此，广东调整了这 8 种主要副食品销售价格，并且对以这几种副食品为原料的有关制品销售价格进行了相应调整。二是对农副产品收购实行价外补贴政策。价格的大幅度放开，虽然对农产品价格长期偏低的局面有所改变，但是广东的农副产品价格一直低于全国平均水平。为了改变这一现状，广东于 1981 年推出价外补贴政策，从而提高农副产品收购的价格。三是适度提高工业产品价格。从 1979 年起，广东适度调高生产资料和工业产品价格。首先提高了煤炭、水泥、生铁等产品的价格，此后陆续提高了柴油、化肥、硫酸、农机等产品价格；其次对一些轻工业品出厂销售价格进行了调整，到 1982 年全省调整了 73 种轻工业品的出厂销售价格，其中调高 49 种，调低 24 种。广东还对交通运输的价格以及房租、水电、医疗、学费、文娱、宾馆房费等非商品性服务收费进行了调整，使之能够参照主要工农业产品价格的变动或销售的季节化变动来浮动。

恢复议价购销传统。新中国成立后十多年间，在统一作价之外国家还允许一定程度的民间和单位议价，使得价值规律可以在一定程度上发挥作用。在中央支持下，广东逐步恢复议价购销传统。1979 年 12

月 11 日，广东省革委会批转省财贸办公室《关于开展农副产品议价购销情况和意见的报告》，同意对部分农副产品实行议价购销，以搞活市场。随后，广东省政府先后下发《关于农副产品议购议销若干问题的暂行规定》等文件，调整农副产品价格和流通政策，并对一些严重背离价值的主要农产品采取了超购加价、价外补贴和奖售物资等措施。1980 年 9 月，省政府批转省财贸办公室制定的《关于疏通商品流通渠道、促进商品生产、搞活市场的十二条措施》，议价购销传统由农副产品扩展到日用工业品和其他产品。到 1984 年，随着议购议销产品种类越来越多，广东的市场意识日渐浓厚。

下放和调整价格管理权限。价格改革要顺利进行下去，必须把价格的管理权限从一层一层的行政严控中释放出来。从 1979 年到 1983 年，根据中央统一部署，结合广东自身的实际情况，省委、省政府将一部分价格管理权限逐步下放各级业务主管部门和生产、销售单位。一方面，修订了农副产品价格的管理目录，将中央和省管的一、二类农产品收购价格由原来的 159 种，调整为 73 种，将三类日用工业品价格进一步放开，除少数关系人民生活的商品继续由国家管理定价外，其余一律下放给企业定价；另一方面，放宽了议购议销商品的价格管理，取消省定的最高限价，将定价权下放给经营企业。

对涉外商品实行特殊价格。1981 年，中央规定对"国内外差价大，并且收取外汇券、侨汇券的商品"广东可以实行"优待价格"，但"优待的幅度不超过 20%"；对"进口在省内销售的商品"广东"可以略高或略低于全国统一定价"，但"低的幅度不超过 10%"。广东灵活运用这一政策，对收取外汇券侨汇券的商品、进口在省内销售的商品、出口商品、涉外服务等四类涉外商品，实行了不同形式的优待价格或保护价格。

在推进改革的同时维护市场稳定。从 1979 年到 1981 年，广东物价指数上升幅度超过全国水平，1981 年升幅 9.3%，远高于 2.4% 的全国水平。因此，必须采取必要的法律和行政手段来维护市场稳定。从 1979 年全省性的价格改革启动后，各级政府以及物价主管部门特别注重通过对物价涨幅的控制、采取对居民发放价格补贴、提高职工收入、打击市场投机行为等手段来缓冲物价上升对生产、生活所带来的负面冲击。此后几年间，广东在大力推进价格改革的过程中，探索出了不少维护市场稳定的有效办法。一是加大宣传，扩大改革政策实施的透明度；二是加强立法，通过行政条例和法律管理物价，稳定市场；三是发动社会力量，开展市场物价大检查，对随意提价和变相涨价现象进行打击；四是整顿议购议销商品价格；五是开展省际合作，共同遏制物价上涨；六是深入开展增产节约运动。

截至 1984 年，广东的价格改革取得了较为显著的成效。一方面，通过较大幅度调整，逐步缩小计划价格的范围，提高浮动价格和自由价格在整个价格体系中的比重。这就使得价格对于价值规律和市场供求的反应日渐科学，从而在一定程度上理顺了长期混乱的商品比价关系。另一方面，价格体系的理顺，促进了生产发展，流通顺畅。比如，价格开放后，粮食、油料都大幅度增产，其中塘鱼增产超过八成，"四大水果"更是出现了成倍的增产。生产发展了，以前一直紧张的市场供应状况得到了大大缓和。

阅读链接

广州蔬菜价格的放开

广东价格改革是从广州蔬菜价格放开而启动的。过去广州的蔬菜实行统购包销的体制，菜农按照国家指令性计划种菜卖菜，按计划价格计数收钱，种植面积和上市任务是硬指标。农民为了完成上市任务，多种"大路菜"，少种"精细品种"，宁要数量，不要质量，叶菜可食率只有四五成，空心菜被人们戏称为"无缝钢管"。"四季如春没菜吃，鱼米之乡没鱼吃"。1978 年 7 月，广州对蔬菜流通体制进行改革。7 月 21 日，首先放开 5% 的蔬菜品种价格，价格浮动幅度规定在 40% 之内。蔬菜价格一放开，市民一时心理上难以承受，四处告状，引发一场"蔬菜风波"。之后，将蔬菜价格浮动幅度规定在 15% 之内。但是蔬菜价格的上涨，引起生活费用的提高，仍然引起了广州市民的强烈不满，这件事情还震动了香港等地，于是广州不得不减少价格幅度的范围。第一次的蔬菜价格改革的效果，大打折扣。

1982 年，随着农村家庭联产承包责任制全面推行，农民经济上有了更多的自由，把优质菜卖到市场，劣质菜卖给蔬菜公司，蔬菜公司承受不了亏损压力，也开始效仿把优质菜卖到高档酒楼，由此，蔬菜价格开始上涨。尽管决策部门支持蔬菜购销体制改革，但是蔬菜购销体制改革仍旧没有实质性进展。1984年3月，广州市农业经济学会召开了"广州鲜活农产品购销体制改革问题"的理论研讨会，重点研究解决蔬菜购销体制问题。从理论到实践上论证"统购包销"体制的弊病和实行全面改革的必要性紧迫性，尤其是对市民在改革初期菜价上涨"阵痛"的承受能力进行了评估，这次研讨会对促进蔬菜购销体制改革起到了重要的作用。6月2日，《羊城晚报》发布广州市委决定于7月1日在鹤洞、黄埔两个区域设立试点，放开蔬菜价格。试点的效果非常明显，蔬菜质量明显提高，蔬菜价格适当上涨。广州市委认为，全面放开菜价已经具备条件。1984年8月，中央办公厅两位司长南下广州调查广州蔬菜购销体制改革问题，广州市长叶选平表示"迟放开不如早放开，暗开放不如明开放"。[①] 10月16日，广州全市放开蔬菜价格，当天市场一派平稳。市委书记许士杰指出，蔬菜购销全面放开的第一天，我市蔬菜供应数量充足、质量提高、品种增加，说明蔬菜购销体制改革的方向是对的，时间也是合适的。[②] 1985年，农业部召开会议，广州在会上介绍了蔬菜购销体制改革和城市农业经济发展的经验，广州蔬菜购销体制改革的成功经验成为许多大城市学习与参考的对象。

□ 对农村雇工经营的支持

20世纪70年代末中国改革开放刚刚起步，许多人谈"私"色变。1980年中央75号文件明确规定个体经济不准雇工经营，但是广东此时却出现了一个跨队雇工经营的养鱼大户陈志雄。在肇庆地区高要县沙浦公社，养鱼是传统副业，生产队的鱼塘归集体所有。1979年4月，公社社员陈志雄提出承包队里闲置的8亩鱼塘。生产队决定从1979年开始实行鱼塘承包，陈志雄以1700元承包金中标，承包8亩鱼

---

① 廖惠霞、欧阳湘：《广州改革开放历程》，广东经济出版社2008年版，第26页。
② 《广州市蔬菜产销购下月实行全面开放》，《羊城晚报》1984年10月17日。

塘。陈志雄承包鱼塘后，经过一年努力获利 3100 元。1980 年春，陈志雄再次向生产队要求扩大承包鱼塘面积，并通过投标等方式承包了邻村的几十亩鱼塘，总共承包鱼塘 100 多亩，承包金 11570 元。

这么大的鱼塘承包面积，陈志雄仅凭一家之力无法运作，于是他雇请他人帮忙管理。陈志雄以每月 100 元的"高薪"请了几个长工和每天 3 元的工资雇请了 400 多个短工。陈志雄在承包的鱼塘里养鱼苗、养成鱼、种芡实，年纯收入 7250 元，相当于一个农民 7 年多的收入。与此同时，生产队的收入也显著增加。邻近另外一个生产队有 33 亩鱼塘，过去派几个劳力管理，一年最多收鱼 6000 斤，扣除成本和各项开支，年年亏本。

由此，引发了一场姓"社"还是姓"资"的尖锐讨论。1981 年 5 月 29 日《人民日报》发表题为《一场关于承包鱼塘的争论》的调查报告，后又以《怎样看待陈志雄承包鱼塘问题》为总标题开辟讨论专栏，讨论直到 8 月 30 日结束。争论的焦点之一就是"雇工算不算剥削"，有人赞成，有人反对。

在《人民日报》讨论开始不久，广东社会科学院、华南师范学院两位工作人员专程到沙浦公社做调查，写了一篇调查报告。该报告认为陈志雄式的大户承包已经不是以个人劳动为基础的个体经营，而是以雇佣劳动为基础的大规模经营，其资本主义性质是明显的。1982 年 1 月，这篇调查报告在云南昆明召开的全国农业生产责任制问题讨论会上被印发，引起人们关注。新华社某位记者据此写了内参，引起了中央领导人的重视。中共中央总书记胡耀邦、主管农业的副总理万里等人的批示，都是温和、商讨的口气。但中央书记处一位领导却措词严厉：认为陈志雄承包"离开了社会主义制度，需要做出明确规定予以制止和纠正，并在全省通报。事关农村社会制度的大局，故提请省委考虑。"正是这封信，引发轩然大波。

任仲夷看到上述材料后，指示当时负责农业工作的薛光军、杜瑞芝派人到高要县进行调查，弄清情况，再划清政策界限，制定统一的规定。根据任仲夷的意见，省委农村工作部、省委政研室于 1982 年上半年，先后到高要县调查并召开了小型座谈会。调查中大家看到当地的基层干部对陈志雄式的承包大多数表示肯定，认为对农业扩大再生产、使用农业剩余劳动力、增加集体积累、增加农民收入都有好处。不同观点的争论，主要是对社会主义条件下出现的雇工经营问题难以界定性质。

随后，任仲夷指示广东省委政策研究室"邀请有关部门的同志，共同研究，提出个答案和意见"。为此，省委农村工作部联合省委政研室、省农经学会等单位，共同召开了一次大型的农村雇工问题研讨会。国务院农村发展研究中心、中国社科院农村发展所、农业部经营管理干部学院均有负责人前来参加，广东省农委主任杜瑞芝自始至终参加会议并作发言。经过几天的集中讨论，与会人员对当前农村出现雇工现象的原因、特点、利弊、对策等等，取得了基本共识。一致认为，当时农村之所以出现雇工现象，根本原因在于社会主义仍处于初级阶段，生产力水平比较低，地区间发展不平衡，实行家庭承包制以后农民扩大了经营自主权，在剩余劳动力增多、生产资金增多的情况下，出现多种形式的经营形式和雇工现象是难以避免的。在中国现阶段条件下农村雇工有利有弊，利大于弊。有利于使分散的生产要素结合起来，使潜在的生产力成为现实的生产力；有利于利用农业剩余劳动力，发挥"能人"才智，增加社会财富，满足市场需求；有利于个人增加收入，集体增加积累，国家增加税收。对雇工经营应因势利导，兴利除弊。不仅在农业，而且在第二、三产业也应允许其存在，特别对山区、沿海的开发项目更应适当放宽；对雇工的剥削收入应通过税收等手段加以调节；对制假、违法的企业主应给以制裁。主要以经济手段予以引导，不应以简单化的行政手段加以制止。

1982年4月22日，广东省委将《关于陈志雄承包经营的情况报告》送到国家农委。报告列举的事实与过去的调查基本相同，但与广东社会科学院、华南师范学院那两位工作人员所写的调查报告在几个重要问题上观点明显不同：第一，肯定了陈志雄首开专业承包的先例，加上他经营得法，效果显著，从而使人们看到承包制的作用和生产潜力，在当时对冲破思想束缚、落实农业生产责任制起了积极作用。第二，认为陈志雄这种以雇佣劳动为主的大面积承包"带有一些资本主义因素，但不能和资本主义经营方式完全画等号"，陈志雄的经营收入大部分作为承包金交给了集体，这种经营方式就其经济效果来说，比原来吃"大锅饭"要先进得多。第三，肯定了当地推广陈志雄承包鱼塘的方式，"既使社员人人有活干，又发挥了专业户的作用，社员收入明显增加，有的困难户生活大为改善"。

广东省农委的调查报告，一方面同意"要坚决纠正"陈志雄等承包大户存在的问题，同时又提出对推行专业承包生产责任制中出现的问题，"应当从总结经验教训上去解决，并从政策上加以引导和限制，不宜采取通报批评的办法"。这实际上也就否定了"予以制止和纠正，并在全省通报"的提议。1982年7月，一位中央领导人在谈话中指出，对类似陈志雄这种经营者，不表扬、不批评、不戴帽子、不割尾巴，要趋利避害。

阅读链接

"傻子瓜子"的兴起

20世纪70年代末期，安徽省芜湖市小商贩年广九开始"小打小闹"卖瓜子，直到中共十一届三中全会后，年广久才大张旗鼓地做生意，给自己的瓜子起名"傻子瓜子"。1981年10月17日，中央下发《关于广开门路，搞活经济，解决城镇就业问题的若干决定》，个体经济迎来了发展的曙光。年广久决定"干得更大"，开始扩大生产规模，他和儿子在芜湖郊区租地建起厂房。生意红火，年广久在厂子里支起九口大锅雇人炒瓜子，最多的时候雇了100多人。9月11日，芜湖市分管财贸的副市长走访年广久，第二天《芜湖日报》头版以《货真价实的傻子瓜子》为题作了报道。之后，大众电影院门口出现"傻子瓜子呆子报，呆子报道傻子笑""四项原则都不要，如此报道真胡闹"的小字报，指责《芜湖日报》的报道，矛头直指年广久和"傻子瓜子"。为何？"傻子瓜子"雇工103人，超过了"国家关于个体户用工不得超过八人"的规定，引起姓"资"是姓"社"的激烈争论。事情远远没有结束。1982年，在"傻子瓜子"的带动下，芜湖出现10多家国营、集体、个体瓜子厂，市场竞争激烈。年广久决定降低瓜子价格，提高销量，抢占市场。"傻子瓜子"迅速打进上海、南京、合肥、武汉等10多个大中城市，赢得了市场。高峰时，"傻子瓜子"一天的纯收入就有两万元。这正给"姓'资'是姓'社'"的争论浇了把油。很多人说年广久是"资本家"，是"剥削阶级"，赚了 100 万，主张"动"他。争论从芜湖传到省里，又传到中央。1982 年 4 月，邓小平看到"傻子瓜子"问题的调查报告，指示"先放一放，看一看"。1983 年 1 月，中共中央对雇工经营现象提出"三不"原则，即"不宜提倡，不要公开宣传，也不要急于取缔"。1984 年 10 月 22 日，邓小平明确指出："前些时候那个雇工问题，相当震动呀，大家担心得不得了。我的意见是放两年再看。那个能影响到我们的大局吗？如果你一动，群众就说政策变了，人心就不安了。你解决了一个'傻子瓜子'，会牵动人心不安，没有益处。让'傻子瓜子'经营一段，怕什么？伤害了社会主义吗？"① 1992 年，邓小平再次提到"傻子瓜子"，他指出："农村改革初期，安徽出了个'傻子瓜子'问题，当时许多人不舒服，说他赚了一百万，主张动他。我说不能动，一动人们就会说政策变了，得不偿失。"②

□ 对走私贩私违法犯罪行为的惩治

正当对外开放、对内搞活取得初步成绩的时候，1982 年广东经历了改革开放以来的第一次严峻考验。从 1980 年至 1981 年上半年，广东沿海一些地方出现"渔民不打鱼、农民不种田、工人不做工、学生不上学"的现象，不少群众甚至党员干部纷纷参与走私贩私活动的严重情况。

1980 年 7 月，广东省委、省政府发出指示，强调要切实加强口岸和市场管理，把打击走私和炒卖进口物品活动作为一项经常性的重要工作来抓紧抓好。据统计，全省 1979 年查获的走私、投机倒把案件9000 多宗，比 1978 年增加 4 倍；1980 年第一季度查获走私案件 4000多宗。针对这一严重情况，省委、省政府组织有关部门开展打击走私贩私的斗争。1981 年 3 月、8 月，省委分别召开两次打击走私工作会议，传达贯彻国务院召开的东南沿海三省打击走私工作会议的精神，

---

① 中央文献研究室编：《邓小平年谱》，中央文献出版社 2004 年版，第 1008 页。
② 中央文献研究室编：《邓小平年谱》，中央文献出版社 2004 年版，第 1342 页。

组织了两次全省性的打击走私贩私的重大行动。但是，由于广东向中央汇报不及时，中央有关部门对广东开展大规模反走私斗争的情况不够了解。1981 年年底，中央政治局常委看到中央纪律检查委员会的一份《信访简报》，反映广东省一些干部利用开放之机搞走私贩私等严重的违法犯罪行为，中央领导人对此十分关注。1982 年 1 月 11 日，中共中央发出的《紧急通知》指出：对于这个严重毁坏党的威信，关系到我党生死存亡的重大问题，全党一定要抓住不放，雷厉风行地加以解决。对那些情节严重的犯罪干部，首先是占据重要职位的犯罪干部，必须依法逮捕，加以最严厉的法律制裁，有的特大案件的处理结果还要登报。接着，中央书记处派中央纪委副书记王鹤寿来广东，传达了中央的指示精神。省委成立了由李坚真、寇庆延等 6 人组成的领导小组，专门负责这项工作。

1982 年 2 月 11—13 日，中央书记处在北京召开广东、福建两省座谈会，进一步开展打击经济领域中违法犯罪活动的斗争，总结经验，端正对外经济活动的指导思想，更好地实行特殊政策和灵活措施，进一步发展两省经济。中央书记处、国务院、中央军委和中央纪委负责人，中央各有关部门的负责人和广东、福建两省常委共 68 人出席会议。广东出席会议的有任仲夷、刘田夫、梁灵光、李坚真、郭荣昌、吴南生等共 19 位党政军负责人。任仲夷、刘田夫向中央书记处详细介绍了广东出现走私贩私、贪污受贿的情况，汇报了广东省委、省政府组织的两次反走私斗争的情况以及目前所采取的海陆同时并举的措施。任仲夷希望中央不要轻易收回给予广东的特殊政策和灵活措施。他提出："中央在广东实行特殊政策的决策是正确的。如果坚持下去，再有几年，广东的面貌就会有显著的变化。"在座的中央领导人表示，中央对两省的政策，只有总结经验，继续前进，不会改变。接着，任仲夷汇报说："经过前段反走私斗争，走私高潮基本上已经过去了。但是，必须经常提高警惕，否则，走私贩私之风还会卷土重来。因为香港和内地有些商品物价有很大差距，铤而走险的人总会有的，我们不能麻痹。"中央领导人同意广东的看法，认为经过前段时间的有力打击，广东沿海地区走私贩私高潮已经过去，目前正逐步趋向低潮。中央领导人要求广东、福建两省更坚决地更有效地贯彻执行中央的

《紧急通知》，进一步开展打击走私贩私、贪污受贿等违法犯罪活动的斗争，总结经验，端正对外经济活动的指导思想，更好地实行特殊政策和灵活措施，进一步发展经济。

两省会议后，中央书记处向中央政治局常委汇报了会议情况。有的中央政治局常委认为，广东对开展打击走私贩私斗争缺乏认识，检查也不深刻，还有些问题没有讲清楚。1982年2月19日，任仲夷、刘田夫被召再度进京，此行被人称为"二进宫"。中央领导人向他们传达了中央政治局常委的重要指示，并询问了许多具体问题，任仲夷向中央领导人就问题一一作出解释。翌日，任仲夷还把自己写的检查送交中央领导人，主动承担了责任，针对"放宽搞活"考虑多和"管"想得少等问题作了检讨。

2月22日，广东省委召开常委会议，任仲夷、刘田夫传达了中央的重要指示，研究进一步贯彻中央指示的部署，决定加强对反腐蚀斗争的领导，省委第一书记任仲夷亲自抓，其他省委常委、副省长要抓好各自分管战线的这方面工作。从2月24日开始，连续四天半时间，省委召开省委常委、党员副省长民主生活会。与会者检查了个人的思想认识和经济上应当说清楚的问题，并一致表示坚决拥护和贯彻执行中央的指示。3月2日，省委常委听取各地、市负责人关于贯彻中央《紧急通知》的情况汇报。任仲夷要求各地、市负责人要抓好几件事：一是抓好传达中央领导同志的指示；二是抓好大案要案的处理；三是研究建立和健全各项规章制度，完善各项经济政策。必须做到"三严"（执法更严、纪律更严、管理更严），用"三严"保证"三放"（对外更加开放、对内更加放宽、对下更加放权）的贯彻执行。

3月20日至4月3日，省委在广州召开了省、地（市）、县三级党政主要领导干部会议。会议联系广东实际，初步总结经验教训，对开展打击经济领域中违法犯罪活动的斗争作了进一步研究和部署。并针对加强经济管理，克服自由化倾向，进行了具体的讨论，制定了若干政策规定和管理办法。当省委决定召开这次会议时，有些干部估计这是一次"杀气腾腾"的会议，许多县委书记都准备到会上来作检查，挨批评。为了保护干部改革开放的积极性，任仲夷首先给与会干部吃"定心丸"，他指出这不是"杀气腾腾"的会，而是"热气腾腾"的会。与会者一方面谈思想认识，另一方面总结经验教训，更进一步坚定先走一步的决心和信心。4月1日，任仲夷代表省委对工作中的缺点错误，承担了责任。他提出：省委要求各级领导干部振奋精神，努力工作。凡是过去省委、省政府决定和指示过的事情，错了由省委、省政府负责，下边执行者没有责任。只要不搞各种违法乱纪和犯罪活动，工作上还是允许犯错误。对干劲足、闯劲大的干部应予以鼓励。任仲夷还根据中央的精神，提出两个"坚定不移"的方针：打击经济领域的违法犯罪活动，坚定不移；对外开放和对内搞活经济，坚定不移。

同时，3月底，省委从省直机关抽调干部组成12个工作组，分赴汕头、惠阳、深圳、珠海、湛江、肇庆、海南等地区检查和督察大案要案的查处工作。5月初，任仲夷亲自前往走私贩私一度最为猖獗的海丰县检查工作。这一年，打击经济犯罪活动办公室在全省共抽调了2万多名干部组成各级办案组。到1982年底，全省立案查处的经济犯罪案件共7211宗。其中，走私贩私540宗，投机倒把1796宗，贪污受贿3731宗。缴获走私船只及其他赃款赃物一大批，并依法严惩了原海丰县委书记、原副书记等人。1983年5月，省委、省政府向中共中央、国务院上报关于打击走私贩私等经济犯罪活动的情况，截至是年3月底，全省立案查处的经济犯罪案件，涉及1.2万多人，其中党员5300人，国家干部4800多人。广东先后制定《关于处理经济领域中违法犯罪活动的若干政策规定》等10个文件，明确划清政策界限，给一些因经验不足而造成工作有失误的干部以改正错误的机会，使广大干部放下包袱，轻装上阵，在先走一步中继续敢闯敢干，保证广东改革开放沿着正确的轨道稳步向前。

阅读链接

"排污不排外"的提出

1982年5月20日，任仲夷在接受《世界经济导报》记者采访时，提出了"排污不排外"，他说："我们不排外，排外是不对的，但是我们要排污。实行开放政策，也带来一些新问题。'近水楼台先得月'，但也会先污染。盲目排外是错误的、愚蠢的；自觉排污是必要的、明智的，排污要分清界限，要排真正的污，要作具体分析。要总结经验，吸取教训，统一认识。"任仲夷主政广东时，坚决执行中央改革开放的决策。任仲夷认为：中国长期处于闭关锁国的状态，现在实行对外开放的政策，在引进国外资金和先进设备、先进技术、先进管理经验的同时，资产阶级思想的腐朽东西也会随之而入，就像一间封闭已久的房子，突然打开门窗，既进来了阳光和新鲜空气，也可能进来污浊空气、有害气体和蚊子、苍蝇。对于阳光和新鲜空气，我们应该很好地利用、吸收；对于污浊空气和有害气体，必须排除；对于蚊子、苍蝇必须消灭或驱逐。而不应该因为有蚊子、苍蝇进入而重新把门窗紧闭，回复到封闭的状态中去。

1982 年 12 月 2 日，任仲夷在全国人大会议上论述了发展经济文化交流的重大意义。他说："开放对外经济、技术、文化交流，对于任何国家和民族来说，都是社会进步的必要条件。尤其是现代，任何一个国家如果把自己封闭起来，就必然要落后。我们一定要反对资本主义腐朽思想的侵蚀，但决不能笼统地反对一切外来影响。我们应当是排污而不排外。对资本主义国家先进的科学技术以及优秀的进步的文化成果，我们不仅不能排斥，还应当积极吸取。对港澳的影响，也应当作这样的分析。"

□ 基建 "以桥养桥" 新模式的打造

在 20 世纪 80 年代初的改革开放中，广东以市场经济理念推动路桥建设，开创了 "以桥养桥、以路养路" 新模式。这种新型投资机制，由政府无偿投资方式变为社会力量有偿投资方式，开辟了投资新渠道，妥善解决了资金筹集难题，极大地推动了广东的基础设施建设和经济社会发展。

新中国成立之后，由于广东地处国防前线，没有成为国家投资的重点地区。自 1951 年至 1977 年，国家交通部投资以及广东省财政投资在公路建设上的资金只有 3 亿多元。广东不仅基础工业薄弱，而且能源、交通、通讯等基础设施也严重落后。1979 年之前，广东没有一条二级以上的高等级公路。以广州为中心的几条公路干线，档次低、路面窄、质量差，并且被星罗棋布的渡口分割，交通极为不便。比如，广深公路坑坑洼洼，而且要经过中堂、江南两座渡口，从广州到深圳竟然要花费一天时间。广珠公路穿过河流纵横交错的水网地带，要经过三洪奇、容奇、细滘、沙口四个渡口，往往造成严重的交通堵塞，非高峰期过渡亦需近三个小时，如遇恶劣天气或争渡塞车情况，则待渡时间更长，车龙排队长达几公里。这种状况阻碍了经济特区的发展，社会反应激烈，亟待改变。然而，当时建桥修路全靠国家财政拨款，建设资金非常缺乏，要想在短期内得到国家几十亿元的工程款绝不可能。在此情况下，广东积极谋划引进外资修桥建路。

1980 年，省长刘田夫和常务副省长李建安多次跟澳门南光公司总经理柯正平交谈，提出政府建设资金不足，请他出面找港澳知名人士何贤等人商量，动员他们出资兴建广珠公路四座大桥。柯正平对此很热心，多次奔波于穗港之间做工作。当事情有了一些眉目之后，刘田夫和李建安即刻派省交通厅长李牧同何贤商谈关于引进外资兴建广珠公路上四座大桥的事宜。1981 年 2 月，广东省交通厅与港澳知名人士柯正平、何贤、霍英东、何鸿燊等商谈，双方拟就《关于引用外资改建广州—珠海（拱北）公路的意见》，计划向外商贷款，把广珠公路的四个渡口改渡为大桥，并实行"过桥收费、收费还贷"。引进外资建桥，通过收取过桥过路费来还清贷款本息，这种做法当时在国内没有先例。广东这种做法，引来不少人反对。有一次，李建安在全国经济工作会议上讲了这一做法，立即遭到不少与会者的反对，甚至有人说"共产党的天下，怎能像强盗那样要留下买路钱?"李建安只好解释"中央批准广东实行特殊政策和灵活措施，广东可以打破惯例"。随后，为了慎重起见，李建安打电话向国务院汇报，希望中央考虑广东架桥修路资金短缺的情况，允许广东实行谁投资谁受益的办法，多渠道、多层次筹集资金，以桥养桥、以路养路。国务院支持了广东的做法。

有了中央领导人的支持，广东省委、省政府探索投资融资新机制大搞交通建设的决心更坚定了。1981 年 8 月，广东省公路建设公司与澳门南光公司在广州东方宾馆签订《关于贷款建设广珠公路四座大桥协议书》。由广东公路建设公司向澳门南光公司贷款港币 1.5 亿元，专供广珠公路三洪奇、容奇、细滘、沙口四处渡口改建桥梁及其引道接线附属工程之用。利息按年利率6%计算，自1984年9月1日起开始计息及偿还，分十年还清本息。工程在协议生效后三年内全部竣工，建成后实行过桥收费，以收费偿还本息。这是国内第一份"贷款修路、收费还贷"协议书。此后，以"贷款修路，收费还贷"方式融资修建的公路"一发而不可收"。在用"以桥养桥、以路养路"办法对广深、广珠公路进行改造的同时，广东各地积极探索各种筹集社会资金兴办交通事业的新办法。东莞率先"吃螃蟹"，1981年3月东莞高埗镇运用"农民集资和贷款建桥，试行过桥收费"的办法修建高埗大桥。新华社记者刊文介绍了这种做法，国务院副总理李鹏阅文后批示：此办法发人深思，请你们注意总结经验加以推广。1984年，是广东路桥建设硕果累累的一年，广深、广珠两条公路全线实现无渡口通车。在容奇大桥建成通车典礼上，省委第一书记任仲夷对这种"以桥养桥、以路养路"的融资方式十分肯定和高度赞扬，认为这"在广东交通事业发展史上，是一件很有意义的事"。广深、广珠全线实现了无渡口通车后，受到了社会各界的普遍欢迎，被评为广东改革开放的十件大事之一。

国务院在吸收广东等地开展公路建设实践经验的基础上，在1984年12月召开的国务院第54次常务会议上，作出了"贷款修路、收费还贷"的重要决定。自此，"贷款修路、收费还贷"成为中国公路、桥梁等基础设施建设投资融资政策的重要组成部分，打破了单纯依靠政府财政发展基础设施的体制束缚，为基础设施建设快速发展奠定了政策和制度基础。

"以桥养桥、以路养路"，吸引外资、银行贷款及社会集资解决了广东公路建设资金不足的问题，使全省公路建设取得了令人瞩目的成就。1987年开工建设的广东首条高速公路——广佛高速，是利用外资建造的第一条中外合资高速公路；1989年开工建设的广深高速公路，是广东第一条中外合作高速公路。仅仅"八五"期间，全省投入公路建设资金中约74%是依靠实行"以桥养桥、以路养路"模式贷款投入的。"贷款修路，收费还贷"并不止于公路建设，在广东基础设施建设各个领域被逐步推广，形成"以电养电""以港养港""以通信办通信"等各项政策，为广东基础设施建设引进外资和筹集社会闲散资金打开了更加广阔的空间。

□ 广东"三来一补"企业的兴起

1978年4、5月间，中共中央、国务院派出三个代表团（组），分别到国外和港澳考察调研，其中一路为国家计委副主任段云为团长的香港澳门经济贸易考察组。考察组在提交给中央政治局的《港澳经济考察报告》中提出：港澳经济依靠大搞加工装配，十几年内有了相当快的发展。加工工业的发展，带动了整个经济的增长。韩国、新加坡和中国台湾也走这条道路。因此，我们要充分利用港澳这一有利条件和贸易渠道，大搞对外加工装配业务，要放手搞，要很快搞。[①] 同时，以国务院副总理谷牧为团长的西欧五国考察团，在给中央的报告中也提出建议：放手大搞来料加工和装配业务，以进养出。[②] 1978年6月，国家计划委员会、国家经委、国家外贸部邀请广东、上海等8个地方和香港华润公司、澳门南光公司的相关人员召开座谈会，并出台了"三来一补"的第一个政策文件——《开展对外加工装配业务试行办法》（以下简称《试行办法》），这个文件成为"三来一补"企业的"准生证"。

国务院颁布《试行办法》之前，港澳商人已经进入广东珠江三角洲一带的公社、县洽谈加工装配事宜，至1978年6、7月间，已经有一批项目进入了定协议、签合同的阶段。比如，广东省纺织品进出口公司与香港信孚手袋制品有限公司合作成立东莞太平手袋厂；珠海一家毛纺厂与澳门纺织品有限公司合作成立香洲毛纺厂；中国纺织品进出口总公司广东分公司与香港大进（国际）贸易有限公司合作在顺德开展加工事宜。还有二三十家在洽谈此事。洽谈的不仅仅是纺织行业，也有香港、美国的Civit投资有限公司投资的广州造船厂，生产铜质集装箱，工缴费480万美元；香港、日本投资的江门无线电三厂，生产

---

① 段云：《段云选集》，山西经济出版社1987年版，第357－359页。

② 谷牧：《谷牧回忆录》，中央文献出版社2009年版，第321页。

中式录音机，工缴费120万美元；香港会德丰纺织有限公司投资的广州市第三染织厂，工缴费达700万美元。[①]

东莞的起步始于来料加工企业东莞太平手袋厂的创办。1978年7月15日，国务院颁布《开展对外加工装配业务试行办法》。文件刚一颁布，港澳地区一些急于为产品和资金寻找出路的商人马上就从中觅到了商机。很快，香港一家手袋制品公司的老板张子弥，在东莞县二轻局负责人陪同下来到东莞虎门镇。由于种种原因，张子弥在台湾投资的工厂面临倒闭，为了找到一个能够起死回生的转机，他来到刚刚刮起改革春风的珠江三角洲。出于商人的机敏，张子弥感觉这片离香港近在咫尺的土地可能马上就会成为投资热土。通过一番考察，张子弥选中了虎门镇上临街的一家竹器厂，这家竹器厂由于机制和资金问题也正在困境中挣扎。但在开放之初的氛围之下，无论对于投资的港商而言，还是对于接受投资的当地人而言，都需要一定勇气。首先是观念问题，当地一些干部和群众受意识形态影响，对前来投资的港商心存芥蒂。有些工人担心与资本家合作，会不会又回到1949年前受资本家剥削的老路；有些干部更是怕担上政治风险，不敢支持。其次是制度问题，头一回与港商合作，没有任何规章制度可循。采取怎样一种方式合作？合作如何规范？到哪里去报批？这一系列问题都成了横在双方之间的拦路虎。此时，这一具有历史意义的合作能否进行下去，关键要看执行者的魄力和勇气。在广东省二轻局的极力撮合下，由东莞县二轻局出面，1978年8月30日太平竹器厂和港商张子弥签订了一项为期5年的合作协议。根据协议，太平竹器厂改名为太平手袋厂，张子弥提供15台机器以及原材料，竹器厂提供200平方米的厂房，从太平服装厂调过来10多名工人，生产出来的手袋则由港商负责外销。由此，全国第一家来料加工厂诞生了。东莞太平手袋厂成了第一个吃"螃蟹"的，成为中国改革开放初期最具标志性的事例之一，东莞也成为开展"三来一补"最为活跃的地方。有了太平手袋厂的示范作用，大大小小、各行各业的"三来一补"企业，很快就如雨后春笋般在东莞及珠江三角

---

① 广东省对外经济技术联络办公室：《广东省对外来料加工装配、补偿贸易情况表》（1979年5月11日），广东省档案馆藏，档案号：229 - 1 - 1224 - 78。

洲一带冒了出来，一举奠定了广东外源型经济之基础。

从《试行办法》出台到 1978 年底，广东加工贸易签订 151 个项目，协议或合同总金额 15490 万美元，可收加工费 14331 万美元。[①] 1979 年加工贸易呈井喷式发展，第一季度就签约 197 个项目，合同总金额 11373 万美元，可收加工费 9440 万美元；珠海、中山、佛山、深圳、东莞等珠江三角洲城市开始出现了兴办"三来一补"企业的新局面。[②]

国务院颁布《试行办法》不到一年，根据李先念的指示，国务院召集加工贸易起步较早的广东、福建、上海以及深圳、珠海、港澳等地召开座谈会，对《试行办法》修改补充。1979 年 9 月，国务院正式发布《开展对外加工装配和中小型补偿贸易的办法》，"三来一补"企业获得了政策上的更大支持。广东省政府于 1980 年 4 月发出《关于发展对外加工装配和中小型补偿贸易办法的通知》，在中央规定的工缴费外汇留成基础上，广东进一步细化留成办法，"把工缴费外汇留成，大头留在市县一级，主要是留在企业，省里不再截留"。中央"分权"给广东省后，广东省把"三来一补"企业审批权进一步下放给地市和县一级。

"三来一补"企业凭着其风险小、见效快、机动灵活的独特优势，很快便迅猛发展，短短几年之间就成为珠江三角洲一带官方和民间利用外资、开展对外贸易的重要形式。"三来一补"企业从毗邻港澳的镇区，向珠江三角洲和经济特区迅速蔓延，产业从以传统轻工业为主的简单加工装配逐步扩展到零部件、机电产品的加工装配。至 1986 年，广东加工贸易占全国份额最大。对外加工装配实收工缴费 2.7 亿美元，占全国总数 3.4 亿美元的 79.1%。对外加工装配企业 1 万多家，占全国的 80%，从业人员超过 100 万。[③] 其中，珠江三角洲最为兴旺

---

① 广东省对外经济技术联络办公室：《广东省对外来料加工装配、补偿贸易情况表》(1979 年 5 月 11 日)，广东省档案馆藏，档案号：229 - 1 - 1224 - 78。

② 广东省对外经济技术联络办公室：《广东省对外来料加工装配、补偿贸易项目表》(1979 年 7 月)，广东省档案馆案藏，档案号：299 - 1 - 1224 - 79。

③ 《广东对外经济贸易委员会向部领导汇报提纲》(1987 年 9 月 16 日)，广东省档案馆藏，档案号：302 - A1·13 - 10 - 39。

发达。据不完全统计，全省对外加工装配补偿贸易产品门类有一百多种。[1] 1987 年，深圳、宝安、东莞一带一天就签订 4 ～ 5 项合同，宝安、东莞，有多少厂房，就有多少"三来一补"企业。[2] 有的市、县对外加工装配业务成为当地的重要经济支柱，比如，东莞 1987 年对外加工企业产值（加工费）占全市乡镇工业总产值的 1/3，宝安县 1987 年的工缴费收入占该县国民收入的 30%。[3]

阅读链接

温州个体私营经济的发展

改革开放初期，涌现出一批具有代表性的区域经济发展模式，比如珠江三角洲、长江三角洲以及温州地区等三大农村工业化和区域经济发展的模式。同苏南模式的集体企业产品主要为大工业配套服务不同，同广东珠江模式注重利用外资发展也不同，温州模式是指浙江省东南部的温州地区以家庭工业和专业化市场的方式来发展非农产业，从而形成小商品、大市场的发展格局。

1985 年，《解放日报》在头版头条刊发《乡镇工业看苏南，家庭工业看浙南——温州 33 万人从事家庭工业》[4] 的文章，首次提出"温州模式"这一概念。随后"温州模式"走进了大众的视野，成为热议的对象。前来温州考察参观的各路人马络绎不绝，导致从杭州、宁波连接温州的两条公路上经常堵车。其实，"温州模式"并不是从 1985 年才产生的。早在清朝时期，温州人就有"手摇拨浪鼓，敲糖换鸡毛"走街串巷经营小商品的传统。1978 年改革开放之后，温州农民从实际出发，在生产领域内发展了家庭工业，在流通领域内开辟了专业

---

① 张烈：《坚持改革开放、加强管理　促进对外加工装配、补偿贸易业务发展》（1987 年 8 月），广东省档案馆藏，档案号：302 - A2 · 13 - 30 - 16。

② 徐裕年：《外贸企业的发展方向》（1987 年 12 月 24 日），广东省档案馆藏，档案号：302 - A1 · 13 - 11 - 150。

③ 广东省对外经济贸易委员会：《发展中的广东对外加工装配业务》（1988 年 6 月 14 日），广东省档案馆藏，档案号：302 - A1 · 14 - 30 - 70。

④ 该文把温州农村家庭工业发展的特点概括为：以生产小商品为主，靠农民供销员和农村集市购销激活流通渠道，靠一大批能工巧匠和贸易能手开辟致富门路。

市场，并形成了一支活跃在全国各地拥有 10 万余人的购销员队伍。当时整个温州都处在这样的躁动之中，两年间柳市镇的大小电器企业加起来达到 300 余家。1981 年底，温州出现创业高潮，当地个体工商企业超过 10 万户，约占全国总数的 1/10；30 万名经销员奔波各地。①

然而，天有不测风云。1982 年国务院两次发出紧急文件，将投机倒把作为严重经济犯罪进行打击，个体私营企业体量巨大的温州碰上斗争的风口浪尖。1982 年 4 月，浙江省成立了 70 多人的工作组，在温州以"投机倒把"的罪名抓捕包括郑元忠在内的 8 名民营企业家（合称"八大王"）。受此影响，温州柳市镇刚刚掀起的商品经济热潮被扑灭，柳市镇当年工业生产下降了 57%。1982 年温州国民经济的第二产业贡献率为 14.1%，其中工业贡献率为 -10.4%。②

两年后风向又有变化。从 1983 年到 1985 年，中央下发三个一号文件，强调要扶持发展农村个体工商业、放宽个人贩运农副产品和经营运输业，允许农民进城经商、办企业。随后，"八大王"被树立为改革开放的探路者。重获生机的温州人迅速进城，创办了全国第一个专业市场——永嘉桥头纽扣市场，出现了闻名全国的"中国农民第一城"——温州市苍南县龙港镇。短短一年时间，建成 40 多万平方米房屋及相应的马路、码头等建筑。到 1985 年底，全市有家庭工业和联合工业企业 13.3 万家，从业人员达 40 余万人，年产值达 14.38 亿元，占农村工业产值的 60% 以上。温州已经有大大小小的市场 415 个，集市贸易成交额 10.6 亿元，形成了一个村庄一个集镇就是一个大工厂，各种产品各道工序，环环相扣，配套成龙。家庭工业的发展与专业市场相辅相成，成为了温州农村商品经济的一大特色。在 20 世纪 80 年代中期，"温州模式"与同时期的广东"吴川模式"并驾齐驱，"北有温州，南有吴川"，享誉全国，引起全社会的普遍关注。当地政府在经济发展过程中，往往扮演了"无为"者角色，更多的时候，政府对民间的经济行为则采取了睁一只眼闭一只眼的态度。

---

① 《温州续写民营经济新传奇》，《人民日报》2018 年 10 月 14 日。

② 柴燕菲：《浙江改革开放 40 年口述历史》，浙江科学技术出版社 2018 年版，第 238 页。

第十章

改革开放的全面推进

历史概说

要事本末

历 史 概 说

1984 年 10 月，中国共产党十二届三中全会通过了《关于经济体制改革的决定》，初步阐明了经济体制改革的一系列重大理论和实践问题，提出中国社会主义经济是公有制基础上的有计划的商品经济，以城市为重点的经济体制改革全面展开。广东在先走一步的基础上，改革开放全面推进。

在中央的正确领导下，广东的经济特区坚持以市场为导向，大力探索体制改革，吸收国外先进经验，充分发挥改革"试验田"和开放"窗口"的作用。深圳土地使用权"第一拍"，拉开土地使用制度改革序幕；实行劳动合同制，打破"铁饭碗"；开辟筹资融资新渠道，培育证券市场。

城市经济体制改革全面展开。广东推进价格改革，进一步破除产品经济观念，率先在全国完成价格"闯关"，结束"票证时代"。在国有企业改革、财政体制改革、发展农村经济、发展乡镇企业等各个领域，广东同样进行了一系列引领全国风气的改革，成为突破旧体制的"开路先锋"。

珠江三角洲地区经济发展迅速。1987 年，珠江三角洲经济开放区范围进一步扩大。珠江三角洲地区广大干部群众充分发挥本地与港澳和海外经济往来广泛及紧密的优势，勇于开拓，大胆创新，大力发展外向型经济，积极引进海外的资金、技术和设备，搞活市场，促进经济发展，使珠江三角洲成为广东乃至全国经济发展最快的地区之一，其发展方式和路径被誉为"珠江模式"。

随着国内外经济形势的变化，为了加速广东经济的发展，中共广东省委于 1987 年 10 月 12 日向中共中央、国务院递交了《关于充分利用当前机遇加速经济发展的请示》，请求中央在政策上继续支持广东。

11 月 21 日，国务院正式决定把广东划为综合改革试验区，要求商品经济进入更深层次，扩大市场调节。为了落实综合改革试验区的各项改革措施，中共广东省委、省政府于 1988 年 1 月向国务院报送了《关于广东省深化改革、扩大开放、加快经济发展的请示》。5 月 21 日至 27 日，中共广东省第六次代表大会召开，中心议题是如何办好综合改革试验区，为全国改革探路。广东按照综合改革的要求，提出全面改革战略，从经济体制和政治体制上逐步深化改革。

在中共广东省委的大力推动下，广东的生态环境保护取得了新进展。广东集全省之力，进行了大规模荒山造林绿化。经过十年努力，造林绿化取得突出成绩，1991 年 3 月，广东被国家授予"全国荒山造林绿化第一省"称号。

到 1991 年底，广东大地发生了历史性巨变，一举实现从一个经济相对落后的农业省份向全国第一经济大省的跨越。求真务实、敢闯敢冒、敢为人先的精神特质，在探索改革开放的大舞台上得到淋漓尽致的展示。从城市到乡村，从经济特区到沿海开放城市，从珠江三角洲到粤东粤西两翼、粤北山区，南粤大地上龙腾虎跃、你追我赶，广东进入了新中国成立以来发展生机最旺盛、经济实力增长最快、人民得到实惠最多的黄金时代。

要 事 本 末

□ 广东"珠江模式"的崛起

从 20 世纪 70 年代末期到 90 年代初期，广东是中国经济高速发展最经典的范本之一。那么，在这个范本之中，珠江三角洲的崛起无疑是最为精彩的内容之一。1985 年 1 月底，国务院把长江、珠江、闽南三角洲确定为沿海开放区，提出先"小三角"后"大三角"的安排。据此，广东将珠江"小三角"经济开放区确定为佛山、江门、中山、东莞 4 市和番禺、增城、南海、顺德、高明、新会、开平、恩平、台山、鹤山、宝安、斗门 12 县，习惯称之为珠江三角洲地区。80 年代末期，珠江三角洲成为广东乃至全国经济发展最快的地区之一。90 年代初期，珠江三角洲进入发展黄金期。1990 年，珠江三角洲经济开放区的整体规模比 1978 年扩充整整 9 倍；外向型经济雄踞全省之首，外资总额占全省的六成以上；当年完成社会总产值 1216.5 亿元，占全省地区生产总值的 39.9%；国民收入 453.7 亿元，占全省地区生产总值的 41%；工农业总产值 691.9 亿元，占全省地区生产总值的 41.9%；财政收入 40.4 亿元，占全省的 30.8%。

珠江三角洲经济的快速发展，很快引起社会各界的注意。著名的社会学家费孝通为了对温州、苏南、珠江三角洲等中国乡镇经济最为发达的几个区域进行比较研究，多次到这些地方追踪调查，其中到广东 11 次。费孝通首次在学术界提出了"珠江模式"这一概念，并对"珠江模式"的内容、特点和形式作了系统阐述。"珠江模式"具有三大典型特征：一是以"两头在外，大进大出"的外源型经济为主导；二是以民众自发与政府发动相结合为原动力；三是以重点企业为龙头促成集群发展的总体格局。以东莞、顺德、南海、中山等地为代表形成的珠江模式，与苏南模式、温州模式成为闻名全国的乡镇企业发展模式，珠江三角洲以大量的劳动密集型产业获得"世界工厂"的称号。

珠江三角洲一带的乡镇企业萌芽和诞生于 20 世纪 50 年代，高级农业合作社和人民公社相继兴办了砖瓦窑、石场、石灰厂、绣花社、农具修造厂、化肥厂和碾米、榨油、酿酒等农副产品加工企业。60 年代开始，根据农业生产发展和群众生活的需要，陆续办起了农机修理厂、造纸厂、竹木加工场、车缝组等工业厂场。"文化大革命"中后期，很多社队和城市的工商企业单位联合办起一批加工厂，到 1976 年，珠江三角洲农村公社一级全部有了社办企业，有些生产大队也办起了队办企业。但由于这一时期受极左思想的影响，这些企业的生产极不正常。1978 年 12 月，中共十一届三中全会通过的《中共中央关于加快农业发展若干问题的决定（草案）》提出："社队企业要有一个大发展，逐步提高社队企业的收入占公社三级经济收入的比重。"中央这一决定，给珠江三角洲地区的乡镇企业带来了生机。此后，珠江三角洲对农村产业结构实行大调整，农村第二、第三产业有了较大的发展。1979 年 7 月 4 日，国务院将《关于发展社队企业若干问题的规定（草案）》下发，对社队企业的发展方针、经营范围、资金来源、产供销计划，以及价格、税收和奖售补贴等问题作了具体规定。各地相继采取县社、联营的形式，组织社队建筑工程公司承担城乡基本建设的任务，积极帮助社队企业发展水陆运输，利用邻近港澳的有利条件承接来料加工、装配等业务，建筑业、运输业、"三来一补"（来料加工、来样加工、来件装配、补偿贸易）企业以及商业、饮食服务业开始发展。

1980 年 3 月，广东省政府就贯彻执行国务院的规定颁布了补充规定，除采取措施支持社队发展农副产品加工工业，对贷款和税收等实行优惠政策外，还决定凡不收购的和合同以外的社队企业的产品，可自行在省内外自销，并将过去不属社队企业主管部门主管的中小农具生产归口由社队企业主管部门管理。5 月中下旬，中共广东省委召开农村工作会议，会议提出："有条件的地方，可发展来料加工，对外对内的补偿贸易，劳动密集的商品生产，以及种养花鸟虫鱼等，供应城市和出口。"各地在积极抓好种养业的同时，充分利用各地劳力和自然资源，大力发展社队企业。不仅将过去被迫停产关闭的以农副产品的加工为主的企业恢复了生产，还发展了建材、交通运输、商业、旅游业、建筑业、饮食服务业，逐步走出了"就地取材、就地加工、就地销售"的圈子，并且利用地理条件优越、交通运输方便、毗邻港澳、"三胞"（指港澳台同胞）众多等优势，开展"三来一补"业务。

1983年6月，广东省委第一书记任仲夷和省委书记、省长梁灵光赴京参加中央工作会议，向国务院汇报了广东开发珠江三角洲的设想，得到了支持。广东即组织一批人积极进行珠江三角洲经济区的调查研究和规划。同年12月，国务委员谷牧视察了珠江三角洲的深圳、江门、佛山等地。12月12日，广东省委、省政府向谷牧汇报了《珠江三角洲经济区规划的初步设想》和需要请示中央帮助解决的一些经济工作问题。1984年1月，谷牧向中央书记处和国务院上送报告，提出像珠江三角洲这样的侨乡，"应当更加充分地调动和发挥广大海外侨胞爱国爱乡的积极性"。1984年3月1日，中共中央、国务院以4号文件名义转发农牧渔业部《关于开创社队企业新局面的报告》。这个文件，将社队企业改名为乡镇企业，其范围从过去的公社、大队两级，扩大到乡、村企业，农民联合企业，其他形式合作企业和个体企业。文件的总方针是热情支持（包括信贷、财政、税收支持），积极引导，使其健康发展。此后，珠江三角洲乡镇企业连续几年迅猛发展。

1985年1月25日至31日，国务院召开了长江三角洲、珠江三角洲和闽南厦（门）漳（州）泉（州）三角地区座谈会。广东由梁灵光率领代表团参加。会上，传达学习了中共中央和国务院关于开辟沿海经济开放区的决定和邓小平的有关讲话，着重讨论了如何贯彻落实的问题。1985年2月18日，中共中央、国务院发出通知，决定在长江三角洲、珠江三角洲和闽南厦漳泉三角地区开辟沿海经济开放区。通知指出：这是中国实施对内搞活经济、对外实行开放的又一重要步骤，是社会主义建设中具有重要战略意义的布局。这三个经济开放区应逐步形成贸—工—农型的生产结构，即按出口贸易的需要发展加工工业，按加工的需要发展农业和其他原材料的生产。4月中旬，广东省政府召开珠江三角洲经济开放区规划工作会议，讨论发展鲜活商品出口规划的设想，布置了制订发展工业品出口规划的工作，对外贸体制改革和鼓励出口的政策、措施交换了意见。根据省制订的珠江三角洲开放区规划，选择一些工业基础好、出口能力较强，具有为大中城市生产提供配套产品或加工服务的条件，周围农村经济比较发达，交通运输比较发达的城镇设置了重点工业卫星镇。截至1985年底，经省政府批准，在开放区建立重点工业卫星镇118个，占开放区镇总数的六成。按照国家和省政府有关政策，卫星镇在扩大自主管理权限上，拥有更多更大的办事权力，并在财政、税收、对外经济贸易等方面享受优惠政策，如卫星镇企业进口设备免征关税，这对当地工业的发展起到了重要的推动作用。

经过大力扶持，各地乡镇企业如雨后春笋般涌现，"三资"企业和"三来一补"企业星罗棋布，许多乡镇成为新兴的门类众多的工业基地，成为充满生机与活力的对外开放的排头兵。广东"四小虎"（南海、顺德、东莞、中山）在改革开放大潮中，发挥各自的创造能力，探索出各有特色的发展之路，同时，"四小虎"也表现出一些相似的形态和具有共同的经验。首先，广东"四小虎"充分挖掘和发挥自身优势，寻求符合当地实际的发展路径。东莞大力吸引香港直接投资，发展"三来一补"企业，打造以外资为核心的外向型经济。顺德大力壮大和发展当地集体经济，发展乡镇企业，以本土乡镇企业为核心来推进本地的经济增长。南海"五个轮子一起转"，大力发展非公有制经济，中小型非公有制经济成为南海经济发展的主要载体和动力。中山以地方国营经济为龙头，大力发展高新技术产业和优质产品，采取"集中生产"方式，形成行业发展的集中地。其次，政府主导与大力推动是快速发展的引擎。政府主导、推动甚至直接参与，是改革开放和市场经济孕育、起步的必要条件。广东"四小虎"在经济转型的起步和发展阶段，无一例外均是由当地政府主导、推动甚至直接参与的，这种情况持续了相当长的时间。再次，注重和较早地实行通过制度的创新和变迁以推动经济快速增长。东莞构建市镇"分权"体系，把县一级的权力下放给乡镇，用一个县的权力来经营乡镇，相应建立以镇为导向的财政分配体制。从 1987 年起，顺德就开始对市属工业企业实行放权；从 1993 年下半年起，按照"产权明晰、责任明确、贴身经营、利益共享、风险共担"的目标，顺德在全国率先推行企业转制。南海的产权制度改革，是当地进一步发展的动力。南海地方政府认识到农村发展的根本性资源——土地的重要性，在农村把股份制引入到土地制度改革上来，探索并推行了以土地经营权为中心的股份合作制。1995 年，中山市经委系统就通过招商引资及易地改造、抵押承包、股份合作、横向联系、兼并收购等各种形式，为企业进行机制转换。到 90 年代末，中山市属公有制企业实现了产权转让或重组，所有制结构得到调整，多元市场主体得以确立，资源得到优化配置，外资企业和民营企业发展空间扩大。

阅读链接

江苏"苏南模式"的兴起

1984 年，费孝通首次提出了"苏南模式"这一概念。"苏南模式"指苏州、无锡、常州地区通过发展乡镇企业实现非农化发展的方式。江苏乡镇企业缘起于 1958 年人民公社大办工业的群众运动，当时称"社队工业"。"文化大革命"结束后，社队企业迎来了"放宽政策"的有利条件。1977 年 4 月，江苏省委、省革委正式批转《关于积极发展社队企业的意见》，1978 年 2 月，江苏省计委印发了《关于进一步发展社队工业几个问题的规定》，给予社队企业免税两到三年和无息贷款等方式支持其发展，省财政一次拨款 5000 万元，为社队企业提供启动资金。根据行政区划，全省以省辖市帮扶地区的形式，组成了五个协作区，即：南京市与扬州、淮阴地区，无锡、苏州市与盐城地区，常州市与镇江地区，南通市与南通地区，徐州市、连云港市与徐州地区。1979 年，江苏省政府再次拨款 5000 万元扶持建立一批骨干企业，给予更多的新办社队企业减免税照顾，开始注意加强社队企业的管理工作。1980 年，江苏省社队工业的发展出现了第一个高潮，总产值达 107 亿元，首次突破 100 亿元大关，比上年增长 43.9%，净产值 33 亿元。尤其是社队机械工业总产值达到 33.84 亿元，占全省机械工业产值的 24%。①

　　在许多国营大厂"吃不饱"的情况下，社队机械工业却"风景这边独好"，于是，社会上流行着社队机械工业"三挤"的议论。1981年2月，国务院副总理薄一波责成相关部门就"三挤"问题进行调查，薄一波亲自到南京听取汇报，最后得出的结论是："总起来说，社队机械工业的产品，对国有大厂有挤有补。目前补的多一些，挤的少一些，补大于挤。"② 因此，消除了社会上对社队机械工业的各种非议。1982年，农村家庭联产承包责任制迅速推向全国，获得了巨大的成功，乡镇企业也开始试行各种承包责任制。

　　1984年，乡镇企业迎来了快速发展的转折年。这一年，中共中央、国务院印发《转发农牧渔业部〈关于开创社队企业新局面的报告〉的通知》，不仅将"社队企业"更名为"乡镇企业"，而且赋予乡镇企业不同于社队企业的新的性质和内容，乡镇企业有了更多的自主权。闻名全国的无锡堰桥的"一包三改"经验、四轮齐驱的"耿车模式"均产生于这段时期。堰桥乡是无锡县的一个乡。1983年初，堰桥乡受农业家庭联产承包责任制的启发，在原社队企业的经济管理体制上实施改革。"一包"，就是所有企业和经济实体全面实行经济承包责任制；"三改"就是改干部任免制为选聘制，改工人录用制为合同制，改固定工资（补贴）制为浮动工资制。"一包三改"较好地解决了经营者的责、权、利问题。在经济不发达的农业地区发展乡镇企业，"耿车模式"具有代表性。耿车在历史上一直是一个出名的"讨饭乡"。为此，耿车乡制定了切合实际的优惠政策，鼓励全乡有技术的、有门路的、有劳力的"八仙过海、各显其能"。在乡党委带领下，乡镇企业从无到有，由小到大，呈现了户办、联户办、村办、乡办企业四轮齐转的局面。随着"耿车模式"的形成与发展，昔日贫穷落后的耿车发生巨变，一跃成为苏北地区乡镇企业的"新状元"和排头兵。

---

　　① 江苏省地方志编纂委员会编：《江苏省志·乡镇工业志》，方志出版社2000年版，第448页。

　　② 江苏省地方志编纂委员会编：《江苏省志·乡镇工业志》，方志出版社2000年版，第449页。

到 1985 年，江苏乡镇企业的发展出现了第二个高潮。全省乡镇企业总产值达到了 409 亿元，其中乡镇工业总产值 356.95 亿元，比 1984 年增长 57.7%，已经占全省工业总产值的 1/3 以上。缴纳给国家的财政收入 22 亿元，占全省财政收入的 24%，全省乡镇企业职工 511 万人，占农村总劳动力的 20%。①

苏南地区和耿车乡镇企业引发的农村经济社会的巨大变化，受到各级领导和理论界的高度关注和充分重视。苏南模式逐步形成了具有鲜明地方特色的"四为主、一共同"的基本特征，即"以集体经济为主，以乡镇工业为主，以市场取向为主，以政府推动为主，走共同富裕道路"。1987 年 6 月 12 日，邓小平在同外宾的一次谈话中谈到农村改革时，感慨道："我们完全没有预料到的最大的收获，就是乡镇企业发展起来了，突然冒出搞多种行业，搞商品经济，搞各种小型企业，异军突起。这不是我们中央的功绩……如果说在这个问题上中央有点功绩的话，就是中央制定的搞活政策是对头的。"②

□ 综合改革试验区的启动

20 世纪 80 年代中后期，广东改革开放走在全国前列的一个主要标志，就是率先成为全国综合改革的试验区。当时，广东的经济发展处于十分有利的国内国际环境。在国内，随着改革开放的推进，广东经济社会发展迅速，成就显著。到 1986 年，全省地区生产总值已由 1978 年的 195.8 亿元增至 673.1 亿元，国民收入由 174 亿元增至 565 亿元，二者都增长两倍以上。多层次对外开放格局亦逐步形成，初步形成三个经济特区以及广州、湛江两个沿海开放城市和包括珠江三角洲在内的大面积开放地带。包括外贸出口在内的对外经济活动发展迅猛，尤其沿海地区来料加工、来件装配、来样订货、补偿贸易的"三来一补"业务空前活跃。国际上，随着国际经济关系和产业结构变

---

① 中共中央党史研究室第三研究部编：《邓小平与改革开放的起步》，中共党史出版社 2005 年版，第 400 页。

② 《邓小平文选》第 3 卷，人民出版社 1993 年版，第 238 页。

动，一些劳动密集型产业纷纷从较发达的欧美国家和地区向东南亚、中国内地和香港转移，这为广东更多地参与国际分工和国际市场竞争，提供了良好的机遇。

在这种有利的形势下，广东省委、省政府审时度势，不失时机地充分利用地处沿海和毗邻港澳的有利条件，积极吸引外资，大力发展外向型经济。为了加速全省经济发展，省委、省政府于 1987 年 10 月 12 日向中共中央、国务院上报了《关于充分利用当前机遇加速经济发展的请示》，请求中央在下列政策上继续给广东以支持：其一，重申对广东实行特殊政策、灵活措施；其二，扩大珠江三角洲开放区优惠政策在广东省的应用范围，即将开放区从原来的"小三角"扩大为"大三角"；其三，放宽利用外资的政策；其四，为进一步改善投资环境、加快能源、交通、原材料、包装、模具等基础工业的发展，建议下放生产性项目的投资审批权；其五，放宽利用侨资的政策；其六，继续让广东省实行财政包干体制；等等。中央对广东的请求高度重视，国务院总理在请示上报的第四天作出批示，支持广东抓住时机，组织经济起飞。10 月 23 日，国务委员张劲夫遵照中央领导人的指示，主持召开中央财经领导小组办公会议，讨论广东的请示，邀请广东省副省长杨德元作补充说明。会议决定：一是重申中央对广东实行特殊政策、灵活措施的原则精神没有改变。二是扩大珠江三角洲开放地区优惠政策在广东的应用范围。三是放宽利用外资政策及审批权限。四是同意授权广东在资金和生产、建设条件均由省自行解决、不需国家平衡的前提下，总规模在 1 亿元以下的生产项目，由广东省自行审批，上报国家计委和主管部门备案。五是利用外籍华人资金和港澳同胞捐赠财物的管理，按中央有关规定办理。六是财政体制问题，请广东省同财政部协商提出方案，报国务院审批。这些原则的确定，对支持广东解决实际问题和利用机遇加快发展起了很大作用。

1987 年 10 月 26 日晚上，田纪云、李鹏、姚依林、谷牧、张劲夫等党和国家领导人在中南海接见了参加中共十三大的广东省委书记林若、省长叶选平、副省长杨德元等人，听取了广东的汇报，就如何充分利用当前机遇加快广东改革步伐和经济发展问题进行了商谈，提出了把广东作为综合改革试验区的设想。国务院总理指出：广东应该进行综合改革试验，十三大报告中有关改革的全部设想都要在广东先行一步。1987 年 11 月 21 日，国务院正式决定广东作为综合改革试验区，商品经济要进入更深层次，要扩大市场调节。28 日，国务院又批准广东省珠江三角洲经济开放区的范围由原来的 17 个市县的"小三角"扩大为 29 个市县的"大三角"。同时，把沿海城市汕头、湛江以及茂名、惠阳的部分县市，也列入经济开放区范围，享受优惠政策。至此，广东形成了包括经济特区、沿海开放城市、珠江三角洲经济开放区、沿海经济开放区在内的 60 个市县，面积达 8.37 万平方公里的沿海经济开放地带。

为了落实广东作为综合改革试验区的各项改革措施，广东省政府于 1988 年 1 月 7 日向国务院报送了《关于广东省深化改革、扩大开放、加快经济发展的请示》，提出关于金融、外经外贸等 10 项改革内容和政策措施以及广东走向 2000 年社会经济发展的基本战略构想。2 月 10 日，国务院原则批准广东的请示，指出广东省作为综合改革试验区，改革开放继续先行一步，不仅有利于加快广东经济的全面发展，有利于实现沿海地区发展战略，而且有利于稳定繁荣港澳经济，逐渐实现祖国统一大业。广东必须充分发挥地处沿海、毗邻港澳的优势，面向国际市场，大力发展外向型经济。沿海地区企业要按"两头在外"、大进大出、随进随出的方针，发展进料加工出口。国务院批准广东省成为综合改革试验区，是中央对广东实行特殊政策和灵活措施的继续和发展。

1988 年 1 月底至 2 月初，中共广东省委在广州召开工作会议，传达中央领导人关于抓紧国际机遇加快发展广东经济的重要指示，研究广东作为综合改革试验区改革如何先走一步的问题。1 月 20 日，省长叶选平在广东省七届人大一次会议上作《政府工作报告》，指出广东要按照国务院的要求，深入进行综合改革，在改革开放中继续先走一步。深化改革，要以加快建立社会主义市场体系为重点，同时完善企业体制、农村经营体制和宏观经济调控机制，争取用五年左右，以大中城市为中心，建立起有利于社会主义商品经济发展和对经济运行有效调控的新体制框架。5 月 21—27 日，中共广东省第六次代表大会在广州举行，中心议题是如何办好改革开放试验区，继续为全国改革探路。省委书记林若作题为《搞好综合改革，推进社会主义现代化建设》的报告，指出广东必须深化改革，扩大开放，加速经济发展特别是外向型经济发展的步伐。

为了贯彻执行中共中央和国务院关于广东深化改革、扩大开放、加快经济发展的各项政策，实施沿海地区经济发展战略，开展改革开放综合试验，在省党代会进行总动员和部署之后，省委、省政府又先后召开外经贸、高等教育、宣传、侨务、科技、计划、经济、体制改革等一系列专门会议，从理论到实践作出具体部署，具体展开改革开放综合试验区的实践。直到 1988 年 8 月之后，出现全国"价格闯关"不利局势，中央的政策转向治理经济环境、整顿经济秩序，广东综合改革的步伐因势逐渐放缓。但是，外向型经济发展战略仍得以持续推进，成为广东经济发展的明显特色和主要动力。

阅读链接
广东"两头在外、大进大出"的确立

20 世纪 80 年代中后期，美元贬值，日元升值，韩国和台湾货币升值，世界产业结构再次出现调整。面对国际产业转移的趋势，中国沿海地区具备亚洲"四小龙"经济起飞时类似的情况，这对发达国家转移劳动密集型产业很有吸引力。面对非常有利的国际机遇，经济理论界多次讨论，达成共识，认为沿海地区要抓住这个机遇，把发展外向型经济作为一个战略来对待，大力发展来料加工、进料加工等出口加工贸易。胡耀邦指出：在相当长的时间内，我国最有竞争力的是劳动力便宜，要指导沿海省市，大力开展来料加工。1986 年，国务院总理在视察天津、山东时指出："应积极发展并逐步转入外向型经济，为国家创造更多的外汇。那些以外向型经济为主的国家和地区的优势，我国沿海地带大体具备，有些条件还比人家好。"①

此时，广东出口势头之好为新中国成立以来前所未有，创下历史最高水平。1986 年广东出口达 42.5 亿美元，占全国出口总值的

---

① 广东省对外经济贸易委员会：《广东省对外经济贸易发展战略（第三稿）》(1987 年 7 月)，广东省档案馆藏，档案号：302 – A1 · 13 – 10。

15.7%。广东进出口总额跃居全国第一，出口创汇和利用外资规模也居全国首位。① 1986 年，外贸部副部长王品清在广东省经贸工作会议上指出：广东出口任务完成得很好，对全国完成出口创汇任务作出了重要贡献，出口创最高纪录，结束了几年徘徊的历史，跨入了一个新的高度，奠定了一个新的起点……广东外贸是一头快牛，一头充满活力的快牛。②

　　1987 年底，中央政治局讨论并肯定了沿海发展战略。1988 年 1 月，邓小平在沿海发展战略报告上批示："完全赞成，特别要放胆地干，加速步伐，千万不要贻误时机。"③ 邓小平还强调，沿海这个拥有两亿人口的广大地带，较快地先发展起来，从而带动内地更好地发展，这是一个事关大局的问题。之后，国务院立即着手发展外向型经济战略的实施。1988 年 3 月，国务院召开沿海地区对外开放会议，明确了沿海地区对外开放要以发展外向型经济为战略目标，出台了《沿海地区发展外向型经济的若干补充规定》，鼓励沿海地区大力发展"两头在外、大进大出"的外向型经济，积极加入"国际经济大循环"。这次会议正式将加工贸易提到经济发展战略的高度，采取了积极鼓励的措施，进一步减轻对加工贸易范围和监管的限制，加工贸易开始成为对外贸易的重要方式。

　　国家各部委从 1987 年开始，出台具体政策鼓励"两头在外、大进大出"。有关放宽商品种类限制、免征增值税等微观政策相继出台。1986 年 10 月，颁布了《关于鼓励外商投资的规定》。1987 年 9 月，国务院办公厅转发了对外经济贸易部《关于抓住有利时机加快发展来料加工装配等业务请求的通知》，指出加工贸易与吸引外资政策的结合，发挥了中国劳动力资源丰富的优势，改善了资金短缺无法发挥劳动力优势的瓶颈效应。对外经济贸易部规定："从 1987 年 1 月 1 日起，毛

---

① 广东省对外经济贸易委员会：《广东省对外经贸工作 1986 年总结和 1987 年安排》（1987 年 3 月 2 日），广东省档案馆藏，档案号：302 - A1·12 - 10；广东省统计局：《广东统计年鉴（1987）》，中国统计出版社 1987 年版，第 329、339 页。

② 王品清：《广东外贸出口创最佳成绩　奠定了新的起点》（1986 年 12 月 6 日），广东省档案馆藏，档案号：302 - A2·12 - 4。

③ 谷牧：《谷牧回忆录》，中央文献出版社 2009 年版，第 418 页。

衫等 43 种商品不再实行出口许可证管理。凡属于不再实行出口许可证管理的来料加工产品，新办来料加工项目，一律不再向省经贸委填报《项目申报表》，海关凭项目批准文件验放。"[1] 曾经引起加工贸易与一般贸易纠纷、把"官司"打到对外经济贸易部的藤制品以及"两纱两棉"，都在这次取消出口许可证管理的商品之列。1988 年 5 月，对外经济贸易部进一步放宽来料加工装配商品的限制政策，"除 18 种商品不得搞来料加工装配外，其他商品（包括需申领出口配额和许可证的商品）一律不再申领出口许可证，凭合同或协议送海关登记。各省自己实行许可证管理的商品，由各省审批，甚至可以将审批权下放至县级经贸部门"。

中共广东省委积极贯彻中央的方针和政策，对外向型经济内涵有了进一步的认识，逐步把广东经济发展战略定位为外向型发展战略。1987 年 3 月，省委五届六次会议指出：我省毗邻港澳，地处对外开放的前沿，建立外向型经济，扩大出口贸易，是我省经济建设的一项战略任务。建立外向型经济，开展外引内联工作，发挥两个扇面的作用，这是广东经济的特点，也是我们的优势。1987 年 8 月，常务副省长杨德元受省委、省政府委托主持召开"改革、开放、搞活"理论研讨会。广东经济发展战略是以内向型为主还是以外向型为主，在会上争论激烈。这场争论被称为"北上（面向国内市场）南下（以港澳为跳板伸向远洋市场）"大讨论。最后，广东省外经贸委以大量的数据和资料说服了与会者，使大部分人意识到广东已经具备发展外向型经济的条件，只有参与国际竞争，才能发挥比较优势。[2] 这样，对把外向型经济作为广东经济发展战略，全省有了基本统一的认识。1987 年 10 月，省委书记林若出席全省经贸工作座谈会，在会上专门论述了外向型经济战略。林若强调："我们要确立外向型的经济发展战略。我省

---

[1] 广东省对外经济贸易委员会：《关于贯彻执行对外经济贸易部 1986 年第 28 号文告的通知》（1987 年 1 月 2 日），广东省档案馆藏，档案号：302 - A1·13 - 23。

[2] 徐裕年：《"北上"还是"南下"——浅谈我省外经贸发展战略》，《广东改革、开放、搞活理论研讨会论文》（1987 年 8 月），广东省档案馆藏，档案号：302 - A1·13 - 10 - 70。

地处沿海地带，在新的机遇面前，只有采取外向型的经济发展战略，积极参与国际分工和国际竞争，才能加速实现四个现代化，才能摆脱落后状态，跻身于国际先进行列。"[①]

□ "全国荒山造林绿化第一省"的实现

1991年3月12日，中共中央、国务院在北京召开全国植树造林表彰动员大会。广东被授予"全国荒山造林绿化第一省"称号，实现了消灭宜林荒山的重大目标。

森林是人类赖以生存和发展的重要资源，也是维持生态环境的基础。历史上，广东是森林茂盛的地方，但经过多次大规模的乱砍滥伐，森林蓄积量越来越少。全省水土流失面积到1984年已扩大到1.2万多平方公里，涉及70多个县，自然灾害频繁发生，许多山区"小雨小灾，大雨大灾，无雨旱灾"。例如，水土流失严重的韩江上游山区，"晴天张牙舞爪，雨天头破血流"。水土流失，使贫困山区雪上加霜。当时全省有31个山区县被列为贫困县，面积达7.8万平方公里，占全省44%；耕地达963万亩，占全省26%；人口达1635万人，占全省26%。山区的贫困落后极大地阻滞着广东现代化的进程，如何实现生态可持续发展已成了一个迫在眉睫需要解决的问题。

广东省委、省政府认为，发展山区经济潜力在山、希望在山、出路在山；山区要致富，必须先治山，绿化造林是治理山区的最根本途径。1985年10月，广东省委、省政府在新会县召开全省造林绿化会议，省委副书记郭荣昌在会上讲话，全面阐述了"五年消灭荒山，十年绿化广东"的决策。同年11月19日，广东省委、省政府作出《关于加快造林步伐，尽快绿化全省的决定》，向全省发出了"全省人民努力奋战，十年绿化广东大地"的动员令。11月22—28日，广东省委、省政府在韶关召开第一次全省山区工作会议，就如何加快山区经济发展步伐进行部署。1986年，在省委部署领导干部办造林绿化点的

[①] 广东省委办公厅：《林若同志在全省经贸工作座谈会上的讲话》（1987年10月），广东省档案馆藏，档案号：302–A1·13–11。

电话会议上，省委书记林若承诺："十年绿化广东，省委是有决心的，我也是有决心的。不把广东绿化起来，死不瞑目。"

1986年3月，广东省委、省政府决定：全省各县的县委书记、农委主任、林业局局长必须选择一个困难大、荒山多的村办造林绿化点，要求在一年内把"点"上所有宜林荒山都种上树。同时，建立县级领导任期绿化目标责任制，要求五年内全部荒山种上树。每年由省组织两次大检查，好的通报表扬、给县委书记晋升工资，差的出示"黄牌"（提醒注意）、通报批评。会后，全省上下迅速行动。林若亲自在从化市水南、黄溪村办点，参加造林绿化实践。郭荣昌、副省长凌伯棠也分别在三水河口镇和增城中新镇办点。各县的"四长"纷纷下乡，选择当地条件最差、困难最大的山头办绿化点。全省各地从市县到乡镇村，各机关各团体也纷纷效仿，下乡挂钩兴办造林绿化点。在省委推动下，当时不少干部身上存在的"只知码头，不管山头；只识洋货，不识山货"的倾向得到扭转。造林绿化点上的效果好、质量高，对群众造林起了示范和推动作用，增强了群众植树造林的信心。到1987年，全省各级领导人和各单位办的造林绿化点共1.1万多个，造林绿化点上高标准造林种果56.4万公顷，全省出现了大办林业、大搞绿化的热潮。

在打破造林绿化的停滞局面后，广东省委顺应形势推进造林绿化工作的发展，实行奖惩机制，奖惩分明，发挥"黄牌"效应。1986年8月，中共广东省委在东莞召开县委书记会议，建立党政领导造林绿化任期目标责任制和检查制度。全省各县县委书记向省委立下十年绿化广东的"军令状"，省委制定统一的检查和奖惩办法，每年组织一次实地的检查评比活动。对造林绿化有功者，表扬嘉奖，晋升工资；对造林绿化不力者，出示"黄牌"进行警告，提醒注意。检查结果和奖惩名单，公开登报。从1986年起，省委每年由省直单位的负责人带队，派出检查工作组分赴各地，对造林绿化工作进行全面检查。这些检查严肃认真，一扫过去走形式、只讲好话不敢点名批评的陈腐做法。检查组既听干部汇报，又听群众评议；既上山看林，又进行科学测定；既肯定好的，也批评差的。而且对差的公开"曝光"，不留情面，震动很大。从1986年到1990年，广东省委组织了五次造林绿化大检查，年年兑现奖罚。有 13 位县委书记得到晋升一级工资的奖励，有十几个造林绿化进展缓慢的县（区）受到通报批评，有一个县级市受到"黄牌"警告。

为了确保实现十年绿化广东的目标实现，省委实行开源与节流相结合，"造林、封山、管护、改燃"四管齐下。所谓"开源"，就是扩大造林绿化面积，提高林地单位面积产量和林分质量，培育和发展森林资源。所谓"节流"，就是加强管护，防虫防火。根据需要与实际，实行限额采伐，同时在城乡开展改烧柴为烧煤的工作，千方百计降低森林资源的消耗。由于实行了开源与节流相结合，"造林、封山、管护、改燃"四管齐下，森林资源生长量迅速增加，消耗量日趋减少。这一增一减，使"青山常在，永续利用"建立在可靠的基础上。从1987 年起，全省实现了林木生长量大于消耗量，开始扭转森林"赤字"的被动局面，森林资源初步实现了良性循环。

在对林业的经费投入上，采用"七个一点"（即国家投资一点、银行贷一点、市县财政拨一点、乡镇筹一点、部门挤一点、群众集一点、以钱代劳筹一点）办法筹集造林资金。全省用这个办法每年筹资3 亿元以上，解决了造林资金严重不足的困难。

至 1989 年 4 月底，广东省除少数地区未完成任务外，大部分县（市）已基本消灭了荒山。至 1990 年底，广东已成为全国第一个基本消灭宜林荒山的省份。

阅读链接

林业建设法制化的肇始

改革开放之后，林业和环境保护在经济发展中的重要作用日益凸显，国家加大重视力度，设立林业管理机构，加强了法律制度的制定。1979 年 2 月，五届全国人大六次会议通过了《中华人民共和国森林法（试行）》，该法成为新中国第一部林业法，使中国林业建设开始步入法制化轨道。邓小平强调要把环境保护纳入制度化法治化的轨道，严格依法保护生态环境，严厉打击各种破坏生态环境的犯罪行为。邓小平提出"植树造林、绿化祖国、造福后代"的要求，指出中国的发展不能走西方先发展后环境的老路。邓小平曾经讲到："核电站我们还是要发展，油气田开发，铁路公路建设，自然环境保护等，都很重要。"① 可见，他是把环境保护与基础设施建设放在同一战略高度来认识的。邓小平坚持把环境保护纳入国民经济和社会发展规划，加大对环境保护事业的科技投入，保护生态平衡，为中国的未来发展保持一个稳定和谐的生态环境。1980 年 3 月，中共中央、国务院发布《关于大力开展植树造林的指示》，明确指出："在实现现代化的历史进程中，大规模地开展植树造林，加速绿化祖国，是摆在我们面前的一项重大战略任务。""林业是国民经济中的一个极为薄弱的环节。实现大地园林化，把森林覆盖率提高到 30%，是全国人民一项建设社会主义、造福子孙后代的长期奋斗目标。"80 年代末期至 90 年代初期，在全民义务植树运动的推动下，中国造林绿化取得了历史性突破，森林覆盖率已由 80 年代初的 1.2% 提高到 90 年代中期的 6.55%。

□ 国有土地使用权的公开拍卖

1987 年 12 月 1 日，深圳市政府在深圳会堂举行了一场土地拍卖会，公开拍卖一宗土地面积 8588 平方米地块的 50 年使用权，敲响了新中国历史上拍卖土地的"第一槌"。土地使用权在国内第一次作为资产进入市场，国有土地使用由无偿、无期限、无流动变为有偿、有期限、有流动。当时有媒体认为：深圳土地第一槌"是我国土地使用制度的根本性变革，标志着我国的根本大法承认了土地使用权的商品属性，跨出了土地商品化、市场化的重大一步"。由此，中国城市土地使用制度改革的帷幕拉开了。

早在深圳经济特区建立初期，为了满足经济特区建设的需要，科学合理地开发和利用土地资源，深圳于 1982 年出台了《深圳经济特区土地管理暂行规定》，规定经济特区土地管理实行"行政划拨，分片开发，分散经营，征收土地使用费"，在全国率先推行土地有偿使用制度，但也同时规定禁止土地买卖或出租。但是，由于用地以无偿划拨为主，排斥了市场机制的作用，收费标准也偏低，特别是土地在使

---

① 《邓小平文选》第 3 卷，人民出版社 1993 年版，第 363 页。

用者之间不能横向流动，不能形成土地市场，土地使用价值的商品化未能得到充分发挥。

为了改革经济特区土地管理体制，深圳市政府从 1986 年下半年起，从三个方面着手进行土地改革的准备工作：一是成立以主管基建的副市长为组长的深圳市房地产专题研究组，尽快拟定土地管理体制改革方案；二是组织国内外专家学者从理论上探讨，为土地有偿转让在理论上"解禁"；三是组织法律界人士研讨修改经济特区土地管理法规的可行性，为土地招标、拍卖提供法律保障。1987 年 3 月 21 日，深圳市委政策研究室、市房地产改革领导小组共同制定的《深圳经济特区土地管理体制改革方案》得到国家土地管理局的充分肯定。8 月 7 日，市房地产改革领导小组完成《关于土地管理改革试点准备工作的报告》，准备推出三块土地，分别以协议、招标、拍卖三种方式，进行土地使用权有偿出让试点，并对试点工作做了比较充分的准备和部署。

1987 年 9 月 9 日，深圳市政府首次以协议方式出让面积为 5321 平方米的土地（现中航北苑所在地）给中国航空技术进出口总公司深圳工贸中心，地价款为 106 万元。这次国有土地使用权出让，借鉴了香港经验，开创了国内土地出让一种崭新的计价方式，即以楼面面积来计算土地价格。同年 11 月 25 日，深圳市政府首次以招标方式出让面积为 46355 平方米的土地（现文华花园所在地），9 家房地产公司参加投标，深圳市深华工程开发公司以综合评分最高夺标，地价款为 306 万元。

1987 年 12 月 1 日，深圳市政府首次以拍卖方式将位于罗湖区面积 8588 平方米用于兴建住宅的用地出让。拍卖会在深圳会堂举办，参加拍卖会的有中共中央政治局委员、国家经济体制改革委员会主任李铁映，国务院外资领导小组副组长周建南，中国人民银行副行长刘鸿儒，还有全国 17 个城市的市长到现场观摩，香港方面亦派出了一个由 21 人组成的"深圳第一次土地拍卖参观团"。同时，有上百家媒体记者现场进行采访。

拍卖会由时任深圳市规划国土局局长刘佳胜主持并亲自担任拍卖师，时任深圳市住宅局局长廖永鉴担任副拍卖师。拍卖槌是香港测量师学会派人专程赴英国在百年老店订制的一把枣红色的樟木拍卖槌，正面镶嵌着一块铜牌，上面端端正正地写着："深圳市人民政府笑纳，香港测量师协会敬赠。"刘佳胜介绍了拍卖地的有关情况，限定开口底价为 200 万元，每口价 5 万元。这块编号 H409 - 4 的地块紧靠风景秀丽的深圳水库，面积 8588 平方米，规划为住宅用地，使用年限 50 年。深圳市政府事先在报纸上刊登了《土地竞投公告》。拍卖前 3 天，已有 44 家企业领取了正式编号参加竞投，其中有外资企业 9 家。当刘佳胜宣布土地拍卖开始后，整个大厅立即沸腾起来。前几个回合，手持 11 号牌的深圳经济特区房地产公司总经理骆锦星都没有开口，直到有人喊到 390 万元的时候，他才第一次开口喊 "400 万"。此时，场上的竞争者只剩下了深圳经济特区房地产公司、深圳市工商银行房地产公司和深圳华程开发公司。经过最后几个回合较量，竞价又从 "420 万" 一路到 "485 万" "520 万"。到叫价 "520 万" 时，深圳华程开发公司也退出了，场上只剩下深圳经济特区房地产公司、深圳市工商银行房地产公司两家。这就到了比拼意志的时候了，骆锦星志在必得，接着喊出 "525 万"，对方看到他拿下这块地的意志如此坚定，没有再扛下去。"525 万一次，525 万两次，525 万三次。"刘佳胜终于一槌 "定音"，宣告："这块土地的使用权归深圳经济特区房地产公司！"这次全国土地拍卖的 "第一槌"，是新中国成立以来拍卖国有土地使用权的 "第一拍"，以超出底价 300 多万元，每平方米地价 611 元成交。整个拍卖过程持续了 17 分钟。接着，骆锦星就在现场与刘佳胜签订了土地出让合同书。深圳经济特区房地产公司拍得此地块后，不到一年的时间，就在这块地上盖起了东晓花园，共 154 套住宅在 1 小时内售完。当时出售的房价是每平方米 1600 元，远远低于当时的市价。尽管如此，深圳经济特区房地产公司还是净挣了近 400 万元的利润。

1987 年深圳进行的以土地拍卖 "第一槌" 为核心的土地有偿使用制度改革，结束了土地无偿划拨、无期限使用的历史，建立了土地有偿、有限期使用制度。同年 11 月，国务院批准了国家土地管理局等部门的报告，确定在深圳、上海、天津、广州、厦门、福州进行土地使用制度改革试点。各地区因地制宜设立试点，是制度改革酝酿和探索阶段的显著性成果，也是这一过程中最需要积极主动但又困难重重的一步。同月，上海出台了《上海市土地使用权有偿转让办法》，对土地使用权转让的条件、程序、方式和土地出让金的收费标准都作了规定。1987 年 12 月 29 日，广东省第六届人大常委会第三十次会议通过《深圳经济特区土地管理条例》，增加了土地使用权可以有偿出让、转让、抵押等内容，成为国内第一部土地有偿使用的地方性法规，并于 1988 年 1 月 3 日颁布实施。1988 年，《深圳经济特区住房制度改革方案》及其 9 项配套细则正式公布，这是国内最早公布和实施的房改方案之一，此后，住宅逐渐走上商品化、市场化道路。

1988 年 4 月 12 日，第七届全国人大第一次会议根据改革开放的形势和深圳经济特区的实践，通过《中华人民共和国宪法修正案》，将宪法第十条第四款"任何组织或者个人不得侵占、买卖、出租，或者以其他形式非法转让土地"修改为"任何组织或个人不得侵占、买卖或者以其他形式非法转让土地。土地的使用权可以依照法律的规定转让"。随后，《中华人民共和国土地管理法》也做了相应的修改。《中华人民共和国宪法》这一条款的修改，标志着深圳经济特区已经建立了全新的土地使用制度并得到国家根本法的认定。

□ 珠江三角洲"民工潮"的出现

发轫于 20 世纪 80 年代后期的民工潮，波澜壮阔，举世瞩目，曾被美国《时代周刊》惊呼为"有史以来最大的人口流动"，构成了当代中国气势磅礴的一大社会景观。

"农民工"一词首次出现在 1984 年中国社会科学院的《社会学通讯》中，随后被广泛使用。农村联产承包责任制只是解决了人们的温饱问题，而有限的土地上富余劳动力越来越多。一部分不满于现状的农民背起行囊，离开家园走天涯、闯天下。于是，农村一度出现了"送出一人，全家脱贫"的景象，带动着更多的农民源源不断地走出家乡，进入城市。1984 年，中央一号文件明确规定，允许务工、经商、办服务业的农民自理口粮到集镇落户。与此同时，由于西方发达国家制造业成本大幅提高，中国成为外资产业转移的主要目的地，特别是广东沿海城市，外企、私企风生水起，电子、制衣、玩具等劳动密集型企业快速扩张，催生出越来越旺盛的劳动力需求，大批农民开始纷纷奔赴珠江三角洲城市寻找自己的致富梦。"东西南北中，发财到广东"成为这一现象的生动注脚。

由于 80 年代末期许多地方"价格闯关"失利，不得不治理整顿，压缩基本建设投资，一大批建设项目下马，约有 500 万农民建筑工返乡。同时，农村的治理整顿，也使得大量乡镇企业倒闭，农民工只好再次涌回城市找工作。1989 年 1 月 15 日《人民日报》报道，春节期间输送旅客人次预计达 8 亿，严重超出铁路运输能力。2 月，刚刚过了春节，从河南、四川、湖北等人口大省出发的数百万民工就把全国的铁路、车站挤得爆满，各大中城市的就业和治安面临巨大压力。[①]"民工潮"使南中国的各大交通枢纽骤然告急，交通部门不堪承受，社会舆论为之哗然。

当时，广东在改革开放中先走一步，经济社会发展与内地其他省份形成较大差距，尤其是珠江三角洲地区对劳动力存在大量需求，因此成为吸引全国农村劳动力的热点地区，形成了"百万民工下珠江"的浪潮。从 1989 年 2 月 10 日（正月初五）至 2 月 24 日，大约有 250 万名外省农民工相继涌入广州及珠江三角洲其他市县。每天通过各种交通工具到广州的约有 10 万人，仅乘坐火车南下入粤的农民工已超过 40 万人。广州火车站人山人海，每天滞留成千上万的农民工。[②]有关部门特别是运输、城管部门感到巨大压力，"民工潮"一时成为社会关注的焦点。2 月 19 日，广东省政府召开紧急会议，研究加强外省农民工的管理工作。会议要求各市、县及有关部门尽快组织公安、铁路、劳动、交通、民政、粮食等部门，采取切实措施，做好管理和疏导工作；同时，提出今后各市和各用工单位不得擅自从外省录用劳动力，如确实需要从社会招工的，应尽量在本省劳动力中解决。[③] 直到 2 月

① 孙中伟、刘林平：《中国农民工问题与研究四十年：从"剩余劳动力"到"城市新移民"》，《学术月刊》2018 年第 11 期。

② 张蓉：《百万民工下珠江》，《南方人口》1989 年第 2 期。

③ 刘世定、王汉生等：《政府对外来农民工的管理——"广东外来农民工考察"报告之三》，《管理世界》1995 年第 6 期。

28 日，连续半个多月的"民工潮"才平息下来，滞留广州火车站的农民工从 2 月中旬的每天数万人降到了 4000 人。3 月 9 日，国务院办公厅发出紧急通知，要求"严格控制民工盲目进城"。民政部、公安部发出《关于进一步做好控制民工盲目外流的通知》，要求各地采取措施，严格控制当地民工盲目外出。

1992 年，邓小平的南方谈话掀起改革开放新热潮，加之城市粮食供应制度的取消，国民经济很快出现了快速增长的势头，外资企业的数量大幅增加。"民工潮"掀起更大的潮头，并从此一浪高过一浪，再也没有停歇过。铁路系统的"春运"场景，最能反映出"民工潮"带来的强烈视觉冲击。

1993 年春节前后，有关方面对乘坐火车进出广东省和广东省内的乘客，实行火车票浮动加价的办法，但这仍然挡不住农民工流动的潮流。据统计，1993 年全国乡镇企业的职工人数已达 1.12 亿人，跨省区流动务工的有 6200 万人。其中，四川省跨地区流动的农民工达 1000 万人，占四川农村劳动力的 1/5，占全国流动农民工的 1/6，"川军"已成为各路流动农民工大军之冠。安徽省跨地区流动的农民工达 500 多万人，占当年全省农村劳动力总量的 20.66%。[①] 如此大规模的"民工潮"，在世界工业化和城镇化进程中绝无仅有。"春运"期间，湖南、广西、安徽等省区的地方政府甚至主动出面协调铁路和公路客运部门，有计划地调专列或开专车到农民工集中的沿海城市接送本地打工者。其中，珠江三角洲首当其冲。据劳动部 1994 年《中国农村劳动力就业与流动状况调查》显示，跨省流动的农民工从业的去向以沿海地区居多。当年，农民工流入人数最多的 5 个省市依次是广东（占 18%）、江苏（占 10%）、上海（占 8%）、北京（占 8%）、新疆（占 6%），这种流向与当时中国对外开放步伐及工业化和城镇化进程基本一致。

---

① 李俊：《工业化与城市化的变奏曲：我国人口流动历史考察》，《管理世界》2012 年第 2 期。

深圳"葵涌大火"引发《劳动法》出台

政府与资本的强势结合，使资金和技术稀缺问题迅速得以缓解，经济发展呈现出强劲势头。与此同时，劳动关系的脆弱性也暴露无遗。与"招商引资热"形成鲜明对比的是，相当多的地方政府并没有对劳动力市场的规范、劳动用工制度的建设、劳动关系的调节、农民工权益的维护等问题进行制度设计。利润和工资的"跷跷板"效应，让企业急于降低劳动条件和标准，压低工人工资，以此来获取最大的利润。尽管劳资矛盾频发在改革开放早期已经成为普遍现象，但并未引起社会的广泛关注，各地并未像重视资本那样来重视劳动关系。直至1993年发生在深圳市的一场特大火灾，才对整个社会形成了一个巨大的冲击波，把人们的聚焦点拉回到了农民工身上。1993年11月19日，深圳市葵涌镇致丽工艺制品厂发生特大火灾事故，84人葬身火海，20人重伤。这是新中国成立以来发生的最大火灾事故，震惊了全国。

致丽工艺制品厂厂区是一幢三层的楼房，东面是生产用楼。一楼是仓库，二楼是流水生产线车间，三楼是制衣车间。这幢楼共有两个楼梯，东边的楼梯早已堵死，西边的楼梯也只能并排走两个人。因要防范工人偷东西和提前下班，厂房的四个大门有三个已被封死。"葵涌大火"的现实表明，在资本与农民工的博弈中，资本处于强势地位，在门窗被封死的环境下劳动，其实质是资本对农民工的压迫。在深圳"葵涌大火"发生20多天之后，1993年12月13日，福州市马尾经济技术开发区内的台资企业高福纺织有限公司也因劳资纠纷引发特大火灾，造成61人死亡。频发的劳资纠纷特别是接连发生的两场特大火灾，举国震惊，立法保护劳动者合法权益的话题进一步升温。

时任中共中央政治局委员、中华全国总工会主席尉健行指出，发生在深圳和福州的两起特大火灾事故，"充分暴露了少数外商投资企业违反我国法律法规，漠视安全生产，只顾赚钱，置工人死活于不顾的严重问题，也反映了一些企业基础工作的薄弱和管理的落后。维护职工合法权益，首先要保护职工生命和财产安全。工会对此必须高度

重视"①。1994 年 7 月 5 日，第八届全国人大常委会第八次会议通过了
《中华人民共和国劳动法》（简称《劳动法》），首次将经济转型时期
的劳动政策上升到法律规范的层次。中华全国总工会副主席张国祥参
加了《劳动法》起草工作，他认为如果再不立法对劳动者权益加以保
护，将会导致严重的社会问题，不管付出多大辛劳、经历多少曲折，
都要制定出《劳动法》。1994 年 3 月 2 日，劳动部部长李伯勇在第八
届全国人大常委会第六次会议上作关于《劳动法（草案）》的说明，
详细分析了《劳动法》的出台与劳资矛盾的关系。《劳动法》在一定
程度上起到了规范市场经济条件下的劳动关系和维护劳动者权益的作
用。这一法律的出台，把劳动关系的调整纳入法治的轨道，这是劳动
关系法治建设的里程碑，是劳动关系领域由人治走向法治的起点。
1994 年 12 月 6 日，针对拖欠农民工工资问题以及日益突出的劳资矛
盾问题，劳动部出台《工资支付暂行规定》，对涉及工资支付的一系
列问题进行了明文约束。以《劳动法》为代表的一系列法律和法规的
出台，具有很强的针对性，也为基层和企业调处劳动关系提供了准绳
和依据。

□　深圳证券交易所的创办

1990 年 12 月 1 日上午 9 时，深圳证券交易所试营业。作为全国两
大证券交易所之一，深圳证券交易所的创办对社会主义市场经济体制
的构建发挥了重要作用。

1986 年，深圳开展股份制改革试点，股票的销售工作基本上是由
上市公司自己完成的。1987 年 5 月 10 日，深圳发展银行首次以自由
认购方式向社会公开发行股票，拉开了深圳股票发行市场的序幕。为
适应金融发展的需要，1987 年 9 月 19 日，深圳经济特区证券公司成
立，由 10 家金融机构出资合办，性质为股份制企业。1988 年 11 月，
深圳市政府证券领导小组成立，研究筹建证券市场。由于法律对证券
市场的职能没有规定，主要还是依靠中国人民银行深圳分行进行管

---

① 盛明富、于文国：《1992—2001"双潮叠加"》，《中国工人》2018 年第 8 期。

理。但是，由于股市涉及体改、工商、税务、司法、国有资产管理等一系列部门，仅靠中国人民银行管理根本无法管好，因此需要一个统一的管理机构或者说一个权威的管理机构。为了适应证券管理的需要，1989 年 9 月 8 日，深圳资本市场领导小组向市政府提交《关于筹建深圳证券交易所的请示》。11 月 15 日，深圳市政府下达了《关于同意成立深圳证券交易所》的批复，做出了建立深圳证券交易所（简称深交所）的决定。深圳发展银行副行长王健被任命为深交所筹备组负责人，全面负责深交所成立的相关事宜。筹备组按照"先立法，后发展"的宗旨，从香港找到了国外相关证券资料和各国交易所的法律法规，并邀请香港证券交易所的同仁和一些证券商共同讨论各国的法律法规，以及各国交易所的管理架构和组织架构的利弊。最后由王健和禹国刚总纂，形成了有"蓝皮书"之称的《深圳证券交易所筹建资料汇编》。

筹备组经过精心准备，各项准备工作基本就绪。1990 年春天，王健、禹国刚等人到中国人民银行总行汇报。禹国刚问中国人民银行监管司司长金建栋："金司长，我们这个筹备都做得差不多了，你看什么时候能开业？"金建栋说："老禹，深圳证券交易所，这个谁敢批给你啊，这个事没人敢给你弄啊，我给你改个名字，叫深圳证券市场，你如果同意，现在我都可以给你批，你回去马上可以运作。"禹国刚同金建栋开玩笑说："福田有个菜市场，罗湖有个肉市场，我这边叫深圳证券市场，我这到底是菜市场还是肉市场啊？叫深圳证券市场，跟菜市场还是肉市场有什么区别？"金建栋道："老禹，你不懂，我给你改这个名字，我马上就能批，回去马上就能运作，你运作起来了，你可以更名啊。"禹国刚觉得金建栋讲的确实有道理，得讲个策略，所以就接受了。后来，"深圳证券市场"名字又被换成"深圳证券交易中心"，最后终于定为"深圳证券交易所"。深圳证券交易所名称的几经更迭，也折射出当年复杂的情形。

在深圳证券交易所筹建推进的同时，从 1990 年春开始，由于供需极不平衡，投资收益被异常放大，加之有关管理法规尚未健全、证券商分散的柜台交易行为不规范等原因，证券市场出现了较为严重的场外非法交易和不公正"内幕"交易，到了难以控制的地步。

尽管深圳市政府、中国人民银行深圳分行以及有关部门采取了一系列加强市场管理的措施，但是从 7 月到 11 月中旬的大部分时间里，股市出现了只涨不跌、有买无卖的"空涨"局面。从 7 月开始，中央有关部委一个接一个地派调查组来，报告一个接一个地送到中央领导人手中。此时，领导层、理论界以及各界人士看法不一，有的主张继续加强管理，有的主张取消股市试点，各种批评意见十分尖锐。柜台交易的严重乱象，促使深圳市的领导层下决心尽快把证券交易所建立并运作起来。在此关键时刻，深圳市委书记李灏等人多次进京向中央领导人和有关部门陈述建立健全有序、高效、安全的证券市场的必要性，争取中央有关部门尽快批准建立深圳证券交易所，集中交易，加强管理，根治黑市。

但是，深交所迟迟得不到中央有关部门的批准。另外，有关取消深圳股票交易试点的传闻却不断传来。此时，李灏等人认为不能坐等上级批准下来后再建证券交易所，经济特区要体现"特"字，先干了再说，尽快试办深交所，迅速控制股市的被动局面。于是，1990 年 8 月 18 日，先行成立深圳证券登记公司，为股票登记、过户做好准备。就在深圳紧锣密鼓地筹备深交所开业之时，一封发自深圳的群众来信送达中央领导人，信中说深圳的资本主义泛滥，党政干部统统烂掉了。对此，社会上也是议论纷纷。

1990 年 11 月，在深圳经济特区成立 10 周年之际，中共中央总书记江泽民就证券市场究竟是否应该继续试点问题，找了时任国家体改委副主任刘鸿儒以及深圳一些干部谈话，并委托周建南在深圳专门调研股票市场问题。经过通盘考虑，确定继续试验。

此后，深圳证券交易所的各项筹建工作提速，加快了相关技术领域的建设步伐。正在深圳准备把证券交易所运作起来的时候，又有人放出一股风来讲中央说了不能开（但都不知道谁说不能开），国家的批文也一直下不来。此时，上海方面已得到国家的批准，宣布上海证券交易所要在 1990 年 12 月 19 日开业。对此，深圳受到鼓舞，认为有上海在前面这么一突破，深圳的很多事情就好办了。1990 年 11 月 22日，李灏与市长郑良玉、副市长张鸿义以及中国人民银行深圳分行负责人王喜义等人一起前往检查深交所筹备情况，当场决定从 1990 年

12 月 1 日开始试营业。同时，决定由李灏进京向中央有关部门说明在深圳建立证券交易所的必要性，争取中央有关部门的批准。

凭着执着精神和敢闯敢试的勇气，深圳把握住了优先试验的机会。1990 年 12 月 1 日上午 9 时，深交所敲响开市的钟声。那一天只有一单交易，安达股票成交 8000 股，是深圳证券交易所安排有色金属证券部报进来的。原来，三家老证券部（中行、市国投、特区证券）私底下协商，深交所开业那天的买单卖单不报到大堂里去，让交易所零成交。这个消息被深交所早两天知道了，悄悄做了工作。因为有了有色金属证券部这一笔报单，使深交所避免了开业首日零成交的尴尬。直到 1991 年 4 月 11 日，在试运行 5 个多月以后，深圳证券交易所才正式获得中国人民银行总行的批文。1991 年 7 月 3 日，深圳证券交易所举行了正式开业典礼。

阅读链接

上海证券交易所的成立

在深圳证券交易所艰难筹建的时候，上海证券交易所后来居上，其筹建的时间比深圳晚，开业的时间却比深圳早。20 世纪 80 年代末，上海已经出现了申银、万国、海通和振业 4 家证券公司，每家证券公司又分设了一些营业网点。因为没有交易中心，股价挂牌是各吹各的号，各唱各的调，无法一致起来。就连申银下设的三个营业部，对同一股票也有着不同的牌价，股民无法选择。证券市场迫切要求建立一个股票交易中心。

1989 年 12 月 2 日，中共上海市委书记兼市长朱镕基召开金融改革会议，对建立上海证券交易所作出决策和部署。据参加会议的时任中国人民银行上海分行行长的龚浩成回忆：时任中国人民银行副行长刘鸿儒、时任交通银行董事长兼行长李祥瑞、时任上海市体改办主任贺镐圣以及上海其他银行的行长和市体改办的相关负责人参加会议。主要议题有两个：一是要不要引进外资银行，二是建立上海证券交易所。对第一个议题大家没有不同意见，一致认为已经到了该引进外资银行的时候了。对第二个议题顾虑较多，认为问题比较棘手，因为当时正值一些媒体舆论反对市场经济，批判多种经济成分。[①] 朱镕基问大家，证券交易所可不可以建，有没有什么风险？大家认为有一定风险，主要是政治风险，而且上海当时有条件上市的公司太少。最好有100家到200家公司有条件上市，其中50家到100家能够上市，到那时建立证券交易所就会水到渠成。朱镕基表示："不要管它，先建立起来再说，在建设中发展壮大。你们不要怕，出了事我和刘鸿儒负责，你们还在第二线呢。"[②] 最后朱镕基拍板决定，成立由李祥瑞、贺镐圣、龚浩成组成"三人小组"，负责筹建上海证券交易所，李祥瑞为组长。朱镕基明确要求，一是"三人小组"的工作直接向市长汇报，对市长负责；二是一年之后的1990年12月上海证券交易所要开业。在成立上海证券交易所的问题上，朱镕基事先曾当面向邓小平请示过，邓小平说："好哇，你们办吧，办了再看，办了不好，我们再改嘛。"

"三人小组"做的第一件事，就是立刻赶赴深圳考察，学习借鉴深圳的做法。与此同时，一批留美归来的年轻学者带来了他们对中国建立证券市场的意见和建议。其中，有代表性的人物是王波明和高西庆。1988年4月他们回国后向有关部门提交了《关于促进中国证券市场法制化和规范化的政策建议》，引起有关方面重视。9月8日，"金融体制改革和北京证券交易所筹备研讨会"在北京万寿宾馆召开，中央财经领导小组、国家计委、国家体改委、中国人民银行、财政部、外经贸部、国务院发展研究中心等部门的领导人到会参加研讨。会后编写的《关于中国证券市场创办与管理的设想》，把中国证券业结构的整体框架勾勒了出来。之后，以归国学者领衔的"民间力量"组建了"北京证券交易所研究设计联合办公室"，即后来被称作"联办"的机构。他们提出在北京建立证券交易所的设想，虽然因种种原因被搁置，但其中的智慧对筹建上交所很有帮助。

在证券交易所选址、建设和股票交易运行的实际操作制度及程序

---

① 龚浩成、谈家隆：《上交所成立始末》，《中国经济周刊》2009年第38、39期合刊。

② 龚浩成：《朱镕基同志与上海金融改革》，《文汇报》2013年8月16日。

设计等方面，推进比较迟缓。恰在这个时候，1990年6月，朱镕基率领上海市政府代表团访问美国、新加坡等地宣传浦东开发开放，最后一站抵达香港，朱镕基宣布：上海证券交易所将在年内成立。这则重磅消息一出，立即引起轰动，外电纷纷评论这"标志着中国改革开放的目标不会变""上海证券市场及金融发展将矗立起一块新的里程碑"。上海方面公开宣布了成立时间，没有退路了，到时间非成立不可了。也正在这个当口，负责上交所建设的筹备组组长发生工作变动。只剩下半年时间，谁接着干？十万火急之下，中国人民银行上海分行负责金管处工作的尉文渊主动请缨接手这项工作。① 其中一件迫在眉睫的事，就是要尽快找到一个宽敞的、合适的场地进行设计、装修、布局，建成股票交易大厅。这时，有人建议到北外滩浦江饭店的宴会厅去看看。跑去一看，大厅不但够宽敞，而且够气派。那时涉外宾馆生意不景气，宴会厅常常处于闲置状态。筹备组当即拍板把宴会厅租了下来。交易现场需要安装50门电话，当时的电话是"稀缺资源"，筹备组碰到了困难。后来经上海市委领导人出面几次协调，才解决问题。关于证券交易是电脑操作还是人工操作，筹备组坚持全部使用电脑操作，这达到了世界一流水平，是具有领先意义的创举。如果没有电子交易的技术基础，中国证券市场也不可能发展得这样快。②

随着上交所各项筹备工作的进展，中国人民银行和上海市政府于9月19日联合向国务院上报了《关于建立上海证券交易所的请示》。过了不到20天，10月8日，国务委员兼中国人民银行行长李贵鲜批示同意。11月26日，上海证券交易所举行成立大会。绝迹40多年的证券交易机构又重回上海滩。12月19日，上海证券交易所举行揭幕典礼并正式开张营业。上海证券交易所的开业促进了我国证券市场进一步发展，加快了浦东开放的进程，是中国扩大和深化改革开放的重要举措。

---

① 尉文渊、周松林：《毛遂自荐筹办上海证券交易所》，《中国证券报》2020年12月18日。

② 尉文渊、徐建刚：《上海证券交易所的第一声锣是这样敲响的》，《上海党史与党建》2008年第8期。

☐ 珠江三角洲经济开放区的开辟

珠江三角洲是广东发展最快的地区之一。1983年7月1日，广东省委第一书记任仲夷、省长梁灵光赴京参加中央工作会议，向国务院总理汇报开发珠江三角洲的设想，建设大、中、小珠江三角洲。大珠江三角洲主要是结合香港、澳门回归以后，以广州为中心，以深圳、珠海为前沿阵地，包括粤、港、澳在内的大三角洲。大珠江三角洲不仅可以促进华南的发展，而且可以辐射大西南以及促进全国的发展。这一设想得到国务院总理的支持。此前，6月15日，谷牧在北京接见广东负责人时对此也表示支持，他指出："上海搞了长江经济区，珠江也有个三角洲，广州至深圳，沿途几个市几个县，这个三角洲同上海不同，华侨多、港澳同胞多。""在珠江三角洲地区，怎么创造条件，确定些优惠的东西，以充分调动广大华侨热爱家乡的积极性。实行特殊政策、灵活措施，就要在这个问题上做文章。"

任仲夷、梁灵光回到广东后，立即进行专题讨论研究，并组织一批人进行珠江三角洲经济区的调查研究和规划。1983年12月12日，省委、省政府向前来广东视察的国务委员谷牧汇报《珠江三角洲经济区规划的初步设想》和需要请中央帮助解决的一些问题。谷牧肯定了这一设想并对规划提出修改意见，他指出："广东实行特殊政策、灵活措施以后，珠江三角洲的经济发展很快，按现在的发展情况看，需要对珠江三角洲地区经济的进一步发展作出统一规划，统一领导，以利更充分地发挥它的作用，并对全省、全国作出贡献，这样来提出问题。"谷牧希望广东省委对这个设想认真研究一下，要听听专家和有关市、县的意见，还要向中央有关部门汇报一次，统一认识，争取在春节前向中共中央、国务院报告。1984年1月15日，谷牧向中共中央、国务院报送《关于珠江三角洲经济发展情况的报告》，列举了珠江三角洲改革开放以后取得的可喜成绩，指出珠江三角洲"发展之快，形势之好，出乎意外"，"应当更加充分地调动和发挥广大海外侨胞爱国爱乡的积极性"。

广东省委、省政府对建立珠江三角洲开放区非常重视，创造条件争取及早付诸实施。1984 年 6 月 25 日，在省六届人大二次会议上，梁灵光代表省政府作题为《开放、改革，努力开创社会主义现代化建设的新局面》的报告，向全省人民提出了充分利用广东优势，加快对外开放和全面振兴广东的发展规划。报告指出："珠江三角洲是我省最富庶的地区，有邻近港澳和著名侨乡的优势。我们要运用特殊政策、灵活措施，以广州为中心，以深圳、珠海为窗口，以中小城市为骨干，以广大农村为腹地，以南海油田为依托，组成完整的经济网络，加快发展步伐。把珠江三角洲建成为一个投资环境好，能够大量引进侨资、外资，引进先进技术，引进智力和人才的社会主义侨乡；一个经济文化发达，能够提前实现社会主义现代化、领先富起来的先行区；一个有充分说服力的对外开放的示范区。从而支援并带动山区和其他地区，促进全省经济的发展。"

1984 年 12 月 23—27 日，广东省委召开地（市）委书记会议，传达贯彻中央在福州召开的广东、福建两省会议的精神。27 日，任仲夷作了系统的总结发言，其中在对外开放方面，提出外贸领域要认真落实国务院领导同志关于珠江三角洲地区鲜活商品出口要直来直去以及扩大食品出口等的重要指示。梁灵光在会上作了《关于建设珠江三角洲经济开放区和当前经济工作的几个问题》的发言，指出："建立珠江三角洲经济开放区，走贸工农的路子，进一步发挥优势，把对外引进和对内联合、把沿海的发展和内地的开发结合起来，带动腹地和山区经济的发展，这是一项意义重大的战略决策。"

为了适应加快沿海开放步伐的需要，国务院有关部门负责人深入长江三角洲、珠江三角洲考察，在广泛听取意见的基础上，于 1984 年 12 月向中央递交了《关于沿海地区经济发展的几个问题》的考察报告，就如何迎接开放沿海 14 个港口城市后的新形势，促进沿海地区的经济更快发展等问题，提出了许多重要意见。该报告将经济特区、开放城市、经济开放区的地位和作用，形象地比喻为"对外开放的桥头堡，要起跳板作用"。上海、广州等大城市应当是"两个扇面、一个枢纽"。为了加强这种功能，该报告提出必须坚持"外引内联"的方针，并建议开放珠江三角洲和长江三角洲，进而陆续开放辽东半岛和胶东半岛，北起大连港，南至北海市，构成一个对外开放的经济带。

这个报告受到中央领导人的高度重视。邓小平在阅读后兴奋地说，沿海连成一片了，这很好嘛！

经过紧张筹备，1985 年 1 月 25 日至 31 日，国务院召开的长江三角洲、珠江三角洲和闽南厦（门）漳（州）泉（州）三角地区座谈会在中南海举行。到会的有江苏、上海、浙江、福建、广东五省市和有关省辖市、地区、县的负责人以及中央各有关部门的负责人。会议认为，把这几个地区开辟为沿海经济开放区，是中国对外开放的重要战略部署，既可以加快沿海经济的发展，在全国最先建设成为内外交流、工农结合、城乡渗透、现代化、开放式的文明富庶地区，还可以带动内地，达到优势互补，相得益彰。梁灵光率广东代表团参加了座谈会并在会上发言，介绍了珠江三角洲经济开放区的范围、发展目标及采取的措施和初步设想。

2 月 18 日，中共中央、国务院批转《长江、珠江三角洲和闽南厦漳泉三角地区座谈会纪要》，提出在长江三角洲、珠江三角洲和闽南厦漳泉三角地区开辟沿海经济开放区，这三个沿海经济开放区的范围包括 13 个市、46 个县和 2 个大镇。这是中国实施对内搞活经济、对外实行开放的又一重要步骤，是社会主义经济建设中具有重要战略意义的布局。这三个经济开放区形成贸—工—农型的生产结构，即按出口贸易的需要发展加工工业，按加工的需要发展农业和其他原材料的生产。

经中央确定，珠江三角洲经济开放区（也称"小三角"）范围包括：佛山市及所辖的中山市、南海县、顺德县、高明县；江门市及所辖的开平县、新会县、台山县、鹤山县、恩平县；广州市所辖的番禺县、增城县；深圳市所辖的宝安县；珠海市所辖的斗门县；惠阳地区所辖的东莞市。当时上述地区总人口为 951 万，总面积为 21492 平方公里。1985 年 3 月 25 日，广东省委、省政府向中央、国务院报送了《关于广东实行特殊政策、灵活措施的情况和今后意见的报告》。该报告中提出今后的工作目标之一就是建立珠江三角洲经济开放区。3 月 28 日，省委、省政府向中央报送了《关于广东省 1984 年经济发展情况和 1985 年经济工作主要打算的报告》，在这个报告中再次提出 1985 年要抓紧珠江三角洲经济开放区的建设。

1985 年 4 月 19 日，省政府召开珠江三角洲经济开放区规划工作会议。会议传达学习了国务院召开的座谈会精神，梁灵光在会议上的讲话中，首先强调必须充分认识建立珠江三角洲经济开放区的重大意义，指出这是中央对广东省实行特殊政策、灵活措施的继续和发展，是进一步实行改革和开放，加速沿海经济发展，带动内地经济开发的一项重大战略部署。要进一步明确建立珠江三角洲经济开放区的任务，不仅要把开放区建设成为文明富庶的地区，还要起到四个"窗口"（即技术、管理、知识和对外政策的窗口）和两个"扇面"（即对内、对外辐射）的作用。要坚决按照中央提出的方向和政策措施，有领导、有步骤地进行有关工作，使开放区的建设健康发展。

为了保证珠江三角洲经济开放区的健康发展，省政府决定成立珠江三角洲经济开放区规划领导小组。规划领导小组下设办公室负责具体工作。领导小组由胡广恩任组长，凌伯棠、王焕任担副组长，成员由省政府办公厅、外经委、计委、经委、财委、科委、财办的有关人员组成，主要负责统一规划、组织协调、调查研究和情况综合等工作。省政府要求经济开放区内各市、县参照这个办法成立领导小组，要有领导干部分工专管。会后，珠江三角洲经济开放区各市、县雷厉风行地开展了规划制订的工作，并逐步予以实施。

在经济开放区内，各市、县选择了一些工业基础好，出口能力较强，具有为大中城市工业生产提供配套产品或加工服务的条件，周围农村经济比较发达，交通运输比较方便的城镇设置重点工业卫星镇。到1985年底，经省政府批准，在经济开放区建立重点卫星镇118个，占经济开放区镇总数的六成。按照中央政策规定，省政府还制定有关政策，对卫星镇扩大自主管理权限，给基层以更多更大的办事权力，并在财政、税收、对外经济贸易等方面给予优惠政策，比如卫星镇企业进口设备免征关税等。这对珠江三角洲工业的发展，起到了重要的推动作用。

1987年，经国务院批准，珠江三角洲经济开放区逐步扩大为"大三角"，新增加的有佛山市所辖的三水县；广州市所辖的花县、从化县；肇庆市及其所辖的高要县、四会县、广宁县；惠州市及其所辖的惠阳县、惠东县、博罗县；清远市；珠海市所辖的香洲区等，扩大为28个市、县及1个郊区，土地面积4.43万平方公里，人口1576.65万人，分别占全省的 24.9% 和 27% 。随着珠江三角洲经济开放区的扩大，省政府将珠江三角洲规划方案的实施纳入各市、县的国民经济和社会发展计划，由各市、县政府负责具体领导和实施，由政府各职能主管部门和办公室处理日常工作。

□ 对外贸易第一大省的锻造

改革开放进入 20 世纪 80 年代中后期，广东进出口总额、国民生产总值、财政收入等多项主要经济指标位居全国第一或前列，实现了跨越式发展。

广东对外贸易迅速增长。在不到 10 年时间内，广东进出口跃居全国首位，在全国对外贸易中的地位和作用有了显著的提升。1986 年，广东出口势头之好前所未有，创历史最高水平。出口实绩达 42.5 亿美元，占全国出口总值的 15.7% ，进口 25.6 亿美元，占全国的 8% 。广东进出口总额 68.1 亿美元，跃居全国首位，广东对外贸易在全国的排头兵地位由此形成。[①] 此后，广东对外贸易连续 30 多年一直在全国居首位，出口创汇和利用外资规模也居全国首位。"广东外贸是一头快牛，一头充满活力的快牛。"

在规模迅猛发展的同时，广东出口商品结构也逐步优化。广东出口结构从初级产品为主向工业制成品为主转变。电风扇、洗衣机、电视机、服装一跃成为出口超千万甚至超亿美元的"拳头"产品，初步改变了长期以来的出口商品结构；逐步出现一些专业化企业群体，即所谓的"手表城""包袋城""皮鞋城""玩具城"等。

在"放权""搞活"的大气候下，各类型出口主体经营外贸的积极性空前提高，广东逐步形成了多渠道、多层次、多形式的外贸经营格局。1986 年，省、市外贸公司出口量占出口总额的 82.4% ，同比增长 42.4% 。同时，外商投资企业和"三来一补"企业异军突起，出口

---

① 广东省对外经济贸易委员会：《广东省对外经贸工作 1986 年总结和 1987 年安排》（1987 年 3 月 2 日），广东省档案馆藏，档案号：302 – A1·12 – 10；广东统计局：《广东省统计年鉴（1987）》，中国统计出版社 1987 年版，第 329、339 页。

迅速增长，增速分别为 74.9% 和 29.1%，成为拉动出口快速增长的重要力量。广东的出口市场也迅速扩大到 140 多个国家和地区。

1989 年春夏之交发生政治风波之后，西方国家对中国实行经济"制裁"，东欧剧变、苏联解体，国内外政治环境困难。国内治理整顿正处于关键时期，虽然经济"过热"得到控制，但经济环境进一步趋紧，全国的工业增长速度和国民生产总值增速双双出现下滑，甚至负增长。广东通过大力发展外向型经济，走出了最初的困境。时任广东省省长叶选平在 1990 年政府工作报告中指出："凡是外向型经济发展得比较快、搞得比较好的地方和企业，克服困难的回旋余地就大一些，整个经济和经营情况都比较好。在去年全省工业速度回落、一般贸易出口下降的情况下，'三资'企业和'三来一补'企业的产值比重和出口比重都有所上升。经济特区、开放城市以及沿海开发区的经济，也在治理整顿中继续保持发展势头……外向型经济又有新的发展。"① 外向型经济对推动广东经济社会发展作出了关键性贡献，全年工业总产值保持了 15.9% 的增长速度，国民生产总值增长了 7.5%，达到了 1283.94 亿元。在这样国内外、省内外经济环境比较困难的情况下，广东国民生产总值跃居全国第一。②

90 年代，广东对外贸易继续保持快速增长。尤其是 1990—1995 年期间，广东进出口额以年超百亿美元的规模增长，年均增速达 20%。最为突出的是，1994 年广东进出口总额达到 966 亿美元，占全国的比重高达 40%，是历史上占全国比重的最高纪录，形成了"全国外贸看广东"的局面。1995 年，广东进出口总额首次突破 1000 亿美元大关，达到 1039.7 亿美元。③ 当年，利用外资也掀起高潮，广东利用外资走入鼎盛时期。外商直接投资势如潮涌，呈现跳跃式增长。

广东对外贸易的爆发式发展，成为经济发展的"特色"和"引

---

① 广东省人民政府办公厅编：《广东省人民政府政府工作报告汇编》，广东人民出版社 2016 年版，第 548-549 页。

② 广东省人民政府办公厅编：《广东省人民政府政府工作报告汇编》，广东人民出版社 2016 年版，第 545、546 页。

③ 参见广东省统计局：《广东统计年鉴（1995）》，中国统计出版社 1995 年版；广东省统计局：《广东统计年鉴（1996）》，中国统计出版社 1996 年版。

擎"，成为拉动广东经济高速增长最主要的"发动机"，促使广东成为中国经济发展最快的地区之一，广东在全国的经济地位迅速提高，赢得了地区先发优势。

☐ 广州"中华第一街"的打造

南华西街是广州市海珠区的一条行政街道，下辖同福西、南华西、滨江西三段，有77条自然街巷。因地处广州市的老城区，过去居住环境拥挤肮脏，在仅有1.1平方公里的范围内住有3万人口，经济基础薄弱，文化设施很差。党的十一届三中全会后，全国精神文明建设也进入了发展的新阶段。1979年9月党的十一届四中全会通过的叶剑英在国庆30周年大会上的讲话中，首次提出了"建设社会主义精神文明"这个命题，并把"建设高度的社会主义精神文明"正式规定为社会主义现代化建设的"重要目标"和实现"四化"的"必要条件"，广东精神文明建设也由此逐渐铺开。此时，广东响应中央有关部门提出的开展"五讲四美三热爱"活动的号召，城市精神文明建设以开展"全民文明礼貌月"活动为起点，以"五讲四美三热爱"为主要内容，以"学雷锋、创三优、治理脏乱差"为突破口。广州的南华西街走出了一条物质文明和精神文明两手都要抓、两手都要硬的路子，成为了中国城市精神文明建设的典范。

党的十一届三中全会之后，韩伟煜担任南华西街党委书记，上任伊始，他就理直气壮地宣布："我这个书记是抓经济的。"他带领南华西街党委一班人敢闯敢拼，坚持街道工业集体办的发展道路，把街道生产组改为生产公司，把生产社改为厂，进行内部管理体制改革，简政放权，把人财物、产供销权力下放给企业。南华西街提出全街经济发展方针为"宜小则小，宜大则大，宜内则内，宜外则外，宜工则工，宜商则商，老厂带新厂，新厂促老厂，东方不亮西方亮，大中小项目一起上"，要放开手脚大干。在缺资金、技术、人才的情况下，依靠开展横向经济联合开始了经济发展。从1980年起，南华西街利用国家允许开展跨地区、跨行业联营的机会，率先与北京化工厂联营，随后又与上海、无锡、兰州等地的400家大中型企业横向经济联合，借助这些企业的"牌子""票子""房子""才子",解决了技术设备落后和资金、人才不足问题,装配和生产出风机盘管空调器、柴油发电机等产品。1984 年,南华西街工业利润首次突破 600 万元大关,居全市街道工业之冠。到 1985 年,工业利润倍增,达到 1500 万元。在 1985 年年底召开的全国十个经济单列城市城区经济研讨会上,南华西街所创工业利润被认定为全国十大城市街道之冠。1991 年年底,南华西街工业总产值、营业收入双双超过亿元,在全国的城市区街经济中被誉为"中华第一街"。

在发展经济的基础上,南华西街投入大量资金进行精神文明建设,兴办街道各项公益事业,加强思想道德和教育科学文化建设,办实事、办好事,建立了职工培训中心、文化中心、康复中心、幼儿园、托儿所、敬老楼等,解决就业难、入托难、养老难、用水用电难等一系列问题。南华西街每年拿出一定的资金建设绿化景点和改造街巷路面,使该街成为"花城第一街""绿树花丛工业街",居民享受"老有所养、壮有所用、青有所学、幼有所管、婴有所托、残有所辅"的生活。在精神文明建设方面,南华西街成绩更加喜人。沿着古老的同福路西行,在一座别具一格的月亮门门楣上镌刻着"南华西街"四个大字。与大街上繁闹的商业世界相比,这里给人以世外桃源之感。

南华西街在物质文明和精神文明的建设成就,得到了广东省委、省政府和广州市委、市政府的充分肯定。从 1984 年开始,海珠区委、区政府连续开展学习和推广南华西街经验的现场会活动。1985 年 1 月 4 日,广州市委、市政府在南华西街召开"广州市南华西街两个文明建设现场会",提出"全市各区街学南华西",并分批开展文明街道竞赛活动,从而揭开了全市创建文明街道竞赛的序幕。1985 年 8 月 26 日,省委在南华西街召开有全省各市、地委负责人以及省直有关单位负责人参加的现场会,向全省推广广州市南华西街两个文明建设一起抓的经验,时任省委副书记谢非在现场会上讲话,充分肯定了南华西街两个文明建设的经验,指出南华西街的经验主要有四条:第一,以经济建设为中心,用正确的思想指导经济工作。该街党委把发展经济作为中心工作来抓,善于调动各方面的积极因素来发展街道经济。第二,紧紧抓住造就一代新人这个建设社会主义精神文明的根本。南华西街党委抓住造就"有理想、有道德、有文化、有纪律"一代新人这个根本，广泛深入地开展"五讲四美三热爱"活动，加强以共产主义思想为核心的思想政治工作，在提高群众特别是青少年的文化技术知识水平的同时，大力提高他们的觉悟。第三，坚持社会主义精神文明建设，必须有一套切实可行的办法。南华西街数年如一日，以持之以恒的精神不间断地开展建设社会主义精神文明的活动，在实践中形成了一套切实可行的办法。第四，关键在于领导班子既有理想又能实干。南华西街重视社会主义精神文明建设，真正做到两个文明一起抓，关键在于南华西街党委有理想、有作为，是一个团结一致而且朝气蓬勃的领导班子。他们热爱街道工作，任劳任怨地为群众办事；他们团结一致，努力工作，富有开拓精神。

南华西街两个文明建设有了很大的进展，市民的精神面貌和整个街道的面貌发生了明显的变化，许多工作走在了全国和省、市的先进行列。南华西街受全国表彰的工作有 29 项（次），受省表彰的工作有 61 项（次），受市表彰的工作有 373 项（次），受区表彰的工作有 753 项（次），荣获"中国街道之星""全国最佳街道""全国精神文明创建活动示范点""全国精神文明建设工作先进单位""广东省模范基层党组织""广东省文明单位""广东省模范集体"和"广州市精神文明建设红旗单位"等称号。1990 年 6 月 26 日，中共中央总书记江泽民前来南华西街视察，街党委负责人汇报了街道两个文明建设的情况；2000 年 2 月 24 日，在江泽民到广东考察期间，南华西街党工委负责人参加了由江泽民主持的广州地区党建工作座谈会并汇报了社区党建工作。

阅读链接

农村精神文明"南海经验"的形成

佛山南海位于珠江三角洲腹地，是广东经济发展最为迅速的地区之一。20 世纪 80 年代中后期，随着南海经济的发展，当地不少农民逐步富裕起来了，但也出现了一些亟须解决的新问题。这些问题主要是部分农民思想观念和科学文化素质与农村现代化建设的要求不适应，农村一些地方脏乱差严重，治安秩序混乱，社会风气不好，封建迷信活动蔓延。物质文明是基础，但是精神文明搞不好，物质文明也要受到破坏，社会也不可能健康地向前发展。邓小平明确提出："不仅经济要上去，社会秩序、社会风气也要搞好"，"这才是有中国特色的社会主义"。从1990年开始，南海广泛深入开展群众性的精神文明创建活动，根据广东省委和佛山市委的有关指示精神，南海从本地实际出发，实行由点到面、分批铺开的做法，抓好"镇、村、户、路"四个层次的精神文明建设，并探索出一条"以城镇为龙头，以村户为基础，以道路为纽带，城乡一体，共建文明，同求安宁，共促繁荣"的创建路子。

以群众为核心，从群众最关心、最需要解决的问题入手，引导广大群众自觉参与文明创建活动。在经过群众反复讨论的基础上，南海订出了评选文明村"七化八风"（村头标志化、道路沟渠硬底化、吃水自来水化、厕所卫生化、禽畜专栏化、保洁经常化、村前村后绿化美化，爱国爱乡风、遵纪守法风、兴文重教风、敬老爱幼风、邻里和睦风、计划生育风、婚事新办风、丧事简办风）的标准和文明户的十条标准。[1]

以改造农村环境、树立文明新风为重点，建设现代文明和进行新农村改造。南海农村环境改变从整治村容村貌开始。他们按照"七化"的要求，大搞环境建设。截至1995年年底，南海在整治村容村貌方面累计投入资金6.97亿元，其中修筑村中水泥道路1131公里，铺设村中水泥街巷992公里，建桥467座，建无害化公厕1176座，建造村中大小公园126个，还有一大批花基、花圃等绿化美化设施，使村容村貌大为改观。[2] 不仅大大改善了群众的生活环境和工作环境，对经济发展也起到了很大的推动作用。例如，90年代初期一位新加坡客商想到里水镇里水管理区投资设厂，看到满村牛屎垃圾，厕所无立足之地，皱眉掩鼻而走。这件事促使干部群众深深认识到，农村的环境建设，不仅关系群众的生活环境和工作环境，而且直接关系到投资

---

① 冯永宁：《农村精神文明建设怎样适应社会主义市场经济的发展——南海市精神文明建设上新台阶的思考》，《现代哲学》1993年第4期。

② 吴赤峰：《移风易俗、改造社会的伟大创造——从南海市看农村群众性精神文明创建活动》，《学术研究》1997年第3期。

环境的好坏，关系到经济建设的发展。

以提高农民素质为目标，推进农村经济、环境和人的全面协调发展。比如，1988 年，南海农村就已经实现了"普九"教育。进入 90 年代以后，南海借助雄厚的经济实力，办教育的气魄很大，投资千万元办小学、投资几千万元办中学的村镇，比比皆是。

南海的精神文明建设，取得了令人瞩目的成绩。从 1990 年到 1993 年 5 月底，南海开展创建文明村（户）镇活动的管理区占管理区总数的 94.2%，开展评选文明户的村庄占总村数的 73.5%，完成文明户评选工作的占开展活动数的 68.2%，89100 多农户挂上"文明户"的牌子，几乎占参评总数的九成，在农村创建文明村、文明户的基础上，南海又进一步把它扩展到各镇城区机关、工厂、企业、学校、医院、市场等企事业单位。①

鉴于南海精神文明建设的成绩，广东省委曾作出精神文明建设"农村学南海市、城市街道学广州南华西街"的决定。1992 年，省委先后两次在南海召开农村和城镇的文明建设会议。一次是 4 月召开的"全省创建文明户、文明村镇经验交流会"，总结推广南海"七化八风"先进经验；一次是 10 月召开的创建文明城镇的座谈会，在南海前期成功做法的基础上，进一步推进文明村镇的创建活动。之后，全省各地加强了对文明村、文明户工作的领导，村镇文明建设活动持久地、深入地向前推进。

农民思想道德素质和科学文化素质的提高，有效推动了经济社会的发展。1995 年，南海实现地区生产总值 175 亿元，比 1994 年增长 24.9%；工农业总产值 354.2 亿元，比 1994 年增长 39.08%；财政总收入 19.98 亿元，比 1994 年增长 29.3%；农民人均年纯收入 4702 元，城镇职工人均年货币收入 9781 元，分别比 1994 年增长 21.65% 和 13.64%。通过深入持久开展群众性精神文明创建活动，南海全面提高了人的现代文明素质，达到了经济繁荣、社会安定、风尚良好、科教领先、文体发达、环境优美、城乡一体的目标。

---

① 秋实：《把广东农村精神文明建设推上新台阶》，《探求》1993 年第 5 期。

第十一章

改革开放进入新阶段

历史概说

要事本末

- ☐ 追赶亚洲"四小龙"战略的实施
- ☐ 珠海科技重奖的兑现
- ☐ 分税制改革的贯彻
- ☐ 顺德产权制度改革的试验
- ☐ 地方"立法试验田"的推进
- ☐ 亚洲金融危机的应对
- ☐ 国有企业"攻坚之役"的发起
- ☐ 共同富裕典型南岭村的腾飞

历 史 概 说

20 世纪 80 年代末 90 年代初，国际风云突变。在东欧剧变、苏联解体，国内政治风波后复杂变幻的政治经济形势下，中国改革开放处于该向何处去的抉择徘徊中。在这一关键时刻，88 岁高龄的邓小平于 1992 年 1 月再次来到广东，先后视察了深圳、珠海和顺德等地。邓小平在南方视察过程中，一路上反复强调：坚持党的基本路线一百年不动摇；改革开放胆子要大一些，看准了的就要大胆地试，大胆地闯；要警惕右，主要是防止"左"。邓小平特别要求广东要抓住时机，发展自己；带头闯，要上几个台阶，力争用 20 年的时间赶上亚洲"四小龙"。1992 年 10 月，中共十四大明确了建立社会主义市场经济体制的改革目标，标志着党不仅使改革开放迈出更大步伐，而且对有中国特色社会主义的认识进一步深化。

作为中国改革开放和社会主义现代化建设排头兵的广东，中央寄予更高期望，要求广东用 20 年的时间基本实现社会主义现代化。广东深感责任重大、使命神圣和压力巨大。为了贯彻落实邓小平在南方谈话中提出的要求和中共十四大精神，广东制定了率先基本实现社会主义现代化的发展规划。1993 年 5 月 21 日，中共中央政治局委员、广东省委书记谢非在中共广东省第七次代表大会上作了题为《为广东二十年基本实现现代化而奋斗》的报告。这次大会正式确定把 20 年赶上亚洲"四小龙"、基本实现社会主义现代化作为广东的奋斗目标。

1993 年 12 月，中共广东省委七届二次会议通过《中共广东省委关于建立社会主义市场经济体制若干问题的实施意见》，决定用 5 年时间在全省建立起社会主义市场经济体制的基本框架。改革在深化国企改革、发展农村股份合作制、转变政府职能、金融体制改革、投资体制改革、价格改革、财税体制改革、建立社会保障制度、扩大对外开放、加快市场经济立法等 10 个方面展开。到 1997 年 10 月，建立社会主义市场经济体制的各项改革取得了突破性进展，市场经济体制已具雏形。

世纪之交，随着全国各地改革开放的全面推进，广东原有的"特殊政策和灵活措施"的政策优势逐渐弱化，广东必须把握时机，寻找新的突破口，争创发展新优势。1998 年 3 月 9 日，中共中央总书记、国家主席、中央军委主席江泽民在参加九届全国人大一次会议广东代表团的讨论时，殷切期望广东"增创新优势，更上一层楼，率先基本实现社会主义现代化"。同年 5 月，按照"增创新优势，更上一层楼"的要求，广东省委在中共广东省第八次代表大会上提出大力推进经济体制和经济增长方式两个根本转变，突出抓好"外向带动""科教兴粤"和"可持续发展"三大发展战略，着力增创体制、产业、开放和科技四大新优势。此后，广东继续在率先基本实现社会主义现代化的道路上阔步前进。

2000 年 2 月 20 日，江泽民出席广东省高州市领导干部"三讲"教育会议，提出了"五个始终"的要求；2 月 21 日至 25 日，江泽民在广东考察工作，围绕推进党的建设新的伟大工程和高新技术产业发展进行调研。在考察期间，他完整地提出了"三个代表"重要思想。"三个代表"重要思想成为新的强大思想武器，推动广东抓住机遇，加快发展，在世纪之交，广东又掀起了一轮改革发展新浪潮。

邓小平南方谈话和江泽民考察广东的讲话，都殷切希望广东抓住机遇，加快发展。广东始终以邓小平理论和"三个代表"重要思想为指导，以率先基本实现社会主义现代化为总任务、总目标，学习实践有中国特色社会主义理论体系，高举旗帜，解放思想，牢记使命，不负重托，深化改革，扩大开放，在追赶亚洲"四小龙"和率先基本实现社会主义现代化上取得明显成效，经济发展和综合实力实现新跨越。亚洲"四小龙"曾经创造了经济长期保持高速增长的奇迹，广东在追赶亚洲"四小龙"的过程中，保持了比亚洲"四小龙"经济起飞时期速度更快、时间更长的经济增长。1992 年的广东，人口与亚洲"四小龙"总人口相当，但经济实力差距很大，经济总量还不及香港的一半。从 1992 年算起，广东地区生产总值用了 6 年时间追上新加坡，用了 11 年时间赶上香港，用了 15 年时间超越台湾，一步步地向全面建设小康社会、率先基本实现现代化的宏伟目标迈进。

要 事 本 末

□ 追赶亚洲"四小龙"战略的实施

1992 年 1 月，在中国改革开放的关键时刻，邓小平视察南方并发表谈话，对建设有中国特色社会主义的理论作了精辟深刻的论述，科学回答了什么是社会主义、如何建设社会主义等重大理论和实践问题，精辟分析了国际国内形势，科学总结了党的十一届三中全会以来的基本实践和基本经验，明确回答了长期困扰和束缚人们思想的许多重大认识问题。邓小平在视察广东时指出："广东二十年赶上亚洲'四小龙'，不仅经济要上去，社会秩序、社会风气也要搞好，两个文明建设都要超过他们，这才是有中国特色的社会主义。"①

根据邓小平南方谈话提出广东要力争用 20 年时间赶上亚洲"四小龙"和中共十四大提出的广东力争 20 年基本实现社会主义现代化的要求，广东省委结合本省实际，掀起了新一轮深化改革、扩大开放、加快发展的热潮，制定了力争 20 年赶上亚洲"四小龙"、基本实现社会主义现代化的奋斗目标，并且明确了在全国率先建立社会主义市场经济体制的构想，还要做到"坚持两手抓，两手都要硬"。

为了加快广东社会主义现代化建设的步伐，广东省委、省政府于 1992 年 3 月 12 日就进一步扩大开放的若干问题作出决定，指出：90 年代扩大开放要实现的基本目标，是建立具有较强国际竞争能力、高效、开放的国民经济体系和良好的外向型经济运行机制；经济特区要发挥优势，建立以高新技术产业为先导，以先进工业为基础，以高度社会化的第三产业为支柱的产业结构，发展现代化程度较高的农业，

---

① 《邓小平文选》第 3 卷，人民出版社 1993 年版，第 378 页。

办成科技型、综合型和多功能、高层次的特区；以广州为中心的珠江三角洲经济开放区要加快高技术产业带的建设，调整和优化产业结构，努力发展成为竞争力较强、吸引力较大、富于活力的经济区；把惠州大亚湾、珠海西区和横琴岛、广州的南沙作为90年代进一步扩大开放的重点区域，认真规划，打好基础，加快开发建设；与珠江三角洲相连的东部（汕头市、汕尾市、潮州市、揭阳市）与西部（湛江市、茂名市、阳江市）两翼及西江走廊，要积极利用外资，发展外向型生产基地，扩大对外贸易和劳务出口；山区市县要加快交通、通信和能源的建设，努力改善投资环境，增强外向能力，力争使山区对外开放在90年代有一个新的突破；加快推进对外经济贸易的多元化战略；推动有条件的企业到海外投资，兴办跨国企业；要大胆地利用外资、引进技术，努力提高利用外资的水平；进一步简政放权，扩大市、县审批利用外资的权限；加快金融改革，创造一个更适宜于外资营运的金融环境；进一步改善投资环境，高度重视发展外向型经济所需人才的培养工作，提高人才素质。

1992年4月25日至5月9日，国务院副总理邹家华带领国务院10个部委办联合组成的"国务院广东经济发展战略调查组"，在广东进行了为期半个月的调查研究，了解广东改革开放以来所取得的成绩和经验，研究探讨如何落实为完成邓小平提出的广东要力争在今后20年内赶上亚洲"四小龙"目标而采取的措施。调查组首先听取了广东省和广州、深圳、珠海以及顺德等地的汇报，又到广州、深圳、珠海、汕头、东莞、中山、佛山、惠州、茂名、番禺、顺德等11个市县进行实地考察。在总结广东经济发展经验时，邹家华指出广东有四个方面的经验特别值得重视：第一，充分运用了中央所给予的特殊政策和灵活措施，思想解放，观念更新，在经济运行中运用市场手段，在很大程度上加速了商品经济的发展。第二，因地制宜，在改革开放中结合本地的实际情况，充分调动各级政府、人民群众的积极性，创造了多种良性循环发展经济的形式，形成了一批优势产业。第三，大力加强能源和交通等基础设施建设，不但把能源、交通作为经济建设本身的需要来发展，而且是作为发展外向型经济的一个重要投资环境来建设。第四，外引内联，双向发展，充分开拓国际国内两个市场。对于广东下一步发展战略中需要注意的主要问题，邹家华提出广东今后20年的经济发展战略，应该把人均地区生产总值、单位地区生产总值对能源和原材料的消耗，科技进步在经济增长中的含量，进出口总额占地区生产总值的比重和进出口的构成，衡量人民生活水平提高的指标以及精神文明建设方面的指标等内容，作为追赶亚洲"四小龙"的目标来考虑，要从经济整体的水平，而不是简单地从某个产业目标上来追赶亚洲"四小龙"。

1992年7月1日，广东向中共中央、国务院报送《关于加快广东发展步伐，力争二十年赶上亚洲"四小龙"的请示》。主要内容有：在经济的总体水平上赶上亚洲"四小龙"，在精神文明方面要比他们强。20年内分为两个阶段：2000年前的10年为第一阶段，争取在总体上达到亚洲"四小龙"1990年的经济水平，其中一部分地区达到或接近亚洲"四小龙"2000年的平均水平；2000年后的10年为第二阶段，全省从总体上达到亚洲"四小龙"2010年的经济水平。为达到上述目标，全省采取的主要措施包括：其一，紧紧依靠科技进步，促进经济高速发展；其二，大力发展能源、交通、通信，加强石油化工、冶金、建材等原材料工业建设；其三，调整经济布局；其四，积极开拓国内外市场，建立多元化、开放式的市场网络；其五，建立和健全良好的资金筹集、运用、增值转动机制，保持较高的投资率；其六，加速发展第三产业，尤其要大力发展信息产业、金融保险业、房地产业和商业、旅游服务业等；其七，努力发展教育，提高劳动者素质；其八，加强社会主义精神文明建设和党的建设。

在全省各地区各部门的通力合作下，经过反复修改形成《广东省20年经济社会发展纲要（草案）》。该纲要草案将广东实现社会主义现代化分为两个阶段：1991—2000年为第一阶段，到2000年地区生产总值要实现比1980年翻三番多，总体达到中国台湾地区和韩国1990年的经济水平；2000—2010年为第二阶段，到2010年，全省总体相当于中国台湾地区和韩国当年的经济水平。同时，各项主要经济指标基本达到中等发达国家水平。1992年9月26日，广东省政府举行新闻发布会，宣布国务院已批准将韶关、河源、梅州3市列入沿海经济开放区，同时将大亚湾、南沙两地开辟为经济技术开发区。

1993 年 5 月 21 日至 26 日，中共广东省第七次代表大会召开。中共中央政治局委员、广东省委书记谢非作了题为《为广东二十年基本实现现代化而奋斗》的报告。他提出："广东基本实现现代化，就是全省经济发展总体上达到世界中等发达国家的水平，精神文明的水平更高。主要体现为科学技术发达，经济实力雄厚，人民生活富足，民主法制健全，社会风气良好。"会议制定了"三个三工程"（建立社会主义市场经济、民主法治和廉政监督三个机制，强化农业、交通能源通信和教育科技三个基础，实现产业结构、生态环境和人口素质三个优化），确定以建设有中国特色社会主义的理论为指导，以经济建设为中心，以改革开放为动力，以四项基本原则为保证，坚持"两手抓"的方针；会议正式确定广东在未来 20 年间赶上亚洲"四小龙"、基本实现社会主义现代化的奋斗目标。

经过不懈努力，广东追赶亚洲"四小龙"的进程不断推进。到 1998 年，广东地区生产总值达 1030 亿美元，超过新加坡的 828 亿美元；到 2003 年，广东地区生产总值达 1914 亿美元，超过中国香港的 1585 亿美元；到 2007 年，广东地区生产总值突破 3900 亿美元，超过中国台湾的 3766 亿美元。从 2005 年开始，广东对韩国的追赶出现重大突破，当年广东生产总值的增量达 450 亿美元，首次超过韩国的生产总值 345 亿美元，使广东与韩国经济总量的绝对差距进入不断缩窄的新阶段。2019 年，广东地区生产总值达到 1.56 万亿美元，韩国国内生产总值为 1.64 万亿美元，差距在 800 亿美元左右，广东与韩国的差距越来越小，赶超指日可待。从 2020 年经济总量上看，广东经济总量首超 11 万亿元大关，约合 1.71 万亿美元，超越了韩国 2019 年经济总量；根据世界银行的统计数据，韩国 2020 年经济总量为 1.58 万亿美元，广东的经济总量首次超过韩国的经济总量。

阅读链接
邓小平 1992 年春南方谈话的发表

20 世纪 80 年代末 90 年代初，东欧剧变、苏联解体，国际共产主义运动处于低潮。中国面临严峻的挑战，再次引起人们对中国前途命运的关注。在国内，发生了春夏之交的政治风波。面对复杂形势，有些人产生思想困惑，有些人对改革开放提出是姓"社"还是姓"资"的疑问，对中共十三大确立的基本路线产生动摇。

在改革开放的关键时刻，邓小平视察南方。1992年1月17日，一列8节车厢的绿皮专列载着邓小平一行悄然出京。专列于1月18日上午9点和下午4点分别在湖北武汉和湖南长沙短暂停靠。1月19日上午9时专列到达深圳火车站，前来迎接的是广东省委书记谢非和深圳市委书记李灏等人。当天下午3时，邓小平外出参观深圳市容。邓小平一路看一路讲。关于证券、股票，邓小平说这些东西好不好，社会主义能不能用，允许看，但要坚决地试；在罗湖，邓小平对谢非提出"广东要力争用20年赶上亚洲'四小龙'"的奋斗目标。邓小平说："对办特区，从一开始就有不同意见，担心是不是搞资本主义。深圳的建设成就，明确回答了那些有这样那样担心的人。"①

1月20日，邓小平参观当时全国最高、号称"神州第一楼"的国贸大厦。在国贸大厦第53层的旋转餐厅，邓小平一边浏览深圳经济特区总体规划图，一边听取李灏的汇报，随后作了长达30分钟的讲话。这一次讲话成为整个南方谈话中最重要的部分。邓小平再次肯定了深圳的建设成就，明确给出了判断"姓社姓资"的"三个有利于"标准。他说："深圳的重要经验就是敢闯。没有一点闯的精神，没有一点'冒'的精神，没有一股气呀、劲呀，就走不出一条好路，走不出一条新路，就干不出新的事业。""改革开放胆子要大一些，敢于试验，不能像小脚女人一样。看准了的，就大胆地试，大胆地闯。""改革开放迈不开步子，不敢闯，说来说去就是怕资本主义的东西多了，走了资本主义道路。要害是姓'资'还是姓'社'的问题。判断的标准，应该主要看是否有利于发展社会主义社会的生产力，是否有利于增强社会主义国家的综合国力，是否有利于提高人民的生活水平。"②这给争论不休的"姓资姓社"问题最立场鲜明的回答。邓小平明确指出："要坚持党的十一届三中全会以来的路线、方针、政策，关键是坚持'一个中心、两个基本点'。不坚持社会主义，不改革开放，不

---

① 《邓小平文选》第3卷，人民出版社1993年版，第372页。

② 《邓小平文选》第3卷，人民出版社1993年版，第372页。

发展经济，不改善人民生活，只能是死路一条。基本路线要管一百年，动摇不得。"① 邓小平在后来的行程中，不时强调："基本路线要管一百年，动摇不得。"

1 月 22 日下午，邓小平在深圳迎宾馆召集广东及深圳地方党政干部谈话。这一次谈话明确指出什么是社会主义，并论述了社会主义与市场经济的关系。邓小平指出："社会主义的本质是解放生产力，发展生产力，消灭剥削，消除两极分化，最终达到共同富裕。""计划多一点还是市场多一点，不是社会主义与资本主义的本质区别。计划经济不等于社会主义，资本主义也有计划；市场经济不等于资本主义，社会主义也有市场，计划和市场都是经济手段。"这些重要观点摆脱了长期以来拘泥于具体模式而忽视社会主义本质的错误倾向，深化了对科学社会主义的认识，成为邓小平理论的重要组成部分。

1 月 23 日上午 9 时 30 分左右，902 艇载着邓小平离开深圳经过伶仃洋海湾驶向珠海九洲港码头。在这艘海关船的小会议厅里，谢非摊开一张广东省地图，同珠海市委书记梁广大一起分别汇报了广东省以及珠海市的经济发展情况。邓小平一再强调："抓住时机，发展自己，关键是发展经济。""基本路线要管一百年，动摇不得。""对改革开放，一开始就有不同意见，这是正常的……不搞争论，是我的一个发明。不争论，是为了争取时间干。一争论就复杂了，把时间都争掉了，什么也干不成。""现在，有右的东西影响我们，也有'左'的东西影响我们，但根深蒂固的还是'左'的东西。有些理论家、政治家，拿大帽子吓唬人的，不是右，而是'左'。'左'带有革命的色彩，好像越'左'越革命，'左'的东西在我们党的历史上可怕呀！一个好好的东西，一下子被他搞掉了。右可以葬送社会主义，'左'也可以葬送社会主义。中国要警惕右，但主要是防止'左'。"②

邓小平在珠海下榻于石景山庄，前后一共近 7 天，先后浏览了珠海市容，参观了珠海生物化学制药厂、中外合资亚洲仿真控制系统工程公司、珠海市江海电子股份有限公司等高科技企业。在视察中邓小

---

① 《邓小平文选》第 3 卷，人民出版社 1993 年版，第 370 - 371 页。
② 《邓小平文选》第 3 卷，人民出版社 1993 年版，第 370 - 371、374、375 页。

平反复强调：科技是第一生产力。在科学技术研究工作方面，中国应有一席之地。我们应该有自己的拳头产品，创出中国自己的名牌，否则就要受人欺负。要发展就需要人才，不用人才不行。要鼓励用人才，出人才。要不断地造就人才，一年365天都要做这件事。只要有了人才，就可以创造出技术，事业就兴旺。1月29日下午，邓小平的车队回到广州火车东站，乘坐火车前往上海。

邓小平的南方谈话对建设有中国特色社会主义理论作了精辟深刻的论述，科学回答了什么是社会主义、如何建设社会主义等重大理论和实践问题，明确回答了长期困扰和束缚人们思想的许多重大认识问题。南方谈话被收入《邓小平文选》第3卷，在国际上引起了广泛的关注。1992年，邓小平被英国《金融时报》推选为"1992年风云人物"，认为邓小平亲自到华南其创建的经济特区视察，"在全国引发起自由市场经济改革的新浪潮"。同年，邓小平的头像再次出现在《时代》周刊封面上，文章写道："能让一个人口众多的民族在极短时间内来个180度大转弯，就如同让航空母舰在硬币上转圈，难以置信。但'航空母舰'在13年里转了两圈。"

□ 珠海科技重奖的兑现

1992年3月9日，当迟斌元、沈定兴、徐庆中从珠海市委书记、市长梁广大手中接过获奖证书、奖金和汽车及房子的钥匙时，珠海百万重奖科技人员的消息轰动了全国乃至海外。如果说兴办经济特区使珠海从默默无闻的边陲小镇一举成名，走进世人的视野，那么百万重奖科技人员就像一颗"精神原子弹"爆炸，使珠海名满天下，光华四射，如同一个巨大的磁场吸引着科技人员。

珠海开创重奖科技人才的先河并非偶然，而是顺应世界科技发展和改革开放的潮流，改变珠海经济、科技基础薄弱和人才奇缺状况所做出的正确选择，是珠海发扬"敢为天下先"精神，在创新科技进步激励机制方面进行的大胆尝试。

20世纪70年代后，国际科技发展日新月异，知识经济时代已经来临，中国要跟上世界科技发展的步伐，经济发展就必须转到依靠科技进步的轨道上来。邓小平对此认识深刻，他在 20 世纪 80 年代提出"科学技术是第一生产力"。此后，各级领导人逐渐认识到科技工作的重要性。如何调动科技人员积极性和创造性，人尽其才、才尽其用，让他们成为推动科技进步的中坚力量，是普遍受到关注的一个重要问题，也是人才奇缺的珠海面临的一个必须解决的难题。

1990 年 2 月，谢非在广东省科技工作者春节联谊会上提出：要依靠科技进步发展广东经济，要"一把手抓第一生产力"，要重奖有突出贡献的科技人员。受此启发，1991 年初，在全国人民代表大会召开期间，珠海市委书记梁广大在会见外商时提出准备重奖科技人才。在座的外国人士对梁广大的想法有两种反应：一是赞成，二是怀疑。他们认为梁广大过于浪漫，一时心血来潮，不现实。3 月，梁广大在出席广东"两会"期间正式向外界透露，珠海准备给有突出贡献的科技人员奖励轿车和住房，并责成珠海有关部门围绕"营造尊重知识和人才的特区环境，促进高新技术产业化"这个目标，尽快制定出科技重奖的办法来。梁广大的设想一经提出，引起了很大争论。有人表示支持，有人则有异议。有人表示国家级科技奖励以及上海等大城市的科技重奖才不过一两万元，小小珠海有什么了不起的，科技成果值得奖励上百万元？有人认为珠海的科技重奖不具有普遍性，在内地根本行不通。还有人质问珠海名不见经传的小人物能拿百万大奖，那么大名鼎鼎的"两弹一星"功勋们该奖励什么？为了阻止珠海"异想天开"的物质刺激，当时国家科技管理部门的有关负责人找到在北京参加全国科技工作会议的广东省科委负责人，一再强调："珠海那么小的地方，科技奖一出手就上百万元，将来省级和国家级的科技奖励该奖多少啊？"不过，国家科委、广东分管科技工作的领导人，对珠海重奖科技人才的做法给予了大力的支持。

邓小平重申科技是第一生产力，对科技教育的肯定，更加坚定了珠海重奖科技人才的决心。1992 年 1 月，邓小平来到珠海，梁广大参与陪同。在亚洲仿真公司，邓小平再次提出：科技是第一生产力，经济发展得快一点，必须依靠科技和教育。高科技领域，中国也要在世界占一席之地。在离开亚洲仿真公司的路上，梁广大对邓小平说："您一贯重视科技人才，根据您的指示，我们准备在今年 3 月召开推动科技进步大会，对有突出贡献的科技人员要奖给轿车、住房、现金等重奖。"邓小平听后跷起大拇指说："我赞成！"珠海准备重奖科技人才的做法得到了邓小平的当面首肯。

经过一年的酝酿和准备，1992 年 3 月 9 日，珠海市委、市政府举行隆重的授奖大会，对珠海生化制药厂"凝血酶"、通讯技术开发公司"BH－01Ⅱ80－480 门系列程控交换机"、丽珠制药厂"丽珠得乐冲剂"等 5 个项目的完成人员给予重奖，其中迟斌元、沈定兴、徐庆中作为特等奖项目的首席获奖者，分别获得三房一厅住房一套、国产奥迪小轿车一辆和 20 多万元奖金，合计人民币约 100 万元。大会盛况空前，梁广大亲自颁奖，台上台下掌声雷动。全国政协副主席叶选平、中国科协书记处书记常志海等参加了授奖大会。叶选平在大会讲话中肯定珠海市重奖科技进步有功人员是一个突破，表示："必须打破奖励问题上的死水一潭，不能像小脚女人，扭扭捏捏。"

一石激起千层浪。珠海科技重奖成为 1992 年中国新闻界最热门的话题，各大新闻媒体都进行了长篇报道，在科技界引发了知识价值的大讨论。的确，在那个物质匮乏的年代，当精神鼓励仍然是主要的奖励手段时，珠海率先以物质重奖科技人才，必然在社会上引起轰动效应。不仅因为对当时还未"脱贫"的知识分子来说，房子汽车有更现实的意义，更因为在当时还没有人敢用物质给知识分子的身价开出一个"价格"。珠海的科技重奖意义远远超出了物质奖励本身，更重要的是珠海提供了一个让知识分子展现自身价值的舞台，在全社会形成尊重知识、尊重人才的良好社会风尚，吸引更多有识之士来为经济特区建设添砖加瓦。

珠海科技重奖产生了预期的"核效应"，吸引了大批人才前来创业发展，极大地促进了珠海高科技产业的发展。据统计，仅在实施科技重奖的三年内，就有 2 万多名科技人员、800 多名海外留学人员要求到珠海工作。到 2010 年，珠海高新技术产业从无到有、从小到大、从弱到强，依靠科技进步促进经济发展，科技综合实力逐步提升，创造了一个又一个城市科技殊荣。珠海已连续十年被评为"国家科技进步先进市"，拥有国家级的高新技术产业开发区、软件产业基地、电子信息产业基地和火炬计划软件产业基地，是广东省集成电路设计与生产基地和现代化科技示范市，科技创新能力位居全省前列；珠海有18 家高新技术企业上市，上市企业数量位居全国地级以上市前列。

阅读链接

国家科技奖励制度的改革

1978 年 3 月，全国科学技术大会召开，邓小平在大会开幕式上作了讲话。他阐述了"科学技术是生产力"的论断，指出新中国的知识分子是工人阶级的一部分，摘掉了长期加在知识分子头上的"资产阶级知识分子"帽子，为中国科技发展扫清了思想上的障碍。在这次科学技术大会上，为 7657 项科技成果举行了隆重的颁奖活动，标志着国家科技奖励制度的恢复。正是从这次会议之后，科学的种子开始真正根植在人民群众心中，并迅速生根发芽。科技工作令人向往，"科学家"令人尊敬，"讲科学"成为时尚，"学科学""用科学"蔚然成风。1984 年 9 月，国务院发布了《中华人民共和国科学技术进步奖励条例》，这标志着具有中国特色的国家科技奖励体系的基本构架正式建立。

20 世纪 90 年代，随着从计划经济向市场经济的过渡，计划经济时期形成的科技奖励制度已不能适应科技发展战略和经济体制改革的需要，存在不少问题。比如，奖励项目过多，获奖项目质量有待提高；在精神鼓励和物质鼓励方面缺乏力度；有些奖励项目对促进技术创新、成果转化和高科技产业化的导向作用不强；部门、地方和境内外社会力量重复设奖，缺乏管理和指导。

为了改变这些状况，更好发挥科技奖励的导向作用，1999 年，国务院对国家科技奖励制度进行了一次全面的深化改革，对从奖项设置、奖励条件到推荐提名程序、评审规则、评审机构等事项进行调整和改革。国家科学技术奖励制度更加完善，形成了国家最高科学技术奖、国家自然科学奖、国家技术发明奖、国家科学技术进步奖、国际科学技术合作奖，由此"五大奖项"体系正式建立。力求在推动技术创新、发展高科技、实现产业化等方面更好地发挥科技奖励的杠杆作用。[1] 国务院于

---

① 肖丹：《汇聚精神力量　激励创新人才——〈国家科学技术奖励条例〉实施十五年座谈会观察》，《中国科技奖励》2015 年第 12 期。

1999 年 5 月颁布《国家科学技术奖励条例》，由国家科学技术奖励委员会负责该奖项的宏观管理和指导。2000 年，国家最高科学技术奖正式设立。国家科技奖励制度的改革，从方案到法规，从条例到实施细则、管理办法，从立法到组织机构设立的基本完成，标志着中国科技奖励工作的依法行政进入了一个新的阶段。

国家最高科学技术奖，奖金数额为 500 万元。其中，50 万元属获奖者个人所得，用于改善生活条件；450 万元由获奖者自主选题，用作科学研究经费。国家科学技术奖励工作办公室负责人表示："我们期望科技奖励制度改革要能够突出对在一线工作的拔尖人才的奖励，一方面要能够真正改善科学家的个人生活，同时又能支持他继续推进科研事业。"① 同时，对国家自然科学奖、国家技术发明奖、国家科学技术进步奖进行了调整。这些奖励只设一、二等奖，每年获奖项目总数从原有的 800 多项减少到不超过 400 项。另外，原有的国家级科学技术奖中，国家自然科学奖、国家技术发明奖的一等奖奖金为 6 万元，国家科学技术进步奖一等奖奖金为 4.5 万元，各奖种的二等奖奖金为 3 万元。现将国家自然科学奖、国家技术发明奖、国家科学技术进步奖奖金调整为一等奖 9 万元，二等奖 6 万元。

成立国家科学技术奖励委员会，负责对国家科学技术奖励进行宏观管理和指导。国家科学技术奖励委员会聘请有关方面的专家、学者组成评审委员会，负责评审工作并向国家科学技术奖励委员会提出评审建议。国家科学技术奖励委员会主任委员由科技部部长担任，科技、教育等有关部门的领导同志和著名科学家及有关专家 15 至 20 人为委员，以保障评选工作的科学性、公正性和权威性。

经过此次改革，建立起一套较为科学合理的科技奖励制度及评审体系，科技奖励基本形成了一个"国家科技奖'少而精'、省部级奖和社会力量设奖健康有序发展"的新局面。这次调整无论是在奖励额度、评奖办法、评审机制等方面都有较大的进步，为国家的科技创新事业发展提供了正确的导向。

---

① 殷斌：《科技改变中国——中国科技事业 30 年》，《中国科技奖励》2008 年第 11 期。

2001 年 2 月 19 日上午，中共中央、国务院在北京隆重举行国家科学技术奖励大会。江泽民出席大会并向获得 2000 年度国家最高科学技术奖的中国科学院系统科学研究所研究员、中国科学院院士吴文俊和湖南杂交水稻研究中心研究员、中国工程院院士袁隆平颁发由他亲笔签发的奖励证书和奖金。

□ 分税制改革的贯彻

改革开放以来，中央对地方实行财政包干，调动了地方理财聚财积极性，促进了地方经济发展和财力增长，但也导致过于"藏富于企业""藏富于地方"现象的发生发展。到 20 世纪 80 年代末 90 年代初，中央财政陷入了严重的危机，中央政府面临着前所未有的"弱中央"状态。建立新的税制，实施分税制势在必行。

1993 年 8 月，全国财政会议决定从 1994 年起全国统一推行分税制，广东也不例外。广东作为实施财政包干最彻底和财政收入第一的省份，相比全国其他地方，用分税制取代"财政大包干"所带来的冲击，无疑是最大的。对实行分税制，广东方面普遍担忧。时任省委副书记张帼英回忆：谢非觉得这个改革（分税制）对广东的影响很大，原先是交够中央的，其他的都可以留下搞建设，现在变成中央与地方共享税 75% 上交中央。他接到这个任务后，几天几夜睡不好。[1] 但广东的领导人非常清楚，"财政大包干"与建立社会主义市场经济体制相悖，财税上的"大包干"只是一种特殊政策和灵活措施，而不能作为一种长期执行的政策。因此，广东一方面要求继续实行财政包干制，谢非、朱森林于 8 月 15 日联名报告中央，重申广东的立场，请求在2000 年前继续实行包干制，[2] 或者缓冲一段时间，至少将包干制维持到 1997 年。另一方面对分税制也在做准备。广东省委、省政府强调各

---

① 中共广东省委党史研究室编：《广东改革开放决策者访谈录》，广东人民出版社 2008 年版，第 567 页。

② 中共广东省委党史研究室编：《广东改革开放决策者访谈录》，广东人民出版社 2008 年版，第 512 页。

级财税部门要树立全局观念，要把思想统一到中央改革的精神上来，正确处理好局部与全局、中央与省、省与各市的利益关系，自觉维护大局，自觉按照中央制定的方针和原则执行。[1] 与此同时，广东已经在做相关的测算，做好相关的准备。

为了使中央通过的分税制得到地方的认识和理解，1993 年 9 月，中央政治局常委、国务院副总理朱镕基带领由国家体改委、财政部、国家税务总局等有关部门组成的队伍，前往 17 个省、市、自治区（包括计划单列市）同这些省市区进行"一对一协谈"。在整个协谈过程中，广东是第二站，也是最为关键的一站，各省市区都在看广东的态度。"广东的问题解决了，全国的问题就迎刃而解。"[2] 上海市委书记吴邦国在中央小组去上海之前，"他就在上海的西郊宾馆待了半个月，把调研组在广东算账的情况搞得清清楚楚"[3]。9 月 12 日，中央小组到达广东，先后召开三次有省委、省人大、省政府、省政协负责人及省有关部门和广州、深圳、珠海、汕头、佛山等市负责人参加的会议，介绍情况，交流意见。朱镕基同谢非、朱森林两次单独交换意见，国务委员李铁映也同广东省人大常委会主任林若等省市领导人做了个别交谈，国家税务总局负责人和地方税务局的负责人也进行了交谈。

通过三次"交锋"以及会后各个层面交换意见，财政部的司长和广东省财政厅一起测算、对账，算账的结果表明 1992 年广东财政收入 223 亿元，上缴给中央 23 亿元，已作出 10% 以上的贡献。由于广东经济发展快，财政收入这块"蛋糕"发展也快，因此上缴的比例没有财政收入增长的比例高。广东 1993 年的地方财政收入增加 32%，估计上缴中央的财政收入占广东财政收入总额的 7% 到 8%，比例比 1992 年下降。到 1994 年，估计这个上缴比例还会下降。即使实行分税制后中央从广东多拿走 4%，也不会超过 1992 年广东上缴中央的比例，或

---

[1] 《卢瑞华副省长在全省各市财政局长会议、全省各市税务局长会议上的讲话》（1994 年 8 月 25 日），广东省档案馆藏，档案号：295 – A1·13 – 06 – 19。

[2] 《分税制将会促进广东的发展》，《朱镕基讲话实录》第 1 卷，人民出版社 2011 年版，第 358 页。

[3] 姜永华口述，鲁利玲整理：《亲历分税制改革》，《中共党史研究》2018 年第 8 期。

者就在这个水平上下。以 2000 年为例，根据测算，到时广东财政收入将达到 1197 亿元，中央如果拿走 109 亿元，也只是占 9.1%。所以，中央制定的这个稳步进行财税体制改革的方案，不会影响广东的发展。① 经过反复解疑，尤其是朱镕基从产业发展的角度解释：越是第三产业发达的地方，中央从那里拿走的财政收入的比例就越低，反而工业比重大、增值税上缴多的省市例如上海和辽宁，被中央拿走的财政收入比例更高。

事实上，广东清楚财政包干制是不能长期实行下去的，分税制是大势所趋。"最关键的问题是基数②怎么定，因为税收分享的比例并未有太多争论，而基数对广东的既得利益影响最大。"③ 因此，广东同意实行分税制，但提出要以 1993 年广东的财税收入为基数。对于这个问题争议较大，因此在座谈会上关于以哪一年为基数成为双方争论的焦点。经过几番协商，朱镕基明确表示：如果考虑中央财政困难多的因素，以 1992 年做基数为好；若考虑地方财政困难多的因素，考虑到顺利推行分税制，减少阻力，则以 1993 年基数为好，这等于把中央财政集中的时间推迟了一年才实施。④ 财政部部长刘仲藜和李铁映均反对以 1993 年为基数，因为分税制改革原方案是以 1992 年作为基数，1993 年还没有过完，还有 3 个月才作决算，若以 1993 年作为基数，就形成了动态基数，容易造成地方当年财政基数猛增。国家财政部门很担心各地的数字弄虚作假，担心税收在 1993 年收光了，都成了地方政

---

① 《分税制将会促进广东的发展》，《朱镕基讲话实录》第 1 卷，人民出版社 2011 年版，第 359 页。

② 基数，是分税制实施后中央财政对地方税收返还的数额依据，是按照 1993 年中央从地方上划的增值税净收入核定的，从 1994 年开始，将按此基数乘以全国增值税增长率的一定比例返还。

③ 广东省财政厅科研所史鉴办：《分税制亲历者——原广东省财政厅厅长曾炳生访谈实录》，《新理财（政府理财）》2014 年第 5 期。

④ 《分税制将会促进广东的发展》，《朱镕基讲话实录》第 1 卷，人民出版社 2011 年版，第 364 页。

府的基数，下一年无以为继怎么办。① 朱镕基在广东给江泽民、李鹏并中共中央政治局常委写信，指出："为了兼顾中央和地方的利益格局，减少改革的阻力，建议改为以 1993 年为基数年。"② 此后，分税制就这样在广东定下来，不但把广东提的三条意见全部考虑了进去，并且以 1993 年为基数。在广东带动下，推行分税制改革的障碍基本消除了。

中央以改革方案技术操作层面的让步，换来整个分税制改革的推行。因为制度建立起来后，钱自然就有了，如果制度没有建立起来，现在要点钱，下次钱就可能没有了。随着时间推移，技术操作层面让步的代价逐渐被化解，中央财政在实行分税制以后从广东拿走的钱，相当于原体制下广东上交中央财政的两倍。后来，朱镕基表示："广东的同志最后顾全大局牺牲自己的部分利益，也是为了发展中国经济、完成中央交给的任务。"③

1993 年 9 月 27—29 日，江泽民在广州主持召开中南、西南 10 省区经济工作座谈会，他正式宣布以 1993 年为基数实行分税制改革。12 月 15 日，国务院颁布《关于实行分税制财政管理体制的决定》，决定从 1994 年 1 月 1 日开始，分税制财政管理体制在全国范围内推开。分税制的主要原则和具体内容是：将税种统一划分为中央税、地方税和中央地方共享税，并建立中央和地方两套税务机构分别征管，中央财政对地方实行税收返还和转移支付制度。中央固定收入包括：关税、海关代征消费税和增值税、消费税、中央企业所得税等税收；地方固定收入包括：营业税、地方企业所得税、个人所得税、城镇土地使用税、房产税、车船使用税、印花税、国有土地有偿使用收入等；中央和地方共享收入包括：增值税、资源税、证券交易税。增值税中央分享 75%，地方分享 25%；资源税大部分是地方收入，海洋石油资源税

① 项怀诚：《改革是共和国财政六十年的主线》，马国川：《共和国部长访谈录》，生活·读书·新知三联书店 2009 年版，第 294 页。

② 《关于实行分税制问题致江泽民、李鹏同志并中共中央政治局常委的信》，《朱镕基讲话实录》第 1 卷，人民出版社 2011 年版，第 370 页。

③ 彭森、陈立等：《中国经济体制改革重大事件》（下），中国人民大学出版社 2008 年版，第 448 页。

作为中央收入；证券交易税，中央与地方各分享 50%。①

与分税制改革同时进行的还有税制改革。其一，改善和完善所得税制，统一内资企业所得税，实行 33% 的比例纳税，取消各种包税的做法，对部分盈利水平较低的企业在一段时间内增设 27% 和 18% 两档照顾税率。其二，建立以增值税为主体、消费税和营业税为补充的流转税制度，取消对对外投资企业征收的工商统一税，对商品的生产、批发零售和进口全面征收增值税，对不征收增值税的劳务和第三产业征收营业税。其三，改革和完善其他税种，扩大资源税征收范围，开征证券交易税等；取消集市交易税、奖金税等，将烧油特别税并入消费税，盐税并入资源税。②

分税制改革的一个重要目的，是建立统一规范的新税制，为建立社会主义市场经济体制创造良好的税收环境。财税体制改革从过去的减税、让利、放权，转变到建立社会主义市场经济体制运行机制上来，统一税法，公平税负。

阅读链接
解决分税制遗留问题的继续协商

分税制改革范围之广、时间之急、要求之高、情况之复杂、影响之深远都是前所未有的。③ 因此在 1994 年 1、2 月份的时候，"山雨欲来风满楼"，出现了一定的混乱状况，几十万户企业税负发生变化，反映上来的问题很多。财政部、税务总局、国家经贸委等部门到各地做了大量的调查研究，在 3 月至 4 月份制定了各种解决办法，下发了 80 多个文件，把在分税制改革实践中暴露出来的许多问题加以解决。在广东，由于基数的让步，代价很大。广东谈定基数的时间是 1993 年 9 月，地方尚有四个月的征税时间。于是，各地政府蜂拥而上，集中

---

① 《国务院关于实行分税制财政管理体制的决定》（1993 年 12 月 15 日），广东省档案馆藏，档案号：235 - 1993 - 2043 - 5 - 6。

② 《关于分税制税收返还基数计算口径及有关问题的说明》（1994 年 8 月 25 日），广东省档案馆藏，档案号：295 - A1·13 - 06 - 63。

③ 《关于全国税务局长会议精神传达提纲》（1994 年 8 月 25 日），广东省档案馆藏，档案号：295 - A1·13 - 06 - 121。

征税，许多地方把企业多年所欠税款（俗称"死税"）一次性收上，或者收入混库，把所得税当增值税收取，扩大返还基数。① 更有甚者，还出现了"寅吃卯粮"的现象，即提前征收未来若干年份的税收。1993 年，广东全年财政收入增长 55.66%，达到 346.56 亿元。国家审计署工作组在广东做了 40 天的检查，得出的结论是未发现广东省在 1993 年有收"死税"和"过头税"的现象，肯定广东的税收增长是真实的。对此，朱镕基表示：这一点我估计不足，铁映同志当时坚持不让步，现在看来他是正确的。让步是从我这里开始的，我也不能改口。② 但是这确实给中央财政出了不小的难题。这直接造成 1994 年中央财政赤字大幅扩大，中央不得不通过发行 1000 亿元国库券来解决财政平衡。

为了保证中央对地方税收返还基数的真实性，审计、财政、税务部门相继组织了几个调查组到一些地方了解情况。经过抽样调查，没有发现严重违纪问题。但就全国来说，基数水分相当大，弄虚作假严重。对此，朱镕基指出：已经查出的问题，要从基数中扣除。承认 1993 年为基数要有一个条件，就是今年（1994 年）的增值税、消费税增长 16%，如果达到这个目标，中央如数返还 1993 年的基数，如果达不到这个目标，扣减基数。③ 但是，落实到每个省，增长率是不一样的，有高有低。财政部根据广东省 1993 年财政收入情况，第一次给出的税收返还基数是 114.10 亿元，经过反复对账，阐述理由，初步确定中央对广东省 1993 年税收返还基数确定为 119.31 亿元，比原方案增加了 5.21 亿元。财政部审核给广东 1993 年的基数基本上是合理的，既能按全国的统一口径算账，又能根据广东的实际情况给予照顾。但广东要拿到这个基数是有条件的，就是消费税和增值税必须增长

---

① 《国务院关于实行财政分税制有关问题的通知》（1993 年 11 月 15 日），广东省档案馆藏，档案号：235 - 1993 - 3677 - 3。

② 《曾炳生：在全省各市财政局长会议上的讲话》（1994 年 8 月 25 日），广东省档案馆藏，档案号：295 - A1·13 - 06 - 39。

③ 《关于全国财政工作会议精神和我省贯彻意见的汇报》（1994 年 8 月 8 日），广东省档案馆藏，档案号：295 - A1·13 - 06 - 78。

20.4%，全国平均增长 16%，如果完不成任务，那就没法返回。①

1993 年 12 月 9 日，国务院办公厅转发国家税务总局《关于组建各地中央直属税务机构和地方税务局实施意见》和《国务院关于实行分税制财政管理体制的决定》，这些文件出现了一些矛盾，主要是在征管划分上，把个体工商户、集贸市场和涉外企业中纯属地方税收的营业税、企业所得税和个人所得税等地方税种一律划为中央税务机构负责征收和管理，这一规定明显与《国务院关于实行分税制财政管理体制的决定》（以下简称《决定》）相抵触，使地方税收管理权限受到极大削弱，从而引起了各级政府和地税部门的强烈反应。

广东等 20 多个省、市地税局先后两次联名上书国务院，要求按《决定》合理调整征管范围，实行各收各税。国家税务总局的主要领导人未采纳各地意见，仍要把属于地方税的"三资"企业所得税和农贸市场管理税等，划给国税征管。

1996 年 1 月 18 至 21 日，朱镕基到东莞考察工作。此行主要目的是考察加工贸易情况。同时，针对国家、地方税务系统有关税收征管分工问题召开座谈会，征求地方政府、税务管理部门的意见。1 月 20 日下午 4 点座谈会开始，国家税务总局副局长项怀诚做了基本情况介绍。针对项怀诚的发言，广东省地税局负责人提了三点意见：第一，国税地税矛盾是否基本解决。第二，国家税务总局研究制定税收征管范围，是自己关起门来搞的，没有征求听取地税部门意见。第三，地税有不少具体困难，地税的办公经费、工资都成问题。朱镕基说："你慢慢说，我都够急了，你比我还急，看你脸红脖子粗的样子。"接着，朱镕基认真听取了广东省地税局负责人的讲述，并征求了卢瑞华的意见，决定把"三资"企业所得税涉外部分收归国税，把农贸市场管理税留给地税。改革，从某种程度上说就是利益的再分配。正是因为广东地税的据理力争，使得地税利益得到保障，推动了中国分税制改革的顺利进行。据统计，1994 年实行分税制改革，当年中央财政增加了 1000 多亿元收入。之后，中央财政每年都以 20% 多的速度增长；

---

① 《曾炳生：在全省各市财政局长会议上的讲话》（1994 年 8 月 25 日），广东省档案馆藏，档案号：295 – A1·13 – 06 – 56。

到 2009 年，中央的财政收入增加到了 6.85 万亿元。

□ 顺德产权制度改革的试验

进入 20 世纪 90 年代初期，前十年的改革轰轰烈烈，为中国带来了前所未有的新气象，但是由于旧体制束缚未除，改革开始遭遇越来越多的体制瓶颈。作为广东"四小虎"中的"领头虎"，顺德所遇到的问题，可以说是此阶段中国改革困境最有代表性的缩影。与温州、南海等地以民营企业为主的发展模式不同，顺德经济发展的核心力量是集体经济。1978 年以来，顺德集体经济急速扩张，而在这种飞速发展的背后，长期负债经营所积累下来的风险同样也触目惊心。巨大的"贷款包袱"，犹如一颗随时可能爆炸的定时炸弹，不仅让企业喘不过气来，而且让政府也心存忌惮。更为严重的是，在"企业花钱，政府买单"的体制弊端没有彻底根除的环境下，这种靠负债来发展的路径似乎就像没有了尽头一般，日益陷入一种"厂长负盈，企业负亏，银行负贷，政府负债"的恶性循环。时任顺德市委负责人回忆，当时许多企业"表面上看起来很辉煌，但到账面上一看，就没什么了。有些企业没钱就贷款，有钱就分红，欠下债务就跑了。有一些企业的负责人大手大脚，项目还没奠基就开奔驰了。如果不正视这些矛盾，后果不堪设想"。

1992 年邓小平发表南方谈话后，广东认识到"不改革死路一条"，要鼓励"大胆地试、大胆地闯、大胆地冒"，衡量改革成败的标准是"三个有利于"。中共十四大于 1992 年召开，确立中国经济体制改革的目标是建立社会主义市场经济体制，国有企业改革是改革的关键环节。中央提出："鼓励有条件的企业联合兼并，合理组建企业集团。国有小型企业，有些可以出租出售给集体或个人经营"。在此背景下，全国上下推进国企改革的呼声空前高涨，国企终于迎来了体制机制改革的"窗口期"。

1992 年初，广东省委决定进一步加大改革开放的力度，将改革之剑直指一些长期以来被视为"雷区"的领域。2 月，顺德被广东省委列为"综合改革试验市"，成为勇闯"深水区"的开路先锋。5 月 28

日，被委以重任的顺德向广东省委要权，要求广东省委让顺德在企业产权制度改革、股份制试点等方面大胆试验。在广东省委、省政府支持下，1993 年 6 月 7 日，顺德市委、市政府下发《关于转换机制，发展混合型经济的试行办法》，自此正式推开国有企业产权制度改革的试验。

在第一批站出来吃产权改革"螃蟹"的企业中，顺德糖厂是一家历史悠久的老牌国企。1993 年，背负着庞大财政补贴的顺德糖厂宣布正式停产。为了妥善解决顺德糖厂职工出路，顺德市委决定以此为契机来推动产权改革试点。为了避免国有资产被"鲸吞"，同时减少内外压力，顺德市委同意先以职工内部持股组建公司，再用公司名义集体租赁的方式来进行产权改革。1994 年 4 月 28 日，面貌一新的顺德糖厂以"金沙实业有限公司"的名字再次开张，在万众瞩目中翻开新的一页。事实表明，甩掉了体制束缚的顺德糖厂，闯进市场大潮之后，很快取得了令人惊艳的成绩。3 年之间，顺德糖厂逐步扭亏为盈；10 年之后，产值由不到 3 亿元增长到 18 亿元。一家暮气沉沉的老牌国企重新焕发生机。顺德糖厂的成功改制，在顺德的国有、集体企业中产生重大影响，以股份制改造为中心的顺德产权制度改革很快掀起了热潮。

围绕顺德产权改革，社会上曾出现过一个响亮的名字——"靓女先嫁"。所谓"靓女先嫁"，即指通过嫁接国际资本和社会资本来实现公有资产的优化配置，其本意并非是要把优质公有资产完全甩出去不管。这样一种改制方式，经由媒体报道之后，引起了一场轩然大波。1993 年 11 月，在顺德市政府大力协调下，顺德华宝集团与香港一家公司达成股权转让协议。根据协议，华宝集团 60% 的股权以 12.88 亿元的价格卖给后者。当时华宝集团产值超过 20 亿元，销售额达到 18 亿元，是全国首屈一指的空调厂家，堪称顺德集体企业中响当当的龙头。这样一位名副其实的"靓女"，为何要"嫁"出去呢？对此，顺德市政府给出的解释是：华宝虽是"靓女"，但却只是表面风光，因为它的"靓"是政府的优惠政策和银行的财政支持来达成的。再长久供养下去，还不如趁其青春年华"嫁"个好人家。

不管顺德市政府是出于现实考虑，还是想法超前，在当时的社会背景之下，这种言论和举措很容易引来反对之声。1994 年 10 月 18 日，

《经济日报》发表题为《华宝产权转让纪实》的文章。文章讽刺："如此用先结婚后谈恋爱的'父母包办'方式将华宝'嫁'出去，造成的是一桩非法婚姻。"之后，理论界很快出现一些反对"靓女先嫁"的声音。在 1995 年第 1 期的《生产力之声》杂志上，有学者指出"嫁靓女"的做法不符合邓小平的一贯思想。或许受当时社会氛围的影响，亦或许由于改制条件不成熟，作为个案，华宝集团"靓女先嫁"的尝试最终没有获得成功。然而，"靓女先嫁"这一极具战略眼光的产权改革，为以后逐步开展的股份制改革和混合型经济的建立，提供了正反两个方面的宝贵经验。

尽管遭遇到了巨大的压力，但顺德的产权改革却没有因此而退缩，反而被义无反顾地推动向前。顺德的产权改革能够被推行下去，除了靠敢于承担风险的气魄和勇气之外，更离不开高层领导人的宽容。当顺德欲开改革先河，提出搞产权制度改革时，广东省委不但没有设置路障，反而一路绿灯，给了顺德先行之举以极大的精神鼓励和政策支持。为了打消顾虑，谢非表示："你们大胆试，不就是 100 万人的事吗？不行就改过来。"为了减少改革压力，广东省委指示顺德干部要低调，"要多做少说，有的先做不说"，同时还要求媒体多配合，为改革创造氛围。事实胜于雄辩。在经历了是是非非和磨磨合合之后，顺德产权改革很快取得了令人欣喜的成绩，在产权制度上实现了从计划模式到市场模式的跨越，既强化了公有制的主体地位，又盘活了社会资产，促进了其他所有制形式的发展，走上"政府宏观调控，企业自主经营"的发展轨道。1997 年 9 月，中共十五大报告提出："公有制为主体，多种所有制共同发展，是我国社会主义初级阶段的一项基本经济制度。"这一论断为所谓的"公"与"私"之分画上了句号，同时也为关于顺德产权改革的纷争画上了一个圆满的句号。是年，省委书记谢非邀请《人民日报》记者到顺德采访。11 月，《人民日报》连续刊发三篇文章报道顺德产权改革。时隔三年多，顺德以"改革先锋"的身份，再次成为全社会的焦点。

阅读链接

搞活国有小企业的探索

诸城是山东省辖县级市，有 103 万人口，没有港口码头，没有铁路和高速公路，也不靠近大城市，辖区内山区丘陵平原各占三分之一，资源短缺。改革开放以后，诸城采取了一系列措施，比如简政放权、推行承包经营责任制，在一定程度上增强了企业的活力。但是，由于改革未触及实质性特别是产权关系问题，企业深层次矛盾比较突出。当时诸城 150 家企业有 103 家亏损，亏损面 68.7%，亏损额 1.47 亿元，负债率接近 90%；不少企业处于停产半停产状态，职工收入很低，生活没有保障；企业纳税少，财政入不敷出。1991 年诸城全市预算内财政收入只有 7000 万元，干部教师工资都不能按时足额发放。①

时任诸城市市长陈光调研后判断：一是改来改去企业仍然是国有的，那么多企业，那么多大事小事，政府都得管，心有余而力不足；二是职工名义上是企业的主人，实际上在产权上没有任何关联，无法调动职工积极性；三是缺少真正的企业家，有的厂长搞坏一个工厂就转到另一个企业继续当厂长，搞垮几个工厂就到政府当局长甚至当县长，被老百姓称作"常败将军常挂帅"。陈光认为国企改革到了这一步，应该在产权制度改革上"动点真格的了"。

1992 年下半年，诸城电机厂成为产权改革首个试点单位。诸城电机厂是一家小型国有企业，产品有市场，生产还正常，领导班子比较强，只是效益不高。选择诸城电机厂成为产权改革试点单位，改革难度较小，符合先易后难的原则。试点组拿出了两套改革方案：第一套方案是把企业全部产权拿出 20% 卖给职工，政府依然控股；第二套方案是把全部资产卖给职工，政府以土地作价入股。始料未及的是，对这两套方案职工都不同意，政府便让职工拿方案。结果，职工大会确定的方案是：270 万元的国有资产由职工全部买断，国家不再控股。土地有偿使用，缴纳土地使用费。经过市政府常务会议研究，国资不再控股，符合党的十四大精神，最终通过了这个方案，由试点小组组

---

① 《"卖光"国企的陈光》，《环球人物》2008 年第 24 期。

织实施。在两周时间内，270万元全部募齐，共有270名股东。股东们按照股份制企业的选举办法，召开股东大会，选举董事会和监事会，成立了诸城第一个股份制企业。诸城电机厂改制后，效果出奇地好，改制当月销售收入就翻了一番还多。

之后，诸城选择了小型集体企业诸城绝缘材料厂、国有小型企业诸城五金厂、乡镇企业诸城农机修造厂等4家企业进行改制试点，均迅速见成效。于是，诸城的国企改革全面铺开。从1993年4月召开企业改革动员大会到1994年7月全市乡镇以上企业改制完成，诸城对272家企业进行全面改制，采取股份制、股份合作制、外资嫁接、无偿转让产权、破产、租赁和兼并等七种形式，其中股份合作制是改革的主要形式，共有213家，约占改制企业总数的八成。诸城以"先出售后改制、内部职工持股"为办法，推行股份合作制改革。

诸城的产权制度改革，因为力度之大前所未有，引起了广泛争论。大批国有资产既卖又送，诸城改革立刻引来了社会各方的质疑、反对和指责，市长陈光也成了争议焦点人物。有的质疑诸城改革搞私有化，香港报纸把陈光叫作"陈卖光""私有化的突击队长"；有的指责诸城改革造成国有资产大量流失，一位部长级干部向总书记告状说"崽卖爷田不心疼""败家子""千古罪人"；有的反对诸城改革，认为政府甩包袱，一卖了之不负责任。①

诸城的国企改革，也惊动了中央高层。1995年12月20日，朱镕基和国家体改委主任李铁映就深化改革问题在中南海怀仁堂召开座谈会，山东省体改委主任汇报了山东正在推广诸城做法、加快县域企业改革的情况。朱镕基当场拍板，组织调查组到诸城进行全面考察。1996年2月，中央成立以国家体改委副主任洪虎为组长的联合调查组赴山东诸城调查"卖光国企"事件，调查组的结论是："诸城的改革，方向正确，措施有力，效果显著，群众满意。"当然，改革仍在发展，有些做法需进一步规范和完善。3月22—24日，刚刚开完全国"两会"的朱镕基一行34人来到诸城，进行了为期3天的考察。朱镕基指

---

① 《坚定地走放开国有小企业的路子——山东省诸城市国有小企业股份制改革调查》，《经济社会体制改革比较》2000年第8期。

出：第一个问题讲抓大放小。什么是诸城经验？它的意义在什么地方？诸城经验就在于，诸城市采取多种形式，把国有小型企业搞好了，或者说基本上搞好了，搞出效益来了。山东省推广诸城经验，就要推广他们多种形式搞活小企业，不是"一卖就灵，一股就灵"。第二个问题讲股份合作制，在诸城改革中，有一种是把企业的净资产卖给企业内部职工，这种形式可以继续试点下去。把大型企业掌握在国家手里，就是坚持了社会主义。小企业不掌握国家命脉，不影响公有制为主体，大胆试，出了问题也不要紧。但是，朱镕基也对诸城的改革提出两点不赞成。不赞成把卖的钱交给国有资产管理局统一运营。不赞成大量分红。现在企业很困难，可以留给企业作为流动资金，增强自我发展的能力。不赞成的，也不是要马上就改。第三个问题讲政府职能转变。改革重要的是把企业放活，行政干预不能太多，关键是监督配好领导班子，把关系理顺。① 朱镕基的诸城之行，给诸城极大的鼓励和支持，但也引起各部门的震动。诸城改革在全国轰动一时，1996 年全国有 1600 多个考察组到诸城考察学习，诸城企业改革模式也在山东乃至全国多个地方推广。

□ 地方"立法试验田"的推进

1979 年 7 月 1 日，五届全国人大二次会议通过《中华人民共和国地方各级人民代表大会和地方各级人民政府组织法》，首次规定省一级人大及其常委会可以制定和颁布地方性法规，地方立法权由此产生。1980 年 2 月，五届广东省人大通过《广东省计划生育条例》，这是广东省人大常委会设立后不到 40 天诞生的第一部地方性法规。这个条例的制定，标志着广东地方立法迈出了重要的第一步。20 世纪 80 年代，广东地方立法与广东改革开放同时起步，不断探索和积累经验。10 年间，制定（含批准和修订）地方性法规和规章共 299 项，其中地方性法规 21 项、政府规章 238 项，年均出台法规和规章近 30 项。在这一阶段，广东地方经济立法不仅多，而且多是外向型经济立法，涉

---

① 《朱镕基讲话实录》第 1 卷，人民出版社 2011 年版，第 580 页。

外法规占 22.5%，更具特色的是适应创办经济特区的需要，优先抓好经济特区立法。《广东省经济特区条例》被认为是特区的"基本法"，在国内外引起了巨大的反响。在《广东省经济特区条例》之后，一批为经济特区发展急需的地方法规在 80 年代陆续制定。比如，1981 年针对城市建设资金不足的问题，制定了《深圳经济特区土地管理暂行规定》，开创土地所有权和使用权分开的做法，确立了经济特区土地有偿使用和转让制度。

广东地方立法的一大特点就是注重自主性、先行性、试验性立法，制定了许多在全国具有首创意义的地方性法规和政府规章。例如，在路桥建设方面广东没有"等、靠、要"（即等国家颁布法规，靠国家政策规定，要国家给予资金），而是在国家法律允许范围内充分发挥地方立法的先行性和试验性功能，多渠道筹集资金修桥筑路。1988 年，广东省政府发布《广东省集资、贷款修建桥梁、公路收取车辆通行费实施办法》。经过近十年的建设，广东已形成质量优良、四通八达的公路运输网，为经济快速发展奠定了良好的基础。

1993 年，广东地方立法建设迎来重要的时刻。3 月，全国人大常委会委员长乔石在八届全国人大一次会议期间，对广东省代表团提出了加快立法的要求；4 月，乔石在视察广东时又提出："在市场经济体制建立的过程中，广东成为立法工作试验田，先行一步"。据此，省人大和省政府提出"开足马力、全速推进"地方立法工作口号，大力推进"立法试验田"工作。

"立法试验田"的工作积极推进，成效显著。从 1990 年到 2000 年，省人大制定了法规 340 项，省政府共制定规章 662 项，省人大和省政府年均出台法规规章超过 100 项。一些市也积极推动，此十年间广州市政府制定规章 592 项。为了适应市场经济先行发展的需要，广东借鉴国内及其他国家和地区的立法经验，对有益于社会经济发展的法律制度，采取积极的"拿来主义"，制定有关法规。在调节市场主体方面，率先出台了有关公司、个人合伙、股份合作企业、期货市场和劳务管理等的法规和规章。1993 年，针对市场经济发展的需要，制定了国内第一部规范现代公司制度的法规——《广东省公司条例》，开创中国现代企业制度先河。1993 年，省人大着手制定《广东经纪人管理条例》，委托广东省社科院、中山大学相关的法律人士组成起草小组；1993 年 11 月该条例通过，得到新闻界的关注和法学界的好评。为了使地方立法具有更广泛的民主性，广东较早而且较成功地进行了立法民主化的各种探索和实践。

在全国各大城市中，1991 年广州市人大率先制定禁止燃放烟花爆竹的规定，向旧习俗挑战。禁止千百年来形成的浓厚习俗，在情理上似乎难以理喻，广州市人大在审议法规草案时也听取了不同意见。随后，法规的制定者历史上第一次将法规草案在报纸上刊登，交由市民讨论，征求意见。结果，市民广泛响应，支持禁止燃放烟花爆竹的占大多数。该规定通过后，广州市禁燃烟花爆竹行动获得成功。此事影响很大，曾被《人民日报》称为"奇迹"。通过此事，广东的立法工作受到很大启发，立法必须得到人民的赞同与遵守，将法规交给人民，请人民投票，真实地将人民意志转化为法律，可以避免立法当中出现不切实际的条款与规定。因此，从 1997 年起，省人大首次将部分与人民群众利益密切相关的法规公开见报，征求意见建议。1997 年，报纸公布了《广东省燃器管理条例（草案）》的主要内容，向社会公开征求意见。1998 年 6 月，省人大将《广东省商品房预售管理条例》和《广东省物业管理条例》两个地方性法规草案在《羊城晚报》上公开刊登征询民众意见。在报纸刊登草案后为时 3 周的征集期内，有 600 多名群众以传真、电话、信函等方式向省人大"进言"，成为立法的参与者。各种立法民主化实践，在一定程度上揭开了立法的神秘面纱，体现了现代法治社会的一个重要特征。因此，举行立法听证会，在推进立法民主化过程中就有其特殊意义。1999 年 9 月 9 日，省人大就《广东省建设工程招标投标管理条例》的修订，首次公开举行立法听证会，广泛征求社会各界意见。省人大在 8 月底向社会公布了即将举行首次立法听证会，并接受公众报名参加听证辩论的消息后，各界人士踊跃报名参加听证辩论或旁听。公众反响之热烈，超出了主办者的预料。听证会也引起了新闻媒体界的浓厚兴趣，包括来自北京、香港和澳门的近 30 家新闻媒体的记者参加了现场采访报道，不少媒体在报道中都用了"一场特别的会""唇枪舌剑"等词语来描述听证会的情形。在立法过程中举行立法听证会，直接听取来自社会各方面的意见，为法律法规条文草案的拟定、修改、审议提供参考，让人民群众参与到立法中来，是立法工作充分发扬民主的一种有益形式。这种开先河的创举，可以说是广东"立法民主化进程的一大进步"。

广东各级人大以本地实际情况和发展需要为基础，从无到有，从单一到多样，不断完善地方立法，不仅为广东发展提供了规则支撑和行动指引，而且为其他地方提供了不少可资借鉴的先行经验。同时，地方立法的失策与教训也应记取。在一些地方，由于开发之初忽视了环保问题，导致环境被严重污染。不是广东没有制定环境保护措施，而是制定的措施软弱无力。比如，1990 年 9 月 3 日广东省人民政府颁布《广东省征收超标准排污费实施办法》。该办法实际上并不能有效制止超标准排污行为，反而可以让有关部门多收点"超标准排污费"或罚款。又如，1991 年 2 月 6 日广东省人民政府颁布的《广东省环境保护目标任期责任制试行办法》第十条规定："在本届政府任期结束年，由上届政府将本级政府环境保护责任目标的完成情况、考核结果在其管辖区内通报。对完成者予以表扬，并给予奖励；对不完成者除通报批评外，还应查明原因，限期采取补救措施。"此规定对不完成环境保护责任目标的处罚，不痛不痒，对环境的保护能起什么作用？由于立法上对环境的保护力度不够，加上执法不力或不严，导致环境污染继续恶化。

□　亚洲金融危机的应对

广东改革开放先走一步，金融领域的改革也是起步较早的，在支持经济快速发展中发挥了重要作用。由于多方面的原因，金融业在高速发展的同时，也积聚了不少风险，一些深层次的问题逐步暴露出来。1997 年爆发的亚洲金融危机，引发了地方金融支付风险，对广东经济社会发展带来了严重影响。在中央支持下，广东实施"一揽子"解决地方金融支付风险方案，按照国际惯例和中国法律，实施原广东省国际信托投资公司（广东国投）破产，成功进行粤海企业（集团）有限公司（粤海集团）重组，对全省城市信用社（城信社）、信托公司及农村金融基金会（农金会）实施停业整顿、偿付债务，比较稳妥地解决了地方金融支付风险，有效抵御了亚洲金融危机的严重冲击。

1997 年 7 月，泰铢剧烈波动引起连锁反应，迅速在东南亚蔓延，菲律宾、马来西亚、印度尼西亚、新加坡等国货币激烈震荡，随后韩国、日本等国家和地区的货币大幅贬值，物价飞涨，失业人员激增。中国的香港、台湾地区也陆续遭到冲击。金融危机通过香港严重影响广东，并且有向内地逐渐蔓延的趋势。

这场金融危机对广东的冲击主要来自两个方面：一个是国际商业银行通过香港涌入广东的国际资本，特别是通过广东各级政府 40 多家国际信托投资公司、香港上市红筹企业和上千家"窗口"公司，冲击广东金融业。至 20 世纪 90 年代末，广东的借款总额高达 180 亿美元（实际上广东企业和机构的海外债务，远远大于这一数字）。另一个是从中国其他地区流入广东的大量热钱，兴风作浪，有上千亿元人民币通过各种地方非银行金融机构涌入广东。例如，恩平农村信用社和建设银行恩平支行，以兴建水泥厂项目为名，用高达 30% 以上的回报从全国各地吸引了上百亿元资金。类似的集资行为，不同规模不同程度地发生在全省各地的城信社、农金会。亚洲金融危机对香港的强烈冲击，直接或间接导致身负外债的香港红筹、内地国投和身负内债的城信社、农金会等各种地方中小型非银行金融机构大面积发生严重的支付危机。

根据 1997 年全国金融工作会议和中共中央、国务院《关于深化金融改革、整顿金融秩序、防范金融风险的通知》的精神，广东省政府部署全省防范和化解金融风险工作，并于 1998 年 5 月 14 日发出《关于防范和化解我省金融风险的通知》，采取八条措施，积极处理各类企业债券和集资兑现问题。广东金融业坚持"依法规范、从严监督、谨慎处理、逐步消化、确保稳定"方针，建立金融监管工作报告制度、风险监测预报制度，加强内控制度建设，从多个方面防范潜在金融风险。

1998 年 8 月，亚洲金融危机再次蔓延，香港股市再次被国际炒家进攻，广东国投和粤海集团旗下的港股上市公司股价遭遇断崖式下跌，跌幅达 90% 以上。紧接着，一些地方发生了取款困难的情况，开始采取限制提现的措施。一场遍布广东省的支付危机有一触即发的迹象。在严峻形势下，广东省委成立以省委副书记、省长卢瑞华为组长，省委常委、常务副省长王岐山①等人为副组长的"化解金融危机五人领导小组"，领导小组采取"三步走"方法化解金融危机。

实施广东国投破产，是广东化解金融危机的第一步。广东国投是中国内地第二大国际信托投资公司，是国务院确定的"对外借款十个窗口"之一。广东国投由于公司高管腐败，管理混乱，出现了严重的外债支付危机。广东省财政几亿、几十亿地填补它的资金缺口，但缺口越补越大，于事无补。1998 年 10 月 6 日，中国人民银行和广东省政府宣布关闭清算广东国投。经审计，它的资产总额 214.71 亿元，负债 361.65 亿元，已严重资不抵债。② 1999 年 1 月 10 日，广东国投以严重资不抵债、无法偿付到期巨额债务为由，向广东省高级人民法院申请破产。广东国投破产，是中国金融史上最大的破产案，在国际金融界引起极大震动。广东国投数百亿元债务，80% 以上借自日本、美国、德国、瑞士和中国香港等地 100 多家银行。广东国投的破产，表明中国政府不承认广东国投欠下的外债等同于国家主权债务。截止到 2000 年 3 月 11 日，汕尾、韶关、梅州、潮州、湛江、中山、肇庆、汕头、佛山、珠海、江门、茂名、惠州和广州（4 家）等共 17 家市属国投，全部停业整顿。

实施粤海集团重组，是广东化解金融危机的第二步。粤海集团是广东省政府 1980 年在香港设立的对外"窗口"公司，主要面向国际，当好广东省各经济机构在香港的总代理。在亚洲金融风暴冲击下，粤海经营管理中积累的管理问题全面暴露。1998 年 9 月，粤海集团总债务 303 亿元港币，账目总资产 212 亿元港币，严重资不抵债。粤海集团欠下的 46 亿美元外债，陆续到了还款期。同时，省政府设在澳门的"窗口"公司南粤集团也出现严重的支付问题。1998 年 10 月，广东省政府决定，在广东国投破产的同时，对粤海集团、南粤集团进行全面重组。粤海集团重组规模庞大，内容复杂，涉及粤港澳、内地各省以

---

① 此时中央特别委派王岐山来粤领导处理金融风险问题。

② 中共广东省委党史研究室编：《广东改革开放决策者访谈录》，广东人民出版社 2008 年版，第 523 页。

及美、加、法、德、澳等 10 多个国家和地区近 60 亿美元的债务。1998 年 12 月,省政府宣布聘请高盛(亚洲)有限公司、毕马威等 5 家公司为顾问,对粤海集团和南粤集团进行重组。由于广东省政府和国际债权人都不愿意看到粤海集团步广东国投的后尘,经过漫长艰难的谈判,在共同负担经济损失与分享重组成果基础上达成共识。2000 年 12 月 16 日,国际债权人接受粤海集团重组方案,双方签署框架协议("12·16 协定")。省政府批准在原粤海集团、南粤集团和省东深供水局基础上成立粤港控股公司,实行国有资产授权经营,粤海集团资产管理与架构重组全面展开。2000 年 12 月 22 日,历时两年的粤海集团、南粤集团债务重组协议在香港正式签署。

为了重组粤海集团和南粤集团,广东省政府和各债权人都付出了代价。省政府共付出 30.2 亿美元,净出资 20.1 亿美元,重组债权共 53.06 亿美元。广东省注入的是全省最优质的资产——东深供水项目。根据广东同香港的长期供水协议,该项目每年坐收 20 多亿元港币现金。这笔资产注入粤海集团,相当于具有现金抵押的功效。债权人放弃 3.6 亿元美元债权,债权面值 49.46 亿美元,削债 21.16 亿美元,削债率为 42.78%。重组后的新粤海集团总资产大约为 483 亿元港币,总负债为 339 亿港币,资产总负债率为 67%,与重组前相比有了明显改善。粤海集团重组被《国际金融法律评估》杂志和"亚洲法律及制度组织"评选为"2000 年亚洲最佳重组交易"。①

关闭上千家中小金融机构,是广东化解金融危机的第三步。1997 年底,广东省政府对恩平市 20 家严重违规经营、不能偿付到期债务的城信社实施行政关闭;深圳、广州、珠海、佛山、汕头、湛江、东莞 7 市原有城市信用社实行合并,新设 7 家城市商业银行,原有的 118 家城信社退出市场;17 家由省工商银行分行组建的城信社,由其负责收回,成为其营业网点;对 36 家资产质量较好,尚可继续经营的城信社,改制为农村信用社,纳入当地农村信用社县(市)联社统一管理。

---

① 《广东改革开放纪事》编纂委员会:《广东改革开放纪事》(下),南方日报出版社 2008 年版,第 595 - 596 页。

以上各种分类处置的市场退出方式，初步解决了部分地区和部分机构已暴露的风险，但全省中小金融机构面临的风险仍未彻底消除，尤其是城信社和信托公司资产质量不断恶化。到1999年6月，不良资产规模，城信社为406亿元，信托公司为267亿元，城信社、信托公司和农金会的支付缺口高达866.4亿元，导致挤兑事件频频发生，扰乱金融秩序。对此，广东省政府和中国人民银行制定了《地方中小金融机构和农金会处置方案》，对全省面临的金融风险进行统一处理，并且成立以王岐山为组长的"广东省地方中小金融机构和农金会金融风险处置工作协调小组"。到2000年10月，在不到一年时间内，广东省政府对147家城信社及其1063个分支机构，16家国投及其14家办事处和下属48家证券营业部，以及843家农金会实施停业整顿，并偿付个人债务及外债。

□ 国有企业"攻坚之役"的发起

中共十四大确立建立社会主义市场经济体制的目标以后，国有企业改革的思路更加明确，国企改革的步伐进一步加快，从"放权让利"转为"制度创新"。突破产权改革的门槛，帮助国有大中型企业脱困，实行国有小企业非国有化改制，建立适应社会主义市场经济的现代企业制度，这样一场改革被称为改革的"攻坚之役"。在"攻坚之役"中，难啃的硬骨头就是国有大中型企业的改革与脱困。1997年、1998年是国有企业最困难的时候。广东国有企业经营全面困难，陷入大面积亏损；相当部分企业"已经被逼到死角"，处于破产倒闭边缘。1997年末，全省1061家国有大中型企业，亏损企业482家，占45.43%，其中资不抵债者达350多家。国家核定的重点脱困企业2350家，广东占143家。[①]

1997年7月，朱镕基在辽宁考察时提出：要坚定信心，用三年时间使大多数国企走出困境。1997年9月，中共十五大发出号召：用三

---

① 中共广东省委党史研究室：《中国共产党广东省历届代表大会及全会文件汇编》，内部资料，第687页。

年左右时间，通过改革、改组、改造和加强管理，使大多数国有大中型亏损企业摆脱困境。由此，打响了国有大中型企业三年脱困的战役。

帮助国有企业改革与脱困的工作前几年就开始做了，当时的办法叫优化企业资本结构。1994 年年初，国家经贸委选择 18 个城市进行优化资本结构试点，1996 年试点城市扩大到 58 个。试点内容可概括为"增资、改造、分流、兼并、破产"十个字。国家鼓励企业有生有死，优胜劣汰，不能只生不死，谁也死不了就谁也活不好。58 个试点城市 1996 年优化企业资本结构改革要迈出更大步伐，要有实质性进展，破产安排好了，没有问题，兼并更没有问题。而且试图从根本上消除由于历史原因压在企业身上的沉重负担（债务、呆坏账、冗员和企业办社会职能），国家通过增加银行核销企业呆坏账准备金，大大减轻企业负担。广东省的广州、深圳、佛山、汕头、韶关、湛江等 6 个城市列入优化资本结构试点城市。6 个城市共有 186 家国有企业先后列入《全国企业兼并破产和职工再就业工作计划》，共核销银行呆坏账 39.08 亿元；免除企业历年欠息 25.25 亿元。21 家企业实施减员增效，安置职工 12153 人。同时，通过实施兼并，把国有商业银行 66.54 亿元的债权由亏损企业转移到优势企业，有效保障了国有信贷资产的安全。[①] 中共十五大提出国有大中型企业三年脱困，大体上还是沿用了这些措施，但是加大了执行的力度和执行的广度。

广东贯彻中央决策的思路是：三个特困行业脱困、债转股、技改贴息，促进国有企业优胜劣汰，实现国有企业整体扭亏为盈。

其一，三个特困行业脱困。纺织行业和煤炭行业是亏损大户，面临的困境在国企中具有代表性，称为"黑白双困"。广东除了"黑白双困"，还有更困难的制糖行业。1997 年底，广东省煤炭、纺织和制糖三个行业的亏损约占全省亏损国有企业的 30%。打好这几个行业的脱困攻坚战，是全省大多数国有大中型企业走出困境的突破口。1998 年 3 月，广东以韶关曲仁矿务局茶山矿进行关闭试点，对省属煤矿作出了"关闭转制，逐步退出"的决定，并逐步推开到全省。1999 年关

---

① 中共广东省委党史研究室：《中国共产党广东省历届代表大会及全会文件汇编》，内部资料，第 687 页。

闭 12 对矿井，核定分流安置职工 1.39 万人。① 纺织行业净亏 2.32 亿元，成为行业亏损大户，广州、佛山、韶关、湛江等地的国有老厂亏损更加严重。为此，实施压锭减产，1998—1999 年全省压缩 18.32 万落后纱锭，分流安置职工 4.24 万人，实现了整体扭亏为盈。在制糖行业，利用优化资本结构试点城市的优惠政策，选择了制糖行业重点地区湛江市为突破口，推动整个行业结构调整。至 2000 年底，累计关闭糖厂 34 家，压减生产能力 5.62 万吨/日，分流安置职工 2.3 万人。②

其二，债转股。为了解决骨干企业"无本经营"的问题，国家启动债权转股权，减轻长期负债经营大型企业的负担。广东积极争取，上下联动，加入国家债转股试点。1999 年 5 月，广东省启动债转股，挑选 40 个企业（含深圳）向国家申请债转股，17 家企业签订了债转股协议，拟定转股金额 232.74 亿元。广东最大债转股企业茂名石油化工集团③（简称茂石化），获得 114.2 亿元债转股份额，资产负债率从 78% 降为 22%。茂石化这个完全靠贷款建立起来的公司，最终甩掉偿付银行高额利息的负担。广州威达高实业公司、广州文冲船厂有限公司、广州华南橡胶轮胎有限公司、中国石油化工股份有限公司广州分公司四家企业债转股金额为 31.79 亿元，平均每年可以减轻利息负担 1.23 亿元，这四家公司当年（2000 年）就实现盈利，实现利润总额约 1 亿元。④

其三，技改贴息。省挖潜改造资金、重要产业专项资金和高新技术风险投资基金从 1997 年开始，每年列出 50% 以上安排给国有大中型企业。鼓励企业通过实行加速折旧、盘活土地资产、部分资产变现等方式筹集技改资金。对符合产业政策并被列为国家或省重点的技改项目，不再征收企业调节税。省技改专项资金逐年增加，1997 年安排 1.4 亿元，1998 年安排 2.8 亿元，1999 年安排 1.5 亿元。全省 13 个市

---

① 王桂良、张鹏发：《广东是怎样做好省属煤矿关闭转制工作的》，《中国经贸导刊》2000 年第 2 期。

② 广东年鉴编纂委员会编：《广东年鉴（2001）》，广东年鉴社 2001 年版，第 96 页。

③ 在债转股中，茂石化拆分为茂石化（新）和中石化股份公司茂名分公司。

④ 广东省委党校"债转股"研究课题组：《广东"债转股"研究》，《广东经济管理学院学报》2003 年第 3 期。

建立了技改专项资金。

企业破产是市场经济的常态，但在中国却是一个极难的问题，企业"退"比"进"难，"死"比"生"难，国有大中型企业破产更是难上加难。自 1986 年《中华人民共和国企业破产法（试行）》公布，到 1994 年这 8 年间鲜有国有企业破产。1994 年，国有企业破产在优化资本结构试点城市开始启动。三年脱困期间加大了破产力度，广东态度十分坚决，要求破产企业"资产变现，关门走人"，防止"假破产，真逃债"。无论是兼并破产还是减员分流，困难在于人的安置。此前十几年的国企改革方案中，社会保障都不在考虑之内，到 90 年代大批职工下岗分流时，才开始探索建立保障制度。1997 年广东全省建立解困工作制度，从 1997 年起连续 3 年由省财政拨出 5000 万元，用于省属困难企业职工安置。1998 年，随着企业兼并破产力度的加强，需要安置分流的职工人数激增，只依靠省级财政根本不能持续。于是，1998 年出台了《关于进一步做好国有企业下岗职工基本生活保障和再就业工作的决定》，明确各地建立再就业服务中心，下岗分流职工先进入再就业服务中心，暂时保留其国有企业职工的身份，中心负责发放生活费用，负责转岗培训，职工最终脱离国企，走上社会寻求就业。关于再就业和基本生活保障资金采取"三三制"原则（三家承担，财政兜底）筹集：财政预算安排 1/3，企业负担 1/3，社会筹集（包括从失业保险基金中调剂）1/3。当年全省下岗职工 56 万人，分流安置 33 万人，筹集生活保障资金 5.34 亿元。[①] 1999 年，基本生活标准提高 30%，全省加大筹集资金的力度，筹集了基本生活费 11 亿元。2000 年，再次改变下岗职工再就业办法，下岗职工不再进入再就业服务中心，而是直接进入劳动力市场就业；当年广东国有企业新增下岗职工 21 万人，直接出再就业服务中心的下岗职工达 10 万人。三年脱困时期，上百万职工下岗分流，国有企业职工承担了"攻坚之役"的代价。

为了改革国有资产管理体制，明确省属国有资产产权归属，解决省属国有资产出资人代表问题。2000 年，省委、省政府对省属国有资

---

① 广东年鉴编纂委员会编：《广东年鉴（1999）》，广东年鉴社 1999 年版，第 91 页。

产管理体制继续实施重大调整和改革，遵循"政企分开、整体搞活、适度规模、平稳过渡"的原则，将分散在政府50多个部门管理的以及军队、武警、政法机关移交过来的共1546家企业，重组为广业、广弘、广晟三家资产经营公司和21个授权经营企业集团公司，参照深圳的模式建立起政府—国有资产经营公司—国有企业三个层次的国有资产管理体制。省属24家集团的组建并实行授权经营，改变了省属国有资产、国有企业长期存在的出资人缺位的状况，在体制创新方面迈出了关键性的一步。

经过"攻坚之役"，广东国企脱困取得了实质性进展和阶段性成果。2000年，国有及国有控股大中型工业企业实现利润总额226.14亿元，比1997年增长94.51%；亏损额22.16亿元，比1997年下降60.66%。在脱困过程中，也存在一些值得思考的问题，比如大多数国有大中型企业脱困依赖于债转股、银行降息、核销企业呆坏账等国家和省的注资，真正依靠改革体制、加强管理等因素求得效益提高的仍较少。《经济日报》2001年6月19日刊文指出：宏观环境的改善和国家政策的支持对国企脱困贡献占70%左右，企业自身努力占30%左右。除少数特困行业如煤炭、制糖和纺织行业因得到政府财政的强力支持而得以较快调整和部分退出以外，其余大多数行业和企业的调整与重组十分缓慢，旧的体制依然延续。

阅读链接

国企"辽宁现象"的出现

辽宁作为老工业基地，是国有大中型企业最为集中的省份之一，国有资产总额位居全国之首。在计划经济年代，辽宁为全国经济建设做出过重要贡献，但在向市场经济转换过程中，辽宁国有企业体制性、机制性和结构性矛盾突出：国有企业比重过大，传统产业比重过大，企业负担过重，以及单一的体制、单一的公有制结构、单一的财政来源。"最先进入计划经济，最晚退出计划经济"，辽宁国企亏损问题在全国最为严重，也最具有典型性。到1996年底，辽宁全省国有工业企业已经连续三年净亏损，在当时的926家国有大中型企业中有491家亏损，亏损面高达 53%①，一大批企业处于停产半停产状态，下岗职工逐年增多。辽宁国有企业亏损严重、亏损面大、涉及面广，引起国内外的广泛关注。

在辽宁国有企业最为困难的时候，1997 年 7 月，朱镕基到辽宁考察，考察了沈阳、大连、鞍山、抚顺等地一批大型企业，开了 4 个座谈会。朱镕基首次提出"用三年时间，使大多数国有大中型企业走出困境"的目标。如果辽宁能够实现三年脱困，全国的国企脱困就没什么问题了，脱困的重点在辽宁。②朱镕基在调研结束后，与中央主要领导人沟通，一致同意在全国用三年时间实现国有企业改革与脱困的目标。在中共十五大上，国有大中型企业三年改革与脱困目标被写入了报告。国家经贸委、国家统计局组成协调小组，用两个月时间对全国 16874 家国有大中型企业进行摸底，最终确定了 6599 家为脱困企业，其中辽宁占 500 家，排名各省市区第一。因此，辽宁全力以赴，推动企业脱困。

1997 年 12 月，辽宁省委办公厅、省政府办公厅联合下发《辽宁国有大中型企业三年改革与脱困实施方案的通知》，开启国企三年改革脱困的历史进程。辽宁省把国企改革与脱困作为经济工作的重头戏，实施主辅分离、兼并破产、下岗分流、减员增效等措施，在深化改革、调整结构、转换机制等方面进行探索。针对基本脱困、尚未脱困和需要破产关闭的各类企业的实际情况，明确了"发展壮大第一类，扭亏脱困第二类，淘汰重组第三类"的分类指导和分类实施的工作思路。在此基础上，确定了扭亏脱困的重点地区、重点行业和重点企业。

1998 年，辽宁省将沈阳、大连、抚顺、丹东、辽阳五个市列为扭亏增盈工作的重点。省主管领导与各市主管领导签订扭亏目标责任状，从省到市、到企业层层建立责任制，明确责任部门和责任人，并将各项任务完成情况作为考核各地、各部门工作的重要依据，定期检

① 沈伟：《辽宁国企三年脱困后的现状及发展思路》，《党政干部学刊》2002 年第 6 期。

② 《改革开放四十年口述史》，中国人民大学出版社 2019 年版，第 597 页。

查、定期通报。各地也按照辽宁省政府的要求建立了严格的目标责任制。同年 12 月朱镕基再次考察辽宁，指出煤矿、有色金属行业亏损巨大，负债累累，比如大冶桥镁矿、杨家杖子钼矿资源枯竭，产品没有市场，但是几十万人还在那里养着，每年亏损的钱差不多够一次性地安置这些工人了。因此辽宁的全部有色金属矿，除了一个铜矿外全部关闭；本溪、抚顺的煤矿也全部关闭，不然每年的亏损是不得了的。朱镕基表示：1996 年我到辽宁来了，1997 年我来了，1998 年我又来了，明后年都要来，我们一起闯"地雷阵"。

1999 年辽宁抓了 100 家重点亏损企业和煤炭、有色、军工三个特困行业扭亏脱困工作。省委书记闻世震和省长张国光带队，分别到全省重点企业和扭亏困难较大的 12 家企业进行调研，召开现场办公会帮助解决实际问题。① 省直行业主管部门抽调近百名干部分别下派到 35 家亏损超 1000 万元以上的企业帮助工作；各市也对 159 家亏损大户派驻了联络组帮助指导工作。省、各市经贸委都把工作重点放在基层，深入各地帮助指导工作和检查、督促目标责任制落实情况。辽宁全省共有 273 家企业列入全国企业兼并破产和职工再就业工作计划，共核销银行呆坏账准备金 129 亿元，盘活存量资产 420 亿元，减少亏损 39.8 亿元，初步解决了"钱从哪里来"的问题。② 通过实施企业兼并破产和减员增效，纺织行业扭转了连续八年亏损的局面，到 1999 年已经实现全行业扭亏为盈，率先走出困境；有色金属、煤炭两个行业消灭了本行业重大亏损源，国有经济运行质量得到提高。辽宁省在 2000 年继续把亏损大户作为扭亏脱困工作的关键点。在抓二类企业扭亏和三类企业退出的同时，把更大精力放到一类企业的发展上，重点是辽宁四大支柱产业即石化、冶金、电子、机械行业的结构调整，以及全省 60 家重点企业的发展壮大（这些企业占全省经济总量的 70% 以上）。在全省 431 家国有大中型企业中，已有 267 家进行了公司制改造，占 61.9%。分配制度改革步伐也有所加快，在全省 431 家国有大

---

① 孙中和：《辽宁国企三年改革与脱困工作回眸》，《辽宁经济》2000 年第 12 期。

② 林木西：《国有企业改革与脱困的实证研究——一个关于辽宁省的个案分析》，《当代经济研究》2002 年第 1 期。

中型企业中，有 92 家实行了年薪制，有 25 家实行了股份期权的分配方式。[①]

经过几年努力，辽宁如期完成了三年脱困改革目标。辽宁国有大中型企业从 926 家调整为 431 家，虽然数量减少了近 500 家，但国有经济的效益提高了，竞争力增强了，国有资产增长了近 2000 亿元。2000 年，辽宁全省国有企业市县利润 117 亿元，亏损下降到 25%，大多数地区和行业实现整体脱困，在全国影响很大。[②]

在改革过程中，"人往哪儿去"始终是难中之难。辽宁有上千万职工，其中国有企业职工 500 多万人，存在着上百万人下岗分流再就业的压力。辽宁国有企业因为几十年的体制惯性和"以厂为家"的国企文化，许多职工"几代同堂"都在一个企业就业，对企业形成了强烈的依附性。因此"人往哪里去"成为了三年脱困中最大的拦路虎，也是辽宁难绕过去的坎。参考上海建立再就业服务中心的办法，辽宁也建立再就业服务中心，建立下岗职工基本生活保障制度。但是，这只是社会保障体制没有建立起来之前的一个权宜之计，只是新旧体制之间断层问题的一座临时桥梁。而且由于辽宁财政资金有限，基本生活保障资金原计划的"三三制"——中央财政拿三分之一，地方财政拿三分之一，企业本身拿三分之一实行不下去。因为企业拿不出这个钱来，结果中央财政拿出了 70%，剩下的 30% 靠动用原先的失业保险金才解决。即使这样，最低生活保障线这条"最后的保障线"也没有起到"兜底"作用，部分下岗职工生活依旧困难。

☐ 共同富裕典型南岭村的腾飞

2000 年 2 月 22 日，中共中央总书记、国家主席江泽民在广东考察期间来到南岭村，勉励南岭人"致富思源，富而思进"。2003 年 4 月 12 日，中共中央总书记、国家主席胡锦涛来到南岭村，指出："南

---

① 由林鹏：《辽宁国有企业三年改革脱困回顾》，《兰台世界》2019 年第 10 期。
② 《改革开放四十年口述史》，中国人民大学出版社 2019 年版，第 597 页。

岭村是改革开放以来经济特区农村面貌发生巨大变化的缩影，是坚持社会主义方向、走共同富裕道路的典型。你们要努力做到不自满，不松懈，不停步，把南岭村建设得更好。"许多党和国家领导人也曾经赴南岭村考察，并对南岭村的发展予以了充分肯定。

南岭村是深圳市龙岗区布吉镇的一个小山村，位于深圳市中部，面积4.12平方公里，有190户人家，800多名村民。南岭村曾是深圳最贫穷的村之一，经济十分落后。1979年，村里只有20头耕牛，固定资产只有7000多元，人均年收入仅100元，生产靠贷款，吃粮靠返销。因为贫穷落后，南岭村被称为"鸭屎围"。

改革开放的春风吹到沿海地区，给深圳带来了前所未有的发展机遇，也给南岭村带来了机遇。南岭村党支部书记张伟基是村民的"领头雁"。张伟基在南岭村第一次村民大会上表示，当了南岭村的干部就必须有"三心"——公心、责任心、事业心，把自己置于村班子、党员和群众的监督之下。张伟基向村民立下了四个实实在在的目标：一是让村民吃饱饭，二是有钱花，三是住新房，四是人长寿。1982年，南岭村响应党和国家的号召，千方百计引进了第一位港商来投资。1983年，南岭村获得了一笔40万元的土地补偿费。40万元，对于当年的南岭村来说，无疑是一笔巨款。怎么办？有些村民要求把土地补偿费分掉，张伟基坚决反对，坚持要把钱留下来扩大再生产。于是，这40万元成为南岭村的第一桶金，为日后南岭村的腾飞奠定了最初的基础。此后，南岭村大力发展村办企业，并且加快了外资引进速度。短短几年，外资企业纷至沓来，仿佛滚雪球一样，企业规模、数量日益壮大，以电子、服装生产为主，其中不乏来自日本、欧洲和美国等国家和地区技术含量较高的企业。1986年，南岭村经济增长已进入深圳前列，迅速脱贫。到2009年，社区集体经济总收入2.6亿元，完成税收1.5亿元。社区实行工资制，老年人享受退休金，居民享受公费医疗，学生和儿童公费入学入园，居民全部住上别墅式洋房，是典型的社会主义新社区。

南岭村从1983年开始办夜校，夜校开设的科目有英语、日语、语文、数学、电脑、企业管理等。如今，在各企业工作的大部分村民都成为有一技之长的技术、管理人才。在教育方面，南岭村建成了幼儿园和小学。在南岭村，全村 400 个劳动力，人人有工作，个个参加劳动。为了鼓励村民学习，村股份合作公司章程规定：凡学龄儿童没有上学的，其家长将被扣除年终分配的一半；凡初中未毕业的学生，村里不安排工作，一切福利无权享受；学生被开除学籍的，不能享受村里的一切福利待遇。大专院校毕业后回乡工作的，工资享受副厂长级别待遇。

在经济快速发展、群众初步富裕起来之后，南岭村党支部把反骄破满、反腐保廉作为重要工作来抓。在制度建设上，自觉实行村务公开，民主决策，接受群众监督，自觉坚持民主集中制的原则，村里重大事情都由集体讨论决定。

为了让南岭村村民记住昨天，更好地开拓明天，1991 年，南岭村因经济发展拆迁旧房屋时，做事有远见的南岭村党支部收集了一批旧农具、旧家具、旧粮票，特意办了一个永久性的致富思源展览馆。这个展览馆浓缩了南岭村几十年的历史变迁，每一个南岭人都可以从中体会到过去创业的艰难，了解到南岭村的变化是怎么来的。

为倡导富而思进的观念，南岭村首先从做好思想工作入手，反复告诫刚刚富起来的村民：穷要有穷志气，富要没富毛病。早在 20 世纪 90 年代初，南岭村就在全村设立了一名总政治指导员，全村各单位分别设立了一名政治指导员，坚持开展经常性的思想政治工作，在全村范围内营造积极向上的舆论氛围，引导全村人富而思进。为了打破"富不过三代"的说法，南岭村党支部向村民提出了"富而好劳，艰苦奋斗创大业；富而好学，重教求知育新人；富而崇德，破旧除陋树新风；富而思进，超越自我再向前"四个方面的要求。南岭村还以制度规范村民的行为，鼓励先进，鞭策后进。1994 年，南岭村集体经济由集体分配改为股份合作制。为了比较科学地体现分配制度对精神文明建设的促进作用，村股份合作公司章程规定：分配股分成劳动股和福利股两大类，凡有劳动力而不参加集体劳动的，一律不能享受分配；同时对计划生育、遵纪守法、学习教育等方面也作出了一系列详细的规定，将奖惩与股份分配全部挂钩。

改革开放以来，南岭村先后获得"全国模范村民委员会""全国文明单位"等 600 多项荣誉，其中国家级荣誉 25 项。1983 年，南岭村在全国第一个实行"一张白纸选村官"、第一个实行"农民工资制";1987年,在全国第一个推行农民退休金制度;2007年,建成全国第一家村办五星级酒店。曾经落后的南岭村,成为了全国走共同富裕道路的杰出典范。

阅读链接

"天下第一村"的成长

华西村原是江苏省江阴县(今江阴市)的一个生产大队。1983年,华西大队改为华西村,吴仁宝担任华西村党支部书记。2001年6月,中组部、中宣部、中央统战部等七个部门在京联合举办"肩负人民的希望"大型图片展,称誉华西村为"天下第一村",称赞华西村党支部书记吴仁宝是"天下第一村的带头人"。1961年华西大队建立时,营业总收入5.91万元,2018年年底,华西村营业总收入504.4亿元,相比增长85.35万倍;1961年交税0.85万元,2018年底交税14.86亿元,相比增长17.48万倍;1961年人均年收入53元,2018年底人均年收入9.05万元,相比增长1707倍,创造了中国农村发展的当代奇迹。[1]

华西村始终站在农村改革发展的最前列,"60—70年代造田、80年代造厂、90年代造城",实现了从农业样板村到农村工业化、农村城镇化再到农村现代化的一次次跨越,走出了一条农村资源整合、优势互补、合作双赢、共同富裕的发展新路径,开创了超大型村庄民主管理体制建设的先例。

"60—70年代造田"。过去,华西大队曾是方圆几十里最穷的一个大队。穷到什么地步?大队集体资产1764元,银行负债15000元。当时,大队买了一台拖拉机,但是开不进大队,因为队里连一条石子路都没有。在20世纪60年代,吴仁宝带领华西人苦干8年,把原来1300多块七高八低的零星田块改造成了400多块能排能灌的高产稳产大田,赢得了人变、地变、产量变。从1968年起,华西大队踏上了

---

[1] 《中国发展观察》杂志社调研组:《华西村:"天下第一村"的共富实践》,《中国发展观察》2019年第15期。

"典型"之路。1972年，华西大队粮食亩产超过一吨，成为当年"农业学大寨"的样板村。早在"以粮为纲"的年代，吴仁宝开始寻找致富之道。一边成为"农业学大寨"的典型，一边暗中办起小五金厂，赚了不少钱，首先富起来。到了1976年，当时的华西大队工副业收入达28.2万元，已占全年总收入的54.4%，集体积累（合资产）已经有了60万元，已经变成远近闻名的幸福村。[①]

"80年代造厂"。随着改革开放的到来，工业兴村的路径选择终于正大光明地浮出水面。华西大踏步进入"造厂"时代。1979年，正是推行家庭联产承包责任制的时候，吴仁宝却提出了一个调整产业结构的方案：全村500多亩粮田由30多名种田能手集体承包，绝大多数劳动力转移到工业上去。后来，在党支部的安排下，一些村民外出学手艺，回村后陆续办起了锻造厂、带钢厂、铝材厂、铜厂等。在那段时间，华西村办起了以冶金、纺织和有色金属为主的企业，全村95%以上的劳动力投入到了工业生产。村里还从上海等地请来工程师，这些"礼拜天工程师"的到来，把华西的农民变成了技术工人，不仅打下了华西村的工业基础，还拓宽了华西人的眼界和思路。华西村先后创办了塑料纺织厂、板网厂、药械厂、织布厂、锻造厂等一系列村办企业，实现了由农到工、以工补农、工业致富的发展。1988年，华西村成为江苏省首个"亿元村"。

"90年代造城"。20世纪90年代，以华西村企业为代表的苏南乡镇企业发展进入新阶段。至1991年底，华西村已创办大小企业20多家，年产值5亿元。1993年12月，已拥有钢铁、毛纺、化工、铝型材、钢型材、带管等45家企业的华西村组建了华西集团。[②] 1999年7月，中国证监会批准江苏华西村股份有限公司股票在深圳证券交易所上市，被誉为"中国农村第一股"。"90年代造城"解决了华西村村民的住房问题。这里已不再是一个乡村，而是一个现代化的城市。

---

① 袁养和：《社会主义的光彩——江阴市华西村纪实》，《瞭望周刊》1991年第40期。

② 张厚义：《转型社会中的农村变迁——对大寨、刘庄、华西等13个村庄的实证研究》，《社会学研究》1992年第2期。

第十二章
全面建设小康社会

历史概说

要事本末

- [ ] 对非典疫情的抗击
- [ ] 泛珠江三角洲区域合作的启动
- [ ] 广州大学城的建设
- [ ] 文化体制改革的拓展
- [ ] 对汶川灾区的援建
- [ ] 珠江三角洲改革发展再起航
- [ ] 广东扶贫"双到"的推进
- [ ] 广东"腾笼换鸟"的实施
- [ ] 广州亚运会的成功举办

历 史 概 说

2003年春天，一场突如其来的疫情肆虐全球。广东最早发现非典型性肺炎病例，也是疫情最严重的地区之一。在这场前所未有的灾难面前，广东人民众志成城。中共中央总书记胡锦涛亲临广东指导抗击非典型性肺炎。在指导广东抗击"非典"的同时，胡锦涛提出了科学发展观的思想，要求广东加快发展、率先发展、协调发展。按照科学发展观的要求，中共中央政治局委员、广东省委书记张德江代表广东省委提出了建设经济强省、文化大省、法治社会、和谐广东，实现全省人民富裕安康的发展目标。此后，广东以产业结构调整为突破口转变经济增长方式，以加快发展民营经济为龙头促进内外源型经济协调发展，以壮大县域经济为动力推动城乡区域协调发展，以实施"十项民心工程"为抓手推进民主改善与和谐社会建设，以强化教育和文化体制改革为重点加快建设文化大省，以实现可持续发展为目标加大资源和环境保护力度。经过几年努力，广东经济综合实力实现了新跨越，经济社会发展开始转入科学发展的轨道。

广东积极推动与周边省区和珠江流域各省区的经济合作，倡议构筑一个优势互补、资源共享、市场广阔、充满活力的区域经济体系。2004年6月1日至3日，首届"泛珠江三角洲区域合作与发展论坛"在香港、澳门、广东召开，泛珠江三角洲区域合作由此从构想转到实践，进入了一个新的阶段。

2007年12月25日，中共广东省委十届二次全会召开。中共中央政治局委员、广东省委书记汪洋在这次全会上强调：广东作为改革开放的先行区，科学发展观思想的提出地，要完成中央的重托，更应该成为实践科学发展观的排头兵。应该以当年改革开放初期"杀出一条血路"的气魄，努力在实践科学发展观上闯出一条新路。省委提出在全省开展"继续解放思想，坚持改革开放，争当实践科学发展观排头兵"学习讨论，以新一轮思想大解放推动新一轮大发展。

2008年5月，在全省解放思想讨论活动如火如荼进行过程中，广东召开了推进产业转移和劳动力转移工作会议，正式出台了《关于产业转移和劳动力转移的决定》。在2008年至2012年，广东拿出400多亿元扶持"双转移"工作；发达地区与欠发达地区共建产业转移工业园，以"扶优扶强"为政策导向，先后通过竞争确定省财政扶持资金的投向和遴选省产业转移重点园区；实现新增转移本省农村劳动力600万人，组织技能等级培训360万人，全社会非农业就业比重达80%。"双转移"战略实施3年，全省产业转移工业园累计为欠发达地区创造产值超过4000亿元。为了促进珠江三角洲地区增创新优势，进一步发挥广东对全国的辐射带动作用和先行示范作用，2008年12月17日，国家批准了《珠江三角洲地区改革发展规划纲要（2008—2020年）》，珠江三角洲风帆再起，将引领广东发展迈上新征程。2010年成功举办亚运会，向世界展示了广东的风采。2011年1月，省委提出"加快转型升级、建设幸福广东"，并引导广大干部群众讨论，在全社会产生强烈的共鸣，各级党委、政府正在带领广大干部群众为此目标而奋斗。

要 事 本 末

□　对非典疫情的抗击

2003 年 1 月 2 日，广东省卫生厅首次接到河源市的报告，发现两名特殊肺炎患者，同时有 8 名医务人员被感染。随后，广州、中山、肇庆等地分别上报发现了此类病例。这种新型传染性疾病，在之后一个多月的时间里就使 10 多个城市的数百人被感染，并夺去了数名患者的生命。这一前所未有的奇特病情，引起了中共广东省委的重视。2003 年 2 月 7 日晚，省委书记张德江接到一个紧急电话，省委常委、常务副省长李鸿忠向他报告紧急疫情。张德江当晚作出口头指示：第一救人；第二抓防疫；第三维护正常的生产生活秩序；第四向卫生部报告。2 月 9 日，广东省的书面报告送达中央有关部门。同一天，卫生部副部长马晓伟率专家组抵达广东。

春节过后，2 月 8 日各地各单位恢复上班，但非典疫魔以人们意想不到的速度和攻击力侵扰广东。这时候，有关疫情的传言越来越多。传言一旦感染，便会"照不到肺"、咳血痰而死。病因不明，医生感染，一时间，人们对这种神秘的"夺命怪病"猜测纷纷。广州几乎所有的药店都人潮涌动，板蓝根、罗红霉素、抗病毒口服液等药品在短时间内即告脱销，价格飙升。广州及周边地区又刮起了抢购大米、普通白醋、食盐、食油等物品的风潮。

省委、省政府迅速召开会议并派 10 个工作组分赴全省。新闻单位全面出击辟谣，发挥主流媒体作用，告诉群众广东足有"百日盐、半年粮"，让群众放心。省公安厅严厉打击用手机短信等造谣的不法分子，抢购风很快得到平息。

与非典疫魔狭路相逢，打的是一场艰苦的遭遇战。这场战争最大的特点就是：在看不见的战线上与"敌人"战斗。由于看不见敌人，所以不断地遭受敌人的偷袭。战斗在抗击非典第一线的医务人员遭受的伤害最大，医务人员一批批倒下，口罩不断加厚，防护眼镜也戴上了，但还是不行。特别是给病人做气管插管时，医务人员是处于高度危险的状态，插一次管，倒下几个。

3月9日晚，在北京参加"两会"的张德江非常沉重。沉思中他突然想到了养蜂人戴的面罩，连忙拿起电话打给坐镇广州的雷于蓝："于蓝同志，我突然想起养蜂人戴的那种面罩，能不能也让医务人员戴个面罩？请你马上组织研究一下。无论如何，不能再让他们倒下了。"雷于蓝立即组织卫生部门研究，四方查找。终于在网上找到两家外国医疗设备公司生产这种防护面罩，但价格昂贵，一套要900美元。雷于蓝马上打电话给黄华华。黄华华毫不犹豫地说："买！不管多少钱，都要买！赶紧订货！"于是，卫生、财政、外汇、海关等部门立刻行动，400多套防护面罩到货了。其他防护措施也相继落实，医务人员感染终于被控制了。

面对这场突如其来的重大疫情，党中央、国务院高度重视，中共中央总书记胡锦涛心系广东，多次作出重要指示和批示。正当广东打响抗击非典攻坚战的关键时刻，胡锦涛来到抗击非典的最前线。4月14日上午8时40分，胡锦涛来到广东省疾病预防控制中心，与科研人员亲切交谈。在听取大家的发言后，胡锦涛表示：广东部分地区发生非典型性肺炎疫情后，党中央、国务院十分关心。我们既为一些群众的身体健康和生命安全受到严重威胁而感到揪心，又为广大医护人员通过艰苦细致的工作使患者恢复健康而感到欣慰。说完，他站立起来，向在场的所有医务工作人员深深地鞠了一躬。

4月6日，省委、省政府召开全省非典防治工作会议，张德江在会上作了讲话，要求在全省城乡掀起开展普及非典防治知识、全民爱国卫生运动和全民健身运动"三大运动"的高潮。5月9日下午，省委召开专题会议，研究对策。会议发出了"为人民健康而战"的号召，明确提出当前的主要任务是突出抓防疫，切断非典传染途径，努力争取半个月内单日新发病例降到个位数。5月12日，广州首次出现新发病例零报告。到5月23日，全省已经连续6天无新发病例，世界卫生组织解除了到广东的旅行警告。6月13日，世界卫生组织将广东省从"近期本地有SARS感染的地区"名单上除名。

全省抗击非典的斗争迎来阶段性重大胜利。在抗击非典的斗争中，出现了一群医疗战线的英雄。叶欣、邓练贤、范信德、陈宏光等烈士，钟南山等医学专家。钟南山，中国工程院院士，广州医学院附属第一医院呼吸研究所所长。在非典疫情期间，临危受命，钟南山被任命为广东省非典医疗救护专家指导小组组长，成为抗击非典的一面旗帜。2月初疫情紧急，钟南山在电视上用沉着镇定的话语告诉广东人民：根据已经治愈几十例非典患者的实践，证明非典不是不治之症，它可防、可治，并不可怕。同时他又以学者严谨的科学态度告诉人们：现在我们不能说控制了非典疫情，因为它的病原体和致病机理还未搞清楚，目前只能说是"有效遏制"。以钟南山为主创造的"早发现、早报告、早隔离、早治疗"等经验，被介绍到国内外，为人类战胜非典作出了重要的贡献。邓练贤，中山大学附属第三医院传染病科副主任、党支部书记。大年初一，先后有一批被非典病人传染的医护人员被送到了医院，邓练贤马上和同事们开始了一场惊心动魄的抢救。与传染病打了30多年交道的邓练贤清楚地知道，自己和同事们正处在危险中，但他没有丝毫的畏惧和退缩。大年初四早上，邓练贤开始发病，最终于4月21日下午5时以身殉职。叶欣，广东省中医院二沙分院急诊科护士长。面对肆虐的非典型性肺炎，叶欣和急诊科主任张忠德做出了无悔的选择——尽量包揽对急危重非典病人的检查、抢救、治疗、护理工作，有时甚至把同事关在门外，独自面对非典病人。叶欣被感染，3月24日凌晨永远离开了她热爱的岗位、战友和亲人。

2003年6月19日，广东省抗击非典先进集体、先进个人表彰大会在广州召开。张德江在大会上总结概括了"广东抗非精神"：沧海横流，方显英雄本色。在这场没有硝烟的战斗中，全省人民在看不见的战场上，与看不见的敌人进行了激烈厮杀，展示了惊心动魄的战斗画卷，谱写了可歌可泣的英雄壮歌，铸就了感天动地的"抗非精神"。这是一种临危不惧、沉着应对的精神；实事求是、尊重科学的精神；无私奉献、顽强拼搏的精神；万众一心、敢于胜利的精神。

阅读链接　　　　　　北京"抗非"斗争的开展

2003 年 3 月初，北京出现第一例输入性非典病例。3 月中旬，北大附属人民医院急诊科收治一位从香港探亲回京的患者。在此期间，与患者接触过的医护人员、家属、同事、朋友之间形成交叉感染，非典病毒逐渐蔓延开来。[①] 3 月 27 日，世界卫生组织正式宣布北京为非典疫区。此时的北京，已经在长时间的浑然不觉之后骚动了起来，以手机短信传播的小道消息铺天盖地。

4 月 17 日，中共中央政治局常委会召开会议，专门听取有关部门和北京市关于非典型肺炎防治工作的汇报，并对进一步做好这项工作进行研究和部署。4 月 19 日，中央政治局委员、北京市委书记刘淇主持召开全市医院院长会议，要求北京各医院对具有非典症状的患者必须实行首诊负责制，决不能以任何理由拒收患者，否则将坚决追究责任。4 月 20 日，国务院新闻办公室举行记者招待会，卫生部常务副部长高强宣布，北京市非典确诊病人和疑似病例 339 例，较之前一天成倍增加；明确提出要及时发现、报告和公布疫情，决不允许缓报、漏报和瞒报。卫生部决定，原来五天公布一次疫情，改为每天公布。北京市打破原来的隶属关系界限，成立北京防治非典型肺炎联合工作小组，负责北京地区非典型肺炎防治工作，统一指挥所有医疗机构的防病治病，初步扭转了各自为政、资源分散导致的被动局面。同一天，中共中央对卫生部、北京市政府主要负责人的职务作出调整，卫生部部长张文康、北京市市长孟学农被免职；王岐山出任北京市委委员、常委、副书记，后任代市长。[②] 此时，陡然增加 10 倍的疫情感染病患让城市一夜之间失去了平稳，民工和大学生纷纷离京，两个月前广东的药品、物品抢购风潮再一次出现在北京街头。4 月 23 日，北京市政

---

① 中共北京市委党史研究室编著：《中国共产党北京历史大事记（2001—2012）》，北京出版社 2014 年版，第 19 页。

② 当代北京编辑部编：《当代北京大事记（2003—2013）》，当代中国出版社 2014 年版，第 7 页。

府发布《对非典疫情重点区域采取隔离控制措施通告》，实行分散隔离和集中隔离的非典患者及疑似患者、密切接触人员累计达 30175 人。

"小汤山速度"是北京在抗击非典斗争中打破常规、特事特办创造的奇迹。在国务院和有关部门的大力支持下，一座占地 122 亩、总建筑面积 2.5 万平方米、拥有 1000 张病床的国家一级标准传染病医院，4 月 23 日当天晚上决策，第二天建筑工人进驻工地，第五天结构工程和基础工程完工，七天后医院全部建成，第八天正式启用，首批 156 名患者顺利入住。① 但是，病毒以极快的速度传播。医生告急！病床告急！医疗物资告急！口罩脱销，消毒液紧缺，学校停课，游人离京，市场波动，市民恐慌。5 月 7 日，北京所有确诊非典病人全部转移到 16 家定点医院，实现了确诊患者随诊随收，集中治疗。5 月 10 日，刘淇在部署全市防治非典"五月攻坚战"时再一次强调，全市各级党政干部一定要切实加强领导，层层落实责任，要严字当头，严上加严，令行禁止，赏罚分明；对任何推诿扯皮、敷衍塞责、贻误工作的干部、单位和个人，都要严肃处理。

疫情就是号令，时间就是生命。市委、市政府负责人靠前指挥，各职能部门 24 小时运转确保政令畅通，确保医用物资和民用防护用品供应。截至 6 月 17 日，市物资组供应口罩 1109 万个、防护服 76 万套、呼吸机 758 台、急救车 76 辆。为了营造有利的社会舆论环境，整合市属媒体资源成立 6 个宣传报道组，进行集束式报道。② 针对广大群众的紧张情绪，向广大市民普及防治知识，宣传非典可防、可控、可治，消除群众的恐慌心理；定期召开新闻发布会并设立新闻中心，向中外媒体及时介绍北京防治非典工作的措施和进展情况。进入 6 月，每日新增病人逐渐减少，直到清零。6 月 24 日，北京抗击非典胜利，世界卫生组织宣布撤销对北京的旅行警告，并将北京从非典疫区名单中删除。

---

① 当代北京编辑部编：《当代北京大事记（2003—2013）》，当代中国出版社 2014 年版，第 10 页。

② 朱明德主编：《北京抗击非典备忘录》，中国文史出版社 2003 年版，第 106 页。

□ 泛珠江三角洲区域合作的启动

一个经济体想要成为世界级的发展中心，除了要有稳定的根据地以外，还需要有能为其长远发展提供市场和动能的发展腹地。在各大经济体都争先恐后地抢占战略空间的 21 世纪，广东的发展腹地又应该在哪里呢？

2003 年 6 月 29 日，中央政府和香港特别行政区签署《内地与香港关于建立更紧密经贸关系的安排》（简称 CEPA）。事实证明，这一协议既是中央为刚刚经历了亚洲金融危机和 SARS 双重打击的香港经济所注射的一剂强心针，也是进入 21 世纪后中国区域经济合作的一个成功范本。CEPA 的签署于广东而言，同样是一个大机遇。改革开放以来，从"珠江三角洲"到"大珠江三角洲"，一个以港澳—深圳—广州为轴心的庞大经济区域格局已然成型。广东如果要进一步发展，这一格局势必要往外扩充，以辐射更大的市场，吸收更多的动能。因此，在 CEPA 落实过程中，一个大胆的构想——泛珠江三角洲区域合作孕育而生。从政策酝酿层面来讲，最早提出"泛珠"合作概念的是张德江。2003 年 7 月 24 日，张德江在一份请示报告上批示，广东要"积极推动与周边省区和珠江流域各省区的经济合作，构筑一个优势互补、资源共享、市场广阔、充满活力的区域经济体系"。这个构想旨在推动广东同周边省区以及珠江流域各省区的经济合作，充分发挥广东作为华南地区经济中心、中南地区对外联系门户和大西南地区出海通道的作用。

三个多月后，闽、赣、湘、粤、桂、琼、黔、川、滇 9 省（区）计委主任聚首广州，就"泛珠"合作事宜进行交流。由于 CEPA 签署不久，内地与港澳的合作正被媒体热炒，为此与会人员很快便将讨论的主题引入如何与港澳结成区域经济合作联盟。这次本是以工作交流、联络感情为主的联谊会，从务虚转入务实，各方最终达成了构建"9 + 2"区域合作体系的共识，并就如何争取中央支持、建立合作与发展论坛、建立政府联席会议制度等具体细节作了深入探讨。经过 9 省（区）计委主任联谊会的投石问路之后，广东官方和民间关于"泛珠"合作的关注度顿时多了起来。一方面，省委、省政府和各职能部门负责人相继就"泛珠"合作的重要性和必要性发表正面的肯定的讲话，尤其在 2003 年 11 月 3 日于广州召开的"2003 年广东经济发展国际咨询会"上，张德江面对 21 位"洋顾问"郑重透露"我们正在谋划由广东、香港、澳门以及广东周边的 8 个省（区）组成的'泛珠江三角洲经济区'，我认为这是更具潜力的大事。"这等于是向全世界宣告，广东将力推"泛珠"合作战略。另一方面，大众传媒和学术界也开始大造声势，许多主流报纸和杂志都以大篇幅对此次联谊会和它所取得的成果进行了报道，一批经济学者也纷纷就"泛珠"合作的可行性进行论证。

"泛珠"合作由构想进入现实操作阶段以后，仅仅数月之内各项议定便在各个领域逐步展开。2003 年 10 月 10 日，第一届泛珠江三角洲信息产业厅局长联会在广州召开，针对 9 省（区）信息产业合作事宜进行磋商。11 月 11 日，泛珠江三角洲区域创新合作第二次会议召开，包括香港、澳门在内的科技部门负责人云集广州研讨科技合作事宜。11 月 28 日，"泛珠江三角洲经济圈"交通发展研讨会在广州召开，与会代表就加强交通合作，推动区域经济发展达成了共识。福建、江西、湖南、云南、广西、海南、贵州、四川、广东 9 省（区）以及重庆市将签订《泛珠江三角洲经济圈九省区暨重庆市道路运输一体化合作与发展 2003 年议定书》。同时，广东省交通厅还分别与周边福建、江西、湖南、广西、海南 5 省（区）签订了《省际公路规划建设备忘录》。

2004 年 4 月，张德江率广东党政代表团访问了"泛珠"中的广西、湖南，开展经贸交流活动。广西、广东山水相连，语言相通，历史上密不可分，而湖南则是粤企投资最为活跃的地方之一，是承接广东产业和资本的第一站。从桂湘回来后不久，6 月 1 日，张德江前往香港出席首届泛珠江三角洲区域合作与发展论坛。这一论坛由广东省牵头承办，开幕式选在香港，第二、三天的会议则移师澳门和广州。这样的安排可谓意味深长，不仅显示了粤港澳之间经济社会的水乳交融，而且显示了广东意图以粤港澳为龙头，舞好"泛珠"合作这条长龙的决心。这是"泛珠"合作进入实践以来，区域内层次最高、规模最大的一次聚会。会议除了邀来了9省（区）的主要领导人，香港、澳门特别行政区的行政长官，以及学术界、工商界的重量级代表，还请来国家发改委、商务部、国务院港澳办、铁道部、交通部、国家旅游局等中央部委的领导人。在香港期间，张德江反复强调"泛珠"合作的意义以及将给香港带来的种种利好。6月3日，首届泛珠江三角洲区域合作与发展论坛在广州闭幕，作为此次会议最重要的成果——《泛珠江三角洲区域合作框架协议》得以正式签署。这一协议对"9+2"作了细致的制度化安排，制定了泛珠江三角洲区域合作行政首长联席会议制度、泛珠江三角洲区域合作政府秘书长协调制度、泛珠江三角洲区域合作部门衔接落实制度、泛珠江三角洲区域合作日常工作办公室制度等四大制度。

作为一个区域性经济合作联盟，"泛珠"合作从一开始便得到中央的重视。首届泛珠江三角洲区域合作与发展论坛的召开以及《泛珠江三角洲区域合作框架协议》的签署，都得到了中央的认可和支持。中共中央总书记胡锦涛2004年12月视察广东时，明确指出："积极推动泛珠江三角洲区域合作与发展对各方都有利，要搭建并利用好这个平台，注意搞好战略规划，务求实实在在的成效。"2005年9月，国务院总理温家宝在广东考察工作时明确要求："推进泛珠江三角洲区域合作，努力探索粤港澳地区同中西部地区联动发展的新路子。"2006年10月，中共中央总书记胡锦涛再次指示："继续实施内地与香港、澳门更紧密经贸关系安排，推动内地有关地方同香港、澳门的区域合作特别是泛珠江三角洲区域合作。"2008年底，国务院批复了由国家发改委牵头编制的《珠江三角洲地区改革发展规划纲要（2008—2020年）》。该纲要对"泛珠"合作作了重要论述和规划，并将其纳入全国区域协调发展总体战略，"泛珠"由一个"区域品牌"上升为具有影响力的国家战略。

阅读链接

京津冀协同发展的形成

20世纪80年代中期，国家开始实施国土整治战略，将京津冀地区作为四大试点地区之一（其他是沪苏浙、珠江三角洲和"三西"煤炭能源基地），要求环渤海和京津冀地区开展全面的国土整治工作，以实现区域分工协作、发挥资源比较优势、治理生态环境、开展跨区域基础设施建设、优化产业和人口布局，实现区域协调发展。这次区域合作在跨区域交通基础设施建设、水资源节约利用、土壤污染等方面取得了一定成效，为以后的区域合作打下了一定基础。

2004年2月，为了配合北京市新的功能定位和天津滨海新区大规模建设，由国家发改委牵头在河北廊坊举行京津冀政府、企业和学者等各界人士参与的京津冀区域合作论坛，达成"廊坊共识"，提出在公共基础设施、资源和生态环境保护、产业和公共服务等方面加速一体化进程的愿望，一致同意启动京津冀区域发展总体规划和重点专项规划的编制工作，共同构建区域统一市场体系。11月，国家发改委等部门在北京召开区域规划的会议。在会议上，国家发改委明确了长三角地区和京津冀都市圈未来5到10年区域规划编制的基本思路。① 京津冀都市圈区域规划的范围包括：北京、天津2个直辖市以及河北省的秦皇岛、唐山、廊坊、保定、石家庄、沧州、张家口、承德8个市。这一地区的发展重点首先是构建现代化的基础设施，共同开展连接京津和河北8个市的城际快速通道建设，搞好区域航空港、海港的联合开发利用，共同构建区域一体化的现代化综合交通网络。其次是统筹区域内经济结构调整与生产力布局，充分发挥北京在高新技术产业、科研技术服务、教育文化产业，天津在加工制造业，河北在原料工业、重化工业、农业产业等方面的优势，形成区域内垂直分工和水平分工合理的产业结构。

2005年10月，国家编制"十一五规划"，《京津冀都市圈区域规划》是其中一个区域规划。京津冀明确以"一核、两城、三轴、四区、多节点城市发展"的空间布局。此后，国家发改委有关部门一直在据此起草有关合作规划和文件。但是京津冀三地始终在行政体制的圈中打转，进展缓慢，行政区划关系始终高于市场区际关系。表现在：严重的不合理重复建设，这不仅出现在价高利大的产业领域，而且在港口、机场等基础设施领域尤甚；二是在开放引资上竞相出台优惠政

---

① 南方网讯《发改委明确长三角与京津冀都市圈规划思路》，2004年11月13日。

策，在外贸出口上竞相压价，导致过度或恶性竞争；三是经济圈内仍然存在一定程度的贸易壁垒、资源大战，以及各种形式或花样翻新的地方保护。只有打破"圈圈"式的"诸侯经济"，才能在经济全球化的竞争格局中占有一席之地。

2014年2月26日，习近平主持召开京津冀协同发展座谈会，推进京津冀协同发展，京津冀协同发展上升到国家战略层面。从经济圈到一体化，区域经济发展不再是画地为牢、各自为政的"诸侯经济"，京津冀一体化发展成为破解中国经济升级版的第一道命题。2015年4月30日，中共中央政治局会议审议通过《京津冀协同发展规划纲要》。2016年12月，中央经济工作会议提出"继续实施京津冀协同发展、长江经济带发展、'一带一路'建设三大战略"。明确京津冀区域功能定位，四大功能分区：西、北部生态保护和生态产业发展区（覆盖承德、张家口）、中部优化调整区（覆盖北京、天津、廊坊、唐山）、南部制造业与耕作业区（覆盖石家庄、保定、沧州）、东部滨海临港产业发展区（覆盖唐山、秦皇岛、天津、沧州）。交通一体化和环保一体化先行一步。2018年11月，中共中央、国务院明确要求以疏解北京非首都功能为"牛鼻子"推动京津冀协同发展，调整区域经济结构和空间结构，推动河北雄安新区和北京城市副中心建设，探索超大城市、特大城市等人口经济密集地区有序疏解功能、有效治理"大城市病"的优化开发模式。

□ 广州大学城的建设

自从斯坦福科技园依托美国斯坦福大学发展起来并最终发展成为世界著名的"硅谷"以来，各种冠名"科学城""科技园""技术城"等的园区纷纷涌现。自20世纪90年代以来，这种地区发展的成功经验，引起了中国城市建设者和决策者的高度重视，并加以引介和发展，在高等教育体制改革的激励下，形成了独具特色的中国式大学城（也有称之为大学园或高教园区）。

广东省高等教育的规模和水平，在全国的排位一直处于较落后状态。比如，自20世纪90年代以来国家实施"985工程"和"211工程",江苏省拥有"985 工程"高校 2 所,分别是南京大学和东南大学,广东省拥有"985 工程"高校 2 所,分别是中山大学和华南理工大学,两省"985 工程"高校数量持平。但在"211 工程"高校数量布局上,两省有较大差距,江苏省的"211 工程"高校共有 11 所,而广东省只有 4 所。2000 年高等教育毛入学率全国平均水平为 13.3%,广东省 11.35%,江苏省为 15.3%,广东低于全国平均水平。广东要率先基本实现现代化,建设经济强省和文化大省,必须加快高等教育的改革与发展,增强广东发展的后劲。

从 1999 年开始,广州的大部分高校由于扩招和快速发展,原有学校规模用地满足不了教学科研的需要,一些高校在省内其他地区建立了新校区。比如,中山大学、暨南大学建立了珠海校区,华南师范大学建立了增城校区和南海校区。面对每年扩招 15% 大学生的目标,这一问题尤显迫切,建设广州大学城是解决高校规模用地不足这一主要矛盾的最佳选择。2000 年 8 月,广州大学城选址工作开始,当时广州规划局的领导带领规划师们先后到白云、天河、从化等地,现场考察踏勘了近 20 个地块,为广州大学城选择最佳新址。

2000 年恰逢广州行政区划作出了重大调整,番禺、花都撤市建区,这为广州大学城的选址提供了更加广阔的地理空间。广州市规划局最后拟定了四个备选地点方案:花都区狮岭镇马岭水库周边;花都区花山镇新庄水库和花东镇蟾蜍石水库两侧;番禺区小谷围岛;番禺区化龙中部地带。

在向广州市政府提出的大学城选址方案比较报告书中,广州市规划局重点推荐了番禺小谷围岛。2001 年 3 月 2 日,中共广州市委常委会议确定广州大学城选址番禺小谷围岛。随后,市规划局完成《广州大学城发展规划》,大学城规划面积 43.3 平方公里,地铁 4 号线和 7 号线将在大学城形成一个十字交叉,交通十分便利。届时,将建成包括 18 万至 20 万大学生在内、总人口达到 35 万至 40 万的高校园区,相当于一个中等规模的城市,估计总投资规模将达到 200 亿至 300 亿元。在学科布局方面,确定入驻高校为中山大学、广东外语外贸大学、广州大学、华南理工大学、华南师范大学、广东工业大学、广州美术学院、星海音乐学院、广东药学院、广州中医药大学。2002 年 2 月 27

日，广州大学城领导小组全体成员第一次工作会议在省政府召开，明确省市共建广州大学城。

2002年11月，张德江调任广东省委书记。两个月后，张德江前往小谷围岛，对广州大学城规划和建设前期准备工作进行实地考察，明确提出了"建设全国一流大学城（一流规划、一流设计、一流建设、一流质量）"和"2004年9月开学招生"两大目标。此后，讨论了几年的广州大学城建设终于全面启动。广州市委、市政府召开会议，研究落实张德江的指示精神，结合省委、省政府"统一规划、统一建设、统一管理"广州大学城的要求，成立了广州大学城建设指挥部，由省委常委、广州市委书记林树森和市长张广宁分别担任正、副总指挥，并迅速抽调人员组建了指挥部办公室，具体负责组织实施广州大学城的建设。

与此同时，2003年广东省修改了《广东省教育事业"十五"计划和2015年规划纲要》中的高等教育的目标任务。把高等教育毛入学率从16%提高到20%以上，在校大学生规模要从60万人增加到80万人以上，从而再一次引发广东省关于教育强省的大讨论，广东省高等教育进入了跨越式发展的轨道。

在一个孤岛上，要保证用19个月时间迅速建起一座现代化大学城，工程建设者面对的是一场极为严峻的挑战。"超常规、超负荷、超极限"工作，广州大学城工地创下29项专项设计同步施工的纪录，最高峰时达10万人夜以继日地同时施工。"星期六保证不休息，星期天休息不保证"，成了指挥部工作强度最形象的说法。为了及时解决工程进展中的各种问题，从主任办公会、行政办公会、总工程师业务例会，到工程管理总调度会、专题协调会等约12种会议轮番召开，白天又要到现场，很多会只能放在夜里开。

张德江十分重视广州大学城的建设，在一年多的时间里先后四次视察大学城建设工地。2003年4月9日，张德江视察大学城规划设计工作，提出了"突出功能、注重特色、严控投资"的要求。10月20日，张德江视察大学城建设工地，提出了"保证质量、保证工期、保证安全、保证如期开学"的要求。在广州大学城即将完工之际，2004年7月29日张德江第四次视察大学城，评价大学城建设："交出了一份满意的答卷，创造了规划和建设的奇迹，创造了集约化、现代化、智能化、数字化的奇迹，创造了大型工程建设乃至城市综合管理协调的奇迹。"

历时19个月，广州大学城一期工程全面竣工投入使用，2004年9月1日如期顺利开学，大学城内的10所高校迎来3.8万名学生和4000多名教师。

阅读链接

南京大学城的建设

从2001年开始，全国各地纷纷上马大学城项目。南京高校的校区规模一般较小，难以满足教育发展的需要。南京在高等教育方面有着较大优势，高校数量在全国城市中位居第三。在高等教育扩大招生的形势下，江苏省和南京市决定共同开发建设大学城。2002年1月和4月，仙林大学城和江宁大学城相继挂牌。

仙林大学城位于南京市栖霞区，于1995年开始规划，是中国最早成立的大学城之一。2002年1月12日，南京市政府发布《市政府关于加快仙林大学城建设的意见》，仙林大学城的建设正式拉开帷幕。成立建设领导小组，由省市政府分管领导任组长和副组长，成员由省、市有关部门和栖霞区有关负责人组成。成立南京仙林大学城管委会（正局级机构），代表市政府在大学城规划范围内全面履行经济、行政管理职能，享受市级管理权限。仙林大学城由大学集中区、科技产业区组成，占地34平方公里。仙林大学城规划范围内的土地实行统一规划，统一征用、拆迁和安置，统一出让、划拨，统一基础设施建设，统一招投标，统一扎口管理的"六统一"政策。根据省、市规划和各高校发展建设计划，3年至5年时间内仙林大学城校园直接用地约12000亩，学生人数达10万～12万；通过5～10年的发展建设，居住人口预计将达30万，相当于一个中等城市。截至2013年年底，仙林大学城已有南京大学、南京师范大学（含中北学院）、南京财经大学、南京中医药大学、南京森林警察学院、南京审计大学金审学院、南京理工大学紫金学院等入驻，规划范围内已集中了江苏省约8%的在校大学生，高等教育资源总量约占江苏省的 15%。[①]

江宁大学城位于南京市江宁区中部，2002 年 3 月开始规划建设，由江苏省教育厅与南京市江宁区政府合作、南京江宁科学园负责开发，规划面积 27 平方公里。截至 2013 年 8 月，已有东南大学、南京航空航天大学、河海大学、中国药科大学、南京医科大学、南京工程学院、南京晓庄学院、金陵科技学院、南京邮电大学、南京传媒学院、江苏海事职业技术学院、金陵协和神学院、南京交通职业技术学院、南京旅游职业学院、江苏经贸职业技术学院、正德职业技术学院等高等院校入驻。江宁大学城现有高校 16 所，云集了南京乃至江苏省最顶级的高等学府。其中，"985 工程"、国家重点建设"211 工程"高校 4 所。

☐ 文化体制改革的拓展

广东的文化体制改革起源于 20 世纪 80 年代，以营业性舞会和音乐茶座为发端的文化市场日益活跃，文化市场的发展和地位得到承认，文化功能日趋多元化和丰富，文化的产业属性逐步显示出来。部分文化事业单位通过转企改制走向市场，文化体制先后经历了"以文养文""面向市场，自收自支""事业单位，企业化管理"等不同阶段。2003 年 6 月，在北京召开了全国文化体制改革试点工作会议。会议确定北京、重庆、广东等在内的 9 个省市和 39 家宣传文化单位为文化综合改革试点省市和单位。同年 7 月，广东省成立了文化体制改革试点工作领导小组，与原已成立的文化体制改革和文化大省建设领导小组合二为一，既负责改革试点工作，又负责文化大省的建设工作。

2003 年初，广东开始筹备召开文化大省建设工作会议。省委、省政府领导人先后带队赴文化建设先进省市考察学习并开展专题调研，召开文化建设和文化体制改革研讨会。9 月 21 日，中共广东省委办公厅、广东省人民政府办公厅正式印发《广东省文化体制改革试点工作

[①] 高进：《大学城对区域经济发展的相关贡献分析——以南京大学城为例》，《中国集体经济》2018 年第 20 期。

方案》，提出了改革文化管理体制、转换微观运行机制、加快文化市场建设、制定和实施相关配套政策、优化文化资源配置、提升对外文化交流水平等六项改革试点工作主要任务，确定广州、深圳、东莞为广东省文化体制改革试点地区，南方日报报业集团等 12 个单位为省文化体制改革第一批试点单位。文化经营要"退"，文化事业要"扶"，文化投资要"引"，文化市场要"管"，使政府不再是包办文化的"婆婆"，而是做自己该做的事务。9 月 23 日，省委、省政府召开广东省文化大省建设工作会议，张德江指出：加快建设文化大省，要以深化改革为突破口，破除束缚文化生产力发展的体制性障碍，广东要做文化体制改革的先行者。会后出台的《中共广东省委、广东省人民政府关于加快建设文化大省的决定》指出：改革政府对文化事业的投入方式，由"养人"变为鼓励"干事"，由"养机构"变为"养项目"。

2004 年，南方广播影视传媒集团成立，与省广电局实行机构分设、管办分离，强化宏观管理和公共服务职能。2005 年，作为省政府文化行政主管部门之一的广东省出版局，果断"瘦身"，将原来直接管办的 13 家出版社及广东发行集团的国家股份划归广东省出版集团，该出版集团成为全国最早完成所属出版社公司改制的出版集团。广东新华发行集团公司整体推进省新华书店转企工作，取得了阶段性进展。家庭期刊集团理顺了与省妇联的关系，积极推进转企改制工作。

2005 年，全省 21 个地级以上市把原来分散在文化局、广电局和出版局的稽查队合并，成立文化市场综合执法机构，广电系统实现了政事、政企分开和管办分离。到 2009 年，在国内率先组建省级文化市场综合执法局，全省统一、高效的文化市场综合执法体系基本形成，执法效能显著提高。

2005 年 4 月，召开全省文化体制改革试点工作会议，制定下发了《关于进一步扩大文化体制改革试点范围的意见》，新增珠海、佛山、惠州、中山、江门、肇庆、汕头、韶关、湛江 9 个市和岭南美术出版社、广东教育书店等 9 个单位为广东省第二批文化体制改革综合性试点市和单位。广东文化体制改革试点范围继续扩大，进一步向面上拓展。

2006 年 4 月 29 日，广东省委、省政府在广州召开全省深化文化体制改革工作会议。广州、深圳、东莞、珠海4个试点地区，南方报业传媒集团、南方广播影视传媒集团、广东省出版集团有限公司、星海演艺集团、佛山传媒集团等试点单位负责人所介绍的改革经验，受到与会者的高度评价。

文化体制改革中最难啃的"骨头"——文艺院团的改革，也向纵深推进。2009年7月，中宣部、文化部下发《关于深化国有文艺演出院团体制改革的若干意见》，要求"对市场发育相对成熟的歌舞、杂技、曲艺、话剧、地方戏曲等方面的国有院团，要确定转企改制工作进度，加大改革力度"。按照此文件精神，2009年11月省文化厅启动广东歌舞剧院、广东话剧院和南方歌舞团转企改制各项工作。

2010年8月7日，省委书记汪洋到省文化厅以及所辖单位进行专题调研，他走进广东话剧院、广东粤剧院与文化工作者交谈，了解创作演出情况，询问文化文艺事业发展面临的困难，听取大家的意见和建议。汪洋强调："文化体制改革的核心是要增强文化队伍活力。要通过改革评价奖励机制，着重解决部分文化院团'干好干坏、干多干少一个样''文化队伍不死不活'的现状，积极探索文化活动市场化运作机制，广泛引导社会力量参与文化建设。"

2010年12月30日上午，广东歌舞剧院有限公司、广东省话剧院有限公司、南方歌舞团有限公司在星海音乐厅举行成立暨揭牌仪式。三家院团的成功转制具有重要意义，不仅标志着广东省属国有文艺院团全面完成了中央部署的文化体制改革任务，也为下一步推进市、县两级国有文艺院团改革作出了示范和表率。

阅读链接

上海文化体制改革的推进

上海是GDP总量居中国之首的经济大都市，也是一个具有深厚文化积淀和文化创造力的大都市。2003年，中宣部批复并原则同意《上海文化体制改革试点工作方案》，上海成为文化体制改革9个综合试点省市之一，启动了新一轮文化体制改革。

2003年至2006年，上海从构建文化管理新体制和塑造文化市场新主体两方面试点改革。宏观层面，建立文化领域国有资产监管的

"上海模式"，建立公益性文化资助（上海文化发展基金会）和经营性
文化产业投资（上海精文投资有限公司）平台，建立公共文化服务内
容配送体系，建立文化市场行政执法体系，推动组建了 14 家文化行业
协会。微观层面，完成世纪出版集团、文艺出版总社和电影集团的整
体转企改制，完成新华发行集团的股份制改造和借壳上市，并以上海
大剧院艺术中心为载体探索了非营利演艺机构的运作模式。

2006 年至 2008 年，上海瞄准"三大体系"即公共文化服务体系、
文化产业体系、文化市场体系的建设目标。开展社区文艺指导员派送
工作，规划建设重点公共文化设施 22 个，总投资约 73.3 亿元。[①] 着力
推动文化产业公共平台建设，先后建立国际文化服务贸易平台、文化
产业投融资平台、文化产权交易平台、张江国家数字出版基地和动漫
谷等。

2009 年以来，上海积极深化改革的"自选"项目。经营性出版单
位全部按期转企改制；广播电视节目制播分离，成立上海广播电视台、
上海东方传媒（集团）有限公司；完成广电传输网络整合和国有市属
及区县属文艺院团体制改革；完成第一批非时政类报刊的转企改制；
成立全国首个私募型文化产业投资基金——华人文化产业投资基金；
完成区县电影院转企改制；完成世纪出版集团与文艺出版集团的重
组。2011 年 5 月 11 日，中宣部、文化部联合下发通知，把加快国有文
艺院团体制改革作为文化体制改革重点任务。上海在文艺院团体制改
革中作出的有益探索有：以国有文艺院团体制改革为例，对市属 16 家
国有文艺院团"分三类"确定改革任务。对上海京剧院、上海昆剧
团、上海交响乐团、上海芭蕾舞团、上海歌剧院、上海民乐团等 6 家
市属文艺院团确定保留事业体制；对越剧院、沪剧院、淮剧院、评弹
团等 4 家作为国家级非物质文化遗产保护项目的地方戏曲院团，划转
建立"公益性保护传承机构"，继续实行事业体制；将上海杂技团、
上海话剧艺术中心、上海滑稽剧团、上海歌舞团、上海轻音乐团、上
海木偶剧团等 6 家院团转制为企业。科学合理的体制设计、强劲有力

---

① 《上海文化体制改革阶段性任务如期完成　助力国际文化大都市建设》，《解放
日报》2012 年 11 月 13 日。

的扶持推动，让上海文化体制改革在一批骨干文化企业迅速成长的龙头牵引下，朝着出成果、出效益的喜人方向迈进。上海出产的文艺精品在精神文明建设"五个一工程"、国家舞台艺术精品工程、"文华奖""荷花奖"等权威评选中大面积丰收。在文化体制机制这个强大"引擎"的驱动下，上海文化产业快速发展，实力迅速增强。"十一五"期间，上海文化产业年均增长 12%。

☐ 对汶川灾区的援建

2008 年"5·12"四川汶川发生特大地震，满目疮痍。"中国改革开放的排头兵""全国第一经济强省"的广东迅速行动起来，第一时间给四川省政府打电话慰问，明确提出"举全省之力，要人出人、要物出物、要钱出钱、要血献血"，并且随即成立了支援四川灾区抗震救灾工作领导小组，即刻动员广东人民支援抗震救灾。短短一天时间，捐款从 200 万元飙升至 2000 万元；不到 24 小时，111 人的医疗队伍奔赴映秀灾区。

中共中央、国务院发出号召，"举全国之力"启动对口援建机制。2008 年 6 月 5 日，胡锦涛主持中共中央政治局常务委员会会议，提出"发挥社会主义制度能够集中力量办大事的政治优势"，以"举全国之力"加快灾后恢复重建。同一天，广东省人民政府向全省下发了《广东省人民政府关于厉行节约，压缩支出，支援四川地震灾区重建工作的通知》，要求全力以赴做好广东省对口支援四川地震灾区恢复重建工作。5 天后，国务院办公厅印发《汶川地震灾后恢复重建对口支援方案》，确定粤、苏、沪、浙、京、辽等 19 个省市立即组织开展灾后恢复重建对口支援工作。根据中央确定广东对口支援四川汶川县、深圳对口支援甘肃三县一区的部署，广东制订了省市联手对口支援灾区的具体方案。根据《广东省对口支援汶川地震灾区恢复重建工作方案》，在确定省级财政支援范围的同时，广东按照"一地级以上市支援汶川县一乡（镇）"的原则，安排珠江三角洲和东西两翼 13 个地级以上市对口支援汶川县的 13 个乡镇。具体是广州市对口支援汶川县县城威州镇；东莞市对口支援汶川映秀镇，佛山、中山、珠海、江门、惠州、汕头、湛江、肇庆、茂名、揭阳和潮州结合财政实力和灾区受灾情况，形成相应的帮扶关系。

7月9日至11日，省委书记汪洋、省长黄华华率团到四川，与四川省委、省政府商谈对口支援地震灾区灾后恢复重建工作，全方位铺开广东省对口援建汶川县的工作。在映秀镇的废墟旁，汪洋主持召开了对口支援汶川灾后恢复重建动员大会。他强调，广东要举全省之力做好对口支援灾区灾后恢复重建工作，这是党中央、国务院对广东的充分信任，也是广东作为改革开放排头兵应尽的义务。做好汶川灾后恢复重建工作，关乎党和国家的形象，关乎中国特色社会主义的形象，关乎广东改革开放排头兵的形象。8月7日，从5000多人中选拔出的58名广东援川干部开赴汶川县城，正式踏上了援建之路。

广东援建工作组较早形成的共识之一就是"科学重建，民生优先，展现援建方"的理念和水平，确定的82亿元对口支援汶川县恢复重建资金总量中，安排民生项目资金65.68亿元，比例高达80%。广东各地的200多名专家和1000多名广东工程技术人员会同汶川当地技术力量，对重点乡镇和项目规划进行编制和论证。根据省委"灾后重建、规划先行，不求最快、但求最好"的指示精神，援建工作组规划编制和论证会议召开了10余次。2009年5月，《汶川县灾后恢复重建城镇体系规划》《汶川县城（威州镇）灾后重建总体规划（2008—2020年）》和13个乡镇总体规划编制完成。随后，《汶川县地震小区规划》项目编制完成，成为18个对口援建省市中第一个完成并获得国家地震局批复实施的地震小区规划成果。

灾后重建迅速展开，过程却显得异常艰难。运送材料、水泥的重型卡车在各条街道上穿梭，数万人次的工人进入岷江和群山之中狭窄的工地。广东援建队伍干劲十足，义无反顾。"5＋2"：5天正常上班，双休日也上；"白＋黑"：24小时无休、不分昼夜；"三班倒"：机器不停，人员轮番休息；不推不揽，不怨不怠，不计得失，创造了对口援建的"广东模式""广东速度""广东质量"。

2009年12月2日至3日，省委书记汪洋到汶川调研，此番入川的第一站是水磨镇。2008年7月汪洋到水磨镇调研时，面前还是一片地震废墟；一年多后再到水磨镇，镇貌已"焕然一新"。3日，"新家园，新希望"——广东省援建汶川县"十大民生工程"交付使用仪式在汶川县县城举行。汪洋出席仪式并讲话强调：越是在对口援建工作进入攻坚克难的最后关键阶段，越要高度重视抓好工程质量，确保援建工作经得起时间和历史的检验。随后举行的座谈会上，汪洋指出：2008年以来，受国际金融危机的冲击，广东经济社会发展遇到了严重困难，但广东省委、省政府坚决完成对口支援任务的决心不变、目标不变、力度不减。当时，对口援建工作取得阶段性重大成果，特别是2008年8月底广东援建的16所学校整体交付使用和333项广东援建的民生工程交付使用，充分证明了中国特色社会主义制度的巨大优越性，充分证明了"任何困难都难不倒英雄的中国人民"。

2010年4月29日，汶川与广东省政府在广州签署了《粤汶长期合作框架协议》。该协议指出，广东在对口支援结束之后，力争用3～5年时间，使双方在技术援助、管理援助、产业合作、干部培养等合作中取得积极进展。按照"硬件达标、软件升级"的总体要求，广东加强对汶川教育、卫生等方面技术援助，开展困难群体技能扶贫，实现粤汶劳动力市场联网和信息共享，扩大就业，让灾区百姓的钱包切切实实地鼓起来。2010年10月10日，广东省对口支援汶川县恢复重建任务全面完成庆祝大会隆重召开。至此，广东省援建四川省汶川县恢复重建任务全面完成。两年来，根据中央提出的"三年任务两年基本完成"的目标，广东对口援建工作坚持"规划先行、以人为本、民生优先、城乡一体、统筹兼顾和可持续发展"的原则，突出重点，有序推进。广东省对口援建汶川县的13个乡镇，投资82亿元援建的702个项目全面竣工，基本实现了"家家有房住、户户有就业、人人有保障、设施有提高、经济有发展、生态有改善"的目标。

阅读链接

对口支援林芝的持续行动

对口支援是中国较为特殊的区域政策之一，而省市对口援藏制度作为中国对口支援方式之一，是中国实施最久的对口支援制度，为探索边疆民族地区实现长足发展和长治久安做出了重要的示范。

在1984年2月召开的中央第二次西藏工作座谈会之后，为庆祝西藏自治区成立30周年，中央决定组织北京、上海、天津、江苏、浙江、四川、广东、山东、福建等9省市和水电部、农牧渔部、国家建材局等有关部门帮助西藏建设43项"近期迫切需要的中小型工程项目"。这是首次由中央分配给各省市的援藏项目工程任务，不过当时仍未形成稳定的"结对关系"。1994年7月底，第三次中央西藏工作座谈会召开。该次会议实现了"两大突破"：一是确定了"分片负责、对口支援、定期轮换"的对口援藏工作原则，将15个省市与西藏7个地市进行配对，即北京、江苏对口支援拉萨，上海、山东对口支援日喀则，湖南、湖北对口支援山南，广东、福建对口支援林芝，天津、四川（含重庆）对口支援昌都，浙江、辽宁对口支援那曲，河北、陕西对口支援阿里。这次会议之后，内地有关省市与西藏受援地区之间建立了固定的"结对关系"。[①] 根据中央部署和要求，广东于1995年开始对口支援西藏林芝地区。截至2019年，共派出八批431名援藏干部来到高原，计划内累计投入资金56.55亿元，计划内实施援藏项目1000多个，援助力度在全国各省份中位居前列，援助成效在全国各省份中走在前列。[②] 现在的林芝已经成为西藏自治区发展潜力最大的地区之一，号称"西藏的江南"，广东也无愧于"援藏楷模"的赞誉。

在援藏总体思路中，"民生援藏"被摆在龙头位置，充分说明援藏的出发点和落脚点是提高保障和改善民生水平，不断增强当地群众的获得感、幸福感、安全感。[③] 紧盯林芝在西藏自治区率先实现全面脱贫摘帽的奋斗目标，深入推进"携手奔小康"行动，全力助推林芝全面打赢打好脱贫攻坚战；大力实施医疗惠民工程，持续推进"组团式"医疗支援，推进卫生医疗工作提质升级；实施教育先行工程，充分发挥援藏教育人才作用，带领受援学校推进教学改革；大力实施就业优先工程，助推林芝实现更加充分和更高质量就业，率先完成年度

---

① 杨明洪、刘建霞：《省市对口援藏制度及其演化分析》，《民族学刊》2019年第1期。

② 南方日报评论员：《用心用情用功做好援藏工作》，《南方日报》2019年4月9日。

③ 叶彤、李哲：《广东推动援藏工作的实践与思考》，《广东经济》2014年第10期。

高校毕业生就业目标任务。广东发挥援藏优势，推出一系列改善民生、凝聚人心的措施，用在基层和民生上的资金比例均不少于80%，逐渐富裕起来的农牧民住进了崭新的藏式民房、走上了结实的硬底村道、用上了干净的自来水。增强受援地自我发展能力是广东援藏的主线。为了提升当地的"造血"能力，广东将"产业援藏"和"智力援藏"作为援藏总体思路的两翼，深入推进，打牢基础。发展产业是富民惠民的主要抓手。在林芝，广东援藏工作队因地制宜谋划推进一批符合当地实际的产业援建项目，带动当地经济社会持续健康发展。

自广东援助林芝以来，当地经济总量逐年大幅跃升，年均增速13.5%，林芝也从"道路不平、电灯不明、电话不灵"的边陲小镇，迅速变成一座充满生机活力的现代化新城。一批一批的广东援藏干部在这片雪域高原上倾注心血，奉献智慧和热情，用真诚书写暖心故事，用实干造福当地人民。

☐ 珠江三角洲改革发展再起航

作为一个区域经济概念，"珠江三角洲"在中国创造了财富神话，为中国贡献了"顺德模式""南海模式""中山模式""东莞模式"，创造了"深圳速度""珠海现象"。但进入21世纪以来，传统发展观的弊病在珠江三角洲地区逐渐显现，产业层次总体偏低，产品附加值不高，资源环境约束凸显，传统发展模式难以继续。珠江三角洲的成长和成功是中国的一个缩影，同样珠江三角洲所面临的发展问题也是中国正面临的问题。为了让珠江三角洲地区再现雄风，广东一直在寻求新的突破口。

在全国经济布局特别是在东部地区经济布局中，广东仍缺乏一个国家认可的战略定位。尤其是天津滨海新区、上海浦东新区、长江三角洲地区一批"新特区"横空出世，在提升区域竞争力上，部分区域的创新力度已超出了珠江三角洲。特别是以上海为首的长三角经济增速，从2003年起开始超越珠江三角洲，双方差距渐呈扩大之势。在国家的"十一五"规划方案中，珠江三角洲及泛珠江三角洲区域发展问题未能列入中央级规划，而长三角地区、京津冀地区已被作为国家级的两大区域规划试点率先启动。广东迫切需要在全国改革发展全局中进行战略性规划。2008年，经过半年时间的新一轮思想解放活动，广东人民争当实践科学发展观排头兵的意识空前高涨："广东在新时期能不能继续'特'下去，关键靠自己，广东的'特'，在于特别能创新，特别能改革。"

2008年7月，国务院总理温家宝在广东视察指导工作期间，省委书记汪洋在汇报工作中特别提出了建议，请求国家编制《珠江三角洲地区改革发展规划纲要（2008—2020）》（以下简称《纲要》），汪洋的建议得到了中央领导人的赞同。温家宝指出："汪洋同志提到制定《珠江三角洲地区改革发展规划纲要（2008—2020）》的问题，这是个好建议。珠江三角洲地区作为改革开放的排头兵，处在新的发展阶段，面临新的内外环境，需要有新规划、新目标，引导这一地区在新起点上实现新发展。"中央寄望珠江三角洲地区改革开放再闯新路，温家宝指示国务院有关部门要积极支持，由国家发改委牵头，国务院有关部门参加，会同广东省研究提出意见。

在温家宝赴广东调研3天之后，7月22日，省委召开常委会学习贯彻落实温家宝总理重要讲话精神，对广东省配合国家编制《纲要》的工作进行部署。汪洋在会上指出：编制《纲要》，是涉及广东今后和长远的一个大事情，要倒排工期，争取11月中旬前报国务院。省政府专门研究部署，并成立了广东省珠江三角洲地区改革发展规划纲要编制工作领导小组和起草组，省委常委、常务副省长黄龙云任组长，以省发改委为主，组成工作班子，配合国家发改委，全面启动纲要编制。8月份，起草组完成《纲要》编制的一系列前期准备工作。

9月17日，广东迎来了规模宏大的国家调研团队，国家发改委副主任杜鹰带队，成员来自国务院39个部委、13个国务院及各部委直属单位和行业协会，共180多人。有关人士形容"这是改革开放以来我省接待的规模最大的国家调研团队"。9月18日，汪洋在与国家调研组见面会上坦言："广东迫切期盼国家对广东和珠江三角洲的发展有新战略、新思路。"国家调研组分成17个调研小组，调研领域涵盖了经济社会发展和体制改革的各个方面，调研地点包括珠江三角洲地区9市及粤东、粤西、粤北等地共15个地级以上市。

调研组所到之处，听汇报，走企业，看现场，共组织召开了各种座谈会 122 场，实地考察企业、项目地点 260 多个，各地各部门提交的汇报参阅材料超百套。国家调研组完成了 15 份专题调研报告，总字数超过 10 万字。深入的调研，全面摸清了珠江三角洲的家底，为《纲要》的编制打下了扎实的基础。作为广东谋划新一轮科学发展的重大突破口，省委、省政府对《纲要》编制高度重视，在《纲要》编制的每一个关键节点，汪洋、省长黄华华等亲自督战。多次召集省起草组开会，提出指导意见和要求，并亲自对《纲要》大纲和草稿进行反复修改。在《纲要》编制过程中，汪洋对《纲要》编制工作的指示和批示就达 23 次。在 5 个多月的时间里，起草组对《纲要》反复讨论、认真推敲、精心修改。10 月底，国家发改委组织对《纲要》进行最后一次集中修改，起草组驻地灯火常常是彻夜长明。数易其稿，终于形成了《纲要》征求意见稿。《纲要》在反复研讨中不断完善，形成一份含金量高，针对性、指导性和可操作性强的 3 万字的纲领性文件。在这份文件里，明确授予珠江三角洲的全国性试点有 9 个，示范区、试验区高达 12 个。最令人瞩目的是，《纲要》对珠江三角洲的战略定位已经明确宣示：珠江三角洲地区就是一个"科学发展，先行先试"的大特区。2008 年 12 月 17 日温家宝主持召开国务院常务会议，会议审议并原则通过《纲要》。曾缺席"十一五"规划的珠江三角洲改革蓝图，终于被列为国家发展战略。

2009 年元旦假期刚过，广东省委即召开十届四次全会，学习领会《纲要》，对全省实施《纲要》作出初步安排。成立由黄华华担任组长的实施《纲要》领导小组，统一指挥和协调《纲要》实施工作。各地、各部门也建立了相应的领导和工作机制。省委、省政府先后在珠江三角洲和粤东西北地区分片召开工作会议，逐市进行具体指导，协调解决实施《纲要》中遇到的困难和问题。省委常委会逐一听取各地级以上市工作汇报，加强检查督促。

从 2009 年 3 月 29 日至 4 月 2 日和 4 月 7 日至 10 日，由汪洋、黄华华带队召开珠江三角洲各市现场会，为期 9 天，一天一城，行程 2300 公里，考察了 46 个点。考察结束后，省委、省政府制定出台了贯彻《纲要》的决定和实施方案，召开全省贯彻实施动员大会，进一步细化方案，明确目标要求，分解定量指标。明确提出"一年开好局，四年大发展，十年大跨越"的总体目标，对《纲要》提出的各项目标任务量化分解到珠江三角洲各市、省各有关部门，并要求各市及省有关部门编制具体实施方案，制定印发了实施《纲要》评估考核办法。

2011年5月，省委、省政府再次举行珠江三角洲九市产业转型升级巡回检查讲评总结会。两年来，广东落实《纲要》取得了明显的成绩：一是"腾笼换鸟"取得了明显成效；二是生态环境实现了明显提升；三是珠江三角洲经济一体化迈出了坚实的步伐；四是体制机制改革取得了新突破。

□ 广东扶贫"双到"的推进

2007年12月11日至13日，上任伊始的省委书记汪洋来到清远市阳山、连南两县调研。阳山、连南受各种条件所限，长期以来都堪称广东经济的"寒极"地带，与富庶的珠江三角洲有着天壤之别。汪洋将调研的首站选在这里，显然意味深长。恰如他在与山区干部首次见面时所言："我到广东上任第一次调研来粤北山区，就是要表明省委、省政府一如既往高度重视粤北山区发展，将进一步加大对山区的帮助扶持力度。"在粤北的崎岖山路上，汪洋一行不畏艰苦，深入企业、学校、农户，察民情、听民意、访民生。在听取清远市委、市政府工作汇报之后，汪洋作了重要讲话，指出粤北山区发展的关键就是解放思想、改革创新。要从实际出发，走自己的路，要把解放思想落实到改革创新上来，落实到推进科学发展上来。改革创新必须落实到具体工作措施上，制定出抓落实的责任制度。他还特别要求清远市要创新扶贫开发机制，做到"规划到户、责任到人"。

"规划到户、责任到人"在清远提出以后，迅速成为广东扶贫开发工作中又一创新的思路。作为"双到"发源地，清远在实施"双到"政策中先行一步。清远市委、市政府迅速抓落实。市委书记和市长亲自率领各县（市、区）主要领导人赴重庆参观学习，并把扶贫开发"双到"工作纳入各级党委、政府争当山区科学发展排头兵，建设社会主义新农村，走共同富裕的重要工作来抓。

2008年10月30日至31日，汪洋再次来到清远，就推进农村改革发展、加强扶贫开发工作进行专题调研。在调研中，汪洋视察了三个村，直接深入扶贫联系户家中，亲自体验"双到"为村民们带来的实际效果。汪洋鼓励全市的党员干部继续发扬改革创新精神，推动农村扶贫开发工作取得新突破。

2009年，省委办公厅、省政府办公厅下发《关于我省扶贫开发"规划到户、责任到人"工作的实施意见》（以下简称《实施意见》），提出要"调动全社会的力量"，来实施扶贫开发"规划到户、责任到人"工作责任制。根据《实施意见》所提出的目标，广东将从2009年开始，用3年时间，对粤东西北欠发达地区14个地级市和恩平市等83个县（市、区）的3409个贫困村，以及农村家庭年人均纯收入1500元（含1500元）以下的农户，通过实施"双到"扶贫开发工作责任制，采取"一村一策、一户一法"等综合扶贫措施，确保被帮扶的贫困户基本实现稳定脱贫，80%以上被帮扶的贫困人口达到农村人均纯收入2500元以上，被帮扶的贫困村基本改变落后面貌。2009年6月26日，省委、省政府在广州召开全省扶贫开发"规划到户、责任到人"工作电视电话会议。至此，扶贫开发"双到"工作逐步在全省大规模展开，并形成了统一规划和常态机制。

有了制度保障，加上高层力推，全省"双到"工作初见成效。在清远，扶贫"双到"开局一年，创造出独具特色的"清远模式"，完成了"输血式"扶贫向"造血式"扶贫的转变，1年之内"5万多贫困人口脱贫，131个贫困村集体经济收入突破3万元"。在韶关，走出了一条发展特色农业，实现"绿色扶贫"的新路。在河源，数千企业牵手帮扶贫困村户，企业参与"双到"扶贫蔚然成风。就全省而言，到2010年6月，全省3409个贫困村，已有3263个帮扶单位派驻帮扶工作组到定点帮扶村开展工作，驻村干部达8533人。

"双到"工作初战告捷，只是万里征途的第一步。正如汪洋到河源就扶贫开发"规划到户、责任到人"进行专题调研时所说：全国最富的地方在广东，最穷的地方也在广东。到现在这个发展阶段，最穷的地方还在广东，这是广东之耻，是先富地区之耻。因此，必须坚决打好缩小贫富差距这场硬仗，并以此把转变发展方式的工作落到实处。根据汪洋的建议，省委十届六次全会提出："全省要设立'扶贫济困日'，鼓励对口帮扶部门以及社会各界深入贫困地区，献爱心，搞帮扶。"会后，省委全力促成此事并向国务院申请将每年 6 月 30 日确立为"广东扶贫济困日"。2010 年 6 月 4 日，国务院批准同意广东的申请，确定自 2010 年起每年 6 月 30 日为"广东扶贫济困日"。这是自 2001 年以来，国家第一次批准的一个省的活动日。同时，凸显了广东人民消除贫困，建设"幸福广东"的坚强决心。

扶贫"双到"工作实施一年多后，广东扶贫取得显著成绩。据《农民日报》2011 年 3 月报道：自 2009 年 6 月以来，广东全省已经有近 70 万人受益于开展扶贫"双到"工作，实现了初步脱贫。据悉，2010 年全省经核定的 37.1 万户 155.8 万贫困人口年人均纯收入达 2410 元，与帮扶前相比，人均增收 822 元，增幅达 51.76%，其中 15.6 万户贫困户 69.3 万人年人均纯收入已超过 2500 元，初步实现脱贫。3409 个贫困村集体经济得到稳定提高，总体收入 10261 万元，平均每村达 3.01 万元。广东的扶贫"双到"工作，不仅对于本省的扶贫实践意义非凡，而且在建立扶贫长效机制、扶贫监管、扶贫问责等方面开了先河，对全国的扶贫实践具有典型的借鉴作用。

阅读链接

贵州脱贫攻坚的新实践

"天无三日晴，地无三尺平，人无三分银。"千百年来，位于中国西南山区的贵州省被烙上了绝对贫困的标签和印记。贵州是全国贫困人口最多、贫困面最广、贫困程度最深的省份，是全国脱贫攻坚的主战场和"硬骨头"。

改革开放之初，贵州农村贫困率高达 66.7%。多年来，贵州脱贫工作取得了明显成效，贫困人口在逐年减少，贫困率持续大幅度下降，尤其是农村贫困人口的经济状况得到了很大改善。从纵向上看，1980 年至 2011 年，贵州农民人均纯收入增长了 26.01 倍左右（全国同期增长了 36.47 倍）。贵州省扶贫开发县的农民人均纯收入也不断提高，2009 年比 2002 年增长了 2.06 倍（同期贵州省农民人均纯收入增长了

2.02 倍）。但从横向上看，贵州农民人均纯收入每年都低于全国同期水平，差距越拉越大。1980 年贵州农民人均纯收入相当于全国平均水平的 84%，到 1990 年贵州农民人均纯收入相当于全国平均水平的 64%，到 2011 年贵州农民人均水平反而降低到只相当于全国平均水平的 60.2%。[①] 贵州脱贫攻坚任重道远。

2001 年国务院发布《中国农村扶贫开发纲要（2001—2010）》，提出综合开发、全面发展的思路以巩固扶贫成果，并在贫困线的基础上设定低收入线，把更多的低收入人群纳入贫困监控范围。除全国都有的扶贫政策外，2000 年西部开始第一轮大开发，大力支持西部欠发达地区发展。2005 年之后，明确提出"一体两翼"的扶贫战略。"一体"是整村推进，"两翼"是产业化扶贫和劳动力转移培训。除继续开发式扶贫，辅之救济扶贫作为开发扶贫的补充，并逐步建立农村社会保障体系。至此，中国的扶贫开发政策从过去单一的经济开发向综合扶贫转变，扶贫的瞄准对象开始由扶贫开发县为瞄准对象转向以贫困村为瞄准对象。

贵州积极应对国家扶贫战略的调整，从各方面不断改进，在促进综合扶贫方面取得不少成绩。例如，从 2000 年到 2008 年，贫困人口减少 116 万人，低收入人口减少 201 万人。2009 年由于把低收入人口也纳入贫困人口监控，贵州贫困人口上升到 535 万人。尽管贫困人口增多，但是随着综合扶贫发展，贫困农村的社会公共事业全面发展。全面实现教育"两基"目标。新型农村合作医疗制度全面覆盖，参合率高达 98%。农村最低生活保障制度覆盖扩大、保障标准不断提高。新农保的试点工作也开始不断推进。

在国家扶贫资金不断增加、向西部大力倾斜的同时，扶贫边际效率却大幅度递减，贫困人口的下降速度趋缓。按照新的贫困标准，西部还有 3000 多万的贫困人口（贵州还有 500 多万人口）依然在贫困边缘徘徊，返贫问题突出，扶贫难度巨大，需求突破势在必行。2011 年国务院发布《中国农村扶贫开发纲要（2011—2020）》，把贫

[①] 杨颖、胡娟：《贵州扶贫开发成效、历程及挑战思考》，《开发研究》2013 年第 2 期。

困标准大幅度提升到人均年纯收入 2300 元，全国贫困人口剧增。划定 14 个集中连片特困地区作为该阶段扶贫工作的主战场。根据中国贫困类型、主要矛盾的转变把单纯解决温饱目标提升到稳定实现扶贫对象不愁吃、不愁穿，保障其义务教育、基本医疗和住房的"两不愁三保障"的多元扶贫目标。贵州有 65 个县、市被划入武陵山集中连片特困地区、乌蒙山集中连片特困地区和滇、黔、桂石漠化区三大特困地区。按照 2011 年西部贫困人口占全国贫困人口的 60% 的比例估计，西部还有 8000 万左右的贫困人口，其中贵州有 1149 万的贫困人口，约占全国贫困人口的 11.6%，贵州贫困形势仍然非常严峻。2013 年，时任贵州省委书记赵克志坦言"扶贫攻坚是我们的'第一民生工程'"①。

2013 年 11 月 3 日，中共中央总书记习近平来到十八洞村考察扶贫开发，首次提出"精准扶贫"理念，扶贫的瞄准对象由贫困村到贫困户，为脱贫攻坚提供了一把"金钥匙"。贵州省通过扶持战略的重大调整，落实多元化扶贫目标，通过综合的全面的扶贫工作，坚持以脱贫攻坚统揽经济社会发展全局，在推动集中连片特困地区区域发展的同时，提高贫困农民全面的发展能力，实现贫困的终结。持续开展"春风行动""夏秋攻势""秋后算账""冬季充电"，开展两轮"五个专项治理"，推动脱贫攻坚连战连胜、再战再捷。贵州所推出的一系列脱贫攻坚新实践、新举措、新战法，都堪称"典范""样本"。例如，"4541"部署（"四场硬仗""五个专项治理""四个聚焦""一场振兴农村经济的深刻的产业革命"）、实行贫困退出"摘帽不摘政策"激励措施、探索实施"三变"改革、建设"精准扶贫云"、开展省领导定点包干极贫乡镇脱贫攻坚、开创"五步工作法"助推贫困县退出、探索创新易地扶贫搬迁和后续扶持新模式、金融扶贫新模式、教育医疗"组团式"对口帮扶、基层党建扶贫新模式以及实施文军扶贫助推脱贫攻坚等工作。其中，有些探索影响甚大，如"三变"改革在 2017 年、2018 年和 2019 年连续三年被写进中央 1 号文件等。2018 年 8 月，习近平对毕节试验区按时打赢脱贫攻坚战作出重要指示，强调

---

① 赵克志：《"脱贫不能光有规划"》，《中国经济周刊》2013 年 3 月 18 日。

要尽锐出战、务求精准。毕节试验区是贵州全省脱贫攻坚主战场，还有农村贫困人口 72.46 万，唯有尽锐出战、务求精准，全力总攻，才能确保按时打赢，夺取全胜。截至 2020 年 5 月，贵州全省贫困人口从 923 万减少到 2019 年末的 30.83 万，累计减少贫困人口 892 万，贫困发生率从 26.8% 减少到 0.85%，年均减贫超过 127 万人，由全国贫困人口最多的省份成为全国减贫人数最多的省份，其中易地扶贫搬迁 188 万人，成为全国易地扶贫搬迁人口最多的省份。[1]

□ 广东"腾笼换鸟"的实施

2004 年以后，随着践行科学发展观步伐的加快，广东经济开始进入了大规模的产业和劳动力的转移与转型升级阶段。2007 年底，全省开展新一轮解放思想大讨论。随后，在省委新一轮解放思想大讨论的会议上，与会者多次提到破解科学发展难题，产业结构优化，加快建立现代产业体系步伐，促进区域协调发展，将低端的劳动密集型产业转出去。在珠江三角洲地区进行的产业转移，被形象地称为"腾笼换鸟"。在新一轮解放思想大讨论中，东莞是省委书记汪洋的联系点。在汪洋对劳动密集型企业比较集中的东莞开展调研后，"双转移"的思路明确起来。2008 年 3 月，汪洋在调研东莞寮步时，发表了后来广为传播的那句话："如果今天不积极调整产业结构，明天就要被产业结构所调整。"同时，他还语重心长地表示："只要下决心迈出第一步，把笼子腾出来，不愁引不来金丝雀。"东莞，由此被视为珠江三角洲产业转移升级的桥头堡和试验田。

2008 年 5 月 24 日，省委、省政府作出《关于推进产业转移和劳动力转移的决定》，正式推出"双转移"战略。通过实施"双转移"战略，广东逐步掀起了产业转移和转型升级的浪潮。落实到制造业最为密集的东莞，"双转移"这一战略则被形象地称为"腾笼换鸟"。在高层全力推介"双转移"战略的同时，省委、省政府还颁布了一系列

---

[1] 《决战脱贫攻坚"贵州样板"的意义》《决战脱贫攻坚的贵州经验与发展智慧》，《贵州日报》2020 年 5 月 27 日。

有利于推动广东科学发展和产业转型升级的文件。2008 年 6 月 19 日，省委、省政府出台《关于争当实践科学发展观排头兵的决定》。7 月 2 日，省委、省政府作出《关于加快建设现代化产业体系的决定》。2009 年，广东又先后出台了《关于大力发展金融产业建设金融强省的若干意见》《关于加快发展我省现代信息服务业的意见》《关于加快发展我省现代服务业集聚区的工作意见》《关于加快高新技术产业开发区发展的意见》等文件。

2008 年 5 月 29 日，省委、省政府在广州召开全省推进产业转移和劳动力转移工作会议，出台了《中共广东省委、广东省人民政府关于推进产业转移和劳动力转移的决定》以及省经贸委、劳动保障厅、发展改革委、教育厅、公安厅、财政厅、建设厅、外经贸厅、扶贫办、农民工工作联席会议办公室、海关广东分署等有关单位分别制订出 8 个配套文件，这一战略被称为"双转移"，即珠江三角洲劳动密集型产业向欠发达地区转移；欠发达地区较高素质劳动力向当地第二、第三产业和珠江三角洲发达地区转移。"双转移"战略提出，从 2008 年起全省 5 年内共安排产业转移资金 400 亿元，通过电力优惠扶持 90 亿元，合计接近 500 亿元。

"双转移"战略自提出以来，争议不断，刚开始是珠江三角洲的港资企业一片疑虑。香港中华厂商联合会 2008 年 4 月的报告显示，仅有一成左右的公司表示会积极考虑搬迁，持观望态度的占了四成多，而决然表示不予考虑的高达 40%。随之而来的金融海啸席卷全球，广东实体经济遭到重大冲击，最严重的是进出口增速大幅回落，珠江三角洲地区不少外向型的劳动密集型企业应声而倒。为推动"双转移"战略的顺利进行，2008 年 11 月汪洋在广东省经济特区工作会议上直言："我们既需要今天，更需要明天。今天的广东不会萎顿，明天的广东需要新生。"2008 年 12 月 8 日，《人民日报》海外版刊登对汪洋的专访，谈到广东进行"腾笼换鸟"。在推进产业结构调整的过程中，"双转移"要坚决、"腾笼换鸟"要坚决、促进传统产业转型升级要坚决的"三坚决"，绝不能盲目去救落后的生产能力。那种为了保速度而把本已淘汰的落后产能重扶上马的做法，无异于饮鸩止渴。

但经济形势不容乐观，2009 年第一季度广东经济主要指标均低于

全国，进出口贸易额大幅度跳水跌至－31.1％，增长速度急剧下滑达
到改革开放以来最低点（5.8％），境外媒体纷纷炒作珠江三角洲企业
"倒闭潮"。在 2009 年 3 月全国"两会"上，多名港澳委员建议，在
金融危机下"腾笼换鸟"应缓行。

2009 年 5 月 27 日，省委、省政府在梅州市第二次召开广东省产
业转移和劳动力转移工作会议。当时的国际金融危机，实际上是市场
机制自发地对全球产业结构进行强制性调整，不仅对企业和行业，而
且对区域经济格局，都是一次重大的重新洗牌，这客观上为"双转
移"提供了新的历史契机。特别是对于珠江三角洲地区庞大的低端产
业来说，由于金融危机的倒逼压力，其出路要么就地转型升级，要么
异地"转移升级"，总之是要"转"，不转没有出路。

为了促进珠江三角洲地区产业有序转移，推进发达地区与欠发达
地区共建产业转移工业园。每年安排欠发达地区产业转移园区专项支
付资金 15 亿元；省内 14 个欠发达市和江门市每年补助 1 亿元；每年
安排劳动力培训转移就业专项资金 10 亿元以上，用于劳动力职业技能
培训、智力扶持、劳动力转移就业服务等；每年 5 亿元奖励、补贴企
业从珠江三角洲转移到园区内，支持的力度和广度非常大。按照《广
东省产业转移区域布局指导要求》的具体部署，2009 年省产业转移工
业园全省布局基本完成。至 2010 年，广东坚持"双转移"战略没有
动摇，"双转移"政策实施三年以来，实现了产业转移"三年初见成
效"的目标。2010 年 3 月 30 日，《人民日报》登载了广东"双转移"
取得的成效。全省 34 个省级产业转移园已引入 2423 个项目，累计投
资额达到 5447 亿元。粤东西北主要经济指标增速超过全省平均水平，
全省农村投资和消费增速均高于城镇。人力资源布局优化，全省组织
培训农村劳动力 82.4 万人，新增转移就业 135.1 万人，分别增长
40.9％和 20.8％。

阅读链接

2008 年金融危机的应对

2007 年底，中央经济工作会议定调"稳健的财政政策，适度从紧
的货币政策"，还要防止经济过热。2008 年 9 月，源自美国次级抵押

贷款市场的金融动荡最终演变为全球性的金融危机，各国经济均遭受不同程度的影响，整个国际经济环境日益严峻。2008 年前三季度，中国 GDP 同比增速为 9.9%，较上年同期下滑 2.3 个百分点，第三季度 GDP 同比增速为 9%，较上年同期下滑 2.5 个百分点，单季增速和累计季度增速都降到了 2003 年二季度以来的最低点，经济下滑速度超出预期。为了有效应对国际金融危机，促进经济平稳较快发展。在此形势下，2008 年第三季度中国及时果断调整宏观调控着力点，实施"积极的财政政策，适度宽松的货币政策"，推出了一系列经济刺激的政策和措施。

2008 年 10 月 17 日，国务院总理温家宝主持召开国务院常务会议，安排部署第四季度经济工作。这次会议被认为是在全球金融危机下对中国经济未来走向的定调，确立了"保增长"这一宏观调控的首要任务。会议安排部署了 10 个方面的工作，全面实施一揽子计划，提出到 2010 年投资 4 万亿元的刺激经济计划。

在整个经济景气指数下降的情况下，消费的增长是一个亮点。事实上，一直以来中国经济增长以出口、投资推动为主，在 2001 年的时候，居民消费支出占 GDP 的比重为 45.2%，到了 2007 年已经降到 35.6%，2008 年为 35.3%，比一般国家 60%～70% 低了一半。因此，鼓励消费为经济增长"三驾马车"之间保持更为协调均衡的关系提供契机。据时任工业和信息化部部长李毅中回忆：2008 年 12 月初的时候，温家宝给他打电话，说美国政府拿出几百亿美金扶持三大汽车企业，德国政府奖励购买汽车，一辆车补贴 5000 马克。车市必须启动，发改委和财政部拿出方案，经过各方酝酿以后，推出 1.6 升排量以下汽车购置税减半的政策。决定这个政策的时候，财政部已经捉襟见肘。李毅中和谢旭人（时任财政部部长）商量，谢旭人说毅中你别再出主意了，他兜里没钱了。这个政策还是出台了，出台在 2009 年春节前，12 月乘用车销售 64.4 万辆，创月度销量之最。[①] 接着春节，赶上购车的高峰，到 2009 年 2 月，汽车工业扭亏为盈。同时服装、化妆品等部

---

① 李毅中：《中国是如何应对金融危机的》，《改革开放四十年口述史》，中国人民大学出版社 2019 年版，第 666 页。

分商品销售有所回升，这意味着，以社会消费品零售总额为代表的消费实际增长在加快。这种态势一直延续至今，从而拉动了国民经济的复苏增长。

为了促进出口，2008 年 10 月 21 日财政部、国家税务总局宣布，从当年 11 月 1 日起，适当调高纺织品、服装、玩具等劳动密集型商品和高技术含量、高附加值商品的出口退税率。另外一项重要举措，是实行市场多元化战略。中国出口高度依赖美欧的风险早已存在，2008 年金融危机使这一风险变为了现实，这促使中国大力开拓发展中国家和周边国家市场，转换美国市场的进口需求。

实施积极的财政政策和"适度宽松"的货币政策。2007 年，中国财政实现盈余，政府负债占 GDP 比例不到 20%，这为实施积极的财政政策提供了空间。2008 年 10 月 22 日，财政部、国家税务总局宣布对个人住房交易环节的税收政策作出调整，降低住房交易税费；中国人民银行宣布下调个人住房公积金贷款利率和扩大商业性个人住房贷款利率的下限。货币信贷方面，2008 年 12 月末中国广义货币供应量同比增幅在连续 6 个月回落之后反弹，比 11 月末高出 3 个百分点。狭义货币供应量终止连续 7 个月的回落态势，12 月末增速比 11 月末加快 2.3 个百分点。12 月当月，金融机构新增人民币各项贷款 7718 亿元，同比多增 7233 亿元。

应对金融危机采取的措施，只是在特殊情况下采取的特殊办法，而不是常规措施。在经济大幅下滑的情况下，这些措施是强心针，不采用的话经济有可能崩溃。当时最迫切的任务是要稳定增长，阻止经济下滑。如果出现负增长那种情况，问题就严重了。当然这些措施也会产生一些负面影响，比如固定资产投资一年增长超 30%，造成了地方债务、产能过剩等问题。

□ 广州亚运会的成功举办

2002 年 10 月中旬，广州市政府向省政府提交了申办 2010 年亚运会的报告，经省政府批准后广州又将报告上报给了国家体育总局。2004 年 3 月，广州正式向亚奥理事会递交申亚报告书。2004 年 7 月 1

日，亚奥理事会第二十三届全体会议宣布广州获得第十六届亚运会主办权。申办成功以后，广东很快便进入了为亚运会成功举办而精心准备的轨道之中。2006年11月26日，第十六届亚运会组委会在广州中山纪念堂举行2010年亚运会会徽发布仪式，以广州的象征——"五羊雕像"为主体轮廓设计的图案成为2010年广州亚运会会徽。

2007年11月26日，广州亚运会规模最大的建设项目——亚运城在广州番禺的莲花山麓正式开工。广州亚运城规划面积约2.73平方公里，包括运动员村、技术官员村、媒体村、媒体中心、后勤服务区、亚运公园、体育馆区等七大部分，可容纳运动员1.4万人，媒体工作人员1万人，技术官员2800人，其他工作人员1.8万人，体育馆可容纳6000名观众。如此宏大的规划，令亚奥理事会主席艾哈迈德·法赫德·萨巴赫亲王不禁感叹："广州把运动员村、技术官员村、媒体村等集中到一起建成亚运村，开创了亚运会有史以来的先河，将大大降低运营成本。"2008年4月28日，广州亚运会吉祥物"乐羊羊"在广州揭晓。五只运动时尚，寄寓着"吉祥、和谐、幸福、圆满和快乐"愿望，传达着"和谐、激情"理念的羊——"阿祥""阿和""阿如""阿意""乐羊羊"被确定为亚运吉祥物。2009年11月12日，广东省在广州市中山纪念堂隆重举行迎接2010年广州亚运会动员大会，广东省委书记汪洋出席会议并指出：将2010年广州亚运会和亚残运会办成一届高水平、有特色的和谐亚运、绿色亚运、文明亚运，是我们对国际社会的郑重承诺，也是全省、全国人民乃至整个亚洲人民的共同愿望。同一天，汪洋还与艾哈迈德亲王一起共同启动了倒计时一周年仪式。此后，广州亚运会的各项筹备工作开始加速：2009年12月，亚运城市服务站点"新生活驿站"揭幕；2010年4月，亚运会火炬手选拔工作正式启动；2010年5月，12个新建场馆主体结构封顶；2010年7月，开幕式、闭幕式门票正式向全球公开销售；2010年10月，亚洲运动会火种采集仪式在居庸关长城举行。

2010年11月12日晚，第十六届亚运会开幕式在广州海心沙岛隆重举行。在广州亚组委执行主席黄华华、广州亚组委主席刘鹏、亚奥理事会主席艾哈迈德相继致辞之后，国务院总理温家宝宣布第十六届亚洲运动会开幕。随后，两名可爱的孩子和奥运冠军一起，点燃放在同心桥下的中国礼花，升腾的礼花点燃火炬塔上的圣火盆，主火炬顿时燃起。这种巧妙的点火方式，顿时掀起了全场的高潮。接下来的 10 多天里，亚洲各国运动员们在羊城挥洒汗水，为荣誉和信仰奋力拼搏。11 月 27 日晚，广州亚运会闭幕。

广州亚运会的成功举办，不仅向全世界展现了广东的风采，而且为全世界留下了永恒的记忆。正如艾哈迈德亲王在致辞中所盛赞的那样：这是一届"精彩绝伦"的亚运会，"她将永远成为亚运会历史上的宝贵财富，共同珍藏于你我心中，美丽的花城广州现在成为体育与和平的城市"。除此以外，广州亚运会还为广东乃至全国留下了宝贵的精神财富。2010 年 11 月 2 日，汪洋在考察亚运筹办和人居环境综合整治工作时指出：广州迎亚运的精神就是敢想、会干和为人民。亚运会结束后不久，广州开始了总结亚运精神的工作，组织专家对广州亚运精神进行了深入系统的研究论证。3 个多月里，课题组先后召开 10 余次专家座谈会、研讨会、论证会，概括提炼出广州亚运精神的基本内涵。经广州市委常委会讨论并报省委同意后，"敢想会干为人民，和谐包容共分享"的亚运精神向社会公布。"廉洁奥运"是北京奥运会留下的重要经验，广州亚运会延续了这一优良传统。中纪委会同广东省和广州市纪检监察机关、亚运会监督委员会等部门组成的"廉洁办亚运"专项调研组经过 20 多天的专项调研后发现，整个亚运筹办过程中尚未发现明显违纪违法、重大资金挪用挤占、重大损失浪费、重大工程质量和安全生产事故问题。为此，在 2011 年 5 月 25 日召开的"廉洁办世博、廉洁办亚运"总结大会上，广州经验获得了高度肯定。中央政治局常委、中央纪委书记贺国强在大会讲话中强调：廉洁办世博、廉洁办亚运工作，为我们抓好其他重大工程、重大活动的监督检查工作积累了宝贵经验，也为深入推进党风廉政建设和反腐败斗争提供了有益启示。

阅读链接

上海世博会的举办

自 1851 年伦敦的"万国工业博览会"开始，世博会正日益成为全球经济、科技和文化领域的盛会，成为各国人民总结历史经验、交流聪明才智、体现合作精神、展望未来发展的重要舞台。改革开放的中国举世瞩目，经济腾飞，政局稳定，文化繁荣，综合国力显著增强，令世界刮目相看。

1999 年 12 月，在国际展览局第 126 次全体大会上中国政府正式宣布申办 2010 年世博会。2000 年 3 月 17 日，中国政府成立 2010 年上海世博会申办委员会，时任国务委员吴仪担任主任委员。2002 年 12 月 3 日，经国际展览局大会投票表决，中国获得 2010 年世博会举办权。这体现了国际社会对中国改革开放道路的支持和信任，也体现了世界人民对中国未来发展的瞩目和期盼。

上海成功申办 2010 年世界博览会，为上海的城市建设、环境保护、经济和社会发展、提升城市品位和市民综合素质带来了巨大的机遇和挑战。世博会是上海在 21 世纪第一个 10 年内最重要的"城市大事件"，它加速了城市基础设施建设的步伐，催生了一大批枢纽型、功能性和网络化的基础设施；推动城市经济高速增长，加速转型升级进程；全面提升城市美誉度，国内外知名度大幅提高；带动城市濒水核心区的开发和建设，为城市长期发展提供了重大功能性空间；"海纳百川、追求卓越、开明睿智、大气谦和"的城市精神进一步凝练和彰显。①

上海世博会筹办的关键时刻突然遭遇 2008 年国际金融危机。经济萧条肆虐全球，绝大部分国家遭受程度不一的损失。而世博会在中国上海举办，起到了展示中国力量、提振世界经济复苏信心的重要作用。2009 年，中共上海市委书记俞正声接受《求是》杂志采访时谈道，"上海世博会关注城市主题，就是要同全球、全国的城市管理者和工作者，共同探讨在城市发展中应该注意什么问题。上海世博会将汇聚世界智慧，展示和交流世界各国城市建设、管理、运营的最新成就和创新理念。作为一大创新，上海世博会的城市最佳实践区将选择比较好的城市发展案例，进行 1∶1 的建设，这是专家从全球范围内选出的

---

① 万季飞：《办好上海世博会　迎接机遇与挑战》，《紫光阁》2010 年第 5 期。

优秀城市发展范例，可以让大家实地观看、感知什么是美好的城市。"①

最终共有 190 个国家、56 个国际组织参展，7308 万人次参观，整体达到世博会历史巅峰水平，成为国际金融危机中的一抹亮色。② "多元、和谐、包容、创新与共生"的理念深入人心。开园之后不久，2010 年 5 月 30 日德国《法兰克福评论报》刊登了题为《世界将为之惊叹》的文章。文章说，上海世博会将使以往历届世博会相形见绌。它肯定将创下最多参展国、最大展览面积和最高投资的纪录。不仅亿万中国人民为之赞叹，世界各国更是赞不绝口。国际展览局主席蓝峰在闭幕式上致辞，他用中英文富有深情地说，中国 2010 年上海世博会，是一个巨大的成功。这是中国的成功，这是上海市的成功，这同时也是世博会事业的成功：国际展览局及其成员都对此满怀喜悦之情。上海凭借其优秀的组织才能、对成功的执着追求以及出色的国际推介，向世人表明世博会总是能展示出特有的魅力。

上海世博会的成功举办，集结了全国人民的智慧和力量。举全国之力支持上海办好世博会，更加彰显出中国的良好形象。而上海作为中国的一个现代化城市的代表和世博会的承办者，也以不辱使命的实际行动，让世界记住了中国。

---

① 俞正声：《举全国之力 集世界智慧 办世界博览》，《求是》2009 年第 10 期。

② 徐建：《从进博会与世博会比较看上海的城市发展逻辑》，《科学发展》2019 年第 4 期。

第十三章
改革发展进入新时代

历史概说

要事本末

历 史 概 说

中共十八大以来，在以习近平同志为核心的党中央领导下，中国特色社会主义迈进新时代，党和国家事业取得历史性成就，发生历史性变革。五年来，在党中央坚强领导下，中共广东省委团结带领全省人民，立定时代潮头，改革开放再出发，奋力开创新时代广东各项工作的新局面。

2012年12月，习近平同志担任总书记之后视察地方的第一站就到了广东，习近平总书记要求广东努力成为发展中国特色社会主义的排头兵、深化改革开放的先行地、探索科学发展的试验区，率先全面建成小康社会、率先基本实现社会主义现代化。广东坚持把学习贯彻习近平总书记系列重要讲话精神摆在首要位置，以"三个定位、两个率先"统揽工作全局，各项事业取得新的重要进展。2017年4月4日，习近平总书记对广东工作再次作出"四个坚持、三个支撑、两个走在前列"的重要批示，希望广东坚持党的领导、坚持中国特色社会主义、坚持新发展理念、坚持改革开放，为全国推进供给侧结构性改革、实施创新驱动发展战略、构建开放型经济新体制提供支撑，努力在全面建成小康社会、加快建设社会主义现代化新征程上走在前列。

广东坚持把创新驱动发展作为核心战略和总抓手，启动并加速珠三角国家自主创新示范区建设，努力打造国家科技产业创新中心，区域创新综合能力排名跃居全国第一，推动发展方式转变和发展动力转换迈出坚实步伐。全省研发经费支出从1236亿元增加到超过2300亿元，居全国第一，占地区生产总值比重从2.17%提高到2.65%。国家级高新技术企业从6652家增加到3万家，跃居全国首位。高新技术产品产值达6.7万亿元，年均增长11.4%。有效发明专利量、PCT国际专利申请量及专利综合实力连续多年居全国首位，技术自给率和科技进步贡献率分别达 72.5% 和 58%，高技术制造业增加值占规模以上工业增加值比重从 21.9% 提高到 28.8%。

广东把区域协调发展摆在突出位置，通过交通基础设施建设、产业园区扩能增效、中心城区扩容提质这"三大抓手"和对口帮扶，加快粤东西北地区发展。五年间，交通建设突飞猛进，实现县县通高速，全省高速公路通车总里程达 7673 公里，跃居全国第一，其中新增里程 2624 公里，粤东西北地区新增高速公路 1993 公里，交通条件发生根本性改变。珠三角地区对口帮扶粤东西北地区工作机制逐步完善，形成全面对接、共同发展的良好态势。

广东遵循中央顶层设计，加快推进改革试点和政策落地，基本确立全面深化改革主体框架。党的十八届三中全会以来承接国家改革试点任务 103 项，数量居全国前列，供给侧结构性改革系统推进，行政审批制度、投资体制、司法体制、纪检体制等重大改革扎实推进，广东自贸试验区改革创新等经验在全国复制推广。积极参与国家"一带一路"建设，加强与欧美发达国家经贸联系，深化粤港澳合作，构建对外开放新格局取得积极成效。2017 年全省货物进出口总额折合人民币为 6.8 万亿元，比上年增长 8.0%，连续 6 年超 6 万亿元，出口占全国比重达 27.5%，有效稳住中国制造的国际市场份额，对东盟、美国和欧盟进出口均实现了两位数的增长。一批优质外资项目落户广东，五年累计实际利用外商直接投资 1256 亿美元。

广东坚决守住环保底线，积极推进大气、水、土壤污染防治三大战役，在保持经济中高速增长的同时，实现了生态环境质量总体改善。珠三角大气 PM2.5 浓度在国家三大重点防控区中率先整体达标，全省城乡居民饮用水安全得到有效保障。超额完成国家下达的节能减排目标任务，全省单位生产总值能耗累计下降 19.5%，处于全国第二低位。新一轮绿化广东大行动持续推进，森林覆盖率提高到 58.98%。高标准推进中央环保督察反馈意见整改落实，配合做好国家海洋督察工作，全面启动省级环保督察，有效解决一批突出环境问题，在解决环境历史遗留问题上取得突破性进展。

广东坚持以人民为中心的发展思想，持之以恒保障和改善民生，办好民生实事，扎实推进社会建设，一大批惠民举措落地实施，人民获得感不断增强。全省城镇新增就业累计 775.6 万人，约占全国的 1/9。居民人均可支配收入达 3.3 万元，年均增长 9.2%。全省范围的公共服务均等化扎实推进。"创强争先建高地"举措取得显著成效，各类教育质量不断提高。公共文化设施网络更加完善，人民健康水平和医疗卫生服务能力持续提升。全省民生保障投入大幅增长，养老、医疗保险基本实现全覆盖，五大险种参保人数和基金累计结余均居全国第一。城乡低保、农村特困供养等多项底线民生保障水平跃居全国前列，208 万相对贫困人口实现脱贫。发挥法治的引领规范作用，严厉打击刑事犯罪，社会大局和谐稳定。刑事案件立案数量比 2013 年下降 30.4%，社会治安状况持续向好。安全生产形势稳定好转，人民群众安全感明显增强。

广东强化管党治党主体责任，党的群众路线教育实践活动、"三严三实"专题教育、"两学一做"学习教育扎实开展，广大党员"四个意识"明显增强。坚决惩治腐败，严格落实中央八项规定精神，党风廉政建设和反腐败斗争取得明显成效，反腐败斗争压倒性态势已经形成，腐败增量有效遏制、存量明显减少，党风政风明显好转，政治生态明显净化。风清气正完成市县镇换届，领导干部配偶、子女及其配偶经商办企业行为进一步规范，"裸官"等干部突出问题得到有效整治。坚持基层党建和基层治理紧密结合，乡镇（街道）领导干部驻点普遍直接联系群众工作深入开展，软弱涣散基层党组织得到持续整顿。巡视监督实现全覆盖，管党治党制度规范不断完善。

要 事 本 末

▢ 中央对广东的殷切希望

　　党的十八大后，习近平总书记视察地方第一站就到了广东。2012年12月7日至11日，习近平从深圳、珠海、佛山到广州，深入农村、企业、产业园区、科研院所和居民社区开展调查研究，在广州主持召开了经济工作座谈会，并听取了广东省委、省政府的工作汇报。在考察中，习近平总书记提出："希望广东的同志再接再厉，紧紧抓住国家支持东部地区率先发展的机遇，努力成为发展中国特色社会主义的排头兵、深化改革开放的先行地、探索科学发展的试验区，为率先全面建成小康社会、率先基本实现社会主义现代化而奋斗。"习近平总书记对广东的嘱托被概括为"三个定位、两个率先"。这是对广东改革开放长期走在全国前列的充分肯定，更是对广东广大干部群众的巨大鼓舞和有力鞭策。

　　习近平总书记在广东考察时的重要论述和指示精神迅速成为全国广大干部群众热议的话题，广东也在第一时间着手研究贯彻具体措施。2012年12月13日，广东省学习贯彻习近平总书记视察广东重要讲话精神电视电话会议在广州召开，强调全省上下要以学习贯彻落实习近平总书记视察广东重要讲话精神为新起点，认真学习宣传贯彻党的十八大精神，进一步解放思想、改革开放，凝聚力量、攻坚克难，不惧风险、勇于创新，少说多做、慎言敏行，稳扎稳打、实干兴邦，着力解决影响科学发展和社会和谐的体制机制问题，着力解决人民群众反映强烈的脱离群众和腐败等突出问题。2013年1月17日，中共广东省委十一届二次全会召开。会议再次强调"三个定位、两个率先"是广东今后工作的前进方向和行动指南，是广东工作的总目标。

为部署学习贯彻讲话精神，省委印发了《关于认真学习贯彻习近平总书记视察广东重要讲话精神的通知》。广东全省迅速掀起了学习贯彻习近平总书记视察广东讲话精神的热潮。

继 2012 年 12 月对广东提出"三个定位、两个率先"要求后，2014 年 3 月 6 日，习近平总书记参加十二届全国人大二次会议广东代表团审议，要求广东在发展中国特色社会主义中当好排头兵，努力交出物质文明和精神文明两份好的答卷。① 2017 年，以习近平同志为核心的党中央对广东发展再次给予了亲切关怀和充分肯定，提出了新的更高要求。4 月 4 日，习近平总书记对广东工作再次作出"四个坚持、三个支撑、两个走在前列"的重要批示，希望广东坚持党的领导、坚持中国特色社会主义、坚持新发展理念、坚持改革开放，为全国推进供给侧结构性改革、实施创新驱动发展战略、构建开放型经济新体制提供支撑，努力在全面建成小康社会、加快建设社会主义现代化新征程上走在前列。②

习近平总书记对广东工作的重要批示，为广东的改革发展确立了新坐标，勾画了新蓝图，广东省委立即进行了学习工作统一部署。4 月 8 日，省委常委会会议传达了学习习近平总书记关于广东工作重要批示精神。4 月 11 日，省委发出《中共广东省委关于认真学习宣传贯彻习近平总书记重要批示精神的通知》，强调要深刻把握"四个坚持""三个支撑""两个走在前列"的要求，明确"四个坚持、三个支撑、两个走在前列"与"三个定位、两个率先"一脉相承，是与时俱进的新的更高要求，全省要不断深化认识，切实把思想和行动统一到"四个坚持、三个支撑、两个走在前列"上来。③ 4 月 14 日，中共广东省委常委会会议审议并原则通过《学习宣传贯彻习近平总书记重要批示精神总体工作方案》。2017 年 5 月 22 日，中共广东省第十二次代表大会在广州开幕。会议指出，习近平总书记对广东工作作出的"四个坚持、三个支撑、两个走在前列"重要批示，是习近平总书记系列重要

---

① 《贯彻落实习近平总书记重要讲话精神》，《人民日报》2015 年 3 月 6 日。
② 《习近平总书记对广东工作作出重要批示》，《南方日报》2017 年 4 月 12 日。
③ 《习近平总书记对广东工作作出重要批示》，《南方日报》2017 年 4 月 12 日。

讲话精神和治国理政新理念新思想新战略在广东的具体化，对广东发展具有重大的里程碑意义。

在 2012 年以来的五年里，广东各地各部门应时而动，认真贯彻落实习近平总书记重要指示和重要批示精神，努力将其转化为干部群众的思想罗盘和行动指南，奋发有为做好广东工作。在此期间，各项事业取得新的重要进展。

阅读链接

改革开放永无止境

2012 年 7—11 日，习近平在广东省委书记汪洋和省长朱小丹陪同下，来到深圳、珠海、佛山、广州，深入农村、企业、社区、部队和科研院所进行调研。习近平表示，这次调研之所以到广东来，就是要到我国改革开放中得风气之先的地方，现场回顾我国改革开放的历史进程，将改革开放继续推向前进。

8 日上午 9 时许，莲花山公园中的游客络绎不绝，习近平来到这里，向伫立在山顶的邓小平铜像敬献花篮。俯瞰深圳市的繁荣景象，习近平感慨地说，我们来瞻仰邓小平铜像，就是要表明我们将坚定不移推进改革开放，奋力推进改革开放和现代化建设取得新进展、实现新突破、迈上新台阶。离开前，习近平挥锹铲土，种下一棵高山榕树。

一路上，习近平反复强调，改革开放是我们党的历史上一次伟大觉醒，正是这个伟大觉醒孕育了新时期从理论到实践的伟大创造。实践证明，改革开放是当代中国发展进步的活力之源，是我们党和人民大踏步赶上时代前进步伐的重要法宝，是坚持和发展中国特色社会主义的必由之路。

习近平指出，现在我国改革已经进入攻坚期和深水区，我们必须以更大的政治勇气和智慧，不失时机深化重要领域改革。深化改革开放，要坚定信心、凝聚共识、统筹谋划、协同推进。改革开放是决定当代中国命运的关键一招，也是决定实现"两个 100 年"奋斗目标、实现中华民族伟大复兴的关键一招。实践发展永无止境，解放思想永无止境，改革开放也永无止境，停顿和倒退没有出路。我们要坚持改革开放正确方向，敢于啃硬骨头，敢于涉险滩，既勇于冲破思想观念的障碍，又勇于突破利益固化的藩篱。我们要尊重人民首创精神，在深入调查研究的基础上提出全面深化改革的顶层设计和总体规划，尊重实践、尊重创造，鼓励大胆探索、勇于开拓，聚合各项相关改革协调推进的正能量。

几天来，习近平还先后到深圳市罗湖区渔民村、深圳光启高等理工研究院、腾讯计算机系统有限公司、中航通用飞机有限责任公司珠海基地、广东工业设计城、顺德区黄龙村和广州东濠涌，了解经济结构调整和生态文明建设情况，看望困难群众。他希望广东继续在改革开放中发挥窗口作用、试验作用、排头兵作用，为经济社会发展增添新动力。习近平还考察了深圳前海深港现代服务业合作区、珠海横琴新区，勉励深圳、珠海深化粤港澳合作，努力相互促进、互利共赢。

考察结束时，习近平听取了广东省委和省政府的工作汇报。他强调，全面建成小康社会要靠实干，基本实现现代化要靠实干，实现中华民族伟大复兴要靠实干。各级领导干部要牢记"空谈误国，实干兴邦"的道理，坚定理想信念，保持奋发有为的精神状态，提高推动科学发展能力，切实改进作风，脚踏实地创造新的更大的业绩。

□ 创新驱动发展战略的推进

党的十八大以来，以习近平同志为核心的党中央综合分析世界经济增长周期和中国发展阶段性特征及其相互作用，作出中国经济发展进入新常态这一重大战略判断。习近平总书记对新常态作出系统阐述，认为，中国经济呈现出新常态有几个主要特点：一是从高速增长转为中高速增长；二是经济结构不断优化升级；三是从要素驱动、投资驱动转向创新驱动。[1] 提出要把适应新常态、把握新常态、引领新常态作为贯穿发展全局和全过程的大逻辑。[2] 党中央大力推进创新发

---

① 《谋求持久发展，共筑亚太梦想——在亚太经合组织工商领导人峰会开幕式上的演讲》（2014 年 11 月 9 日），《人民日报》2014 年 11 月 10 日。

② 中共中央宣传部：《习近平总书记系列重要讲话读本（2016 年版)》，学习出版社、人民出版社 2016 年版，第 141 页。

展，强调必须把创新作为引领发展的第一动力，摆在国家发展全局的核心位置，加快形成以创新为主要引领及支撑的经济体系和发展模式。2012 年 12 月，习近平视察广东时要求广东大力实施创新驱动发展战略；2014 年 3 月，参加全国两会广东代表团审议时要求广东充分发挥创新驱动作用，实现"凤凰涅槃"。党中央对广东创新发展寄予了厚望。

广东落实党中央关于实施创新驱动发展战略、加快推进以科技创新为核心的全面创新的重要决策部署，全面实施创新驱动发展战略，推动全省经济结构战略性调整和产业转型升级，着力构建以创新为主要引领及支撑的经济体系和发展模式。

2013 年以来，广东每年召开以创新或科技为主题的工作会议，不断强化创新驱动发展战略核心地位。2015 年 2 月 27 日，广东科技创新大会在深圳召开，强调把创新驱动经济战略作为推动经济结构调整和产业转型升级的核心战略。同年，省委成立全面深化改革加快实施创新驱动发展战略领导小组，加强对创新驱动发展的整体统筹协调。2015 年 9 月 29 日，国务院批复设立珠三角自主创新示范区，目标是把珠三角打造成为国际一流的创新创业中心。珠三角国家自主创新示范区覆盖了广州、珠海、佛山、惠州、东莞、中山、江门、肇庆市珠三角 8 个市。连同 2014 年获批的深圳市国家自主创新示范区，广东省已形成"1 + 1 + 7"的自主创新示范区城市分工格局。2016 年 7 月，国务院批复了《广东系统推进全面创新改革试验方案》，广东被列为国家全面创新改革试验区域。为贯彻落实方案，省委、省政府出台了《关于加快建设创新驱动发展先行省的意见》。这一系列顶层设计，体现了省委、省政府全力推进全面实施创新驱动发展战略的决心。

在优化政策体系方面，2014 年 6 月，广东率先出台《关于全面深化科技体制改革、加快创新驱动发展的决定》，这是十八届三中全会后全国首个颁布实施的关于深化科技体制改革、实施创新驱动发展战略顶层设计的文件。2015 年，广东出台《关于加快科技创新的若干政策意见》，着力构建覆盖创新链的"1 + N"政策体系，包括激励企业创新投入的普惠性政策、完善孵化育成体系和新型研发机构扶持举措的引导性政策及激励科技人员创新积极性的松绑性政策，并出台 9 个配套实施细则文件，在全国引起较大反响。在加强科技立法方面，2012 年出台《广东省自主创新促进条例》，在全国首开地方性自主创新立法先河。2016 年对《广东省自主创新促进条例》进行修订，将科研项目中人力成本费支出比例上限由原来的 30% 提高到 40%。2016年，广东出台了《关于建设高水平大学的意见》《关于加强理工科大学和理工类学科建设服务创新发展的意见》《关于建立创新驱动发展工作考核指标体系的意见》等政策性文件，创新发展的顶层设计和政策体系逐步完善。

广东积极建设开放型区域创新体系，多层次开展协同创新。发挥企业创新主体作用是广东创新的最大特色和优势。广东注重发挥大企业龙头带动作用，鼓励大型骨干企业加大基础研究和应用基础研究力度，开放创新资源和创新平台，通过上下游配套、创新联盟和孵化培育等方式带动中小企业创新发展。2016 年广东推进"互联网 + 双创""四众"平台创新发展，众创空间达 500 家。[①] 在建立研发机构方面，鼓励如华为等领军企业在全球布局建设研发机构，支持创新型领军企业采取并购、收购或直接投资等方式，在全球布局建立具有国际影响力的海外研发机构。全省出台了促进专业镇协同创新的系列政策措施，着力推动传统优势产业转型升级。涌现出中山小榄、中山古镇、东莞大朗、东莞横沥等一批转型升级和创新创业的典型代表。在全国率先与教育部、科技部、工信部、中科院和工程院等部委深入开展省部院产学研合作，引进中国科学院空天信息研究院等 30 多家国家大院大所和重点高校来广东省建设高水平研究院和新型研发机构，积极推进 3 个国家技术创新中心建设。2014 年，中国科学院与广东省共建国家重大科技基础设施领导小组成立，共同推进在广东省落户的国家重大科技基础设施项目建设工作。把握粤港澳大湾区、"一带一路"倡议等重大机遇，深化科技创新合作。推进粤港澳大湾区国际科技创新中心建设，与港澳联合共建高水平科技创新平台，建设首批 10 家粤港澳联合实验室，香港高校在粤建立 70 多个科研机构，建设粤澳中医药科技产业园，建设港澳青年创新创业基地。积极发展与世界创新型国

---

① 马兴瑞：《2017 年广东省政府工作报告》，广东省人民政府网 2017 年 1 月 19 日。

家、"一带一路"沿线国家及"关键小国"的科技交流与创新合作。加强与日本、韩国、乌克兰等重点国家合作，联合组织实施一批双边合作项目；与奥地利联合在巴基斯坦共建信息技术与人工智能卓越中心项目；推进与白俄罗斯国际科学院等国际知名科研组织、大学合作。

广东着力构建各种有利于创新要素自由流动和高效配置的创新生态，激发全社会创新创业活力。健全人才激励机制，落实以增加知识价值为导向的分配政策，鼓励科研人员通过科技成果转化获得合理收入，落实科技成果转化个人所得税优惠政策、股权激励和技术入股所得税优惠政策。完善人才服务，在全国率先探索实行"海外人才绿卡制度"，实施"珠江人才计划""扬帆计划""特支计划"等重大人才工程，培育引进一批产业发展急需的创新型人才和科研团队。推进金融科技产业加速融合，推动"互联网＋金融"服务体系以及众创、众包、众扶和众筹四大平台"1＋4"建设，打造"1＋4"综合金融服务体系；发展多层次资本市场融资，支持成长性好的科技型中小企业在中小企业板、创业板、科创板上市融资；组建广东省创新创业基金，引导社会资本投向种子期、初创期科技企业；创新科技信贷风险分担机制，引导商业银行面向科技型中小微企投放科技贷款。

广东实施创新驱动战略成效显著，以 2016 年为例，全省 R&D/GDP 达到 2.58%，比 2012 年提高了 0.41 个百分点；全省财政科技投入 742 亿元，比 2012 年增长了 3 倍；发明专利申请量 155581 件，比 2012 年翻了一番多；高新技术企业数量达到 19857 家，是 2012 年的近 3 倍，总量跃居全国首位。① 广东区域创新能力居国内前列，产业自主创新能力和国际竞争力不断提高。

阅读链接

广东创新驱动发展的秘钥

2017 年 10 月 16 日，深圳市六届人大常委会第二十次会议审议了《深圳知识产权工作发展情况报告》，报告指出："深圳自主创新的特色主要体现在'四个 90%'：90% 以上研发人员集中在企业、90%

---

① 《十八大以来广东全面实施创新驱动发展战略》，《广东经济》2017 年第 6 期。

以上研发资金来源于企业、90%以上研发机构设立在企业、90%以上职务发明专利来自于企业。""四个90%",充分说明了企业在自主创新中的重要地位。

回顾近十几年来深圳经济的发展,无论是腾讯、中兴、华为、比亚迪,还是一大批高速成长的中小企业,都具备一项快速发展和成长的创新基因。一些企业创业初期或采取廉价、代工等方式起步,但是在深圳的企业成长沃土中,这些企业都迅速壮大研发和创新力量,使得企业从"制造"不断向"创造"前进。深企华为之所以能在智能手机领域与苹果、三星等产业巨头同台竞技,就是凭借低价抢占市场,并不断提升自己的产品质量。在此过程中,华为投入巨大精力在创新和研发中。2012年来,华为每年申请2000余件全球专利,位列全球企业专利申请量的第三位。另一家从电池生产起步的深企比亚迪,在成为全球前三的锂电池生产企业后,依靠其电池生产的优势,转而向新一代新能源汽车领域进发,创新研究新能源汽车领域技术。经过十余年积累,比亚迪终于完成了电池、电机和电控这三大新能源汽车核心技术。

"四个90%"凸现了深圳企业在知识产权创造和运用中的主体地位,表明企业创造知识产权的热情得以充分激发、运用知识产权提高核心竞争力的能力显著增强。在一定程度上,这也是广东创新的一个共性特征。2015年到2017年,广东春节后的第一个全省大会都不约而同地以创新为主题。对创新驱动的重视成为省委、省政府的思想自觉和行动自觉。2016年,广东高新技术企业数量达到19857家,总量居全国第一。除了深圳以8037家的数量雄踞全省第一,与2013年度全省的高新技术企业数量相当外,广州、东莞、中山等市高新技术企业存量实现100%以上快速增长。其中,广州的数据尤为亮眼,高新技术企业呈现爆发式增长,全年净增2823家,增速居全国副省级以上城市之首。这一事实既清晰地折射出广东实施创新驱动战略所取得的阶段性成果,更彰显了广东经济转型的强大力量。

□ 区域协调发展的持续发力

改革开放40余年来,作为改革开放排头兵的广东,在经济社会发展取得举世瞩目成就的同时，由于历史、地理以及体制等原因，区域与城乡发展不平衡、不协调的问题始终突出。"最富裕的地方在广东，最贫困的地方也在广东"，这句老话体现了广东区域发展不平衡的老问题。

党的十八大以来，以习近平同志为核心的党中央，为了实现"十三五"时期的发展目标，破解发展难题，厚植发展优势，提出了"创新、协调、绿色、开放、共享"的五大发展理念。其中，"协调"被列在了第二位，可见其重要性。区域协调发展是协调发展的重要内容。针对中国区域发展差异大、发展不平衡基本国情，习近平明确指出，要采取有力措施促进区域协调发展、城乡协调发展，加快欠发达地区发展，积极推进城乡发展一体化和城乡基本公共服务均等化。

广东认真领会习近平总书记的重要讲话精神，坚决贯彻落实党中央关于区域协调发展的战略部署，积极践行新发展理念，在区域协调发展上不断发力。2013年1月，中共广东省委十一届二次全会提出推动珠三角优化发展、粤东西北地区加快发展，形成区域协调发展的格局。7月25日，省委、省政府印发《关于进一步促进粤东西北地区振兴发展的决定》。7月26日，全省进一步促进粤东西北地区振兴发展工作会议召开。之后几年间，围绕推动珠三角优化发展、粤东西北地区加快发展这一战略布局，省委、省政府相继出台一系列政策和举措安排。2017年11月，省委十二届二次全会再次强调，立足全省一盘棋，加强统筹协调和分类指导，建立更加有效的区域协调发展机制；优化生产力布局，在更高的起点上持续推动粤东西北地区加快发展。

要实现区域协调发展，重点是要促进粤东西北地区加快发展。广东通过紧紧抓住交通基础设施建设、产业园区扩能增效、中心城区扩容提质这"三大抓手"，推动珠三角地区与粤东西北地区产业共建，深化对口帮扶，加快粤东西北地区振兴发展。通过采取这一系列措施，粤东西北发展条件得到显著改善，呈现加速发展态势。截至2016年底，全省高速公路通车总里程达7018千米，全省的67个县（市）实现"县县通高速"，粤东西北高速公路通车里程达到了3578公里，大大缩短了与珠三角的时空距离，从珠三角核心往返粤东西北地区的车程普遍缩短了 1 小时以上。① 随着交通基础设施建设力度的不断加强加速，全省基础设施通达程度的均衡性、粤东西北地区的交通条件和投资环境都得到大幅改善。2016 年，省政府出台《促进粤东西北地区产业园区提质增效的若干政策措施》，省级产业转移工业园的扩能增效成为粤东西北工业化加快发展的主要推力。截至 2016 年底，全省共设立 83 个省产业转移工业园，基本实现全省县域全覆盖。2016 年，广东按照《推动粤东西北地区地市级中心城区扩容提质工作方案》要求，以"扩容"推动"提质"的新型城镇化建设，增强了粤东西北中心城区带动力。以上各项推力的叠加，推动粤东西北地区经济呈现加速发展态势。地方一般公共预算收入从 2012 年的 718.42 亿元增加到 2016 年的 990.73 亿元，年均增长 8.4%。2016 年粤东西北规模以上增加值合计达 6100.64 亿元，为 2012 年的 1.5 倍；2012—2016 年，第二产业对经济增长的贡献率基本上保持在 50% 以上；第三产业占 GDP 的比重从 2012 年的 40.1% 提高到 2016 年的 42.8%。②

　　党的十八大以来，珠三角优化提升步子也在进一步加快。以珠三角规划纲要为契机，珠三角地区四年大发展圆满收官，九年大跨越进入攻坚阶段。几年间，随着各项改革战略的抓实推进，以广州和深圳为核心的高端服务业集聚区、现代产业核心区以及珠三角一体化发展格局基本形成，区域整体竞争力和辐射带动力不断提升。2016 年，珠三角实现地区生产总值 6.78 万亿元，与其他省市区比较，总量居全国第二位；人均 GDP 达 11.43 万元，高于长三角 16 市平均水平（11.12 万元）；其中：广州、深圳、珠海、佛山等 4 市均超过 10 万元。经济保持平稳较快发展。2011—2016 年，珠三角地区生产总值年均增速 8.6%，2016 年为 8.3%，比全国平均水平高 1.6 个百分点；地方一般公共预算收入年均增长 14.1%，2016 年为 10.7%，超出全国平均水平 6.2 个百分点。2016 年珠三角地区常住居民人均可支配收入达 40109 元，比 2015 年名义增长 9.4%，比全省平均水平高 9813 元，比全国平

---

① 《聚力粤东西北　促进区域协调发展》，《南方日报》2017 年 8 月 22 日。

② 《四年来粤东西北 GDP 年增 8.8%》，《南方日报》2017 年 10 月 13 日。

均水平高 16288 元。[①] 随着粤港澳大湾区战略的提出与规划，珠三角再一次站在全国举世瞩目的地位。作为参与大湾区建设的主力军，珠三角地区将努力建成粤港澳大湾区世界级城市群，为广东实现"两个走在前列"作出更大贡献。

珠三角跨越发展、粤东西北振兴发展的发展思路得到有效落实，区域间经济社会发展的整体性、协调性有所提升。粤东西北人均 GDP 增长率自 2006 年起，已连续 11 年超过珠三角地区，与珠三角人均 GDP 的比率，也从 2005 年的 24.9%，上升到了 2017 年的 30.94%。

□ 高水平生态环境的打造

保护生态环境就是保护生产力，改善生态环境就是发展生产力。党的十八大以来，广东从全面践行习近平总书记"绿水青山就是金山银山"生态文明理念、当好绿色发展排头兵的高度，定好位、谋好局，部署推进全省生态环境保护工作。

加快生态文明制度建设。无论是立法还是执法，无论是督企还是督政，无论是监管还是服务，党的十八大以来广东法治环保建设均走在全国前列。2013 年 8 月，广东召开新一轮绿化广东大行动工作会议，印发《中共广东省委、广东省人民政府关于全面推进新一轮绿化广东大行动的决定》，明确了广东建设全国绿色生态第一省的指标体系。2014 年，广东省发展改革委牵头起草《广东省生态文明建设规划纲要》，推动国民经济和社会发展规划、城乡规划、土地利用规划、生态环境保护规划等多个规划相互融合归一。广东按照习近平生态文明思想中"用最严格的制度保护生态环境"严密法治观的要求，出台一系列全局性、战略性生态环保政策，以最严格的制度保护环境。2015 年 7 月 1 日正式实施新修订的《广东省环境保护条例》，成为新环保法实施后全国首个配套的省级环保法规。2016 年广东出台了《广东省党政领导干部生态环境损害责任追究实施细则》，建立生态环境损害责任终身追究制。

---

① 《近年来广东区域经济协调发展情况分析》，广东统计信息网 2017 年 9 月 29 日。

生态文明机制创新走在全国前列。近年来，广东在全国率先印发实施《广东省主体功能区规划》及配套政策文件，完善对主体功能区规划配套应对气候变化的指导。率先推行碳排放权交易制度改革，碳排放权交易市场规模和体量一直稳居全国第一、全球第三。开展环境污染责任保险试点，全省参与投保企业超过 800 家，位居全国前列。大力推进排污权交易试点，顺德区率先在全国组织开展三批次挥发性有机物（VOCs）排污权交易。惠州市、深圳市大鹏新区大力探索绿色生态系统生态总值（GEP）核算制度体系。推动广州市纳入国家绿色金融改革创新试点；2016 年，环境保护部与广东省政府签订部省合作协议，力争到 2020 年将珠三角率先建成国家绿色发展示范区。2017年底，广东率先实现省、市、县、镇、村五级河长全覆盖。

全面推动绿色发展，助力构建高质量现代化经济体系。党的十八大以来，广东以壮士断腕的魄力关停"五小企业"（浪费资源、技术落后、质量低劣、污染严重的小煤矿、小炼油、小水泥、小玻璃、小火电等企业），在重点流域实施更严排放标准，利用产业、环保、节能等政策倒逼落后产能退出，成效显著。近年来，广东省新一代信息技术、智能制造和装备制造、节能环保、"互联网＋"等战略性新兴产业发展迅速，以先进制造业、现代服务业和高新技术产业为主体的产业结构不断优化，为实现经济高质量发展、推动生态文明建设奠定坚实基础。目前，广东轨道交通、新能源汽车发展水平位居全国前列，城市轨道交通运营里程居全国之首，珠三角地区初步形成了新能源汽车产业集群，新能源汽车产销量全国第一，保有量约占全国五分之一。2016 年全省节能环保产业总产值约 6700 亿元，年均增长 15% 左右，拥有节能环保上市企业 98 家，上市公司数量、主营业务收入、净资产总额均居全国首位。2017 年全省单位 GDP 能耗 0.378 吨标煤/万元，约为全国平均水平的六成。单位工业增加值能耗水平不到全国平均水平的一半。连续多年处于全国第二低位（仅次于北京）。广东三次产业结构比重从 2012 年的 5.0：48.8：46.2，调整为 2017 年的 4.2：43.0：52.8。①

①《生态环境持续改善奋力建设美丽广东》，《南方日报》2018 年 12 月 30 日。

打好污染防控攻坚战。2017年，广东对中央环保督察反馈的意见以高标准推进整改落实，配合做好国家海洋督察工作，全面启动省级环保督察，有效解决了一批突出环境问题。全面实施大气污染防治18项强化措施，全省基本淘汰黄标车，完成国家"大气十条"终期考核目标。党的十八大以来，全面落实河长制，狠抓水污染治理，完成191个黑臭水体整治，新增污水处理厂31座、日处理能力129万吨、配套管网5949公里，国考断面水质优良比例达80.3%，劣Ⅴ类断面比例控制在8.5%以下。有序推进土壤污染状况详查工作。出台海岸带综合保护与利用总体规划，一批历史遗留用海问题得到妥善解决。

广东牢固树立绿水青山就是金山银山的理念，坚决守住生态环保底线，积极推进污染防治三大战役，生态环境持续改善。超额完成国家下达的节能减排降碳目标任务，2016年全省单位生产总值能耗大约累计下降19.5%，保持在全国先进行列。全省空气质量连续多年稳定达标。大江大河水质保持稳定。土壤污染防治扎实推进。[①]

阅读链接

广东河长制的落实

广东江河湖库众多，水环境治理、水安全保障任务繁重。40年来经济的高速发展，给广东带来了巨大的经济社会效益，同时也积累了大量生态环境问题。2017年，央视新闻联播报道了广州市越秀区东濠涌历经6年治水实现的华丽蜕变。东濠涌从劣Ⅴ类黑臭河涌到Ⅱ类优质水质，从人人绕道避之的地方到休闲漫步的好去处。在这一蜕变背后，离不开广东治理水环境的一个有力举措——河长制。

近年来，广东一直高度重视河湖管护机制创新，因地制宜施策。2017年5月广东省第十二次党代会要求，突出抓好水污染治理，全面落实河长制。同月，广东省委办公厅、省政府办公厅联合印发《广东省全面推行河长制工作方案》，被大众亲切称为"广东版河长制实施蓝图"。该方案提出在广东全省江河湖库全面建立河长制，比中央要

---

① 马兴瑞：《政府工作报告——在广东省第十二届人民代表大会第五次会议上》（2017年1月19日）。

求提前一年；到 2020 年年底，基本实现河畅、水清、堤固、岸绿、景美的总目标，努力实现全面落实河长制工作走在前列。

党的十八大以来，广东结合深入实施《南粤水更清行动计划》和山区中小河流治理等工作，在省内分类探索试行"构建珠三角绿色生态水网""打造粤东西北平安生态水系"两种治河模式，取得阶段性成效，为全面推行河长制积累了宝贵经验。身处珠江三角洲地区的佛山市从 2008 年开始，为铁腕整治汾江河，制定并推出涌长责任制，对违规排污、倾倒垃圾、占用河道等破坏内河涌的现象负责。这就是广东河长制的雏形。几年来，通过在广州、深圳、佛山、东莞等珠三角地区，探索试行以水污染防治、水环境治理为主的河长制，有力推动了重点流域和城市黑臭水体污染整治。与人口、产业密集的珠三角城市不同，粤东西北山区对水治理的需求集中在提升防洪能力、保障水安全的方面。为适应当地实际，河长制在韶关、河源、梅州、清远、云浮等山区市的地方实践中，突出了村（段）长的功能，将河长制延伸至五级。如清远连州市由镇河道管理监督考核小组按月对每条河道的治理情况，发布绿、黄、红等三色预警公示，形成镇指导、村落实、村民随时监督的河流管护机制。河长制为山区市中小河流治理建立了长效管护机制，大大降低因洪涝灾害死亡人数和直接经济损失的年平均值，取得了显著的防灾减灾效果。正是有了这些积累，广东才拥有在推行落实河长制中争当排头兵的底气和勇气。

广东省深入实施"五清""清四乱""让广东河湖更美"专项行动，高质量规划建设万里碧道，推动河长制、湖长制从"有名"转向"有实"，全省河湖面貌明显改观。广东省作为河长制、湖长制工作推进力度大、河湖管理保护成效明显的 5 个省份之一，受到国务院激励表彰。

□ 小康路上的精准脱贫

党的十八大以来，党中央把扶贫开发工作放在突出位置。"小康路上一个都不能少"，这是中国共产党对人民做出的庄严承诺。2013 年 11 月，习近平在湖南考察提出了"精准扶贫"理念，从此，扶贫开发迈入"精准扶贫、精准脱贫"时期。2015 年 11 月，中共中央、国务院印发《关于打赢脱贫攻坚战的决定》，确定"到 2020 年，稳定实现农村贫困人口不愁吃、不愁穿，义务教育、基本医疗和住房安全有保障"的总体目标。

早在 2009 年，省委、省政府颁布了《广东省扶贫开发"规划到户、责任到人"实施意见》，积极推行"一村一策，一户一法"的"双到"扶贫方式。2013 年 4 月 28 日，省委、省政府召开全省扶贫开发工作会议，印发《广东省新一轮扶贫开发"规划到户、责任到人"及重点县（市）帮扶工作实施方案》，开始第二轮扶贫攻坚。截至 2015 年年底，广东已经完成第二轮"双到"扶贫开发工作。2013—2015 年，广东共组织 3599 个单位，派出 7986 名干部驻村，投入各类帮扶资金 202.95 亿元，帮扶 2571 个相对贫困村、20.9 万相对贫困户、90.6 万相对贫困人口，村均投入 789.38 万元，户均投入 9.71 万元，全面实现扶贫"双到"目标任务。[①]

2016 年 3 月 22 日，省委、省政府召开全省扶贫开发工作会议，对广东精准扶贫、精准脱贫作了全面部署。会议强调要深入学习和贯彻落实好习近平总书记重要讲话精神，咬定目标，苦干实干，坚决打赢脱贫攻坚战，确保贫困人口与全省人民一道共享全面小康。同年 6 月，《中共广东省委、广东省人民政府关于新时期精准扶贫精准脱贫三年攻坚的实施意见》（以下简称《意见》）出台。《意见》提出实施八项扶贫工程，打出政策组合拳。相关部门围绕《意见》提出的八项工程制定了一系列配套政策，着力构建"1 + N"的政策措施体系。全省扶贫脱贫工作按照"三年攻坚、两年巩固，到 2020 年如期完成脱贫攻坚任务"的目标要求稳步迈进。

脱贫攻坚战打响以来，在扶贫"双到"的经验基础上，广东扶贫工作开始聚焦到精准施策。从总体上看，对高贫困户识别精准度、资金覆盖度、扶贫项目的贫困户参与度都有所提高，对扶贫工作的管理和考核也更加严格。从具体推进来看，广东的精准扶贫工作突出抓好

---

① 中共广东省委党史研究室：《广东改革开放发展史（1978—2018）》，广东人民出版社 2019 年版，第 474 页。

贫困户增收脱贫主线，抓住产业扶贫和就业扶贫两个关键，统筹推进保障性扶贫，以重大扶贫工程和到村到户帮扶措施为抓手，扎实推进脱贫攻坚八项工程，深入实施社会扶贫行动，把省内脱贫攻坚同东西部扶贫协作工作统筹起来，坚决打赢脱贫攻坚战，力争全省在全面建成小康社会新征程上走在前列。

一是精准识别帮扶对象。精准扶贫，其核心内容是要做到"扶真贫，真扶贫"。从 2016 年精准扶贫攻坚战打响之初，广东便把精准识别作为精准扶贫的基础性工作来抓。派出驻村工作队、省定贫困村第一书记和驻镇驻村工作队员进村入户，开展相对贫困人口的核查工作，通过发布对村民的公开信、整村摸查、农户申请、群众评议、公示、镇县审核批准等环节，对新时期相对贫困人口进行精准识别。在基本完成精准识别贫困人口、贫困村的基础上，根据省委、省政府的部署，2016 年 9 月，广东启动扶贫大数据平台建设，以扶贫行业决策部门、监管部门（含社会公众）、扶贫对象等为主要用户，着力建成服务于精准扶贫、资源共享和公众互动的一体化扶贫管理与服务平台。在做好识别贫困人口的基础上，保证扶贫资源更精确地瞄准贫困目标人群。

二是精准施策，探索行之有效的精准扶贫模式。要确保贫困村和贫困人口如期稳定脱贫，必须创新帮扶举措，精准施策，着力建立健全持续稳定脱贫长效机制。广东实施扶贫"双到"工作中，通过对全省贫困户建档立卡，实施"一村一策、一户一法"的"靶向疗法"，逐户制定有针对性的帮扶措施规划和年度计划，在全国率先开始探索精准扶贫的做法，极大地提高了扶贫成效。在精准扶贫精准脱贫攻坚阶段，广东始终把开发式扶贫作为稳定脱贫的根本之策，吸取扶贫"双到"阶段的有效经验，一方面按照"建设现代产业园、一村一品、一镇一策"的思路，发展特色种养、农产品加工、乡村旅游三大产业，实施特色产业扶贫。如建立实行"公司＋合作社＋基地＋农户"运作模式的种养基地，实现村民（贫困户）有"股金＋薪金＋租金"收入。开展资源变资产、资金变股金、农民变股东改革，建立健全"企业＋合作社＋贫困户"的利益联结机制，支持贫困户特别是失去劳动能力的贫困户充分利用既有资源、资产，以入股或委托方式参与产业发展，获取稳定分红或租金。另一方面，加强就业指导服务，通过转移就业促进有劳动能力的贫困户增收。在有条件的贫困村开发村公益性岗位和设立"扶贫车间""扶贫工坊"，通过就业指导培养贫困户就近就业。对具备外出就业能力的可以帮助联系相关工厂或企业实现转移就业。注重开发式扶贫与保障性扶贫并重，统筹做好贫困群众兜底保障工作。对建档立卡贫困人口全额资助参加基本医保，符合条件的全部纳入医保范围，政策范围内基本医疗救助比例达80%以上。

三是构建"三位一体"大扶贫格局。广东脱贫攻坚战按照"政府主导、农民主体、部门联动、社会参与"的要求，着力完善社会力量参与扶贫开发机制，构建专项扶贫、行业扶贫、社会扶贫等多方力量、多种举措有机结合和互为支撑的"三位一体"大扶贫格局。领导挂钩落实责任，集中资源对口帮扶。2016年以来，广东动员全省21个地市、1.8万个党政机关企事业单位、近6.5万名驻村干部，共向2277个省定贫困村选派第一书记4454名，累计投入1600多亿元，成为打赢脱贫攻坚战的重要依靠力量。以广州市为例，2016—2019年，广州累计向受援地投入财政帮扶资金86.03亿元，东西部扶贫协作贵州毕节、黔南减少贫困人口逾180万人，贫困发生率分别降至1.54%、0.68%，省内对口帮扶梅州市、清远市减少贫困人口8.13万人，脱贫率提升至99.54%。近十年来，广东首创的"6·30广东扶贫济困日"活动平台共吸引1000多个社会组织、近万家企业、100多万名志愿者、2000多万名爱心人士参与，累计募集社会资金超300亿元，对接帮扶400多万建档立卡贫困人口。①

四是建立扶贫与党建两手抓工作机制。广东坚持一手抓扶贫、一手抓党建，深化拓展《加强党的基层组织建设三年行动计划》，把扶贫工作与加强农村基层党组织建设有机结合起来。推动村党组织书记通过法定程序担任村民委员会主任和村级集体经济组织、合作经济组织负责人。凡属脱贫攻坚、"三重一大"等事项必须向村党组织报告，经研究讨论同意后方可实施。加强对村党组织书记的资格审查、档案管理、出国（境）管理、任期审计、年度考核等。开展农村基层党组

---

① 《决战决胜：脱贫攻坚取得决定性胜利》，《南方日报》2021年1月8日。

织书记县级以上全员轮训，实现省定贫困村、软弱涣散村、集体经济试点村派驻第一书记全覆盖，提升"头雁工程"质量。农村基层党组织政治功能和组织力得到提升，为决战决胜脱贫攻坚提供坚强政治和组织保证。

阅读链接

"扶贫济困日"汇聚扶贫力量

广东扶贫济困日始于 2010 年，是全国首个以扶贫济困为主题的省级专项活动日。2010 年，广东省委书记汪洋提议在全省开展"帮扶活动日"以及依法设立"扶贫济困日"活动，使活动做到"常流水、不断线"。2010 年中共广东省委十届六次全会提出："全省要设立'广东扶贫济困日'，鼓励对口帮扶部门以及社会各界深入贫困地区，献爱心，搞帮扶。"2010 年 6 月 4 日，经国务院批准同意，确定自 2010 年起每年 6 月 30 日为"广东扶贫济困日"。

广东经济总量放在全国都是"走在前列"的。即便如此，一些地方的扶贫济困依然是要啃下的"硬骨头"。任务的攻坚，光靠政府"大包大揽"是不行的，必须让多方力量形成一种集结，变政府"独角戏"为政府、行业、社会"大合唱"。搭建爱心大平台，形成政府主导、社会参与、共建共享、助力脱贫攻坚的多方合力。每年的"6·30广东扶贫济困日"，省委、省人大常委会、省政府、省政协机关和直属部门积极组织捐款。同时，与民生领域密切相关的部门，结合本部门特点，开展献爱心活动。各地市、各行业，以及港澳台同胞、海外华人华侨都在积极行动，踊跃捐款捐物，支持"广东扶贫济困日"活动开展。

例如，2010 年，碧桂园集团响应广东扶贫工作"规划到户、责任到人"的精神，在首个扶贫济困日上捐赠 2 亿元参与定点贫困村的帮扶工作。碧桂园集团选定清远英德市西牛镇树山村作为碧桂园帮扶的第一个点，发展以特色农业为龙头，带动房、路、水、电、网的整村改造方式。几年间，碧桂园在树山村按"公司＋合作社＋农户"的模式发展特色农业，并派驻技术人员，成立苗圃示范基地，免费对村民进行培训，按市场价提供种苗，引导村民成立合作社作为发展平台。

如今，树山村已经发生翻天覆地的变化，特别是产业发展，已逐步形成市场机制，得到社会各界的认可，产出已超过 2000 万元，村民实际获益 1000 多万元，农户户均增收约 6 万元。现在树山村村民苗圃种植大户的年均收入在 20 万元以上。树山村人均收入也已经位居清远前列。除了产业扶贫以外，碧桂园在树山还开展住房改造，分三期工程共建新房 385 户，采取政府补助、企业帮扶、农民自筹的方式改善居住条件。通过政府、企业、驻村干部和村民多年来的努力，如今的树山村已经完成从"脏乱差"到"绿富美"的逆袭，面貌焕然一新。

□ 保障和改善民生的新起点

在"十二五"期间，广东始终坚持把保障和改善民生作为一切工作的出发点和落脚点，着力建机制、补短板、兜底线，持续加大财政民生投入，加快推进基本公共服务均等化。2016 年年初，省委书记胡春华在省委十一届六次全会上指出，要补齐民生社会事业发展的短板，着力保障基本民生，切实保障底线民生，扎实办好民生实事，使民生社会事业发展与全面建成小康社会相适应。党的十八大以来，广东的民生投入每年都有较大幅度的增长。2017 年，财政安排 2346.2 亿元资金投至"十件民生实事"，其中省级财政投入 967.5 亿元，分别比上年预算安排增加了 10.9%、11%，增长幅度大大高于 7.4% 的 GDP 增速。广东加大力度，以一系列举措扎实推进保障和改善民生，充分彰显出为民理念和民生情怀。

实施就业优先战略。2013 年以来，广东按照国务院要求，以对人民高度负责的态度做好高校毕业生就业工作。以 2013 年为例，广东实施"两扶持、两资助、三补贴"政策，惠及高校毕业生 2.82 万人次。2013 年底，全省高校毕业生就业率 98%，居全国前列。2015 年 8 月，省政府办公厅印发《关于进一步做好新形势下就业创业工作的实施意见》，要求深入实施就业优先战略，大力促进创业带动就业，统筹推进高校毕业生等重点群体就业，提升公共就业创业服务水平，推动实现更高质量的就业。省政府办公厅还发文支持异地务工人员返乡创业，着力提升创业培训基础能力。2017 年，广东全省新增就业累计

775.6 万人，约占全国的 1/9。居民人均可支配收入达 3.3 万元，年均增长 9.2%。

全面推进"创强争先建高地"工作。广东加快推进教育现代化进程，提出"办好人民满意的教育，创建教育强省、争当教育现代化先进区、打造南方教育高地"（合称"创强争先建高地"）。2013 年 2月，省政府下发《关于推进我省教育"创强争先建高地"的意见》，提出教育规划总体目标，即到 2016 年，实现"广东省教育强县（市、区）"和"广东省教育强市"覆盖率均达 85% 以上，珠三角地区实现"广东省推进教育现代化先进县（市、区）"和"广东省推进教育现代化先进市"覆盖率均达 85% 以上；户籍人口高等教育毛入学率达到36% 以上，人才培养数量和质量、自主创新能力和社会服务能力明显提升。到 2020 年，实现"广东省教育强县（市、区）"和"广东省教育强市"全省全覆盖；形成以珠三角地区为核心，粤港澳紧密融合，教育现代化、国际化发展水平高，在国内有较大影响力的南方教育高地。"十二五"规划时期，教育强县、强镇覆盖率分别达 88.7% 和94.2%。2016 年，新创建教育强县 14 个、教育强市 8 个，覆盖率分别达 97.7% 和 95.2%。①

健全社会保障体系。2013 年 9 月，省政府印发《广东省城乡居民社会养老保险实施办法》，明确将新型农村社会养老保险和城镇居民养老保险合并实施，在全省建立统一的城乡居民社会养老保险制度，并将最低缴费标准由每年 100 元提高到 120 元。全省开展城乡居民大病保险试点，个人自付医疗费用二次报销不低于 50%，政策范围内住院报销比例提高 10 个百分点以上，珠海、汕头、佛山、梅州等 14 个市启动试点，占全国近 1/4。自 2013 年 7 月 1 日起，广州市在全国率先开展用人单位失业保险浮动费率试点。"十二五"期间，广东城乡低保、农村五保、残疾人保障、孤儿保障等底线民生保障水平均进入了全国前列。2016 年，推动企业全员足额参保，实施全民参保登记计划，完善灵活就业人员参加职工养老保险政策。调整提高城乡居民基础养老金、企业退休人员基本养老金、城乡居民医保财政补助标准、

---

① 广东年鉴编纂委员会：《广东年鉴（2017）》，广东年鉴社 2017 年版，第 287 页。

职工和居民医保年度最高支付限额。启动医保城乡一体化改革试点，大病保险向困难群体倾斜，覆盖范围延伸至职工参保人群，全面实现省内异地就医直接结算。2017 年，推进企业职工基本养老保险省级统筹制度重大改革，7 月 1 日起全面实行全省统收统支统管，半年内解决 11 个市基金收支缺口 68 亿元，为企业和职工减负 49 亿元。到 2017 年底，全省养老、医疗保险基本实现全覆盖，五大险种参保人数和基金累计结余均居全国第一，底线民生保障水平跃居全国前列，208 万相对贫困人口实现脱贫。

住房保障方面，党的十八大以来至 2017 年，广东新开工保障性住房 18.6 万套、新建棚户区改造安置住房 26.4 万套、新增发放租赁补贴 3.8 万户、基本建成各类保障性安居工程住房 50.3 万套，竣工 27.6 万套；新增实施住房保障（含租赁补贴）34.38 万户，累计实施住房保障 73.43 万户，解决超过 100 多万人住房困难问题。[①] 2017 年，广东全省居民人均住房建筑面积 36.94 平方米，其中城镇为 33.09 平方米，比 2000 年的 24.60 平方米增加了 8.49 平方米；农村为 45.27 平方米，比 2000 年的 22.42 平方米增加了 22.85 平方米。[②]

广东一直将底线民生保障工作作为践行群众路线、建设幸福广东的重要内容来抓。至 2015 年底，全省城乡享受低保待遇的对象有 183.6 万人，其中城镇 30 万人、农村 153.6 万人。为了完善社会救助体系，补齐短板，2017 年《广东省社会救助条例（草案）》提请省十二届人大常委会三十一次会议审议。该草案对最低生活保障、特困人员供养、自然灾害救助、医疗救助、教育救助、住房救助、就业救助、临时救助的标准及救助方式作出了规定，被视为确保 2013 年《关于提高我省底线民生保障水平的实施方案》各项目标顺利达成的政策兜底。

---

① 中共广东省委党校、广东行政学院编：《社会建设新思想与广东实践》，广东人民出版社 2017 年版，第 73 页。

② 广东省统计局、国家统计局广东调查总队：《2017 年广东国民经济和社会发展统计公报》。

阅读链接

"小饭堂"出品"大文章"

"人民有所呼，改革有所应。"2016年3月，广州市民政局调研发现，助餐配餐服务是老年人居家和社区养老最迫切的需求。针对这一需求，广州市委、市政府将长者饭堂纳入市委全会报告、政府工作报告和十件民生实事，与全市中心工作一同部署推进，市主要领导多次对养老服务工作作出指示批示，分管市领导定期主持召开全市社区居家养老服务现场会，推动"大配餐"有序开展。民政、财政、市场监管、卫生健康等部门通力合作，各区、街镇党政主要领导亲自过问、狠抓落实，协调解决助餐企业遇到的困难和问题，支持优秀助餐企业拓展连锁化服务，通过通报督办、绩效考核等措施压实责任，推动"大配餐"有序开展。

广州市综合考虑老年人居住或活动集中度及步行通达等条件，按照"中心城区 10～15 分钟、外围城区 20～25 分钟"的距离半径，科学选址布点，设置长者饭堂 1011 个，实现镇街、村居全覆盖，确保长者饭堂易及性。实行"4 个一点"（政府补一点、企业让一点、慈善捐一点、个人掏一点）的办法，探索建立政府、企业、社会组织、慈善、家庭和个人等共同推进"大配餐"的合作机制，实现多方支撑、广泛参与。广州市每年安排项目资金，对老年人就餐、企业和志愿者送餐、长者饭堂运营等三个环节给予补贴。市、区慈善会设置"长者饭堂爱心餐"项目，街道、社区积极发动公益慈善、志愿服务，发起设立社区基金，多方投入长者饭堂建设运营。

在运营方式上，采取政府购买服务的方式，委托专业化企业和社会组织运营长者饭堂，连接互联网送餐平台为老年人提供网上点餐、送餐上门等服务，建立起安全可靠、服务多元的餐食供应和配送服务链，实现政府、餐饮企业、服务平台等多方信息对接和协同服务。积极引入公益慈善、志愿服务资源，如南沙区借力"南沙时间银行"平台发动志愿者参与服务、花都区根据农村特点探索邻里互助等，探索行之有效的公益慈善助老模式。

在"211 标准套餐"（两荤一素一汤）基础上，长者饭堂根据老年人身体特点、饮食习惯和时令季节变化，制订每周食谱，做到荤素搭配、营养均衡、味美可口，并对糖尿病人等有特殊需求的老年人提供个性化餐饮服务。解决就餐问题的同时，长者饭堂所在社区还整合社区为老服务资源，搭建邻里交流、志愿服务平台，将助餐配餐与独居、空巢等特殊群体老年人探访、关爱、精神慰藉等居家和社区养老服务有机结合，融入医疗护理、心理调适等服务内涵，让老年人在吃上可口的热饭菜的同时，解决好健康养老问题，更好地满足老年人多元化的养老服务需求。为保障老年人舌尖上的安全，长者饭堂坚持政府监管与社会监督相并重、行业自律与第三方评估相结合，保证助餐配餐安全可靠、运营服务标准规范，全市长者饭堂持续保持零事故安全运营。统一长者饭堂标识，公布服务地图，公示食品安全管理制度、投诉电话等，定期听取意见建议，自觉接受监督。

第三方机构民意调查显示，助餐配餐服务知晓率达到 95.4%，老年人满意率超过 90%。长者饭堂成为社区老年人健康养老、休闲社交的共同家园。以助餐配餐服务为特色的居家和社区养老服务改革试点绩效考核被民政部、财政部评为优秀。"广州市建立长者饭堂提升社区居家养老服务水平"被中央改革办刊发推广，列入审计署工作组 5 个正面典型和广东省全面深化改革工作会议 10 个改革典型案例。《人民日报》头版、新华社、央视新闻联播等新闻媒体持续刊发报道，点赞广州以长者饭堂为品牌的养老服务成效。

☐　全面深化改革的启动

2013 年 11 月 9 日至 12 日，中共中央十八届三中全会在北京举行，会议审议通过《中共中央关于全面深化改革若干重大问题的决定》，吹响了全面深化改革的号角。12 月 30 日，中共中央政治局会议决定成立中央全面深化改革领导小组，习近平亲自担任组长。2015 年 8 月 28 日中共中央办公厅、国务院办公厅印发《关于在部分区域系统推进全面创新改革试验的总体方案》，确定了包括广东在内的 8 个区域为全面创新改革试验区。

为了贯彻落实中央部署，2014 年 1 月，省委十一届三次全会审议通过《中共广东省委贯彻落实〈中共中央关于全面深化改革若干重大问题的决定〉的意见》，提出了 10 个方面 52 项主要改革任务，为全面深化改革绘出了一幅"施工宏图"。对标中央要求，广东省委成立全面深化改革领导小组，负责全省改革的总体设计、统筹协调、整体推进、督促落实。领导小组下设：经济体制和生态文明体制改革、民主法制领域改革、文化体制改革、社会体制改革、党的建设制度改革、纪律检查体制改革 6 个专项小组。2014 年，省委根据《中共广东省委贯彻落实〈中共中央关于全面深化改革若干重大问题的决定〉的意见》，印发《广东省全面落实中央有关部门深化改革重要举措分工方案的实施意见》，建立改革试点台账，对每项试点明确具体的改革成果和时间节点，定期跟踪督办；布置开展 148 项改革任务，启动 52 项中央有关部门在广东省安排的改革试点。

整体推进经济体制改革。围绕供给侧改革，广东省于 2016 年 2 月在全国率先出台了《广东省供给侧结构性改革总体方案（2016—2018年)》和去产能、去库存、去杠杆、降成本、补短板（即"三去一降一补"）5 个行动计划及《广东省供给侧结构性改革去产能行动计划(2016—2018 年)》，陆续出台了"实体经济十条""民营经济十条""外资十条（修订版)""促进就业九条""稳外贸九条"等系列措施。在深化国资国企改革方面，省委、省政府出台《关于全面深化国有企业改革的意见》，省政府办公厅印发《关于深化省属国有企业改革的实施方案》。2016 年，省政府出台《关于深化国有企业改革的实施意见》，推进 50 家二、三级企业体制机制创新，组建总额 200 亿元的国有企业重组发展基金。在推动财税金融体制改革方面，2014 年，省政府印发《深化财税体制改革率先基本建立现代财政制度总体方案》，探索推进预算编制改革。广州、深圳、珠海三市金融资产交易中心全部开业运营；前海、横琴、南沙以及广东金融高新技术服务区等重大金融平台建设取得进展。全省获批国家级金融改革试验区 6 个。

在商事登记制度改革方面，2012 年以来，广东推行注册资本实缴登记制改认缴登记制，推进证照关系从"先证后照"改"先照后证"，特别是 2015 年以来相继实施的"三证合一""五证合一""多证合一"改革，与商事登记便利化的其他改革措施形成叠加效应，开办企业便利度一年跃升一个台阶。在价格机制改革方面，广东率先探索建立排污权、碳排放权有偿使用和交易价格形成机制，推动节能环保。2015 年，修订出台《广东省定价目录（2015 年版）》取消下放 137 个定价事项，政府定价项目只保留 12 种 65 个，数量减少 66%。2016 年，省委、省政府出台《关于推进价格机制改革的实施意见》。在农业农村综合改革方面，广东 11 个市、县（区）主动承担了中央 4 个部委办 6 类国家级农村改革试验试点任务，探索创造了 30 项改革创新经验。其中，佛山南海区集体资产股份确权到户、"政经分开"改革，清远市承包地先自愿互换并地再确权登记颁证，清远市党建和村民自治重心下移等 4 项改革成果被总结上升为中央政策文件内容。

持续推进行政体制和行政审批制度改革。广东坚持社会主义市场经济改革方向，以行政审批制度改革为突破口，厘清政府与市场、社会的关系，不断深化行政管理体制改革先行先试。广东率先推进权责清单制度，到 2015 年，全面完成了省政府各部门的权责清单编制，向社会公开 51 个部门保留的权责事项 6971 项，取消、下放和实行重心下移的职能事项 2580 项。广东全面推开"互联网＋政务服务"改革、"一门式一网式"政府服务改革、"先照后证"改革，建成"粤省事"移动民生服务平台，网上办事大厅覆盖全省 21 个地级以上市各镇（街），超过 90% 的事项实现"最多跑一次"。[①]

持续深化文化体制改革。2014 年 9 月，省委办公厅、省政府办公厅印发《广东省深化文化体制改革实施方案》，提出改革举措 25 项和工作项目 117 条，对全省的文化体制改革工作进行全面规划和总体部署。广东全面推进简政放权，2014 年，省新闻出版广电局取消行政审批 4 项，下放 83 项，行政审批事项减少到 67 项；省文化厅向广州、深圳下放 2 项行政审批事项。广东创新建设现代文化市场体系，出台《关于贯彻落实深入推进文化金融合作的实施意见》，推动文化与科技、旅游、金融、贸易融合发展。创新文化生产经营机制，培育了南方出版传媒、南方财经全媒体等一批有活力的市场主体，其中南方财经全媒体集团为全国首

---

① 朱小丹：《政府工作报告》，在 2016 年 1 月 25 日广东省第十二届人民代表大会第四次会议上。

家集媒体、数据、交易为一体的全媒体集团。从 2014 年开始，广东重点推进公共文化事业单位理事会制度改革试点、基层综合性文化服务中心建设和公共文化服务标准化工作，出台了加快构建现代公共文化服务体系实施意见和实施标准，实施基层综合性文化服务中心全覆盖建设计划，基本形成了省市县镇村五级公共文化设施网络；中山创新农村基层公共文化资源投入"三三三"模式，东莞市建立保障标准突出外来工文化权益等标准化体系，均被列为全国示范地区。

聚焦人民群众的获得感，社会事业改革亮点纷呈。广东坚持民生优先，不断深化教育综合改革，推出保护就业、物价、收入分配、社会保障、住房等政策，力保人民群众获得更多实惠。十八大以来，广东统筹安排了 6 个重点领域的 28 类改革措施和 95 项重点改革任务，出台了 20 多个关于深化教育体制综合改革的配套文件。在深化基础教育课程改革、考试招生制度改革、推进教育公平和提高教育信息化、国际化等方面持续下力。广东社会治理体制改革加快实施，先后印发《广东省深化社会体制改革主要任务及分工方案》《关于开展社会体制改革落实年专项工作方案》《关于改革社会组织管理制度促进社会组织健康有序发展的实施意见》等文件。几年间，广东社会治理体制改革全面推进，社会治理体系不断完善，改革成效显著。拓宽外来人口参与社会治理渠道，培育发展基层社会组织，逐步形成了人人参与治理的体系。实现一村（社区）一法律顾问全覆盖，建立联席会议制度、信访督查专员制度、律师团参与接访制度、"不间断调解法"及"两代表一委员"等参与信访工作机制。推进社工和志愿服务体制改革，实现志愿服务的常态化、专业化发展。

聚焦打造美丽中国"广东样板"，生态文明体制改革重点突破。广东围绕生态文明示范省建设，加强节能减排和污染防治，推进绿色、循环、低碳发展。2016 年，省委、省政府印发了《关于推进生态文明建设的实施意见》，同时出台了《广东省党政领导干部生态环境损害责任追究实施细则》《广东省生态文明体制改革实施方案》和《关于健全生态保护补偿机制的实施意见》，基本搭建系统完整的生态文明建设政策制度，从制度体制层面切实保障生态领域改革。创建全国首个低碳生态城市建设示范省，推动省部合作共建珠三角国家绿色发展示范区。全面实施"河长制",河湖管理工作明显加强。出台省水权交易管理试行办法,稳步推进碳排放权交易,排污权有偿使用和交易制度不断完善。

务实推进民主法治、司法体制改革。党的十八大以来,广东紧紧围绕"建设中国特色社会主义法治体系、建设社会主义法治国家"总目标,全面深化依法治国在广东的实践,加快推进科学立法、严格执法、公正司法、全民守法进程,民主法治、司法体制改革扎实推进。2015年5月24日,广东赋予佛山、韶关、梅州、惠州、东莞、中山、江门、湛江、潮州等九个地级市地方立法权。组建省法官检察官遴选委员会,率先实行"以案定员、全省统筹"和动态调整机制,探索建立员额进退流转机制,完成全省范围法官检察官遴选入额,司法人员分类管理和员额制改革取得阶段性成效,以改革思维化解"案多人少"矛盾的经验在全国司法体制改革推进会上交流推广。深化行政综合执法改革,厘清省以下各级政府执法职责,推动执法力量下沉基层,基本完成市一级农业、劳动保障综合执法改革。

党的十八大以来,广东把全面深化改革作为破解新常态下经济社会发展难题的最大"利器",以"钉钉子"精神推进改革攻坚。至2017年,广东承接国家改革试点任务达113项,居全国前列[①],并以前所未有的广度和深度触及经济社会各领域。

□ 港珠澳大桥建成通车

港珠澳大桥是中国境内一座连接香港、珠海和澳门的桥隧工程,位于广东珠江口伶仃洋海域内,东起香港国际机场附近的香港口岸人工岛,向西横跨南海伶仃洋水域接珠海和澳门人工岛,止于珠海洪湾立交。港珠澳大桥桥隧全长55公里,其中主桥29.6公里、香港口岸至珠澳口岸41.6公里。桥面为双向六车道高速公路,设计速度100公里/小时,工程项目总投资额高达1269亿元。港珠澳大桥因其超大的建筑规模、空前的施工难度和顶尖的建造技术而闻名世界。

---

① 马兴瑞:《政府工作报告》,在2018年1月25日广东省第十三届人民代表大会第一次会议。

港珠澳大桥完成了粤港澳三地人民多年来的期盼。20 世纪 80 年代初，中国香港、澳门与内地之间的陆地运输通道虽不断完善，但香港与珠江三角洲西岸地区的交通联系因伶仃洋的阻隔而受到限制。为了解决这一问题，粤港两地曾商讨修建伶仃洋大桥的计划，但因各种因素限制未能开展。20 世纪 90 年代末，受亚洲金融危机影响，香港特别行政区政府认为有必要尽快建设连接港珠澳三地的跨海通道，以发挥港澳优势，寻找新的经济增长点。通过粤港澳三地的协同推进，2003 年 8 月 4 日，国务院正式批准三地政府开展港珠澳大桥前期工作，并同意粤、港、澳三地成立"港珠澳大桥前期工作协调小组"，全面开展各项前期工作。至 2009 年 10 月 28 日港珠澳大桥工程可行性研究报告正式获批，港珠澳大桥前期工作顺利完成。2009 年 12 月 15 日港珠澳大桥动工建设，于 2017 年 7 月 7 日实现主体工程全线贯通。2018 年 2 月 6 日，港珠澳大桥完成主体工程验收，于同年 10 月 24 日上午 9 时开通运营。

2018 年 10 月 23 日上午，港珠澳大桥开通仪式在广东珠海举行。中共中央总书记、国家主席、中央军委主席习近平出席仪式并宣布大桥正式开通。习近平强调，港珠澳大桥的建设创下多项世界之最，非常了不起，体现了一个国家逢山开路、遇水架桥的奋斗精神，体现了我国综合国力、自主创新能力，体现了勇创世界一流的民族志气。这是一座圆梦桥、同心桥、自信桥、复兴桥。大桥建成通车，进一步坚定了我们对中国特色社会主义的道路自信、理论自信、制度自信、文化自信，充分说明社会主义是干出来的，新时代也是干出来的！对港珠澳大桥这样的重大工程，既要高质量建设好，全力打造精品工程、样板工程、平安工程、廉洁工程，又要用好管好大桥，为粤港澳大湾区建设发挥重要作用。

港珠澳大桥彰显了中国特色社会主义制度优势。在进行社会主义现代化建设中，不排斥外国的先进技术，但更可靠的是依靠自己的力量攻坚克难。集中力量办大事的制度优势，有利于在关键领域的发展中补齐短板取得高效。港珠澳大桥被英国卫报称为"新世纪七大奇迹"之一，从开工建设到投入运营只用了九年时间。这一奇迹就是中国特色社会主义制度优越性的集中体现。以技术创新为例，2010 年，"港珠澳大桥跨海集群工程建设关键技术与示范"正式列入"十一五"国家科技支撑计划、由交通运输部组织实施、研究参与单位包括 21 家企事业单位、8 所高等院校，形成了以企业为龙头、产学研结合，覆盖桥、岛、隧工程全产业链的智囊团，科研队伍人数超过 500 人，课题研究有 73 项。研究形成了一批重大技术攻关成果并被大范围应用于解决工程中的难题，保障了工程的顺利推进。在深达 40 米的水下海底深埋沉管对接过程中，由于受基槽异常回淤影响，E15 节沉管在安装过程中经历三次浮运两次返航。紧要关头，广东省政府果断下令在附近水域采取临时性停止采砂，为大桥建设保驾护航，彰显了中国集中力量办大事的制度优势。

港珠澳大桥横跨的伶仃洋航道地处全国密度最高的港口群，日均船舶流量达 4000 艘次，年货物吞吐量超过 12 亿吨。既要保证施工质量、安全和进度，又要尽可能减少对通航的影响，是港珠澳大桥施工进程中的重要难题。此外，施工海域处于亚热带季风气候区，时常要面对台风过境、暴雨、大风频发等复杂的水文和气象环境带来的问题，再加上香港机场限高、横跨中华白海豚保护区等客观环境因素，都给港珠澳大桥的建设带来一个又一个复杂的难题。

面对困难，港珠澳大桥的建设者们没有后退。在高温、高湿、高盐的环境下，一线建筑工人舍身忘我，焊牢每一条缝隙，拧紧每一颗螺丝，筑平每一寸混凝土路面。港珠澳大桥工程的每一次创新和进展，都彰显着逢山开路、遇水架桥的大国奋斗精神，树立起世界桥梁建筑行业的"中国标准"，再度刷新了世人对中国工程的印象。

港珠澳大桥是粤港澳三地首次合作共建的大型跨境交通工程，因为尚无此类跨境合作大型工程的先例，所以港珠澳大桥建设工程从提出之日就不可避免地要面对协调困难的问题。在项目的前期研究阶段，研究团队就着手对三地法律法规、技术标准、行业规范进行广泛调研和充分研究。2006 年 12 月 27 日，国务院决定由国家发改委牵头成立"港珠澳大桥专责小组"，由中央牵头协调各方面利益，以加快港珠澳大桥的建设进展，有力推动建设项目的进一步落实。在中央政府的支持下，三地政府加强协作，逐步形成"专责小组—三地委—项目法人"三个层面的港珠澳大桥建设管理机制。交通运输部牵头组建技术专家组，在重大技术方案、施工方案的论证以及重大工程问题的处理等方面提供咨询和技术支持，为项目顺利建设提供有力保障。三地同心、精诚合作、数载努力，共同树立起港珠澳大桥这座同心桥，目前，"1＋1＋1＞3"的良好成果已初步显现。

港珠澳大桥的建成有助于推动粤港澳大湾区的快速发展。港珠澳大桥建成后，香港与珠江口西岸的陆路交通时间将从 3 小时缩短为半小时，珠海到葵冲货柜码头的距离从约 200 公里缩短为约 65 公里，珠海到香港国际机场的距离从超过 200 公里缩短为约 40 公里，将对三地的经济、文化、物流等多方面产生积极影响。随着 2018 年粤港澳大湾区发展规划纲要的颁布，粤港澳三地合作发展进入加速阶段，进而辐射加快内地经济的发展。港珠澳大桥给湾区带来的快速便捷的交通也将成为大湾区经济发展乃至民族复兴的有力助推。

港珠澳大桥从早期设想到最终落成的建设过程，也是改革开放以来中国国力不断攀升的过程。港珠澳大桥正是在坚强的国力支撑下不断攻克难关、"集成式"创新的结果。港珠澳大桥承载着湾区人民的愿景与希望，延伸至中华民族美好的未来。

□　自我革命的扎实推进

党的十八大以来，以习近平同志为核心的党中央以前所未有的勇气和定力推进全面从严治党，推动新时代全面从严治党取得了历史性、开创性成就，产生了全方位、深层次影响。广东地处改革开放和对敌斗争"两个前沿"，肩负改革发展稳定的任务十分繁重，面临的环境错综复杂。党的十八大以来，广东省委坚持严字当头，把严的要求贯穿管党治党的全过程，以自我革命的政治勇气着力解决党的建设中存在的突出问题，坚定不移推进全面从严治党，为推动广东各项事业沿着正确方向前进提供了强大的政治保证。

一是全面落实管党治党责任，思想建党和制度治党同向发力。广东把习近平总书记关于落实管党治党责任的重要思想贯穿于全面从严治党全过程，层层推进全面从严治党责任的落实。各级党委（党组）严格落实全面从严治党主体责任，统筹领导和推进落实本地区本部门本系统全面从严治党工作，坚持管党治党工作与中心工作同步抓。纪检机关聚焦主责主业，履行监督执纪问责职责。组织部门推动党建工作责任落实，宣传部门抓好宣传舆论工作，党的其他工作部门按照各自职责，认真贯彻落实管党治党工作部署。各级党委严格落实全面从严治党工作责任制，坚持党委抓、书记抓，带动各有关部门抓，一级抓一级、层层抓落实，推动全面从严治党向基层延伸。

广东省紧紧遵循思想建党与制度治党相结合的内在规律，将全面从严治党普遍规律与广东实践相结合，积极探索思想教育与制度规范相结合的基本路径。党的十八大以来，广东省始终坚持把学习贯彻习近平新时代中国特色社会主义思想作为广东思想建党的重中之重，并通过理论联系实际，将讲话精神转化指导我们做好各项工作的行动指南。广东省着力推进党中央的思想建党重要部署，2013 年至 2014 年全面开展群众路线教育实践活动，2015 年切实开展"三严三实"专题教育，2016 年在全体党员中开展"两学一做"学习教育，并积极推进学习教育活动常态化、制度化、规范化和科学化。

在推进思想建党的同时，广东将制度治党贯穿在全面从严治党的实践过程中。2011 年广东省委十届八次全会审议通过《法治广东建设五年规划（2011—2015 年）》，2014 年 5 月广东省委印发《关于贯彻落实中央〈建立健全惩治和预防腐败体系 2013—2017 年工作规划〉实施办法》，2016 年 11 月广东省委十一届八次全会通过《中共广东省委关于深入推进全面从严治党的决定》，体现了广东对于制度建党的顶层设计。中央政治局关于改进工作作风、密切联系群众的八项规定印发后，广东先后出台《贯彻落实〈十八届中央政治局关于改进工作作风、密切联系群众的八项规定〉实施办法》《广东省党政机关厉行节约反对浪费实施细则》《关于建立健全防治庸懒散奢等不良风气常态化制度的意见》等相关文件，并把落实中央八项规定精神与抓好具体工作紧密结合起来制定出台一批规范性制度。党的十八大以来，广东认真贯彻廉洁自律准则、新形势下党内政治生活的若干准则、纪律处分条例、地方党委工作条例、党组工作条例、问责条例、党内监督条例等，制定实施了《中国共产党广东省委员会工作规则》《广东省党的问责工作实施办法》《关于建立市县党委巡察制度的指导意见（试行）》等党内法规和规范性文件，确保中央出台的相关党内法规在广东能落实落地。

二是全面加强党内监督。广东积极贯彻落实习近平总书记提出的

"党内监督是全面从严治党的重要保障"的重要思想，对全面加强党内监督进行了一系列部署，构建严密的监督制度体系。坚持把纪律挺在前面，切实解决执行纪律宽松软问题。《关于贯彻落实中央〈建立健全惩治和预防腐败体系 2013—2017 年工作规划〉实施办法》和《中共广东省委关于加强纪律建设推进全面从严治党的意见》两个重磅文件的出台，为广东省党建工作提供纲领性文件。重点监督领导干部这个"关键少数"。领导干部每年在党委常委会（或党组）扩大会议上述责述廉，接受评议。完善地级以上市和省直部门"一把手"向省委书面述廉和各级党组织"一把手"向上级纪委全会述责述廉述德制度。广东率先发起整治"裸官"行动，引领全国整治"裸官"风暴。此外，广东还专门颁布文件，监督党员"八小时以外"生活圈。广东充分发挥"惩前毖后，治病救人"方针，运用监督执纪第一种形态，通过谈话提醒形式对领导干部苗头性、倾向性问题和轻微违规违纪问题进行警示，抓早抓小，防微杜渐。2015 年，广东省党风廉政建设领导小组印发《关于开展谈话提醒构建抓早抓小工作机制的通知》。据统计，2016 年第一季度全省被谈话提醒的领导干部已达 4.483 万人次，其中县处级 4708 人次，乡科级 18886 人次，各占 10.5%、42.1%。[1] 发挥巡视巡察和派驻纪检机构监督作用，构建巡视巡察一体化监督工作格局。强化纪委派驻纪检组专责监督作用，充分发挥"派"的权威和"驻"的优势。

三是持续抓好作风建设。党的十八大以来，广东党风建设的一条明确思路就是把作风建设的要求转化为刚性制度约束，坚持执行制度不留"暗门"、不开"天窗"。2016 年末，广东省委印发《广东省党的问责工作实施办法》，深入贯彻习近平总书记系列重要讲话精神，密切联系广东省管党治党的实际，是一部具有广东特色的重要党内法规。2017 年 7 月，广东省委印发了《关于加强党内法规制度建设的实施意见》。广东党的作风建设既注重用制度机制破题，也始终站在人民的立场上，在回应和解决人民群众的实际问题过程中改进党风。以广东一档长达 11 年的节目《广东民声热线》为例，它的最大的特点在于将传递政府声音和

---

① 《广东充分运用监督执纪"四种形态" 今年第一季度 4.4 万名党员干部被谈话提醒》，南粤清风网 2016 年 4 月 13 日。

反映群众诉求"融合"在一起，每年接受的群众投诉上万条，其中大部分问题都能获得反馈和解决。针对基层干部违反中央八项规定精神问题，广东省各级纪委监委紧盯享乐主义和奢靡之风新动向，坚决查处基层"三公消费"、人情往来、津补贴发放等领域的顶风违纪行为。深挖基层形式主义和官僚主义具体表现，坚决纠正贯彻落实中央重大决策部署表态多调门高、行动少落实差，庸懒无为、冷硬横推、脱离群众、要特权等问题。

四是从严选好用好管好干部。坚持党管干部原则，充分发挥党组织的领导和把关作用。坚持好干部标准，把政治标准放在首位，着力选拔忠诚干净担当的干部。破除"唯分""唯票""唯 GDP""唯年龄"，树立正确用人导向。严格按党政领导干部选拔任用工作条例规定的原则、标准、条件、资格、程序和纪律办事。优化领导班子配备和干部队伍结构，注重从基层一线培养选拔干部。持续从严管理监督干部。加强思想政治工作，及时掌握干部思想、工作、作风、生活状况，着力解决"重选轻管"问题。截至2017年，对干部实施提醒函询诫勉5.8万多人次。严格执行领导干部个人有关事项报告制度，干部提拔做到"凡提必查"，干部管理"凡核必查"，加大抽查核实力度。

五是大力加强基层党组织建设。党的基层组织是确保党的路线方针政策和决策部署贯彻落实的基础。广东坚决贯彻习近平总书记提出来的"必须把抓基层打基础作为长远之计和固本之策"的重要思想，大力加强基层党组织建设。选优配强村（社区）党组织带头人，推动村（社区）党组织书记与村（居）委会主任"一肩挑"、"两委"班子成员交叉任职，选派机关优秀干部到村（社区）担任"第一书记"。加强对村（社区）干部特别是党组织书记的教育培训、监督管理。持续整顿软弱涣散的基层党组织，健全基层党组织建设长效机制。大力推进机关、国企、高校、"两新"组织等领域党建工作。特别是加强"两新"组织党建，充分发挥"两新"党组织密切联系群众的优良传统和作风，是广东基层党建的重要内容，也是广东基层党建的亮点。广东还重视从青年工人、农民、知识分子中发展党员，优化党员队伍结构，同时加大对基层党建工作投入力度。

六是始终保持反腐败高压态势。广东以零容忍的态度惩治腐败，

"老虎""苍蝇"一起打，有效遏制了腐败蔓延势头。在党的十八大以来连续几年的强力反腐态势下，广东减存量、遏增量取得明显成效，反腐败斗争压倒性态势已经形成。截至 2016 年底，全省 4 年来共立案 50708 件，因违反八项规定被处分 2393 人，追回外逃人员 239 人，"百名红通人员" 3 人，清理"裸官" 2190 人，共排查出农村基层党员、干部违纪违法线索 74303 条，受党纪政纪处分 20681 人。2016 年 11 月至 2017 年 1 月，广东省省情调查研究中心在全省范围内开展了"党的十八大以来广东省党风廉政建设和反腐败工作状况民意调查"。调查显示，广东省党风廉政建设和反腐败工作的领导重视度、满意度、好转度指标均超过 93%，达到了优秀水平；95.06% 的干部群众对全省党风廉政建设和反腐败工作成效表示满意；97.95% 的干部群众认为党的十八大以来党政机关和干部队伍中的消极腐败现象得到遏制。

广东坚决贯彻落实中央决策部署，采取一系列有力举措加大管党治党力度，全省干部作风得到了明显好转，干部突出问题得到了坚决治理，腐败蔓延势头得到了有效遏制，基层基础进一步夯实，管党治党"严"的氛围初步形成。

第十四章
建设现代化强国的新征程

历史概说

要事本末

- ☐ 改革发展新蓝图的擘画
- ☐ 广东"1+1+9"的提出与完善
- ☐ 自由贸易试验区的创建
- ☐ 华为企业创新的逆风猛进
- ☐ 粤港澳大湾区建设的肇启
- ☐ 中国特色社会主义先行示范区的建设
- ☐ 广东"三大攻坚战"的胜利
- ☐ 抗击新冠疫情的广东担当
- ☐ 新发展格局战略支点的打造

历 史 概 说

党的十九大以来，以习近平同志为核心的党中央对广东工作高度重视、亲切关怀、寄予厚望，为广东改革发展定向导航。习近平总书记参加十三届全国人大一次会议广东代表团审议时，要求广东实现"四个走在全国前列"、当好"两个重要窗口"的重要目标。2020年10月，习近平总书记再次亲临广东视察，出席深圳经济特区建立40周年庆祝大会并发表重要讲话，对新时代深圳经济特区建设和广东改革发展提出明确要求、作出重大部署。

广东坚持以习近平新时代中国特色社会主义思想为指导，以习近平总书记对广东工作重要讲话和重要指示批示精神统揽工作全局，深入开展"大学习、深调研、真落实"，作出"1＋1＋9"工作部署，以加强党的领导和党的建设为政治保证，以全面深化改革开放为强大动力，突出抓好粤港澳大湾区建设、科技创新强省建设、推动高质量发展、建设现代化经济体系、打好"三大攻坚战"、实施乡村振兴战略、构建"一核一带一区"区域发展新格局、加快文化强省建设、营造共建共治共享社会治理格局等九项重点任务，弘扬敢闯敢试、敢为人先、埋头苦干的特区精神，各项事业取得新进展新成效，把增强"四个意识"、坚定"四个自信"、做到"两个维护"扎扎实实体现在办好广东的事情、坚守好广东社会大局稳定等各项工作上。

广东以粤港澳大湾区建设为"纲"，以支持深圳建设中国特色社会主义先行示范区为牵引，不断深化改革开放。"湾区通"工程深入实施，深圳综合改革试点全面启动，"18＋13"重大改革基本完成建设。全面准确贯彻"一国两制"方针，全力支持港澳保持长期繁荣稳定，携手港澳加快推动国际科技创新中心建设。港珠澳大桥、广深港高铁顺利开通运营，基础设施互联互通水平显著提升。遵循中央顶层

设计，推进重点领域、关键环节改革，营商环境持续改善。加快构建
全面开放新格局，深入拓展与欧盟、日韩和东盟、非洲、太平洋等
"一带一路"沿线国家和地区合作，着力把广州南沙、深圳前海、珠
海横琴自贸试验片区打造成高水平对外开放门户枢纽。

坚定不移地推进创新驱动和高质量发展，现代产业体系建设优化
升级。贯彻新发展理念，扭住供给侧结构性改革主线，加快构建以创
新为战略支撑的现代产业体系。坚持独立自主、自主创新，实施九大
重点领域研发计划，集中力量解决"卡脖子"问题，研发经费支出、
高技术企业数量、PCT 国际专利受理量均居全国第一，培育出华为、
腾讯、美的、格力等一批世界级创新型企业。坚持制造业高质量发展，
制定"实体经济十条""民营经济十条"等政策措施，做实产业链、
优化价值链。

推进城乡区域协调发展，不断增强发展平衡性协调性。深入实施
乡村振兴战略，全域推进"千村示范、万村整治"。实行"一村一品、
一镇一业"，发展富民兴村产业。实施"粤菜师傅""广东技工""南
粤家政"工程，保障就业优先。加快构建"一核一带一区"区域发展
新格局，珠三角核心区加快优化发展，支持沿海经济带发展装备制造、
绿色石化、新能源等一批优质项目，北部生态发展区坚持绿色发展，
着力建设粤港澳大湾区的"菜篮子""果盘子""米袋子"和"后花
园""康养地"。大力支持老区苏区少数民族地区加快发展。

全面完成三大攻坚战重点任务，全面小康成色更足。坚决打好
精准脱贫、污染防治、防范化解重大风险三大攻坚战，是全面建成
小康社会的必然要求，是迈向高质量发展必须跨越的关口。至 2020
年，广东全省 161.5 万相对贫困人口和 2277 个相对贫困村全部达到
脱贫出列标准。帮助桂川黔滇 4 省区 93 个国定贫困县摘帽、500 多
万贫困人口脱贫，对口支援的西藏林芝、新疆喀什和四川甘孜共计
29 个县（市、区）全部实现脱贫摘帽。全省空气质量优良天数比例
达 95.5%，PM2.5 平均浓度降至 22 微克/立方米。城市建成区黑臭
水体基本消除，地表水和入海河流劣 V 类国考断面全面清零，南粤
大地的天更蓝，环境更美。广东用 4 年时间完成 64 家农信社改制组
建农商行任务，累计化解不良贷款超 1300 亿元，清退 707 家 P2P 网

贷机构。省属国企负债率在全国各省区市中处于较低水平，重点领域风险有效防范化解。

扎实推进民生社会事业发展，提升人民生活质量和水平。坚定践行以人民为中心的发展思想，每年办好十件民生实事，出台"稳就业九条"，推进教育强省建设。实施高水平医院建设"登峰计划"和基层医疗卫生服务能力建设三年提升工程，养老保险、工伤保险实现省级统筹。深入推进平安广东、法治广东建设，扎实开展扫黑除恶专项斗争，对畅顺春运、平安高考、安全生产等作出具体安排，有效防御强台风等重大自然灾害，努力建设全国最安全稳定、最公平公正、法治环境最好地区之一。

坚持人民至上、生命至上，打赢疫情防控阻击战。在抗击疫情这场大战大考中，广东省委、省政府坚决贯彻落实习近平总书记、党中央决策部署，认真落实"坚定信心、同舟共济、科学防治、精准施策"总要求，因时因势动态调整防控策略，及时部署实施"四个重点""九个全力""十个千方百计"等重点任务和计划，成功打赢应对春节后返程高峰、复工复学复产，零星散发疫情快速处置等多场硬仗，迅速有效地控制疫情。各级党委、政府，各部门、各单位、各方面闻令而动，充分发挥基层党组织战斗堡垒和党员先锋模范作用，全社会团结一致，共同构筑起疫情防控的坚固防线。坚持命运与共、同舟共济，全力以赴支援湖北、武汉和荆州，扎实做好粤港澳联防联控，落实外防输入各项措施，为抗疫大局贡献广东力量。

谋划落实好"十四五"时期经济社会发展，意义重大、影响深远。全省上下深入领会习近平总书记关于新发展理念、新发展格局、新发展阶段的重要论述，准确把握现代化建设新征程中广东的历史方位，自觉肩负起在全面建设社会主义现代化国家新征程中走在全国前列、创造新的辉煌的使命担当，把新阶段广东发展的路子走对、走实、走好。

要 事 本 末

□ 改革发展新蓝图的擘画

中共十九大召开后，习近平总书记对广东这片改革开放的热土寄予更大重托。2018 年 3 月 7 日上午，习近平总书记亲临十三届全国人大一次会议广东代表团参加审议并发表重要讲话。他指出，广东是改革开放的排头兵、先行地、实验区，在我国改革开放和社会主义现代化建设大局中具有十分重要的地位和作用。他充分肯定了十八大以来广东的工作，要求广东的同志们进一步解放思想、改革创新，真抓实干、奋发进取，以新的更大作为开创广东工作新局面，在构建推动经济高质量发展的体制机制、建设现代化经济体系、形成全面开放新格局、营造共建共治共享社会治理格局上走在全国前列。①

"四个走在全国前列"是习近平总书记对广东工作的新期望，也体现了广东在全国改革发展大局中具有举足轻重的地位。2018 年 3 月 7 日当晚，广东代表团立即在住地举行全体会议，集中学习贯彻习近平总书记参加广东代表团审议时重要讲话的精神。此后不久，按照省委统一部署，全省相关学习宣传贯彻工作全面展开。3 月 8 日，省委召开常委会（扩大）会议，对习近平总书记重要讲话精神进行传达，并发出学习宣传贯彻的通知。随后，通过召开省委理论中心组集中学习讨论会、全省学习贯彻大会、各地各部门专题学习会、专题通报会、市厅级领导干部专题研讨班等形式，习近平总书记的重要讲话精神传达到各地各部门和各界人士。习近平总书记重要讲话是广东践行习近

---

① 《习近平参加广东代表团审议时强调——发展是第一要务 人才是第一资源 创新是第一动力》，新华网 2018 年 3 月 8 日。

平新时代中国特色社会主义思想的路线图，是落实党的十九大精神的任务书。省委十二届四次全会审议通过了《中共广东省委关于深入学习贯彻落实习近平总书记重要讲话精神　奋力实现"四个走在全国前列"的决定》，进一步明确了广东全面深入学习贯彻总书记重要讲话精神、实现"四个走在全国前列"、当好"两个重要窗口"的目标要求、任务举措，为开创广东工作新局面统一了思想、指明了方向、凝聚了力量。

2018 年 10 月 22 日至 25 日，在改革开放 40 年的重要节点，在粤港澳大湾区建设全面推开的重要时刻，习近平总书记亲临广东视察并发表重要讲话，对广东提出深化改革开放、推动高质量发展、提高发展平衡性和协调性、加强党的领导和党的建设四个方面重要指示要求。习近平总书记充分肯定广东省委贯彻新时代中国特色社会主义思想和党的十九大精神开展"大学习、深调研、真落实"工作，充分肯定省委十二届四次全会作出的"1＋1＋9"工作部署。这是对广东干部群众的巨大鼓舞，也是把广东各项工作继续推向前进的强大动力。不久，中共广东省委印发《关于深入学习贯彻习近平总书记视察广东重要讲话精神　奋力开创新时代广东改革开放新局面的决定》，提出要正确把握"四个走在全国前列"与四个方面重要指示要求的一致性，统筹推进"五位一体"总体布局，协调推进"四个全面"战略布局，坚持稳中求进工作总基调，完善优化提升"1＋1＋9"工作部署，推动习近平总书记重要讲话精神在广东大地落地生根，结出丰硕成果。

2020 年 10 月 12 日至 14 日，在广东纵深推进"双区"建设、深圳经济特区建立 40 周年的重要节点，习近平总书记再次来到广东这片改革开放的热土，出席深圳经济特区建立 40 周年庆祝大会并发表重要讲话，对新时代经济特区建设和广东改革发展提出明确要求、作出重大部署。习近平总书记要求广东以更大魄力、在更高起点上推进改革开放，努力在全面建设社会主义现代化国家新征程中走在全国前列、创造新的辉煌，这对广东的改革发展具有重要的里程碑意义。10 月 18 日，中共广东省委在广州召开全省干部大会，认真学习贯彻习近平总书记出席深圳经济特区建立 40 周年庆祝大会和视察广东重要讲话、重要指示精神，对全省学习宣传贯彻工作进行全面动员部署。全省要切实按照省委的部署、统一思想、凝聚力量，深刻领会习近平总书记对广东的亲切关怀和厚望重托，在学懂弄通做实习近平总书记重要讲话、重要指示批示精神上扎扎实实下功夫，乘势而上、感恩奋进，不断开创经济特区建设和广东改革开放新局面，落实习近平总书记赋予广东在全面建设社会主义现代化国家新征程中走在全国前列、创造新的辉煌的使命任务。

阅读链接

经济特区创造新辉煌

2020年10月14日，党和国家在深圳隆重举行了深圳经济特区建立40周年庆祝大会，习近平亲临大会并发表重要讲话，高度评价深圳经济特区取得了五大历史性跨越的辉煌成就，深刻总结经济特区40年改革开放、创新发展积累的十条必须坚持的宝贵经验，对新时代深圳经济特区建设和广东改革发展提出明确要求、作出重大部署，为进一步办好经济特区，全面深化改革、全面扩大开放，奋力开启全面建设社会主义现代化国家新征程指明了前进方向、提供了根本遵循。这在广东和深圳的改革发展史上是一件具有重要里程碑意义的大事。习近平总书记在讲话中专门讲到了综合改革试点，强调党中央经过深入研究，决定以经济特区建立40周年为契机，支持深圳实施综合改革试点，以清单批量授权方式赋予深圳在重要领域和关键环节改革上更多自主权，一揽子推出27条改革举措和40条首批授权事项。

2019年以来，习近平总书记先后主持中央全面深化改革委员会会议、中央政治局常委会会议，对《深圳建设中国特色社会主义先行示范区综合改革试点实施方案》（以下简称《方案》）进行了审议。2020年10月11日，中共中央办公厅、国务院办公厅公开发布了《方案》。这充分体现了以习近平同志为核心的党中央对深圳改革开放和创新发展的高度重视，也充分体现了深圳先行示范区综合改革试点在全国改革开放中的重要地位和作用。

2020年10月18日，国务院新闻办公室举行新闻发布会，请相关负责人介绍深入学习贯彻习近平总书记在深圳经济特区建立40周年庆祝大会上的重要讲话精神，扎实推动深圳综合改革试点落地见效有关情况，并答记者问。广东的负责同志介绍了省委按照《方案》要求支持深圳开展综合改革试点的情况。广东省委、省政府始终牢记习近平总书记的亲切关怀和殷殷嘱托，将落实好《方案》作为重大政治任务，及时召开省委常委会会议研究出台任务分工方案，召开高规格的全省工作推进会，专题部署支持深圳开展综合改革试点。广东坚持以习近平新时代中国特色社会主义思想为指导，认真学习贯彻习近平总书记在深圳经济特区建立40周年庆祝大会上的重要讲话精神，严格落实《方案》的要求，举全省之力做到"八个全力支持"，推动深圳综合改革试点各项任务落地落实。广东省委同日召开的全省干部大会，后续召开的省委十二届十一次、十二次全会，以及《中共广东省委关于制定广东省国民经济和社会发展第十四个五年规划和二〇三五年远景目标的建议》，都把学习贯彻落实习近平总书记重要讲话、重要指示批示精神和支持深圳建设中国特色社会主义先行示范区一体学习、一体贯彻、一体部署。广东全省上下坚持以习近平新时代中国特色社会主义思想为指导，推动广东各项事业取得新进步，以优异成绩庆祝建党100周年，奋力推动广东在全面建设社会主义现代化国家新征程中走在全国前列、创造新的辉煌。

□ 广东"1+1+9"的提出与完善

在党的十九大报告中，中共中央作出了中国经济由高速增长阶段转向高质量发展阶段的重大判断。2018年全国两会期间，习近平总书记要求广东实现"四个走在全国前列"。之所以对广东提出这些要求，主要因为广东作为改革开放的排头兵、先行地、实验区，产业体系较全面，市场发育较成熟，转型升级较先行，承担这项历史性任务的基础厚实。

从广东发展的现实状况来看，仍然存在发展方式比较粗放，科技创新的驱动力还不强，要素成本优势弱化，营商环境的法治化、国际化、便利化水平还不高，全省发展不平衡不充分问题突出，社会治理创新跟不上发展需要，资源环境压力仍然巨大，文化软实力不适应时代要求，意识形态面临严峻考验和挑战，党的建设还有很多薄弱环节等问题。如何顺应时代发展要求，提出更加符合省情的发展战略，确保广东高质量全面建成小康社会，实现"四个走在全国前列"，是摆在省委、省政府面前的重大课题。

省委、省政府在带领全省上下深入学习贯彻习近平总书记一系列重要讲话和指示批示要求的同时，及时抓好九大课题调研，并及时对构建推动经济高质量发展的体制机制、建设现代化经济体系、形成全面开放新格局、营造共建共治共享社会治理格局等四大新专题深入开展调研。省委通过总结运用"大学习、深调研、真落实"工作成果，不断深化对省情的认识，不断推动调研成果的落实，切实把习近平总书记重要讲话和指示批示精神贯彻到广东工作的全过程各方面。

在此基础上，2018 年 6 月 8—9 日，省委十二届四次全会在广州召开。会议审议通过了《中共广东省委关于深入学习贯彻落实习近平总书记重要讲话精神　奋力实现"四个走在全国前列"的决定》《中共广东省委关于深入学习贯彻落实新时代党的建设总要求　努力把各级党组织锻造得更加坚强有力的意见》和《中国共产党广东省第十二届委员会第四次全体会议决议》。全会强调实现"四个走在全国前列"，建设"两个重要窗口"，最重要的动力来源是全面深化改革开放，最关键的保障是全面加强党的领导和党的建设。会议提出了 9 个方面的具体任务，并要求抓住关键重点，集中用力，务实奋斗。一要以深入实施创新驱动发展战略为重点，加快建设科技创新强省。二要以提高发展质量和效益为重点，加快构建推动经济高质量发展的体制机制。三要以构建现代产业体系为重点，加快建设现代化经济体系。四要以粤港澳大湾区建设为重点，加快形成全面开放新格局。五要以大力实施乡村振兴战略为重点，加快改变广东农村落后面貌。六要以构建"一核一带一区"区域发展格局为重点，加快推动区域协调发展。七要以深入推进精神文明建设为重点，加快建设文化强省。八要以把广东建设成为全国最安全稳定、最公平公正、法治环境最好地区之一为重点，加快营造共建共治共享社会治理格局。九要以打好"三大攻坚战"为重点，加快补齐全面建成小康社会、跨越高质量发展重大关口的短板。

省委十二届四次全会提出的"1＋1＋9"工作部署对广东实现

"四个走在全国前列"、当好"两个重要窗口"，具有十分重大的现实意义和深远的历史意义。省委"1＋1＋9"工作部署，吹响了在新的历史起点上改革开放再出发、奋力开创广东工作新局面的前进号角。

此后，省委始终保持战略定力，围绕"1＋1＋9"工作部署，先后召开了七次全会对广东重大发展事项进行集中研讨、深化和部署。如在 2019 年 11 月召开省委十二届八次全会上，省委提出推动建设粤港澳大湾区、支持深圳建设中国特色社会主义先行示范区、广州实现老城市新活力与构建"一核一带一区"互促共进，加快形成主体功能明显、优势互补、高质量发展的区域经济布局，把推进"双区"建设作为落实省委"1＋1＋9"工作部署的重要抓手，在实践中进一步完善优化了"1＋1＋9"工作部署。考虑到党中央对防范化解重大风险、脱贫攻坚、污染防治有了新部署新要求，2020 年 11 月省委十二届十一次全会对"1＋1＋9"工作部署进行了深化和完善。会议将原 9 项重点任务中的"打好三大攻坚战"调整为"统筹发展和安全建设更高水平的平安广东"；考虑到构建新发展格局是全面实现社会主义现代化的重大战略安排，是经济高质量发展的内在要求，会议将原 9 项重点任务中的"扎实推进高质量发展"调整为"扎实推进高质量发展、打造新发展格局的战略支点"。

广东的"1＋1＋9"工作部署，是习近平新时代中国特色社会主义思想在广东落地生根结出的丰硕成果之一，是近三年来省委指导全省经济社会发展的战略方针，展示了广东改革开放排头兵、先行地、实验区的使命担当和永不僵化、永不停滞、永不懈怠的进取姿态，开拓了广东发展新境界。

阅读链接
构建"一核一带一区"区域发展格局

2018 年，为深入学习贯彻习近平新时代中国特色社会主义思想，广东全省开展"大学习、深调研、真落实"活动，不断深化对省情的认识和把握。经过深入调研，广东省委改变了按地理方位简单划分珠三角与粤东粤西粤北的传统思维，转变了靠珠三角产业溢出带动粤东粤西粤北梯次发展的固有思路，研究制定以功能区为引领的区域发展新战略。2018 年 6 月，中共广东省委十二届四次全会创新性地提出了以功能区为引领的广东区域发展新战略，形成由珠三角核心区、沿海经济带、北部生态发展区构成的区域发展新格局。

在这一全新的区域发展战略指引下，广东区域发展格局明确为三大板块，各自实现差异化的功能定位和区域发展策略。珠三角地区是引领全省发展的核心区和主引擎，包括广州、深圳、珠海、佛山等 9 市，将重点对标建设世界级城市群，携手港澳共建粤港澳大湾区，打造国际科技创新中心。例如珠江三角区的广州与佛山，于 2019 年年初签订合作协议，将在建设国际科技创新中心、推动产业协同发展等八个方面共同发力，推动广佛同城化建设向纵深发展。双方还将共建重大产业集群，聚焦人工智能及工业机器人、汽车、新一代信息技术、生物医药等先进制造业领域，共同打造万亿级先进制造业产业集群。沿海经济带是新时代广东省发展的主战场，包括东西两翼地区 7 市，将成为全省新的增长极，未来将与珠三角沿海地区串珠成链。2018 年 9 月 5 日，惠州与埃克森美孚签署化工综合体项目初步投资协议，总额达到 100 亿美元。还有中海壳牌、中海油等世界石化产业巨头相继落户于此。全球化工巨头德国巴斯夫集团也计划在湛江投资 100 亿美元，打造亚太地区最先进的化工一体化生产基地。"一核一带一区"战略铺开后，从粤东的汕头到粤西的湛江，众多大项目纷纷落子布局沿海经济带，开启高质量发展的新引擎。北部生态发展区是全省重要的生态屏障，包括韶关、梅州、清远、河源、云浮 5 市，以保护和修复生态环境、提供生态产品为首要任务，将在确保生态安全前提下实现绿色发展。韶关市对标国家公园建设标准，先行先试，加快推进面积达 1000 平方公里以上粤北生态特别保护区建设。2018 年，韶关市完成造林更新 34 万亩、森林碳汇造林 5 万亩，建成乡村绿化美化省级示范点 126 个。[1] 位于粤北生态发展区的清远，大力发展绿色旅游，到连山看梯田、住民宿的游客络绎不绝。广清产业园的家居生产车间，已采用现代化的自动化生产线。新旧产能的交替、新兴产业的培育，正在打开北部生态发展区高质量发展的新空间，为粤北发展提供更多

---

① 《坚守生态底线　强化全域保护》，《南方日报》2019 年 1 月 24 日。

机遇。

深层变革推动广东不断闯关夺隘。广东加快完善省级财政转移支付、对口帮扶协作、基础设施投融资、基本公共服务均等化等领域体制机制，根据"一核一带一区"不同的功能定位精准配置资源，有力有效推动协调发展。按照"一核一带一区"区域发展战略，各区域积极探索创新发展举措。2018年12月12日，《深圳前海蛇口自贸片区信用服务综合改革若干措施》对外发布，重点围绕"持续放宽市场准入、营造国际一流营商环境、实行高水平贸易便利化政策"三方面出台132条改革创新举措。在汕头华侨经济文化合作试验区，高科技和总部企业项目纷纷落户动工，再现曾经的"特区速度"。省北江流域管理局与广州、佛山、韶关、清远、肇庆、河源等市河长制办公室，共同探路北江流域河湖管护区域联动机制，协调推动解决北江流域河湖管理保护问题。在新发展理念的指引下，"一核一带一区"各管"一亩地"，共下"一盘棋"，推动各功能区实现优势互补、差异化协调发展，在提高广东发展平衡性和协调性上迈出坚实步伐。

□ 自由贸易试验区的创建

中国自由贸易区，原则上是指在没有海关监管、查禁、重加关税的"干预"下允许货物进口、制造、再出口的特定区域，是中国构建全面开放新格局的一项重要举措。2014年12月12日，国务院召开常务会议，决定在广东、天津、福建特定区域再设三个自由贸易园区，以上海自由贸易试验区试点内容为主体，结合地方特点，充实新的试点内容。同月，第十二届全国人民代表大会常务委员会第十二次会议通过关于授权国务院在中国（广东）自由贸易试验区（以下简称"广东自贸区"）、中国（天津）自由贸易试验区、中国（福建）自由贸易试验区以及中国（上海）自由贸易试验区扩展区域暂时调整有关法律规定的行政审批的决定。会后，广东自贸区着手编制总体方案，进入筹备创建的实际操作阶段。2015年4月8日，国务院正式批准《中国（广东）自由贸易试验区总体方案》（以下简称《总体方案》），并予以印发。4月21日，广东自贸区挂牌仪式在广州南沙举行，标志着广东自贸试验区正式启动建设。

广东自贸区涵盖三个片区：广州南沙新区片区（广东南沙自由贸易区）、深圳前海蛇口片区（深圳蛇口自由贸易区）、珠海横琴新区片区（珠海横琴自由贸易区），总面积为116.2平方公里。根据《总体方案》，广东自贸区战略定位是依托港澳、服务内地、面向世界，将自贸试验区建设成为粤港澳深度合作示范区，21世纪海上丝绸之路重要枢纽和全国新一轮改革开放先行地。《总体方案》明确了广东自贸区的发展目标：经过三至五年改革试验，营造国际化、市场化、法治化营商环境，构建开放型经济新体制，实现粤港澳深度合作，形成国际经济合作竞争新优势，力争建成符合国际高标准的法制环境规范、投资贸易便利、辐射带动功能突出、监管安全高效的自由贸易园区。

广东自贸区的建设受到中央和省委的高度关注。习近平总书记在2018年广东考察期间专门走访了珠海横琴和深圳前海，寄语广东"拿出更多务实创新的改革举措，探索更多可复制可推广的经验"。国务院总理李克强、国务院副总理韩正先后实地考察调研广东自贸区建设工作。2015年5月，广东自贸区挂牌后不久，中共广东省委书记胡春华强调要把自贸区建设作为2015年广东改革开放的头号工程，统筹省市力量加快推进自贸区建设。7月，省政府常务会议原则通过《中国（广东）自由贸易试验区建设实施方案》，确保广东自贸区各项建设任务的落实。10月，省委专门听取有关自贸区建设情况的汇报，提出努力在全国自贸区建设中走在前列的要求。2018年5月4日，国务院印发《进一步深化中国（广东）自由贸易试验区改革开放方案》（以下简称《方案》），制定了"到2020年，率先对标国际投资和贸易通行规则，建立与国际航运枢纽、国际贸易中心和金融业对外开放试验示范窗口相适应的制度体系，打造开放型经济新体制先行区、高水平对外开放门户枢纽和粤港澳大湾区合作示范区"和"强化自贸试验区同广东省改革的联动，各项改革试点任务具备条件地在珠江三角洲地区全面实施，或在广东省推广经验"的建设目标，并提出18项具体措施。近年来，广东以更大的改革勇气和决心，推动《方案》各项要求落地，自贸区建设进入新一轮高速发展阶段。

广东自贸区对标国际高标准规则体系，不断完善开放型经济新体制。广东自贸试验区以"负面清单"管理为核心，大幅放宽市场准入，不断提升投资自由化便利化水平。其中，实施全国最短的外商投资负面清单，率先在现代服务业和先进制造业领域大幅放宽外资市场准入，设立了全国首家外资控股证券和基金公司、外商独资船舶管理公司、外资相互保险社、外资大宗商品交易平台。在实现"证照分离"全覆盖的基础上，通过直接取消、数据查询、部门核验、告知承诺等方式实施分类改革，为企业和群众办事减免或取消各种不必要的证明，着力打造"无证明自贸区"。创新电子签名、电子身份认证等审批措施，在全国率先实现"二十证六章联办"，将商事登记窗口延伸到港澳等境外地区，实现外商投资商事登记离岸办理远程注册。广东自贸区设立5年来，在投资开放、贸易便利、金融创新、粤港澳合作、政府管理体制等领域，积极开展首创性、差异性、系统性改革创新，形成了527项改革创新成果、202项制度创新案例，其中38项全国首创、6项成为全国最佳实践案例，为全国、全省提供了一批可复制、可推广的"广东经验"。制度创新激发市场活力，5年来，广东自贸试验区注册市场主体居全国自贸试验区首位。南沙营商环境全球模拟排名从2017年的第51名提升至2019年的第24名，其中开办企业、获得电力、执行合同等指标排名进入全球前列。2019年，广东自贸区实际利用外资73.38亿美元，占全省32.86%；外贸进出口11535.35亿元，占全省16.15%；开通250条国际航线，集装箱吞吐量超过2700万标箱，占全省1/3；77个世界五百强企业投资设立388家企业；地区生产总值达到1288亿元；税收达到798.8亿元；固定资产投资累计超过6000亿元。①

　　建设统筹国际国内市场的国际贸易航运枢纽。广东自贸试验区积极打造连通大湾区、辐射泛珠三角的大通关体系。南沙港区三期码头拥有16个万吨级专业化集装箱深水泊位，累计开通110条外贸集装箱航线。南沙港四期自动化智慧码头、南沙港铁路加快推进，在内陆地区10个省（市）建立了36个"无水港"，集疏运体系日趋完善。国

---

① 《527项改革创新成果汇成"广东经验"》，中国（广东）自由贸易试验区门户网站2020年4月22日。

际航运枢纽功能持续增强。南沙港区 16 个 20 万吨集装箱码头满负荷运转。2019 年，南沙商品车吞吐量超过 110 万辆，水上货运周转量占全国 18%，居全国第二。全国最大的国际邮轮母港开港运营，邮轮出入境旅客 44.2 万人次，居全国第三。建设"离港空运服务中心"，启动"陆铁联运"对接"中欧班列"，形成辐射整个泛珠三角地区的海、陆、空、铁多式联运体系。建立以智能化通关为支撑的国际贸易服务体系，实现 324 项海关事项"线上办理"，每票货物通关时间压缩 0.8 ～5.4 小时，进、出口整体通关时间分别缩短 49.53% 和 83.52%。2019 年免除企业相关费用 7234.04 万元，进出口环节监管证件从 86 种压缩到 46 种，申报无纸化率 99.56%。据第三方研究机构评估，南沙贸易便利化指数居全国自贸试验区第一。广东自贸区推动贸易监管模式从"大进大出"向"自由贸易"转型，设立"多国集拼中心"和"国际分拨中心"，创建"全球报关服务系统"和"全球质量溯源体系"，支持企业灵活开展全球物流和贸易安排，极大激发了跨境电商、市场采购、汽车平行进口、融资租赁等新业态的发展。2019 年，南沙跨境电商网购保税进口 144.3 亿元，平行进口整车超过 1 万辆，居全国第二。

打造金融对外开放试验示范窗口。广东自贸区先行先试，率先开展了跨境人民币贷款、全口径跨境融资宏观审慎管理、跨境资金池等 10 项重大改革试点。率先实施全口径跨境融资宏观审慎管理，拓展自贸试验区个人直接投资和其他经常项目业务，允许境外机构投资者参与境内碳排放权交易，启动合格境内投资企业（QDIE）和合格境外有限合伙人（QFLP）试点，前海累计注册 QFLP 企业和基金 148 家，注册资本 342 亿元。在促进与国际资本市场互联互通，提升金融资源配置效率上，扩大人民币跨境使用，在全国率先实现跨境人民币贷款、跨境双向发债、跨境双向人民币资金池、跨境双向股权投资、跨境资产转让、跨境金融基础设施等"六个跨境"业务，获批设立自由贸易账户体系（FT 账户体系）。截至 2020 年 10 月，FT 账户累计业务金额 1963 亿元，办理全口径跨境融资超过 236 亿元，跨境资产转让人民币结算 1242 亿元。^① 截至 2019 年末，南沙、横琴片区累计办理贸易融资资产跨境转让业务 1059 笔，商业保理资产、租赁资产跨境转让业务相继落地，实现首例中资银行境外分行不动产抵押项下跨境融资，引入境外低成本资金 4000 万元；促进与境外资本市场互联互通，成功在香港发行首单离岸人民币债券（点心债）、首单境外机构人民币债券（熊猫债）和首单双币种国际绿色债券，融入境外低成本资金超 70 亿元，跨境人民币贷款业务累计提款金额逾 370 亿元。^② 为完善金融风险防控体系，打造特色金融创新高地，广东自贸区积极推动供应链金融业务创新，落地全国首单区块链跨境支付业务，形成开展金融监管沙盒试点的初步方案，逐步完善适应金融科技发展趋势的新型监管模式。建立"广东省地方金融风险监测防控平台"，在全国自贸区范围内首次运用国家互联网金融风险防范技术，对 3 万多家企业进行全天候风险实时监测，覆盖"7 + 4 + 1"类地方金融业态。5 年来，自贸区内未发生重大金融风险事件。

同时，广东自贸区以制度规则对接为重点，推进与港澳经济民生等多领域深层次合作。自贸区超过 1/3 的土地面积规划建设了专门的粤港澳合作园区和居民社区，对港澳金融、法律、教育、医疗、建筑等领域开放实现一系列"零"的突破，集聚了港澳大部分知名企业。在金融领域，广东自贸试验区引入港澳创新型金融和类金融机构超4500 家，开展粤港电子支票联合结算、粤澳同城清算系统对接、跨境支付、跨境车险和医疗保险、跨境住房按揭等业务，极大地便利了港澳民生往来。在法律服务领域，将港澳律师事务所在内地执业方式从仅从事法律咨询服务扩大到设立合伙型联营律师事务所，并逐步放宽事务所聘用人员和业务范围限制。在建筑领域，实施香港建筑专业机构及专业人士备案制，试行建筑师负责制，成功在 7 个项目试点，备案的香港建筑专业机构达 169 家。在文教医疗等领域，香港科技大学（广州）项目在南沙开工建设，澳门大学、澳门科技大学产学研示范

---

① 《五大指数指标体系　凸显改革创新成果》，《南方日报》2020 年 12 月 28 日。

② 《广东自贸区：各项指标居全国自贸试验区前列》，《经济日报》百度官方账号 2020 年 4 月 22 日。

基地落户横琴。为拓展港澳企业和人才发展空间，南沙规划建设 23 平方公里的粤港深度合作产业园，横琴规划了 5 平方公里的粤澳合作产业园，并向澳门转让 19 万平方米用于建设"澳门新街坊"民生项目。2019 年港澳企业，实际投资 457.77 亿元，占全省实际利用港澳资总额的 39.78%。此外，先行先试"港人港税、澳人澳税"，累计为港澳及高层次人才发放个税补贴 3.27 亿元。① 目前，广东自贸区累计入驻粤港澳创新创业团队 693 家，三大片区粤港澳青年创新创业基地已成为全国典范。五年来，广东自贸试验区形成 527 项制度创新成果，实现国际贸易"单一窗口"全覆盖，跨境电商、市场采购贸易等新业态快速壮大。②

☐ 华为企业创新的逆风猛进

在改革发展中，广东坚持在独立自主、自主创新方面持续发力，实施了九大重点领域研发计划，集中力量解决"卡脖子"问题，研发经费支出、高技术企业数量、PCT 国际专利受理量均居全国第一，培育出华为、腾讯、美的、格力等一批世界级创新型企业。

其中，成立于深圳的华为技术有限公司历经 30 多年的发展，2019 年在世界 500 强企业中排名第 61 位，已成为中国企业创新的一面旗帜。近年来，面对某些国家"逆全球化"的所谓"制裁"和"断供"压力，华为逆风猛进，显示出强大的发展动力。2020 年上半年，华为实现销售收入同比增长 13.1%，旗舰手机美国零部件占比从 11.2% 降至 1.5%。麒麟、巴龙、鲲鹏、鸿蒙等涵盖芯片、基带、服务器、操作系统各领域的全方位突破，让对其疯狂施压的国家感到了更大的危机感。③ 华为成功的因素有很多，但对创新的高度重视无疑是关键因

---

① 《广东自贸区：各项指标居全国自贸试验区前列》，《经济日报》百度官方账号 2020 年 4 月 22 日。

② 马兴瑞：《政府工作报告——2021 年 1 月 24 日在广东省第十三届人民代表大会第四次会议上》，广东省人民政府门户网站 2021 年 1 月 28 日。

③ 鲍南：《保持创新力是华为突破重围的关键》，《北京日报》2020 年 7 月 17 日。

素之一。30 多年来，华为通过在战略规划、组织建设、发展途径、人力资源和激励机制方面不断探索，建立起一套当代企业的创新体系，成为当前中国企业进入创新"无人区"的探路者。

一是制定创新战略，引领企业方向。华为正在从基于客户需求的技术创新 1.0 时代，逐步迈向基于"未来智能社会"愿景的理论突破和基础技术发明的创新 2.0 时代。华为实行的创新战略就是一方面以客户为中心、以市场为导向，研究制造高品质的产品与服务，另一方面以理论与技术创新为动力，持续致力于面向未来的基础研究和理论突破。华为坚持将每年收入的 10% 以上投入到研发，而且这个比例还在逐年增加。截至 2019 年年底，华为约有 1.5 万人从事基础研究，其中包括 700 多位数学博士、200 多位物理和化学博士、5000 多位工学博士。2019 年，华为在研发方面投入 1317 亿元人民币，近十年累计投入的研发费用超过 6000 亿元人民币。未来几年，华为年研发经费还会逐步提升。同时，华为建立了企业内部"红蓝军"对抗体制和运作平台，在公司高层团队的组织下，采用辩论、模拟实践、战术推演等方式，从不同的视角观察公司的战略和技术发展，对当前的战略思想进行反向分析和战略性辩论，在技术层面寻求差异化的颠覆性技术和产品。截至 2019 年底，华为累计获得授权专利 8.5 万余件，其中有 3 万多件是中国有效的授权专利，中国之外国家和地区有效授权专利 5 万多件。[①]

二是推进组织创新，保障战略落地。华为的整体组织模式是一种纵横两套系统交织的复合结构型组织，纵向的是职能系统，横向的是为完成某特定任务而组成的项目系统。这种管理方式具有较强的弹性和适应性。华为在员工职位设置上也比较灵活，每年，华为都会向市场一线输送一定比例的研发人员，使他们有机会直接倾听客户的需求和发现技术存在的问题，便于引导未来的技术研发方向以适应客户需求和市场变化。另外，华为的制造组织呈现扁平化。企业与主要供应商之间是合作伙伴关系，根据业界最佳实践去实施供应商认证流程，

---

① 《图解华为 2019 年报：实体清单影响显现研发投入创新高》，新京报社 2020 年 4 月 1 日。

不断提升供应链能力和客户服务水平，高效率保障市场供给需求。值得一提的是华为的创新组织。"2012 实验室"作为华为的创新研究总平台和"研究总院"，其二级部门包括中央研究院、中央硬件工程院、中央软件院、海思半导体和研发能力中心，多年来针对未来 5 到 10 年的发展方向进行了一系列基础研究，取得较大成就，例如在 5G 领域的多项突破。此外，华为推出"华为创新研究计划"，每年定期向学术界公开发布在通信技术和计算机科学等领域的研究资助方向，全球的大学和研究机构根据其研究方向选择研究课题，华为给予资助支持。截至 2019 年年底，华为在全球范围内有 15 个研究院所、36 个联合创新中心，资助超过 1200 个创新研究项目，它们的研究领域各有所长，可谓汇聚全球智慧和资源。

三是创新管理制度，汇聚天下英才。在股权机制方面，华为率先在国内实施了全员持股计划，通过让员工持有股票，使员工享有剩余索取权的利益分享机制和拥有经营决策权的参与机制。截至 2019 年年初，华为共有将近 10 万名股东，真正地实现了"工者有其股"。毫无疑问，华为是商业史上非上市公司中员工持股人数最多的企业，这种做法不仅体现了领导者的奉献精神，同时也考验了管理者对不同层面的利益和需求的平衡把控能力。这种颠覆性创新极具挑战性，前无经验可循，后面还会迎来各种各样的挑战。在领导决策制度方面，华为借鉴了政党轮替制度并进行适合企业的改进与创新。华为实行的是"轮值 COO"（即首席运营官）管理制度，即七位常务副总裁轮流担任 COO，每半年轮值一次。这种创新型管理制度有利于对不适应企业发展的决策进行及时调整，从而达到决策体系的动态均衡。在人力资源管理方面，华为在国内率先提出"打破常规，不拘一格选拔人才"的口号，完善干部"能上能下"的制度。在薪酬待遇方面，华为推行一套定岗、定员、定责、定酬的待遇体系，坚持根据员工的绩效作为其晋升的依据。同时，华为十分重视发挥年轻员工的创造性和活力，通过优惠政策鼓励员工进行自主创业，使企业保持一种活跃的状态。在大部分的国内公司仍在论资排辈选拔干部的时候，华为基于贡献、责任担当和牺牲精神，建立了一套破格提拔机制，让青年才俊可以脱颖而出，并给予丰厚的物质回报和精神回报。华为在研发人才激励方面采取"获取分享制"。一线部门根据经营结果获取奖金，后台支持部门通过为一线部门提供服务分享奖金。华为的研发人才晋升通道分为技术通道和管理通道，很多技术专家的地位并不比管理职位的人低。同时，在分配机制方面，华为提出了"效率优先，兼顾公平"的分配理念和"薪资水平向外企看齐"原则。凭借着创新领先的管理机制，华为吸引了大量优秀人才。

创新力已成为国家竞争力的决定要素。在世界处于百年未有之大变局和我国开启全面建设社会主义现代化国家新征程的历史交汇点，如何在外部环境的波谲云诡中，始终保持强大的创新力，是华为的现实课题，也是中华民族实现伟大复兴的时代命题。只有继续坚持投入研发，攻关核心技术，改革管理体制，才能充满自信地面对外部环境的风雨，使更多的中国企业稳稳立于未来发展的潮头。

□ 粤港澳大湾区建设的肇启

湾区在地理方面的含义是由一个海湾或若干个相连海湾、港湾，以及邻近岛屿组成的，衔接众多分布于港口或入海口城镇群的区域，由其地理意义为基础产生的经济形态被称为"湾区经济"。以纽约湾区、旧金山湾区、东京湾区为代表的世界一流湾区，都是世界级的金融中心、服务中心、航运中心、创新中心。

中国的粤港澳大湾区由香港特别行政区、澳门特别行政区和广东省的广州、深圳（含深汕特别合作区）、珠海、佛山、肇庆、惠州、东莞、中山、江门等九个城市（珠三角）组成，总面积 5.65 万平方公里，2017 年末总人口已达 6799 万人，2017 年经济总量约 10 万亿元，是中国开放程度最高、经济活力最强的区域之一。[①]

1988 年，改革开放的总设计师邓小平高瞻远瞩地提出了著名的"两个大局"的发展战略，提出通过大力发展沿海地区带动内地发展。历经 40 年快速发展，粤港澳地区区域优势明显、经济实力雄厚、创新

---

① 广东省社会科学院编：《粤港澳大湾区建设报告（2018）》，社会科学文献出版社 2018 年版，第 10 页。

要素集聚、国际化水平领先，已具备建成国际一流湾区和世界级城市群的基础条件。2012年初，中央选择山东省、浙江省和广东省作为国家海洋经济试点省，广东提出了广东发展海洋经济的特色是发展湾区经济，并把珠江口湾区作为发展的重中之重。2012年12月，习近平总书记离京考察来到广东，指出希望广东联手港澳打造更具综合竞争力的世界级城市群。2016年3月，"推动粤港澳大湾区和跨省区重大合作平台建设"正式写入《中华人民共和国国民经济和社会发展第十三个五年规划纲要》，建设粤港澳大湾区正式上升为国家战略。2016年的广东省政府工作报告，同样着重提出要"开展珠三角城市升级行动，联手港澳打造粤港澳大湾区"等内容。2017年7月1日，在习近平总书记的见证下，香港特别行政区行政长官林郑月娥、澳门特别行政区行政长官崔世安、国家发展和改革委员会主任何立峰、广东省省长马兴瑞共同签署了《深化粤港澳合作推进大湾区建设框架协议》。

对于粤港澳大湾区的规划工作，习近平总书记高度重视、反复强调、亲自指导，要求提高规划建设顶层设计水平。2017年10月18日，习近平总书记在中国共产党第十九次全国代表大会上的报告中明确提出"要支持香港、澳门融入国家发展大局，以粤港澳大湾区建设、粤港澳合作、泛珠三角区域合作等为重点，全面推进内地同香港、澳门互利合作，制定完善便利香港、澳门居民在内地发展的政策措施。"两年间，习近平总书记在视察广东和参加广东代表团审议时，都对广东建设粤港澳大湾区提出多方面明确要求。2018年李克强总理在《政府工作报告》中再次明确要出台实施粤港澳大湾区发展规划纲要，与协同发展京津冀、推进长江经济带发展等国家战略共同作为塑造区域发展新格局的重点领域。建设粤港澳大湾区的国家战略地位更加凸显。港珠澳大桥、广深港高铁的通车实现了大湾区重大交通基础设施的突破，湾区间的交通更加便利。粤港澳金融改革开放试验区、协同创新合作区的建设，粤港澳青年协同创新计划的推进，标志着粤港澳大湾区建设全面铺开。

2019年2月18日，中共中央、国务院印发了《粤港澳大湾区发展规划纲要》（以下简称《规划纲要》），并要求各地区各部门结合实际认真贯彻落实。《规划纲要》明确了粤港澳大湾区发展规划的背景、总体要求、战略布局和组织实施等内容，对粤港澳大湾区几个重要城市的定位、建设粤港澳大湾区的时间节点、建设国际科技创新中心、加快基础设施互联互通等具体内容作出详细的规划。习近平总书记以政治家的远见卓识，从全局高度为粤港澳大湾区发展绘就蓝图。

广东紧紧抓住粤港澳大湾区建设的重大历史机遇，举全省之力推进大湾区建设。广东成立了省委书记李希担任组长、省长马兴瑞担任常务副组长的广东省推进粤港澳大湾区建设工作领导小组，并设立基础设施互联互通、构建现代产业体系、港澳青年创新创业基地建设、生态环境保护、国际科技创新中心建设、金融合作等 6 个专项小组，强化对大湾区建设的统筹协调。2018 年 8 月到 2019 年 2 月，粤港澳大湾区建设工作领导小组先后召开 3 次会议，商议制定推进粤港澳大湾区建设的政策和举措。2019 年 7 月 5 日，广东省委、省政府正式印发《中共广东省委、广东省人民政府关于贯彻落实〈粤港澳大湾区发展规划纲要〉的实施意见》（以下简称《实施意见》），同时，广东省推进粤港澳大湾区建设领导小组印发《广东省推进粤港澳大湾区建设三年行动计划（2018—2020 年）》（以下简称《三年行动计划》），形成广东省推进大湾区建设的施工图和任务书。《实施意见》包括重大意义和总体要求、重点工作任务、保障措施等三个部分，主要着眼长远发展，对标大湾区到 2035 年的建设目标，对未来十多年广东省要重点推进落实的大事要事进行谋划，突出战略性和协调性。《三年行动计划》包括 9 个方面 100 条重点举措，主要着眼中期安排，把近中期看得比较准的、可以加快实施的重点工作进行分工部署，进一步量化阶段性目标。

伴随着顶层设计的落地实施，粤港澳大湾区建设迎来了全面实施、加快推进的新阶段。一是推动国际科技创新中心建设。广东省政府以 2019 年 1 号文的形式出台了《广东省人民政府关于进一步促进科技创新若干政策措施的通知》，着力构建更加灵活高效的粤港澳科技合作机制，在推进创新人才高地建设、加快建设省实验室和新型研发机构等方面，提出了一系列具有改革性、开放性和普惠性的政策措施。自 2014 年实施"粤港科技创新联合资助计划"以来，粤港联合资助计划共支持项目超过 150 个，广东省支持总金额超过 1.6 亿元。还按照《广深科技创新走廊规划》打造国际科技创新平台，大力推动港深创新及科技园建设。香港大学、香港中文大学等香港知名高校纷纷在广州南沙等地设立了科研创新平台与实验基地。二是推动实施财税优惠政策。2019 年 3 月 15 日，财政部、国家税务总局印发《关于粤港澳大湾区个人所得税优惠政策的通知》，对在大湾区工作的境外（含港澳台）高端人才和紧缺人才给予补贴，补贴免征个人所得税。这是大湾区内地 9 市首次整体享受的个人所得税优惠政策，将有效破除人员流动重大壁垒。为贯彻落实好个人所得税补贴政策，广东省财政厅会同省税务局等部门研究制定了《关于贯彻落实粤港澳大湾区个人所得税优惠政策的通知》，并于 6 月 6 日在省政府常务会议上审议通过。2019 年，省财政还进一步在安排财政预算、开放基金项目预算方面加大对粤港澳大湾区国家科技创新中心建设项目的支持力度，加大对人才引进的补贴力度，助力大湾区布局省实验室等。三是推动粤港澳三地人才交流。2019 年 3 月，人社部与广东省签订部省合作协议，决定扩大粤港澳专业技术人员职业资格互认范围。按照《广东省人才优粤卡实施办法（试行）》，从业内公认全球排名前 500 的高校、国际知名科研院所及实验室引进的港澳籍硕士以上青年拔尖人才均可申请人才优粤卡。持卡人可在户籍办理、安居保障、社会保险等 14 个方面享受便利服务，推进人才一体化建设与自由流动。此外，广东还积极推动粤港澳三地教育协作和粤港澳三地往来便利化，助力粤港澳大湾区建设。

建设粤港澳大湾区，既是新时代推动形成全面开放新格局的新尝试，也是推动"一国两制"事业发展的新实践。《规划纲要》提出，到 2022 年，发展活力充沛、产业结构优化、要素流动顺畅、生态环境优美的国际一流湾区和世界级城市群框架基本形成；到 2035 年，经济实力、科技实力、文化软实力和国际竞争力显著增强，要素高效便捷流动，人民更加富裕，社会高度文明，生态环境有效保护，宜居宜业宜游的国际一流湾区全面建成。

阅读链接

广深港澳科技创新走廊的建设

2019 年 2 月 18 日，中共中央、国务院印发《粤港澳大湾区发展规划纲要》（以下简称《规划纲要》）。《规划纲要》提出，粤港澳大湾区的战略定位之一是具有全球影响力的国际科技创新中心。如何建设国际科技创新中心？《规划纲要》提出，要从构建开放型区域协同创新共同体、打造高水平科技创新载体和平台、优化区域创新环境等方面着手。

对于建设国际科技创新中心，深港两地已经进行了新探索。2017 年年初，香港特别行政区政府和深圳市人民政府签署了合作备忘录，将面积约 1 平方公里、原属深圳的落马洲河套地区发展为港深创新及科技园，以科创为主轴，建立重点科研合作基地，以及建设相关高等教育、文化创意和其他配套设施，目标是吸引国内外顶尖的企业、研发机构和高等院校进驻该地区。

与此同时，广东省在全省范围内打造更大范围的科技创新合作。2017 年年底，广东省委、省政府正式印发《广深科技创新走廊规划》（以下简称《规划》）。根据《规划》，广深科技走廊涉及广州、深圳、东莞。《规划》依托的是"一廊十核多节点"的空间格局。"一廊"即广深科技创新走廊。依托广深高速、广深沿江高速、珠三环高速东段、穗莞深城际、佛莞城际等复合型的交通通道，集中穗莞深创新资源，三市连成一个产业联动、空间联结、功能贯穿的创新经济带，建设成为珠三角国家自主创新示范区核心区，长度约 180 公里。"十核"即十大核心创新平台。构建科技创新重要空间载体，打造全球顶尖科技产业创新平台，为珠三角国家自主创新示范区发展提供强大动力。多节点包括 37 个具有一定创新基础的园区、合作区或总部基地等，可发挥示范效应，是推动区域发展的创新节点，总面积约 462 平方公里，其中规划建设用地总面积约 349 平方公里。

广州和深圳，是珠三角两大创新引擎。然而从现实看，双城之间创新要素流动并不那么顺畅。广州集聚了广东省众多的大学和科研院所，深圳则在应用研发领域集聚了一批高成长性的创新型企业，把这两头通过一个"廊道"连起来，中间再加上东莞制造业的优势，就能让这个区域的创新要素很好地流动和聚集。2018 年 8 月，粤港澳大湾区建设领导小组召开会议提出，建设"广州—深圳—香港—澳门"科技创新走廊（简称"广深港澳科技创新走廊"）。这意味着广深科创走廊进一步延伸至港澳，并最终形成环珠江口的创新环道。

《规划纲要》提出，推进"广州—深圳—香港—澳门"科技创新走廊建设，探索有利于人才、资本、信息、技术等创新要素跨境流动和区域融通的政策举措，共建粤港澳大湾区大数据中心和国际化创新平台。这一举措充分考虑到了香港、澳门、广州、深圳强有力的创新基础、条件与能力，特别是创新走廊沿线布局有科技城、科学城、高新区、高技术产业基地等一大批有影响力的创新平台和载体，这些平台和载体将在科技创新方面发挥核心引领作用。2019 年在广州登记的广深技术合同就有 968 份、成交额 138.15 亿元、技术交易额 116.45 亿元，广深两地在技术攻关和成果开发及转移转化等方面的合作不断提升。《广东省高速公路网规划（2020—2035 年)》特别提及了广深港澳科技创新走廊将新增 13 条路线，"轨道上的大湾区"必能拉动广深港澳科创走廊产业集群发展。在 2021 年出炉的中共广东省委关于制定广东省"十四五"规划和 2035 年远景目标的建设中，提出"提高广深港、广珠澳科技创新走廊建设水平"，并强调"以强化区域协同创新打造国际科技创新中心……深化粤港澳创业孵化、科技金融、成果转化等领域合作……强化珠三角国家自主创新示范区辐射带动作用，推动实现国家级高新区地市全覆盖"，"打造全球科技创新高地和新兴产业重要策源地"。广深港澳科创走廊必将成为建设国际科技创新中心的动力引擎，带动粤港澳大湾区科技创新的几何级增长。

□ 中国特色社会主义先行示范区的建设

2019 年 7 月 24 日召开的中央全面深化改革委员会第九次会议，审议通过了《关于支持深圳建设中国特色社会主义先行示范区的意见》。会议强调要牢记创办经济特区的战略意图，坚定不移走中国特色社会主义道路，坚持改革开放，践行高质量发展要求，深入实施创新驱动发展战略，抓住粤港澳大湾区建设重要机遇，努力创建社会主义现代化国家的城市范例。8 月 18 日，《中共中央　国务院关于支持深圳建设中国特色社会主义先行示范区的意见》（以下简称《意见》）全文公布。《意见》提出深圳的战略定位是：高质量发展高地、法治城市示范、城市文明典范、民生幸福标杆、可持续发展先锋。《意见》明确了发展目标：到 2025 年，深圳经济实力、发展质量跻身全球城市前列，建成现代化国际化创新型城市；到 2035 年，深圳高质量发展成为全国典范，城市综合经济竞争力世界领先。到 21 世纪中叶，深圳以更加昂扬的姿态屹立于世界先进城市之林，成为竞争力、创新力、影响力卓著的全球标杆城市。支持深圳建设中国特色社会主义先行示范区，是习近平总书记亲自谋划、亲自部署、亲自推动的重大战略决策，充分体现了习近平总书记和党中央对广东、深圳工作的高度重视、亲切关怀和大力支持。这是中国特色社会主义又一伟大实践的时代性开启，是广东、深圳发展进程中具有重要里程碑意义的大事，是继兴办经济特区后深圳迎来的又一重大历史性机遇，必将对广东、深圳改革发展产生极为重大而深远的影响。

2019 年 8 月 16 日，广东省委常委会召开会议，传达学习贯彻《意见》精神，研究广东省贯彻落实意见。会议要求全省各级各部门要从全局和战略高度深刻认识《意见》出台的重大意义，迅速把思想和行动统一到以习近平同志为核心的党中央重大决策部署上来，倍加珍惜机遇，牢记初心使命，全省动员、全力支持深圳建设中国特色社会主义先行示范区。会议强调省委、省政府要建立强有力的工作机制，特事特办支持深圳，统筹做好支持深圳各项工作；深圳市要落实主体责任，把建设中国特色社会主义先行示范区作为各项工作的总牵引、总要求，全力以赴落实各项工作；省直有关部门要履职尽责，拿出硬招实招，形成工作合力。

8 月 23 日，省委、省政府印发《关于认真学习宣传贯彻〈中共中央　国务院关于支持深圳建设中国特色社会主义先行示范区的意见〉的通知》，强调支持深圳建设中国特色社会主义先行示范区，是全省的大事、是深圳的大事、是关乎全局的大事，意义重大、责任重大、任务艰巨，要求迅速兴起学习宣传贯彻热潮，全省动员、举全省之力支持推动建设，确保各项工作任务有力有序有效向前推进。该通知强调，要牢牢扭住"五大战略定位"和"五个率先"重点任务，创造条件、全力支持深圳建设先行示范区。

9月4日，省委理论学习中心组举行专题学习会，深入学习贯彻习近平总书记对广东重要讲话和重要指示批示精神，学习落实《意见》。省委书记李希反复强调要深刻认识建设先行示范区对新时代广东和深圳改革开放再出发的重大意义，要切实把思想和行动统一到习近平总书记、党中央决策部署上来，全省动员、全域参与、全力支持先行示范区建设。

11月25日，中国共产党广东省第十二届委员会第八次全体会议在广州召开。会议对学习宣传贯彻党的十九届四中全会精神和支持深圳建设中国特色社会主义先行示范区工作进行了部署。会议审议通过了《关于支持深圳建设中国特色社会主义先行示范区的若干重大措施》（以下简称《重大措施》），要求全省全力支持深圳建设中国特色社会主义先行示范区，在坚持和完善中国特色社会主义制度、推进国家治理体系和治理能力现代化上先行探索、走在前列，努力创建社会主义现代化强国的城市范例。广东要牢牢扭住高质量发展高地、法治城市示范、城市文明典范、民生幸福标杆、可持续发展先锋等五大战略定位，省市联动、统筹协调，全力支持深圳实现"五个率先"——率先建设体现高质量发展要求的现代化经济体系、率先营造彰显公平正义的民主法治环境、率先塑造展现社会主义文化繁荣兴盛的现代城市文明、率先形成共建共治共享共同富裕的民生发展格局、率先打造人与自然和谐共生的美丽中国典范。全省一盘棋，拧成一股绳。省里加强领导、科学指导、有力支持，深圳发挥好主体作用，各市主动对接、主动支持、主动服务，共同履行重要职责，一起展现担当作为。要按照省委全会的部署，推动建设粤港澳大湾区、支持深圳建设中国特色社会主义先行示范区、广州实现老城市新活力与构建"一核一带一区"区域发展新格局互促共进，加快形成主体功能明显、优势互补、高质量发展的区域经济布局。

"全省动员、全域参与、特事特办"是省委对全力支持深圳建设中国特色社会主义先行示范区的坚定决心。《重大措施》则是广东省委给出的一系列实打实的支持大招、硬招。按照中央和省委的部署，深圳市委、市政府坚决扛起建设中国特色社会主义先行示范区的历史使命和主体责任，把推进中国特色社会主义先行示范区建设作为深圳的头等大事、最大的政治任务，把建设中国特色社会主义先行示范区作为深圳各项工作的总牵引、总要求。

深圳坚持以粤港澳大湾区建设为纲，以中国特色社会主义先行示范区建设为总牵引、总要求，推动中国特色社会主义先行示范区建设开好局、起好步，城市的魅力、动力、活力、创新力进一步彰显。深圳聚焦"高质量发展高地"定位，坚持把创新作为城市的主导发展战略，以加快建设综合性国家科学中心为牵引，不断补齐原始创新能力短板，推动实现高新技术产业高质量发展。深圳持续深化科技体制机制改革，与国际接轨推行项目评审"主审制"、项目经费"包干制"等，设立50亿元天使投资引导基金和80亿元人才创新创业基金。2019年，深圳市本级财政科技专项资金增长近一倍，30%以上投向基础研究和应用基础研究。深圳推出《关于加快推进新型基础设施建设的实施意见（2020—2025年）》，梳理出首批95个新基建项目，总投资4119亿元。[①] 一大批重大科技创新基础设施建设加速进行，成为夯实深圳高质量发展的重要力量。深圳加快建设法治中国示范城市，打造最安全稳定、最公平公正、法治环境最好的标杆城市。2019年12月，在中国社科院等单位发布的《中国营商环境与民营企业家评价调查报告》中，深圳法治环境指数得分位居全国第一。2020年3月，《深圳市2020年优化营商环境改革重点任务清单》发布，从商事登记、企业融资、法治保障等14个重点领域提出了210项具体改革举措。2020年是"深圳文化创新发展2020"的冲刺收官之年。截至6月，153项文化重点任务基本完成了145项，完成率达94.7%。[②] 如今的深圳，一年四季举办的大型文化品牌活动达30多项，"新时代十大文化设施"首批项目开工，"城市文化菜单"精彩纷呈，文化创意产

---

① 《年研发投入超千亿　深圳创新劲头足》，《深圳商报》2020年6月19日。

② 《"深圳文化创新发展2020"结硕果　153项重点任务已基本完成!》，深圳卫视《深圳新闻》2020年7月23日。

业活力迸发。深圳加快迈向全球区域文化中心城市和彰显国家文化软实力的现代文明之城。"来了，就是深圳人。"2019—2020 年，深圳新增中小学位 6 万个，外来务工人员符合条件者可被纳入保障房体系，其子女可享受义务教育，免费入学。2020 年上半年，深圳公共预算支出超七成投入民生领域，从敬老优待的"颐年卡"到代表食品安全的"圳品"，不断增强市民的获得感、幸福感、安全感。深圳 PM2.5 年均浓度 24 微克/立方米，达到国际先进水平，是全国空气质量最好的十大城市之一。全市公园总数达到 1090 个，建成区绿化覆盖率接近50%。近年来通过治理，五大河流国家地表水考核断面水质全部达到或优于地表水 V 类标准，实现全市域消除黑臭水体，河流水质实现历史性转折。"深圳蓝""深圳绿"成为城市最亮色。①

2020 年 10 月，在粤港澳大湾区建设、深圳中国特色社会主义先行示范区建设等国家战略相继落地实施的重要时间窗口，中央办公厅、国务院办公厅印发《深圳建设中国特色社会主义先行示范区综合改革试点实施方案（2020—2025 年）》（以下简称《实施方案》），支持深圳实施综合改革试点，赋予深圳在重点领域和关键环节改革更多自主权，为深圳更高起点、更高层次、更高目标的改革开放再出发指明了方向。这是新时代推动深圳改革开放再出发的又一重大举措，是建设中国特色社会主义先行示范区的关键一招，也是创新改革方式方法的全新探索。

《实施方案》第二十五条指出，广东省要积极为深圳开展综合改革试点创造条件，加大行政审批、科技创新、规划管理、综合监管、涉外机构和组织管理等方面放权力度，依法依规赋予深圳更多省级经济社会管理权限。《实施方案》下发后，省委、省政府立即召开全省支持深圳开展建设中国特色社会主义先行示范区综合改革试点工作部署推进会，对支持深圳实施综合改革试点工作全面动员部署、全力推动落实。省委书记李希强调，要深入体会习近平总书记的关心关爱、厚望重托，深刻认识实施综合改革试点的重大意义，切实扛起沉甸甸

---

① 《2019 年度深圳市环境状况公报发布 PM2.5 年均值创历史最好水平》，深圳政府在线 2020 年 4 月 28 日。

的政治责任，抓住难得历史机遇，奋发努力、奋勇向前，全省动员、举全省之力推动深圳综合改革试点各项任务落地落实。全省各地各部门要强化大局意识、系统思维、整体行动，把综合改革试点放在广东改革大局中通盘考虑，推动各方面制度更加衔接配套、成熟定型。要加强组织领导，狠抓工作落实，确保如期高质量完成综合改革试点各项任务。

40多年来，深圳敢闯敢试、敢为人先、埋头苦干，创造了发展史上的奇迹，成为全国改革开放的一面旗帜。在中央的顶层设计和战略部署下，《实施方案》再次宣示了中国以更大力度推进改革开放的决心和信心。在这个重要的历史机遇前，广东全省动员，全力支持实施综合改革试点工作，牵引带动广东在构建新发展格局中再创辉煌、再创佳绩，为全国制度建设作出示范、为国家大局作出贡献。

阅读链接

率先饮数字人民币"头啖汤"

2020年10月，深圳市人民政府联合中国人民银行在深圳市罗湖区开展了数字人民币试点工作。10月8日晚间，深圳市政务服务数据管理局在其官方微信公众号"i深圳"上发布了"2020礼享罗湖"促销活动的信息。该活动将面向在深个人发放1000万元"礼享罗湖数字人民币红包"，每个红包金额为200元，红包数量共计5万个。活动红包采取"摇号抽签"形式发放，在深个人可通过"i深圳"活动预约平台登记申请抽签，从10月12日18时起发放，至10月18日24时收回。此次活动在全国范围引发极高关注度，近5万深圳人的亲身体验通过视频、图文等方式在互联网传播，《人民日报》、新华社、中央广播电视总台等各大媒体都进行了跟踪报道。

此次在深圳地区开展数字人民币红包试点，是数字人民币在研发测试过程中的重大突破，标志着中国数字货币进程迈出一大步。10月12日的市场指数方面，数字货币概念借助深圳大礼包领涨两市。深圳成功试饮数字人民币的"头啖汤"，不仅是以技术、数据赋能提升治理水平的具体案例，也是以实际行动落实《深圳建设中国特色社会主义先行示范区综合改革试点实施方案（2020—2025年)》的具体举措。

　　数字人民币试点选在深圳罗湖，得益于深圳"先行示范区"的政策优势。2019 年 8 月 18 日，中共中央、国务院发布了《关于支持深圳建设中国特色社会主义先行示范区的意见》，其中提到，支持在深圳开展数字货币研究与进行移动支付等创新应用。这是国家首次在政策层面上提及支持数字货币研究。2020 年 8 月 14 日，商务部发布《关于印发全面深化服务贸易创新发展试点总体方案的通知》，明确当前数字人民币的试点计划仍采取的"4＋1"模式，即先行在深圳、苏州、雄安新区、成都及未来的冬奥场景进行内部封闭试点测试，后续视情况扩大到其他地区。作为数字人民币首批试点城市之一，深圳市政府在 2018 年 6 月就与中国人民银行共同发起成立深圳金融科技研究院，为深圳进行数字人民币试点奠定基础。研究探索数字货币、数字经济对深圳的意义在于加速科技创新成果转化为生产力和财富。

　　试点工作的顺利开展，离不开深圳雄厚的"金融家底"。深圳作为全球领先的技术与金融创新中心，在数字货币的试验中发挥重要作用，试点工作不仅能进一步提升深圳的创新能力，也是为国家金融战略贡献力量。首次试点的罗湖区是深圳的老牌金融强区，拥有成熟的金融生态。罗湖区持牌金融机构超过 80 家，金融业总资产占全市的 1/3，金融业增加值占全市的 1/4。辖区有中国人民银行、外汇管理局等中央驻深监管单位，在中资金融机构中有平安银行、中国银行、农业银行、工商银行等重要龙头银行。全市有 5 家外资银行法人，其中 3 家在罗湖。可以说，金融机构的集聚，给数字人民币试点奠定了产业基础。参与此次活动的罗湖 3000 余家商户，覆盖生活服务、大型商超、餐饮消费、零售超市等多个领域。① 能够形成这样多样化的应用场景，离不开广东和深圳近年来在打造国际消费中心城市方面作出的积极探索。

　　"南国春来早，风正一帆悬"。数字货币研究和应用在深圳的先行先试，是深圳建设中国特色社会主义先行示范区的应有之义，对于国家进行数字经济研究，探索未来经济发展模式有着重要的意义。

──────────

　　① 《饮数字人民币"头啖汤"为什么是罗湖?》，《南方日报》2020 年 12 月 31 日。

□ 广东"三大攻坚战"的胜利

中共十九大报告指出，要坚决打好防范化解重大风险、精准脱贫、污染防治的攻坚战，使全面建成小康社会得到人民认可、经得起历史的检验。打好三大攻坚战，关系到广东经济能否跨越转变发展方式、优化经济结构、转换增长动力的关口，顺利迈向高质量发展阶段。2018 年初召开的省委十二届三次全会，提出当年要重点做好的八项工作中首要一项便是坚决打好决胜全面建成小康社会三大攻坚战，并将其作为牵引全局的战略性任务来抓。同年 6 月，省委十二届四次全会确定，落实习近平总书记对广东提出的"四个走在全国前列"要求须集中用力的一项关键重点工作是"要以打好三大攻坚战为重点，加快补齐全面建成小康社会、跨越高质量发展重大关口的短板"。防范化解重大风险、精准脱贫、污染防治三大攻坚战，是广东决胜全面建成小康社会最难啃的"硬骨头"，也是高质量发展题中之义，能否打赢，关系重大。省委书记李希在省委十二届四次全会上强调，要"采取超常规举措，拿出过硬办法，打好防范化解重大风险、精准脱贫、污染防治三大攻坚战，把经济社会发展的底线守牢守好，使人民群众的获得感、幸福感、安全感更加充实、更有保障、更可持续"。

防范化解重大风险为决胜全面建成小康社会保驾护航。广东省委坚持深入学习贯彻习近平总书记关于防范化解重大风险重要论述精神，深刻把握精神实质、基本内涵和重要要求，充分认识防范化解重大风险的极端重要性，切实增强打好攻坚战的忧患意识和紧迫感，强化风险意识、底线思维，把防范化解工作抓得紧而又紧、实而又实。自 2018 年开始，广东省委、省政府每年都会就防范化解重大风险召开专项工作会议，研究部署具体举措。三年多来，广东在防范化解政治领域、经济领域、意识形态领域、科技领域、社会领域、外部环境和新冠肺炎疫情等方面的风险挑战作出一系列重要部署。如广东省地方金融监控中心率先利用大数据、云计算、人工智能等科技手段构筑地方金融风险防控全省"一张网"，是全国首个地方政府成立的重要金融基础设施。广东严格落实意识形态工作责任制，加大正面宣传和舆论引导力度，切实使网络空间清朗起来，坚决守好政治安全"南大门"。深入实施九大重点领域研发计划，加强科技安全预警监测和有效管控，牢牢掌握科技发展主动权。综合施策应对疫情后"综合征"，严防疫情风险向社会领域传导，深入推进社会矛盾专项治理，全力维护社会稳定，持续深化平安广东、法治广东建设，不断强化自然灾害、安全生产、公共卫生等领域风险防范。新的风险防控手段与机制设立，助推广东坚决打好防范化解重大风险攻坚战，有效应对重大挑战、抵御重大风险，为决胜全面建成小康社会保驾护航。截至 2020 年底，广东用四年时间完成 64 家农信社改制组建农商行任务，累计化解不良贷款超 1300 亿元。707 家 P2P 网贷机构全部清退。省属国企负债率在全国各省市区中处于较低水平。全省商品住房库存消化周期整体处于合理区间。

精准构建脱贫长效机制。"小康不小康，关键看老乡。"坚决打好精准脱贫攻坚战，是决胜全面建成小康社会的底线任务。在经过八七扶贫攻坚、两轮扶贫开发"双到"后，广东大部分容易脱贫的地区和人口已经基本实现了稳定脱贫，但剩下来的深度贫困人口"点多面广"，即分散贫困人口多、深度贫困群体多、贫困村落多。随着工作的持续推进，脱贫攻坚也到了啃"硬骨头"、攻坚拔寨的阶段。2018年 10 月，省委办公厅、省政府办公厅印发《关于打赢脱贫攻坚战三年行动方案（2018—2020 年）》，以推动广东省脱贫攻坚工作更加有效开展，确保到 2020 年如期完成脱贫攻坚任务。中共广东省委组织部、广东省自然资源厅、广东省林业局、广东省商务厅等 26 个相关部门根据自身职能，发挥各自专业优势，制定了具体的配套实施方案，构建了脱贫攻坚"1＋N"政策体系，体现了全面出动、整体联动、协调行动的脱贫攻坚布阵，有利于集聚资源、形成合力、确保效果，为脱贫攻坚提供了强力支撑。

广东围绕"扶持谁""谁来扶""怎么扶""如何退"的问题，坚持精准扶贫，推动全省脱贫攻坚取得决定性胜利。一是加大产业扶贫力度，用好"一县一园""一镇一业""一村一品"三大平台，因地制宜发展地方特色优势扶贫产业。全省实施特色产业扶贫项目 4.2 万个，带动贫困户 62.8 万人，年人均产业增收 2400 多元。二是全力推进就业扶贫，拓宽贫困户收入来源渠道。扎实开展培训提升贫困人群技能，加强区域间劳务协作，鼓励企业在贫困地区发展扶贫产业。截至 2020 年 10 月，省内 50.8 万名贫困劳动力已经全部实现就业，其中转移就业 39.2 万人。累计开发公益性岗位 17020 个，帮助 27.9 万名贫困劳动力实现家门口就业。三是加强教育引导，开展扶志教育活动，帮助贫困群众转变"等、靠、要"思想，树立自强不息、自力更生思想。四是统筹推进保障性扶贫，做好兜底性制度安排。2016—2020 年，广东从义务教育到大学教育实行生活费补助，每年补助学生 29.5 万人，年均发放补助资金 10.8 亿元，因贫辍学得到明显遏制。符合条件的贫困人口已全部纳入医疗保障范围，医疗救助比例达到 80% 以上，农村低保最低标准提至每年 6482 元，符合条件的贫困户全部纳入兜底保障。2016 年以来全省完成危房改造 34.4 万户，贫困户住房不安全问题全部解决。① 五是坚持专项扶贫、行业扶贫、社会扶贫"三位一体"，动员社会各方面力量向贫困宣战，凝聚起强大的攻坚合力。精准脱贫收官之际，广东转为聚焦建立解决相对贫困长效机制。2018 年，广东出台《中共广东省委 广东省人民政府关于推进乡村振兴战略的实施意见》，明确"要推进乡村振兴与脱贫攻坚有机融合，确保到 2020 年我省相对贫困人口全部稳定脱贫""扎实推进 2277 条贫困村创建社会主义新农村示范村工作"。广东大力发展富民兴村产业，全省已创建 14 个国家级、160 个省级现代农业产业园。自 2019 年开始，连续 3 年整合筹措省级及以上财政资金超过 30 亿元，扶持 3000 个村发展农业特色产业，形成 200 个特色农业专业镇，实现粤东西北地区全覆盖。② "广东荔枝""梅州柚"等一批广东品牌唱响全国。

既要打好污染防治攻坚战，也要打好生态文明建设持久战。2018 年 6 月 30 日，省委办公厅、省政府办公厅联合印发《广东省打好污染防治攻坚战三年行动计划（2018—2020 年）》，吹响了广东省污染防治攻坚战的总攻号角，对于进一步推动广东省生态环境质量改善、建设美丽广东，为实现"四个走在全国前列"、当好"两个重要窗口"提

---

① 《决战决胜：脱贫攻坚取得决定性胜利》，《南方日报》2021 年 1 月 8 日。
② 《现代农业产业园带动农户增收》，《南方日报》2019 年 6 月 4 日。

供坚实的生态环境保障具有重要意义。近 4 年来，广东坚持精准治污、科学治污、依法治污，打赢蓝天、碧水、净土保卫战，推动生态环境质量持续好转。加强臭氧污染联合防控，加快能源结构、产业结构等优化调整，抓好挥发性有机物、氮氧化物减排和柴油货车、工地扬尘治理，在物流、环卫等领域推广应用新能源汽车，加快港口岸电配套使用、内河船舶 LNG（液化天然气）动力改造。推动茅洲河、练江等重污染河流治理取得突破性进展。推进污水处理设施及管网建设改造，新建城镇污水管网 5000 公里。抓好固体废物处理设施建设，强化洋垃圾非法入境管控。加强土壤污染防治和修复，促进土壤资源永续利用。广东已完成近 700 条陶瓷生产线、超 600 台 10 蒸吨以上燃煤锅炉清洁能源改造，全省公交电动化率达 96.4%。新增生活污水处理能力 209 万吨/日、危险废物利用处置能力 164 万吨/年。全省空气质量优良天数比例达 95.5%，PM2.5 平均浓度降至 22 微克/立方米。城市建成区黑臭水体基本消除，地表水和入海河流劣 V 类国考断面全面清零。广东紧紧抓住粤港澳大湾区、深圳中国特色社会主义先行示范区"双区驱动效应"契机，对标国际国内最高最优最好，"绿色发展，保护生态"成为粤港澳大湾区合作五项基本原则之一，"可持续发展先锋"亦成为深圳中国特色社会主义先行示范区五大战略定位之一，还结合实际推动广州实现老城市新活力、发展北部生态发展区，构建"一核一带一区"区域发展新战略。广东以新发展理念为引领，科学规划、优化布局，下好生态环境保护"先手棋"，不仅为广东高质量发展注入强大动力，也为广东可持续发展提供了坚实保障。

阅读链接

英德连樟村的变迁

连樟村位于英德市连江口镇东南部，村里山多地少，人均田地不足半亩，集体经济匮乏，2016 年被核定为省定相对贫困村。2018 年 10 月 23 日，习近平总书记来到连樟村，看望贫困群众，共商脱贫之计。"乡亲们一天不脱贫，我就一天放不下心来"，总书记的话感动了在场所有人。当地干部群众牢记嘱托，通过精准扶贫、精准脱贫，昔日的贫困村如今已经面貌一新。该村 54 户贫困户已全部脱贫，有劳动能力的原贫困户家庭年人均收入达 22000 多元。

连樟村结合"万企扶万村"扶贫行动，筹措 50 万元，利用一个闲置的校舍建成佳美达玩具公司"扶贫车间"，直接解决就业岗位 200 个，生产线的工人每月收入 2500～3000 元。通过办好"造血型"项目，贫困户及其他农户有了长期稳定务工收入，村集体收入每年增加约 6.5 万元。除了玩具加工，连樟村还建成现代农业科技示范园、优质水果种苗繁育基地、观光休闲水果基地、农产品加工厂等项目。分红收入、租金收入、务工收入等贫困户增收渠道日益增加。

自精准扶贫开展以来，村里各种基础设施也越来越完善：生态气象观测站和生态环境监测站落成；智能停车场、特产一条街、农家乐等旅游便民设施一应俱全；村道硬底化，路灯从山脚一路亮至村里；村头的文化中心、体育广场、村敬老院也落成并投入使用。2019 年 9 月，连樟村首次有了客运班线进村，村民最多花 13 元便能从大山深处到达英德汽车客运站。2019 年 10 月 31 日，作为全国第一个 5G 覆盖的行政村，在 5G 正式商用启动时，连樟村成功通过 5G 网络与 2019 年"中国国际信息通信展"活动北京现场连线，向世人展现了连樟村智慧农业的美好前景。

连樟村已经建立起"党支部提事、村民理事会议事、村民会议决事、村委会执事"的民主决策机制。在村党支部的组织下，红白理事会、禁毒禁赌会、村民理事会等各类基层自治组织正在村日常管理中发挥着不可或缺的作用。连樟村还通过每月向群众收集"微小实事"诉求，建立起"民生微实事"清单，提升服务实效。

根据《清远市重点区域发展战略规划》，未来连樟村将着力发展旅游业，以古驿道为纽带，联动周边两镇九村区域和相关景区。在探索重点区域发展的过程中，连樟村将整合地缘资源要素，全面实施基层党建、发展战略、城乡规划、乡村文明、重大项目等"五大提升工程"，把美丽乡村建设得更加美好。

□ 抗击新冠疫情的广东担当

2020 年新年伊始，一场新冠肺炎疫情突然来袭。面对突如其来的疫情，习近平总书记亲自指挥、亲自部署，党中央统筹全局、果断决策，全党全军全国各族人民众志成城、全力以赴。在以习近平同志为核心的党中央坚强领导下，广东自觉服从和服务全国大局，坚持把人民群众生命安全和身体健康放在第一位，统筹推进疫情防控和经济社会发展，与全国人民一道，在抗击新冠疫情这场没有硝烟的斗争中取得了重大战略成果，在这次考验担当与能力的大战大考中交出了一份令人满意的答卷。

生命重于泰山，疫情就是命令，防控就是责任。2020 年 1 月 14 日晚，深圳报告湖北以外全国第一起临床观察病例，广东立即启动疫情应急预案和联防联控机制。1 月 21 日，广东成立由省委书记李希任组长、省长马兴瑞任常务副组长的省新冠肺炎防控领导小组（指挥部）。1 月 23 日，广东启动突发重大公共卫生事件省级一级响应，是全国最早启动一级响应的省份之一。面对疫情，广东省相继作出"四个重点""九个全力""十个千方百计"等工作部署，打出一系列"广东战疫组合拳"。省疫情防控指挥部连续奋战 200 多天，动员组织社会各界全力投入疫情防控工作，组织调配最强医疗卫生力量全力救治每一个患者，第一时间发布权威疫情防控信息。从出生 2 个月的婴儿到 90 岁的老人，无论轻症还是重症，确保呵护每一个生命的健康。

疫情发生之后，各级党委、政府，各部门、各单位、各方面闻令而动，层层紧急响应，环环紧密配合。2020 年 1 月 21 日，全省指定 30 家新冠肺炎省级定点救治医院。其中，广州市有 8 家，其他 20 个地级市分别有 1~2 家。各定点医院均成立了由医疗机构主要负责人担任组长的领导小组，并成立相应的临床专家组。省教育厅紧急发布《关于做好学校新型冠状病毒感染的肺炎疫情防控工作的紧急通知》，要求各地各校研究部署落实防控措施，依法依规有序管控，适时启动教育系统公共卫生类突发事件应急预案和机制。广州各交通站点迅速启动公共卫生疫情防控预案，对进出旅客进行体温监测。交通部门在高速公路省际入省通道、国省道入省通道设立联合检疫站，在 500 多个高速公路收费站设立检测点。省药品监督、市场监管、商务等各部门无缝对接，全省联防联控，凝聚起抗击疫情的最强战力。广东迅速推广广州市越秀区"三人小组"上门排查做法，部署市、县（区）、镇（乡）三级成立由政法委牵头，公安、卫健部门主要领导组成的"三人领导小组"和城乡社区65936个"三人排查组"，并以"三人排查组"为作战单元，上门走访重点人群，建立专档专册落实管理。各个社区直面市民生活一线，迅速建立起由基层一线的网格员、社区卫生服务人员和党员先锋等组成的战"疫"防线，实施群防群控。截至3月4日，全省有4600支有记录的疫情防控志愿服务队伍，上岗的志愿者超过10万人，开展的服务项目和活动4.9万项。① 全社会团结一致，全面动员、全民参与，共同构筑起疫情防控的坚固防线。

面对疫情，广大医务工作者同时间赛跑，与病魔较量。2020年1月18日，84岁的钟南山院士挤春运高铁餐车赶往武汉，通过实地研判作出病毒"存在人传人"的重要判断；除夕夜，广东省中医院副院长张忠德孤身一人前往武汉，正如他17年前战斗在抗击非典的前线；"请把我们派到最需要的地方！"在广东各大医院，如此这般的一封封请战书像雪片般飞来。全省100万名医务工作者中，有超50万人直接参与新冠肺炎病患救治工作，挽救了一个又一个垂危生命，诠释了医者仁心和大爱无疆。哪里有需要，哪里就有党员干部的身影。面对疫情，广东160多万名干部，下沉到3.9万个社区，5.9万个"三人小组"开展网格化防控，近30万名社区工作者日夜奋战，540多万名党员带头拼搏，让党旗在抗疫一线高高飘扬。②

面对新冠疫情，广东充分发挥钟南山等权威专家和专业队伍的作用，对疫情进行全面科学判断，对疫病救治方法和药物进行全方位探索。广东在全国最早报告无症状感染者和"复阳"现象，其无症状感染者处置经验在全国推广。广东在全国率先启动临床救治和药物、疫苗研发等五大方向科研攻关，率先分离出第一株新冠病毒毒株，率先研发出检测试剂，新冠疫苗研发进入全国第一梯队，来自广东中医的"肺炎一号方"被国家中医药管理局公开"点赞"。广东在全国率先大

---

① 《广东战"疫"处处有"雷锋"》，《南方日报》2020年3月6日。
② 《伟大抗疫精神的广东实践》，《南方日报》2020年10月21日。

规模推行核酸检测，实行"应检尽检、愿检尽检"，精准高效发现疫情传播源头。广东在全国率先对密切接触者实施集中隔离医学观察，落实"一人一档""一天一问诊""一人一方案""一日一报告"，切实阻断传播途径。

科学防治要注重因时定策。2020年1月23日，省新冠肺炎防控领导小组及时启动广东省重大突发公共卫生事件一级响应。随着广东疫情防控形势的逐步缓和，2月24日，应急响应级别调整为省重大突发公共卫生事件二级响应。5月9日，疫情防控形势持续向好，广东将应急响应级别调整为省重大突发公共卫生事件三级响应，要求以县（市、区）为单位划分高、中、低三个风险等级，各地市要每周进行动态评估风险等级，根据分级采取针对性、差异化的策略和措施，为复工复产复学营造环境、腾出空间。按照省委、省政府的部署，广东各地纷纷出台"复工复产20条""金融暖企18条""2.0版促进就业九条"等一系列配套政策，聚焦企业需求，积极帮助企业解决因疫情冲击带来的用工短缺、资金紧张、原材料缺乏、供应链不畅等实际困难。2月17日，省委组织部印发《关于组织动员党员干部积极投身企业疫情防控和复工复产工作的通知》。广大党员干部纷纷走进企业一线，担当政策宣传员、信息收集员、防疫监督员、问题协调员，为企业复工复产按下"加速键"。广东各地各个部门迅速决策、精准发力，从疫情防控、员工管理、生产调度、经营物流等各方面入手，推动安全有序复工复产落实落细。例如广州开发区为企业提供线上"不见面"办理复工备案业务，当天申请，当天即可发出《同意备案意见书》，有效引导企业做好安全生产和疫情防控工作。广东各部门、各个企业通过简化通关环节，推行退（免）税便利化，降低港口检验检疫等环节收费，发挥跨境贸易融资平台作用，加强在建项目全流程服务等措施，着力稳外贸稳外资，尽力把疫情对外贸经济的影响降到最低。其间，广东高水平举办高交会、文博会、海博会、国际中小企业博览会。4月22日，埃克森美孚广东惠州乙烯项目"云开工"仪式举行。5月17日，中海壳牌惠州三期乙烯项目在广州、北京、荷兰海牙三地举行战略合作框架协议"云签约"仪式。这些都彰显了世界对中国经济战胜新冠肺炎疫情影响、实现更大发展的强烈信心。

战"疫"期间，广东共组织 26 批 2495 名医务防疫人员以及大量物资驰援武汉、荆州，组织两批 41 名队员驰援北京及核酸检测队员 207 人支援香港。① 2020 年大年初一，湛江市徐闻县决定免费为滞留广东的湖北籍游客提供食宿。当地一条写着"今晚降温了，外面下着雨呢，让武汉同胞在异乡解决温饱，才能战胜疫情"的充满温情的公告获网友频频转发点赞。武汉火神山医院和雷神山医院建造所需的照明、空调、冰箱、电视、陶瓷卫浴、管道、医疗仪器、地板涂料、5G 网络，背后都是广东制造的火线驰援。随着新冠肺炎疫情在全球多国蔓延，广东组织精干医疗力量驰援塞尔维亚、马来西亚、伊拉克、秘鲁等国协助抗疫，一批批医用口罩、核酸检测试剂盒、额温枪等紧缺防疫物资从广东出发，驰援 8 个国家的 34 个国际友城。广东以实际行动诠释了"山川异域，风月同天"的内涵，受到广泛赞誉。

在以习近平同志为核心的党中央坚强领导下，广东已取得抗击疫情的重大战略成果。经历了抗疫斗争洗礼的广东，将以更加坚定的信心和更加激昂的斗志，努力在全面建设社会主义现代化国家新征程中走在前列、创造新的辉煌。

阅读链接

钟南山获得"共和国勋章"

2020 年 8 月 11 日，国家主席习近平签署主席令，授予 84 岁的中国工程院院士、国家呼吸系统疾病临床医学研究中心主任、广州医科大学呼吸内科教授钟南山"共和国勋章"，以表彰他在抗击新冠肺炎疫情进程中作出的杰出贡献。"共和国勋章"建议人选的公示称，在新冠肺炎疫情发生后，钟南山敢医敢言，提出存在"人传人"现象，强调严格防控，领导撰写新冠肺炎诊疗方案，在疫情防控、重症救治、科研攻关等方面作出杰出贡献。

2020 年 1 月 18 日，钟南山临危受命，从广州前往武汉。在此前不久，钟南山还向全国发出呼吁，希望普通人如果没有特别迫切的需要，

---

① 《伟大抗疫精神的广东实践》，《南方日报》2020 年 10 月 21 日。

不要前往武汉。然而为了搞清楚疫情的状况，他自己却毅然"逆行"，并且在一天后果断提出了疫情存在"人传人"现象，从而改变了中国的抗疫进程。早在2003年非典疫情期间，他就在"衣原体是病因"几乎已经成为定论的背景下，以客观事实和临床经验为依据，提出并证实非典病因是一种新型冠状病毒。他还面对极大的外部压力，坦言当时北京的疫情传播没有得到有效控制，对当时疫情防控工作走上正轨起到了关键性作用。实事求是，敢医敢言，是钟南山几十年一以贯之的宝贵品质。

敢医敢言背后是钟南山对初心的始终坚持。《医学生誓词》中的一句话他始终铭记："我决心竭尽全力除人类之病痛。"出身医学之家的钟南山从小对医学耳濡目染。小时候为了改善体质，钟南山开始并逐渐喜欢上了体育锻炼。钟南山大学选择学医，原因是希望不仅自己身体好，也要帮助其他人获得健康。钟南山说："我非常佩服运动员的拼搏精神，其实我们搞医疗也一样，不到最后，不能放弃。"2003年抗击非典，他主动请缨："把最危重的病人都送到我这里。"而这一次，新冠病毒的攻击来得更凶猛，一份钟南山战"疫"行程显示，从1月18日"逆行"到武汉至4月下旬国内疫情基本控制，整整3个月，他没有休息过一天。4月22日，钟南山在迎接广州医科大学附属第一医院援鄂医疗队凯旋后，立即提醒大家要做好支援国际准备，并及时总结发表相关成果为世界提供经验。

□ 新发展格局战略支点的打造

加快形成以国内大循环为主体、国内国际双循环相互促进的新发展格局是中共中央科学研判当前国内外大势、积极应对世界百年未有之大变局、着眼中国经济中长期发展作出的战略之举。党的十九届五中全会对"构建新发展格局"进行了重大战略部署。2020年10月，习近平总书记视察广东时要求广东要深刻领会党中央战略意图，在构建新发展格局这个主战场中选准自己的定位。

面对国际逆全球化趋势、新冠肺炎疫情全球大流行冲击以及国内出口导向战略受阻等国际国内形势的变化，广东省委、省政府深刻领会中央要求，强化前瞻性思考、全局性谋划、战略性布局、整体性推进，把握广东实际，作出了一系列服务构建新发展格局的战略部署和工作安排。2020 年 8 月，省委十二届十次全会提出把构建"一核一带一区"区域发展格局作为落实总书记加快形成新发展格局的重要抓手，要求加大"一核一带一区"建设力度，不断强化开放和市场双优势，打造开放"大平台"、交通"大体系"、经贸"大网络"、湾区"大市场"，扩大有效投资，释放内需潜力；提高产业链和供应链稳定性、安全性、竞争力，突破核心技术"卡脖子"问题，把自主创新和开放创新紧密结合起来。11 月，省委十二届十一次全会要求牢牢把握高质量发展主题，把发展立足点放在国内，更多依靠国内市场实现经济发展，通过培育完整内需体系、推动更高水平对外开放、提高人民群众生活品质等措施，加快打造新发展格局的战略支点。12 月，省委十二届十二次全会研究谋划"十四五"时期广东经济社会发展，审议《中共广东省委关于制定广东省国民经济和社会发展第十四个五年规划和二〇三五年远景目标的建议》（以下简称《建议》），明确要在国家构建新发展格局中体现广东作为。《建议》指出，广东要坚持扩大内需战略基点，扭住供给侧结构性改革，同时注重需求侧改革，更好利用国内国际两个市场、两种资源，增强畅通国内大循环和联通国内国际双循环的功能，率先探索有利于促进全国构建新发展格局的有效路径，为现代化建设拓展新空间。《建议》从推动畅通国内大循环、促进国内国际双循环、全面促进消费升级、积极扩大有效投资、加快建设现代流通体系和大力拓展经济纵深等方面对广东打造新发展格局的战略支点，塑造更高水平的高质量发展新优势作出了部署。2021 年 1 月，省委十二届十三次全会强调要围绕打造新发展格局战略支点，抓重点、带全面，以新担当新作为奋力推动"十四五"开好局。会议对围绕打造新发展格局战略支点推动"双区"建设、科技创新、建设现代产业体系、扩大内需、推进乡村振兴、提升群众生活品质、建设高水平平安广东法治广东作了具体部署。

广东要打造新发展格局战略支点，就要扭住供给侧结构性改革，同时注重需求侧改革，不断强化战略支点的支撑功能、联通功能、撬动功能。强化支撑功能，就是要着眼于提高供给体系对国内需求的满足能力，把广东的全国经济大省、消费大省、外贸大省、制造大省等优势和潜能发挥出来，增强产业、消费、投资、外贸、安全等领域的支撑力。2020年广东完成规模以上工业总产值2.93万亿元，增速由负转正，同比增长0.7%。至"十三五"期末，广东以先进制造业和现代服务业为主体的现代产业体系初步形成，2020年地区生产总值超过11万亿元，大大夯实了构建新发展格局的物质、产业基础。广东区域创新能力连续五年居全国首位，为构建新发展格局储备技术条件和创新动力。2020年1至11月，全省完成重点项目投资8188亿元，比上年同期增长7.3%，民间投资也由负转正。2020年，虽然新冠肺炎疫情对广东消费市场产生较大冲击，但在各地多项促消费政策和系列促消费活动的推动下，全省线上消费活跃度较高，总量占限额以上单位商品零售的26.5%。全年实现社会消费品零售总额4.02万亿元，整体回升态势明显。

强化联通功能，就是要着眼于畅通国内大循环和联通国内国际双循环，拓展国内经济纵深，联通国际市场，打造国际交通枢纽，形成联通内外的贸易、投资、生产、服务网络。广东通过建设粤港澳大湾区实现融合发展，通过完善省内特别是大湾区内部的交通，建设辐射全省和周边地区的现代化综合交通运输体系，稳步推进国际联通大枢纽建设。同时深入推进海铁联运，提升中欧班列运营水平，形成以"一带一路"为依托的国际循环基础设施联通，促进国内市场中各种要素的循环，汇聚全球资源与国内市场对接。2020年，广东高速公路总里程突破1万公里，连续7年位居全国第一。白云机场2020年全年运输旅客4377.7万人次，成为当年客流最大、起降航班架次最多的国内机场。广交会、加博会等国际贸易交流平台接踵举行，带来更多融入全球经济的机遇。广东正加快把湛江打造成战略对接的重要连接点和支撑点，推动广州南沙、深圳前海、珠海横琴等自贸区平台打造成制度创新联动的有力支撑，将沿海经济带西翼打造成联动发展的重要纽带，推动形成粤港澳大湾区、深圳中国特色社会主义先行示范区与海南自由贸易港联动发展的科学布局。

强化撬动功能，就是要发挥重大改革牵一发而动全身的传导放大效应，着力破除妨碍生产要素市场化配置和商品服务流通的体制机制障碍，打造更多创造型引领型改革品牌。广东自贸试验区先行先试，累计形成527项制度创新成果，在全省范围复制推广122项改革创新经验；商事制度改革持续深化，开办企业平均办理时间从35个工作日压减到3个工作日内。广东以深圳综合改革试点为牵引，坚持全省一盘棋，蹄疾步稳推动深圳综合改革试点重大改革举措和40项授权事项落地落实，并推动珠海经济特区、汕头经济特区和全省各地在主动对接、主动服务、主动学习中形成全面深化改革开放新局面。

阅读链接

广东率先对接海南自贸港

2020年9月26日上午，由广东省航运集团建设的全球最大客货滚装码头徐闻港正式开港。湛江徐闻港是广东省重点项目，受到粤琼两省及交通运输部的高度重视。码头与海口新海港相距12海里，海上航程约1小时，仅为以往轮渡过海时间的一半。项目设计车辆年通过能力320万辆次、旅客年通过能力1728万人次。与此同时，湛徐高速徐闻港支线同步开通营运，成为当前广东前往海南的唯一陆路高速公路通道。

构建新发展格局，是以习近平同志为核心的党中央着眼与时俱进提升我国经济发展水平、塑造国际经济合作竞争新优势作出的战略决策。作为国家首批"一带一路"海上合作战略支点城市的湛江，承担着建设广东省域副中心城市、打造现代化沿海经济带重要发展极的重大使命，正逐渐成为快捷连通国内外及周边省区的大通道、大港口、大路网、大枢纽。省委、省政府立足湛江区位优势和比较优势，赋予湛江新的光荣使命——打造成为国家战略联动与融合发展的重要连接点和支撑点，这也是广东打造新发展格局战略支点的重要组成部分。其核心内涵就是要求湛江充分发挥"承东启西、沟通南北、连接海内外"的重要战略作用，对接好服务好"双区"建设、海南自贸港、西部陆海新通道等国家战略，进一步增强畅通国内大循环和联通国内国际双循环的功能。

　　徐闻港的建成投产，打通了一条对接海南自由贸易港建设、与海南相向而行的琼州海峡新通道，为广大过海旅客提供海上旅程更短、效率更高、服务更优的高品质过海体验。近两年来，广东快速推进湛徐高速徐闻港支线、徐闻港进港公路改扩建工程和徐闻南山港客货滚装码头等项目的建设。湛江积极协同海南加快推进南北两岸港航资源整合，争取2022年前实现琼州海峡港航一体化，对推动湛江打造全国性综合交通枢纽城市，形成"一带一路"、粤港澳大湾区与海南自由贸易港联动发展的科学布局具有重要意义。广州南沙、深圳前海、珠海横琴等地的创新制度和模式，在海南自贸港得到复制落地，为加快构建以国内大循环为主体、国内国际双循环相互促进的新发展格局发挥了积极重要的作用。

后 记

在中国共产党成立一百周年的重大历史节点上，为了进一步发挥党史以史鉴今、资政育人的作用，为党史学习教育提供能全面又简明地反映广东地方党史的高质量读本，中共广东省委党史研究室组织研究人员，在 2011 年编写出版的《中共广东历史简明读本》的基础上，进一步突出党史的主题主线、重点内容和落实"一突出两跟进"的要求，重新编写了《中共广东简明历史（1921—2021）》。

本书在编写过程中，努力贯彻落实习近平总书记关于党的历史重要论述的精神，坚持运用正确的党史观来进一步梳理分析广东党组织的百年历程和重要经验，坚持党性原则和科学精神的统一从而力求体现准确反映历史的基本状况，提供一本有质有文、可信可读的纪事本末体的通史类党史简明读本。

中共广东省委党史研究室十分重视本书的编写工作，组织精干力量开展项目攻关。省委党史研究室主任杨建伟主持了全书编写工作，主审了书稿。研究室副主任王涛负责具体的编写任务，拟定纲目，统稿定稿。各位执笔人吸收和利用党史学界研究成果，在《中共广东历史简明读本》基础上做了调整、修改和补充，并按照新的要求增写了部分内容。《中共广东简明历史（1921—2021）》各章初稿写作分工如下：孙莉娜负责一至五章，胡耿负责六至八章，王莹负责九至十二章，周珺负责十三至十四章。

广东人民出版社十分支持和重视本书的出版和发行工作，有关编辑人员提供了优质的编、审、校服务；《中共广东历史简明读本》原书的各位参与者和撰稿人，曾付出了辛勤的工作并打下了良好的基础，在此一并表示感谢！

由于编写者水平所限和掌握的资料有限，书中难免存在一些不当和不周的地方，期待广大读者提出批评和建议。

中共广东省委党史研究室

2021 年 4 月